我
COGITO
思

马格利特传

思想者画家

Magritte

（英）亚历克斯·丹切夫◎著　Alex Danchev　李静滢◎译

GUANGXI NORMAL UNIVERSITY PRESS
广西师范大学出版社
·桂林·

马格利特传：思想者画家
MAGELITE ZHUAN: SIXIANGZHE HUAJIA

丛书策划：吴晓妮@ 我思 Cogito
本书策划：叶　子
责任编辑：韩亚平
助理编辑：范荧莹
责任技编：王增元
装帧设计：M^OO Design

Magritte

著作权合同登记号桂图登字：20–2024–053 号

图书在版编目（CIP）数据

马格利特传 ：思想者画家 /（英）亚历克斯·丹切夫著；李静滢译. -- 桂林 ：广西师范大学出版社，2024. 9. --（墨涅摩绪）. -- ISBN 978-7-5598-7218-0

Ⅰ. K835.645.72

中国国家版本馆 CIP 数据核字第 2024T98H54 号

广西师范大学出版社出版发行
广西桂林市五里店路 9 号　邮政编码：541004
网址：http://www.bbtpress.com
出版人：黄轩庄
全国新华书店经销
山东韵杰文化科技有限公司印刷
山东省淄博市桓台县桓台大道西首　邮政编码：256401
开本：850 mm × 1 168 mm　1 / 32
印张：23.125　插页：8　字数：426 千
2024 年 9 月第 1 版　2024 年 9 月第 1 次印刷
定价：188. 00 元
如发现印装质量问题，影响阅读，请与出版社发行部门联系调换。

CONTENTS

目　录

前 言

“1948 年三四月间，‘阳光般灿烂的时期’隐没了最后一道光芒，一片亮黄？？？的‘奶牛’时期（Vache period）？？？更是转瞬即逝。”亚历克斯·丹切夫的手稿写到这里戛然而止，尽管这带着连续问号的简短语句原本不该成为这部传记的终篇。按照丹切夫的构想，他会在传记最后一章首先讲述马格利特“奶牛”时期画作展，该画展是 1948 年 5 月在巴黎法布尔画廊（Galerie du Faubourg）举办的。这些问号显示出，丹切夫似乎正在向自己提问，第一个问题就是该如何描述画展中的作品，第二个问题则不那么确切——丹切夫是不是在思考该如何翻译“vache”（奶牛）这个法语单词呢？为一个词、一个名称、一个短语找到正确译法，在丹切夫看来非常重要。他会不会在质疑自己所用的“时期”一词是否合适？他是不是在问自己，短短五个星期里狂热创造出的一系列作品真能构成一个时期吗？不论这些问号代表什么，它们的意义都已经逸失。更耐人寻味、更难以回答的问题则是，对于马格利特生命中的最后二十年，丹切夫打算如何讲述呢？我们只知道，他计划把这段岁月浓缩为传记的一章，然后在下一章探讨马格利特的作品对年轻艺术家以及广告和流行文化的主要影响。我们决定依循丹切夫写作计划的第一部分，用一章的篇幅记录那尚未得到讲述的岁月。完成这一章的叙述意味着需要充分利用现有事实，然而若要探索马格利特去世后对艺术和文化的影响，则需要更为主观的方法，而且未必能展现出丹切夫本人的观点。这最后一章由我执笔，它起到了正文附录的作用，为艺术家马格利特的生平故事画上了句号。亚历克斯·丹切夫行文笔调之独特，涉猎范围之宽广，都是旁人无法模仿的。他精通法语，又读过大量与写作主题密切相关或超出主题范围的资料，因此我们无从得知，倘若由他来讲述马格利特生命中的最后岁月，究竟会纳入哪些新的内容，又会采取什么样的新视角。我们能够确定的只是，丹切夫的这本书填补了马格利特研究中的一大空白。马格利特的人生看起来平淡无奇，大部分时光都是在布鲁塞尔度过的，他只是 1927 年到 1930 年这连续三年曾在巴黎生活。人们一直认为，马格利特的一生既不丰富多彩，也没有重大事件，缺少为之立传的基础。然而这种观点在丹切夫的笔下不攻自破，因为他对马格利特的时代有深入的了解，而且在叙事方面具有天赋。

丹切夫在写作本书的四到五年间积累了大量资料，令人叹服。这些材料将与他的其他论文一并交由圣安德鲁大学保存。十分感谢迪伊·丹切夫（Dee

Danchev）允许我随意查阅丹切夫的文档，若没有她慷慨无私、始终如一的帮助，我的工作会更难完成。

莎拉·惠特菲尔德（Sarah Whitfield）

导 言

勒内·马格利特是现代世界最重要的图像提供者（purveyor of images），无人能望其项背。他的画作和主张构成了我们文化的一部分。马格利特的个人肖像画法，他对超现实主义的感受力，他那些一本正经却又戏剧化的夸张场面，那些错视画的效果，他的机智灵活，他的背离常规，他的颠覆性（他是我们这个时代最伟大的颠覆者之一）——所有这一切，我们如今都无法避而不谈。马格利特的影响已经随处可见，他的艺术感受力渗透进了当代生活。他的画作就是传奇。例如：《图像的背叛》（*La Trahison des images / The Treachery of Images*）——画面上是一只烟斗，下面配了句说明文字，“这不是一只烟斗”。《光之帝国》（*L'Empire des lumières / The Dominion of Light*）——画面上白昼的明亮天空和黑暗的街道并存。《永恒的证据》（*L'Évidence éternelle / The Eternally Obvious*）——分别用五幅画面展示出一个裸体女子从头到脚的不同身体部位。《凝固的时间》（*La Durée poignardée / Time Transfixed*）——

从壁炉里驶出的火车［彩图1］。《红色模型》（*La Modèle rouge / The Red Model*）——与脚融为一体的靴子，靴子前部是人的脚趾。《阿恩海姆乐园》（*Le Domaine d'Arnheim / The Domain of Arnheim*）——一扇破碎的窗户，透过碎玻璃呈现的窗外风景。《梦的钥匙》（*La Clef des songes / The Interpretation of Dreams*）——带有名称标识的物体，分别是行李袋（下方标注为"天空"）、刀（下方标注为"鸟"）、树叶（下方标注为"桌子"）和海绵（下方标注为"海绵"）。至于《戈尔康德》（*Golconde / Golconda*），我们该怎么解读这幅画呢？那些头戴黑色圆顶硬礼帽身穿大衣的人，究竟是雨点一般从天上纷纷落下来，还是在升向天空？

马格利特超凡的想象力转化成为一幅幅画作，彻底改变了我们的所见和我们的认知方式。如他所言，他总在寻找那些未被他人所见之物，也十分关注文字与图像的关系。"对象与名称的关系并非不可转移，总可以为一个对象找到另一个名称。"马格利特的观点与路德维希·维特根斯坦的哲学思想相去不远，两人的一些主张可谓如出一辙。马格利特的艺术创作正是维特根斯坦思想与《爱丽丝漫游奇境》的融合，同时带有超现实主义的味道，点缀了些许情色的调剂，混杂着令人惊悸的元素。

* * *

马格利特1898年出生在比利时的莱西讷（Lessines），是个多面人。表面上看，马格利特是个小资产者，生活安宁平静，在毫无特色的布鲁塞尔郊区拥有一栋朴素无奇的小房子。马格利特年轻时曾以设计墙纸为全职工作，也为布鲁塞尔诺里娜（Norine）时装屋设计图案，创作海报。他与青梅竹马的恋人乔吉特·伯杰（Georgette Berger）结了婚，两人社交不多，通常都是在家里招待朋友。马格利特没有工作室，画架就摆在餐厅的一角。他穿正装打领带，脚踩拖鞋作画。他安安静静。他是体面的典范。他按时遛狗，严格按食谱烹饪（奶酪火锅、巧克力慕斯）。他对妻子关怀备至。他每周都在格林威治咖啡馆下棋。他喜欢读书。

然而，马格利特是超现实主义的灵魂人物，超现实主义是马格利特的本质特征。1925年，马格利特创作了第一幅超现实主义绘画和拼贴画。1927年到1930年间，马格利特和乔吉特在巴黎度过了动荡的三年，当时正值超现实主义狂热的高峰期，他们的尝试却算不上多么成功。马格利特与巴黎格格不入。在一次晚会上，他与“超现实主义教皇”安德烈·布勒东（André Breton）不欢而散，此后多年里一直被拒于超现实主义圈子之外。尽管如此，马格利特与布勒东还是保持着若即若离的平等交流，早在1928年，布

马格利特，《戈尔康德》（1953）

勒东就开始收藏马格利特的画作，两人的这种交流对超现实主义乃至整个现代主义至关重要。

马格利特与自己的比利时同胞在一起时更加自在，他是众人中的王者。他代表着巴黎和大都市霸权的对立面。在光顾巴黎花神咖啡馆的人眼里，布鲁塞尔是封闭落后的一潭死水，马格利特是个迂腐的乡巴佬。他那浓重的瓦隆口音，巴黎的知识分子们一听就能听得出来。但是马格利特有自己的一帮朋友，他发现了保罗·诺奇（Paul Nougé）的文学天赋，认为他是与瓦雷里相似的大师，他在作家路易·斯居特耐尔（Louis Scutenaire）身上看到了鲍斯韦尔的影子，同时也遇到了自己的合作者和追随者，年轻的超现实主义者马塞尔·马里恩（Marcel Mariën）。马格利特和朋友们自成独立的一派。这群忠实的朋友对马格利特非常重要，他们追随他的脚步，也钦慕他的魅力。他们被称为“马格利特小团体”。（其中每个人都以自己独特的方式记录过马格利特的故事。[1]）

* * *

到 20 世纪 30 年代初，马格利特已经成为重要的艺术家，尽管他仍然难以维持生计。1936 年，马格利特首次在美国举办个人画展，地点是纽约的朱利安·利维画廊（Julien Levy Gallery）。同年，马格利特的 14 件作品在伦敦国际超现实主义展览上展出。1939 年，马格利特为反法西斯知识分子警觉委员会（Comité de vigilance des intellectuels antifascistes）设计了一张海报。1940 年 5 月，在德国入侵比利时五天后，马格利特担心自己会因政治言论遭到逮捕，因此离开布鲁塞尔前往法国，先到巴黎，而后去了卡尔卡松（Carcassonne）。马格利特在这一年的 8 月返回布鲁塞尔，在布鲁塞尔创作了以战争为主题的作品。1943 年，马格利特的创作进入“雷诺阿时期”，他借鉴了雷诺阿晚期的绘画风格与调色法，表示这是为了给世界带来一点点欢乐。借用马格利特本人的说法，他的这些画作“阳光般灿烂”，可是他的很多崇拜者非常不喜欢这些画作，就连乔吉特也是如此。这一时期在四年后结束。1945 年，马格利特通过《红旗》（*Le Drapeau rouge*）宣布加入比利时共产党，大约 18 个月后，他对比利时共产党和共产党人的热情减退了，但他仍然信仰共产主义。

1948 年，马格利特首次在巴黎举办个人展览。他在斯居特耐尔的帮助和鼓励下用五个星期创作了一系列参展作品，这些作品因绚丽而滑稽的风格被冠以“vache”（奶牛）之名：此乃对傲慢巴黎人的挑衅。展览遇冷，一幅作品都没能卖出去。

尽管在巴黎遭到冷遇，马格利特仍然坚守着自己的想象世界。在接下来的二十年里，“奶牛”这个说法流传到了美国。1965 年，纽约现代艺术博物馆举办的大型回顾展在全国各地巡回展出；两年后，鹿特丹的博伊曼斯·范伯宁恩美术馆（Boijmans Van Beuningen）和斯德哥尔摩现代美术馆（Moderna Museet）为马格利特举办了大型回顾展。马格利特本人则来到维罗纳的吉比斯铸造厂，为他精选的标志性雕塑作品完善蜡模。1967 年，马格利特因胰腺癌猝然离世，这些雕塑在他去世后完成铸造。

* * *

马格利特走过漫长的道路，终于成为举世公认的重要艺术家。在这条通往艺术的路上，他一直是个多面手，甚至从事过精细的平面设计。他为“东戈工作室”制作商业化的艺术品，而这个工作室只是花园尽头的一个小棚子，专业从事“展台搭建、展示设计、宣传物品、海报、图样、合成照片、广告文案”。他为阿尔法·罗密欧（Alfa Romeo）创作过海报，为彼得斯–拉克鲁瓦（Peters-Lacroix）设计过墙纸，为时装屋制作过商品目录，为商店布置过展示橱窗，为他的兄弟保罗画过乐谱封面，还设计过图书封面。布勒东的《什么是超现实主义？》（*What Is Surrealism?* 1934）采用了马格利特的封面设计，设计基于马格利特具有颠覆意义的画作《强奸》（*Le Viol / The Rape*），画面上的女人面部被性器官取代。

人们难以抗拒对马格利特进行分析研究的诱惑，尤其是精神分析。最有奠基意义的事件要追溯到马格利特 13 岁时母亲的失踪，这与人们对她尸体的描述尤其相关。在她失踪 17 天后，她的尸体被人从桑布尔河中打捞上来，据说当时脸上遮盖着睡衣。马格利特对显现和遮蔽有浓厚的兴趣。在一次罕见的电台无稿采访中，马格利特谈到了神秘，那是他最喜欢的主题。他提起一幅名为《伟大的战争》（*La Grande guerre / The Great War*）的画作，这幅肖像画中的男人戴着黑色圆顶硬礼帽，脸被一个苹果遮住了。“至少，苹果部分遮住了脸，”马格利特解释道，“就是说，画中有一张显然存在的脸，一个苹果，它遮挡着，遮挡着那显然存在却被隐藏的脸。这是不断发生的事情。

我们看到的每一事物背后都隐藏着另一事物，我们总是想看出我们所看到的东西背后隐藏的是什么。对于那被隐藏的事物，那可见事物未向我们展现出的事物，我们总会有种兴趣。这种兴趣可以表现为某种非常强烈的感觉，某种冲突，可以说，是在被隐藏的可见和清楚显现出的可见之间的冲突。”[2]马格利特的艺术充满了被隐藏的可见物。

* * *

马格利特十分内敛，却也善于引起公众注意，一举一动都经过精心排练。他在公众面前的生活是种行为艺术，是普通人的范本。西装，黑色圆顶硬礼帽，不变的模式：总是同样的狗（博美犬），总是给狗取同样的名字（露露或杰基），总是同样的散步路径。这一模式在歌手保罗·西蒙的歌曲中得到了恒久传颂。[3]他与马塞尔·杜尚一起下棋——这几乎是现代艺术的寓言。马格利特在棋盘的方格上写下了各种标示，例如“逃生方格”“失落方格”“救赎方格”“无望方格”。他乐于和朋友搞恶作剧，激怒他们——他会从背后踢来访者一脚，然后假装什么都没发生；他会像狗一样躺在出租车座椅下面；他会在洗盘子时把一个个盘子掉到地上摔碎，直到乔吉特反对才罢休。马格利特全心喜爱他的狗，而且大张旗鼓以此为荣。他去什么地方就把狗带到什么地方，他坐飞机去美国时，也把露露带上了飞机。狗不能去的地方他不去。如果狗不能进餐厅，他就在厨房用餐。

* * *

马格利特的绘画自由借鉴了电影和摄影艺术，这两种艺术形式对他产生了深远的影响，同时他也尝试过电影和摄影创作。马格利特的画作具有无声电影的特征，人物面孔都是毫无表情；他的无声电影具有画作奇异古怪的特点。他的电影让画作有了动感，仿佛是把画作拼接成了悲喜剧连环画。他的家庭纪录片让人可以瞥见他笑闹戏耍的一面。他和约翰·福特一样有自己的股份公司。马格利特拍摄的短片保存至今的共有三个多小时，收藏在布鲁塞尔皇家艺术博物馆、布鲁塞尔电影博物馆以及佛兰德广播公司的档案馆。杰夫·科内利斯（Jef Cornelis）从中精选了一些片段，汇编成《与马格利特先生的周末》（*A Weekend with Mr. Magritte*，1997）。有一部关于马格利特的纪录片，名为《制片人勒内·马格利特》（*René Magritte*，*Cinéaste*，1974），是由凯瑟琳·德·克罗伊丝（Catherine de Croës）和弗兰西斯·德·卢勒（Francis de Lulle）制作的[4]。马格利特还亲自参与制作了一些关于他自己的纪录片，其中著名的是人类学家吕克·德赫施（Luc de Heusch）制作的《马格利特，或事物的一课》（*Magritte，ou la leçon des choses*，1960），以及乔治·梅利（George Melly）和乔纳森·米勒（Jonathan Miller）为BBC拍摄的《马格利特：中产阶级魔术师》（*Magritte：the Middle Class Magician*，1964）。[5]

在马格利特的配合下，当年最具有冒险和探索精神的摄影师给他拍过一些肖像照片，包括比尔·勃兰特（Bill Brandt）、乔治·蒂里（Georges Thiry）、拉乌尔·乌巴克（Raoul Ubac）和曼·雷（Man Ray）。1965年，马格利特在自己家中配合杜安·米沙尔斯（Duane Michals）拍摄了一系列不落窠臼的照片。[6]照片选集《影像的忠实性》（*La Fidelité des images*）于1976年出版，选自马格利特从1928年到1955年拍摄的照片。这个书名具有典型的马格利特风格，它出自斯居特耐尔之手，斯居特耐尔也为书中的照片提供了说明文字。[7]马格利特一直在探索摄影这一媒介的各种可能性。[8]有时他的照片与绘画呼应，有时他的照片展现与乔吉特的亲密关系，有时则是二者兼具。“抄袭必不可少，进步意味着抄袭”，原名伊齐多尔·吕西安·杜卡斯（Isidore Lucien Ducasse）的洛特雷阿蒙伯爵（Comte de Lautréamont）这样说道。马格利特当然懂得他的洛特雷阿蒙：由马格利特绘制插图的《马尔多罗之歌》实属经典——但是他给予的影响远远超出他所接受的影响。[9]他的签名烟斗至少在八部马塞尔·布罗德塔尔斯（Marcel Broodthaers）制作的电影中出镜，其中一部电影的名字就叫《这不会是一只烟斗》（*This Wouldn't Be a Pipe*，1970）。[10]从阿尔弗雷德·希区柯克到大卫·林奇，多少电影制片人的想象世界中都有马格利特的影子。他的画作影响了《辛普森一家》，剧中一集借用的是他的《人类之子》（*Le Fils de l'homme*），这幅画是《伟大的战争》的早期版本，画面上的人脸被苹果遮住了；还有一集以马格利特式的沙发笑话为片头，配上了"这不是个沙发笑话"（*Ceci n'est pas un couch gag*）的字幕。与其他伟大的艺术家一样，马格利特离世后产生了无法估量的深远影响。法国作家阿兰·罗伯-格里耶的小说《漂亮的女俘虏》（*The Fair Captive*）在1975年出版，配的是马格利特的插图。《漂亮的女俘虏》在1983年拍成了电影，同样借用了马格利特的画作，因此这部小说和电影都笼罩在令人感到熟悉而又不安的氛围之中（借用《独立电影季刊》的说法就是"充斥着超现实的情色"）。[11]

马格利特具有摄影师般的记忆力和眼光，他从不会说自己是哲学家，但他的确曾自称思考者——通过绘画思考。福柯提到马格利特与作家雷蒙·鲁塞尔（Raymond Roussel）的相似性时，马格利特回应道："你能看出，鲁塞尔的思想与我的思想中那些有价值的想法具有相似之处，这让我很高兴。鲁塞尔的想象唤起的不是想象中的事物，而是现实中的世界，它遭到了经验和理性混乱无章的对待。[12] 马格利特或许有些难懂，但是多数情况下他的文字表达直截了当得令人叹服。他写了很多东西，其中包括：数百封书信，大多已经（以法语）出版或收藏在档案馆里；各类短文，包括侦探故事，还有他对词与像之间关系的全新思考；一篇耐人寻味的自传性文章——或许受到了同属超现实主义的马克斯·恩斯特（Max Ernst）的启发，又或许受到了年代更遥远的埃德加·爱伦·坡的影响。[13] 马格利特的《文本全集》（*Écrits complets*，1979）长达七百多页。

曾有一位美国记者问马格利特，某一图像后面存在的是什么。马格利特回答说："图像后面什么都没有（画上的颜料后面是画布。画布后面有一堵墙，墙后面有……可见的事物总是隐藏着其他可见的事物，但是可见的图像什么都不会隐藏）。"图像可能没什么要隐藏的，但它们并不无辜。"图像的背叛"是马格利特的基本主张之一。与此对应的是实物图片，《这是一块奶酪》（*Ceci est un morceau de fromage*）画的是一块奶酪，一块放在托板上罩着玻璃罩子的美味奶酪，做好的奶酪和奶酪托板融为一体。这块奶酪看起来太完美了，完美得让人感到不真实，它是波普艺术版的戈贡佐拉奶酪。这幅画更早的一个版本则真实呈现出了 1/4 块布里奶酪。一块奶酪就是一块奶酪，但一只烟斗并不总是一只烟斗。在《思想自由》（*Liberté de l'esprit / Freedom of Mind*）中，一只烟斗被描绘为掌上所持的最有情色意味的物品之一。

形形色色的艺术家一直对马格利特着迷，这也体现出了马格利特的影响力。抽象画家马克·罗斯科（Mark Rothko）曾说："马格利特当然是个别案例，但他的作品中有某种特定的品质，我发现，我喜欢的抽象画没有不具备这种品质的。我也希望我自己的画具有这种品质。"[14] 马格利特为贾斯珀·琼斯（Jasper Johns）和罗伯特·劳申伯格提供了灵感，两人都收藏了他的作品。在 20 世纪 60 年代中期，琼斯买到了文字画《梦的钥匙》，还有一页素描；他还收到了马格利特作为礼物相赠的圆珠笔画《两个谜团》（*Les Deux mystères / The Two Mysteries*）。[15] 安迪·沃霍尔是马格利特的拥趸。马塞尔·布达埃尔（Marcel Broodthaers）借用了马格利特的肖像，并强调了他要做的事："马格利特旨在发展一种诗化的语言，从根基上动摇我们所依赖的语言。"[16] 亨利·米肖（Henri Michaux）对马格利特的艺术创作进行了精彩分析。[17] 杰夫·昆斯（Jeff Koons）崇拜马格利特，收藏了他的作品。[18] 约翰·伯格的《观看之道》（*Ways of Seeing*，1972）以马格利特的作品为开篇，也以马格利特的作品结束：开篇是《梦的钥匙》，终篇是《在自由的门槛上》（*Au seuil de la liberté / On the Threshold of Liberty*）［彩图 2］。

在范围更广的"流行"文化中，披头士乐队成员是马格利特的粉丝。小野洋子第一次接受约翰·列侬的邀请去他家时，进门后听到他说的第一句话就是，“我自认为是马格利特”。据说小野洋子本人也收藏了很多马格利特的作品。保罗·麦卡特尼1966年从纽约艺术品经销商亚历山大·伊奥拉斯（Alexander Iolas）手中买到一批马格利特的画，从那以后就一直收藏马格利特的作品。乔吉特去世后，马格利特工作室的物品公开拍卖，琳达·麦卡特尼（替保罗买下了马格利特的画架、工作台、调色板、颜料盒、颜料、画笔和其他用品，包括一副玳瑁眼镜。[19]当年掉到牛顿头上的那只大名鼎鼎的苹果，或许在落地后生根发芽结出累累硕果，成了马格利特画中那只苹果的老祖宗。马格利特的苹果又成长为苹果公司的象征，经历了几代传承后，醒目的苹果标志无处不在。同样，萨贝纳航空公司（Sabena Airlines）的空中鸟标志，就源于马格利特的《天空之鸟》（*Oiseau de Ciel / Sky Bird*）——这位艺术家所说的则是，“一份在我的菠菜上加了很多黄油的合约”。哥伦比亚广播公司（CBS）那天空之眼的标志，与马格利特的《错误的镜子》（*Le Faux miroir / False Mirror*）有惊人的相似之处。与马格利特有关的书籍封面、专辑封面、海报和各种广告，更是不胜枚举。[20]精明的广告商借助马格利特的艺术创作，发起了数不清的广告活动。正是马格利特把令人震撼的超现实主义带到了麦迪逊大道。马格利特的艺术进入了汽车广告和动画片，表现了性爱，带来了颠覆。他的理念惊世骇俗，风格内敛低调，影响了我们文化的方方面面。我们已经理所当然地认为，勒内·马格利特是我们这个时代的梦想批发家。

马格利特在自身所处的时代里从未囿于超现实主义的束缚。马格利特生活在现实世界中。他蔑视潜意识，从不冒失。他的画作一方面如同幻觉，一方面经过了深思熟虑；画面一目了然，内涵深奥莫测。它们彰显出的是一些最根本的问题：图像与现实之间的关系，神秘的力量，真实性的本质。马格利特说，绘画乃思想的可见描述。手握画笔的马格利特，是 20 世纪最杰出的思想家之一。

注　释

1 例如，Scutenaire，*Magritte*（《马格利特》）；Mariën，*Radeau*（《木筏》）；Nougé，*Histoire*（《故事》）；其中还包括 *Les Images défendues*（1943）。

2 Sylvester，*Magritte*（《马格利特》），p. 24.

3 保罗·西蒙的歌曲 *René and Georgette Magritte with Their Dog After the War*（《战后，马格利特夫妇和他们的小狗》）收录于专辑*Hearts and Bones*（《心与骨》，1983）。

4 参考Bart Verschaffel and Jef Cornelis，“The Amateur Films of René Magritte”（《马格利特的业余电影》），以及Alain Berenboom，“Ceci n'est pas du cinéma，”（《这不是电影》）收录于Gisèle Ollinger-Zinque and Frederik Leen（eds.），*René Magritte*（《勒内·马

格利特》）（Brussels：Royal Museums of Fine Arts of Belgium［布鲁塞尔：比利时皇家美术博物馆］，1998），第286—291页。

5 此外还有*Magritte*：*The False Mirror*（《马格利特：错误的镜子》，1970），由David Sylvester为艺术委员会所作。

6 Duane Michals，*A Visit with Magritte*（《探访马格利特》）（Providence：Matrix，1981）.

7 斯居特耐尔是不可或缺的马格利特见证者，他所写的关于马格利特的主要文章收录于《与马格利特在一起》（*Avec Magritte*）。这本书汇编了重要文本，首次出版时名为《勒内·马格利特》，这些文本与大多数传记文学作品一样尚未译成英文出版。

8 见Patrick Roegiers，*Magritte and Photo-graphy*（《马格利特与摄影》）（Mark Polizotti译，Ghent：Ludion，2005）。

9 Lautréamont，*Maldoror and Poems*（《马尔多罗之歌》）（Paul Knight译，London：Penguin，1978），第274页（此处译文经过修改）。由马格利特绘制插图的版本是*Les Chants de Maldoror*［1948］（Brussels：Apollo，1984）。洛特雷阿蒙的第一本书在1878年出版，成了超现实主义者的主要源文本。"［他］英俊……如同一架缝纫机与一把雨伞在手术台上的偶然相遇"，这段话几乎是超现实主义自身的宣言。见Alex Danchev，*100 Artists' Manifestos*（London：Penguin，2011），第241—242页。

10 见Thierry de Duve，"This Wouldn't Be a Pipe，"（《这不会是一只烟斗》），收录于Stephanie Barron and Michel Draguet（eds.），*Magritte and Contemporary Art*（《马格利特与当代艺术》）（Los Angeles：Los Angeles County Museum of Art，2006），第95—107页。

11 Alain Robbe-Grillet，René Magritte，Ben Stoltzfus译，*La Belle captive*（《漂亮的女俘虏》）［1975］（Berkeley：University of California Press，1995）。

《漂亮的女俘虏》已有数码修复版DVD（Second Sight，2009）。

12 马格利特致福柯，1966年6月4日，见*This Is Not a Pipe*（《这不是一只烟斗》）（University of California Press，1973），第58页，*EC*，第640页。注意到马格利特与鲁塞尔相似的，还有艾吕雅（见Scutenaire，*Magritte*，第18页）和Waldberg，*Magritte*，第61页，引用的是*Impressions d'Afrique*（《非洲印象》，1910）中的"le Théâtre des Incomparables"（《无与伦比的剧场》）。

13 分别是："Nick Carter"（写于1927年，出版于1969年），"Nat Pinkerton"（1953），"Les Mots et les images"（1929），"La Ligne de vie"（1938），见*EC*，第41—42页，第341—342页，第60—63页，第103—130页。关于传记的缘由，见David Sylvester和 Sarah Whitfield，"Magritte's Lost Lecture"，收录于Olinger-Zinque 和 Leen，*René Magritte*，第41—48页；关于抄袭的论述见Allmer，*René Magritte*，pp. 112ff。书信集主要包括 *Quatre-vingt-deux lettres de René Magritte à Mirabelle Dors et Maurice Rapin*（《马格利特写给多尔和拉潘的82封信》，1976年在巴黎发表，非公开出版）（Paris：privately published，1976）；*La Destination：lettres à Marcel Mariën*（《目的地：写给马塞尔·马里恩的信》）（Brussels：Les Lèvres Nues，1988）；*Sous le manteau de Magritte*（《在马格利特的外衣下》）（Fleury-Mérogis：Fantômas，1984）；*Lettres à André Bosmans*（《写给博斯曼的信》）；*L'ami Magritte*（《朋友马格利特》）。

14 David Sylvester，*About Modern Art*（《论现代艺术》）（London：Pimlico，1997），p. 29.

15 Roberta Bernstein，"René Magritte and Jasper Johns"（《勒内·马格利特与贾斯珀·琼斯》），收录于 Barron and Draguet，*Magritte and Contemporary Art*（《马格利

特与当代艺术》），第109—124页。

16 Marcel Broodthaers, “Gare au défi!” *October 42* (1987).

17 Henri Michaux, *En rêvant à partir de peintures énigmatiques*（《在神秘的绘画中做梦》［1964］）(Montpellier: Fata Morgana, 1972).

18 杰夫·昆斯接受相关采访的情况参考David Sylvester, *Interviews with American Artists* (London: Chatto & Windus, 2001)，第355—356页，以及*Tate Etc* 22 (2011)，第60页。

19 “The Remaining Contents of the Studio of René Magritte”（马格利特工作室剩余物品拍卖会），伦敦苏富比拍卖行925号拍品，1987年7月2日。

20 马格利特写给托克茨纳的信，1966年9月19日，收录于*Letters Between Friends*（《友人通信集》），第136页。

第一章　他的隐秘丛林

勒内·马格利特倾向于美化自己的家族背景，不过他的描述本身却足够准确。他半嘲弄半认真地幻想着自己的家族与让-奥古斯特·马格里特将军（Jean-Auguste Margueritte，1823—1870）同族同宗，而且对此津津乐道。在马格利特的叙述中，马格里特将军是“雷士奥芬（Reichshoffen）战役中冲锋陷阵的悲剧英雄、中流砥柱，就连当时的普鲁士国王、未来的德皇威廉一世，都说他的努力‘虽然徒劳，却非无功’”。倘若马格利特所言不虚，那他当然可以夸耀自己与马格里特将军的儿子保罗和维克多有亲戚关系，特别是维克多。维克多创作了 *La Garçonne*（1922），这本小说近距离描写了“一名解放了的女性”，书名可以翻译为《单身女孩》。小说被读者视为惊世骇俗之作，结果就是，悲剧英雄的后代维克多·马格里特因为“侮辱法国女性”而被逐出家族，不再享有将军家族的荣誉——这个故事肯定深深吸引了马格利特。[1]

将军马格里特确实赢得了生前身后名，不过画家马格利特把普法战争（1870—1871）期间的两场骑兵战役混为一谈了。雷士奥芬战役发生在 1870 年 8 月 6 日，当时身穿胸甲的法军重骑兵向普鲁士军队发起了勇猛冲锋，艾梅 · 莫罗（Aimé Morot）的一幅画就描绘了这场战斗的场景。一个月后，法军骑兵又在色当发起了冲锋，他们的勇气让普鲁士国王也不由发出了这样的感叹："啊！勇敢的人们！"这句话后来刻到了他们的纪念碑上。

法国人在这两次战役里都陷入了困境。在色当战役中，能力出众、久经沙场的法国指挥官奥古斯特-亚历山大 · 迪克罗将军（Auguste-Alexandre Ducrot）用一句粗话概括了当时的局面："我们在夜壶里，他们要往我们身上拉屎了。"此时他别无选择，只能指望"失望的源泉：骑兵"。骑兵冲锋是最后一搏。一些将军仍然认为骑兵冲锋可以起到震慑作用，让敌人在一段时间里惊惶失措，给步兵留下重整旗鼓（或撤退）的时间。实际上骑兵冲锋的作用并不重要，尽管场面恢宏，却非战争之道。这是疯子的做法，正如迈克尔 · 霍华德（Michael Howard）在讲述色当战役的过程时所言："炮兵已被彻底摧毁，步兵几乎溃不成军，所以迪克罗只能使出最可观也是最无济于事的最后一招：派出马格里特将军的骑兵。"[2]

* * *

色当战役是法国人的一场灾难。他们输掉了这场战役，也输掉了整个战争。马格里特将军身先士卒，前去侦察敌情，几天后负伤离世。这位将军显然非常勇敢，但他错过了以他的名字命名的战役，对于历史开的这种玩笑，马格利特肯定相当欣赏。

据说马格利特在学生时代就画了一幅骑兵冲锋的画，并站在这幅画前让别人给自己拍了照片。[3]不过，虽然在17、18世纪，Margueritte（或Marguerite，马格里特）会是Magritte（马格利特）的一种拼写变体，但马格利特的祖上没出过将军，只出过无名小卒，例如佃农、制钉匠、磨坊主。1710年，一个名叫让-巴蒂斯特·马格里特（Jean-Baptiste Margueritte）或让·马格里特的人从古伊-莱兹-皮顿（Gouy-lez-Piéton）附近迁居到了布鲁塞尔以南沙勒罗瓦附近的一个村庄，村子的名字是彭塔塞勒（Pont-à-Celles），距离布鲁塞尔大约30英里。从那以后马格利特的祖辈就在那里定居了。有趣的是，让·马格里特的父亲曾与他的两个兄弟一起出现在1665年古伊封建法庭诉讼案中，当时他的名字是马丁·马格利特（Martin Magritte），而那两个兄弟则是父亲皮埃尔·马格利特（Pierre Magritte）和母亲安托瓦内特·鲍迪耶（Antoinette Baudier）留下的封地上的封臣。[4]这些记录都是最近才公开的。目前还没有发现关于皮埃尔·马格利特的其他信息，我们只知道，不愿接受自己祖辈真实身份的勒内·马格利特有这样一位祖辈，他是第一位有据可考的马格利特家族成员。

让·马格里特（1680—1761）在彭塔塞勒村安了家，他妻子于尔叙勒·弗朗克特（Ursule Francquart）继承了罗凯特农场（Les Roquettes）的承租权，他成了那里的一名佃农。[5]后来他当了市政长官。他的儿子休伯特追随了他的脚步。休伯特·马格里特（Hubert Marguerite，1715—1789）有三个儿子，他们一起在农场里干活，姓名也按照当地方言的习惯，从“马格里特”改成了“马格利特”。正是到了他们这一代，他们家族姓名的写法开始固定下来。由于在罗凯特农场工作生活，这三兄弟被当地人称为“罗凯特的马格利特一家”（les Magritte des Roquettes），或简称为“罗凯特一家”。这种称呼方式或起绰号的方式在当地颇为常见。马格利特家族里后来有个磨坊主，他的孩子全都被人们称为“磨坊主家的”（del Meunière），仿佛是在对他们进行种类甄别。家族里有一代人被称为“对对一家”（les Oui-oui），表示他们有前途。一些马格利特家族的人获得了“德·侃布劳”（de Cantibroutch）的绰号，表明他们喜欢闲逛或胡侃；还有些人由于家族联姻被称为“德·拉菲内”（de Raffinet），成了大家眼中高贵倨傲的人。

罗凯特的马格利特三兄弟很有影响力。让-巴蒂斯特·马格利特（1767—1833）于1808年至1818年担任当地的市政长官。马丁·马格利特（1772—1849）没有子女，但路易-约瑟夫·马格利特（Louis-Joseph Magritte，1769—1849）有 12 个孩子，8 男 4 女，他一共有 72 个孙子孙女，所以马格利特家族在彭塔塞勒当地相当有存在感。在这个家族中，并不是只有马格利特一个人想象着更离奇的家族史——在家族内外的叙事中，他们祖上的历史都有传奇色彩，与 1789 年的法国大革命有所关联。马格利特熟悉的版本是这样的：三兄弟同情革命，是恐怖大革命之后被迫离开法国的政治流亡者。他的妻子乔吉特也向艺术鉴赏家哈利·托克茨纳（Harry Torczyner）这样讲述过马格利特的家世。[6] 马格利特的本家阿琳·马格利特（Aline Magritte，1898—1982）就出生在彭塔塞勒，她讲述的家世版本与拿破仑的兴衰相关：三兄弟是皇帝麾下的战士，1792 年来到比利时，后来就留在了这个国家。这样的故事在当时并不少。马格利特的崇拜者之一、与马格利特同时代的小说家乔治·西默农（George Simenon）出生在比利时列日（Liège），据说是拿破仑军队中一个叫西莫农（Simonon）的布列塔尼士兵的后裔，他在 1812 年从莫斯科撤退时摔断了腿，到列日附近的一个村庄驻扎过夜后就留在了村里。马格利特家族三兄弟的故事无据可考。故事的历史渊源本身可能要追溯到一场演化成民间记忆的掠夺行径。1794 年，法国人第二次进入彭塔塞勒时袭击了农场，放火焚烧了农场的外围建筑，洗劫了这个村庄。罗凯特地区也被称为“法国人的门户”。就马格利特家族而言，最令人兴奋之处其实在于他们的绰号。令人失望的是，他们并非流亡的革命者，而是清醒的普通人，社会的中坚力量。让-巴蒂斯特倒是给他最小的儿子起了个名字叫拿破仑，此外似乎再没有什么值得一说的了。

经过了连续三代务农，马格利特兄弟显然已经攒够了钱，可以让他们的孩子获得一定的资本。根据土地注册处的记录，马格利特兄弟的后代大多拥有一块地，地里通常有栋房子，有的还有个作坊，可以在冬季的几个月里制造钉子（这是那里的传统工作）。这些人里有两个客栈老板，还有农场主、面粉商人或磨坊主，其中一个磨坊主拥有自己的风车。马格利特的曾祖父阿尔贝-约瑟夫·马格利特（Albert-Joseph Magritte，1802—1863）就是个磨工，在他哥哥的磨坊里工作。但是变化就要发生了，后来的几代人不再遵循家族的传统。

马格利特的祖父是尼古拉斯·约瑟夫·吉兰·马格利特（Nicolas Joseph Ghislain Magritte，1835—1898），他当了裁缝，但是没有守在彭塔塞勒这个地方。他走南闯北找工作，不过也可能是走南闯北找伴侣。1868 年，他与玛丽·弗朗索瓦兹·罗斯（Marie Françoise Rose，1841—1929）在新娘的老家维莱佩尔万（Villers-Perwin）结了婚，婚后先回到几英里外的彭塔塞勒住了一段时间，然后搬到附近的比泽村，后来又搬到了沙勒罗瓦郊区的日利（Gilly）。1898年2月18日，尼古拉斯在日利去世，他的孙子在九个月后出生。尼古拉斯去世后，他的家族开始了一系列的重新组合。

尼古拉斯刚下葬不久，他的儿子利奥波德·弗朗索瓦兹·吉兰·马格利特（1870—1928），也就是勒内·马格利特的父亲，在日利娶了艾德琳·伊莎贝尔·雷吉娜·贝尔坦尚（Adeline Isabelle Régina Bertinchamps，1871—1912）。婚礼后，利奥波德的寡母带着几个女儿搬到了苏瓦尼（Soignies），在那里开了一家名为“全国精品店”（Au Bas National）的小店。两年后的1900年，家中的大女儿、马格利特的姑姑玛丽亚·马格里特·吉兰·马格利特（Maria Marguerite Ghislaine Magritte，1869—1938）嫁给了苏瓦尼一家皮革厂的领班弗明·德索诺瓦（Firmin Desaunois，1870—1929）。马格利特关于姑父弗明的回忆很美好，他记得弗明留着下垂的小胡子，喜欢嬉闹，教他们玩过一种“骗人”游戏，游戏者要上下移动一张方形纸上的纽扣。家里其他人的回忆则与此不同，室内游戏和小胡子只是表象，家里的气氛其实很压抑。多年以后，弗明的同事谈起过弗明夫妇多么贪心，弗明对钱多么痴迷，弗明因为抑郁，要定期住养老院，玛丽亚则经常酗酒。或许正是由于这些原因，玛丽亚的母亲和妹妹弗洛拉·泰奥菲妮·玛丽·吉兰·马格利特（1872—1945），也就是马格利特的另一个姑姑，放弃了精品店，在附近开了一家“无摩擦”鞋店（Au Nul S’y Frotte）。

弗洛拉姑妈是个人物，我行我素。当时人们都认为她疯了，而且随着时间的推移，她表现得越来越疯狂。马格利特的弟妹认识她时她已到暮年，也已经离开了鞋店，住在布鲁塞尔。“她是个怪人。她总是跟我说在股票交易所怎么交易，同时却又省吃俭用，就像穷成了乞丐一样。她总是用怀疑的眼光看待我，我不知道这是因为她上了年纪还是性格使然。我记得她坐在火炉旁的椅子上。有时我去看她，她会对着天空挥舞拨火棍，念诵些咒语来驱走坏运气，咒语的开头是当乌龟啊当乌龟……”在比利时超现实主义作家路易·斯居特耐尔的记录中，马格利特也说过类似的话：“马格利特谈到了最后一次拜访老太太的情形，她对他讲起邪恶的人、邪恶的眼睛、各种各样的女巫和男巫。她教给他一段可以在遇到这些情况时念的怪异祷文，我听了也忍不住跟着念出声来：当乌龟啊，当乌龟！以所有在世神灵之名，我命令你，远离我屋前屋后十步外，不得再靠近，除非你数清楚嶙峋的石头，海滩上的沙砾，小公鸡的羽毛，河流里的水滴。”[7]

1945年11月29日，马格利特的姑妈去世后的第二天早上，马格利特在兄弟保罗的陪伴下又一次来到她家里，和他们一起去的还有马塞尔·马里恩。他们的目的是彻底检查屋里的东西，搜寻疯狂姑妈可能藏起来的财物。马里恩回忆说，他们甚至把她的遗体抬起来把被褥翻了个遍。“伴随着这一切的，是他们一阵阵的放声大笑和无比单纯的快乐。”[8]

弗洛拉一生未婚，绰号是“无摩擦的弗洛拉”，这个绰号来自一句法国谚语，“À femme sotte，nul ne s'y frotte”，意思是“没有人会与疯女人发生摩擦”。（就是说，谁都会给疯女人让出宽敞的位置。）马格利特则把这个绰号改成了“去摩擦摩擦”（“Vas-T'y Frotte”）。[9] 马格利特与朋友相处时不喜欢一本正经，艺术家威廉·科普利（William Copley）发现，“他喜欢粗俗再粗俗”[10]。马格利特反复用比利时南部瓦隆语（Walloon）中的“Can'à croles”这个绰号称呼姑妈，意思是“曲曲弯弯的阴道”。[11] 乔治·西默农给作品人物起了个“梅格雷特”（Maigret）的名字，与马格利特的名字有些相似，对这种巧合马格利特也颇为欣赏。马格利特喜欢某些词语的发音或某些混账话，这些表达的形式通常是瓦隆语的荤话，某个圈子内的笑话，某种私人话语。西默农在自传体小说《血统》（*Pedigree*）中刻画了一位母亲，她承认自己欺骗了丈夫和房客（“我要把他们折断，我要把他们都狠狠折断，一个也不放过”）。在这段描写中，西默农借用了瓦隆语的“strogner”（rogner，意思是“剪掉某人的翅膀”）一词。[12] 马格利特则非常喜欢瓦隆语单词“stropiat”（estropié，意思是“致残”）。他的一幅恶作剧风格的画就以 *Le Stropiat* 为标题。看到街上一个慢跑的人，他会说：“Tiens，v'là un stropiat！”（“天啊，快看，有个残障！”）有些词语能引发他的兴趣，例如 Piedboeuf（字面意思是“牛脚”），他却将之读成 Pied-de-boeuf，这是一种啤酒的名字。马格利特的一种取乐方式，就是对标签做文章，比如他画的标签上写的是“猪啤酒”（Bière de porc）或“马果酱”（Confiture de cheval），实际物品则是猪尿或马粪。他开这些恶作剧式的粗俗玩笑，或许也是对自己那位陶醉于产品的父亲的某种报复。[13]他讨厌一些词语，不喜欢它们的引申意义，他在读出这些词时会夸张地表达出自己的厌恶，例如 finance（金融）、stratégie（战略）、persillère（泥盆，带有脉络或大理石花纹）。还有些词语他从来不会说，因为它们“贬低”了说出这些词语的人，例如 câble（电缆）、antennes（天线）、contacter（联系、接触）、dépanner（救急，维修汽车）。救急？“就好像需要救助的人是辆车一样”。雷克斯·斯托特（Rex Stout）是马格利特最喜欢的作家之一，马格利特非常喜欢他的推理小说《可能也死了》（*May as Well Be Dead*）中的一段情节，挑剔的私家侦探尼禄·沃尔夫（Nero Wolfe）和客户说他接触过某个人，因此向客户收取了一大笔钱。“一个使用了动词‘接触’的人，在不知情的情况下，为此多付了一千美元。”[14]

尽管如此，马格利特还是会故意篡改词语，造成首音误置等滑稽效果（例如用“卖的爱羊人”代替“爱的牧羊人”）。他嘲笑一切有组织的活动，包括有组织的宗教，他从不谈论“教皇的洗礼”，而总是说“教皇的吸力”。他擅长通过词语的替换进行解构或引出不同的含义。正如斯居特耐尔所说：“他以独特的个人语言热爱表达公平的正确的词语。”他会说“绊脚石”（pierre d’achoppement）而不是“试金石”（pierre de touché）。[15] 命名是公平的游戏；他经常戏谑地给别人改名，很少有人能躲得过。当英国歌手兼影评人乔治·梅利（George Melly）向他介绍一个名叫罗宾·班克斯（Robin Banks）的漂亮女孩时，马格利特喜笑颜开，他把这个名字当成了“挪金·半克死”。[16] 理智和胡闹、意义和无意义是马格利特的快乐源泉。他喜欢刘易斯·卡罗尔（Lewis Carroll）写的爱丽丝的故事（1865），因为这本书如其所言，既富有魅力又让人惊悸，同时也因为这本书中有大量的文字游戏。

> “如果我这样用这个词，”矮胖墩用相当轻蔑的口吻说，“那这个词就具有我让它有的意思——一点也不多，一点也不少，刚好是那个意思。”
>
> “问题是，”爱丽丝说，“你是否可以让词有这么多不同的意思。”
>
> “问题是，”矮胖墩说，“谁是主人——仅此而已。”[17]

马格利特对这些问题的思考比大多数人更深刻。

几乎没几个画家能像他这样娴熟地掌握文字的力量，理解文字在世界中的位置。他的文字画是革命性的。马格利特从电影《受惊者联盟》（*The League of Frightened Men*，1935）中找到了适合自己的格言，一幅出色画作的名字也是由此而来。这部电影的法文版名称是 *Les Compagnons de la peur*（1939），在电影中，尼禄·沃尔夫讲述了他的“消化不良”：“所有书面或印刷的文字，都是毫无意义的蠢话，只具有缓解无聊的功能。”[18]

斯居特耐尔后来成了最可靠的马格利特编年史家之一。他对名为《铭文》（*Inscriptions*）的作品充满独特见解，其中之一就是：马格利特使用词语的方式完全有自己的特征，马格利特习惯刻意曲解、改变或误用一些词语，这展现出一种根深蒂固的矛盾，但同时也彰显了他在生活中与艺术上的超常创造力。

斯居特耐尔在 20 世纪 40 年代初写道：

> 我与勒内·马格利特在一起 17 年，我相信，他的绘画在很大程度上源于他根深蒂固的习惯，那就是故意改变词语的形式，特别是在可能的情况下用一种相反的意义改变词语原有的含义。他不说目光短浅，而是说“天狼星的视角”；不说现象，而是说类别；不说无限，而是说转瞬即逝。
>
> 马格利特的这种倾向不仅限于言语，还支

配着马格利特的各种行为。他尊重欧仁，却会在他所鄙视的人在场时攻击欧仁；他去伦敦旅行，只是因为他不喜欢去伦敦。

> 这种倾向恰好与马格利特绘画中的元素相吻合，他的画中也会出现变形或错置。神奇之处，或者说最重要的逻辑，就在这里：物体恰如词语，构图恰如行动，借助人们对矛盾的感知和认识，物体和构图获得了自身的现实性，几乎成了现实世界的反映；对这个现实世界，我们每天都在尽可能不假思索地适应。[19]

马格利特的父亲利奥波德是个投机者，据说爱吹牛。起初他自称为商人裁缝或商业旅行者，很快就又说自己白手起家靠奋斗成功。在后来的几年里，他不断向邻居弗朗索瓦·萨克雷（François Sacrez）灌输自己的宝贵经验。弗朗索瓦·萨克雷的儿子保罗·萨克雷（Paul Sacrez）是马格利特的儿时玩伴。利奥波德不变的主题是，必须单打独斗才能赚到钱——真正的钱。“听着，弗朗索瓦，为什么要靠别人发薪水？自己开店吧，这是赚钱的唯一途径！”“可是我有老婆孩子，我得坚持到月底！”萨克雷说。“但这太容易了，弗朗索瓦，你现在去威尼斯，买一船花椰菜，就算 50 生丁一个吧，然后运回这里的市场卖。这里的花椰菜多少钱呢？就算 75 生丁一个吧。你看，每个花椰菜可以赚 25 生丁。一船两千个花椰菜，就是说，只要一刻钟，你赚的就比你一个月挣的工资还要多。”[20]在利奥波德看来，资本主义就是这么简单。

利奥波德一辈子也发过两次财，接着又把家产赔光了。他喜欢吹嘘说“我儿子以后用不着为了生计去干活”，然而事实却是，他的生活太不稳定，拖累了家人。[21]利奥波德在1898年3月2日与雷吉娜·贝尔坦尚结婚，当时雷吉娜听了他的话，从母亲那里借了五千法郎，算是私下里的嫁妆。他们靠着这笔钱生活，期待着利奥波德能在社会上站稳脚跟出人头地。商业旅行者利奥波德此前既没有存款，也没有固定的居所。他做了好几年生意都不成功，无奈开始跟着父亲学裁缝，后来自己当了裁缝。他和雷吉娜婚后先在布鲁塞尔郊区的圣吉尔（Saint-Gilles）住了几个月，然后搬到了莱西讷。这对新婚夫妇刚在车站街（rue de la Station）安了家，就迎来了他们的第一个孩子。1898年11月21日上午11点，勒内·弗朗索瓦兹·吉兰·马格利特（René François Ghislain Magritte，1898—1967）出生了，他成了思想者、画家，但对于他的家人来说，他的降生既神圣又让人烦恼。

在莱西讷住了一年半后，马格利特一家人回到日利，马格利特的两个兄弟都是在日利出生的，一个叫雷蒙·菲尔明·吉兰·马格利特（Raymond Firmin Ghislain Magritte，1900—1970），一个叫保罗·阿尔方斯·吉兰·马格利特（Paul Alphonse Ghislain Magritte，1902—1975）。马格利特这一代和上一代人的名字中都加上了“吉兰”，这是出于对他们的保护（或者说是出于迷信）。吉兰是7世纪的比利时圣人，据说可以保佑孩子不发生痉挛。马格利特家族中有不少人在襁褓中就夭折了——他祖父的十六个孩子中夭折了五个，他父亲的弟弟费尔南·阿尔贝·吉兰·马格利特只活了七个月。有时迷信也无济于事。

家中一下子多了好几张嘴等着吃饭，生意人利奥波德的裁缝事业却没有随之兴旺发达。他们又要搬家了。雷吉娜的兄弟阿尔贝·贝尔坦尚（1873—1930）住在夏特莱（Châtelet），在家里一楼开了个小店卖肉，后来搬到附近更好的地段开新店，于是马格利特夫妇住进了他原来的房子，房子在砾石街（rue des Gravelles）地势较低的地方，旁边是桑布尔河。阿尔贝人不错，朋友多交际广，也给妹夫介绍了一些新的业务关系。利奥波德不太光彩地卖了一阵子保险和出处不明的外国杂货——来自殖民地的咖啡和肥皂。不久以后，他终于跨进了成功的大门。位于根特附近登德尔蒙德的德布鲁恩（De Bruyn）公司聘用了利奥波德，这家公司生产椰子油——以“Cocoline”为品牌名的椰脂，也就是一种人造黄油，还有其他一系列产品。起初利奥波德只是作为巡回销售代表在全国各地推销德布鲁恩公司的商品，很快，幸运之神就降临了。德布鲁恩公司开发了新的产品工艺和新的市场，从此开始迅速扩张，势头惊人。他们的人造黄油产品迅速占领了德国、奥地利、瑞士、英国的市场，同时公司也在这些地方不断开设新工厂，后来该公司成为联合利华的一个重要部门。夏特莱的利奥波德迎来了事业的辉煌：他成了德布鲁恩在欧洲所有工厂的总监察长。他的商业旅行获得了全新的意义。马格利特家族虽然没出过统领军队的将军，却终归出了个统领企业生产的人。

短短几年间，利奥波德·马格利特就积累起了他的第一笔财富。到 1911 年时，他已经过上了奢侈的生活。他在砾石街更靠近市中心的地方盖了房子，一家人搬了过去，总监察长本人很少在家，但他家的位置从砾石街 77 号升高到了 95 号。他玩起了赛马，并开始拈花惹草。人们说他拜倒在女人石榴裙下，到处找女人。跟他在一起的人都不喜欢他的举止。“他走过去时，姿态刻板，神情倨傲，他不是穿着晨会燕尾服，戴着高顶礼帽，就是穿西装，打领带，戴着圆顶常礼帽。”星期天下午，夏特莱的人都会去卡内尔散步，那里有游乐场地供孩子玩，也有卖茶点的摊位可以休息。利奥波德总是坐着马车前往（严格地说，是坐着驴子拉的马车）。他煞费苦心地表现出高人一等的姿态，并对路过的人不屑一顾。他的邻居们则明确表达出对他的不屑。“他那样子傲慢得像个贵族。”“他每一天都要穿最好的周末礼服。”“我看见他仍然戴着那顶用四个别针固定住的低冠礼帽。”[22]

德布鲁恩旗下的产品最吸引的是杂货商和糕点师，但它们也可以派作其他用途。雷蒙·彼得吕斯

（Raymond Pétrus）一辈子住在砾石街86号，离马格利特家不远。他是马格利特儿时最亲密的玩伴之一，他记得马格利特家有间屋子堆满了样品。“屋子里面是盒子和包装箱，箱子里都是装着Cocoline椰脂的白色金属罐，还有广告海报。我记得非常清楚，因为勒内和我一起玩椰脂，我们爬到椰脂上面挖隧道，弄得满身椰脂，就像猪油一样。我玩够了回到家时，椰脂已经在我身上凝固住了，简直是件凝脂衣服！”[23]

勒内·马格利特在砾石街95号的体验则截然不同。那是父亲利奥波德的领地，而利奥波德在自己的领地上总是专横跋扈。他把同事都当成傻瓜一样对待，会贬低他们说：“你懂什么，我来做。”因此他与同事的关系很疏远。[24]他在自己家里不容许任何争论，至少他要求如此。不过利奥波德经常不在家，不可能成为严格的家庭纪律管束者，他也极度自我中心，当不了好父亲。他既不守在家里，又到处拈花惹草，既不花时间，也不花心思，管不好他那些冒失莽撞的孩子。作为父亲，利奥波德既冷淡又专横，对孩子既疏忽又溺爱。孩子生了病，他会给孩子服用自己调制的药剂。他幻想自己是个催眠师，他的藏书大多数是关于催眠术和招魂术的。萨克雷夫妇带着保罗·萨克雷到马格利特家吃饭时，会明确地对保罗说，马格利特先生准备的饮品一滴也不能碰。他们也不让保罗读马格利特家里的书。“不然你就会发疯。”保罗的父亲这样告诉他。[25]

利奥波德称呼自己孩子时总是用正式的“您”而不是“你”。他不准孩子们在家里讲瓦隆俚语，不过这一禁令得不到遵守。他与家人意见一致的时候实在难得。他的命令没什么作用。利奥波德不擅长管理。马格利特兄弟在动荡的家庭氛围中长大。条件好时他们有花不完的钱，条件不好时他们生活困窘。他们童年的基调就是动荡不安。父亲种种不着调的做法让他们既着迷又尴尬。他骄傲、贪婪、精力充沛、干劲十足。他游戏人生，喜欢吹牛，缺少原则，是个怪人，也是个笑柄。家人毫不掩饰对他的揶揄，他们称他为“硬核桃”，说他太难对付。马格利特到了晚年时假装不记得他父亲的名字，其实他记得再清楚不过了。[26] 在马格利特的藏书中，荷马的《奥德赛》是他标注最多的书之一，他特别画出了雅典娜对奥德修斯和珀涅罗珀之子忒勒玛科斯的忠告：

> 你的旅程怎会以海难或失败告终？
> 除非你不是他的后代，不是珀涅罗珀之子，
> 那样你的希望才会化为徒劳。
> 很少有儿子能与父亲不相上下，
> 大多数人比不上父亲，超越者少之又少。[27]

马格利特的母亲则是另一番情形。雷吉娜与她那盛气凌人的丈夫截然相反。她虔诚、尽责、细心。最突出的一点是，她很脆弱，甚至可以说是“娇弱”

（这或许不算是赞扬）。她似乎有抑郁的倾向，而且年纪越大这种倾向就越明显。雷吉娜在一个温暖的家庭中长大，与母亲埃米莉·埃鲁瓦兹·尼索勒（Émilie Éloïse Nisolle，1848—1905）的关系尤为亲近。雷吉娜的外公普莱西德·尼索勒（Placide Nisolle，1827—1907）是马格利特的教父，远近闻名的畜牧业大王。雷吉娜的父亲维克多·约瑟夫·贝尔坦尚（Victor Joseph Bertinchamps，1842—1894）在之前几年已经去世了，他起初做砂模铸造，后来成了屠宰户。她哥哥阿尔弗雷德是个屠宰户，娶了弗洛琳·尼索勒（Florine Nisolle）为妻。她母亲的四个兄弟都是屠宰户，她姑姑也嫁给了一个名叫尼索勒的屠宰户。家里人都说，雷吉娜才真是尼索勒家的人。她母亲把她保护得很好，因此婚姻生活的变化并没有影响她，同时她也无须为日常生活的负担烦忧。雷吉娜和利奥波德的生活开支全靠她母亲。他们住在莱西讷和日利时，她母亲一直陪着他们。他们搬到夏特莱后，她母亲在同一条街上找了一所离得不远的房子住。雷吉娜看起来很依赖母亲。人们后来回想时不免猜测，正是因为母亲在 1905 年去世，深爱的外公在两年后去世，雷吉娜一下子失去了生活的两大重要支柱，她在挣扎中借由这两大支柱获得的某种平衡也不复存在了。

雷吉娜经历了史诗般的挣扎，但是最终失败了。“1912 年，”马格利特在他的自传式作品《生命线》（*Lifeline*）中实事求是地写道，“他母亲雷吉娜不想再活下去了。她跳进了桑布尔河。”人们不难注意到，马格利特讲述这一悲惨事件的方式很像费利克斯·费内翁（Félix Fénéon），他的“三行体小说”被《晨报》（*Le Matin*）公告栏拒绝了。[28] 当地报纸简要地报道了这一事件。《沙勒罗瓦之声》（*Le Rappel de Charleroi*）的报道如下：

> 失踪。据报道，失踪者是马格利特的妻子雷吉娜·贝尔坦尚，居住在夏特莱砾石街 95 号，从 1912 年 2 月 24 日（星期六）凌晨 4：30 起失踪。
>
> 年龄 40，身高 1 米 62（5 英尺 4 英寸），身材比较结实；黑色头发，黑色眉毛。衣服：红白条纹睡袍，白色棉质睡裙，衣领部位带刺绣；黑色羊毛长筒袜。戴着金婚戒，上面刻有 2.9.98［2.3.98］。
>
> 该女士有神经衰弱症，曾多次表示要结束自己的生命。[29]

到 19 世纪末，“神经衰弱”已经是常用词，是万能的凭证。“神经衰弱”这个词比“脆弱”一词表达的程度更强烈，具有伪心理学的力量和委婉语的意味。它遮掩了疯癫行为的不堪和耻辱，掩盖了诸多罪过，尤其是自杀之罪。它与其说是为当事人的行为提供解释，不如说是减轻当事人的责任，从而减轻乃至洗清罪过。当时对雷吉娜之死的报道还涉及可以进一步减轻责任的情节：雷吉娜“发烧了”，这是事情的诱因。《沙勒罗瓦之声》的后续报道是这样的：

> 两星期前，我们曾报道过马格利特的妻子雷吉娜·贝尔坦尚夫人失踪的消息，她突发高烧，半夜从家里悄悄出走，之后再也没有出现过。就在昨天［1912年3月12日］，上午11点，这名不幸女人的尸体被人从桑布尔河打捞了出来。[30]

换句话说，由于发烧和神经衰弱，可怜而不幸的雷吉娜不必为其自杀行为负责，尽管她的失踪涉及预先谋划和思忖。葬礼安排的通知提到了“意外死亡”，死亡日期定为3月12日，也就是尸体被人发现的那一天。有了这样的安排，就可以在教区教堂举行葬礼了，而且是体面的基督教葬礼。

倘若体面和基督教信仰对于雷吉娜真的如此重要，那她生前一定是受到了家人的痛苦考验。与利奥波德在一起的生活并非甜蜜无忧。不论在精神上还是在肉体上，利奥波德都不愿意受妻子或岳母的管束，也从不顾及雷吉娜对此的想法。他阅读强烈反对教权的报纸《沙勒罗瓦公报》（*La Gazette de Charleroi*）。他公开表示对所有权威人物的蔑视，包括他儿子的老师，而老师们也听腻了他虚张声势的威吓。在经济困难，其他东西卖不出去时，他毫无顾忌地出售色情商品。他赚的钱越多，就越是炫耀他的独立，他的自由思想，还有招牌式的道德败坏。雷吉娜痛苦地意识到，丈夫是孩子们的坏榜样，这不仅因为他赌博、拈花惹草、贬损他人，还因为他以自己的方式鼓动孩子们拒绝和蔑视权威。雷吉娜的表妹玛丽·尼索勒经常拜访她，成了她的知交。雷吉娜的倾诉让人听了难过：利奥波德对她残忍苛刻；他最喜欢的就是让她震惊和反感；他殴打过她。雷吉娜的尸体从河里打捞上来之后，玛丽再次来到她家，却看到卧室墙上挂着色情图片。她问男孩们这是怎么回事，勒内·马格利特告诉她："那是父亲挂的，他让我们当着妈妈的面往十字架上吐口水。"[31]

* * *

雷吉娜非常重视仪表。她希望孩子们在基督教环境中成长，践行基督教的美德，进一所好学校，努力奋斗，学会规规矩矩做人，不亵渎神灵。但这些都没能实现。街坊邻里都说，马格利特家的孩子是被魔鬼附身的野蛮人，这帮蛮夷之人四处游荡，首领是其中年纪稍长的勒内·马格利特。

"蛮族首领"勒内·马格利特将近 7 岁时开始上学，那是在 1905 年。之后的六年里，他一直在夏特莱一所普通的公立小学学习。马格利特的同学们有一致的说法：对勒内·马格利特来说，上学是件无关紧要的事。维克多·弗里斯克（Victor Frisque）连续五年和马格利特同班，有一年还和他同桌。他回忆说："勒内总是忙着给图片上色或给大家讲故事，他爱开玩笑，对课程不感兴趣，他给我讲过不少吉格玛（Zigomar）的故事。我现在仍记得他在那里喊着吉格玛，哼唱着犯罪大师吉格玛和方托马斯（Fantômas）。吉格玛是个强盗，是电影院放映的系列冒险故事里的英雄；我还能想起那些印着大写Z的海报是什么样。"[32]

《犯罪大师吉格玛》电影海报

吉格玛是作家雷昂·萨奇（Léon Sazie）创造的人物。他不只是个强盗。他广为人知，是披着红色斗篷的犯罪之王。他像太阳一样不朽。他总是与众不同，总有自己不变的风格，他就是吉格玛！吉格玛最早出现在《晨报》的连载故事中，1909至1910年，吉格玛的连载故事升级为一百多页的长篇专刊。《犯罪大师吉格玛》在1912年5月10日出版。《晨报》对此有大量报道：

> 对付密探，对付大规模的土匪，只靠勇气是不够的，哪怕是胆大包天都不够。你必须以坚韧对抗狡诈，以敏锐对抗诡计，以智慧对抗邪恶的花招！正因此，能在身体上和道德上与强大的吉格玛对抗的，或许只有保兰·布尔盖（Paulin Broquet）一个人，他起誓要杀了吉格玛！最后谁会胜出呢？读者们，若想知道答案，请在5月10日之后，继续阅读《犯罪大师》！[33]

强大的吉格玛有很多抢眼之处。他是披着斗篷的邪恶十字军战士。他有自己的风格。吉格玛的故事也有自己的风格，每篇都写得相当华丽。文中使用了不同的方言，甚至还有一些双语文字游戏，角色阵容同样有让人发笑之处。《犯罪大师吉格玛》中甚至还有个名叫马格里特的人物，她父亲是来自阿尔萨斯的农民。“那是个好女人，严肃，忠诚，无可挑剔……只有一个弱点……对阿尔萨斯利口酒的过度喜爱……杜松子酒则是她的最爱。”[34]

最重要的是，吉格玛有一帮兄弟。三十年后，活力四射的马格利特告诉马塞尔·马里恩：“吉格玛，他有帮兄弟，你知道他们的战斗口号吗？吉星高照！格斗一生！”马格利特一生都有自己的一帮兄弟，他不喜欢追随别人。孩童时他和身边的小伙伴恰好能组成三人小队，于是打着吉格玛旗号的马格利特兄弟组合出现了。勒内·马格利特想出了自己的集结口号，就是“嘿！嘿！嘿！”。几十年后回忆当初，这喊声仍然在雷蒙·彼得吕斯耳边回荡。吉星高照，格斗一生！“那是勒内在喊我们！嘿！嘿！嘿！快来啊，绝妙的勒内！”[35]

当时其他人都躲着马格利特。雷蒙仍然是他的朋友，学校在星期四只有半天课，马格利特会和雷蒙一起去他家吃沙拉，雷蒙的母亲不反对马格利特来家里玩，不过绝不会邀请马格利特的家人来家里做客吃饭。然而马格利特的同班同学维克多·弗里斯克突然和他断交了。“我父母不准我去找他们，”弗里斯克后来有些尴尬地回忆道，“原因是，夏特莱的人认为，马格利特一家是坏人。”[36]马格利特一家就这样成了恶人。“说来奇怪，”《非常规法语词典》（*Dictionnaire du français non conventionnel*）指出，“吉格玛和他的伙伴并不是搞恶作剧寻开心，他们是残忍无情的恶棍。”[37]事实上，勒内从小喜欢搞恶作剧，喜欢开玩笑找乐子，并以此为傲，这个习惯一直延续到他成年以后。他的一些做法也许可以归结为以戏弄他人为乐，是对耐心的考验，对底线的挑战，然而不可否认的是，这种行为是有几分无情的，他几乎毫不考虑强加给他人的侮辱或冒犯，尤其是对他母亲的侮辱。不能不说事情有残忍的一面。

总的来说，马格利特因为搞恶作剧而恶名远扬。记者兼作家欧内斯特·德格朗日（Ernest Degrange）与马格利特一起在夏特莱长大，他津津乐道的一个故事是，马格利特小时候曾把猫绑在当地人家门铃的拉绳上，然后爬上屋顶观察。[37]他的好朋友雷蒙·彼得吕斯尽量保护马格利特的声誉，不想让那些荒唐离奇的故事影响到马格利特的名声，但他也讲过两个十分离奇乃至恐怖的故事：马格利特在家里的后花园折磨驴子，然后把它饿死了；马格利特从当地公墓里挖出了一具尸体。

彼得吕斯认为马格利特对待动物的方式很奇怪：

> 他一直养狗，各种各样的狗，尤其是小狗。他还有一条大黑狗，名叫弗里达，是牧羊犬，后来又养了很长一段时间小狗，起名叫提蒂。后来他把所有的狗都圈了起来，那些狗看起来像是被遗弃了。我听他说过很多次："看我找到的这条小狗。"他会照顾它，喂它，和它玩耍。然后，一切就结束了！他不给那条狗东西吃，在抓门的狗……唉！勒内再也不管它们了，一切都结束了……
>
> 他们在砾石街77号后面的外屋养了头驴，它在那里饿死了！他们买了头驴，让驴子拉那辆橡胶轮胎的小车去卡内尔。唉！那头驴跟他们在一起太受罪了！唉！他们让它受了那么多

苦，然后就把它饿死了……都是故意的！

关于马格利特挖出一具尸体的故事有不同版本，虽然讲述的人也有些犹疑，但他们都还是说确有其事。彼得吕斯对此闪烁其词。“他们和你讲的不能全信，”他这样告诉记录马格利特早年生活的雅克·鲁瓦森，“他是我的朋友，关于他的故事各种各样……甚至有人说，勒内想挖具尸体出来。这样的谣言都是朗珀勒散播的，你不应该跟着讲。”埃米尔·朗珀勒（Émile Lempereur）是当地的历史记录者。在马格利特的问题上，他的说法并非全都可信，但他在夏特莱有扎实的生活基础，深深了解社区风俗。他谁都认识，包括彼得吕斯，正是彼得吕斯给他讲了尸体的故事，这个故事也得到了当地上了年纪的人的证实。“是挖墓坑的人发现的，”彼得吕斯最后还是说道，“他在墓地里抓住了勒内·马格利特，尽管他不该出现在那里。”挖墓坑的人发现了一具被挖出来一部分的尸体。我们不清楚勒内是否被当场抓住，不管怎样他都逃掉了。有些人说，他后来又回去想继续挖，结果又被执拗的挖墓人抓住了。[39]不管事情的真相究竟如何，马格利特自己从不曾提起过这件事。他早年的生活中还有其他类似的事情——这些事不能提起，甚至不可描述。这一事件似乎没有造成持久的伤害。马格利特作为盗墓者的职业生涯就这样草草开始，草草结束，可是墓地、坟场、棺材、禁锢这一系列意象却在他的想象中扎了根。“我对墓地没什么可挑剔的。”贝克特说。[40]马格利特可能也会这样说。

在这些故事中，亵渎神明是反复出现的主题。“有一天，是在学校，”维克多·弗里斯克回忆说，“我告诉勒内，我姐夫带了些东西回家做弥撒：锡香炉，十字架，圣餐器。勒内说：‘你可以把这些东西拿到我家来，我们可以做弥撒。’”据说主持弥撒是他的专长之一。“于是我去了他家，”弗里斯克继续说，“他利用椰脂海报的背面设计了一件牧师圣衣……就是这样的：一个洞，两个肩膀，还有一个带涡卷装饰的漂亮十字架。我们摆好我带的东西，穿上圣衣唱弥撒。”弥撒是在街上举行的，让众人震惊错愕。彼得吕斯记得马格利特站在他家的台阶上布置牧师祭坛：“他把大张大张的纸涂成红色，充当教堂窗帘，我猜那些纸是椰脂海报。他自己做好了圣衣，然后就出门举行弥撒。街上的每个人都会说：他疯了！啊，他又出来了！”[41]

类似的表演经常在马格利特家里或后花园里举行，只不过是世俗主题的表演。马格利特的另一个儿时玩伴记得他的剧场：

有时候，我们和其他孩子一起去马格利特家看他造出来的小剧场。他用装椰脂的箱子上的木头建造了剧场，自己在小张广告海报上画出一系列的装饰。他在纸和硬纸板上画出各种人物，把它们剪下来后放到舞台上，他来回移动这些纸做的小人，同时说出人物间的对白。[42]

马格利特在家里和在外面的表现没什么区别。他在卧室里设了个牧师祭坛。吃饭前，“他会突然一边做鬼脸一边以最快的速度在胸前画上 10 次或 20 次十字，看到他的样子，女仆吓得对他母亲说：‘夫人，我不愿意单独和您家大儿子在一起，他疯了’”。[43] 马格利特的父亲教给他的是怎样做个傲慢无礼的年轻人。有一天，保罗·萨克雷在勒内家里听他弟弟保罗弹钢琴，利奥波德·马格利特突然问道：“保罗，勒内在哪里？他带了一大群朋友回家，怎么不管他们！”“他可能在阳台上。”保罗说。“阳台？他在阳台上干什么？”于是利奥波德去阳台上找勒内，发现勒内在阳台上把裤子脱掉了。“勒内，你到底在干什么？”他问道。马格利特回答说：“我犯了痔疮，屁股火辣辣的，我在涂凡士林。”“你在阳台上脱了裤子涂凡士林？！”“那你说我应该在哪里脱裤子？屋里都是人。我当然不能当着那么多人的面脱裤子。”[44]

如果说还有什么更糟糕的主题，那就是排泄物了。谁都知道马格利特喜欢搞一些让人恶心的恶作剧，内容包括粪便、尿液、破坏公共厕所、认真监管化粪池。勒内·马格利特和“大粪肉泥”或“小便恶作剧”的故事，可以成为又一篇激动人心的插曲，编入让他在家中读了爱不释手的连载小说。夏特莱的居民们太熟悉马格利特小团伙在这个领域造成的破坏了。马格利特和他那帮兄弟会跑过街道，嘴里大喊“着火了！着火了！”，居民们担惊受怕，小心翼翼地从前门往外看时，会发现台阶上有张烧着了的报纸，等到他们把火踩灭后，藏在报纸下面的一团大粪就会露出来。这帮家伙会把这些东西从屋顶上扔过去，让它们像雨一样落到街上。如果哪天电影院的化粪池满了，他们会在电影院的厕所里放上酵母，于是，一种黏糊糊臭烘烘的液体就会冒着泡渗出来，流遍整个礼堂，流到老钢琴家康斯坦丁·珀蒂（Constantin Petit）脚上。他只能一直忍受马格利特兄弟们对他的无情折磨，直到电影结束。

使用酵母的把戏在镇上反复上演。有一次，他们的目标是咖啡馆。一个当地人听母亲讲过这样的故事：“那是在圣枝主日游行时。马格利特一伙把酵母放在了圣罗什街加拿大咖啡馆的厕所里，厕所的水从咖啡馆溢出来，流到了广场上。我母亲一直认为勒内·马格利特是个需要注意的人，因为他做了当时谁都不敢尝试的恶作剧，对此她宁愿保持沉默。”这些越轨行为让马格利特的脸皮越来越厚。有一天，这帮来自下城的家伙去了夏特莱上城的一家咖啡馆，往厕所里放了半公斤酵母，然后坐下来喝饮料。“你能告诉我他什么时候到吗？”其中一个问。“他决定要来吗？”另一个人反问。两个人想的其实都是厕所里的水会不会溢出来。他们表现得非常不耐烦，于是老板娘对他们说："如果你们愿意，等他来了，我可以给他捎个信。""太好了，夫人，"勒内·马格利特走出咖啡馆时说，"等你看到他，可以转告他，我们已经走了。"[45]

能像吉格玛一样溜之大吉，肯定会让马格利特心花怒放，同样也会让他母亲羞愧难当。他已经不可救药，而且还乐在其中。他唯一没干过的就是酗酒。按照彼得吕斯的说法就是，"勒内不会喝酒"。

> 波希米亚式的放荡不羁，这没错，但他不会喝酒。我们几个都不会喝酒。他只要喝两三杯就会难受。我记得很清楚，因为我们有时在砾石街95号的地窖里聚餐。有一次，一个人从他父亲那里偷了块牛排，一个人从他母亲那里拿了土豆。我拿了瓶葡萄酒，葡萄酒是我父亲的大爱，我拿了他一瓶沃恩-罗曼尼，差不多是最昂贵的勃艮第酒了，还有人带了瓶干邑，是乔治·皮耶特昂。那次我们喝了酒，结果离开时全都醉得东倒西歪，难受得要命。[46]

学校救不了马格利特。他显然非常聪明，和他的兄弟们不一样，不管怎么说，他在小学前几年的成绩并不糟糕（相比之下，他弟弟雷蒙和保罗的成绩一直糟透了）。二年级时他的总成绩在班上排第六。三年级时他在班上排第三。四年级时他的成绩还是第六名，值得一提的是，那年他因为"言行举止"得了奖，在年末颁奖日，他的名字也出现在了其他奖项中。这样的结果足以表明，他在各方面都付出了值得称许的努力，不过从他的成绩中，我们看不出他在未来的职业上有什么特殊天赋：宗教，一般；法语，第一荣誉奖；佛兰德语，第五名；算术，第二名；自然科学与卫生学，第二名；历史，第四名；地理，第四名；书法，第六名；绘画，第三名；体操，第六名；音乐，第四名。到了1909年，他11岁时，他在学校的成绩开始走下坡路。那年他一门考试都没参加，所以没有名次。他的生活开始改变，行为开始出格。那以后他更愿意逃学，或者去沙勒罗瓦镇上，或者懒洋洋地躺在床上看恐怖小说和色情杂志，后者是来自他父亲的福利。再也没有学校的奖品了。

1911年11月21日，勒内·马格利特满13岁。三个月后，他母亲失踪了。是不是丈夫、孩子、长辈的情况让她无法承受？是不是生活让她无法承受？很可能是这样。然而，也有可能是她没能得到多少支持。利奥波德·马格利特不知道该怎么对待郁郁寡欢的妻子、不听管教的孩子，而且他对此也不太在乎。另一种可能则是，他尽了最大努力照顾家人，挣钱养家，然而不论是婚姻生活，还是他自己的处境，都让他感到挫败，让他又困惑又沮丧，当他尽情吹嘘的商业帝国在耳边轰然坍塌时就更是如此。一些迹象表明，雷吉娜在很长一段时间里一直精神抑郁，而且有自杀倾向，她那能力不够的丈夫必须首先想办法应付她这种情况。长夜漫漫苦无边，利奥波德是否也曾感到绝望呢？让娜·韦尔戴恩（Jeanne Verdeyen）当时是孩子们的家庭教师、利奥波德的情妇，后来成为他的合法妻子。多年以后，她告诉乔吉特，雷吉娜此前至少有一次想自杀，所以家人为了保护她把她关了起来。[47] 这样的事情，邻居们肯定略知一二，但他们全都绝口不提。雅克·鲁瓦森不厌其烦地询问，从下一代人那里听到了令人难过的讲述："我只记得，我母亲反复说过很多次，马格利特夫人心中痛苦，"邻居的儿子让-玛丽·科拉尔（Jean-Marie Collard）难过地说，"她痛苦，因为马格利特家的孩子们什么坏事都干，他们有邪念，她丈夫也一样。他们把马格利特夫人锁在地窖里，那可怜的女人抓着窗户栅栏喊着'救命啊！他们把我锁起来了！'，碰到这种事情，你能怎么办呢？"[48]

彼得吕斯说，雷吉娜曾想在地下室的水箱里把自己淹死。这也是真的。她晚上被锁在房间里。她最小的儿子保罗（昵称波波尔）和她睡在同一个房间，也许是为了睡得舒服，也许是为了看护她。她的失踪显然经过了谋划。

那天晚上，她肯定拿到了一把钥匙。当时 9 岁的波波尔在凌晨醒来，发现屋里只剩他一个人，就赶紧喊醒家人。利奥波德和三个儿子在家中到处都找不到她，那条叫提提的狗把他们领到了外面。彼得吕斯这样讲述道：

> 他们发现母亲不在房子里，小狗提提找到了她的踪迹，他们跟在狗后面找她……第二天早上，勒内问我："你知道昨晚发生了什么事吗？"马格利特太太进了花园，走到了花园的尽头，然后进了一条巷子，那条巷子被人们称为la rwalle aux Stronjs。她穿过了砾石街，沿着巷子走到了桑布尔河。在巷子尽头有一道矮墙，马格利特一家走到那里时，小狗跳到墙上开始叫……勒内说："所以我们知道，她跳河了。"果不其然，过了些天，他们在费尔桥另一侧的拉佩伊发现了她的尸体。[49]

雷吉娜的尸体是在下游一公里处被发现的。她在河中漂了十八天，被水流冲刷，被驳船、挖泥船和其他船只撞击，呈现出来的不可能是让人愉快的景象。一艘挖泥船上的人发现了尸体，用钩竿拖了上来。她的头被挖泥船撞到过，但船员还是认出了她。他们大声喊道："阿尔贝·尼索勒，阿尔贝·尼索勒，马格利特家的女人找到了，马格利特家的女人找到了！"[50] 阿尔贝·尼索勒是雷吉娜的舅舅，住得不远。他和家族里其他人一样，也是个屠宰户，在拉佩伊的屠宰场工作，雷吉娜的尸体就是在拉佩伊被人打捞上来的。雅克·鲁瓦森设法找到了那天在屠宰场工作的阿努德·勒鲁（Arnould Leroux），他当时还是个孩子，在屠宰场给父亲打下手，帮忙拿东西，人们都叫他努努。他听到人们的叫喊时，立刻想到他们肯定是发现了尸体，就跑出去看热闹。他跑到码头上，正好看到马格利特家的女人躺在那里。他记得她身上盖着毯子，也可能是外套，只露出来光着的脚，他看到她的脚垂在水里，顺着水流摇晃。他记得人们把她抬起来送到阿尔贝·尼索勒家后面的马厩时，她身体下面的睡衣垂了下来。他不记得自己见过她家的直系亲属。他当然也不记得自己见过马格利特家的孩子。于是她的遗体被人送到了阿尔贝·尼索勒家，在那里暂时安息，等着她的家人办完有关手续后把她接走。那天下午，雷吉娜的哥哥阿尔贝前来辨认遗体，签署了必要的文件。两天后，人们为她举行了葬礼。简单的葬礼，简单的记录："雷吉娜·贝尔坦尚，马格利特的妻子，没有最后仪式。"

雷吉娜在夏特莱公墓下葬，这是个露天墓场。坟墓没留下任何痕迹，也没有确切的位置。不知道为什么，利奥波德·马格利特没有为妻子买墓地。因此，她的遗骸迟早要被转移到公共坟墓中，原来的墓地也会被重新利用。雷吉娜·贝尔坦尚的抑郁症让她最终实现了自己想要的。她消失得了无踪迹。

她的大儿子究竟看到了什么，听到了什么，想到了什么？对此人们从未停止过猜测。毕竟这在本质上是创伤性的事件，而勒内的作品具有令人难解的神秘特质。举例来说，他的画作《一个孤独漫步者的遐想》

（*Les Rêveries du promeneur solitaire*，1926，英文名为 *The Musings of a Solitary Walker*）只会支持这样的猜测。雅克·鲁瓦森指出，从马格利特母亲的尸体被发现的地方回头望去，桑布尔河和费尔桥的景象与这幅画中的河流和桥简直一模一样，这更是让人浮想联翩。[51] 马格利特自己想过这个问题吗？马格利特这幅画的名字是从卢梭那里借来的，卢梭 1782 年出版的随笔集就以此为名。卢梭出生才一个星期，他母亲就去世了，他成了孤独的漫步者。这个独行者在本质上与马格利特是同一类人，看起来都平凡无奇，然而他的习惯、他的发型、他的神情、他的姿态，又是一眼就能辨识得出。[52] 正如塞缪尔·贝克特所写的，这样的人“无论走到哪里，你总会留意到他的背影，同样的帽子，同样的外套，与以往走在路上时一模一样。他走在偏僻的小路上，如同在陌生的地方寻找出路。他走在黑暗中，在陌生的地方，在白天或黑夜盲目地寻找出路。一条出路”[53]。他有可能是个定了型的角色，或是个替身，也可能两者兼而有之，这是马格利特给每个普通人的画像，也可能是他秘而不宣的自画像，马格利特的朋友和艺术合作者保罗·科利内（Paul Colinet）称之为“愿望落空”或“失败者”肖像。在马格利特看来，艺术家背过身去或蒙住脸的肖像具有不可抗拒的吸引力。它让人想起难以捉摸的吉格玛，或者伪装大师方托马斯——那是另一个让马格利特着迷的虚构人物。

既现身又隐身，这是马格利特最拿手的把戏之一。隐匿真名的纪实小说《雅克曼大道》（*Boulevard Jacqmain*，1953）由伊雷娜·阿穆瓦尔（Irène Hamoir）署名，撰写者却是她丈夫路易·斯居特耐尔，小说中的格利托（Gritto）就是马格利特，“隐姓埋名的格利托”，这称呼很适合马格利特。

对于失去母亲，谁都不知道马格利特是怎么想的。此后三十多年里，除了画出那些内容隐晦的画作之外，马格利特似乎从未和别人提起过母亲的自杀，也没有谈起过自己的感受。他向雷蒙·彼得吕斯讲述了头天晚上发生的事后，就再未透露过任何信息。“这是真的，”彼得吕斯上了年纪后感慨地说，“是的，这是真的。勒内从来没表现过任何情绪，我甚至从来没见过他哭，但我们这些住在同一条街上的孩子都哭了，我们待在家里不敢出门，这样过了足足两个星期。马格利特的妈妈自杀了，听到这样的事，我们都吓坏了。我得说，没有，真的没有……他再没有提起过他母亲。”[54] 马格利特又恢复了无法无天的样子。那年夏天，他在中学一年级的考试中不及格。

显然，即使对他所爱的乔吉特，马格利特也保持了沉默。马格利特的母亲自杀这件事，乔吉特是从斯居特耐尔那里听说的。在斯居特耐尔的建议下，乔吉特向马格利特提起了这个话题，但马格利特只是说，总有些事情是不能讨论的。

马格利特的弟弟保罗采取了完全相同的态度。保罗的一部分人生停留在波波尔的阶段，他一直没有长大，他拒绝从事艺人之外的任何职业，只想生活得更好，更愉悦。几十年里，保罗给朋友和亲人带来了愉悦。他喜欢弹钢琴。他创作了音乐专辑《诺里娜布鲁斯》（*Norine Blues*，1925），歌词署名为勒内·乔吉（René Georges，René 和 Georgette 的合成词），乐谱封面由勒内·马格利特绘制。保罗·马格利特为保罗·科利内的诗歌《玛丽的长号喷嘴帽》（*Marie Trombone Chapeau Buse*，1936）写了乐谱，封面也由勒内·马格利特绘制。这首诗几乎可以理解为对利奥波德·马格利特并不成功的致意，同时还表达了追逐时的兴奋。

在樱桃色的大号衣柜里
在你男人的高筒礼帽下
一群灰鼠翩翩起舞
微笑的玛丽玛丽玛丽
给你男人来杯睡前酒。[55]

保罗·马格利特以比尔·巴迪（Bill Buddie）的身份创作了狐步舞《小巢》（*A Little Nest*，1930）和一首乐曲《两个人慢慢走》（*Slow for Two*，1937）。以他的本名，保罗还写了很多其他的歌，包括《马尔多罗之歌》（*Maldoror*）、《沙漠之镜》（*Miroir du desert*）、《我不说英语》（*Je speak no English*）、《如果女人是警察》（*Si les femmes *étaient agents de police*）、《艾伯丁》（*Albertine*）、《学者》（*Scholastique*）、《撒哈拉之春》（*Spring in Sahara*）、《雏菊》（*Daisy*）、《东西、事物和机器》（*Des trucs, Des choses et Des machines*）和《让你的手穿过我的头发》（*Passe-moi la main dans les cheveux*）。保罗不是大作曲家，不是大诗人。这样苛刻的概括也许并不恰当，我们可以用更友好的方式理解他，接受斯居特耐尔那戏仿式的评论："保罗·马格利特是无与伦比的诗人，不论风格还是创意都一样伟大。我认为没有比他更出色的了。"[56]

* * *

保罗是真的擅长放松。马里恩的说法是，"他有一事不做的天赋"。保罗在1939年本该服兵役，却被部队拒收，当时他的这一天赋肯定发挥了作用。"'不适合'这个词用在他身上真的再适合不过了。"[57]保罗在《雅克曼大道》中以侯爵的身份出现。他是喜欢恶作剧的幽默家，认真投入的荒诞主义者。他是超现实主义的践行者——安德烈·布勒东可能会说他是现实中的超现实主义者。保罗对《生活之道》（*Le Savoir vivre*）一份问卷的回答表现出了他的倾向。《生活之道》是马格利特和朋友在二战后炮制出来的，它并不严肃，问卷也不严肃。问卷设计者原本期待人们更严肃的反应，得到的却是漫不经心的回答。他们向各地的艺术家和作家提出了四个问题，并精选出了人们的答案。这四个问题是：你最厌恶什么？你最喜欢什么？你最渴望什么？你最害怕什么？马格利特的回答集中在他对过去的排斥：

> 我厌恶我的过去，也厌恶别人的过去。我厌恶顺从、耐心、职业英雄主义，以及所有强制性的美好感觉。我也厌恶装饰艺术、民间传说、广告、播音员的声音、空气动力学、童子军、石脑油的气味、时事和醉汉。
>
> 我喜欢颠覆性的幽默、雀斑、女人的膝盖和长发、孩子们玩耍时的笑声、在街上奔跑的少女。
>
> 我渴望真爱，不可能的、虚幻的东西。
>
> 我害怕确切地知道我的极限。[58]

保罗的回答同样有特色：

> ［厌恶］：以自我为中心的人。
>
> ［喜欢］：诗意的发明。一架大钢琴。一匹马。酸叶草。
>
> ［渴望］：人类把自己变成蔬菜之类的东西：单纯的人、诗人和无政府主义者变成可爱的花朵；混蛋和伪君子变成韭菜和萝卜；金融家、

政客和榴弹兵都变成臭气弹。

［恐惧］：使美好行为瘫痪的兽性和野兽。[59]

从孩提时到成年后，保罗一生都是马格利特小团体的一员。如果说保罗此生再不曾像 1912 年 2 月 24 日晚上那样感到孤独，或许是言重了，但值得注意的是，从那以后，保罗一直依恋着哥哥。哥哥勒内去哪里，保罗就去哪里（哪怕是去巴黎）。在后来的生活中，马格利特发现保罗是有趣的人，他的另一个兄弟雷蒙则相当无趣，甚至比无趣更糟，因为雷蒙总是和他保持距离。

雷蒙在 18 岁时得了小儿麻痹症，成年后仍然遭受并发症的折磨。他一有工作机会就离开家，最初是在一家制药公司当推销员。他经营香水香料，最终成了富有的商人。人们都说，他生活的主要目标就是赚钱致富。他成功了。1932 年，他在布鲁塞尔与速记打字员何塞菲娜·范迪莱姆（Joséphina Vandaelem）结婚。他们的女儿名叫阿莱特，在她的记忆中，父亲离她很遥远，几乎从不出现。她小时候很少见到父亲。“我父亲很少和我接触（他不喜欢小孩子），他也从来没和我谈过自己的童年。”[60] 雷蒙似乎同样继承了对家人的鄙夷，对他哥哥也不例外。雷蒙说过：“我哥哥是个 xxx。”[61] 也许雷蒙在某些方面很拘谨，但是据说他在其他方面很像他父亲，是个好色之徒。传言说他和老板的妻子有染，还有更多窘事。雷蒙的其他征服对象来自收购，而且是明智的收购。不论勒内·马格利特对雷蒙有什么样的看法，事实就是，马格利特刚成为一名画家，雷蒙就开始以最快的速度购入他的作品，尽管人们纷纷指摘他画中的缺点。雷蒙购入的第一批作品中有一幅《冒险的外衣》（*La Robe d'Adventure / The Garment of Adventure*，1926）。这是在那幅《一个孤独漫步者的遐想》画好之前不久完成的，画面也呈现了一具赤裸的尸体，这次尸体漂在水上，身上裹着祭服，或许是寿衣，又或许是一种遮挡。这奥菲莉亚式的冒险者顺流而下，漂向她的死亡，她闭着眼睛，伴随她的是一只巨大的空气动力海龟，它似乎摆脱了自然元素，从尸体上方飞越过去，飞得如此之低，前肢几乎擦过了她的大腿。[62]

若说雷蒙有些缺乏同情心，保罗就恰恰相反。马格利特真心喜欢保罗的陪伴。正如斯居特耐尔所说，他们不论在什么意义上都是亲兄弟。[63]或许不仅如此。保罗以他游吟诗人的方式在世间谋得生计，但他需要照顾，不论在经济上还是在其他方面都是如此。马格利特即使在生活拮据的情况下也会对保罗有求必应。用俗气些的现代话语来说就是：马格利特一生守护保罗，除了那一个夜晚。

保罗结婚很晚。1942年，他与伊丽莎白·范·德·格维尔结婚了。妻子昵称为贝蒂，是个明智的女人，看起来是理想的伴侣。贝蒂来自鹿特丹。她对保罗的过去几乎一无所知，这一点是她首先承认的。她看到了一本画册的参考资料，又和乔吉特聊起相关的事，才得知保罗母亲是自杀的。“保罗非常谨慎，”她告诉雅克·鲁瓦森，“有些事情他从来不谈。”[64]

马格利特也是如此。斯居特耐尔只有一次从他那里探听到了一点消息，当时他们正漫无边际地随意谈论他的生活和时代，谈话内容写进了《勒内·马格利特》。斯居特耐尔的这本书在 1942 年就已完成，但是到了 1947 年才首次出版。斯居特耐尔对这场谈话的描述太出名了。尽管其中也有空缺、怪异和不准确之处，但它整体上写得十分出色，让人信服，让人觉得无可挑剔，在半个世纪里一直被视为相关记述的标杆。

> 马格利特 12 岁时，母亲自杀了，那时她仍然是个年轻女子。
>
> 她和最小的孩子同住在一个房间，孩子半夜醒来，发现妈妈不见了，就把全家人都喊了起来。他们在房里找了个遍，结果一无所获。然后他们注意到门口台阶上和人行道上的脚印，跟着脚印走到了当地桑布尔河的桥边。
>
> 画家的母亲跳进了河水中，他们找到她的尸体时，她的脸被睡衣遮住了。他们永远也不知道，是她自己用衣服遮住了眼睛，免得正视自己选择的死亡，还是打转的河水卷起衣服，为她遮住了脸。

对于这一事件，马格利特唯一记得的感觉，是一种强烈的骄傲，或者说他想象着自己记得这种感觉。他觉得骄傲，是因为他想到，自己是一出戏剧中让众人带着怜悯予以关注的焦点。[65]

艺术评论家大卫·西尔维斯特（David Sylvester）是研究马格利特的现代权威，他强调说："就像斯居特耐尔暗示的那样，马格利特的故事表明，在那戏剧性的几个小时里，在事件展开的过程中，马格利特一直在场。这个故事的意象是辉煌的，既有神话色彩也有诗意。睡衣对脸的遮挡让人产生遐想，这遐想中有令人兴奋的浪漫，也有令人惊悸的情色。一个女人因其天生的微妙的敏感，没有直面她选择的死亡；一个青春期的男孩瞥见他死去母亲的赤裸尸体，体会到了恋母与恋尸的战栗。想到这些，不免心生酸楚。"[66]

马格利特究竟是在打捞的哪个阶段看到了他母亲的尸体，当时尸体究竟裸露到什么程度，这些都已无据可考。长期以来，人们受到斯居特耐尔讲述的版本启发，产生了各种假想，然而实际上马格利特或许从未目睹过当时的场景。他母亲被人从打着漩涡的河水中打捞上来时，他很可能并不在场，而斯居特耐尔的版本强调的是被裹住的脸和裸露的躯体，这都出现在尸体打捞上来的那一刻。此后，这一场景就淡出了人们的视野。她的身份几乎是立刻就得到了确认——船员们喊的是“马格利特家的女人找到了”。尸体放到码头边时已经被遮盖起来了，目睹当时情形的努努对此十分肯定。不管怎么说，马格利特似乎并不在场。他或许会像斯居特耐尔猜测的那样，找阿尔贝舅舅或其他人询问一些可怕的细节，比如询问她脸上有什么表情，然后人们会用善意的谎言来安慰他或搪塞他，说她的头被睡衣包裹着，所以看不到脸上的表情。在之后的岁月里，他很可能听到过类似的讲述。据说让娜·韦尔戴恩也复述过类似的故事。乔吉特在晚年一时失控，无意中说出她丈夫从来没见过尸体，而是多年后从当地一名消防员那里听说了当时的情形。[67] 当然，这样的事也可能经过了二次转述：乔吉特可能并没有听马格利特讲过这些，而是从别人那里听来的；就连那个消防员也可能不是直接目击者。

尽管有不同的说法，但马格利特仍有可能在阿尔贝·尼索勒的马厩里，或者在那天运送遗体的过程中看到了尸体，不过这种可能性似乎也不太大，如果把遗体从马厩里抬过来的不是家人而是殡葬行业的人，马格利特就更不可能看到他母亲的遗体了。那天是星期二，马格利特应该在学校。在这种情况下，假设他曾接近过遗体，肯定也会有人守在旁边，而且遗体肯定是一直遮盖着的。按照惯例，负责殡葬的人完成宗教仪式后，遗体要放在敞开的棺材里，以便人们向逝者表示敬意，亲友向逝者告别。很难说这一次人们是否遵循了惯例。在水里泡了十八天，时间已经很长；

如果下葬前在陆地上再停留两天，时间就更长了。利奥波德·马格利特没有把时间浪费在悲伤上，也未流露出会把悲伤演给他人看的迹象。表演不重要，下葬才是最终所需。葬礼安排的时间表明，棺材已经送到了教堂或墓地，盖子也紧紧地盖好了。正式公告刊登在第二天的《公报》上：

> 葬礼和下葬仪式将于本月14日（星期四）上午9点在夏特莱的圣彼得和圣保罗教区教堂举行。
>
> 8点45分在死者家中集合，砾石街95号。
>
> 未收到通知信的朋友和熟人请原谅我们的疏忽，并以本公告为准。[68]

斯居特耐尔始终不知道事情的真相究竟如何，他至死都希望能解开这个谜团。1987年8月15日，斯居特耐尔告别了这个世界，那一天恰好是他的朋友马格利特去世二十周年。尽管斯居特耐尔采用了文学手法，但他还是忠实地记述了马格利特告诉他的事情，这是他一贯坚持做的。斯居特耐尔的版本从各方面看都充满灵感，它的灵感来自马格利特。

马格利特非常厌恶自己的过去，这也是有理由的。对于马格利特的过去，斯居特耐尔提供了另一种讲述方式或者说另一种想象。它构建出的图景迥异于马格利特自己的画作。马格利特的父亲在1928年去世，在那个不一般的年份，艺术家马格利特创作了大量作品，包括《历史的核心》（*L'Histoire centrale*）[彩图 3]。他认为，这幅画与《蒙着面纱的女人》（*La Femme voilée / The Veiled Woman*）一样，描绘了一个身材相当壮实的女人，她的头被遮挡住了，手放在喉咙上，身旁是他的两个图腾形象：一个小手提箱和一把神秘的大号。在这幅画中，女人穿着衣服，穿的是一件连衣裙。[69] 在《洪水》（*L'Inondation*）中，女人是赤身裸体的。更重要的是，只有她的下半身是可见的，上半身笼罩在雾气中。她的右臂不见了，头也不见了。她的左手放在大号上，阴部的毛发和大号都闪闪发光，仿佛正在燃烧。如果我们能看到她身体的其余部分，可能会认为她的姿势是一种对立平衡。她身后是个潟湖，或水的坟墓。[70]

马格利特创作的原型世界充满暴力，丰富诡谲。尽管我们会想到这位艺术家的母亲，但是戴面纱的女人这一形象也有可能受到了尼克·卡特（Nick Carter）的启发。马格利特在新街（rue Neuve）一家名叫“消遣时间”（Le Passe-Temps）的书报店买过些廉价小说，他把这些故事书带回家独自阅读消遣，其中一本写的是“美国大侦探”尼克·卡特的故事。马格利特在创作或构思这些画时，眼前也许一直浮现着尼克·卡特的形象。《神秘首字母》（*Les Initiales mystérieuses*）封面画的是个死者，她躺倒在商店的地上，衣服完好，头被蒙住了，更准确地说，她的头

《尼克·卡特》系列图书 No.37 封面

被一块布包裹着。这一形象与马格利特在同一时期创作的令人不安的《爱侣》系列（*Les Amants / The Lovers*）［彩图 4］十分相似，《爱侣》画的是在接吻的恋人，但是与其说他们在亲吻，不如说是脸对着脸，布贴着布，站在那里。[71]

马格利特一生都热爱阅读侦探小说。他幻想着自己成为侦探小说作家。他年轻时似乎试着写过几次侦探小说，为自己设计的签名是“侦探勒吉斯”（Renghis，由 René 和 Ghislain 混合而成）。1927 年，他开始创作属于他的尼克·卡特的故事。小说没完成，一直压在他抽屉最下面，直到他去世以后的 1969 年才由马塞尔·马里恩公之于众。

> 这个世界与最近从美国来的侦探尼克·卡特相似。他的眼睛仔细观察着这个城镇，还有乡村。他周围的物体似乎不期待他做出普通的动作。他的动作就像是自动机器，他沿着一条直线前行，移开所有挡住他路的家具或墙。他脸上深深的皱纹暗影在电灯的光照下变得透明。他的房间在阴影中，他打开灯翻看一份文件或检查武器时，你能透过他的脸看到他办公室的窗帘。[72]

马格利特巧妙地应对采访者时，经常采用“天才伪装”，这是他所欣赏的尼克·卡特之类的人物的特点。斯居特耐尔的书在 1947 年出版，马格利特在 1954 年的《自传素描》（*Esquisse auto-biographique*）中也提到了自杀，因此他母亲的事已经为众人所知，然而采访者要十分大胆，才敢当面对马格利特提到这件事。马格利特如果愿意用心，会很有魅力。他一向思路清晰。但他不喜欢采访，尤其是脱稿采访，他不接受突然提问。他讨厌闲谈，尤其不喜欢录音。他很擅长在电台或电视上表演——扮演马格利特的角色——但媒体的限制让他无比恼火。如果采访者事先给出要问的问题，他很可能会准备内容翔实的回答。他一语中的，但是不会多说。就像贝克特曾说的，他似乎没什么可采可访的。

也曾有那么几次，马格利特会顺着采访者的话多说几句。也曾有那么几次，马格利特做了公开发言。1961年，在一次时间很长的对话中，让·斯忒沃（Jean Stévo）大着胆子问马格利特，他母亲在桑布尔河的自杀是否给他留下了深刻的印记。下面是他的回答：

> 当然，这种事你不会忘记。是的，它留下了痕迹，但不是你想的那样。事情令人震惊。但我不相信心理学，就像我不相信意志力，意志力是一种想象出来的能力。对心理学，我不感兴趣。心理学声称可以揭示我们的种种思想和情感。心理学努力的结果与我所知道的相反，它试图解释不可解释的神秘。这样的神秘在世界上只有一种，那就是世界。心理学关注虚假的谜团。谁都不能说我母亲的死对我有影响还是没影响。
>
> 我在年少时依次经历了一些事，泄了气的热气球，上了锁的箱子。我常有一种感觉，至今也仍有这种感觉，就是我好像身处一个神秘的世界：一条街、一张脸、一片天，以不为人知的、隐秘的面目出现在我面前。所以，是思想与世界相似。[73]

“他不谈那些深深触动他的事情，”乔吉特说，“他把它们画了出来。”[74]

注　释

1 关于马格利特所讲的故事，参考Torczyner, *Signes*, p. 16。根据Waldberg的看法，将军的名字在记录中是不正确的，参见Waldberg, *Magritte*, p. 65; Torczyner, *Signs*, p. 17。斯居特耐尔欣赏小说《单身女孩》，想要一本收藏到他的私人图书馆里。见Scut，第145页。

2 Michael Howard, *The Franco-Prussian War*（《普法战争》）［1961］(London: Routledge, 2001), pp. 115, 208, 215-216.

3 参见阿尔贝·博克斯塔尔（Albert Bockstael）1975年3月9日写给安德烈·布拉维耶（André Blavier）的信，引用于*EC*，第79页，第370页。博克斯塔尔是马格利特在布鲁塞尔美术院（Académie des Beaux-Arts）的同学，他认为这一作品的创作时间是1917年或1918年。这幅画未列入创作目录。见CR 第1卷，app. 4。

4 Michèle Heck, "L'ascendance," *Cella*, pp. 9-11.

5 在接下来的描述中，我采用了雅克·鲁瓦森（Jacques Roisin）在深入研究马格利特家族起源时收集到的大量证词，见*René Magritte: la première vie de l'homme au chapeau melon*，该研究成果1998年首次出版，2014年再版，此外还有同属一个系列的未曾发表过的*Le fils de l'homme*（2014）。研究的结果是推迟了CR的时间（见Note on Sources）。该研究改变了我们对马格利特早年生活的认识。不过它只有法语版本，在英语世界里几乎无人知晓。包括家谱资料在内，我借鉴的还有：Émile Lempereur, "Ceci est un Magritte"（《这是马格利特》），载于*La Vie Wallonne*（《瓦隆人的生活》）；Michel Foulon, "Crayon généalogique de

la famille Magritte”（《马格利特家族谱系》），载于*L'Intermédiare des généalogistes*；Armand Delforge, “L'ascendance pont-à-celloise du peintre René Magritte”（《画家马格利特的祖先》），载于*Cella*。

6 Waldberg, p. 65; Torczyner, *Signes*, p. 16.

7 Betty Magritte（保罗的遗孀）in Roisin, *Magritte*, p. 111; Scutenaire, *Magritte*, p. 69.

8 Mariën, *Radeau*, p. 201.

9 Roisin的说法是“Vass' T'y Frotte”，他强调了马格利特欣赏的是“不得体”，但是并没有分析这一说法的意义或引发的联想。*Magritte*，第110页。

10 Copley，*Portrait of the Artist as a Young Dealer*（《一个年轻商人艺术家的肖像》）（Houston: Rice Museum, September 7– November 11, 1979）, p. 20.

11 Crole（来自荷兰语krol）指卷曲。Fer à croles指的是烫发棒或卷发器，不过Can'à croles的意思并不确切，也许can是con或cunt（阴道）的委婉说法，那么这个绰号就像鲁瓦森所认为的，是对弯曲阴道的粗俗指称。在斯居特耐尔的传记“The Life and Acts of René Magritte of Yore”（《昔日勒内·马格利特的生活和行为》）中，这个绰号被写成Canakrol。这个绰号在Gablik的记录中则是“弯弯曲曲的阴毛”，称呼的是乔吉特父亲的第二任妻子，见Gablik，*Magritte*，第196页。

12 Luc Sante, “Introduction” to Simenon, *Pedigree*, p. xii.

13 *Bière de porc* (CR 689) 和*Confiture de cheval* (CR 688)，两者都标记为1937。

14 Magritte to Bosmans, 19 February 1959, in *Bosmans*, p. 31; Scutenaire, *Magritte*, p. 33; Rex Stout, *Might as Well be Dead* [1956] (New York: Bantam, 1993)，p. 6. 马格利特读的是法语版，Edmond Michel-Tyl译，*J'aurais mieux fait de mourir* [1958] (Paris: Champs-Élysées, 1974)，第8页。参考马格利特在1958年7月的星期一写给托克茨纳的信，见*L'Ami*，第78页。

15 Scutenaire, *Magritte*, pp. 33, 48.

16 George Melly, "Robbing Banks," *LRB*, 25 June 1992. 这个名叫安·罗宾·班克斯的漂亮女孩其实是个小有名气的珐琅彩艺人。

17 Carroll, *Alice*, p. 274. 小说问世后没过多久，法语译本就在1869年出版了。

18 Rex Stout, *The League of Frightened Men* (New York: Bantam, 1982), p. 139; Scutenaire, *Magritte*, p. 32. 被用作马格利特《爱的宣言》（1947）的题记，*EC*，第221页。马格利特或许也注意到了这句话的前一句："在这11天里，我也明白了，心理学作为正式的科学，是纯粹的骗人花招。"对此马格利特肯定会表示认同。斯居特耐尔发现了法语片名*Les Compagnons de la peur*（CR 499，dated 1942）。

19 Scutenaire, *Mes Inscriptions, 1943–1944*, pp. 130–31.

20 Paul Sacrez in Roisin, *Magritte*, pp. 134–35.

21 Roisin, *Magritte*, p. 198.

22 Roisin, *Magritte*, p. 47.

23 Raymond Pétrus in Roisin, *Magritte*, p. 46.

24 Roisin, *Magritte*, p. 193.

25 Paul Sacrez in Roisin, *Magritte*, p. 192.

26 Scutenaire and Sacrez in Roisin, *Magritte*, pp. 26 and 193.

27 Homer, trans. Robert Fagles, *The Odyssey* (New York: Penguin, 2006), p. 102 (Book 2, lines 306-10). 马格利特读的是Leconte de Lisle的法语译本。

28 马格利特的《生命线》以英文首次出版，发表在"Surrealism in Belgium,"（《比利时的超现实主义》）*View* (New York, no 42 December 1946), pp. 21–23。此处依据Jean Dypréau的描述，见"René Magritte"（1967）, *Le Point de vision*（Auby sur Semois: Marot DL, 2013）, p. 196。参考Félix Fénéon, trans. Luc Sante, *Novels in Three Lines*（《三行体小说》，New York: NYRB, 2007）。

29 *Le Rappel* (Charleroi), 1912年2月25日。

30 *Le Rappel*, 1912年3月13日。

31 Élise Mahy in Roisin, *Magritte*, pp. 79–80. 埃丽兹是玛丽·尼索勒的儿媳，也是马格利特一家在砾石街的邻居，他们的房子位于通往河畔的小巷旁。

32 Victor Frisque in Roisin, *Magritte*, pp. 51, 56.

33 *Le Matin*，1912年5月8日，见Léon Sazie，*Zigomar peau d'anguille*（Paris：Lulu.com，2014），第380页。

34 同前注，第88页。

35 Mariën and Pétrus in Roisin, *Magritte*, pp. 56–57.

36 Pétrus and Frisque in Roisin, *Magritte*, pp. 55, 57.

37 Jacques Cellard and Alain Rey（eds），*Dictionnaire du français non conventionnel*（1980），Mariën的引用见Roisin，*Magritte*，第57页。

38 A.E.D.［Ernest Degrange］，"Surréalisme pas mort!" *Nouvelle Gazette de Bruxelles*, 9 January 1946, and "Ce mystérieux René Magritte," *Nouvelle Gazette de Charleroi*, 11 January 1963; Degrange's widow in Roisin, *Magritte*, p. 59.

39 Lempereur, Pétrus and elderly Châtelettians in Roisin, *Magritte*, pp. 58–59. 参考Lempereur, "Magritte à Châtelet," *La Vie Wallonne*。

40 Beckett, *First Love*, p. 61.

41 Frisque and Pétrus in Roisin, *Magritte*, pp. 54–55.

42 Albert Chavepeyer in Roisin, *Magritte*, p. 102.

43 René Passeron, "En écoutant Georgette Magritte," in idem, *Magritte*, p. 12; Scutenaire, *Magritte*, p. 19.

44 Roisin, *Magritte*, p. 193.

45 Jacques Renard and Joseph Moisse in Roisin, *Magritte*, pp. 100–01.

46 Pétrus in Roisin, *Magritte*, p. 57.

47 CR vol. I, p. 9; Pétrus in Roisin, *Magritte*, p. 75. 让娜·韦尔戴恩不是直接目击者，她在雷吉娜死后成为利奥波德的妻子。

48 Jean-Marie Collard in Roisin, *Magritte*, p. 74. 感谢雅

克·鲁瓦森与我一道追溯那段历史，他亲临现场，利用机会尽可能与当地人展开讨论，其中包括夏特莱的长者、皇家历史学会会长André Vandenbroucke。鲁瓦森说，她还喊了一句“他们关我禁闭了”。

49 Pétrus in Roisin, *Magritte*, pp. 65–66.

50 Arnould Leroux in Roisin, *Magritte*, pp. 68–69. 这里的细节都是阿努德·勒鲁讲述的，得到了鲁瓦森的证实。当时有一篇报道说，尸体被暂时送到一个叫“M. Missone”的人家里存放，这肯定是把尼索勒的名字搞错了。埃米尔·朗珀勒的回忆中提到过尼索勒，“Ceci est un Magritte”（《这是马格利特》），第147页。

51 Roisin, *Magritte*, p. 69. *Les Rêveries du promeneur solitaire* (CR 124) 先由勒内·加费收藏，后由梅森斯收藏。这幅画在1933年第一次展出。

52 Jean-Jacques Rousseau, trans. Russell Goulbourne, *Reveries of the Solitary Walker* (Oxford: World's Classics, 2011). 这个版本的引言直言不讳地将绘画与书写、艺术与生活联系起来。“卢梭所表达的孤独感……在这里被转化为令人难以忘怀的视觉形象，这一形象来自深刻的心理创伤。”“马格利特画出一个戴着圆顶礼帽的男人，以此回应他母亲的自杀……这个男人将成为他一切创作的标志性主题，并有效地代表了他的另一个自我，这个男人背对着死去的母亲，母亲的尸体就放在前景中的石板上。”不论有没有石板，这种弗洛伊德式的解读都很有力量，它以直截了当的方式，获取了在还原过程中失去的东西。马格利特本人肯定会对此嗤之以鼻，但这种解读得到了充分的支持，尽管真相难以猜测。

53 Samuel Beckett, *Stirrings Still* ［1988］ (London: Faber, 2009), p. 108.

54 Pétrus in Roisin, *Magritte*, p. 70.

55 这些歌有的出现在CD *Magritte's Blues* (Musique en Wallonie, 2010)，包括“Norine Blues”和“Marie Trombone Chapeau Buse”；唱片封套内容简介和歌词

见www.musiwall.ulg.ac.be。同时参考Robert Wangermee (ed.), *Dictionnaire de la chanson en Wallonie et à Bruxelles* (Liège: Mardaga, 1995)；以及“Paul Magritte poète et compositeur” on 7511christian.wix.com，其中复制了乐谱封面。

56 Scutenaire, *Mes Inscriptions, 1974–1980*, p. 114.

57 听说保罗被判断为不适合服兵役，被军队拒收时，马里恩做了这样的评论。*Destination*, p. 26.

58 *Le Savoir vivre* (Brussels: Le Miroir infidèle, 1946); *Destination*, pp. 193 ff.; CR vol. II, pp. 127–28. 回答由马里恩和诺奇汇编。诺奇似乎缩短了他的厌恶清单，删掉了“干洗、洗涤剂和大清理”，并略微改变了“一个在街上奔跑的女孩”的说法。在马格利特本人的要求下，马里恩删掉了一些“让他人难受”的条目。

59 Paul Magritte, *Les Travaux poétiques* (Brussels: a.s.b.l., 1974), p. 100.

60 阿莱特·杜邦–马格利特写给埃米尔·朗珀勒的信，1985年3月13日，见Lempereur, “Ceci est un Magritte”（《这是马格利特》），第154页。雷蒙12岁到14岁时上初中，保罗·勒罗伊（Paul Leroy）是那时认识雷蒙的，他记得雷蒙面色苍白，经常生病。Roisin, *Magritte*, p. 124.

61 Waldberg, *Magritte*, p. 70. 这一评论大概是在1963年做出的，没写出的词大概是“蠢货、疯子”之类的。

62 *La Robe de l'aventure* (CR 101)，1932年从梅森斯处购得，成交价为50比利时法郎，那是在人马画廊清盘之前。雷蒙同时还买了另外三幅画，但都没这幅有趣。另外三幅画是*Il ne parle pas* (CR 94)，*La Nourriture de l'ennemi* (CR 106)，以及*L'Esprit comique* (CR 259)。关于清盘及其后果，见第十章。1950年前后，马格利特创作了一幅现实主义的*Portrait of Arlette Magritte* (CR 752)，画面是胸部和赤裸的肩膀。

63 Scutenaire, *Magritte*, p. 55.

64 Scutenaire and Betty in Roisin, *Magritte*, pp. 71–72;

Georgette in Passeron, *Magritte*, p. 13.

65 Scutenaire, *Magritte*，第69—70页，另见第157页。与此相呼应的是，马格利特的同胞、狡黠的文学理论家保罗·德曼（Paul de Man，1919—1983）给出了一段耐人寻味的描述。他母亲在阁楼上吊自杀，他发现了她。那时他17岁。多年以后，他对妻子说："哦，你知道这是怎样的情形，你是大家同情的对象，你成了故事的主人公。"见Evelyn Barish，*The Double Life of Paul de Man*（《保罗·德曼的双重生活》，New York: Norton, 2014），第46页。德曼在1979年发表的一篇名为《作为破相的自传》（"Autobiography as De-Facement"）的文章中写道，拟人法是"面孔的给予和剥夺"。

66 Sylvester, *Magritte*, pp. 13-14.

67 乔吉特1985年与芭芭拉·斯特尔蒂（Barbara Stoeltie）的对话，见"Als hij een échte bourgeois was geweest ... ," *Vrij Nederland*，1988年3月5日。这篇关于乔吉特居家生活的特写报道是用荷兰语写的，感谢保罗·斯托普（Paul Stoop）的翻译。乔吉特似乎比平时说话更自由。在谈到马格利特母亲的自杀时，她说："人们转天发现了她。因为水流汹涌，她的睡袍漂了起来。人们把她从水里拉出来时，她的脸被睡袍遮住了，就好像被湿面纱罩住了。勒内再也没有见过她。几年后，他从一个消防员那里听到了这样的讲述。之后他的创作主题令人印象深刻，例如《爱侣》，画的是两个蒙着面的恋人在亲吻。"

68 *Gazette de Charleroi*，1912年3月13日。

69 马格利特1943年5月致马里恩，见*Destination*，第52页。《历史的核心》（CR 249），1929年首次展出。

70 《洪水》（CR 254），1931年首次展出。

71 "Nick Carter's Clever Decipher, or The Letters on the Floor"（《尼克·卡特聪明的破解》，或《地板上的字》），《尼克·卡特》第37本。封面复制于CR第1卷，第296页。CRRP中包含这些系列的摘选。另见1926年或1927年的无题贴纸图案（CR 1619），画上一名穿着衣服的女人似乎是要沉入木地板，她的头被一团黑色掩盖，那可能是烟雾或一块毛皮，就像1927年创作的《夜晚的意义》（*Le Sens de la Nuit*）（CR 136），那幅画可与1928年5月16日的《集锦》（*Variétés*）中以“神秘”为标题的《尼克·卡特》小说封面配成一对。

72 Magritte,“Nick Carter”,见*EC*，第41页；*SW*，第19页。根据马里恩的说法，这一文本原本是写给杂志《距离》（*Distances*）的。马格利特放弃了这个故事，他更喜欢方托马斯。参考“Notes sur Fantômas”（《方托马斯笔记》）1928年2月23日，*Distances* 2（1928年3月），见*EC*，第48—49页；*SW*，第24页。关于马格利特和方托马斯，参考第二章。

73 斯忒沃的访谈，1961年12月15日，见*EC*，第546页。斯忒沃此前也曾采访过马格利特，是在1954和1959年，这或许对此次采访有帮助，或许没有。

74 斯特尔蒂对乔吉特的采访。

第二章　常态的痴狂

上了锁的箱子，泄了气的热气球，马格利特在成年后一直坚持说，这两件东西是他最早的童年记忆。它们是意义的载体、情感的来源。它们肯定很早就引起了他的注意，那时他即使不是摇篮里的婴儿，也是个年纪尚小的孩子。这些是他看到的——抑或是他认为自己看到的——同时也是往日的幽灵，一个接一个地造访，它们是如此鲜明，无法不落入他的视线（并留存在记忆之中）。它们有神秘感，因此满足了他的艺术的第一个要求。它们不仅是神秘的，更是神奇的，几乎如梦如幻，这种特质则在后来成为马格利特排斥的对象之一。1965 年，在他要走到生命尽头时，他对一位采访者进行了解释。

> "马格利特，我觉得，你经常做梦吧？"
>
> "我和其他人一样做梦，在这个问题上，我认为值得注意的是，我的画不是'梦幻之画'。"[1]

马格利特对另一位采访者说："我最早产生的感

觉，我能记得的最早的感觉，就是神秘感。有一天，我躺在小床上，看着小床旁边的一个箱子，这时我产生了那种感觉。那个箱子是第一个让我产生神秘感的物品。”[2]

这箱子是个宝箱吗？就像马格利特非常喜欢的小说《天方夜谭》和《金银岛》里写到的藏宝箱？按照马格利特1956年为伊雷娜·阿穆瓦尔创作的《传记笔记》（*Biographical Notes*），这是个大木箱。倘若它是三英尺半长，三英尺宽，两英尺半深，那它与爱伦·坡《金甲虫》（*The Gold-bug*）中被人挖出来的那口箱子就真的太相似了。对于收录到《非凡故事》（*Histoires extraordinares*）中的《金甲虫》这个中篇故事，马格利特再熟悉不过了。

> 木箱四周牢牢包着熟铁皮，钉着铆钉，整只箱子给拦成一格格的。左右两头，靠近箱盖的地方，各有三个铁环，总共六个，可以给六个人当把手抓着。尽管我们一齐使出全身力气，箱子也只是略微晃了晃。我们顿时看出这么笨重的东西根本没法搬动。幸好箱盖上只扣着两个活动扣。我们拉开这两个扣子——焦急得一边发抖，一边喘气。一眨眼工夫，整箱价值连城的金银珠宝就在眼前闪闪发光了。灯笼的光泻进坑里，乱糟糟一堆黄金珠宝反射出灿烂的光芒，晃得我们眼花缭乱。[3]

虽然马格利特的作品充满联想，但上锁箱子的谜底可能永远无法揭开了。“站在阿拉伯故事中一个孩子的角度来看，仅仅是宝藏这个词”，就足以让诗人保罗·瓦雷里着迷。[4] 马格利特或许也是如此。倘若宝藏是马格利特心中的渴望，阿里巴巴或独脚海盗约翰·西尔弗（Long John Silver）的故事也许能提供答案；同样能成为答案的还有阿洛伊修斯·贝特朗（Aloysius Bertrand）的散文诗《夜之幽灵》（*Gaspard the Nightwalker*，又译《夜之加斯帕尔》），它为莫里斯·拉威尔的一组钢琴曲提供了灵感，后来又为马格利特的一幅水粉画和一幅油画提供了灵感。贝特朗写道：“他打开箱子，里面是众人的宝藏，成堆的神圣花瓶，成堆的金币，倾泻而出的珍珠和钻石。”[5] 马格利特四十多岁时重又读起了阿拉伯故事。“我已经开始重读《天方夜谭》了，真是享受，”他告诉他的好朋友保罗·诺奇，而当时他已经快 50 岁了，“这享受会持续多久呢？”[6] 事实证明，持续的时间没有《金银岛》长。斯居特耐尔认为，《金银岛》是马格利特最愿意读的一本书。根据安德烈·博斯曼（André Bosmans）的说法，马格利特每年都会重读《金银岛》。他对死人的箱子再熟悉不过了：“十五个人站在死人箱子上——哟嗬嗬！来瓶朗姆酒！”[7]

马格利特也许从来没打开过那个箱子。好奇心得到满足，神秘感就会荡然无存。不过，马格利特在

20岁前后拿起画笔开启了他的绘画生涯，之后不久他就开始探索怎么利用各种各样的箱子，更不必说可能藏在箱子里的尸体了。棺材的联想不可避免。《耸人听闻的消息》（*La Grande Nouvelle / Sensational News*）画了一个箱形容器，里面装着一只鸟的骨架，样子看起来很欢快，好像在努力衬托为它制作的陈列柜，或是在等着人给它拍照。在《名人》（*L'homme célèbre / The Famous Man*）中，有一个立起来的长方形容器，里面是阴影中的比尔博凯特棒接球玩具（bilboquet）。在《勇敢的睡眠者》（*Le Dormeur téméraire*）中，勇敢的睡眠者就睡在一个显然像是棺材的长方形木盒子里。[8]

斯居特耐尔在讲述马格利特的一生时，提到了两个与棺材有关的故事。两个故事都别具特色，可以引发弗洛伊德式的联想；但它们更像是出自超现实的闹剧，而不是心理创伤。第一个故事讲的是马格利特自己躺进了棺材。

> 一名工匠在给一个有钱的大胖子制造棺材，马格利特和工匠在一起待了几天，为棺材加上了最后的装饰。
>
> 棺材看起来又舒适又奢华，吸引住了画家马格利特，他画个不停，一直画到了四点钟。为了让逝者的家人有充分的时间向遗体告别，灵车要到第二天才会来拉棺材。于是他躺进了

棺材，推上棺材盖，在里面喝起了茶。

马格利特吃完茶点从棺材里钻出来时，真是精神百倍，心满意足。然而，过了一会儿再想到这段经历，他突然感到十分恐惧，之后差不多一个星期都不想躺下，也不想吃饭。

第二个故事同样怪异。故事的开头是这样的："有一天，一名警察死在了一栋楼的二楼，而马格利特正好住在一楼。"

警察的家人想借助艺术家的名气，同时也想图个方便，于是问马格利特能不能允许他们使用一楼的客厅，把棺材放到那里，让人们前来吊唁。

马格利特不是那种愿意与邻居来往的人，这种要求他本来是会拒绝的，何况拒绝也合乎情理。然而，一想到有个死人停在家里，而且就在他的卧室旁边，几乎触手可及，他立刻乐不可支。于是他同意邻居在他家客厅搭起棺材架布置好灵堂。

画家马格利特就在这个灵堂里接待来访的客人。那天晚上他的愉悦达到了极致。[9]

在马格利特讲述的童年回忆中，最重要的除了箱子就是热气球。马格利特对采访者回忆说："我从婴儿床上往外看，吃惊地看到有人拖着个泄了气的热气球。后来我的感觉与其说是兴高采烈，不如说是紧张不安，没有什么特别的原因。”马格利特肯定曾为这个故事添枝加叶，讲给了斯居特耐尔。斯居特耐尔写出的故事版本更有画面感。“一个热气球落到了他住的店铺房顶，热气球驾驶员龇牙咧嘴地把泄了气的热气球从屋顶拖下来。他们穿着皮衣、戴着有耳罩的头盔，那长长的松松垮垮的气球，在年幼的马格利特眼里是如此奇特。”[10]

热气球的故事听起来太奇妙，有些令人难以置信，尽管这在热气球的历史中并非不可能发生。马格利特从来没有具体讲过这一事件发生的地点和时间，对此他可能根本就不知道。斯居特耐尔猜想事情发生在日利。马格利特一家是 1900 年从莱西讷抵达日利的，那时马格利特才 1 岁，他们在 1904 年离开日利去夏特莱，那时马格利特 5 岁。在那些年里，人们经常会看到热气球从头顶飞过，热气球也经常遇险。一年一度的热气球节在距离沙勒罗瓦市中心大约两英里的地方举行，是当时的一大景观，当地报纸会用大量篇幅进行报道，其中最出名的是《沙勒罗瓦公报》。似乎每年都会有勇敢的热气球驾驶员遭遇暴风雨或撞上电线。每年都有热气球在日利上空失控的报道。这一切让马格利特的故事显得可信，也为他的回忆增添了地方色彩，但是当地从来没有过热气球迫降的报道，更没听说过热气球落到弗勒吕大街 185 号，马格利特家的屋顶上。倘若真的发生过这样的事，利奥波德·马格利特不可能不和别人提起。

能不能验证这个故事也许并不重要。幼年的马格利特可能只是听到了周围发生的事，或者听到了人们讲的故事，而当时发行的各种出版物中很多让人过目难忘的图片，又会强化这些故事留下的印象。有一组很受欢迎的收集卡片，画的就是早期的热气球航行的场面，其中有几张以驾驶者的最终结局为主题："德罗奇耶与德罗曼之死"（Mort de Pilâtre de Rozier et de Romain），"哈里斯之死"（Mort de Harris），"布朗夏尔夫人之死"（Mort de Mme Blanchard）。布朗夏尔夫人指的是以大胆出名的索菲·布朗夏尔（Sophie Blanchard），她在卢森堡和巴黎的蒂沃利花园进行热气球表演，从热气球上放烟花，管弦乐队在地面的演奏台上为她伴奏。由于存在热气，这一特技表演十分危险，最终夺走了她的生命。那是 1819 年，一个闷热的夏夜，她在蒂沃利花园表演时，气球口的氢气失火了。燃烧的气球落到了普罗旺斯街 16 号的屋顶上，那里离现在的圣拉扎尔车站不远。布朗夏尔夫人烧伤倒不严重，但她被气球索具缠住了。她从屋顶滑下去，被索具吊在那里——卡片描绘的正是这一幕景象。最后她摔到了铺着鹅卵石的街道上。布朗夏尔夫人在烈火中从天而降，为神话学家提供了灵感。她获得了不朽。

研究该历史时期的著名学者和传记作家理查德·霍尔姆斯（Richard Holmes）写道："在历史

上，梦幻般的故事和浪漫冒险总是与气球联系在一起。有些是真实的，有些纯属幻想，还有很多故事是真实与幻想的结合，它们也是最有趣的。在叙事文学中，似乎总是有个篮筐挂在热气球下面，诱惑着你。只要有热气球，就能讲出关于热气球的故事，而且往往是怪诞离奇的故事。”[11]故事的一个版本就是男孩乘坐的气球飞走了，这被霍尔姆斯称为“脱缰的梦”。在这种情况下，热气球脱离控制后会径直升向天空，在空中飞行。寓言《保罗的热气球奇幻之旅》（*Les Aventures de Paul enlevé par un ballon*）就讲述了这样的故事。让·布鲁诺（Jean Bruno）的这本书在1858年出版，之后多次再版，配有德桑德尔（Desandre）绘制的漂亮插图，马格利特可能读过这本书。有一种可能是，年幼的马格利特被家人带到户外时看见了一个热气球从空中飘过，那个热气球在他眼里是奇异的怪物，怪物的身躯那么庞大，吓了他一跳。也许它飞得非常低，他可以向坐在篮筐里的热气球操纵者挥手，可以看到他们脸上的表情，他们如同来自另一个世界，他们的耳罩和装备都让他羡慕。也有可能，马格利特在卧室里透过窗户看到了外面的一个热气球，卧室是安全之地，但也不可能彻底安全。也许他和其他孩子一样沉浸在想象中，心里感到不安。

马格利特很可能在夏特莱近距离看到过泄了气的热气球。1911年，马格利特12岁。在那一年的夏特莱热气球节上，组织者安排热气球从圣罗什那里起飞——当年马格利特小团伙就是在圣罗什街的咖啡馆对厕所搞破坏的。结果，热气球只飞过了纳慕尔街的屋顶，随即就开始下降，撞到几棵果树后，在埃格利斯街的一所房子前不光彩地结束了飞行，慢慢泄光了气。热气球上的人从篮筐钻出来，毫发未伤。[12] 当地居民完美目睹了事件的全过程。巧的是，马格利特的舅舅阿尔贝和舅妈弗洛琳当时就住在埃格利斯街。他们的两个儿子加斯东和乔吉斯与马格利特的年龄差不多。如果这对兄弟和马格利特兄弟不跑过去查看有没有尸体，那才奇怪呢。

更寻常的解释是，20 世纪 20 年代，马格利特结婚后住在布鲁塞尔郊区的热特，热特的埃塞格姆煤气厂也是热气球加气站，热气球在附近的开阔田野上试飞，小学生们成群结队地在旁边观看欢呼。那里至少出过一次严重事故。热气球刚开始上升就撞上了储气库，飞行员受了致命伤。

热气球的图像影响着马格利特的一生。约瑟夫·孟戈菲（Joseph Montgolfier）称热气球为“纸袋里的云朵”，这一说法肯定对马格利特很有吸引力。

天空在马格利特的早期作品中总是出人意料。天空的样子总在变幻，既有彰显，也有欺骗。马格利特在 1929 年 8 月创作了《危险天气》（*Le Temps menaçant / Threatening Weather*，1929）[彩图 5]，在画面中，布满天空的不是云彩，而是三个超大的物体：一个人的躯干、一把大号、一把椅子。这三件平常会被我们忽视的物体悬在空中，如同海市蜃楼，如同一种幻象，也可能是一种思想。尽管马格利特厌恶对其作品的凭空想象和由此得出的解释，但他讲到另一幅画时很可能会说，云看起来就像是思想，而且他会引用亨利·米肖的话。在一篇评论马格利特的画的精辟文章中，亨利·米肖曾表达过十分相似的观点。[13] 那幽灵般的三件物体组合在一起，主宰着天空，主宰着画面。它们的样子与实物非常相似，然而看起来并不真实，这让人感觉很奇怪。它们具有云的特征；它们是云，又不是云。天空包容了一切，但它的地位悬而未决。实体与空间，内部与外部，虚构与真实，记忆与编造，它们之间的边界从不固定，可以互相渗透。马格利特的天空是可塑的、可变形的，是有肌肉的——他有一幅画的名字就叫《天空的肌肉》（*Les Muscles célestes / The Muscles of the Sky*，1927），其中画了些像是腿的东西。由于有这些特征，马格利特的天空可以分解成积木一样的模块，这有点像乐高。大概就在乐高公司获得专利权的同一时期，马格利特把天空积木纳入了自己的艺术领域。他的《暴风雨》（*La Tempête / The Tempest*，1931）［彩图 6］画的是黑暗房间里一块一块的天空和云，危险天气升级成了令人不安的暴风雨。这幅画在他的卧室里挂了很多年。[14]

马格利特在 1938 年做过一次题名《生命线》（*Lifeline*）的演讲，这次讲演也许是我们能找到的马格利特最好的自我描述。他在演讲中指出，他的天空不是传统画家笔下的天空。他说到“在必要的地方，我使用浅蓝色”。《危险天气》就是个例子。“我和那些资产阶级艺术家不同，我从不会根据自己的喜好，用这样那样的蓝色来衬托这样那样的灰色。”[15]对马格利特来说，天空是蓝色的，树叶是绿色的，大海往往复制了同一张风景画明信片——《波浪》（*la Vague / The Wave*），这是以海洋为创作主题的传统画家瓦坦·马科希安（Vartan Makhokhian）的一幅油画，创作日期不明。[16]不过马格利特也画了天空瓶、树叶鸟和不太像普通水手的航海者，《海上来的人》（*L'homme du large / The Man from the Sea*，1927）［彩图 7］展示出的就是这类形象。[17]不论马格利特这些早期画作的源起是什么，它们都绝不能被简化为符号。马格利特晚年时曾参观过博物馆的画展，这样的参观对他来说并不多见，之后他向夸赞他的馆长解释道：

> 我兴致勃勃地参观了“梦的作用”展，觉得展览办得不错。然而，我必须指出一个错误：有个玻璃展柜里贴出的展品说明把我画中所表现的物体描述为“符号”。如果你能确保这一说明得到更正，我将不胜感激。它们是物体（铃铛圈、天空、树木，等等），而不是“符号”。有一种思维方式，就是要赋予一个物体某种常规的寻常的意义，在具象艺术中，符号很大程

度上是由那些非常尊重这种思维方式的艺术家使用的。另一方面，我的绘画观念则倾向于恢复物体作为物体的原本价值。（有些人只要看到一幅画就会不自觉地思考它有什么象征意义、寓言意义之类的，所以他们对我的观念总会感到震惊。）[18]

马格利特与贝克特的态度是一样的，“如果不认为存在符号，就不存在任何符号”[19]。马格利特从最初就形成了这样的观点：物体就是物体。蒸汽机车就是蒸汽机车，不是象征着阳具的符号。实际上，经由马格利特之手，蒸汽机车这一物体不仅得以重塑，而且获得了新生。它是物体的完美范例。从壁炉里钻出来的蒸汽机车比停在铁轨上的蒸汽机车更像蒸汽机车。“那些我们由于熟悉而忽视其存在的物体，一旦错置，就会触动我们，”诺奇在与马格利特交流时写道，“物体作为物体而存在，并以在此之前未受重视的美好品性触动我们。”[20]他任由自己对这些品性的想象偏离轨道。“若想让那些童年时显现在我们面前并带给我们启示的事物一直具有显现在我们面前并带给我们启示的力量，就必须赋予它们新的功能，”他解释说，“比如说，在房子和乐器之间建立起联系后，比尔博凯特棒接球玩具就变成了新的神话中的生灵。”[21]

马格利特画出的许多物体，比如热气球，都出自百科全书。它们大多数是拉鲁斯出版的百科全书。这是拉鲁斯百科全书的黄金时代，拉鲁斯百科全书无处不在，无所不知，无穷无尽，蕴藏着无数奥秘。它是一座宝库，与马格利特最爱读的其他书一样是逃避的手段。拉鲁斯的百科巨著表现出了一种常态的痴狂，一种“驱除黑暗思想”的固执决心。马格利特在后期写作时引用了其中的一句箴言：“旅行可以有效转移对痛苦的关注。”[22] 孩提时的马格利特应该熟读过《新拉鲁斯图解百科》（*Nouveau Larousse illustré*，1897—1904），可能也见到过拉鲁斯系列丛书的鼻祖——《19 世纪通用大词典》（*Grand Dictionnaire universel du XIX siècle*，1865—1876）。马格利特从最初就在《小拉鲁斯插图词典》（*Le Petit Larousse illustré*，1916）中寻找灵感，这得到了马塞尔·勒孔特（Marcel Lecomte）的证实。[23] 马格利特查阅过《拉鲁斯百科》（*Larousse Universel*，1922—1923）的一个版本，这个版本一直留在他的图书馆里。他也很可能读到过六卷本的《拉鲁斯 20 世纪百科全书》（*Larousse du XXe siècle*，1928—1933），这套书可以说是《拉鲁斯百科》的扩展版。他还收藏了《我们时代的原创艺术》（*L'Art des origines à nos fours*，1932），这是拉鲁斯出版的两卷本艺术概览。他甚至可能接触过更少见的拉鲁斯百科系列图书，例如《拉鲁斯居家生活管理图解百科》（*Larousse ménager, dictionnaire illustré de la vie domestique*，1925）。对马格利特来说，拉鲁斯是座宝库，或者说是另一个藏宝箱。拉鲁斯百科也是文化的标杆。新一版的拉鲁斯百科出版后，马格利特后来也曾在马勒、马奇诺和穆罕默德这些词条之间查找过有没有自己的名字。结果令他失望了。到了1959年，百科全书中收入了安德烈·布勒东这一词条，却依然没有出现马格利特的词条。

马格利特翻阅百科全书不是为了查找信息，而是为了寻找灵感，寻找可以仿效的范例。他看的是书里的图片，甚至还给图片上了色。拉鲁斯百科书中的词条是用整页的线条图来进行说明的，它们有时会按类别分组，例如“皮草”“音乐”“标志系统”“常见的鸟类”。这些插图绘制得很准确，并配有详细说明；图中物体会被拆解并标注。这是对模仿者的馈赠。在《耸人听闻的消息》（1926）中，装在盒子里的骨骼鸟忠实地再现了拉鲁斯解剖图中鸟的骨骼。在《冒险之袍》（*La Robe d'aventure*，1926）中，一只棱皮龟在低空飞行，掠过水面上的女子，那只棱皮龟不是普通的老龟，它与类别属名为 Sphargis 的海龟很是相像。令人惊异之处不仅在于棱皮龟飞到了空中，更在于它与飞艇的相似之处，比如拉鲁斯百科全书中描绘的“地中海号”（Méditerranée）刚性飞艇或“北极星号”（Nordstern）齐柏林飞艇。它既是棱皮龟热气球，也是传奇家族的另一个物种，就像梅尔基奥尔·洛克（Melchior Lorck）的飞翔大龟，或者《天方夜谭》中能抓起大象的大鹏巨鸟。如果大鹏鸟能拯救辛巴达，是不是飞翔的海龟也能拯救莎乐美，甚至能拯救雷吉娜呢？更通俗地说，马格利特画中的热气球也都是这样的：热气球拉沃（ballon sphèrique de La Vaulx）看起来是马格利特大部分画作中热气球的原型，而匹拉特尔·德罗齐埃（Pilâtre de Rozier）和达尔朗德侯爵（Marquis d'Arlandes）的蒙特戈菲埃热气球（ballon montgolfière），样子酷似马格利特为朋友哈利·托克茨纳画的一幅肖像中出现的热气球。

多年来，马格利特想不出为一幅画起什么名字时，翻一翻《拉鲁斯》可能就会产生灵感。他有一幅画叫《强盗的灵魂》（*Un Peu de l'âme des bandits / A Little of the Outlaws' Souls*，1960），斯居特耐尔注意到，这个名字取自一本关于邦诺强盗团伙（la bande à Bonnot）的书，书中刻画了1911至1912年在比利时和法国猖狂一时的一群狂徒，他们是无政府主义者，酷爱汽车，臭名昭彰。书的内容扣人心弦，混合了各种元素，包括社会良知和激烈枪战、劫掠和伤害、自由恋爱和飞车逃跑。马格利特小团伙熟知邦诺团伙的故事。邦诺有个不离不弃的死党，名叫奥克塔夫·加尼耶（Octave Garnier），他的情人名叫玛丽·维勒敏（Marie Vuillemin），又名玛丽·拉贝尔热（Marie la Belge）。这伙人的起事之地就是玛丽的家乡沙勒罗瓦。《抓捕邦诺》是邦诺一生的最后一场大戏，1912年4月28日在沙勒罗瓦国家大啤酒馆上演，现场还有管弦乐队伴奏。马格利特的一个同学说，当

梅尔基奥尔·洛克的“飞翔大龟”

蒙特戈菲埃热气球（图片出自 Gaston Tissandier 的《热气球史》）

时马格利特本人就在那里欣赏了抓捕一幕。[24]

在那些年里，马格利特并非总是无法无天。青少年时代的马格利特还有个秘而不宣的副业——学画。他在自传小品中证实说：“1910 年，在夏特莱……12 岁的勒内·马格利特热衷于给图片涂颜色，还参加了绘画课。来自沙勒罗瓦附近丹普雷米一所学校的一位老师每星期都来教夏特莱的女孩子画画。上课地点是一家糖果店楼上的两个房间，除了那名老师之外，勒内·马格利特是这临时学校里唯一的男性。”不久以后马格利特补充了一些细节——不知道他是不是在开玩笑——星期天早上，他去上绘画课，老师教他怎么烫画和装饰伞架。[25]在 1911 年，邦诺那帮匪徒抢劫了丹普雷米的教区教堂，他们砸碎了牧师的头骨，杀死了他。对于马格利特来说，美术或许就这样与暴力联系在一起，互相碰撞，让这个地名在他的脑海里留下了深深的烙印。

涂色是项严肃的工作。马格利特的朋友维克多·弗里斯克加入了涂色的行列。

> 我有时会去勒内家里，我们一起涂色。我们把大蜡笔削尖涂颜色，这真的让人着迷。我们就是这样成为朋友的，我们意识到我们两人都喜欢涂色。勒内会在家里把他能找到的所有图片都涂上颜色，书中的图片，杂志上的图片，甚至还有报纸上的图片。此外还有他在“消遣

> 时间”书报店买到的画片，这些画被称为“彩色石印画”，有明信片，小规模复制的美术作品，风景照。那时我和他还是同桌，有一天，我发现他有一支漂亮的凯兰帝蜡笔，是一种他非常钟爱的玫瑰茜草色，我就偷偷把笔拿走了。那天下午，我感到愧疚，就又把笔放回到他的笔盒里……我从来没见过马格利特自己画图，我的意思是画图画，除了那次我们做弥撒时［他画了些装饰］，那是我第一次去他家。[26]

要找图片填色，马格利特父亲图书馆里的字典用起来是很方便的，其中就包括拉鲁斯百科全书，但杂志可以提供的图片范围更广。马格利特专门提到了《图画杂志》（*Le Magasin pittoresque*）中的版画图片，以及《美丽的形象》（*Les belle Images*）和《青春的描绘》（*La Jeunesse illustrée / Youth Illustrated*）［彩图 8］中的画谜——《青春的描绘》后来被马格利特用作一幅画的标题，那也可以说是马格利特青春的画谜。[27] 至于漫画，在尼克·卡特和纳特·平克顿（Nat Pinkerton）之外，马格利特还记得 1908 年首次亮相的《臭皮匠》（*Les Pieds Nickelés*）中的一伙人，四十年后，马格利特创作他那些“奶牛”时期的漫画时又想起了《臭皮匠》主人公的形象。[28]

很难说年少的马格利特与女孩子们一起上绘画课时留下了多少完成的作品。至少有四幅画可能是马格利特最早的画作，其中有两幅1910年的风景画，画的主人上了年纪后把它们捐给了布鲁塞尔美术馆。据主人说，这两幅画是1929年或1930年在彭塔塞勒附近苏弗里特的跳蚤市场上买到的，而马格利特的祖母一家人就住在这一地区，她是1929年去世的，我们可以认为这两个时间点基本吻合。四幅画中有一幅1910年的静物画，画的是插在花瓶里的花，据说是一个旅行推销员用一磅黄油从马格利特母亲手里直接换来的。还有一幅更像荷兰风景画，上面画了风车，是在另一个跳蚤市场发现的，标注的时间是1910年，却复制了1912年的一幅画。此外还有一幅没有标明日期的《布鲁日风景》（*View of Bruges*），画了一条运河，一座桥。这幅画据说是艺术家马格利特送给夏特莱的小学校长朱尔斯·戈芬（Jules Goffin）的礼物，后来在列日拍卖会上售出。[29]最后一幅画未列入马格利特画作目录。

马格利特只字不提在小学上的绘画课。绘画课每周半小时，教师是年级主任，名叫卢西安·德尔切瓦勒里（Lucien Delchevalerie），简称德尔切。维克多·弗里斯克回忆说，他们在课堂上没学什么。“第一堂课，德尔切教的是削铅笔。然后我们要画几何图形，再画更多的几何图形：线条、正方形、圆形……这样过了很长时间，我们才开始学画物体。到了中学才有像样的绘画老师教课，老师是布瓦·德昂吉安先生（Bois d’Enghien），而且有专门的绘画教室，还有石膏模型供我们写生。”[30]1914年，马格利特一家在沙勒罗瓦住了一段时间后回到了夏特莱。马格利特不再涂色，而是开始画画。更重要的是，他决定要当画家。为了试水，或者说为了试探父亲的态度，马格利特画了一幅画，只不过并非原创，而是完全复制了另外一幅画的画面。马格利特的这幅《受惊的马逃离燃烧的马厩》（*Chevaux affolés fuyant une écurie en feu / Frightened Horses Fleeing a Burning Stable*，1914）长2.5米，高1.5米，它的意义或许只在于表白，或者说是宣布他的志向。原画比这幅画小，作者是杰夫·范德维肯（Jeff Vanderveken，1872—1964）。范德维肯本人就擅长模仿和造假，尤其是模仿佛兰德大师的作品，比如扬·凡·艾克（Jan van Eyck）和罗吉尔·凡·德·维登（Rogier van der Weyden）。看到了马格利特创作过程的阿尔贝·夏夫佩耶（Albert Chavepeyer）说，马格利特是按照原画的一张彩色照片创作的。正如我们无法确定哪一幅画是马格利特最早的原创，我们也只能暂且认为这是马格利特画出的“第一幅画”，也许马格利特的一系列画作就以此为起点。

这幅画引起了出乎意料的反响。马格利特的父亲十分自豪，把画摆在了砾石街95号的家中供人欣赏。雅克·鲁瓦森问雷蒙·彼得吕斯都有哪些人来看这幅画，得到的回答毫无亮点：“邻居们！”[31]邻居们喜欢他们眼前这幅画。马格利特的第一次展览大获成功。

更重要的是，正是这幅画的某些特质，比如这幅画所体现的雄心壮志，打动了马格利特的父亲，让他认为应该支持马格利特继续画画。家里培养个艺术家——作品能卖得出去的艺术家——是一种投资。利奥波德·马格利特打算送儿子去意大利接受一年的绘画训练，毕竟艺术市场前景可观，这只能说是很小一笔投入。彼得吕斯回忆此事时是这样说的：

> 他父亲野心勃勃，想掌控一切。他希望儿子们成为重要人物，我说不太清……比如说，工程师是重要人物吧，或者别的什么，总之就是重要人物。所以说，看到他儿子的巨幅画作，看到大家都来欣赏这巨幅画作，他觉得勒内可能会成为画家，于是他鼓励勒内。不过我也感到奇怪，勒内怎么会一点消息都不透露，然后就突然给我看了他的画，我一直感到奇怪，那之前他怎么会对此只字不提。[32]

踏上艺术之路的马格利特固然沉默低调，却已经是年纪轻轻就崭露头角的艺术家了，他为奇妙的事物痴狂，对身外的世界充满热望。他的第一幅热气球画——《蓝色电影院》（*Cinéma Bleu*，1925）［彩图9］，暗示出达到迷人效果的一条重要路径。这幅画的场景在很大程度上归功于影视先驱马塞尔·莱赫比耶（Marcel L'herbier）堪称铺张华丽的作品——《无情的女人》（*L'inhumaine*，1924）。[33] 勒内·马格利特13岁时发现了一个新世界——电影。1912年4月，也就是他母亲下葬一个月后，一家电影院在夏特莱开业了，位置就在砾石街拐角处，桑布尔河畔一座宏伟的建筑里。电影院的所有者和经营者是一个名叫泽农·昂普利（Zénon Emplit）的人。马格利特每星期都去昂普利的电影院，有时自己去，有时和他的新朋友，住在街道另一端的夏夫佩耶三兄弟一起去。阿尔贝、埃米尔和赫克托尔兄弟三人都有艺术天赋。他们不是马格利特小团体的成员，他们三兄弟自成一派，但他们和马格利特一样，都痴迷电影。马格利特此前一年曾在沙勒罗瓦世界博览会上遇到过阿尔贝，两人都被昂普利电影院展位迷住了。电影院终于开到了夏特莱，他们欣喜若狂。阿尔贝后来回忆起他们对电影和电影海报的热情：

> 夏特莱贴出了大张海报，为昂普利电影院即将上映的电影做宣传，勒内和我的兄弟们喜欢研究那些海报。电影院里也有宣传海报，其中有一张海报给我们留下了深刻的印象。那是阿利康（Alcyon）自行车的广告，骑自行车的人有四副可换的面孔，都是环法自行车赛的明星，分别是奥克塔夫·拉皮兹、弗朗索瓦·费伯、西里尔·范·豪瓦特和吕西安·佩蒂-布勒东。昂普利电影院让我迷上了海报，从那时起我就

想成为海报设计师。勒内喜欢电影海报和宣传海报。他成了个电影迷。他有时会在昂普利电影院一连几天看同一部片子。他还会去沙勒罗瓦观看街头大荧幕上回放的重大事件的场景，比如邦诺团伙的投降。放映方托马斯的冒险故事时，他的热情达到了巅峰。[34]

恐怖大帝方托马斯在皮埃尔·苏维斯特（Pierre Souvestre）和马塞尔·阿兰（Marcel Allain）撰写或口述的系列故事中首次亮相。第一卷《犯罪天才》（*The Genius of Crime*）在1911年出版，神秘的方托马斯就此降临世间。一夜之间，广告牌上，售货亭里，地铁中，车站内，处处都是他的身影——永远戴着面具，头戴礼帽身穿晚礼服，衣冠楚楚，在血色天空的映衬下巨人一般横跨巴黎。在一张画面温和的海报上，他戴着手套，一只手托着下巴，另一只手伸到身后，握着一把血淋淋的匕首。这是方托马斯系列小说第一部的封面，被制成了海报。画面让人过目难忘。海报轰动一时。信息明确。方托马斯走出了法国。

通俗小说从未如此成功。1911—1913年间一共出版了32本方托马斯小说系列连载，每月一本，每本都有骇人的新封面。马格利特迫不及待地期待新的方托马斯故事。他亲眼看到方托马斯的海报在夏特莱越来越多。每一本方托马斯都让他爱不释手。每本书的封面都让他满眼迷恋，特别是《断手》（*Severed*

Hand），此外还有《蒙面骑师》（*The Masked Jockey*）和《致命花束》（*The Deadly Bouquet*），画中的脸被遮住了一部分，让受害者毫无戒心。[35] 人们经常看到马格利特的脸紧贴在“消遣时光”书报店的窗户上往里看，鼻子都压扁了。店里放着伪装大师的全彩石膏模型，让马格利特着了迷。

马格利特并非唯一入迷的人。方托马斯是流行现象。他出了名的善于伪装，他跨越了资产阶级道德的界限，他嘲笑经典的良好品位，他藐视对高雅文化与低俗文化索然无味的划分。迷恋方托马斯的人非同寻常。弗朗茨·卡夫卡是方托马斯迷。纪尧姆·阿波利奈尔、巴勃罗·毕加索、马克斯·雅各布（Max Jacob）和莫里斯·雷纳尔（Maurice Raynal）共同创立了“方托马斯之友协会”（Société des amis de Fantômas）。桑德拉尔（Blaise Cendrars）宣称：“方托马斯小说是现代的《埃涅阿斯纪》。”[36] 罗伯特·德斯诺斯（Robert Desnos）为广播电台创作了《方托马斯叙事曲》，由安托南·阿尔托（Antonin Artaud）执导，库尔特·魏尔（Kurt Weill）作曲。雷蒙·格诺（Raymond Queneau）想写一本《方托马斯生平》。他把 32 本方托马斯的故事读了四遍，然后开始统计分析方托马斯的罪行。结果或许会令人惊讶，他的主要发现就是，方托马斯谋划的凶杀案差不多有四分之一都失败了，成功 73 次，失败 20 次，不过成功率在他职业生涯的后半段显著上升，达到了 87.5%。[37] 曼·雷为雷蒙·格诺拍了张肖像照片，名为“在逃的方托马斯”。胡安·格里斯（Juan Gris）创作了一幅立体主义的《方托马斯》（1915），是用烟斗、报纸和图书封面，展示出黑色的歌剧面具——方托马斯幽灵般离开时留下的笑容（NGA）。[38] 伊夫·唐吉（Yves Tanguy）画了一幅幻想主义的《方托马斯》（1925—1926），最终呈现了赤身裸体的受害者渗出的鲜血。

马格利特创作的则是现实主义的方托马斯。《野蛮人》（*Le Barbare*，1927）描绘了海报中大盗方托马斯的头和肩膀，那是一个蒙面人从砖墙中现身的特写镜头。这幅画在二战期间伦敦遭遇的一次轰炸中不幸被毁，但是在那之前，马格利特曾经站在这幅画旁边，头戴黑色圆顶硬礼帽，身穿利落西装，模仿着方托马斯的姿势拍过照片。马格利特在 1943 年再

马格利特，《勒内·马格利特和〈野蛮人〉》（1938），伦敦美术馆

次创作他的方托马斯。《火焰重燃》(*Le Retour de flame / The Flame Rekindled*)忠实再现了标志性的方托马斯形象。“方托马斯的海报被他小心翼翼、煞费苦心地转移到了画布上。”乔治·马里耶(Georges Marlier)不屑地评论道。但这次的再现是对原作的重要替代。大卫·西尔维斯特很好地观察到了这一点:犯罪大师解除了武装,他的匕首已经变成了一朵玫瑰。

年轻的马格利特似乎背熟了《方托马斯》系列小说中的一些段落。

四十年后,马格利特与学生时代结识的好友夏尔·亚历山大重逢,亚历山大的开场白就是一个词:“方托马斯!”马格利特反问道:“你说什么?”接着他们开始排练著名的开场对白:

> “我说的是:方托马斯。”
>
> “那是什么意思?”
>
> “什么都不是……什么都是!”
>
> “可那是什么呢?”
>
> “不算什么人物……啊,可是,是的,是个人物!”
>
> “做什么的人物?”
>
> “传播恐怖!”[39]

1966年,雅克·古森斯(Jacques Goossens)在采访中问马格利特:“你是方托马斯吗?”这可能是马格利特接受采访时听到过的最佳提问了。马格利特回答说："这个问题非常好，因为你似乎相信我可能是方托马斯。嗯，如果我想到方托马斯，我可以说我在某种程度上是方托马斯。不过一个人可以通过两种方式成为自己之外的另一个人，一种是真正相信，可以说是像个疯子一样相信自己就是方托马斯；另一种呢，可以说是像诗人一样，有方托马斯的想法，这种想法不是想象出来的，而是真实的想法。那么，我能怎么回答呢？我知道我不是方托马斯，但是当我的大脑有方托马斯的想法时，它是方托马斯。"[40]

马格利特的回答呼应了当年他在创作高峰期所写的方托马斯故事《一出戏》（*Un Coup de théâtre*）。这篇小故事在 1928 年首次发表，那年他 30 岁。故事聚焦于方托马斯的克星，一直追捕方托马斯的警察局局长吉弗（Juve）……

> 吉弗追踪方托马斯一段时间了。他钻进了一条神秘通道，踩着碎卵石慢慢前行。他扶着墙摸索着往前走。突然，一股热气打在他脸上。他靠近了……他的眼睛适应了黑暗。吉弗辨认出前面几英尺处有一扇粗糙的门。他脱下外套，把外套裹在左臂上，掏出了枪。一进门，吉弗就发现他做的准备用不着了。方托马斯就在他眼前沉睡着。吉弗连忙把这个沉睡者绑了起来。方托马斯还在梦境中，也许梦到了自己的伪装，

马格利特，《颜色的变化》（1928）

就像平常一样。吉弗非常自得，不明智地自言自语起来。方托马斯受了惊。他醒了。一旦醒来，方托马斯就不再是吉弗的俘虏了。吉弗失败了，又一次失败了。对吉弗来说，要达到目的只有一个办法：他必须找到进入方托马斯某场梦境的途径——他要努力成为梦中的角色之一。[41]

鲁莽的睡眠者梦见了他的伪装。人们认为这个睡眠者与马格利特在同年创作的一幅小油画中失控的气球驾驶员是同一个人。那幅《颜色的变化》（*Le Changement des couleurs / Change of Color*）耐人寻味，在画的左上角，贴近画面边缘的位置，呈现出了极富戏剧性的一幕：一个穿着跳伞装（或伪装得很重）

的热气球驾驶员置身于天空中。[42]我们猜测他是从热气球篮筐里跳下来的，气球的索具似乎已经解开了，也可能被割断了。能看到的只有篮筐，倾斜的篮筐仍然悬挂在绳索上，但是气球本身不在画面之中。奇怪的是，这个人的姿态看起来很果断。他保持着身体的平衡，沉着冷静，仿佛已经跃上了最近的云朵，而那云朵看起来也算坚固，几乎可以支撑他的身体。他与收集卡片上英勇赴死的哈里斯中尉不同，不是痛苦地向大地坠落，而是处于一种可怕的悬空状态。这种状态应该归功于爱伦·坡，在爱伦·坡的《非凡故事》中就有一篇经典的热气球故事《汉斯·普法尔的非凡历险记》。

这幅画会不会是马格利特版本的坠落之梦呢？人们很容易将之诠释为马格利特对童年的回忆，诠释为他记忆片段的再现，特别是在1928年8月24日马格利特的父亲去世后，他很可能总是沉浸在对童年的思索和回忆之中。倘若如此，他的回忆就不会安宁平静。在屋内坚实的木板条衬托下，屋外的空间如同张开的大嘴，二者间似乎没有任何边界。就好像这房子的一侧不见了，又像是舞台平面被挪走了。这画面产生了令人不安的效果。热气球驾驶员会怎样？他真能跳到安全的地方吗？肯定不能。然而，这样的困境不会让方托马斯惊慌，也不会让齐格玛惊慌，他们无疑会活下去，继续格斗。而我们会怎样呢？我们这些无助的旁观者，身在何处？我们能不能再靠近些，看得更清楚些，甚或出手相助？如果我们走上海盗船边的木板，或是走在地板上，会怎么样呢？在马格利特的画中，门槛经常是会决定命运的。门槛的另一侧是未知的世界。或遭毁灭，或得解放。

《颜色的变化》也具有康拉德的风格。热气球驾驶员像吉姆爷一样，抛弃了一艘要下沉的船——至少他是这样认为的。他跳了下去。生死攸关之际，结果不是生，就是死。康拉德耐人寻味地解释了吉姆的命运："奇怪的是，宿命如此，他的全部行为都会披上逃跑的色彩，都是情急之下不假思索的放弃——都是纵身一跃，进入未知的世界。"[43] 马格利特熟读过约瑟夫·康拉德的作品。他的朋友们也一样。那些关于大海和天空的故事，摆满了马格利特的一个书架，其中有《吉姆爷》（*Lord Jim*），《走投无路》（*The End of the Tether*）、《在陆海之间》（*Twixt Land and Sea*）、《动荡的故事》（*Tales of Unrest*）、《青春》、《黑暗之心》、《阴影线》（*The Shadow-Line*）、《水仙号上的黑水手》（*The Nigger of the "Narcissus"*），还有一本快翻烂了的《台风》（*Typhoon*），是安德烈·纪德（André Gide）翻译成法语的。[44] 马格利特和马塞尔·勒孔特经常互相朗读这些小说。勒孔特说，马格利特的画作《海上来的人》（*L'Homme du large*）这一标题，就来自他们读过的康拉德的作品。[45] 康拉德的魅力不可抗拒。他探究了具有破坏性的元素和莫测的人心深处。"生到这个世界来的人坠入梦里去，正如同一个人掉到海里一样。假使他像那些没有经验的人一样，想挣扎着爬出去呼吸空气，那他就淹死了。”他谈到忠诚，认为具有忠诚的能力是人之为人的一个条件。他谈到悲剧，谈到水之坟墓的诱惑。他谈到自我创造和自我欺骗，谈到渴望，谈到稚嫩的青春。[46]

马格利特痴迷于方托马斯和更为复杂的康拉德式的冒险，这种迷恋并非只是对匕首、蛮勇行为以及身体器官那幼稚的狂热。它与斯居特耐尔所概括的“崇高强盗”这种伪装人格密切相关，也与马格利特实施中的计划密切相关。马格利特不仅要制造混乱，还要煽动叛乱。在《方托马斯笔记》（1928）中，马格利特评论说：“他指挥的核心队伍，是由年轻的茨冈人（吉卜赛人）组成的。他们遵守一种准则，尽管他们相当残酷，突如其来地改写了人类犯罪史。”年轻的茨冈人组成了方托马斯团伙，也就是方托马斯追随者的核心圈子，他们臭名昭著，在操控大师方托马斯的号令下为他卖命，实现他邪恶的目标。《罗贝尔法语大词典》（*Le Grand Robert de la langue française*）严肃地介绍道：“茨冈人有巫师和小偷的坏名声，因此经常受到歧视。”黑色魔法和偷窃，捣乱作怪和魅惑，这些结合在一起，对马格利特肯定有诱惑力。局外之人、法外狂徒，彼此关系紧密，遵守规则，秘而不宣——这一直是马格利特理想的兄弟团体。在方托马斯的诱惑下，他进入了黑暗的犯罪世界。他在那里长久逗留，那些违法越轨的行为让他着迷。他在这个过程中把一些东西化为己有。方托马斯无所不在，却无处可见；他可见又不可见，在那里又不在那里，就像他名片上不可见的墨水。马格利特肯定喜欢这样一张名片。马格利特借用了这种伪装人格，他曾给人分发自己的一张外表邪恶的照片。方托马斯不完全是他的行为榜样，而是一种化身。马格利特效仿方托马斯，取了另一个别名：抓不住的人（L’Insaisissable）。茨冈人变成了他的同伴，歌剧面具变身为黑色圆顶硬礼帽。

方托马斯系列书籍只是序曲。由路易斯·菲拉德（Louis Feuillade）执导的电影是主要事件，给年轻的马格利特带来了深远影响。在 1913—1914 年间，一连五部方托马斯电影迅速上映，分别是《方托马斯》（*Fantômas*）、《尤文智斗方托马斯》（*Juve contre Fantômas*，1913）、《幽灵杀手》（*Le mort qui tue*，1913）、《方托马斯智斗方托马斯》（*Fantômas contre Fantômas*，1914）、《真假法官》（*Le faux magistrat*，1914），每一部都包括三到六个插曲。电影制作速度很快，但是完全不同于低预算 B 级片或配额速成片。“《方托马斯》是第一次伟大的电影体验，”电影评论家大卫·汤姆森（David Thomson）写道，“菲拉德是第一位真正的导演，他不需要考虑历史。”菲拉德的电影大胆得令人惊讶。“在默片年代，菲拉德无人能比无人能及，他让黑色斗篷影响了人们的精神。这是人们首次难以区分娱乐与颠覆。”[47]

菲拉德没有就此止步。在《方托马斯》之后，他推出了十集系列片《吸血鬼》（1915—1916），第一集是《身首异处》（*La Tête coupée / The Severed Head*），最后一集是《糟糕的婚礼》（*Les Noces sanglantes / Blood Wedding*），中间几集也都扣人心弦，包括《夺命指环》（*La Bague qui tue / The Killer Ring*）和《迷人的双眼》（*Les Yeux qui fascinent / The Hypnotic Gaze*）。方托马斯系列电影是根据皮埃尔·苏维斯特和马塞尔·阿兰的小说改编的，《吸血鬼》则完全是菲拉德自己的创作。菲拉德是真正具有独立个人风格的导演。他所做的不仅仅是把一些剧集串在一起成为一个系列。他的电影是独立的作品，是由同一双手同一双眼睛创作的，遵循同样的伦理道德。菲拉德想象出了一个完整的道德（或者无道德）宇宙，并将其魔法般地呈现在银幕上。他的电影是惊险喜剧片。他的电影同时又是道德故事，是寓言，每秒24帧的《天方夜谭》，充斥着社会和政治的紧张气氛。汤姆森的评价恰如其分："方托马斯和吸血鬼都是一帮罪犯，想从颓废的资产阶级那里获得物质和心理上的力量。从他们的名字就可以看出，这些让受害者既恐惧又向往的堕落天使具有多大的破坏性。在情节、动作和视觉效果上，菲拉德的创造性与黑帮的策划具有完全相同的灵感来源，那就是兴高采烈地蔑视社会，这种蔑视从无政府主义中获得了支持，也为达达主义和超现实主义带来了启示。"黑色魔法与黑色幽默交织缠绕，这正是超现实主义者钟爱的对象。菲拉德塑造的罪犯不是普通的罪犯。他们是“热情洋溢的黑色幽默家，具有吸血鬼德古拉令人不解的魅力”。[48]

菲拉德的秘诀在于找到一种方法，在片场和外景中将摄影的现实主义与超乎想象的幻想结合起来。他的道德世界是充满奇异生灵的皮影戏——身为芭蕾舞女演员的吸血蝙蝠，踏着旋转的舞步引诱猎物——然而下一个拐角附近就是不光彩的穷街陋巷。在我们眼前发生的事情非比寻常，但他的电影却具有一种不动声色的特点，就好像体验幻想在这世上是再自然不过的事情。诺奇曾对马格利特做过敏锐的评论：“世界已然改变，再也没有寻常的事物了。”而这种改变在菲拉德的电影中已经得到了预演。超现实的事件在现实平常的背景下展开。一个人按下桌子上的一个按钮，壁炉里伸出了一门大炮，准备摧毁隔壁的小屋。不过开炮前必须遵循礼节规范。于是窗帘拉开了，窗户打开了。一旦大炮完成任务，窗户就会关上，窗帘也会拉上。[49]观看着菲拉德的电影长大的导演阿伦·雷奈感到震惊：“菲拉德超常的诗人般的直觉，让他能像呼吸一样轻松自如地塑造超现实主义。感谢他的天赋，可以安排一把雨伞和一架缝纫机在手术台上相遇，感谢他的天赋，我们获得了一些奇异的序列。”乔治·弗朗叙（Georges Franju）翻拍过菲拉德的一部电影，他称菲拉德的电影为“奇妙的现实主义”，并敏锐地指出，电影中有很多惊险动作，但是也有事件的悬置，更不用说悬疑了。“他留给我的印象是黑白默片的魔力。在他那些无事发生的镜头里，可以出现某种东西，它得益于这种无事发生、这种无行动和无声，它恰恰得益于等待和不安。这种东西就是所谓的神秘。”对于雅克·普雷维尔（Jacques Prévert）来说，菲拉德的作品是黑白灰三色的，他说的是“沉默无声这种世界通用语”[50]。

《吸血鬼》增添了强烈的情色冲击力。说到偶像，方托马斯遇到了对手，由穆西多拉（Musidora）主演的吸血鬼伊尔玛·薇普（Irma Vep）。每个人，每一个人，都爱上了穆西多拉。“穆西多拉，你在《吸血鬼》里多漂亮啊！”十年后，罗伯特·德斯诺斯唱道，“你知不知道，我们那些关于你的梦？在梦中，暮色降临，你穿着黑色紧身连衣裤，门也不敲就进了我们的卧室，黎明时我们醒来，寻觅夜晚造访的窃贼留下的踪迹，你这令人担心的悄然来去的窃贼。”[51]多少男人都做过这样的梦啊！多少女人也曾做过这样的梦！路易·阿拉贡和布勒东为穆西多拉写了一部电影剧本《耶稣会的宝藏》（*Le Trésor des jésuites*），不过在此之前，科莱特就写了一部《隐藏的火焰》（*La Flamme cachée*），据说是为她的女情人创作的。[52]没有人能抵抗穆西多拉的魅力，包括现实生活中的警察局长。他想查禁吸血鬼电影，认为电影威胁到了公共安全，也威胁到了公共道德，但是在穆西多拉登门拜访之后，警察局长就被她说服了。她扮演的吸血鬼首领有炽烈的激情。吸血鬼伊尔玛·薇普玩弄社会名流，控制并驱使对她可能有用的人，对其余的人随意处置。她自豪地展现自己的放荡风情，没有人想错过她在嚎叫猫夜总会的表演。她有意识地展现自己的欲望，在偷走藏宝图时，她朝观众眨了两次眼。她既妖艳又浪荡。对马格利特这样充满欲望的青少年来说，她肯定带来了某种启示，也带来了定期的折磨。

菲拉德的电影艺术也让文字获得了魔力，这显然与马格利特作品的情况相似。文字在菲拉德的电影中得到了物化的呈现，可以像物体一样变身。方托马斯首次亮相时，他的名字展现在名片上，却只是为了消失，就像名片的主人一样。神秘的伊尔玛·薇普表面上没戴面具，让我们看得目瞪口呆。就在一名调查记者面对这位夜总会歌手的海报冥思苦想时，组成她名字的英文字母重新排列，证实了她的身份：我们看到IRMA VEP这些字母重新排列，组合成为VAMPIRE（吸血鬼）这个词语。这著名的电影片段不仅是大师级的定格动画，也是记者恍然大悟时想法的直观显示，就好像我们能读出他的想法一样。结果正如导演所愿，既惊心动魄又令人不安。在菲拉德的电影中，文字的位置完全是不确定的。文字真实地写在墙上——潦草地写在被囚禁的银行家面前，仿佛无声电影的插卡字幕侵入了剧情。文字和图像之间的关系受到了质疑。这些都是无声电影所呈现的。文字是神奇的，但也可以改变。名字耐人寻味。

法国电影界在1944年开始了对方托马斯的第一轮翻拍，此前几十年里，法国人几乎遗忘了菲拉德。菲拉德在英国和美国一直寂寂无名，到了20世纪60年代才引起人们的关注。尽管如此，菲拉德的影响是深远的。正如大卫·汤姆森所强调的那样，菲拉德对弗里茨·朗（Fritz Lang）和阿尔弗雷德·希区柯克起到了决定性的影响。“以菲拉德的看法，恐怖片和悬疑片的全部根源都在于，邪恶、无政府状态和破坏反映了现代社会累积起来的沮丧和挫败感。如果你看过菲拉德的电影就会明白，就连具有原创性的朗和希区柯克的作品也是如此——弗里茨·朗塑造的马布斯（Mabuse）如同方托马斯的门徒，而希区柯克执着地让修女穿上高跟鞋、让喷洒农药的飞机俯冲下来杀戮、让世界充满扬扬自得的人，这些则承继了菲拉德的风格。”

菲拉德对马格利特同样具有决定性的影响。在20世纪30年代，画家阿希尔·戈尔基（Arshile Gorky）喜欢说，他和保罗·塞尚在一起的时间很长。马格利特和菲拉德在一起的时间甚至更长，尽管他们开启这段关系时，马格利特的年龄要比通常认为的稍大一些。1913年，马格利特14岁时，第一部方托马斯电影在巴黎上映，但是两年甚至两年多以后，这部电影才来到夏特莱的昂普利电影院。阿尔贝·夏夫佩耶清楚地记得，他和马格利特一起看了这一系列电影，而且是按公映时间的顺序看的。这完全有可能，尽管

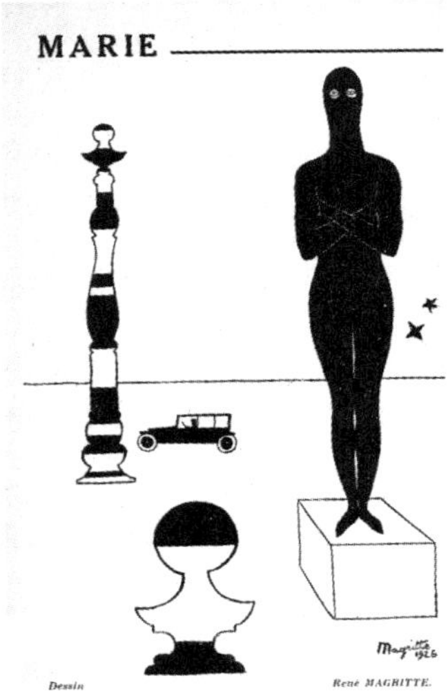

《玛丽》（1926）封面

他们最早要到1915年才会看到《幽灵杀手》，也就是方托马斯系列电影的第三部。这部电影留在了夏夫佩耶的记忆里，为他们的图片库提供了不可磨灭的影像。同样，夏尔·亚历山大也清楚地记得，他的朋友马格利特迷恋方托马斯，见证了关于决斗的对话，但是亚历山大直到1918年才与马格利特开始密切交往。[53] 换句话说，即使马格利特在《吸血鬼》上映后只看过一次这部电影，他也还是从十几岁起就一直与方托马斯为伴，而且很有可能在二十几岁之前一直从方托马斯电影中获取滋养。

没过多久，马格利特就给出了他的回应。一个方托马斯式的人物，或许是一个吸血鬼，在他的作品中首次亮相，那是在新一期《玛丽》（*Marie*，1926）的封面上，画中人与带条纹的比尔博凯特棒接球处于某种平衡状态，看上去就好像画的灵感来自《吸血鬼》中的装饰。这个人的打扮是他们这一群体的常规模样：黑色紧身连衣裤，配上斗篷或巴拉克拉瓦盔式帽，或者带眼孔的宽松风帽。这种令人盲目崇拜的装扮为他们增添了色情诱惑的气息，同时也带来了耐人寻味的暧昧感。就像伊尔玛·薇普本人一样，她十分性感，而且周身散发着暧昧的气息，甚至有雌雄双性的特征，让异性与同性都无法抗拒。马格利特笔下的其他神秘人物也是如此。他随后创作了《小偷》（*La Voleuse / The Thief*）、《受苦的贞女》（*Le Supplice de la vestale / The Torturing of the Vestal Virgin*）和《海上来的人》，这一系列画作就像电影的定格画面一样，都具有很明显的神秘和悬念的元素。悬念在《海上来的人》［彩图 7］这幅画中最为突出，画中的人看起来好像就要扳动一小片墙壁上的操纵杆或开关。他可能正要打开一扇窗，也可能正要引爆一颗炸弹。我们无法知道他的想法，也不可能读懂他的表情——他的头是配上了卷曲花饰的一块木头。不管怎样，我们似乎都在面对一段记忆或一个故事的片段，因为这面墙悬浮在半空中，没有电线，没有连接点。[54] 人们对这幅画的解读在很大程度上与炼金术士、神秘学者和密宗书籍联系在一起。三十年后，针对这些负面判断和布勒东的意见，马格利特试图更正过于急切的解读者的错误想法。他的表述温和而坚定：

> 你发现我的画与炼金术之间有关联，这证明你对炼金术和我的画有兴趣。在炼金术士的希望与我的缺少希望乃至没有希望之间，你看

到了一种不违背常规准则的结合。至于说神秘，我由此推断不出什么；那是对其本质的误解。那些可以看出来的熟悉的人物，他们的身份实际上唤起了他们的神秘感。在绘画中，我只能表现可以看见的东西。（看不见的东西，也就是说，光无法照亮的东西，不能在绘画中表现出来。）对我来说，问题不在于像炼金术士那样掌握秘密——这里没有我们需要知道或学习的东西——而在于发现一种描绘图像的方法，其中未知的东西不能被简化为可知的东西。[55]

马格利特喜欢说的是，没有线索，只有虚假的线索。尽管如此，还是有一些可以表意的姿势，马格利特从菲拉德的电影中学到了很多。这是他接受过的最好的教育，最持久、最有效的教育，也是他学得最认真的内容。

马格利特一生都喜欢看电影。就像沃克·珀西（Walker Percy）小说中描写的影迷一样，马格利特什么电影都看。几乎没有他不看的。

事实是，我看电影时很开心，哪怕是看一部烂片。我在书中读到过，人们会铭记自己生命中的难忘时刻——在太阳升起时爬上帕特农神庙，在夏日的夜晚，在中央公园邂逅一个孤独的女孩，与她展开一段又甜蜜又自然的关系，就像书上说的那样。我也曾在中央公园遇到过一个女孩，但是没什么能记得的。我记得的是《关山飞渡》（*Stagecoach*）里的约翰·韦恩（John Wayne）一边倒向满是尘土的街道，一边用卡宾枪打死了三个人；还记得《第三个人》（*The Third Man*）里的小猫在门口发现奥森·威尔斯的那一刻。[56]

马格利特了解电影。《关山飞渡》是他最喜欢的电影之一。电影的法语版名字是 La chevauchée fantastique，意思是奇幻骏马，这对马格利特可能很有吸引力，尽管他不赞成奇幻的说法。“《关山飞渡》我看了无数遍，”他告诉哈利·托克茨纳，“甚至还租过片子在家里放映。”[57]马格利特是约翰·韦恩迷，所以当他发现约翰·韦恩是马格利特迷时，真是再高兴不过了。马格利特经常把电影租回家和朋友一起看，使用的是 16 毫米放映机，两米宽的屏幕，是 1958 年买到的。他放映的第一部电影是《马克斯兄弟西行》（*The Marx Brothers Go West*，1940）。就连最坚定的超现实主义革命者也喜欢马克斯兄弟，尽管克利斯汀·多托蒙（Christian Dotremont）认为《卡萨布兰卡之夜》（*A Night in Casablanca*）优于《马克斯兄弟西行》，这是他有一次与马格利特在一起时说的。[58]对此马格利特有不同的看法，他在很多事情上都有不同于别人的看法。

马格利特在20世纪50年代还执导了自己的家庭电影，他与一家名为菲拉德福特（à la Feuillade or Ford）的股份公司合作，参与者是他的同道中人和少数他喜欢的嘉宾。他拍摄的是无声喜剧，或曰活画（tableau vivant）。马格利特喜欢无声喜剧。他尤其喜欢查理·卓别林（也被称为“夏洛”）、切斯特·康克林（Chester Conklin）、哈里·兰登（Harry Langdon）、马克斯·林德（Max Linder）、麦克·塞纳特（Mack Sennett），还有胖子阿巴克尔（Fatty Arbuckle）的宿敌，也被称为匹克拉特的阿尔·圣约翰（Al St. John）。马格利特格外喜欢闹剧和出丑的场面，尽管他也欣赏优雅和压力之下的无礼。他私人收藏的8毫米短片包括马克斯·林德的《马克斯扮演戏剧》（*Max joue le drame*，1910），匹克拉特的《电影小说》（*Cine-roman*，1920），以及两部卓别林的早期电影，《安乐街》（*Charlot policeman / Easy Street*，1917）和《疗养》《*Charlot fait une cure / The cure*，1917）。[59]在他的电影收藏中，占主要地位的是“劳来与哈代”（Laurel and Hardy）系列电影：《双响屁》（*Son Altesse royale / Double Whoopee*，1929）、《大买卖》（*Oeil pour Oeil / Big Business*，1929）、《劳来与哈代之音乐家 / 低于零度》（*Laurel et Hardy Musiciens / Below Zero*，1930）、《劳来与哈代之坚强点》（*Laurel et Hardy Carottiers*，这部电影是1931年专为法国观众制作的，劳来和哈代讲的都是法语）、《好事之徒》（*Laurel et Hardy Menuisiers / Busy Bodies*，1933）、《午夜巡逻》（*Patrouille de nuit / The Midnight Patrol*，1933）和《活鬼》（*Le Bateau hanté / The Live Ghost*，1934）。马格利特非常喜欢“劳来和哈代”系列电影，就像喜欢“梅格雷”系列一样。

马格利特从不掩饰自己对电影的热爱，但是上了些年纪后，他通常不愿诚实地承认自己的品位，而是一再坚持说他只想逃避现实，以一种笨拙的方法与现实对抗。弗朗索瓦·特吕弗的《四百击》（*Les Quatre Cents Coups*，1959）激怒了马格利特，他在一封信中向安德烈·博斯曼宣泄了愤怒之情，值得注意的是，他在写信时完全忘记了自己年少时的无法无天。

> 我不相信有人会对《四百击》非常感兴趣。因为这部电影“没有电影内容”，反而以“开导教育”的主题贯穿始终，况且这种开导教育是错误的，因为这样的电影会让无法无天的年轻人开心。电影“知识界”的称赞让我有理由认为，恐怕我只会对这部“道德”电影感到厌烦，如果再考虑到知识界的口味，那么这部电影肯定不缺令人厌烦之处。“道德”电影（或教育电影、美学电影）总是缺乏电影的道德，电影的道德仅仅存在于能带给我们消遣或让我们感

兴趣的电影中。“道德”电影不是电影——它是无趣的道德哲学课的无趣漫画。就像缺乏趣味的课程一样，它缺乏道德。我认为真正的电影就应该像《对软弱者的沉重打击》（*Coup dur chez les mous*, 1956）、《女士与汽车》（*Madame et son auto*，1958）、《宝贝从军记》（*Babette s'en va-t-en guerre*, 1959）。这些是真正的电影，之所以为“真”，是因为它们只致力于为我们带来消遣娱乐，不假装具有其他意义，因此没有失去电影根本的道德。[60]

马格利特在对希区柯克的抨击中再次表达了对这一话题的看法，他把希区柯克称为“希克克柯”（Hichkoc）。这次的抨击是由《惊魂记》（*Psycho*，1960）引发的。半个世纪后，方托马斯仍然是马格利特的衡量标准。

希克克柯是相当有才的蠢材，他最新的电影《惊魂记》就证明了这一点。相当有才，因为在整部影片中，我们只经历了两三秒钟的非凡时刻。蠢材之蠢则从影片开头的片段就得到了证明。这个片段与“主题”没有任何关系，只是呈现了这样的场景：一个几乎赤裸的男人和一个衣着暴露的女人躺在床上。除了呈现这毫无活力的场景外，这个片段没有什么目的。

> 它强调了疯狂，从而让“犯罪电影”这一主题复杂化了。犯罪电影与所谓的心理剧在此被混淆了。犯罪片的核心是罪犯，而不是疯人院里的病人。罪犯具有的特征是愚蠢、暴力，等等。很明显，希克克柯迎合了“严肃”大众的口味，他们要求电影成为夸张的讽刺画，认为这样是对深刻思想的表达。大众不再关注卓别林（早期电影）或方托马斯，他们一边听着电影专家的喋喋不休，一边想象着自己参与到了需要智识的精神生活当中。[61]

作为导演，希区柯克并不合格。马格利特这样评论《凄艳断肠花》（*The Paradine Case*，1947，又译为《帕拉亭案件》）：“相当好的电影。然而又是多么出色的骗人把戏啊！”詹姆斯·艾吉（James Agee）的看法与此非常相似：“希区柯克把很多技巧应用到了很多内容空洞的地方。”[62]或许是因为马格利特更喜欢演员玛琳·黛德丽而不是金·诺瓦克（Kim Novak），他觉得《舞台惊魂》（*Stage Fright*，1950）比《迷魂记》（*Vertigo*，1958）更有趣——人们常说《舞台惊魂》在某些方面借鉴了马格利特的画作。马格利特和希区柯克的共同之处要比乍看起来更多，特别值得一提的是穿高跟鞋的修女，这一形象出现在希区柯克的《贵妇失踪记》（*The Lady Vanishes*，1938）之中，但是马格利特在《撩起裙子的修女》（*La Vierge retroussée*，1933）中已经解构了圣职人员的神圣身份。[63]

另一方面，对于马格利特来说，弗里茨·朗是个关键人物，不过马格利特自己几乎从来没提过他。斯居特耐尔在1942年的书中表示，“最适合马格利特”的电影是弗里茨·朗的《间谍》（*Spies*，1928）和卡尔·德莱叶（Carl Dreyer）的《吸血鬼》（*Vampire*，1932）。[64]提到这些电影似乎并不是最合适的，不过无论我们如何看待这些电影，它们都提醒我们，马格利特习惯推荐人们观看的电影并不局限于《女士与汽车》。马格利特在20世纪60年代列出了一份“有趣电影”的清单，其中包括谢尔盖·爱森斯坦的《亚历山大·涅夫斯基》（1938，原版）、奥森·威尔斯的《陌生人》（*The Stranger*，1946）、比利·怀尔德的《战地军魂》（*Stalag 17*，1953）、约翰·斯特奇斯（John Sturges）的《岗山最后列车》（*Last Train to Gun Hill*，1959）、卡罗尔·里德（Carol Reed）的《哈瓦那特派员》（*Our Man in Havana*，1959）。此外还有一些不出名的电影，会让人想起他曾酷爱的侦探小说，那些小说塑造了内心柔软的硬汉。比如说，他列出了伊夫·罗伯特（Yves Robert）的《亚森·罗平的签名》（*Signé Arsène Lupin*，1959），这部电影就把莫里斯·勒布朗（Maurice Leblanc）笔下的“绅士小偷”亚森·罗平（Arsène Lupin）搬上了银幕。[65]也许60年代的马格利特愿意放松消遣，不过40年代的他

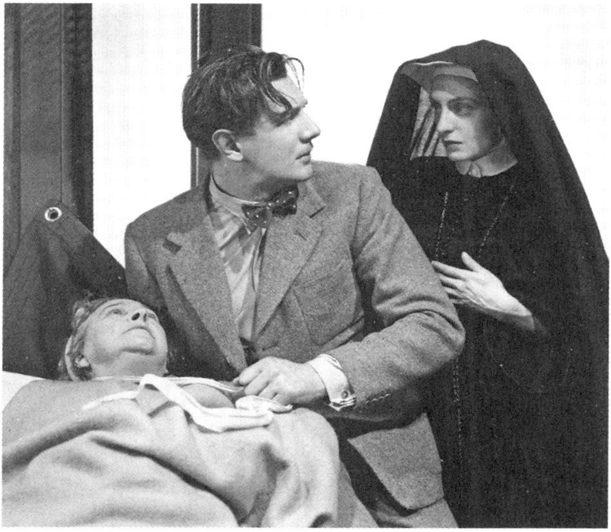

希区柯克执导的《贵妇失踪记》剧照

还是乐于投入激情的。“有个粗略的想法，”他在给马里恩的信中写道，“是关于比利时电影的。比利时电影的错误就是，以喜剧的方式表达了本该戏剧性地表达的情感。这不同于法国人的失误，例如马塞尔·卡尔内（Marcel Carné）的《夜间来客》（*Les Visiteurs du soir*），他未能实现不经意的喜剧效果，而是传达了一种悲观阴郁的厌世感。”[66]

马格利特在1925年前后发现了超现实主义，进入了绘画创作的高产阶段。在20世纪20至30年代，马格利特几乎看遍了有价值的电影。他专程去安特卫普观看罗伯特·维内（Robert Wiene）的《卡里加里博士的小屋》（*The Cabinet of Dr. Caligari*，1919）。他把帕布斯特（G. W. Pabst）的所有作品都找来看了个遍，尤其喜欢《潘多拉之盒》（*Pandora's Box*，1928）和《三便士歌剧》（*The Threepenny Opera*，1931）。他当然会和正在学习电影的诺奇互相讨论对电影的看法。诺奇偶尔会写些关于电影的文章，奇怪的是，这些文章几乎没引起关注。他还写了一篇关于喜剧之星巴斯特·基顿（Buster Keaton）的短篇故事。[67]1925年，在布鲁塞尔的马尔多罗酒馆，诺奇播放了维内的《盖努茵：吸血鬼的故事》（*Genuine*：*A Tale of a Vampire*，1920），随后则是阿贝尔·冈斯（Abel Gance）的《第十交响乐》（*La Dixième symphonie*，1918）、格里菲斯的《残花泪》（*Broken Blossoms*，1919）、马塞尔·莱赫比耶的《黄金国》（*El Dorado*，1921），和亚历山大·沃尔科夫（Alexandre Volkoff）的《基恩》（*Kean*，1924）。[68]在当时国外的其他重量级导演中，马格利特也很熟悉路易·布努埃尔。布努埃尔是方托马斯迷，最早推出的作品是与萨尔瓦多·达利合作的《安达鲁之犬》（*Un Chien Andalou*，1928）。[69]马格利特见过布努埃尔，对他的作品有明确看法。以超现实主义电影《被遗忘的人们》（*Los Olvidados*，1950）为例，马格利特认为："这不是一部超现实主义电影。可以把这部警匪片中的一些画面视为超现实主义美学的表达，但超现实主义并不是一种美学。超现实主义是一种反叛的状态，不应该与非理性、残忍或丑行相混淆。布努埃尔像常见误解的受害者一样，把当下思想中突破常规的潮流与思想本身混为一谈了。他利用了对悲惨社会的描绘，纵容施虐者的快感不受约束地发展。”[70]

无论这些电影合不合马格利特的心意，它们对马格利特的重要性都远远不及弗里茨·朗引人入胜的作品，例如《M》（*M*，1931），其中彼得·洛（Peter Lorre）饰演了受到自身欲望威胁或折磨的杀人犯。更重要的角色则是马布斯博士，方托马斯的信徒。弗里茨·朗最终拍了三部马布斯系列电影，每一部马格利特都认真看过。第一部至关重要，片名是《赌徒马布斯博士》（*Dr. Mabuse the Gambler*，1922）。马布斯博士运用他的邪恶天赋对付有钱人、软弱的人和贪赃枉法的人。在众人的传说中，他无处不在，但无处可寻。“他是谁？”有人问道。“没有人知道。他就在那里！他就像耸立的高塔，俯视着这座城市！”通过双眼的凝视，通过催眠、心灵遥感和堂而皇之的心理游戏，他在心理上控制要控制的对象，他宛如恶魔，有点像赌徒利奥波德·马格利特。他引诱有地位的女人，恐吓有地位的男人。电影全长超过三个小时，分为两部分。这是一场无情的冲击，以强大的力量展现出了密闭空间和幽闭恐惧症的主题——电影的结局是精神失常的马布斯被锁在了房间里。引人瞩目的是电影采取的技巧：对情绪的严格控制、对风格的精雕细琢。朗已经成为技巧操控的大师，被恰如其分地称为电影界的埃德加·爱伦·坡。大卫·汤姆森评论说：“这种自信来自一个完全建立在摄影棚中的世界，来自他清晰表现内心情感和道德共鸣的能力。”[71]这也正是马格利特的抱负。

马格利特从未放弃过电影。电影对他来说不仅是一种教育的形式，也是他的记忆宝库和叙事素材库。至于他实际接受的学校教育则是这样的：1912年，他从夏特莱的小学毕业，进入沙勒罗瓦的阿泰奈皇家中学。他乘坐公共汽车和火车在夏特莱的家与沙勒罗瓦的学校之间往返了几个月。1913年，马格利特一家余下的人离开了会让他们想起逝者的夏特莱，搬到了沙勒罗瓦。这一年，马格利特在沙勒罗瓦游乐场遇到了一个女孩，两人开始交往，他们一直都说这是一段甜蜜而自然的关系。他们几乎每天都在上学的路上见面。她是他的初恋，很可能也是他最后一个恋人。长大成人后，她成了他的妻子、他的缪斯、他的穆西多拉。他们每星期都去电影院——那是属于他们的电影院——蓝色电影院。

你看，我们正在最初的开始，
仿佛先于一切。身后，
跟随着一千零一个梦想，
尚未有所为。[72]

注 释

1 让·内恩斯（Jean Neyens）的采访，1965年1月19日，见*EC*，第603—604页。

2 让·瓦尔拉文（Jan Walravens）的采访，1961年11月24日，见*EC*，第534页。这一重要采访在*SW*中的记录并不完整。马格利特经常说到“箱子”（la caisse）。阿波利奈尔的诗歌《阴影》中有一句“一箱子遗憾”（Caisson de regrets）。马格利特在1958年2月18日写给拉潘的信中提到了开枪自杀，他用了“se faire sauter le caisson”（自己跳进箱子）的说法。

3 Poe, “The Gold-Bug,” *House of Usher* (London: Penguin Books, 2003), pp. 252-53; “Le Scarabée d’or,” Poe, *Histoires Extraordinaire* (Paris: Gallimard, 2010), p. 145.

4 Valéry, *Cahiers/Notebooks*, vol. 1 (New York: P. Lang, 2000), p. 312. “波德莱尔对坡的评价是：‘这奇妙的智慧，时时刻刻的机敏……对我来说就像《天方夜谭》中装满宝藏的箱子一样珍贵。’”

5 *Gaspard de la nuit*（CR 1029和1584），时间标为1965年。贝特朗的诗1842年首次出版，1925年再版，马格利特的个人藏书中有这本书。拉威尔的曲子1909年首次演出，1942年由尤金·古森斯（Eugène Goossens）编成管弦乐曲。

6 马格利特读的《天方夜谭》是马尔迪鲁斯（Mardrus）的译本。马格利特写给诺奇的信，未标日期，见CR第2卷，第374页。马里恩认为这封信是1946年写的——同样名字的一幅画（CR 611）的创作时间也被认为是1946年——尽管可买到的新版本是1947年在布鲁塞尔 La Boétie 出版的。

7 *Treasure Island*（CR 498），1942年；Scutenaire, *Magritte*，第21页；Robert Louis Stevenson, *Treasure Island*［1883］（Oxford：World’s Classics，2011），第9页。《金银岛》出版后很快就在1885年出了法语版。根

据安德烈·布拉维耶的说法，马格利特还喜欢《巴伦特雷的少爷》（*The Master of Ballantrae*, 1889），法语译名为*Le Maître de Ballantre*（Paris: Editions de la Sirène, 1920），译者是Théo Varlet。

8 *La Grande Nouvelle*（《耸人听闻的消息》，CR 78），*L'homme célèbre*（《名人》，CR 77），创作时间为1926年。*Le Dormeur téméraire*（《勇敢的睡眠者》，CR 217），时间为1928年。在CR中，后者的英语翻译是*The Daring Sleeper*。我与泰特美术馆都倾向于翻译为“Reckless”（鲁莽）。

9 Scutenaire, *Magritte*, pp. 22-23 and 51.

10 瓦尔拉文的采访，*EC*，第534—535页；Scutenaire, *Magritte*，第157页。

11 Holmes, *Falling Upwards* (London: William Collins, 2013), p. 1.

12 出自Georges Lahaye在Sabatini的叙述，见Chantal Mengeot, Anne Soumoy 编，*Charleroi 1911–2011*（Charleroi: L'industrie s'associe à la culture, Septembre 2011），第450页。

13 马格利特写给博斯曼的信，1964年12月9日，见Magritte, *Bosmans*，第397页。马格利特回应米肖，*En rêvant*，第13页。马格利特读过这段文字更早的版本，是法国水星出版社（Mercure de France）1964年出版的。

14 *La Tempête*（CR 336），1931，这幅画看起来是为乔吉特画的，不过在1955年前后售出。马格利特的描述是1945年10月3日对马里恩说的，见Magritte, *Destination*，第153页。两块天空被画成了白色，同时也夹杂着灰色，但是下方小块的颜料色彩显现出，它们最初被画成了淡蓝色。乐高公司成立于1932年。

15 Magritte, “Lifeline,”《文献评述》第5卷（Houston: The Menil Foundation / Philip Wilson Publishers, 1997），第10—11页。

16 Camille Mauclair, *Le Peintre de la mer Wartan Mahokian*

（《海洋画家》）(Nice: L'Éclaireur de Nice, 1918). 人们在马格利特的私人物品中发现了他购入的一张《波浪》明信片，他第一次借用这张画片是在1942年，画作是《美丽的船》（*Le Beau navire*，CR 496）。二十年后，他仍在借用这张画片，画作是《大家庭》（*La Grande famille*，CR 972）和《伟大的天空》（*Le Grand air*，CR 985）。

17 《天空瓶》（*Ciel-bouteille*，CR 697），约1943年；《受惊者联盟》（CR 499），1942年；《海上来的人》（CR 135），1927年。

18 马格利特写给菲利普·罗比特–琼斯（Philippe Roberts-Jones）的信，1964年4月26日，见*EC*，第596页。

19 Samuel Beckett, *Watt* [1953] (London: Faber, 2009), p. 223.

20 Nougé, "Pour illustrer Magritte" (1932-36), in *Magritte*, pp.131-32.

21 Magritte, "text on titles"（《关于标题的文本》，1946），见*EC*，第261页，以及*SW*，第114页。《感性教育》（*L'Éducation sentimentale*，CR 1216），1946。

22 Magritte，"Variantes de tristesse"（《悲伤的变奏》，1955），见*EC*，第411页。

23 Legrand, "Musées Royaux des Beaux-Arts de Belgique: trois oeuvres representives du surréalisme,"（《比利时皇家美术博物馆：三幅超现实主义作品》）*Bulletin des Musées de Belgique*（《比利时博物馆公报》），卷VI（Brussels：Musées Royaux des Beaux-Arts de Belgique，1967），第90—91页。

24 *Un Peu de l'âme des bandits*（CR 910），下落不明，根据CR；2013年由 Landau Fine Art at Art Basel 卖出，价格约1200万美元。*Le Journal de Charleroi*，1912年4月30日；Albert Chavepeyer，见Roisin，*Magritte*，第99页。书的作者是 Émile Michon，*La bande à Bonnot* 继续激发人们的想象力。例如，Jacques van der Heyden 的

电影 *En attendant Bonnot*（1975）；Patrick Pécherot, *L'homme à la carabine*（Paris: Gallimard, 2011）。

25 Magritte, "Esquisse," in *EC*, p. 366; Hamoir, "Notes biographiques," in *Rétrospective René Magritte*, XXX (Charleroi: Salon du Cercle royal artistique et littéraire, 1956). 那家糖果店位于学院街，对面是一所学校，店主是托马斯姐妹。

26 Frisque in Roisin, *Magritte*，第86页。凯兰帝是在1915年发明第一支石墨铅笔的，时间上要稍晚一些，不过弗里斯克生动的回忆充分显示出马格利特年少时不缺书写用具。

27 《青春的描绘》（CR 425），1937年。

28 Alexandre in Roisin, *Magritte*, p. 93.

29 前两幅画，*Paysages campagnards avec chaumières*（CR第1卷，图8图9，第6页），也可见于Roisin，*Magritte*，第90页。西尔维斯特似乎为之赋予了可信度（*Magritte*，第35页）。在MRBAB中未见对这些画的记录。第四幅画出现在拍卖会目录中：Hôtel des Ventes Mosan，列日，2004年6月17日，拍品267，画的来源被标为"Famille Fraipont à Paris. Descendance directe de Jules Gofin."（巴黎弗雷蓬一家。朱尔斯·戈芬的直系后裔）。

30 Frisque in Roisin, *Magritte*, p.87.

31 Pétrus in Roisin, *Magritte*, p.143. 过了很长时间以后，这幅画再次陈列在夏特莱砾石街95号，马格利特的家中。感谢约埃勒·詹森（Joëlle Janssen）和雅克·鲁瓦森带我参观。

32 Pétrus in Roisin, *Magritte*, p.143. 彼得吕斯曾回忆起，在之前的一个时期，马格利特不再给图片上色了，但还没有认真开始绘画，那时他给每个朋友都画了肖像画（同上，第91页）。马格利特一生一直在证明父亲对他绘画的支持，可参考1962年6月5日乔里斯（Georis）对他的采访，见*EC*，第560页。

33 *Cinéma bleu*（CR 68），画于1925年，奇怪的是，

这幅画被马格利特在他的《自传素描》（*Esquisse autobiographiques*）中描述为“一幅立体主义画”。另一个名字《人体模特》被删除了。马里恩在1981年3月9日对西尔瓦诺·利维（Silvano Levy）的采访中指出了《无情的女人》的影响，见*Decoding Magritte*（《解码马格利特》）（Sansom & Co., 2015），第215页。

34 Albert Chavepeyer in Roisin, *Magritte*, p.99. 装备阿利康自行车的选手在1909至1912年的环法自行车赛上获得团体奖。夏夫佩耶确实成了一名海报设计师。马格利特也是如此。参考本书第十章。

35 *La Main coupée*（《断手》，1911）是系列故事中的第10本。*Le Bouquet tragique*（《致命花束》，1912）是第23本。*Le Jockey masqué*（《蒙面骑师》，1913）是第24本。按顺序排列的原始封面见网站 fantomas-lives.com，该网站是很好的资料来源。

36 Blaise Cendrars, “Fantômas,” *Les Soirées de Paris*（《巴黎晚报》），1914年6月。

37 Raymond Queneau, “Fantômas,” in *Bâtons, chiffres et lettres*［1950］(Paris: Gallimard, 1965), p. 259.

38 这个面具可能是对《方托马斯的结局》（*Le Fin de Fantômas*）表示敬意，这本书是方托马斯系列小说的最后一本，封面上画着一个漂浮在海上的类似面具。

39 Allain and Souvestre, *Fantômas* (Paris: Marcel Allain and Pierre Souvestre, 1911), p. 1; Alexandre in Roisin, *Magritte*, pp. 92-93.

40 雅克·古森斯对马格利特的采访，1966年1月28 日在比利时电视台播出。见*EC*，第602页；*SW*，第217页。

41 Magritte, “Notes sur Fantômas,” *Distances* (1928), in *EC*, pp. 48-49; *SW*, p. 24.

42 《颜色的变化》（CR 265），曾是马里恩的藏品。

43 Joseph Conrad, *Lord Jim*［1900］(Oxford: World’s Classics, 2002), p. 166.《吉姆爷》法语译本于1922年出版。

44 “漂亮的故事，”马格利特后来这样评论比才的《卡门》和康拉德的《台风》，“但它们并没有挑战我的观念（如果我可以这样说），对于我们是谁，我的感觉并没有受到它们的影响。”马格利特写给拉潘的信［1958年3月22日］，星期六，Magritte，*Rapin*，n.p.。纪德的《台风》译本1923年首次出版。

45 Legrand, “Musées Royaux,” p. 90. 马塞尔·莱赫比耶制作了一部名为《海上的人》（*L'Homme du large*，1920）的电影，副标题“Marine”（海洋）很有暗示性。马格利特肯定了解马塞尔·莱赫比耶的电影作品，特别是《无情的女人》（*L'Inhumaine*，1924）。

46 Conrad, *Lord Jim*, pp. 58 and 154–55; “The Secret Sharer,” in *Typhoon and Other Tales* (Oxford: World's Classics, 2002), p. 181. “The Secret Sharer”先是编入*Twixt Land and Sea*（London: J. M. Dent，1912），由Georges Jean-Aubry翻译为法语“Le Compagnon secret”——这一标题是马格利特式的——收录于*Entre terre et mer*（Paris: Gallimard，1929）。

47 Thomson, “Louis Feuillade,” in *A Biographical Dictionary of Cinema*（《电影传记词典》，London: Secker and Warburg, 1975）, p. 344; “*Fantômas*,” in David Thomson, *“Have You Seen... ?”: A Personal Introduction to 1,000 Films*（《你见过吗?——1000部电影的个人介绍》，London: Penguin, 2008）, p. 283.

48 Thomson, “Louis Feuillade,” p. 344. 参考 *Breton's Anthologie de l'humeur noir*（《布勒东黑色幽默文选》，1939）。

49 这一幕发生在*Vampires*, episode 7, “Satanas”。

50 阿伦·雷乃（引用洛特雷阿蒙），“Il a porté mes rêves à l'écran”（《他把我的梦想带到了银幕上》），收录于Gauthier and Lacassin, *Feuillade, Maître du Cinéma Populaire*（《流行电影大师菲拉德》，Paris: Gallimard, 2006），第153页；Franju, “Feuillade l'unique,” 收录于Andrew, *Mists of Regret: Culture and Sensibility in*

Classic French Film（《遗憾的迷雾：经典法国电影中的文化和敏感性》，Princeton: Princeton University Press, 1995），第33页；Prévert in Gauthier and Lacassin, *Feuillade*，第119页。

51 Desnos, "Fantômas, Les Vampires, Les Mystères de New York,"（《幽灵，吸血鬼，纽约的神秘事件》）1927年2月26日《晚报》（*Le Soir*），收录于Gauthier and Lacassin, *Feuillade*（《菲拉德》），第70页。《集锦》（*Variétés*）特刊《1929年的超现实主义》（"Le Surréalisme en 1929"）表达了对穆西多拉的敬意。

52 《火焰的回归》（*Le Retour de flame*）是否以某种方式回应了《隐藏的火焰》呢？穆西多拉在这幅画完成的前一年发表了回忆录《一个吸血鬼的生活》（"La Vie d'une vamp"），发表于*Ciné Mondial*（《世界电影》）第42—48期（1942年6月—7月）；但是科莱特的剧本没有出现在马格利特的藏书中，也未引起这位对文化现象十分敏感的画家的注意。

53 Chavepeyer and Alexandre in Roisin, *Magritte*, pp. 93 and 100.

54 *La Voleuse*（CR 133）、*La Supplice de la vestale*（CR 134）和*L'Homme du large*（CR 135）都是1927年的作品，它们为一幅规模和抱负截然不同的画打下了基础，这幅画就是《被威胁的刺客》（*L'Assassin menacé*, CR 137）。见第十章。

55 马格利特在1967年5月9日写给伦内普的信，Collection Jacques van Lennep, Belgium。这封信全文转载于*EC*，第677—678页。伦内普把他在布鲁塞尔美术学院所做的关于《海上来的人》讲座讲稿寄给了马格利特，马格利特是在回应这份讲稿。伦内普学过炼金术，自称是该领域的专家。他在与同样有炼金术倾向的马塞尔·勒孔特谈话时获得启发，得出了对这幅画的这种解释。完整的讲稿文本没有保存下来；伦内普的文章"L'Homme du large"发表在*Fantasmagie 27*（1968年9月），第3—4页，只是个概要。无论与炼金术是否有关，伦内普都相信这个画中人是要打开一扇窗。我很感谢雅克·伦内普与我的讨论。另见他在2009年5月22日对弗朗索瓦·布鲁纳里（Françoise Brumagne）的采访。“La dernière lettre de René Magritte; interview de Jacques van Lennep,” in L’industrie s’associé à la culture, *Charleroi 1911–2011* (Charleroi: Ville du Charleroi, 2011), pp 473-80.

56 Walker Percy, *The Moviegoer*（《去电影院的人》）［1961］(London: Secker & Warburg, 1977), p. 7.

57 马格利特写给托克茨纳的信，1961年5月6日，见Torczyner, *L’Ami Magritte*：*correspondance et souvenirs*（《朋友马格利特：通信和纪念品》）（Antwerp: Mercatorfonds, 1992），第186页。《关山飞渡》（1939）由约翰·福特（John Ford）执导。

58 会议记录，1947年4月12日，*Miscellaneous Papers of Surréalistes-révolutionnaires*（《超现实主义革命者的各类文件》），990022，GRI。

59 马格利特喜欢早期的卓别林电影，但不喜欢后期的卓别林电影。参考马格利特写给马里恩的信，1952年12月10日和1953年2月2日，见Magritte，*Destination*，第302—303、305页。

60 马格利特写给博斯曼的信，1959年9月30日，信件已整理出版，见Magritte，*Bosmans*，第91页。原文见*EC*，第500页。《对软弱者的沉重打击》（1956）由让·鲁比尼亚克（Jean Loubignac）执导，《女士与汽车》（1958）由罗贝尔·韦尔内（Robert Vernay）执导。《宝贝从军记》（1959）由克里斯蒂昂-雅克（Christian-Jaque）执导，从这部电影的剧情概述就可以看出电影的吸引力：“纳粹德国入侵法国后，漂亮的女管家巴贝特（Babette，碧姬·芭铎［Brigitte Bardot］饰）离开祖国来到英国。英国情报官员制定了一个计划，巴贝特被派回法国潜伏，任务是利用美貌获取纳粹军官舒尔茨的信任，为英国收集宝贵的情报。尽管巴贝特积极坚定，但是她天真烂漫，没受过训练，因此不太适合担负国家安全的重任。”

61 马格利特写给博斯曼的信，1960年11月25日，见Magritte, *Bosmans*，第142页。

62 马格利特写给博斯曼的信，1960年7月23日，见Magritte, *Bosmans*，第120页；James Agee, *Agee on Film*［1958］（New York: Modern Library, 2000），第292页。

63 《撩起裙子的修女》出现在*SASDLR*，1933年5月15日。同时刊出的是诺奇关于马格利特的文本，“Des Moyens et des Fins”（《目的和手段》）。诺奇在文章中表达了十分坚定的态度。这篇文章最终编入《被保护的形象》，不过1943年第一版没有收录。参考Nougé, *Magritte*，第82页。这幅画复制于*CR*第2卷，第19页。

64 Scutenaire, *Magritte*, p. 21.

65 马格利特电影清单的原始手稿保存在布鲁塞尔的热特马格利特博物馆（Musée Magritte in Jette）。我很感激安德烈·加丽特（André Garitte）为我提供了一份副本。马格利特的清单不符合超现实主义的标准，例如，阿多尼斯·基鲁（Adonis Kyrou）编的杂志*L'Âge du cinema*（《电影时代》）在1951年8月至11月推出了超现实主义特刊，其中列出了“要看”和“不要看”的电影导演名单。“要看”名单中包括路易·布努埃尔（Luis Buñuel）、查理·卓别林、谢尔盖·爱森斯坦、路易斯·菲拉德、弗里茨·朗、帕布斯特（G. W. Pabst）和罗伯特·维内（Robert Wiene）。“不要看”名单中包括卡尔·西奥多·德莱叶（Carl Theodore Dreyer）、保罗·德鲁克（Paul Deluc）、阿贝尔·冈斯（Abel Gance）、格里菲斯（D. W. Griffith）、马塞尔·莱赫比耶、卡罗尔·里德和普雷斯顿·斯特奇斯（Preston Sturges）。清单中还列出了被禁止或被鄙视的影片，其中有一些例外，包括亨利·哈撒韦（Henry Hathaway）的《彼得·艾伯特逊》（*Peter Ibbetson*, 1935），这部电影深受马格利特的赞赏。参见第五章。斯居特耐尔的清单同样兼收并蓄，见“Mon cinéma,” *Inscriptions*

1945-1963，第34—35页。

66 马格利特写给马里恩的信，1946年5月31日，见Magritte, *Destination*，第193页。《夜间来客》（1942）讲述的是魔鬼派往人间的两个使节坠入爱河，从而挫败了魔鬼的阴谋。

67 例如，“Introduction au cinéma”（《介绍电影》，1925），见Nougé, *Histoire*，第34—38页，其中讨论了莱赫比耶和朗等人的最新电影，认为它们“令人失望”。他特别提到了《无情的女人》（*L'Inhumaine*）和《尼伯龙根》（*Die Nibelungen*，1924）。后来他对希区柯克产生了兴趣；他最喜欢的是《辣手摧花》（*Shadow of a Doubt*，1943，可直译为“怀疑的阴影”），这个名字他肯定愿意借用。关于基顿的故事是《金子和沙子》（“D'Or et de Sable”，1927），载于*Expérience*（《经验》），第175—176页。

68 马尔多罗酒店的老板是格尔特·范·布鲁埃内（Geert van Bruaene），他成了马格利特的朋友，偶尔也与马格利特做些交易。参见第四章。

69 例如，参考马格利特对《三便士歌剧》中“一个知识分子”（即阿尔托）的角色的批评，*EU*，第721页。1951年，他将自己的一幅画命名为《潘多拉之盒》（*La bote de Pandore*，CR 772），这倒不一定能证明什么，不过大家都知道他很欣赏这部电影，而且这幅画中具有典型特征的人物与电影中偷偷溜走消失在黑夜里的开膛手杰克（Jack the Ripper）的形象有些相似。

70 马格利特致马里恩的信，1951年12月17日，见Magritte, *Destination*，第260页。他在一次录音讨论中发表了这些观点。

71 Thomson，“Fritz Lang,”载于*Biographical Dictionary*，第590页。我很感谢大卫·汤姆森与我讨论马格利特和电影。

72 里尔克，“Notes on the Melody of Things”（《记录事物的旋律》），见*Rilke in Paris*（《里尔克在巴黎》，London: Hesperus Press, 2012），第87页。

第三章　丘比特的诅咒

她的名字是乔吉特·伯杰。1913年8月，马格利特和乔吉特在游乐场相遇，那时她12岁，他14岁。她在旋转木马台上引起了他的注意。旋转木马是当时游乐场里最受欢迎的项目，那不仅仅是旋转着的木马，更是欢乐的载体。旋转木马台周围搭着大帐篷，就像马戏团的帐篷，上面画着战车在竞技场竞逐的场景，驾车人的样子像是切罗基族印第安人（Cherokee Indians）。旋转木马台的入口很有气势，支了很多根柱子，售票亭就在入口中央。从入口进去就进入了另一个世界。木头的台口圈出了舞台，云幕灯、镜子、小吃摊、座位、蒸汽机，让人目不暇接。一架机械风琴奏出了嘹亮的音乐，短号手在现场伴奏。旋转木马本身是蒸汽驱动的，有人在旁边给锅炉添煤。旋转木马台也是升降木马台，木马跟着旋转平台转的同时也在以古老的方式上下移动。

“要不要坐木马？”马格利特问。[1]乔吉特同意了。这就是一切的开始。1914年，德军入侵比利时，他们在蓝色影院的美好时光骤然终止。随之而来的动荡让他们不得不分离，就此失去了联系。六年之后，1920年，两人在布鲁塞尔重逢了，当时乔吉特19岁，马格利特21岁。那一天，他们在植物园里不期而遇。那一天傍晚，马格利特带给他的心上人两朵玫瑰花，画在纸上的玫瑰花。第二天，他去等她下班。[2]

马格利特为乔吉特画的玫瑰花

这次他们决心要在一起。就算当时两人没有正式订婚，他们也无疑是在恋爱。他们彼此约定，等到乔吉特年满21岁，马格利特服完兵役，有足够的收入维持生活，他们就马上结婚。1922年初，他们开始在热特-圣皮埃尔（Jette-Saint-Pierre）布置一间公寓。马格利特在亚琛附近的盖伦基兴（Geilenkirchen）驻扎时一直梦想着家庭生活。他写道："很快，迈特尔·比农（Maître Binon）就会为我们未来的爱巢贴墙纸了。想到我们将要共度的快乐时光，我高兴得心都要爆开了。”[3]这些准备工作都是私下里秘密进行的，至少马格利特没有大张旗鼓地准备结婚。他面临一个难题，就是他父亲会说什么，或者说，他父亲会给他什么资助。马格利特显然希望父亲能出笔钱，给他们一些支持，他认为父亲当然能理解这样的想法。利奥波德·马格利特肯定会回想起，当年自己结婚时从岳母那里要来了五千法郎，没过多久勒内就出生了，那是好些年前的事了。

也可能是因为心里没底，也可能是经过了深思熟虑，总之马格利特拖到了最后一刻——他在服兵役期间一直没有把乔吉特介绍给父亲。直到一天晚上，利奥波德亲自开口，要求乔吉特到家里来。这是他们第一次见面，相当于第一次审查。第二天早上，乔吉特把发生的事情告诉了马格利特：

> 八点钟，我按响了你家的门铃。你父亲独自在家。他叫我坐下，对我说：“好吧，小姐，我请你来，是因为勒内，勒内想结婚，可他还是个孩子。他不明白金钱的价值。他每个月挣450法郎，就认为自己能养活一家子人了。他不知道东西有多贵。”接着他开始说这个说那个，说了一大堆。当然了，对这些我又能说什么呢？他说，你，你不习惯省吃俭用，他不想看到你

陷入穷困。你不适合工作。他就要上法庭打官司，等案子审结以后，他想以你们三兄弟的名义再买一家工厂，我回答说你不知道怎么经营工厂，而且收入不会一直这样。然后他说你不必工作，他回答说“勒内，勒内，没错，但是雷蒙呢，这孩子年纪这么小，就已经闭着眼睛都能经营那样的生意了”，然后他说，你在维尔沃德的工作不会做太久，他会把你弄出来的，等他的案子一审结，他就要把你送到意大利去待一年。

利奥波德说的这些话都很有特色，虽然有些内容令人吃惊，比如让马格利特在意大利待一年。接着他提出了条件，乔吉特是这样转述的：“无论如何，他不会阻止我们恋爱，但他希望：（1）在他的案子审结之前，我们不要结婚。（2）在你的喉咙彻底治好之前，我们不要结婚，因为你看起来需要进一步治疗。”在那之前马格利特刚切除了扁桃体，那是一次痛苦的手术。[4]

乔吉特送出这封信时，她最爱的人也给她寄了一封信：

我亲爱的宝贝未婚妻，你开心吗？我们很快就要结婚了，我们将眉开眼笑，永远相爱——

真希望现在已经是明天了，那样我就能知道我父亲对你说了什么。我无法想象他不喜欢你，因为他只要一看到你，就会为我能爱你、你能爱我而欣喜。[5]

马格利特没说错。尽管利奥波德不放心儿子，却还是在十天后发布了马格利特和乔吉特的结婚预告。1922 年 6 月 28 日，他们在沙尔贝克的圣玛利亚皇家教堂举行了婚礼，随后又在圣若斯-滕-诺德的市政厅举行了非宗教的民事结婚仪式。马格利特一家从两年前就居住在圣若斯-滕-诺德了。

乔吉特·玛丽·弗洛朗斯·伯杰（Georgette Marie Florence Berger，1901—1986）于 1901 年 2 月 22 日出生在沙勒罗瓦郊区的马西内勒。她父亲弗洛朗·约瑟夫·伯杰（Florent Joseph Berger，1875—1938）最初的工作是给家畜称重，后来成为屠宰户，开了自己的店铺。她母亲莱阿·帕约（Léa Payot，1874—1919）是一名裁缝，也帮丈夫经营店铺。乔吉特与照顾她的姐姐莱昂廷（Léontine，1896—1980）关系密切。莱昂廷很能干，有自己的主意，也很有商业头脑。1919 年，她们的母亲早早离世，很可能是死于大流感。没过多久，她们的父亲就宣布他准备再婚。莱昂廷认为她该离开家去闯世界了。她带乔吉特一起离开，两人在布鲁塞尔的一家艺术用品综合商店找到了工作。关于马格利特与乔吉特的重逢，乔吉特多年来讲述过不同的版本，其中一个流行版本就是，马格利特来店里买材料，然后请她去看他的展览。她太害羞，不好意思去。过了一星期，马格利特又回来了。那以后他再也没离开过乔吉特。

1928 年，莱昂廷嫁给了皮埃尔·瓦耶（Pierre Hoyez）。皮埃尔·瓦耶是音乐人，主要工作是在电影管弦乐队担任小提琴手，至少他是这样向马格利特介绍自己的，同时他也会做些木工。到 1939 年，莱昂廷已经筹到足够的钱，可以自己开店了。她开了一家专门经营艺术用品的商店，名字是“伯杰之家”（Maison Berger）。伯杰之家采取的是家族经营模式，十分成功。乔吉特在那里做兼职做到了 50 年代末，那时马格利特踏上艺术之路已经三十多年了。每周一、三、四、六下午，乔吉特从三点工作到七点，每小时的工钱是 20 法郎。皮埃尔·瓦耶做画架，乔吉特粘上画布。伯杰之家为马格利特提供了各种各样的艺术用品，从颜料到石膏模型，马格利特把石膏模型当模特，或者制作成自己的作品：人头，通常是血色。人的躯体，黑色和白色，有的搭配了气球。《米洛斯的维纳斯》（*Venus de Milo*）的一系列复制品，先是《雕像的未来》（*L'Avenir des statues / The Future of Statues*），这个名字是诺奇提出的；后来是《铜手铐》（*Les Menottes de cuivre / The Copper Handcuffs*），这个名字是布勒东应马格利特的要求起的；拿破仑、帕斯卡和罗伯斯庇尔的面具模型，通常绘有天空，在《致敬帕斯卡》（*Hommage à Pascal*）的面具上点缀着飞镖。[6]马格利特的年轻朋友、邻居雅克利娜·农克尔（Jacqueline Nonkels）说，莱昂廷卖的颜料都是从法国进口的，在被德军占领期间始终秘密销售法国进口的颜料。黑市上的颜料供应由一个管道工组织，想弄到颜料就必须把他哄开心。莱昂廷掏钱请马格利特为他画了两幅画，一幅是《金银岛》，画了一群树叶鸟，一幅是《士兵的妻子》（*La Femme du soldat / The Soldier's Wife*），画了身体柔软的人物裸体。水管工显然是个急性子。《金银岛》的颜料还未干，他就急着把画带走了。[7]马格利特去世后，乔吉特把这些画买了回来。

就质量而言，莱昂廷供应的商品还有提高的空间。20 世纪 30 年代，由于赞助人爱德华·詹姆斯（Edward James）的慷慨捐赠，马格利特发现了温莎牛顿（Winsor & Newton）颜料。不管怎样，伯杰之家在战后越办越好，开了分店，并在美术学院这个艺术创作基地获得了某种特许经营权，由瓦耶管理。莱昂廷的生意随之日渐兴隆。过去妹夫马格利特曾送过她几幅作品作为礼物。现在她开始买卖马格利特的画，甚至成了他画作的委托人。[8]她请马格利特给她画一个火之瓶（不同于天空瓶或女子瓶——它们是马格利特直接画在玻璃瓶上的），再画一幅画遮挡店里的一扇窗户。她不仅指定了尺寸，还建议采用“立体主义”风格。马格利特送给她的画是新现实主义的苹果，上面写着“这不是一个苹果”[9]。

乔吉特没有商业头脑。人们都说，她在其他方面也没有头脑。她常被形容为头脑空空。“乔吉特不是彻底愚笨，”大卫·西尔维斯特说，“她钢琴弹得很好。”[10] 这样说可能低估了她，或者至少低估了她在马格利特的生活中所起的作用。人们传说，马格利特和乔吉特形影不离。这对夫妇的传说是他们两人自己传播开的，他们乐此不疲。“勒内·马格利特在植物园再次遇到了散步的乔吉特，”马格利特在自传小品中写道，“从那以后他再也没离开过她，除非迫不得已。”这样的话被其他人有意无意地传来传去。一系列的照片也证明了两人的关系，其中最著名的是杜安·米沙尔斯的《拜访马格利特》（*Visit to Magritte*，1965），马格利特本人作为精明的合作者参与了拍摄。保罗·西蒙的热门歌曲《战后，马格利特夫妇和他们的小狗》（1983）的灵感就来自这样一张照片。这首歌本身可能是对两人状况最成功的陈述，乔吉特告诉西蒙她有多喜欢这首歌时，或许已经意识到了这一点。

肩并肩地在一起
他们安然入眠
……时间飞逝像印第安人一样无声无息
匆匆几十年
醒来时他们就会发现
他们个人所有的一切
都已难解难分紧密相连[11]

是的，紧密相连。四十多年里，他们几乎没分开过，而且经常待在同一个房间。“他总是喜欢在我待的房间里画画，”她告诉西尔维斯特，“总是如此。”[12]马格利特似乎越来越离不开她，也越来越离不开他的房间。“我认为绘画只会发生在一人独自在房间里的时候，”弗兰克·奥尔巴赫（Frank Auerbach）说，“陪伴他的只有他自己的行动、他的想法，也许还有他的模型。”[13]马格利特则是独自与他的妻子在一起。

《爱，乔吉特》（1928）

“他对家庭没概念，只爱他的妻子、他的小狗露露、他的壁炉和居所，此外什么都不接受。”乔吉特在丈夫死后不久对作家勒内·帕斯龙（René Passeron）说。她从旁观者的角度提起了自己，说来奇怪，这与马格利特说话的方式相似，他有时就会这样讲话。“我走开的时候，他会说，‘我回来的时候就是最美好的时刻’。”[14]这的确给人一种感觉，就是他们在以对方的口吻说话，或者是她在以他的口吻说话，仿佛她自己没什么要说的。如果说乔吉特选择了抹去自我不出风头，那她也按马格利特的意愿进行了自我展示。她是他的模特，后来是他的代言人。她对马格利特的描述是善意的，甚至是偶像化的，但也相对狭隘。例如她坚持说马格利特对政治不感兴趣，这是一种典型的误解，说明她似乎无法应对复杂或紧张的关系。她当然是马格利特小团体的一员，在工作上也是股票公司的一员，但她从来没有像斯居特耐尔的妻子，作家兼记者伊雷娜·阿穆瓦尔那样自信或性感。伊雷娜·阿穆瓦尔接受了画作中对她表达的具有暗示性的敬意，并受到鼓动在电影中吃下了一根同样具有暗示性的香蕉。[15]

尽管如此，乔吉特还是无处不在。她的形象在马格利特的作品中处处可见——她的身体既是他的神圣殿堂，也是他的绘画样板。乔吉特的肖像画相对较少，但是马格利特在1928年穿着室内软拖鞋为她画画时，真的是心甘情愿为爱而创作。她是一种理想，是他的理想，就像《尝试不可能的事》（*Tentative de l'impossible / Attempting the Impossible*）［彩图10］所暗示的那样。乔吉特并非完人，但她永远体现着马格利特的理想，她以各种方式深深影响着马格利特及其创作。她的在场既是有形的，也是无形的。实际上，从各方面来看，她既在他的画中，又不在他的画中，就如同她在他的小团体中，却又不是其中一员。斯居特耐尔等人认为她不理解丈夫的工作，按他们的说法，只有到了马格利特晚年，他的画作变得像金子一样贵重时，她才开始欣赏他。[16]

“这段婚姻没给他们带来子女，”《文献评述》（*Catalogne raisonné*）中写道，“乔吉特告诉我们，较早时有过一次流产，因此马格利特决定不能让她冒着失去健康的风险再次怀孕。”关于这一点再没什么可说的，关于乔吉特对此的感受，同样没什么可说的。斯居特耐尔只是平实地记了一句“他没孩子”。有人提到这个问题时，马格利特倾向于回避，或者郑重其事地认真打趣说：“我对这样的生活没有足够的信心。我总是做最坏的打算。人在摇篮的那一刻就已经要做好准备进入坟墓了。”[17] 西里尔·康诺利（Cyril Connolly）有句名言：“对于好的艺术来说，最阴暗的敌人就是大厅里的婴儿车。”[18] 在马格利特和乔吉特的关系中没有婴儿车。

乔吉特或许头脑空空不聪明，但她有骨气，而且在需要时会有令人意想不到的坚持，或者说是固执。他们刚结婚的那几年，她不停要求入不敷出的波波尔从事像样的职业，让波波尔不胜其烦，而她的这种努力当然毫无效果。她还鼓励丈夫坚持下去，不要丢掉墙纸厂的那份稳定工作。她这样做惹恼了利奥波德·马格利特。毕竟他说过，“我儿子以后用不着为了生计去干活”[19]。虽然她从来不承认自己干涉过马格利特的绘画，但是马格利特每次尝试改变绘画风格时，如果她发现新画风的作品不好卖，她就会提出强烈的反对意见。“勒内，你要是想把画卖出去，就像其他人一样画玫瑰吧。”[20]

1967年，马格利特去世后，乔吉特尽最大可能让一切定格在马格利特还在的时候。房子保持着他离开时的样子，画架上放着他没画完的作品，这就像是纪念碑，甚至像是圣所。乔吉特很孤独。她在寡居的二十年里对什么都漫不经心，对于马格利特未完成的作品和一些有待鉴别真伪的作品，她随意地进行判定，结果她几乎疏远了所有老朋友，包括阿穆瓦尔和斯居特耐尔。斯居特耐尔夫妇说，他们到她家拜访时，看到她从抽屉里抽出些素描，一边签名一边说：“现在我是马格利特。”她听说大卫·西尔维斯特把一幅粉笔画鉴定为马格利特的作品，于是给他写信道：“你不可能比教皇更信奉天主教。如果你今后不再做这样的鉴定证明，我将不胜感激。”[21]

开始时，勒内与乔吉特相互爱慕。这是他们对彼此的告白。在这样的告白声明中无疑有打消疑虑的成分，既让自己安心，也让对方安心。或许乔吉特的角色就是这样：崇拜与被崇拜。假如他们一些朋友的说法可信，那么，成为年轻傲慢的马格利特的爱慕对象，或许并不是单纯的幸福。旋转木马一圈又一圈地转动，他们的爱慕渐渐固化为全心全意的付出。马格利特全心为乔吉特付出。乔吉特全心为马格利特付出。乔吉特本身提供了令马格利特安心的稳定因素。马格利特则要在各方面为乔吉特提供所需。这需要付出很多，甚至会让人觉得无聊，但它提供了一种生活正常、规律、可预测的表象，对于这种有规律的生活方式，不论马格利特会说些什么，他都会在某种程度上感到称心如意，或者会予以支持。斯居特耐尔说马格利特是为无聊而受苦牺牲的人。吕克·桑特（Luc Sante）说他这个人既看到了眼前的无聊，同时又具有远见。下面是马格利特对他一天生活的描述：

> 我9点起床，在餐厅和厨房转了转，我去看了看花园。11点，我妻子不舒服，上床休息了。我呢，我在画水粉画，这是我为我的展览做的二次打磨（重新加工一幅画）。两点钟，乔吉特起来了，我做了晚饭。之后，我带狗出门。噗！然后乔吉特去看她姐姐。烂透了，真悲惨。啊！这是多么无聊啊，又可怕，又压抑，生活无法忍受。[22]

马格利特经常做饭，这可以打发无聊。“艺术和无聊，”瓦雷里这样评论道，“空洞的地方，空洞的时间，让人无法忍受。对空洞的装饰源于无聊——就像食物的幻象源于饥饿的胃。”[23]加斯东·勒鲁（Gaston Leroux）笔下的宿命论英雄谢里-比比（Chéri-Bibi）一个人能吃六个人的饭，他用猪肉和卷心菜，用兔肉和西梅，或者西班牙鳕鱼做大餐，给别人做饭让他非常开心。看到别人吃饭，他感觉自己也吃饱了；他喜欢看别人吃东西。他把小说摆在面前，严格按食谱操作：

600 克无盐鳕鱼　　600 克土豆
500 克西红柿　　400 克红辣椒
40 克洋葱　　10 克大蒜　　10 克面粉
2/10 克现磨胡椒粉　　盐　香草　面包屑

“试一下吧，”勒鲁在脚注中俏皮地敦促，“让我知道结果怎么样!”马塞尔·马里恩说，味道好极了。[24]

若说乔吉特是马格利特可信赖的靠山，未免有些轻率。但马格利特的确非常依恋她。她为马格利特提供了某种避难所。“马格利特兄弟值得拥有一个好女人的爱，”保罗的妻子贝蒂同情地说，“马格利特兄弟没享受过母爱。”乔吉特也失去了母亲。不在场而又在场的母亲，是这段关系的另一个维度吗？他们是像母亲照顾孩子一样照顾对方吗？马格利特那幅婴儿怀抱母亲的画面令人不安，画的名字《几何精神》（*L'Esprit de géométrie / The Mathematical Mind*, 1936/7）出自帕斯卡的《思想录》，但这幅画最初的名字是《母性》（*Maternité*）。[25]

乔吉特 12 岁时已经是个可爱的女孩，19 岁时出落得十分迷人。马格利特与乔吉特的恋爱关系即使再纯洁，马格利特的脑海里也一定闪现过销魂的念头。年轻的马格利特早早就体会到了情欲。或许他青春期

乔吉特（1922）

记忆中最重要的地方是苏瓦尼的旧墓地，学校放假时，他曾在那里与念招魂咒的姑姑弗洛拉、一辈子受煎熬的祖母和他不幸的教父母一起度过假期。他在《生命线》中两次提到了墓地（或许是回忆），那对他而言是成人仪式般的重大事件。他首先设置了超自然的场景：

> 小时候，我曾在省级城镇一处废弃的旧墓地里，与一个小女孩玩耍。我们推开沉重的铁门，跑到家族的坟墓里面。再回到阳光下时，我们发现一位来自首都的艺术家正在一条林荫道上作画，林荫道风景优美，枯叶间散落着断裂的石柱。在我看来，绘画艺术似乎有点神奇，画家具有超凡的能力。

过了些年，在他 20 岁出头时，马格利特疯狂地爱上了乔吉特，并且尝试起未来主义：

> 在真正陶醉于狂喜的状态下，我画了一系列未来主义画作。但我认为我从不曾成为正统的未来主义者，因为我想要实现的抒情性具有与未来主义艺术毫不相关的焦点，这个焦点从来没动摇过。这是一种纯粹而强烈的感觉：性欲。我在旧墓地认识的那个小女孩是我遐想的对象，我在想象中为她创造出了车站、集市和城镇，她就停留在这些喧闹兴奋的地方。多亏了这幅神奇的画，我重新获得了童年时产生过的感觉。[26]

无论在旧墓地里发生过什么，都是让马格利特难忘的经历。马格利特的叙述中虽然提到了欲望，却倾向于把欲望纯真化。他与女孩的最初相遇，可能发生在他母亲去世后的第一个万圣节或圣诞节假期，也就是 1912 年 11 月或 12 月，马格利特刚满 14 岁时。女孩名叫埃米莉·克罗（Emilie Crox），是墓地看守人的女儿，比马格利特大一岁。与马格利特的描述不同，埃米莉已经不算小女孩，他自己也没那么天真无邪。马格利特的朋友皮埃尔·布儒瓦（Pierre Bourgeois）是“在这年轻画家的实验启发下写诗的第一人”，马格利特是否和布儒瓦谈过他在墓地的经历呢？

> 他们在何处相遇，才如此相爱呢？

在画家的神圣想象之中。[27]

马格利特肯定和斯居特耐尔谈过这件事，斯居特耐尔写过一段德尔斐神谕般的叙述，可能是对事件后果的调侃。

在那个村子的旧墓地，在一个金发小女孩的陪伴下，他在那座废弃坟墓里度过了难说是否愉快的假日。到了晚上，他会跪在床头，精神饱满地忏悔祷告。

有些早晨，他在他那间小卧室里对着镜子做鬼脸，挤眉弄眼让五官都变了形。这种做鬼脸的习惯他到中年后仍然不改。有些早晨，他会对着镜子审视自己，镜子中的他脸色苍白，神情严肃，眼神坚定，决心一定要做个好人，要生活得更好。时至今日，他仍然喜欢摆出毋庸置疑的架势，坚定地点头，表示自己已下定决心。[28]

关于马格利特在墓地的经历，我们找不到更多的信息，现在只能确定那位来自首都的艺术家是利昂·于让（Leon Huygens）。不过马格利特十几岁时的一个故事恰好与这一时期有关。一天，这位初露头角的艺术家为当地一位女孩匆匆画了一幅肖像素描，然后送给了对方，结果女孩拿起一看就怒气冲天，立刻把画撕碎了。画上是她跪着清扫人行道的背影。这姿势太不得体了，有人说“她长筒袜的顶端都露出来了”[29]。三十年后，马格利特在《火的发现》（*L'Invention du feu*）中画了个裸女，她跪在大鼻子状的比尔博凯特棒接球前面。马格利特的标题注解写的是：“火的惊人发现。感谢两个物体的摩擦，暗示了性快感的生理机制。”[30]

马格利特开始痴迷于长筒袜类型的速写。马格利特在沙勒罗瓦阿泰奈中学读书时，坐在他旁边的男生都可以做证，他随时都会在课本和练习本上画裸女，毫不在意老师的批评责备。马格利特隐晦地提到那所中学时要表达的或许也是这个意思：“他在那里用相当奇怪的作品吓到了法语老师。”[31]马格利特的一些同学认为，即使不是因为他那些作品，他的做法也会让他被校方开除。他刻意摆出“我他妈的才不在乎主义（je-m'en-foutisme）”的架势，就是为了激怒老师。他的执拗，不服管教，他对淫秽图片的狂热，甚至吓到了班上的男同学。他入学那年，弗尔南·里什莱（Fernand Richelet）是他的同桌。

> 马格利特和我，我们只是同学，再没别的关系了。他家在城堡街（rue du Fort），我去看住在那边的朋友时，有时会碰到他，但我没和他一起玩过。他父亲是个黄油商人。学生其实分成了完全不同的群体，首先是根据社会地位

> 分的，然后……嗯……跟马格利特混在一起的人不多，因为……他整天只谈女人和下流的事。所以那时，你知道……全班同学都认为他是个怪人，几乎没有谁敢和他交往。[32]

阿泰奈皇家中学可能曾要求马格利特退学，或者不准他再回学校，但是没有马格利特被学校正式开除的记录。总之他只在这所学校待了两年，那期间的成绩都很不光彩，而且他刻意炫耀自己是个差生。第一年，他的成绩在全班差不多是倒数第一，各科加到一起只有 33 分（百分制）。宗教课成绩是 31 分，尽管他说自己会做晚祷。第二年他放弃了宗教课，但整体表现更糟，总成绩是 27 分。他每门课都不及格，但也有个例外，就是绘画课。他的绘画成绩是 85 分，全班第一。绰号“半瓶醋”（Dabbler/Le Croqueux）的绘画老师阿蒂尔·科克尔科朗（Arthur Kokkelkoren）在学生眼里面目可憎，教学方法缺少灵魂。他的课程内容单调乏味，仿佛到地老天荒都不会改变。在他的要求下，学生们用彩色铅笔一遍又一遍地画着一系列静物：一个苹果，一个半身像，一个花盆……

但对马格利特来说，反复画静物是无上乐趣。至于画裸女带给他的快乐，持续的时间就更久了。直到若干年后，夏尔·亚历山大借给他一本《未来主义者马法尔卡》（*Mafarka le Futuriste*）时，他仍乐此不疲。在这本书中，未来派导师F.T.马里内蒂（F. T. Marinetti）描写了性与征服的炽热纠缠：“‘让我啃咬你散发着芬芳乳香的乳房，啃咬你藤蔓一样缠在我脖子上的手臂！你这白粉爬藤啊，我想喝你伤口里的水，它比血橙更解渴！’……科罗比光滑纤细的手臂缓缓移动着，引领马法尔卡的嘴靠近她的乳房。突然间，马法尔卡惊恐地跳了起来，叫道：‘不，不要重复我母亲摆过的姿势！’”[33]读了这段文字后，马格利特恰如其分地画了个裸露乳房的女人与之搭配。

1914年8月，马格利特不光彩地结束了他在皇家学校的生活，与此同时，德军开始入侵比利时，渐渐占领比利时各地。马格利特一家采取了撤退战略，搬回到夏特莱砾石街的老房子居住。在这片无主之地，马格利特脱离了学校的管束，似乎度过了安逸的一年。他充分利用了这段时光。在被占领的夏特莱又发生了恶作剧，特点一如往昔，却有新的内容。镇上一度遭受蝇灾，于是贴出了敦促居民履行除蝇义务的标语，写的是“除掉蝇子，不然蝇子会除掉你”。不知是谁把贴在夏特莱小学的标语上的“蝇子”（mouches）改成了“鬼子”（Boches）。当局并不觉得好笑。他们希望干这事的人主动承认，为了要挟，还把一些孩子关了起来。但是没有人站出来。马格利特的朋友雷蒙·彼得吕斯说，做这件事的正是“犯罪大师”马格利特。侦探作家乔治·西默农喜欢这样说：“我生于黑暗和雨水，好在逃脱了。假如我未能成功逃离，我描写的这些罪行，就是我会犯下的罪行。我是个幸运儿。对于幸运儿，除了侥幸逃脱之外，还有什么可说的呢？”[34]或许幸运的勒内·马格利特也是如此。

马格利特十几岁时有充裕的时间，也有足够的条件，来满足自己的喜好，用言语激怒敌人只是个插曲。受父亲影响，马格利特从小就接触到了色情作品。热气球驾驶员卡片并不是他收集的唯一一种卡片。他已经喜欢上了画面不雅的明信片和色情印刷品［参考《被征服的读者》（*La Lectrice soumise / The Subjugated Reader*）］。他对色情作品的兴趣持续了一生。这种情况在他所认识的知识分子中倒也常见。诺奇就很典型，他研究了色情作品，对性学进行了更广泛的研究，他的诸多副业之一就是撰写或改写女同性恋情色作品，这些作品在他死后汇编为《情色集》（*Érotiques*）。据说诺奇曾为马格利特的许多画作想出过具有暗示性的复杂名字，按照这一思路，诺奇肯定会觉得这本书的书名有所欠缺。乔治·巴塔耶和让·包兰（Jean Paulhan）是巴黎文学界最杰出的两位人物，他们都对色情作品非常感兴趣。巴塔耶在自己的作品中将之提升为一种艺术形式，作品最初是以笔名发表的。《眼睛的故事》（*Histoire de l'oeil*，1928）发表时署名奥赫勋爵（Lord Auch），《艾德沃妲夫人》（*Madame Edwarda*，1937）发表时署名皮埃尔·安热莉克（Pierre Angélique）。巴塔耶对马格利特也很感兴趣，还计划写一本关于马格利特的书。遗憾的是他病了，留给我们的只有一些晦涩难懂的符号。“如果他的色情描写极为出色，”巴塔耶在《爱神之泪》（*Les Larmes d'éros*）中表达了自己的思考，“能达到的最高程度就是诗歌。没有诗歌，情色就不能完全显露出来。”[35] 巴塔耶的赞赏得到了深刻诚恳的回应。直到2011年，马格利特为《艾德沃妲夫人》创作的插图还被警告为道德堕落，不可示于人。[36]

马格利特的品味逐渐朝着不那么高尚的方向发展。20世纪30年代至50年代，马格利特住在布鲁塞尔郊区时，牙医约瑟夫·斯蒂农（Joseph Stiernon）在自家阁楼上给一小帮人放映色情电影，观众就包括马格利特小团体的成员。牙医约瑟夫·斯蒂农是《雅克曼大道》中若泽·拉苏普莱斯（José la Souplesse）的原型。牙医还养了一只被驯服的猛禽，它在房子周围自由地游荡。这是马格利特所喜欢的生活，用诗人伊丽莎白·毕肖普的话来说就是：“惊鸿一瞥，投向无往不胜的日常生活中的超现实主义。”[37]

说得直白些，马格利特兄弟一直对父亲的风流韵事很感兴趣。妻子雷吉娜去世后，利奥波德·马格利特身边从来没断过女人。“爸爸的情妇”引起了兄弟们的无尽猜想，甚至成了他们吹嘘的主题，勒内和雷蒙更是大张旗鼓地向朋友们宣称他们兄弟是多么受宠，正如帕特里克·沃尔德伯格（Patrick Waldberg）模仿欧里庇得斯（Euripides）所说的，他们是“幸福的希波吕托斯，被新继母淮德拉爱上了”。多年以后，马格利特的一名同学说得更为直截了当："你知道勒内·马格利特是什么样的人吗？是和他父亲的妻子上床的人！没错，先生，他是趁父亲不在家时干的。他母亲去世了，他父亲娶了个怪女人，她也是勒内·马格利特的情妇。勒内·马格利特就是这样的人！"[38]

"怪女人"确实进了马格利特的家。利奥波德·马格利特雇了个居家佣人，名叫玛丽·莫勒（Marie Molle），工作日住在他家里。她毫无不得体的迹象，人们都说她无可指摘，打理家务一丝不苟。她孙子说："你不洗好澡，她都不会让你进家门。"她在马格利特家里深受考验，最后她决定另寻主顾时，他们为她写了很好的推荐书。[39]

利奥波德在1912年登了个广告，要为一位父亲和"三个好孩子"招聘管家，这一描述让一家人捧腹大笑。他选择了让娜·韦尔戴恩来做这项并不令人羡慕的工作，男孩们叫她"拉·让娜"，自高自大的勒内·马格利特则称之为"马·让娜"。让娜是个28岁的寡妇，带着襁褓中的儿子。她来自沙勒罗瓦附近的瓦尔库尔，父亲让-巴蒂斯特·韦尔戴恩（Jean-Baptiste Verdeyen）是做雕塑的。她嫁给了橱柜制造商乔治·蒂尔芒（Georges Tilman），但是他们的儿子阿尔芒刚4个月大，她丈夫就去世了。拉·让娜机敏能干，她也必须如此。她住进了马格利特家。没过多久，她就扮演了另一个要求很高的角色。她成了利奥波德的情妇，后来又成了他的合法妻子。无论如何，是她陪利奥波德走完了余下的人生之路，她也成了青少年吹嘘的对象和粗俗传言的主题。几年后马格利特一家搬到布鲁塞尔，夏尔·亚历山大见到他们时，她在家中的地位已经很稳固了：

> 我们进门时，一家人正坐在桌前吃饭，马格利特说："夏尔，我来把你介绍给我父亲、他的情妇、他情妇的孩子，我们甚至不知道这孩子父亲的名字，还有我兄弟雷蒙！"他父亲匆匆喝下他那份汤，砰的一声把盘子摔在桌上，嚷道："去你的吧，少带陌生人来打扰我们。快滚，该死的！"我们上了二楼，来到勒内的画室和卧室。是两个房间，地板上铺着破地毯。第一个房间里的画架上挂着许多油画画布，另一个房间我们很少去，勒内就睡在地毯上，没有床垫。最小的弟弟波波尔住在通往一楼的楼梯平台一角；那里有个三脚架，上面放着一架照相机，顶上放着一根蜡烛，后面是个带遮篷的帐篷，波波尔睡在帐篷里。整个一楼都是父亲的地盘，兄弟几人谁都不过去。[40]

吹嘘只不过是想满足愿望。可以肯定地说，爸爸的情妇并没有把恩爱分给勒内·马格利特。"我所渴望的女子，"福楼拜在17岁时写道，"是个漂亮、热情、纯粹的妓女。"[41]马格利特或许也会这么说。满足这种渴望则是另一回事了。他在这个领域究竟有什么实际经验，我们很难准确判定，但他肯定不是白纸般清纯。他了解以前沙勒罗瓦的红灯区，也匆匆忙忙去过布鲁塞尔北站附近的一家。他喜欢和妓女在一起打发时间，不过也可能是假装喜欢这样做。他第一次去布鲁塞尔时，曾带着朋友穿过红灯区，和妓女打招呼的样子就好像她们都与他相识。“这样做让他非常开心，他笑得和她们一样甜。”[42]如果他真的愿意找妓女，他的零花钱倒也足够用。让他感兴趣的，是招妓这件事本身具有的商业和肉欲的因素，这被福楼拜形容为金子的叮当声：

> 这可能是一种变态的品味，但我热爱招妓，除了肉欲的因素之外，我也喜欢这一行当本身。每次看到那些穿着低胸装的女人走在雨中走在灯光下，我的心就开始怦怦跳……招妓的概念集合了太多的因素——欲望、痛苦、与人际交往的彻底脱离、肌肉的狂热、金子的叮当声——对此深入观察会让人晕头转向。一个人在妓院里可以学会那么多东西，感到那么悲伤，那么渴望爱情！[43]

勒内的父亲是游戏人生的情场老手，他成了勒内的榜样。勒内与比他小两岁的雷蒙开始了追逐女人的竞赛，竞赛内容很可能包括谁先告别处男的身份。在这种情况下，家里家外充斥着粗言秽语也就不足为奇了。马格利特再次遇到与姐姐在植物园散步的乔吉特时，他可能已经满不在乎地告诉她们，他正要去与他的情人会面。[44] 他与乔吉特恢复了恋爱关系后，他在给一位画家朋友的信中依然毫不掩饰地谈论着他们的一个模特，仿佛是在透露新的征服对象的身份。“她名叫奥古斯塔！说来也巧，你认识她，就是那个和她姐姐一起来让我们画画的黑发小女孩，她们回来了。”[45] 很明显，他与朋友们在谈论红灯区的诱惑和与之相伴的风险。雷蒙·彼得吕斯曾先后给勒内·马格利特和雷蒙·马格利特讲过嫖妓的危险，他的回忆苦乐参半。“别再干那种事了。你总管不住自己！你能从中得到什么？得到的是病！”根据彼得吕斯的说法，事实正是如此，他们两人都感染了梅毒。雅克·鲁瓦森在20世纪80年代开始调查马格利特的早年生活，夏特莱的很多人都给他讲过这件事，马格利特家庭医生的儿子在去世前也证实了这一点。[46]

这位医生是个值得关注的有趣人物。他名叫阿方斯·蒂博（Alphonse Thibaut），博学多才，是藏书家、音乐爱好者和绘画鉴赏家，他的私人藏品包括比利时表现主义画家皮埃尔·保卢斯（Pierre Paulus）的自画像。他也是性病专家。他曾就此主题写过一本书，名为《丘比特的诅咒》（*Le Fléau de Cupidon / Cupid's Curse*），书名取自莎士比亚的《爱的徒劳》（*Love's Labour's Lost*）。蒂博医生有文化有教养，思想相当开明。他甚至开始考虑给人做堕胎手术，而在那时堕胎是非法的。了解病人是他诊疗过程的重要步骤，他会同病人谈论艺术和文学，疾病和药物。他似乎成了马格利特的保护者，甚至还把马格利特介绍给他的女儿们认识。年轻浪子马格利特时常去拜访他。他们会一起畅谈，马格利特会浏览他图书馆里的书籍和记录。在拜访期间，他有充分的机会在不引起别人注意的情况下接受医生谨慎的梅毒治疗。不久之后，在蒂博的收藏品中，多了尚不出名的艺术家勒内·马格利特的两幅画作：《暴风雨天空的河流》（*Rivière sous un ciel nuageux / River with Stormy Sky*）和《河边的白杨树》（*Rivière bordée de peupliers / Poplars by a River*），它们都是 1916 年的作品，是描绘自然的传统风景画，表现的很可能是清楚明了的希望。在《文献评述》的作者看来，它们的风格让人想起荷兰海牙画派（Hague School）的画家，例如雅各布·马里斯（Jacob Maris），医生本人可能也是这样认为的。[47] 医生的儿子瓦尔特说，蒂博收到这些画，是因为他在给这位年轻艺术家治疗一种爱情病。[48]

小心谨慎也许是勇敢的最好表现，但我们不能想当然地认为马格利特心中不安或感到羞愧。莫泊桑曾得意扬扬地说：“我得了梅毒！终于！不是可怜的尿灼热，不是中产阶级的鸡冠子，不是豆科的菜花，不是，不是，是真东西，是杀死弗朗索瓦一世的东西。我为此自豪，真的！最重要的是，我鄙视中产阶级。哈利路亚，我得梅毒了，所以我不再担心会感染了！”[49] 莫泊桑的反应当然不是绝无仅有。心生得意也好，心生怯意也罢，在 1918 年，马格利特参加了一项海报设计竞赛，主题是宣传政府发起的抗击性病的运动。他的设计灵感来自意大利广告艺术家莱昂纳托·卡佩罗（Leonetto Cappiello），卡佩罗在 20 世纪初彻底改变了广告海报，为 Bouillon Kub、金巴利酒（Campari）、仙山露酒（Cinzano）等主要品牌设计了令人叹为观止的海报，这些设计将永远是卡佩罗的标志。马格利特也是海报艺术家，卡佩罗对他起到了潜移默化的影响作用。马格利特提交的竞赛海报画了个骷髅，身穿燕尾服，手拉小提琴，身上缠绕着一条诱人的美人鱼。海报未被选中。马格利特把这幅画交给了朋友夏尔·亚历山大，这或许也是出于默契与谨慎。“爱情病”再次出现在他的画中，要等到 1948 年了。《彩虹》（*L'Arc-en-ciel / The Rainbow*，1948）是色彩艳丽的水粉画，描绘了一系列道德人物，他们被小心翼翼地加上了标签：贪图安逸享受者（Le Sybarite），伪善的信徒（Le Dévot），还有变质的人（L'Avarié）。“变质”是蒂博医生形容梅毒的专用语。[50]

* * *

勒内把两幅作品送给蒂博医生之前已经画了好几年画了。他的老朋友维克多·弗里斯克回忆说："在战争期间，有一天，我在伦敦碰见了勒内。我问他：'你怎么样了？'他告诉我他已经开始画画了。'你自己创作吗？'我问。'是的，但我要去找德富安，请他给我提一些关于配色的建议。'"[51] 马格利特不用走太远，因为画家费利西安·德富安（Félicien Defoin）就住在砾石街 44 号，他以装饰教堂谋生，同时也是位出色的水彩画画家。实际上德富安是专业的全才。他受人委托画风景画，还给别人上图画课；在准备颜料和调色方面，他也是专家。他肯定给了年少的马格利特很大帮助。

砾石街能提供给马格利特的资源就这么多了。1915 年 11 月，在夏特莱待了一年后，马格利特只身前往布鲁塞尔，目的地是迷迪街 122A 号，街道尽头的美术学院学生宿舍。那年他只有 17 岁。官方资料显示，他在 1915—1916 学年没有任何学习记录。就像方托马斯一样，他无处不在，又无处可寻。与马格利特同样自由听课的莱昂·普兰热（Léon Pringels）多才多艺，也是个神童，年仅 14 岁就凭借自己的作品集被学院录取了。按他的说法，马格利特似乎一到学院就开始上课了。

普兰热对两人的第一次见面记忆犹新。"我刚下课，勒内·马格利特就走到我面前，递给我一本色情杂志，那是他父亲编辑或销售的《法兰西的微笑》（*Sourires de France*）。‘这是我父亲弄的。’他说，然后他让我提供些画，因为他在替他父亲寻找插画师。而我，还只是个穿短裤的男孩！”[52] 后来他们发现两人上的是同一门课。“我带着一卷蓝色帆布和几罐瓷漆去上第一堂课，那是我在一个阁楼上找到的，我用它们作画，”普兰热回忆说，“第二天，我涂的颜料全都滑到了画布底部，变成了一个小香肠的形状，全班同学都等着看我怎么应对。这时我身后有人说：‘这是建筑用的帆布，你在光滑的一面涂上了瓷漆，本来是该涂印度墨水的。’说话的是同学马格利特。接着他给我上了一系列的技巧课：‘颜料只不过是粉末和亚麻籽油的混合物。’多亏了他出色的建议，我才能自己制作颜料。”[53]

同学关系并不总是那么友好。“那时勒内·马格利特比较招人恨，”普兰热说，“他每次从夏特莱他父亲那里拿到零用钱，就会去肉店买三四米长的猪肉熏肠，他回到学院时，身后拖着熏肠，就好像裤子上绑了一条长尾巴一样。我们当中很多人都在挨饿，却只能眼睁睁看着这一景象，眼看着熏肠在灰尘中滚动……有人会咬上一口熏肠，我可不想那样做，我宁愿挨饿。”[54] 在艺术学院学习的第一年，普兰热病倒了。他营养不良。

马格利特在埃米尔·范达姆–西尔瓦（Emile Van

Damme-Sylva）的指导下学习了动物和风景课程。埃米尔是位纪律严明的老师，所画的在田野上吃草的牛十分出色，画面与植物和动物的照片复制品完全不同。

1966 年，在接受雅克·古森斯的电视采访时，马格利特出人意料地称赞了艺术学院的教学。

> 我上的第一门课是绘画课，老师是位非常认真的老先生，名叫范达姆，不知道还有没有人记得他的名字。我在那里学会了绘画，我认为，这对一个画家来说极为重要。学绘画绝对是不可或缺的，就像写作的人要学会语法一样。
>
> 教学质量高吗？
>
> 啊！是的，那是非常认真的教育，而且专注于绘画。然后，按照课程安排，有乔治·埃库（Georges Eekhoud）教的文学课，之后是解剖学、透视学，画家需要学的课程全都有。[55]

马格利特在 1916—1917 学年正式注册为艺术学院的学生。他自愿重修了范达姆的课程，同时还选修了吉斯贝尔·孔巴（Gisbert Combaz）的装饰构图课，吉斯贝尔是新艺术的杰出代表，也是著名的海报设计师。这次马格利特参加了考试。他的装饰构图课成绩名列第一，“动物与景观”成绩排第九。然而，1917 年 4 月到 9 月，他中断了学业，回到了夏特莱。原因并不清楚。在 1917—1918 学年，同样的模式重新上演，这一次马格利特没有离开布鲁塞尔，这也许是因为家里其他人已经在布鲁塞尔定居下来了。马格利特还选修了另一门绘画课程——《生命研究》，由象征主义者康斯坦·蒙塔尔（Constant Montald）讲授，蒙塔尔与皮维·德沙瓦纳（Puvis de Chavannes）关系密切。1918年初，马格利特放弃了这门课。1918年，由于燃料短缺，学院关闭了几个月。1919年9月，马格利特重新注册，选修了蒙塔尔的装饰绘画课。那年圣诞节，他的成绩名列第八。甚至还有一种说法，就是在1920—1921学年，马格利特在服兵役期间得到了指挥官的允许继续上课。他没参加期末考试。

马格利特一直强调他与艺术学院的关系是“间歇性的”，这得到了莱昂·普兰热的证实。普兰热指出，马格利特从来没和全班同学拍过班级合照，因为他的出勤“太不规律”。[56]当然，正如马格利特自己所说，这种不规律可能与学生生活中常有的消遣乐事有关。“在1914年至1918年的战争期间，我在布鲁塞尔的学院注册上学，”马格利特对另一位采访者说，“我在那里待了两年。那时我一个人住在寄宿公寓里，自由自在。我去上课的时候不是很多。我生活得格外幸福快乐，生活当然是以我的绘画为中心，但也以啤酒为中心，同时我也与朋友无休止地谈天说地，总之，那是不太勤奋的学生所过的生活。”[57]这种不规律还有可能与满足肉欲的课外活动有关，涉及的可能是妓女，更有可能是不需要花钱就能找到的模特，而这也正是他喜欢吹嘘的。此外也有其他原因，比如他父亲有事要他帮忙，普兰热对“色情杂志”的相关回忆就暗示了这一点，也有可能马格利特只是想继续从事自己的绘画创作。1917 年，他至少创作了一幅相当大的油画，《坐在花园座椅旁的女人》，这幅画受到了孔巴的影响，也可能受到了博纳尔的影响。据说他在同一年报名学习装饰绘画，但蒙塔尔认为他还没准备好，于是他被重新分配到绘画班。绘画班并不缺乏特色，保罗·德尔沃（Paul Delvaux）是班上的学生，他是扁平足，所以马格利特给他起了个绰号叫“篮板脚”，对德尔沃的嘲弄持续了很长时间。不过马格利特在班上可能产生了挫败感，或者觉得自己被降了级，尽管这并没有阻止他再次尝试。

马格利特在学生时代总是间断学习，这有点令人费解。撇开那些闲言碎语不谈，他对待自己的艺术创作非常认真。从他的成绩可以看出，他在学校时足够努力。间断学习会不会是因为梅毒？蒂博医生的治疗方法主要是使用常规剂量的汞，方法包括注射、摄入或直接外用。开始阶段的治疗次数频繁，至少要持续四个月，接下来在很长一段时间里还要进行间断性治疗，两年可能都不算长，间断性治疗差不多是季节性的，根据疾病的发展进程，常常需要在春季或秋季恢复治疗。[58]

马格利特确实也参与了其他活动。他得到了各方面的委托，正如夏尔·亚历山大回忆的那样：

马格利特主要画裸体画。他经常向他父亲的客户提议，收取一定的金额，为他们的女儿画一幅肖像，画好后安排交付。有些人收到画后生气地把画退了回来，或者因为他们的女儿被画成了赤身裸体，或者因为他与某些女孩发生了关系……但这和我无关。这是真事。有一天，我和一个朋友去勒内·马格利特那里，他正给一个年轻女孩画裸体画。他当着我们的面画完后，就带着他的模特进了隔壁的房间，还一本正经地和我们说：“先生们，现在，艺术家要去搞模特了。”[59]

莱昂·普兰热能讲出很多这样的故事，说马格利特满嘴污言秽语，贪婪好色。关于画室的故事是这样的：“画室有一扇窗户，对着房子后面的一个小院子，我们可以看到一家熨烫店。刚开始的时候，有一天，马格利特饥渴地望着那些女孩子，突然对我说：‘我要扑倒一个。’他不慌不忙地爬出窗户，顺着排水管溜了下去……我能听到那些女孩子的叫声……过了一会儿，我看见马格利特又从排水管爬回来，跳进了窗户。他浑身是汗，一边整理裤子，一边对我说：‘我把其中一个堵在台阶上了。’”[60]

这些故事如果是真的，当然令人震惊，应该激起对故事主角的谴责。然而这些故事不应该被全盘接受。

普兰热可能太轻信马格利特的话了，而马格利特则善于满足朋友对放荡生活的幻想。

马格利特也给普兰热带来了一点意外之财。马格利特从德国人那里得到委托，要画一批电影海报。他让普兰热在他指点下制作海报，他自己则躺在床上，一边抽烟，一边提出些荒唐的建议和反教权的建议，比如“烧毁所有的博物馆”“绞死所有的牧师”，这些话让普兰热十分震惊。德国人为这批海报付了25法郎，马格利特给了普兰热7法郎。[61]

此外还有文学活动。马格利特在接受雅克·古森斯的采访时提到了乔治·埃库（Georges Eekhoud），这并非偶然。乔治·埃库是比利时文学界的重要人物，与莫里斯·梅特林克、埃米勒·维尔哈伦（Émile Verhaeren）和乔治·罗当巴克（Georges Rodenbach）齐名。他习惯畅所欲言，毫无畏惧、毫无偏袒地表明自己的想法，也因而引起了争议。他把家乡安特卫普描述为“新的迦太基”，一座自私自利的纪念碑，一个受丛林法则支配弱肉强食的城镇，奢华、浮夸、放荡、贪婪、无情。[62]他公开写过关于同性恋的文字，并因此受到了起诉，他也为一本虐恋小说写过序。他拥护和平主义、无政府主义和国际主义原则，与军国主义、民族主义和爱国主义格格不入。他不会把时间浪费在恶棍身上。

埃库从1902年开始一直在美术学院任教。被德军占领期间，布鲁塞尔自由大学的大多数教师拒绝教课，因为他们显然是不自由的，但也有少数人持不同意见，继续在校外开设夜校课程，并邀请埃库任教。埃库接受了邀请。他的课总是座无虚席，但两所大学的校方都认为他的做法纵然不算叛国，也是通敌行为。埃库公开宣称“德国人并非全都是杀人犯”，并坚持要在课堂上讲歌德的作品。1919 年，学院不顾他的意愿强迫他退休，当时他 64 岁，但是比他年长一岁的范达姆仍然安安稳稳地留在学院教书。这就是后来被称为“埃库事件”的导火索。

埃库在学生中有一群忠实的追随者。他们开始抗议、示威。组织活动的人被称为“乔治·埃库之友”，他们在大广场，在西班牙国王酒馆聚会，计划下一步行动。这些热情的年轻人中有作家和诗人，例如夏尔·亚历山大、皮埃尔·布儒瓦、皮埃尔·布鲁库伦（Pierre Broodcoorens）、莱昂·舍努瓦（Léon Chenoy）、艾梅·德克莱尔（Aimé Declercq）和朱尔·凡泰尼耶（Jules Vingternier），有建筑系的学生维克多·布儒瓦（皮埃尔·布儒瓦的兄长）、雕塑家多尔夫·勒德尔（Dolf Ledel），还有几名画家，包括皮埃尔·弗卢凯、亨利·克雷尔（Henri Kerels）和马格利特。1920 年 3 月 27 日，他们在斯哈尔贝克的抒情剧院（Lyric Theatre）组织了一场声援埃库的“民主和艺术的同情示威”，打出的横幅上写着“有一天我或许会对得起穷人和贱民”，这是埃库作品中的一句话。[63] 马格利特为这位荣誉人物画了一幅充满活力的肖像，是当时送给他的四幅肖像画之一。

满怀热情的示威者起立向埃库热烈鼓掌欢呼时，马格利特深受鼓舞，认为这次抗议活动取得了巨大成功。可惜他们的努力毫无成效。他们没能留住埃库老师，取而代之的是埃德蒙·卡蒂埃（Edmond Cattier），“小便失禁、让人昏昏欲睡的老师”。学生们把不满都发泄到了卡蒂埃身上。“埃库万岁！”“卡蒂埃下台！”卡蒂埃很不明智地扇了一个学生一巴掌，还以牙还牙地回应道：“德国鬼子！极端分子！卖国贼！”他给抗议者扣上了犹大或叛徒的恶名，结果只招来他们更强烈的反对。

抗议组织者们已经成了可靠的朋友。马格利特在作家而不是画家中寻找自己的朋友，这种倾向伴随了他一生。皮埃尔·布儒瓦和维克多·布儒瓦创办了一份短命的评论杂志（*Au Volant*，1919），“勒内·马格利特”的名字出现在编委会成员名单里。皮埃尔·布儒瓦和皮埃尔·布鲁库伦出席了他的婚礼，他则为他们画肖像画。夏尔·亚历山大修读了埃库的夜校课程，下面是他的回忆。

> 在这堂课上，我遇到了和我一样热爱文学的艾梅·德克莱尔。一天晚上，我们下课出来……我们决定成立一个名叫“问题”的文学小组。我把德克莱尔带到了我去过的咖啡馆，首先是魔鬼附身咖啡馆，那里生机勃勃，汇聚了所有

的年轻知识分子，学生、记者、艺术家、作家。……那个地方是布鲁塞尔的传奇。据说，巨星莎拉·伯恩哈特（Sarah Bernhardt）访问首都时，学生们开着她的车跑了，把车开到了魔鬼附身咖啡馆。在其他学生中，我和德克莱尔认识了一个年轻画家，他刚在美术学院上完康斯坦·蒙塔尔的课，他就是勒内·马格利特。我们经常在德国人规定的宵禁时间过后留下来聊天喝酒，然后在咖啡馆里过夜，我们每个人都躺在地毯上。勒内和我变得形影不离。我们会在我的住处或咖啡厅见面。有时我会去亚历克森街的画室，弗卢凯和马格利特在那里画画，我给他们读我的诗。

在没完没了的讨论中，他们有时也会成为哲人。“有一天，勒内来到我住的地方，满脸通红。他问我：‘听着，夏尔，你相信我存在吗？’然后他坚持说：‘好吧，但你怎么能确定我存在呢？’最后他说：‘好吧，但我能确定我存在吗？’”

事实上，我们前一晚一直在与哲学系的学生交谈。他们谈到了笛卡尔的怀疑和他的“我思故我在”。有人引用了一位画家的思索：“如果我画一匹马，我得到的不是一匹马，而是一匹马的画。”我们当然还谈到了荷兰画家弗兰斯·哈尔斯（Frans Hals）的著名故事，他在一家旅馆吃完饭离开时喊道："饭钱放桌上了。"客栈老板说了谢谢，因为他看到了桌子上的金路易，然而那金币其实是弗兰斯·哈尔斯画的，据说，老板发现后追上了画家，问他说："你是弗兰斯·哈尔斯还是魔鬼？"这一切都影响了勒内·马格利特。[64]

马格利特与美术学院的其他很多学生一样，有时会去上埃库的课，但没有正式报名，他还陪着亚历山大和德克莱尔去上夜校课。他在表明自己同情埃库的遭遇之后，成了一群忠诚者中的一员，他们每周五晚上在电话咖啡馆会面，向这位可敬的教授展示正在进行的工作，并讨论新的作品。这些人目光敏锐。他们是最早注意到精神错乱的小说家安德烈·巴永（André Baillon）的一群人，巴永对"发疯崩溃"津津乐道，个中含义则是他从自身的体验中认识到的。[65]

至于亚历克森街的画室，那是马格利特在1917—1918学年与同学皮埃尔·弗卢凯、莱昂·普兰热合用的。普兰热回忆说："我在班里和皮埃尔·弗卢凯关系很好，我们都是基督徒。弗卢凯是法国人，在战争爆发前不久随家人来到布鲁塞尔，他父母在国内经营一家天主教徒职业介绍所。马格利特和弗卢凯也成了朋友。就这样，我们在美术学院那年，马格利特、弗卢凯和我在亚历克森街开了家画室，那是个大房间，在二楼，楼下住着一个制造火炉的人。”[66]马格利特对这间画室的态度似乎同他对学院的态度一样，想来就来，想走就走。占领画室的是弗卢凯，马格利特还有其他可以画画的地方，比如家里的卧室兼画室。马格利特在自传小品中对此一笔带过："他在皮埃尔·弗卢凯用前卫壁画装饰的画室里工作了一段时间。”马格利特随意使用画室里的材料和模型，或许还有模特。弗卢凯抱怨说，马格利特用了弗卢凯准备自己用的画布，还用了颜料和其他物品。共用一间画室或许是种考验，但是他们结下了友谊。几年里，他们是最好的朋友，并肩奋斗。马格利特会在弗卢凯情绪低落时鼓励他："加油，要坚强，接受不可避免的事实，培养自己的意志力。”弗卢凯在给乔吉特的信中很自然地提到了“我的兄弟勒内”。[67]在1919年12月和1920年1月，马格利特、弗卢凯、彼得·德格雷夫（Peter De Greef）和亨利-瓦莱里·范德·波尔顿（Henry-Valéry Vander Poorten）在布鲁塞尔艺术中心举办了一场集体展览，展览的不是绘画而是海报，接下来是马格利特和弗卢凯的画展，也就是乔吉特因为害羞未去观看的展览。之后弗卢凯为马格利特画了一幅肖像画，“以此纪念他的老兄弟”。[68]

1921年，马格利特“在安特卫普一个臭气熏天的兵营里过了几个月痛苦的生活，他不得不服兵役，也经历了可耻的滥交”。[69]给他带来支持慰藉的是他与未婚妻乔吉特的通信，不过更重要的可能是他与弗卢凯的通信，那时弗卢凯也已经被征召入伍了。1920年12月到1921年9月，马格利特在八线团三营十连民兵队伍服了10个月的战时现役，1922年3月继续服役，但是局势已经不那么紧张了。他最初驻扎在布鲁塞尔，接着先后驻守安特卫普、利奥波德堡的比佛卢营（Beverloo Camp，那里的座右铭是“自豪地服务”）、门兴格拉德巴赫，最后一个月驻扎在盖伦基兴。尽管抱怨连连，但他的军旅生涯不算辛苦。民兵马格利特绘制地图的时间超过了站岗的时间。[70]过了些年以后，安德烈·博斯曼被征召入伍时，马格利特给他写了封带着讥讽口吻的训诫信。

> 有一个机构以雄辩证明了“正确思考”的心态多么幼稚，你竟然畏惧该机构，这让我吃惊。作为愚比之父（Père Ubu）的弟子，你不需对军队感到遗憾或怀有异议，因为它的规章制度与那伟大思想家的精神体系是如此一致。一位熟悉其学说的比利时将军，会把他的观念发扬光大，由此产生的效果，与目前服兵役的诗人的感受相比，会是更加狼狈尴尬。
>
> “我也有过同样的经历”，但是对于军营里无处不在的愚蠢行为，我不会视之为悲剧。相反，我把它当作我要尽可能“化解”的“烦心事”。化解方法多种多样，你只要稍稍运用一点点智慧，就足够提出有效的方法了。我当时已经是

个“绘画艺术家”，所以我就给指挥官画了幅肖像画，这幅画值得纳入愚比之父的藏品中，结果我在相当长的一段时间里几乎完全自由。我也被“调到”军政部的办公室工作，这是种“婚姻依附关系”。也就是说，我在家睡觉，在家吃饭，每天只需要在军部逗留几个小时。我利用了一切可能的机会开溜。我甚至发明了必须去看医生的方法，在剩下的时间回避工作。当然，“烦心事”仍然在，“欺骗要员”的乐趣只能使之减少一些。但你认为这是场悲剧，我不这样认为。

“人类的领袖”对愚比之父的奴仆一无所知，他们只知道“荣誉和国家”。如果我们发现自己身处那样的地方，将会是怎样的悲剧啊。[71]

马格利特很幸运，他遇到了阿尔贝·塔翁上尉（Albert Tahon）和阿方斯·迪耶里克上尉（Alphonse Dierickx），这两位军官同情他的困境，也欣赏他的才华。塔翁请马格利特给他自己、他的未婚妻、未婚妻的母亲和妹妹画像，并且允许他在上班时间作画。迪耶里克请马格利特给他自己画了一幅肖像，还请马格利特一起去他未来妻子的家里，给她画了两幅画。与这些富裕家庭的聚会成果颇丰，马格利特还画出了两幅坐在钢琴前的年轻女子的画，画风是后立体主义风格，这要感谢画家阿尔贝·格莱兹（Albert Gleizes），他的《钢琴旁的女人》（*Woman at the*

Piano，1914）马格利特肯定知道，他的理论文本《立体主义与理解立体主义的方法》（*Du Cubisme et des moyens de le comprendre*，1920），马格利特也仔细研究过。在马格利特画作边缘的空白处，画满了立体主义的女人、立体主义的钢琴和立体主义的随身物品。[72]

马格利特并不以服役为荣。他对博斯曼说得轻松，但是他写给乔吉特的信听起来不是可怜巴巴就是悲惨兮兮。他从比佛卢写出的信满怀哀怨："这星期我只收到了你的一张小小的卡片！这就又督促我多给你写信了！"他一直忙着安排让她来驻地，说是让波波尔和"我的第二任母亲"让娜陪她一起来。"如果星期天你不来看我，我会非常不开心，只有一封长长的信，一封很长很长的信，才能安慰我。为了听到你亲爱的声音，你可以在周日上午10点给我打电话，比如从北站。"[73]在服役的漫长的10个月里，他向虔诚的弗卢凯倾吐了自己的心声。弗卢凯的回信是马格利特保存下来的为数不多的信件之一，这位年轻人的回复仿佛出自听人忏悔的神父之口：

> 你说，你不再相信灵魂……你自己也承认，你不快乐，你内心痛苦。你以怀疑主义装扮自己，你怀疑一切的外表突然被最微小的事情刺穿了。你向我敞开心扉，你的悲剧面具众人皆有……
>
> 在这种情况下，我只想考虑你在艺术和道

德上的痛苦。首先，我要表明我对你的信心，也许这能让你感到安慰。是的，我相信你的品性，我相信你的才华。我真的相信。我对你这样说，并不是出于奉承，我的目的就是要恢复你最初的信心，因为，我亲爱的勒内，如果你是在强烈的绝望中或极度的喜悦中创作出了一件美丽的作品，那么请允许我以友情之名祝你处于第二种状态。

……创造，乃为良药。此乃人类的天赋，可以设计出上千个计划的天赋。创造，这难道不是来自外部空间的提醒吗，难道不是提升到更高境界的需要吗，难道不是对道德堕落者的净化吗？我亲爱的勒内，为什么要绝望呢？再过四个月，你就可以全身心地投入到你的艺术中了，你就可以完全自由地表达自己，可以去巴黎完成学业，去旅行……如果你的灵魂正在受苦，那是因为它被那件卡其色的外衣重重压在了下面，那外衣就如同铅块一般重，压制住了想象力……只要再过四个月。[74]

四个月后，马格利特离开了军营，他在给弗卢凯的信中写道：

我刚收到你的来信，这封信进一步证明了你是我真正的朋友，你太了解我了。

> 我越来越爱乔吉特，只不过，我当兵时几乎没时间做自己的工作，我以为自己不画画也可以过上中产生活，现在我可以工作了，不画画对我来说似乎没什么可能。今天早上，我说服了父亲和我一起去现代美术馆。看到那些我自己觉得“完成得”还不够彻底的画，他也不得不承认，一个人可以“用画笔画出的粗线条”进行艺术创作，等等。于是他允许我随心所欲地画画——能允许多长时间，我并不知道，不过可能是永远吧。我现在配备了优质的颜料和画布，很快就要开始画我早就在构思的大场面：街上，戴着朱红色头巾的女子弹奏手摇风琴，风吹起，一切都有了活力，孩子在跳舞，其他人在旁边观看……路人、树木、房屋、太阳！可是，对我来说，未来的悲剧色彩似乎并没有减少，不过，无论如何，我正在努力，如果我能创作出漂亮的作品，那将值得一提。

以手摇风琴为核心的画面，体现出令人惊讶的传统观念。但是在马格利特的画中，手摇风琴的大场面没有留下一丝痕迹，这或许是因为他很快就意识到自己必须找份工作。与马格利特在美术学院有过交集的维克多·塞尔夫郎克（Victor Servranckx）帮了他的忙。马格利特很快就在1921年11月得到了一份工作，成了墙纸领军企业彼得斯-拉克鲁瓦的设计师。

刚开始，马格利特拿到的工资是每小时两法郎，一星期 450 法郎——这在他父亲看来不够维持婚后生活。没过多久，他的工资就涨到了每小时 3 法郎，一星期 600 法郎，足够他养家了，但这份工作要占去他的全部时间和精力。在写给弗卢凯的信中，马格利特又一次谈到了绘画中的僵局。

> 如果我没什么创作成果，那是因为我现在脱离了生活。我只是在爱，爱让我们接近绝对，物质上的未来是我的一个目标，达成了这个目标后，我必须找到另一个生活目标，而那就是让乔吉特尽可能快乐。在平静、美好、稳定的中产者的生活中，我当然要全身心地把时间投入到我想抛下的工作之中。这不是空话，因为每天晚上找工作后，我就又度过了没有“艺术作品”的一天，这让我心中充满恐惧。我要等待的时间越长，我的恐惧就越会转化为加倍的精力。
>
> 另外，如果我有财源，我就会工作（也就是画画）。我父亲遇到了经济困难。你知道，他和他以前的合伙人打了场官司，他给我的钱只够我支付一些小的开销，远远不够我买所需的东西——油漆、画布、模型。[75]

马格利特的父亲正在挥霍他获得的第二笔财富。

这是新一轮千金散尽的开始。

他得到的第一大笔财富持续了三年左右。它在一阵烟雾中消失了。1914 年 1 月，登德尔蒙德的椰脂工厂发生火灾，大火烧毁了工厂，动摇了德布鲁恩商业帝国的根基，至于摧毁这一商业帝国的剩余工作则是由德国人完成的。利奥波德 · 马格利特被解雇了。总监察长失去了他的职位和生计。他转行做调味汤块，成了著名的美极（Maggi）公司的商业代表。他不愿安分守己，开始自己在家里生产炖汤炖菜的调味包。1918 年，马格利特把夏尔 · 亚历山大介绍给家人时，还带他参观了室内庭院，那里堆满了肉骨头和蔬菜，原来的马厩里支着口大锅，锅里炖着汤。马格利特在伙伴聚会时的花招之一就是往蔬菜上撒尿。“这些蔬菜会用来做罐头食品！”[76]

利奥波德的生意做得不错。他在商业界的投机交易具有某种狂热的性质，同时也有冒险的意味。这对他生活的影响就是，他经常居无定所，在夏特莱和沙勒罗瓦间搬来搬去，他被首都吸引，却又东奔西走，仿佛对做出承诺充满谨慎。他总是无法安定下来。1920 年，又一笔横财自天而降。夏尔 · 亚历山大是为之入迷的旁观者。

马格利特的父亲是业界巨头。一战结束后，他采取了令人叹为观止的行动，向一位在战争浩劫中被迫逃离比利时的前合伙人提出，以微不足道的价格收购其名下一家生产油脂的工厂。他采取了类似于金字塔骗局的不诚实手段：他空手套白狼，声称自己拥有高额资金，以这笔资金的名义创建了一家有限公司，然后又把油脂工厂转手卖掉，实际上他根本没有这笔资金！马格利特的父亲成了百万富翁。我们经常看到他穿着长礼服，戴着帽子和手套，外出参加活动。雷蒙陪着他，和他穿得一模一样。与此同时，马格利特一家搬到了圣若斯（Saint-Josse）的林荫大道。每天都是假日，马格利特家的人每天都会坐进他们家一楼名叫欢迎的咖啡馆，在那里自己倒酒，嘴里还嚷着："马格利特家的账上再记两杯香槟。"他们随时会去林荫大道上的糕点店买牛角面包、水果馅饼和酥皮点心，对店员说："记马格利特家的账。"每天晚上，马格利特家都宴请朋友，我们常说这是"开放日"。他们家每个人都会带朋友回来享受一顿丰盛大餐。利奥波德和儿子雷蒙会趾高气扬地走来走去。[77]

第二次好运持续的时间并不比第一次长。到 1923 年，利奥波德的前合伙人占了上风，债主们都在围着他转。香槟时代结束了。利奥波德的账户被封。不会再有工厂了。

似乎就在一夜之间，炫富活动戛然而止。利

奥波德把一些封好了的包装箱留给一个朋友，一家人悄悄搬到了斯哈尔贝克的布吕热曼街（rue de Brugeman）。1924 年 2 月，利奥波德又一次搬家，搬到了斯哈尔贝克的皇后地区（de la Reine）。1925 年 1 月，利奥波德搬到圣若斯的拉库隆大道（avenue de la Couronne）。1926 年 11 月，利奥波德搬到斯哈尔贝克的乔治·罗当巴克大道，这是他最后一次搬家。再也没有退路了。利奥波德想利用雷蒙的商业关系推销威士忌样品，这次他没成功。他的经济条件再也没好转过。他自己的状况也再未好转。1928 年 8 月 24 日，利奥波德因心脏病发作去世，让娜突然间变得一贫如洗，甚至连葬礼的钱都付不起——或许这是坟墓里的雷吉娜的复仇。利奥波德的儿子们显然不愿介入其中。最后，雷蒙负责安排葬礼，并承担了费用。马格利特的第二任母亲在赤贫中结束了一生，她酗酒成性的儿子阿尔芒只知道向她要钱，她帮助抚养长大的三个“好孩子”丢下她任她自生自灭。只有乔吉特可怜她，送给她一台收音机。

利奥波德留在朋友那里的包装箱再也没人要。打开后人们发现，其中一个箱子里装着商业信函。其他箱子里都是色情性质的照片底版。

注　释

1 Passeron, "En écoutant Georgette Magritte"（《与乔吉特相遇》），第12页。

2 这是乔吉特讲给雅克利娜·农克尔的版本。见Roisin, *Magritte*，第188—189页。

3 马格利特写给乔吉特的信，1922年3月17日，第4册第42页。感谢彼得·莫里斯（Peter Morris）提供了他们之间的通信和其他与伯杰一家人有关的资料。大多数信件都没有注明日期。它们被保存在相册中（未必按时间顺序），由第几册加页码来识别。

4 乔吉特写给马格利特的信，1922年3月24日，第3册第15—16页。此时马格利特是在彼得斯-拉克鲁瓦的墙纸厂工作。关于扁桃体手术，见马格利特写给弗卢凯的信，收录于：Whitfield, "Three Unpublished Letters from René Magritte to Pierre Flouquet, 1920–1921,"（《马格利特写给弗卢凯的三封未发表的信件，1920—1921》）*Burlington Magazine*, vol. 155, no. 1326, September 2013, p. 605。

5 马格利特写给乔吉特的信，1922年3月24日，第4册第25页。他们的通信表明，让娜·韦尔戴恩参与了他们的交往，甚至偶尔会充当中间人。可以参考乔吉特1922年写给马格利特的信，第3册第70页。

6 *La Mémoire*（《记忆》，CR 505), 1942; *Les Marches de l'été*（《夏天的游行》，CR 466), 1938 or 1939; *L'Avenir des statues*（《雕塑的未来》，CR 674), c. 1932; *Les Menottes de cuivre*（《铜手铐》，CR 678), 1936; *Hommage à Pascal*（《致敬帕斯卡》，CR 701), 1945.

7 *L'Île au trésor*（《金银岛》，CR 498), 1942; *La Femme du soldat*（《士兵的妻子》，CR 590), 1945.

8 她交易的主要是水粉画。1964年，她把《人与夜》（*L'Homme et la nuit*，CR 1565）卖给了一位不知名的收藏家；大约在1965年，她从雅克利娜·农克尔那里买了《自然的优雅》（*Les grace naturelles*, CR 1172），后来卖给了玛格丽特·克雷布斯（Margaret Krebs）；她在1968年左右把《发现的孩子》（*L'Enfant trouvé*, CR 1595）卖给了玛格丽特·克雷布斯。

9 *Feu-bouteille*（CR 698），约1944年；*Ceci n'est pas une pomme*（《这不是一个苹果》，CR 989），1964，名字来源于铭文。在范埃克1964年为了艺术家作品回顾展向她询问借出物品时，她在回答中列出了她的以下藏品：七幅颜料画（CR 90、260、570、577、591、601和649），其中只有一幅是马格利特赠送的礼物；五幅水粉画（CR 1188、1212、1362，另两幅没有名字），同样只有一幅是马格利特赠送的；此外还有三幅素描。

10 2000年9月18—19日梅尼尔对西尔维斯特与惠特菲尔德的访谈，录音磁带AU2001—006，008。

11 保罗·西蒙写给乔吉特的信，［1983］，CRRP MC，I/09。这首歌首次出现在专辑《心与骨》（1983）中，随后收入《谈判与情歌》（*Negotiations and Love Songs*，1988）、《保罗·西蒙1964—1993》（1993）、《保罗·西蒙选集》（*The Paul Simon Anthology*，1993）、《精选集》（*Greatest Hits*，2000）和《录音室录音》（*The Studio Recordings*，2004）中。它的灵感来自洛萨·沃尔（Lothar Wolleh）的摄影作品《马格利特夫妇和他们的小狗》（1967），见网址：https://www.flickr.com/photos/Wolleh/3430361791。

12 乔吉特与西尔维斯特的谈话，没有确切日期。

13 对《伦敦杂志》（*London Magazine*, 1961）分发的问卷的回答，见凯瑟琳·兰伯特（Catherine Lampert）：《弗兰克·奥尔巴赫：说话与绘画》（*Frank Auerbach: Speaking and Painting*，London: Thames and Hudson），2015年，第139页。“他受他所处环境的影响，受他那个时代的标准和事件的影响，”奥尔巴赫继续说，“但在我看来，他是单独存在的有表达能力的个体。”

14 Passeron, “En écoutant Georgette Magritte”（《与乔吉

特相遇》），第12页。

15 参见1936年的《被保护的阅读》（*La Lecture défendue*, CR 400）和被称为《安地列斯的甜点》（*Le Dessert des Antilles*, 1957）的家庭短片。阿穆瓦尔的动作被定格在了电影剧照中。Ollinger-Zinque and Leen, *Magritte*, p. 289.

16 Bussy, *Les Surréalistes au Quotidien: Petits Faits Vrais*（《超现实主义者的日常小事》）(Brussels: Les impressions nouvelles, 2007), pp. 68–69.

17 CR第1卷，第35页；Scutenaire, *Magritte*，第55页；1962年6月5日乔里斯的采访，*EU*，第563页；这是1965年在得克萨斯州休斯敦的一次谈话，是根据多米尼克·德梅尼尔（Dominique de Menil）的笔记写的，见*EC*，第615页。西尔维斯特暗示不止发生过一次流产："较早时有过一次流产，那就是说也许还有过一次。"Sylvester, *Magritte*，第48页。据说第一次流产是创伤性的。见*Observer*，1973年11月4日。诺奇的传记讲述了一个无法证实的故事，说乔吉特做了堕胎手术，是诺奇做的，当时马格利特夫妇觉得自己太穷，养不起孩子，所以那也许是20世纪30年代初吧？当时出现了并发症，诺奇怀疑是栓塞。根据这个说法，是他让她保证不再冒险的。据说，诺奇还为他的伴侣马特·博瓦森（Marthe Beauvoisin）做过流产手术。这个故事看起来不太可能，但也并非无稽之谈。诺奇是专业的生物化学家，接受过临床生物学培训，他和马格利特关系很好，显然他为怀疑自己有病的马格利特诊治过。Smolders, *Nougé, écriture et caractère. À l'école de la ruse* (Brussels: Labor, 1995), pp. 74-75; Scutenaire, *Magritte*, p. 55.

18 Cyril Connolly, *Enemies of Promise*（《希望的敌人》）［1938］(London: Penguin, 1961), p. 127.

19 Roisin, *Magritte*，第198页，引用自Betty Magritte、Jacqueline Nonkels、Paul Sacrez。

20 Bussy, *Les Surréalistes*（《超现实主义者》），第68—

69页，引用自马里恩。

21 *OPC*，第3卷，第97页，引用了斯居特耐尔夫妇的话；乔吉特写给西尔维斯特的信，1980年11月18日，见CRRPC，IV/26。CR记录的至少三件作品显然都未完成，看起来都是由乔吉特签名的：CR 1279，1322，1323。

22 Scutenaire, *Magritte*, pp. 42 and 64; Sante, *The Factory of Facts*（《事实的工厂》）(New York: Vintage Books, 1999), p. 160.

23 Valéry, *Tel quell*（《原样》）(Paris: Gallimard, 1944), p. 328.

24 Mariën, *Radeau*, p. 116. 马格利特有Fayard出版社出版的*Chéri-Bibi*，1914年初版，1923年再版。参见Gaston Leroux, *Chéri-Bibi et Cécily* (Paris: Masque, 2011), p. 25.

25 "Différence entre l'esprit de géométrie et l'esprit de finesse."（"几何思维与本能思维的区别。"）帕斯卡，*Pensées and other writings*（《思想录》，牛津：牛津大学出版社，1995），Honor Levi译，第244页。根据吕特·斯帕克（Ruth Spaak）的说法，头像的原型是克洛德·斯帕克（Claude Spaak）第一任妻子苏珊·斯帕克（Suzanne Spaak）和她的儿子保罗·路易（Paul-Louis），马格利特不久之前给他们画过肖像（CR 414和439）。

26 Magritte, "Lifeline".

27 Pierre Bourgeois, "Retraite militaire," in *La Foi du doute*（《怀疑的信仰》）(Brussels: L'Équerre, 1922), p. 121. "After a canvas by René Magritte," a tempera of the same title (CR 1100), 1920.

28 Scutenaire，*Magritte*，第31页，在书中这两段的顺序是倒过来的。

29 Roisin, *Magritte*, pp. 119-20.

30 *L'Invention du feu* (CR 609), dated 1946. Magritte, notes on titles (1946), in *EC*, p. 259.

31 Magritte, "Esquisse," in *EC*, p. 366.

32 Fernand Richelet in Roisin, *Magritte*, p. 127.

33 F. T. Marinetti 著，Carol Diethe 和 Steve Cox 译，*Mafarka*

the Futurist（London: Middlesex University Press, 1998），第168页。马格利特配图的是法语版的*Mafarka le futuriste*（Paris: Sansot，1909），第251页。这一页的复制品见Roisin，*Magritte*，第181页。亚历山大从画家Ferdinand Schirren 那里买下了这本书。

34 Brendan Gill, "Out of the Dark," *New Yorker,* 26 January 1953.

35 Bataille, *Les Larmes d'éros* (Paris: Pauvert, 1961), p. 205.

36 插图未发表，复制于CR第6卷，第109页。Auch是aux chiottes的缩写，因此奥赫勋爵这一笔名的意思是茅厕勋爵。

37 伊丽莎白·毕肖普致安妮·史蒂文森（Anne Stevenson），1964年1月8日，《诗歌、散文和信件》（*Poems, Prose, and Letters*）（New York：Library of America，2008），第861页。

38 Waldberg，*Magritte*，第70页；雅克·德拉特（Jacques Delattre）所说，见Roisin，*Magritte*，第126页。在欧里庇得斯的希腊悲剧中，淮德拉爱上了她的继子希波吕托斯，结果可想而知。

39 Robert Leclerq in Roisin, *Magritte*, pp. 103–04. 玛丽·莫勒是1912年8月受雇的。

40 Alexandre in Roisin，*Magritte*，第174页，提到的是北站区（Gare du Nord）德波特街（rue Depotter）37号的房子，他们是1918年11月搬到那里的。在CR第1卷第14—15页还有另一个版本，说的是他们1917年10月搬到斯哈尔贝克的弗朗索瓦-约瑟夫·纳韦街（rue François-Joseph Navez）43号。我认为，鲁瓦森的版本更具体一些，更加真实；它也更符合该地区的特点和住房存量。1913年7月，让娜·韦尔戴恩订婚。

41 福楼拜写给舍瓦利耶（Ernest Chevalier）的信，1839年3月18日。*Correspondance*, vol. I, Jan 1830–May 1851 (Paris: Bibliothèque de la Pléiade, Nouvelle Revue Française, 1973), p. 39.

42 Léon Pringels in Roisin, *Magritte*, pp. 174–75.

43 福楼拜写给路易·科莱（Louise Colet）的信，时间不明，见Francis Steegmuller, *Flaubert in Egypt*（《福楼拜在埃及》）（London: Penguin, 1972），第9—10页。

44 Gablik, *Magritte*，第20页，这是马格利特给她讲的故事。

45 马格利特写给弗卢凯的信，邮戳为1920年9月22日，见Whitfield, "Unpublished Letters,"（《未发表的信件》）第605页，其中提到了征服的暗示。

46 Raymond Pétrus and Walter Thibaut in Roisin, *Magritte*, pp. 151–52.

47 《暴风雨天空的河流》（CR 1）和《河边的白杨树》（CR 2），"下落不明"。根据鲁瓦森的说法，这些遗产首先由蒂博的女儿丹尼丝继承，而后由他儿子瓦尔特继承，后者在瑞士生活（并去世）；根据朗珀勒的说法，瓦尔特把它们留给了"一个国际慈善机构"。Roisin, *Magritte*, p. 153; Lempereur, "Ceci est un Magritte," p. 168.

48 Roisin, *Magritte*, p. 151. 爱情病是"梅毒"的几种常用委婉语之一。朗珀勒承认，人们普遍认为马格利特感染过梅毒，但他对此表示怀疑，认为这是"西班牙流感"。在一战后期，西班牙流感确实流行，但这种否认听起来并不令人信服。Lempereur, "Ceci est un Magritte," p. 167.

49 莫泊桑写给罗伯特·品钦（Robert Pinchon）的信，1877年3月2日，见Henri Troyat, *Maupassant*（Paris: Flammarion, 1989），第51页。

50 大约在1946年，他写了一篇关于弗朗西斯·毕卡比亚的有趣短文。题词"教皇的梅毒"（La vérole du pape，这是莫泊桑用过的词），被认为出自弗朗西斯·毕卡比亚，但很可能是马格利特或马里恩编造出来的。短文直到1973年才出版。转载于*EC*，第191页。

51 Frisque in Roisin, *Magritte*, p. 146.

52 Pringels in Roisin, *Magritte*, p. 163. "Sourires de France"很可能是"Le Sourire de France"（或"Le Sourire"）。对这一杂志，也许用"大胆冒险"来形容更贴切，对一个

一直受到家人庇护的14岁孩子来说，这一定显得非常大胆。普兰热的回忆在整体主旨上无可争议，但在细节上并非全然可靠，毕竟他回忆的是60年前的事情，而且他有时过于轻信马格利特夸下的海口。

53 Pringels in Roisin, *Magritte*, p. 167.

54 同上，第163—164页。

55 雅克·古森斯的采访，1966年1月28日，见*EC*，第624页。

56 Magritte, "Esquisse," in *EC*, p. 366; Pringels in Roisin, *Magritte*, p. 166.

57 乔里斯的采访，1962年6月5日，*EU*，第560页。

58 Alphonse Thibaut, *Le Fléau de Cupidon* (Châtelet: Thibaut, 1907), pp. 49ff.

59 Alexandre in Roisin, *Magritte*, p. 176.

60 Pringels in Roisin, *Magritte*, p. 168.

61 同上，第169—170页。这一叙述的具体细节在我看来是完全可信的，通过普兰热的描述，可以把发生的时间确定在1918年7月至11月之间的某个时候。

62 Georges Eekhoud, *La Nouvelle Carthage*［1888］(Brussels: Espace Nord, 2015). 小说的女主人公名叫雷吉娜，书中还刻画了与库尔贝有几分相似的一个画家。

63 Georges Eekhoud, *Mes Communions* (Brussels: Kistemaeckers, 1895), p. 288.

64 Alexandre in Roisin, *Magritte*, pp. 171–72 and 177.

65 André Baillon, *Un homme si simple* (1925) and *Délires* (1927). 马格利特和其他人会读由埃库作序的《某处的我》（*Moi quelque part*，1920），还有引人入胜的《玛丽的故事》（*Histoire d'une Marie*，1921）。

66 Pringels in Roisin, *Magritte*, pp. 167–68.

67 马格利特写给弗卢凯的信，1920年3月23日，见Whitfield, "Unpublished Letters"，第605页；弗卢凯写给乔吉特的信，日期不明［1921］，马格利特与乔吉特的书信，私人持有。

68 马格利特在这幅肖像的背面画了个类似后立体主义的头

像，然后把这张双面画布送给了他钦佩的老画家弗朗兹·范·蒙特福（Franz van Montfort），后者又把画转赠给了别人。见CR第1卷，第130页。

69 “Esquisse autobiographique,” *EC*, p. 387.

70 参考马格利特写给乔吉特的信，1922年3月，第4册第50页。

71 马格利特致博斯曼，1958年11月11日，Magritte, *Bosmans*, 第19—20页。

72 几年后，马格利特把自己那本格莱兹的书送给了他的朋友安德烈·苏里（André Souris）的女儿埃利亚内·苏里（Éliane Souris）。见Roisin，*Magritte*，第182页。

73 马格利特写给乔吉特的信，星期五［1921］，第4册第19—20页。

74 弗卢凯写给马格利特的信，1921年5月，见CRRP MC，II/20。

75 马格利特写给弗卢凯的信，1921年10月，星期五；1921年11月，星期四，CRRP MC，II/20。节选收录于CR第1卷，第28—29页。

76 Pringels in Roisin, *Magritte*, p. 175.

77 Alexandre in Roisin, *Magritte*, pp. 190-91.

第四章　非凡的光环

马格利特和弗卢凯的友谊持续的时间并不长。这种向对方坦白心事的关系，或许只适合于服兵役期间不得不分离的状况，之后就难再续了。写信有助于减轻负担。在那动荡不安的时期，他们频繁的书信往来让我们可以窥见马格利特在情感和智识两方面的探索或自省，广泛的阅读也促进了他的探索和自省。过去的事情意义重大，不论他是否喜欢自己的过去。未来也是如此。

马格利特对读书和看电影一样热情。他对待书籍和电影的态度也相同：他讨厌说漂亮话，喜欢讥嘲那些时尚的作家（“至于加缪，他给我的印象是一堆垃圾”）、中产阶级和因循守旧的人、无趣的书本知识（“其余的都是文学”）——尽管他也会读这类书。历史学者理查德·科布（Richard Cobb）认为，比利时人在审视欧洲邻国，尤其是法国时，存在“某种反叛精神”：“永不被接纳的愿望；非常基本的常识；一种谨慎，让他们排斥来自制服、头衔或文学声望的过分影响；充分的怀疑主义；幽默感，有粗俗倾向的幽默感。”[1]

马格利特经常每天阅读几个小时。在接下来的年月里，他遵循诺奇的读书建议，就如同寻找弗里茨·朗的电影一样。安德烈·博斯曼还记得他在市场上搜寻图书的情景：“有一天，在布鲁塞尔的一个旧物市场，马格利特从一个箱子里翻出了一本……J.-K. 于斯曼（J.-K. Huysmans）的《瓦塔德姐妹》（*Les Soeurs Vatard*, 1879）。他小心翼翼地把书抽出来递给我，说：买这本吧。……马格利特竟然会读皈依天主教的于斯曼！”[2]马格利特年轻时读的书又多又广。在切除扁桃体手术后的恢复期，他读了一本描写塞尚生平的书，很可能是古斯塔夫·科基奥（Gustave Coquiot）那本写得十分生动的书，1914 年首次出版，1919 年再版。塞尚死于 1906 年，按科基奥的描述，他已经是画家中的王者了。按塞尚自己的描述，他有神话传奇的气质，是劳伦斯用杰出手法塑造出的“崇高的小狸猫精”，“个子矮，胆小，有时又像矮脚鸡一样傲慢好斗”。正是这种“矮脚鸡”的傲慢好斗，吸引了马格利特的注意。科基奥曾到普罗旺斯的艾克斯（Aix-en-Provence）参观过塞尚喜欢去的地方，离开时带回了一本关于这位传奇大师的故事集。对于书里津津有味地叙述的故事，马格利特也同样津津乐道地向弗卢凯复述了一番：塞尚暗自鄙视的一个中产者问他用什么来画背景，塞尚回答说，“用 sh……”；塞尚招待一位朋友，两人争论得相当激烈，连消防员和警察都赶了过来，以为是着火了或者杀人了，其实那只是烟斗的烟冒到了窗外，他的嘴巴实在太大了。倘若艺术家的生活就是如此，那完全符合马格利特的心意。“我们什么时候也能做同样的事情呢？”他充满渴望地问弗卢凯。[3]

还有一次，马格利特对弗卢凯说：“一定要读一读让·科克托的《公鸡和小丑》（*Le Coq et l'arlequin*，1918），里面有出人意料的东西——不要根据艺术创造艺术，等等。”[4]马格利特格外喜欢“神圣的波德莱尔”，他把《巴黎的忧郁》（*Le Spleen de Paris*，1869）中的一篇散文诗完整地抄了下来。让他难忘的这首诗是《陌生人》。

“请告诉我，你这神秘的人，你最爱谁呢？父亲，母亲，姐妹，兄弟？”

“我没有父亲也没有母亲，没有姐妹也没有兄弟。”

“朋友呢？”

“您说出了一个我至今还一无所知的词。”

“祖国呢？”

“我不知道这地方在哪里。”

“美丽女子呢？”

“如果她真的美若天仙，神圣不老，我会很爱她，全心全意。”

“金钱呢？”

"我恨金钱，就像你恨上帝。"

"你究竟爱什么呀？你这不同寻常的陌生人！"

"我爱云……飘过的浮云……那边……在那边……美妙的云！"[5]

这种深深的错位感，会不会就是一切的根源，让马格利特在后来的采访中彻底否定一切，刻意遗忘父亲，绝口不提母亲？"朋友"对马格利特来说也是问题。与弗卢凯亲如兄弟时，马格利特在给弗卢凯的信中寄过一份简短的名单，列出了他打算与之断绝来往的人，因为他认为这些人有道德上的缺陷。比如说，卡雷尔·梅斯（Karel Maes）是马格利特在美术学院的同学，抽象画画得不错，马格利特对他的描述是这样的："一个身材矮小的教授，是个天才，有非常迟钝的几何头脑，他从来都没什么要说的，因为他脑子里根本没想法。我想克服对他的厌恶之情，但他的态度有时让我鄙视他。"[6]然而，尽管马格利特嚷着要把这些人排除出交往圈子，却并没有什么实际行动。他与梅斯的来往有增无减。在他的断交行动中，弗卢凯反而首当其冲。

说到马格利特与弗卢凯友谊的破裂，人们有不同的故事版本。两人决裂的导火索是，弗卢凯不能接受马格利特对乔吉特的"无礼行为"。这种无礼乍看起来似乎与马格利特对共享工作室的傲慢态度如出一辙。弗卢凯给乔吉特画了一幅肖像画，把它交给了马格利特。不久以后，弗卢凯去他们的公寓时注意到这幅画已经不见了，就问是怎么回事。马格利特回答说，他的画布用完了，所以把这幅画涂上颜料当画布了。

更糟的事情还在后面。按照莱昂·普兰热的说法，两人关系出现危机，是因为弗卢凯发现，马格利特只为取乐就把乔吉特关进了煤库。弗卢凯怒不可遏，显然，他终究还是不太了解这位神秘的朋友。他决定与马格利特断交。他的反应表露出，他感到自己遭到了背叛。弗卢凯似乎认为，马格利特的做法是一种侮辱，不仅是对妻子的侮辱，也是对“兄弟”的侮辱。奇怪的是，马格利特本人可能助长了这种看法。弗卢凯比马格利特先复员。马格利特仍在服现役，所以请弗卢凯帮忙照顾乔吉特。“我亲爱的朋友，我非常担心乔吉特会累倒下，希望你一有时间就能带她回家，那样你就是帮了我的大忙……亲爱的皮埃尔，如果她需要你，你会照顾她吗？”[7]马格利特还请弗卢凯随时告诉他，乔吉特做了什么说了什么。事实证明，忠实的汇报者弗卢凯很可能觉得自己被利用了。

关于马格利特在刚结婚那几年对乔吉特的无礼行为，有各种各样的说法，其中一些是乔吉特自己说出去的。它们可能有夸大的成分，可能越传越离谱。不管怎样，主要证人不是皮埃尔·弗卢凯，也不是莱昂·普兰热，而是年轻的朋友雅克利娜·农克尔（Jacqueline Nonkels）。雅克利娜是马格利特一家和马格利特小团体的长期参与者和旁观者。她出现在马格利特的家庭录像和摆拍的照片中，也出现在肖像画中。她为乔吉特的姐姐工作。她是乔吉特的挚友，但是与马格利特的关系也很好。总之她对马格利特和乔吉特都很熟悉，是可靠的见证人。

据说马格利特延续了他父亲对待妻子的行为模式——他年幼时肯定目睹了父亲的行为。就像当年的雷吉娜对玛丽·尼索勒吐露秘密一样，乔吉特也曾找住在楼下的雅克利娜的母亲农克尔夫人诉说，而且有时是当着雅克利娜的面，雅克利娜听得全神贯注。[8] 雅克利娜后来回忆说，她父母听了乔吉特的话感到震惊，马格利特居然虐待妻子，这让他们不安。关于他们婚姻的这种描述是有争议的，在这个版本中，马格利特喝酒，有时家暴。他和朋友们出去潇洒时把她锁在公寓里。农克尔先生非常生气，表达了对马格利特的抗议。马格利特在画完油画后习惯把油画放在楼梯上晾干。有一次，他不在家时，雅克利娜的父亲把没干的画全都翻过来朝着墙摆放。

从马格利特的角度来看，他现在已经无法接受昔日的朋友和忏悔对象了。弗卢凯从画家变成了诗人。他创办了《诗人日志》（*Le Journal des Poètes*）。与此同时，弗卢凯迅速转向右翼，重新发现了自己的血脉和故乡之根，成了虔诚的天主教徒，甚至表现得道貌岸然。这一切都让马格利特深恶痛绝。第二次世界大战后，马格利特抨击《诗人日志》空洞无物，将之贬低为《诗人无日志》。马格利特模仿弗卢凯的口吻写了一篇《致莫雷尔神父的公开信》（*Open Letter to L'Abbé Morel*），无情地讽刺了他与昔日灵魂伴侣的亲密关系。“我做过些轻率的事，有人会说，是一些不审慎的事。令人高兴的是，‘同盟国’的连续胜利开阔了我的眼界，让我重新审视起自己的艺术良知。到目前为止，我内心完全自在，没人想打扰我，一阵仁慈的风吹过，安抚着我。在教区忏悔室的栅栏后面，我作为未委身的勾结者的精神活动很快就得到了赦免。”[9]马格利特曾毫不留情地说，弗卢凯是“百分百的法西斯主义者和天主教徒”。他与敌人勾结，为所谓的新秩序声辩，能得到赦免实属幸运。被占领期间，弗卢凯编辑了国家复兴机构的官方杂志《重建》（*Reconstruction*），这本杂志给了他足够的空间，让他在其中粉饰战争，颂扬说战争是在道德、精神和市政方面实现“和谐更新”的机会，比如创建清洁、有序、花园般的墓地。[10]1952年，弗卢凯接受了意料之外的最后仪式——马格利特宣布弗卢凯死掉了，至少是没有了生命。马格利特也表示自己对此无感。事实上，弗卢凯还活得好好的。不管怎样，马格利特一直没停止过对弗卢凯的嘲笑。1953年，马格利特为克诺克的一家赌场完成了一幅壁画，据说画中鱼头人身的翻版美人鱼与弗卢凯相似。[11]十年之后，弗卢凯被进一步贬低为“牧师的诗人”——这是对他的最大侮辱。[12]

弗卢凯表现得相当克制，在很长时间里一直公开称赞马格利特的作品。1923年，他赞扬其为“满怀好奇的探索者，既有激情又谨慎”。1925年，他为连场独幕剧的布景写下了热情洋溢的评论。那两场连续演出的戏剧是赫尔瓦特·瓦尔登（Herwarth Walden）的《信念》（*Glaube*）和马克斯·多维尔（Max Deauville）的《只是一个人》（*Rien qu'un homme*）——这也是马格利特在舞台设计上的唯一尝试。弗卢凯在评论中写道：“令人兴奋的魔法……数不尽的灵感……设计师还没有发表最后的意见……画家马格利特挽救了作品，布景挽救了这场戏！”他只说过一次反对马格利特的话，那是在1927年，马格利特第一次举办个人画展，并以超现实主义者的身份亮相。在弗卢凯看来，超现实主义是彻底的颓废。在众多尖刻的评论中，弗卢凯的评论最令人震惊。他极其厌恶地宣称，马格利特现在的画是反绘画的。“反绘画，因为体现了画家自鸣得意的躁动不安，培养了反现实和怪异的特征，提供了一系列不光彩的丑事……即使在荒谬的层面上，从他哲学与文学的超现实主义到理论也有很远的距离，而他的超现实主义既考虑欠妥，也缺乏独创性，理论更是被夏加尔和德·契里科等人判了死刑。”最后一段话是粗暴的蔑视。“可以肯定的是，我坚信，在某些带有主观诗歌印记的心理图景中，马格利特可以实现他的真实性格，清除掉所有辅助的痕迹。但总的来说，他现在的画，受到了文学顾问和唯利是图的商人的摆布，还有那些丑事和似是而非的经历，让我厌恶。”[13]

与此同时，马格利特结交了更重要的朋友，一生的朋友，或者说是激励他的人。首先是爱德华·莱昂·泰奥多尔·梅森斯（Édouard Léon Théodore Mesens，1903—1971），通常被称为 E.L.T.。1920 年，梅森斯去艺术中心看马格利特和弗卢凯的联合展览，那时他只是个 16 岁的少年，却相当老练成熟。多年后，他回忆说，马格利特的作品体现了“马蒂斯、格莱兹、洛特和意大利未来主义者不同的、矛盾的影响，但是马格利特只看过他们画作半调色的复制品”。他还顺便提到了德尔沃并进行比较。1946 年，他在一篇关于马格利特的传记文章中提出了这一观点，那篇文章是为一本有关比利时当代画家的书所写的。对于他的观点，马格利特措辞严厉地进行了更正：“那时的我还从来没听说过马蒂斯或洛特。”马格利特还表示，千万不要提什么德尔沃德尔瓦德尔纽，这些名字都可以成为双关语的来源，让人想到德尔蜗德尔蛙德尔牛。“再来份牛肉！我建议上点牛肉吧。”

马格利特同样反对梅森斯将他描述为注重外表的花花公子。他并不反对注重外表的丹蒂主义（dandyism）本身，还提出了戏剧化的丹蒂主义、高调的丹蒂主义，甚至牛仔的丹蒂主义。自从波德莱尔在一篇关于康斯坦丁·居伊（Constantin Guys）的文章中把理想的艺术家称赞为“现代生活的绘者”（The

马格利特（约 1920）

马格利特（1965）

Painter of Modern Life，1863），丹蒂主义就得到了认真对待，“原因是，‘花花公子’这个词意味着个性的精华和典范，以及对世间整个道德机制的微妙理解，然而花花公子具有另外一种天性，就是渴望精神麻木。正因为此，尽管居伊先生受到一种永不满足的激情驱使——视觉和感觉上的激情——他还是果断地与丹蒂主义分道扬镳了”[14]。马格利特的部分情况与此相同。他是约翰·韦恩的忠实信徒，然而，牛仔丹蒂主义的影响却难以消除。1965 年，他终于来到得克萨斯州时，选择了一条细领带、一件牛仔衬衫和一顶牛仔帽，帽子是 Stelzig Saddlery Co. 出品的棕色毛毡帽，内衬红缎子，他还穿了惯常穿的深色西装，并把这些服饰带回家里。“我拿起圆珠笔，”他给斯居特耐尔写信说，“是为了让你做好准备，看到我戴了顶真正的牛仔帽，上身穿着一件有钢扣的衬衫。”梅森斯并没有因为马格利特的批评而难为情，他做出了一些让步，但是在马格利特去世后，他重新发表了这篇文章，几乎补齐了马格利特持反对意见叫他删掉的所有段落。[15]

梅森斯比马格利特小五岁，没那么聪明，但是老练世故。两人相遇时，梅森斯正准备进布鲁塞尔音乐学院学习。他至少从 14 岁就开始认真作曲，专攻钢琴作品，以及阿波利奈尔或泰戈尔诗歌的背景配乐。他谁都敢接近，不论对方是谁，不论是在哪里。他与马格利特谈起了未来主义，紧接着就亲自写信给马里内蒂，希望能了解未来主义。马里内蒂给他送来了一大堆作品目录和宣言。只了解未来主义者，对梅森斯来说远远不够，他又跑到巴黎去见达达主义者，特别是他们的创始人和领头人特里斯坦·查拉（Tristan Tzara），查拉只想彻底影响梅森斯，用他的同伴的话说就是，“让马里内蒂泡在他自己的酱汁里”。梅森斯接触到了作曲家埃里克·萨蒂（Erik Satie），给萨蒂留下了很好的印象。借助与萨蒂的关系，梅森斯进入了先锋派的团体，他是这样记录自己的经历的：

> 第一次去巴黎［1921］。萨蒂带他去康斯坦丁·布朗库西（Constantin Brancusi）的工作室吃午饭，和他一起参观曼·雷的第一次展览……把他推荐给弗朗西斯·毕卡比亚（Francis Picabia）。他在德朗布街和蒙巴纳斯大道的交

> 汇处遇到了一个戴着单片眼镜的人，于是拦住对方，说："你就是特里斯坦·查拉。"新的友谊就这样开始了。查拉向他介绍了马塞尔·杜尚和乔治·里伯蒙-德塞涅（Georges Ribemont-Dessaignes）。他回到布鲁塞尔，因为与达达主义者混在一起而被朋友们痛斥（除了马格利特）。[16]

梅森斯本人就是个前卫独行侠，他不仅作曲，还在不同阶段当过钢琴家、记者、社论撰写人、画廊老板、拼贴画家和水彩画画家，他用左手写诗，用右手做其他事情。在澎湃创造力的大漩涡中，也流动着浅薄之水。那些没什么影响的杂志早就被人遗忘了。他的诗写出来就没人读。有些拼贴画还不错，尽管不属于马克斯·恩斯特的风格。他其余的作品大部分都已了无痕迹。不论梅森斯多么渴望创作上的成功，他的成就都不在于此，而在于创造出波澜或营造出声誉。从表演的角度看，他确实有才，不论在哪方面都是表现欲很强的人。此外，他财大气粗脸皮厚，时刻准备把钱花在造声势上，如果有必要，他也不在乎动用父母的钱。他总是很高调，这是由他的品位、他的钱包和他的进取心决定的。与马格利特不同的是，他生活奢侈追求享乐，为人可爱，有格调，也有强烈的渴望。他和佩吉·古根海姆（Peggy Guggenheim）有过一段风流韵事。1946年，佩吉第一次出版回忆录时，几乎不加掩饰地把他写了进去，称他为“米腾斯”，“快乐的小个子弗拉芒人，相当粗俗，但真的不错，温暖热情”[17]。作为马格利特的设计师、宣传者和收藏家，他无与伦比，把他同时代的人远远甩在了后边。

马格利特和梅森斯一见如故。一天晚上，他们与艺术中心主任皮埃尔·布儒瓦一起，进行了马拉松般漫长的狂欢和畅谈。梅森斯一直是个喜欢交际的花花公子，马格利特非常喜欢那种无拘无束的闲谈与钢琴伴奏。过了些年以后，马格利特曾吹嘘说，在他的安排下，梅森斯那一夜在酒吧女招待身上失去了童贞，她像总机接线员一样娴熟地履行了职责，而这对年轻的唯美主义者来说是创伤性的经历，结果让他至少一年没再进行过这方面的进一步探索。[18]不论这个荒唐的故事是真是假，梅森斯都毫发无伤。没过多久，他就成了创建诺里娜时装屋的奥诺里娜·德史瑞弗（Honorine Deschryver）的情人，而奥诺里娜的丈夫、富有的保罗-古斯塔夫·范埃克（Paul-Gustave van Hecke）是他的赞助人，也知道这段婚外情。“诺诺”和“塔塔夫”这对夫妇是追名逐利的权力掮客，在布鲁塞尔打造或改造了现代主义。他们的赞助对马格利特的事业具有决定性的影响。由于他们不定期的资助，马格利特和梅森斯为了共同利益和总体利益一直混在一起，就好像丘吉尔有一次谈到美国和英国的关系时所说的那样。

他们之间的关系已经建立起来了。马格利特很快就把梅森斯介绍给父亲认识——比他介绍乔吉特要迅速得多。他说服父亲聘请梅森斯教保罗钢琴，保罗之前的钢琴老师是古典钢琴师奥尔唐西亚·加勒马埃尔（Hortensia Gallemaert），马格利特兄弟开那些经典玩笑时经常以她为笑柄。马格利特给了她两幅画，作为不再请她教钢琴的补偿。[19] 梅森斯教波波尔的效果非常好，可以说是立竿见影，马格利特也加入了他们的音乐活动，他们三人组成了达达主义理发店合唱团，创作了一些小曲一起合唱。

当你踏入布鲁塞尔的地界
一定要来与我们同欢喜
若你爱啤酒爱美味的一切
我们会帮你让钱包见底
快来这里度假来乐享逍遥吧
让奥尔唐阿姨酣畅睡一觉 [20]

为了纪念他们的友谊，梅森斯创作了一首双簧管和巴松管短曲，并在马格利特的婚礼上用钢琴演奏了这首曲子。

马格利特和梅森斯之间的关系并非一直其乐融融。多年来，他们通信时不是怒气冲天，就是寻根究底，或者恶言相向。关于马格利特的影响的争论，完全是出于争强好胜想占上风，这种激烈的争论又会因为两人的深厚感情而缓和下来，因为两人言语的百无禁忌而消解。“我这一生也曾努力想成为哲人，”梅森斯可能也会说，“但是，不知为何，欢欣雀跃的心情总会打断我的哲思。”[21]马格利特的自传小品最初是为1954年布鲁塞尔美术宫（Palais des Beaux-Arts）举办的回顾展目录而创作的。那次回顾展的策划者不是别人，正是E.L.T.梅森斯，马格利特的自传被诗人格尔特·范·布鲁埃内盛赞为“公开的忏悔书”。[22]看来马格利特忍不住要拿聪明的策划者开个小玩笑。他写到了两人的第一次见面，“年轻的梅森斯对事情的态度非常严肃，老马格利特就跟他开些单纯的玩笑，让他了解什么是幽默，结果年轻的音乐家很恼火”[23]。梅森斯的回应完全具有自己的特色。就在回顾展举办的那段时间，梅森斯发表了一篇杂志文章，刻画了这位艺术家年轻时的肖像：“他在我们看来优雅到了极致。他的衣服是量身定制的，腰部非常紧，让他看起来像个怀孕的女孩。每个星期天他父亲都会用卷发钳把他的头发卷起来。那时他还穿着镶有珍珠灰色纽扣的靴子，这样一身打扮之上，还顶着个巨大的宽檐博尔萨利诺帽（Borsalino），活脱脱一块带奶酪圆顶的第一次圣餐蛋糕！”[24]

1930年，马格利特画了一幅梅森斯的肖像［彩图11］。它把视觉间隔的效果、狡黠的笑话和隐晦的声明奇特地融合到了一起。首先，这幅画看起来像是“左轮手枪”广告海报的仿制品，画面底部鲜明地印着“REVOLVER”（左轮手枪）这个词，看起来就像品牌名称，同时，这幅画也画出了完美无瑕的梅森斯的模样。“REVOLVER”指的是这位艺术家寄出的一张明信片，收件人是，“梅森斯先生，棉花糖左轮手枪和鸣叫母鸡的制造商”。梅森斯在画面中以魔术师的身份出现，正准备表演他的下一个魔术。他一只手托着个奇怪的装置，有可能是个捕兽夹子，那是块短木板，上面放着个狗头和一块木头。[25]他的另一只手抓着一根绳子，绳子看起来是系在木板上或狗头上，如果他拉动绳子，可能夹子就会弹起来，也有可能狗的下巴会张得大大的，笑得龇牙咧嘴。

这只狗头上沾了血，舌头伸了出来，样子令人不安，十分怪异。也可能它是空中飞的狗，直接出自卡夫卡的《一条狗的研究》，不过显而易见的事实是，它是博美犬，与马格利特夫妇心爱的小狗露露惊人地相似。在战前和战后，勒内和乔吉特夫妇总是带着他们的狗，总是一只博美犬。第一只狗叫露露，是黑色的；第二只狗叫杰基，是红棕色的；接下来的一只也叫杰基，是白色的；最后一只是黑色的。1955 年，第二只杰基去世后，马格利特给梅森斯写信说：

> 小杰基死了。乔吉特非常难过，我必须得说，我发现失去杰基太难受了，打个比方，可能比我不得不做个手术还难受，手术至少要在我同意的情况下才能进行。杰基没得到我同意就这样走了。这也不算最难受的，最难受的是，我

马格利特，《文明者》（1946）

完全无法理解，我们神秘莫测的生活中展现出的残酷。

我本来不会以这样的“方法”对待悲伤，不过，为了让乔吉特忘记悲伤活泼起来，我还是从 12 月 15 日起租了套新公寓。她将不得不忙着打理家务，没时间去想死亡的事情。[26]

看起来梅森斯懂得马格利特。其他愿意与马格利特交往的人多少也都如此。马格利特的朋友会定期收到关于这条狗的公告。1944 年，马格利特开始创作新的一系列动物肖像画。马的肖像被称为“流星”（*Le Météore / The Meteor*）。狗的肖像被称为“文明者”（*Le Civilisateur / The Civilizer*），画的是第二只杰基。每条狗都有寿终之日。“我以罕见的热情和良好品质开始了马匹系列新画的创作，诺奇看到了作画的最初阶段，认为这非常重要。”马格利特告诉马里恩：“先是疲惫不堪的人，然后是物体，被似乎更能代表生命的动物所取代——是真正的生命，而不是由政治家和士兵塑造的生命——看到这些，似乎有点奇怪。”[27]

无论马格利特走到哪里，那只狗肯定都会跟在后面，塞缪尔·贝克特的说法是，“可怜巴巴地跟着，博美犬的样子”。[28]马格利特去哪里都会提前询问，可不可以让狗进入电影院、咖啡馆、餐馆、酒吧、旅馆、画廊、博物馆，甚至上飞机，如果不可以，马格利特也不会去。得知巴黎的夏庞蒂埃画廊不允许带狗时，他说：“这对小露露来说真是太遗憾了，他还没见过超现实主义者。”[29]在必要的时候，女仆玛德莱娜·肖尔岑（Madeleine Scholzen）也会陪着狗一起去。雅克·鲁瓦森在她退休后采访了她。“我为马格利特家工作了35年多，”她告诉鲁瓦森，“我是狗的家庭教师！”[30]

有一次，乔治·梅利和他的女朋友罗宾·班克斯成功说服勒内和乔吉特带着狗在“金色纸上花”咖啡馆过了一晚上，这家咖啡店的老板格尔特·范·布鲁埃内是个天使般和善的胖子，也是马格利特的朋友。他经营了一系列名字古怪的店铺——马尔多罗酒馆、娃娃脸女孩酒馆、蚊子的羔羊酒馆。他有好眼光，好心态，还有一句值得当格言的绝妙好句：“每人都有权享有每天24小时的自由。”作为画廊老板，他对前卫艺术家全心全意。多亏了他，马格利特才能于1926年在马尔多罗酒馆研究恩斯特的“摩擦画法”，研究他的《自然史》（*Histoire naturelle*）。正是在马尔多罗酒馆，范·布鲁埃内展示了康定斯基和克利的作品，当然也推介了马格利特和塞尔夫郎克的作品，此外还有最新的外国电影。他一有机会就买卖马格利特的作品。他有一个不寻常的特点，就是捐助别人。在《好消息》（*La Bonne Nouvelle / Good News*）[彩图12]的画框周围，范·布鲁埃内用细长的字迹写着：“我把笔交给你，我亲爱的朋友，如此了解痛苦，让我着迷。格尔特。”[31]范·布鲁埃内可以说是布鲁塞尔超现实主义团体的“弄臣”。如果范·布鲁埃内看到《好消息》这幅画出现在安迪·沃霍尔拍摄的电影《肉体》（*Flesh*，1968）之中，而且就挂在墙上最显眼的位置，同时扮演牛郎的主演乔·达里桑德罗（Joe Dallesandro）赤裸出场，为狂热的摄影师摆好了姿势，那他无疑会再次为之着迷。

在金色纸上花咖啡馆，大家都很开心。“马格利特非常自在，”梅利回忆说，“快到午夜时，外面下着大雨，所以他打电话叫了一辆出租车。司机是个脾气暴躁的家伙，咆哮着不让露露坐在座位上。马格利特先扶着乔吉特上了车，然后慢悠悠地牵着露露在排水沟里走来走去。最后他面无表情地回到妻子身边，让露露坐在她旁边，而他自己则平躺在他们脚下。出租车司机嘛……他被这个‘解决办法’弄得目瞪口呆，一个字都没说就开车走了。”[32]

无声喜剧是马格利特的业余爱好，他对所有感兴趣的领域都是认真投入。如果说狗替代了他的孩子，那么无声喜剧也给了他支持。

狗并不是梅森斯画像中唯一的谜。这幅画的顶部铭刻着“À LA HAUTEUR DES CIRCONSTANCES”（凌驾于局面之上），这无法解释。有一个文学典故是马格利特和梅森斯都很熟悉的：在儒勒·凡尔纳的著名小说《八十天环游地球》中，有一章的标题是“菲利斯凌驾于局面之上”（Où Phileas Fogg se montre à la hauteur des circonstance）。除此之外，现实中还有一件对马格利特至为重要的事，而这件事对梅森斯来说也是意义重大，类似于奠基性的事件。

马格利特在他的自传小品中写道：“各种情况结合在一起后，这位画家突然签下了合约，对方是 P.-G. 范埃克和位于布鲁塞尔路易大道新成立的人马画廊（Le Centaure）。”[33]那是在 1926 年初，合约期持续了四年。这是一个影响深远的时期，其中大部分时间马格利特都是在巴黎度过的。在这期间他创作了大约 280 幅画，几乎占了他一生作品的四分之一，难怪他接下来自夸道：“他在一年里就能画出 60 幅画，其中一些画的尺寸相当大。”然而，到 1929 年底，华尔街崩盘之后，马格利特的赞助者全都赔了钱，合约终止了。由于没有现成的收入来源，马格利特和乔吉特只能依靠她姐姐的资助和她的屠夫父亲寄来的食品生活。马格利特无奈之下卖掉了满满一箱藏书。没人买画。即使在经济景气的时候，也没人买马格利特的账。从 1926 年开始，马格利特把大约 225 幅画交给了人马画廊或范埃克，其中 200 多幅一直没售出。其他的画都堆在他的公寓里积灰。绝望之中，马格利特开口向诺奇寻求帮助："如果我在布鲁塞尔的'好商佳'（Bon Marché）这样的大商店申请一份商业美工的工作，如果我想拿薪水，你觉得我有机会吗？我想，你认识的人也许能给你一些这方面的信息吧？如果你能帮我问一问，那你真就是帮了我大忙了。"[34]

诺奇把马格利特的困境告诉了梅森斯。梅森斯提出了一个建议。"如果你有一定数量的画可以自由转让，能不能给我提供个记录？也许我能找到一批收藏家，这样我就能把它们全都买下来了。"马格利特看到了希望，他回复说："我知道，能被你当成朋友是件好事，可以鼓励我振作起来，度过这困难时期。既然你给我做了榜样，我再表现出犹疑就太惭愧了。"当时的情况是，他有 11 幅画，其中有 4 幅早期的杰作。这些画还没有题名，马格利特简要描述了每一幅画。"天空之眼。""房间的墙壁，是由天空、火、剪纸、房子的正面、女人的乳房、森林和木板组成的，正对着它们的，是地面上的一门大炮。""女人的身体，由 5 张小图组成。""风景，以幽灵般的比尔博凯特、剪纸、小精灵作为背景。"至于价格，马格利特表示："出 4500 法郎（法国法郎），这些画可以全拿走，这正是我根据合同条款应该得到的。”[35] 梅森斯在乎细节，但他不是个讨价还价的人。他看都没看就按马格利特的出价买下了这一批画。

魔术师梅森斯使出了绝活，表明自己能应付这种情况。马格利特的画像是一种致敬。博美犬也是如此，它是按照超现实主义传统奉上的：一只狗的头和一块木头在短木板上的偶然相遇。

梅森斯此时刚刚起步。在 1932 年至 1933 年间，曾与马格利特在 1926 年至 1929 年间签约的三个布鲁塞尔交易商全都不得不清出存货，那些作品大多数在公开拍卖会上卖了出去，但是不包括马格利特的画。人马画廊的主管担心，即使能找到人买他的画，他们的出价可能也会很低。画廊的人并没有像范埃克那样对马格利特充满热情。副主管让·米洛（Jean Milo）说：“人马画廊破产时，我们得把东西全卖掉，我们存了 150 多张马格利特的画，其中一些是库存中最差的画。”米洛继续说道：

> 马格利特的画卖不出去。我们曾向他施压，要求他在合同规定的基础上增加产量，因为我们知道，我们必须压低价格才能找到买家，我们得平衡收支。毫无疑问，正因此，不喜欢被合同束缚的马格利特只用几个小时就画出了一批画。我和埃塞尔特（Haesaerts）兄弟都认为马格利特的作品和奥古斯特·曼博（Auguste

> Mambour）的一样——毫无价值！有一天，画廊创始人施瓦岑贝格（Schwarzenberg）向我们展示马格利特的最新作品时，保罗·埃塞尔特对他说："沃尔特，老伙计，你那些马格利特的画，烂透了！"因此，我在画廊倒闭时建议，我们把马格利特和曼博的作品从收藏中撤出，免得整个拍卖会都惨得一塌糊涂。[36]

曼博借此机会买回了自己的很多作品，但是马格利特没这能力。让·米洛按老板要求私下里把这些画成批处理掉。梅森斯与克洛德·斯帕克合作买了150幅画，内幕人员对售价的叙述不同，有的说是5000比利时法郎，有的说是1万比利时法郎。斯帕克出了一半的钱，但只精选了十几幅画拿走。他成了马格利特有影响力的盟友和赞助人。[37]即使这些画卖出了1万比利时法郎，平均每幅画也不过是60法郎，是卖得最便宜的画。（在拍卖会上，恩斯特的一些作品卖到了1000多法郎，夏加尔的一些作品卖到了4000多法郎。）在接下来的几个月里，梅森斯又从范埃克的藏品中搜罗了大约20幅马格利特的画。这一切结束时，他已经成了世人曾见过的马格利特画作的第一收藏者，或许应该说是，他成了世人从未曾见过的马格利特画作的收藏者。在接下来的几年里，梅森斯开始扭转人们的看法。

与此同时，梅森斯以每幅画50法郎的最低价格，向朋友们提供了一些他们喜欢的作品。此次馈赠让诺奇得到了他最喜欢的三幅画，分别是《伟大的旅行》（*Les Grands Voyages*）、《双重秘密》（*Le Double secret*）和《天空的肌肉》（*Les Muscles célestes*），正是他自己的书写让这些作品出了名。马格利特的兄弟雷蒙买下了四幅画，包括《冒险的外衣》（*La Robe d'adventure*），画的是水上的女人和飞行的龟。后来成为保罗·德尔沃夫人的苏珊·皮娜尔（Suzanne Purnal）买了一幅画。象棋大师丹尼斯·马里昂（Denis Marion）买了两幅画，分别是《原野》（*Campagne*）和《发现》（*Découverte*）。马里昂的母亲提起第一幅画时轻蔑地说，它可能是在一个夏夜仓促完成的。诺奇拜访马里昂时，马里昂复述了他母亲的话。诺奇把画从墙上取下来，划掉背面的标题，重新写上了“画于一个夏夜”，并加上了马格利特和他自己的名字缩写 R.M. 和 P.N.，似乎是想以此证明，这一改动或这一未经授权的合作合情合理。

* * *

1920 年 1 月，马格利特与梅森斯初遇时，还只是个好逞能的新手。他能言善辩，在众人中一看就不同寻常。“马格利特毫不遵守常规，”夏尔·亚历山大回忆说，“即使在绘画圈子里，他也与别人不同。别的画家都喜欢戴个帽子、领带打得松松垮垮、留长胡子，勒内却穿西装。别人都喜欢说‘我的画布’，他会用沙勒罗瓦口音说：‘我的画作，你知道的。’他很能讽刺人，说话尖刻。用他自己的话来说，他最想做的，‘就是去做那些没做过的事’。”不论在道德上有什么样的考虑，莱昂·普兰热都不得不承认这一点。“勒内·马格利特，”普兰热说，“他就是颠倒过来的世界。”[38]

根据《文献评述》，马格利特当时创作了大约 20 幅画。可能还有更多的画作，它们或遭遗失或遭损毁，或被转手或被遗弃，有的被人忽视，有的被重新涂抹。偶尔会有人发现新的马格利特画作，这是意外之喜。2005 年，人们发现了马格利特按照奥地利画家加布里埃尔·马克斯（Gabriel Max，1840—1915）的《耶稣基督》所画的复制品，绘画时间大约是 1918 年，看起来似乎是按照明信片复制的。和彩色石印画一样，明信片复制品是这位穷困潦倒的艺术家的主要收入来源。在艺术合作社（Coopérative Artistique）或附近的阿勒垦艺术之家（Maison d’Art Arekens）外面，摆放着一个个装满明信片复制品的箱子，供学生们翻找自己想要的画片。马格利特的这幅画就是米亚·范德科克霍夫（Mia Vandekerckhove）在阿勒垦艺术之家那里发现的。经过马格利特委员会的鉴定，这幅画毋庸置疑是真品，但它的出处清楚地提醒着人们，马格利特的早期作品命途多舛，能保存下来实属偶然。

根据鲁汶的保罗·德格罗韦（Paul De Grauwe）提供的信息，这幅画属于他的外祖父普洛斯珀·范德韦格。范德韦格住在斯哈尔贝克，是圣玛利亚教堂的圣器保管员，马格利特和乔吉特就是在那所教堂举办婚礼的。作为对范德韦格工作的肯定，神父把这幅画送给了他。[39]这幅画只不过是他人画作的复制品，本身没什么独特之处，但它很可能为马格利特日后的创作提供了灵感。[40]画的右上角刻了“勒内·马格利特——复制加布·马克斯”。

在艺术领域，在生活中，马格利特显然很有才华，但他在本质上是不成熟的。他开始了自我塑造和自我反省。他读过些尼采的作品。“你的良心怎么说？你应该成为你自己。”[41]他是谁呢？他是艺术家，对这一点他确信无疑，而且，他是个志存高远的艺术家。对于弗卢凯的悲叹，他是这样回应的：“至于此时无法纵声欢笑，也很好理解，因为我们怀有尚待实现的艺术理想，同时也认识到自己缺少方法手段……但是，目标永远达不到反而更好，因为这证明了我们的理想是如此高远，超越了他人。”范埃克和安德烈·德里德（André de Ridder）在1920年6月创办了评论刊物《精选》（*Sélection*），又设立了与之相应的当代艺术之星精选画廊，名为“新俱乐部”。画廊举办了“巴黎立体主义展”，展出了“毕加索、萨瓦奇（Survage）、梅青格尔（Metzinger）、莱热等人的作品”。马格利特参观画展后无法服膺，高调反对说，“但我们不是更加强大吗？！”——他的放声呼告，宛如远方传来的“矮脚鸡”塞尚的回音。[42]

然而，他是个什么样的艺术家呢？马格利特的良心暂时还没为他指明道路。他还无法确定自己的风格、自己的主题、自己的签名、自己的忠诚、自己的手法、自己的行进方向，所有这一切都还在空中飘，像一朵云，像一个气球。这让他感到困扰。“对我的艺术，我存有怀疑，”他承认道，“因为我的作品不一致——这些是令人担忧的问题，而且没有答案。因此，我也对其他人产生了怀疑。当然，对‘院士’‘学会会员’，我不感兴趣。”[43]马格利特一向讲求实际，他尽量利用有限的手段。“我用的颜色现在已经改变了，不再是纯色调，而是一系列的色块……我用了凡·戴克的棕色（非常温暖），生赭色，象牙黑色。很快我就要用沥青了。”他开始尝试不同的风格。“这是我想要做的”：

> 尝试，没错，尝试，在画布上表现：
>
> 1. 感觉的内在抽象领域。
>
> 2. 体量的领域，理发师带着镜子四处走动。
>
> 3. 镜子的领域。
>
> 就是这三个王国。[44]

马格利特仍然备感焦虑。“你能看到，我做了很多探索，从不囿于一种表达方式。”“你会发现，在画《铁匠》（*Les Forgerons / The Blacksmiths*，1920）之后我又改变了技巧。告诉我，你觉得怎么样？”[45]与焦虑夹杂在一起的是深深的不满。弗卢凯感到吃惊，因为“他厌恶自己画的东西……这样的坦白有点可怕”[46]。几乎与此同时，卡夫卡也在他的日记中吐露道：

> 他所做的每一件事情，在他看来都是异常新颖，与丰富得令人难以置信的新事物相一致，却又毫不专业，甚至几乎让人无法忍受，无法成为历史的一部分，无法打破不同时代的链条，率先中断这个世界的音乐，直到至深之处，虽然现在人们总能隐约感觉到它的存在。有时在他的傲慢中，他害怕世界甚于害怕自己。[47]

马格利特对其他艺术家的作品很敏感，也乐于向他人学习。比如说，马格利特刚开始创作时，马克斯·恩斯特远远走在他前面，马格利特习惯借用他的作品。马格利特在《生命线》中高度赞誉恩斯特和他用旧杂志版画制作的精致而神秘的拼贴画，他的赞扬耐人寻味：“剪刀、浆糊、图像和天赋，有效地取代了画笔、颜料、模型、风格、感性和艺术家所需的至诚。”[48]除了使用画笔和颜料之外，马格利特在这里谈论的可能是他自己。对于艺术领域的新手来说，恩斯特的拼贴画具有强大的冲击力，简直可以震撼世界，其中一幅甚至可能影响了《冒险的外衣》和马格利特尝试描绘飞行物体的《杀手飞机》（*L'Avionne meurtrière / The Killer Plane*，1920）。恩斯特对马格利特的评论则是，“他的画完全是手工绘制的拼贴画”。这句评论不知道被重复了多少次。[49] 马格利特听腻了这种说法，或许也不愿再忍受恩斯特那种占上风的架势。1937 年，他用自己的一幅画换了一幅恩斯特的画，很快就又卖掉恩斯特的画，来支付一间新浴室的费用。[50] 然而马格利特对恩斯特的评价从未动摇过。1958 年，在一本推介恩斯特的书中，马格利特生动地写道：

> 马克斯·恩斯特的绘画展示了一个存在于疯狂之外，存在于理性之外的世界。它不是要教给我们什么，而是直接针对我们，所以能让我们惊讶和着迷……
>
> 假使我们对非凡奇迹的信仰已经沉睡，马克斯·恩斯特的那种“现实”可以唤醒我们的信仰。那种现实不会与当下的生活隔绝，而是见诸当下的生活。[51]

马格利特希望完全生活于当下。在当下的生活中活出自我，说则容易做则难。在写给弗卢凯的信中，马格利特曾经歌颂美满稳定的中产阶级生活。一方面是马格利特对舒适生活的信念，一方面是要在身后留下作品的愿望，如果这两者同等重要，那么我们可以说，美满稳定的中产阶级生活就是马格利特的志向。

尽管他以各种方式刻意表现自己，也做过各种恶作剧，但他肯下功夫，愿意提升自己。马格利特反复回忆起他在苏瓦尼旧墓地里遇到画家的事，那时他第一次意识到艺术家可能是什么样的人。在马格利特的记忆中，那人不仅是在画画，“他在努力工作，你知道，这给我留下的印象太深了”[52]。表面上的逞能只是展示给他人看的。马格利特的怀疑与塞尚痛苦的质疑不同，但却十分真实。马格利特不是只说不做，他有更加严肃坚定的品性。

“艺术家倘若只满足于打造自己的天赋，终将一无所成”，西蒙·莱斯（Simon Leys）在思考“亨利·米肖的比利时特质”时这样告诫人们。亨利·米肖也是比利时人，与马格利特同属一个时代，他评论马格利特画作的文章《在神秘的绘画中做梦》（*En rêvant à partir de peintures énigmatiques*，1972）内容深邃，富有诗意。西蒙·莱斯写道：“那些真正留下自己印记的人，有力量也有勇气去探究并利用自身的欠缺。米肖从一开始就意识到了这一点，他说：‘我生来就在困窘中。’他也很明智，知道该如何利用这种欠缺。‘别人有五感，有第六感，我有第七感第八感，其中之一就是欠缺感。’”莱斯最后总结说，“比利时人的特质是，他们普遍认识到自己的某种欠缺。首先就是语言上的欠缺”[53]。

1927 年至 1930 年，马格利特去了巴黎，这种语言上的欠缺以各种方式凸显出来。同时显现出来的还有更根本的需要。马格利特所欠缺的，首先是一种能让他在画布上表达自我的语言，其次是一种能在文字上阐释自我的语言。他欠缺的是图像，也是词语。他需要的是灵感，而灵感没过多久就来了。

马格利特利用资源的效率非常高，足以与后来梅森斯卖掉马格利特画作的效率相媲美。他如饥似渴地学习，同时也足够务实，不放过遇到的每个机会。1920 年 2 月，他得到机会，听了西奥·范德斯伯格（Theo van Doesburg）关于风格派的演讲。艺术中心的听众大约只有 15 人，但是其中包括亚历山大、皮埃尔·布儒瓦、维克多·布儒瓦、弗卢凯、梅斯、梅森斯和塞尔夫郎克，以及风格派的另一个成员乔治·范顿格鲁（Georges Vantongerloo）。那位能言善辩的演讲者同时也是构成主义者（constructivist）和达达主义者。他以范德斯伯格为化名在阿姆斯特丹编辑了《风格派》（*De Stijl*）。他以 I. K. Bonset 的名字在莱顿出版了《机械师》（*Mécano*），至于 I. K. Bonset 这个名字，可能是意为“我愚蠢”的“Ik ben zot”的相同字母异序变体。在空闲时，他用奥尔多·卡米尼（Aldo Camini）的笔名，以形而上学的方式写了一些严肃的反哲学长文，这些文章受到了未来主义者卡洛·卡拉（Carlo Carrà）的启发。他掀起了先锋派的旋风，也是出色的宣传者，不论他想宣传什么都会有显著效果。他给艺术中心的听众留下了深刻印象。亚历山大说：“这对我们是一场冲击。”[54] 不过，马格利特听了演讲后即使感到惊愕，也还是保持着自己的独立思考。在马格利特的工作室里，各种规范正在酝酿成形，构成主义是其中一个组成部分，立体主义和未来主义则更加重要，甚至佛兰德表现主义也有可能位列其中。让马格利特难忘的是，范顿格鲁之后读了保罗·艾吕雅的诗。“在最浓黑的眼睛里，隐藏着最轻巧的谎言。”[55]艾吕雅的这些诗句，马格利特后来也曾和马塞尔·勒孔特一起诵读，它们深深烙进了他的记忆。

涉及艺术运动、艺术潮流或艺术群体时，马格利特向来接受一切，什么都不排斥，难怪评论家们很难给他贴标签。接下来的几年里，在他发现自己的定位之前，或者说在评论家们发现他之前，他被称为幻想派艺术家、抽象派艺术家、新立体主义者，甚至抽象表现主义者。[56]1923 年 1 月，布鲁塞尔的吉鲁画廊（Galerie Giroux）举办了年轻艺术家画展，马格利特的朋友皮埃尔·布儒瓦在评论中很好地概括了人们的不同看法。布儒瓦是“第一个从这位年轻画家的实验中获得灵感而写诗的人”，他的存在对马格利特起到了很好的陪衬作用。从 1918 年开始，两人就所处的环境和前行之路展开了激烈辩论。“我们的讨论围绕着艺术中的‘现代主义’展开，这被理解为一种关注，要为艺术提供新的‘前卫’形式，”马格利特回忆道，“那时布儒瓦给我看了一个未来主义展览的图片目录。这对我是种启示。”1920 年 10 月，他们一起去安特卫普参加现代艺术大会。马格利特不为所动，独自返回家中。“那些人可以和他们的大会一起下地狱……我的天哪，我居然不辞辛苦去看那么点东西，真是够丢人的。我居然为此花了50法郎，这钱原本可以拿来买些像样的颜料。”皮埃尔·布儒瓦很了解马格利特。“勒内·马格利特的情况很奇怪，”布儒瓦这样评论道，“他对艺术创作的总体观念促使他进行最无情的实验，他浸染于现代艺术，却总是让人觉得，他是现代主义实验中具有异议的特立独行者。该怎样将他归类呢？”[57]

马格利特在1923年的展览上展出了四幅画：《车站》（*La Gare / The Station*）、《夜曲》（*Nocturne*）、《少女》（*Jeune Fille / Girl*）和《女人》（*Femmes / Women*）。皮埃尔·布儒瓦觉得遗憾，因为《林荫大道》（*Le Boulevard*）没有参展，“《林荫大道》的色彩建构结合了冷静素雅与热烈奔放，太动人了”[58]。这些是马格利特的近期作品——最新作品。画的背后都有故事。

《车站》画布的另一面，是卡雷尔·梅斯送给马格利特的一幅画。显然，马格利特或许已经与那位矮个子教授达成了和解，又或许忍下了心中的厌恶，拿梅斯画好的画当了画布，就像他用弗卢凯的画当画布一样。他甚至还以梅斯·马格利特之名开启了合作模式。1921年12月，马格利特告诉梅森斯：“明天，星期二，晚上6点到6点45分来我家找我。我要给你展示我最新的画，其灵感源自上周六听的巴赫、贝

马格利特，《车站》（1922）

多芬、瓦格纳音乐演奏会，是梅斯和我合作的。”这幅《演奏会》（*Le Récital*）不知所终，只留下了马格利特写给弗卢凯的信中的素描。[59]有趣的是，马格利特送给奥尔唐西亚·加勒马埃尔一幅《小丑》（*L'Arlequin*），以此作为停止她的钢琴课的代价，画背面的签名是“MK”——倒过来不就是 KM 吗？那是卡雷尔·梅斯（Karel Maes）常用的签名。马格利特喜欢用不同的名字进行交易，或者说以不同的面目出现，犹如方托马斯。

马格利特的合作概念相当灵活，也有耍滑头的成分。1920 年 9 月，马格利特开开心心地给弗卢凯写了张明信片，说他已经完成了弗卢凯刚开始画的一幅素描，“与以往那些好日子一样”。这是马格利特的习惯吗？弗卢凯同意吗？这是相互的吗，是一种对话方式吗？一幅新发现的落款为“勒内·马格利特 1920”的画作已得到正式鉴定，但是，《文献评述》本身就让人想到，这幅画可能不完全出自马格利特之手，它很可能是由弗卢凯先开始画的。[60] 他们两人在这一时期经常不分你我，以至于半个世纪后，皮埃尔·布儒瓦自己也不记得是谁给他画的肖像了。合作很容易变成挪用。马格利特曾看着普兰热制作电影海报，然后签了他的名字。不久以后他故伎重演，在彼得·德格雷夫制作的乐谱封面上签了名。签名本身是种姿态，或者说是种游戏精神。马格利特送给夏尔·亚历山大的一幅画上的签名是“F. Rostsaert，1916 年，巴黎”。在马格利特看来，艺术家—创造者的概念本身就是一场流动的盛宴，对此夏尔·波德莱尔—诺奇就可证明。只要马格利特是挪用者，不是被挪用者，这就是个有趣的游戏。问题在于最终谁说了算。1962 年，《习惯的力量》（*Force of Habit*）在巴黎展出时，在目录中被列为马克斯·恩斯特“与勒内·马格利特合作”的作品，这可能符合恩斯特所想，但肯定不是马格利特所愿。多萝西娅·唐宁（Dorothea Tanning）向马格利特展示她丈夫恩斯特对这幅画做了什么时，马格利特勉强大笑起来，然后就走开了。“他肯定讨厌这样。”唐宁感同身受地下了这样的结论。[61] 她是对的。五年后，恩斯特和马格利特的作品一起出现在布鲁塞尔的一次超现实主义展览中。其中有一幅画与两人都有关系。根据马里恩的说法，那幅被认定为恩斯特所画的《森林》（*The Forest*）实际上是马格利特的作品，是他的战时仿制品之一。马格利特出席了展览开幕式。从《森林》旁边走过时，有人听见他发出了嘲笑："那幅画！那真是马克斯·恩斯特的杰作！"[62]

马格利特，《少女》（1922）

《车站》被歌手埃弗利娜·布雷利亚与她丈夫——作曲家兼指挥家费尔南·基内买下了。埃弗利娜是20世纪20年代比利时先锋派歌曲最重要的诠释者。她在那段时间里为马格利特一家做了不少好事：她请马格利特画肖像画；她演唱了波波尔的《诺里娜布鲁斯》；她教乔吉特唱歌；她是马格利特最早的收藏家之一——也是最大胆的收藏家之一，马格利特喜欢说她就是最早的收藏家。[63]

当时，马格利特认为他在吉鲁画廊展出的《少女》（1922）是一种突破。"上一次在我那里见面时，你看见了《少女》那幅画并为之欣悦，"他在给亚历山大的信中说，"那是我第一件像样的作品，我想让你知道，我创作那幅画时的责任心从那以后丝毫没有减弱。多亏如此，我感觉到，我拥有了能表达真正自我的个人技巧——我想让你知道，那些表达出真正自我的人是天才——？！？”于是，在那意义重大的时刻，《少女》成了他的“第一画作”，超越了他的《窗》（*La Fenêtre*，1925）和《迷途的骑师》（*Le Jockey perdue*，1926）。马格利特在写给亚历山大的欢庆信中，夹带了一份圣诞晚宴的邀请函，这是新婚夫妇第一次在家里举办圣诞晚宴，是按一场盛宴来准备的：

碎豌豆汤，脆面包丁

蛋黄酱龙虾

白葡萄酒

水果布丁，用苹果做馅料

烤牛肉，面包烤菊苣，自然熟的苹果

水果—咖啡—蛋糕

酒—香烟

马格利特邀请了亚历山大、布儒瓦、弗卢凯、梅森斯和塞尔夫郎克各位先生，还有他们的姐妹和配偶，一起参加这次宴会。他还请他们每人捐“一点点钱”——20 法郎。[64]

《少女》的形象在《女人》中又一次出现了，是嬉戏的三人中右边的那个。大卫·西尔维斯特评论了“程式化的阴毛意象富有肉感的实现”——这是马格利特的特长之一。他也评论了这幅作品在更普遍意义上的性感。皮埃尔·布儒瓦以不同的方式谈论了同样的事情：“我们看到他探究永恒的裸体女性，用一种

马格利特，《女人》（1922）

坚持不懈的爱表达他狂热的激情。为了突显身体节奏的重要性，三角形和彩色斑块构成了简单而悠扬的背景。一种充满激情而又理智的生活，就这样确定了它令人兴奋的不安感。[65] 与马格利特在旧墓地里一起玩耍的小女孩，是他此后一直魂牵梦绕的主题，或许马格利特在追忆往昔时说出的终究是真话："然而，我认为我不是非常正统的未来主义者，因为我想精通的抒情具有不变的中心，与艺术的未来主义无关。它是一种纯粹而强烈的感觉：情色。"

这些画可以证明，马格利特对未来主义、抒情主义和情色主义具有持久的兴趣，三者排名不分先后。《车站》（及其对应物火车头）可以被描述为后未来主义。《少女》差不多是性交后的表达。这些画带有构成主义的暗示，也有立体主义的痕迹，特别是在《女人》之中。同一时期的另一幅作品更加明显地表现出了这些特征，画中也有三名女性，没有人知道她们的名字，她们身体曲线优美，在室内排成一排，颇有暗示意味。画的名字是《茶》（*Le Thé / The Tea*），似乎是在口味和风格上向莱热的《盛大午餐》（*Le Grand Déjeuner / The Big Lunch*，1921）致敬。[66]画面中莱热被放到了锅里，连同首次印刷那幅画的杂志，“纯粹主义”新运动的论坛《新精神》（*L'Esprit nouveau*）。

纯粹主义是对立体主义和第一次世界大战的回应，志在对这二者的超越，倡导人是画家阿梅代·奥藏方（Amédée Ozenfant）和建筑师夏尔–爱德华·让纳雷（Charles-Édouard Jeanneret），让纳雷更广为人知的名字是科布西耶（Le Corbusier）。他们拥护传统主义，甚至古典主义，在形式上强调干净流畅的线条、精致、视觉的清晰和纯粹，同时拥抱新技术、新材料和机器美学。马格利特对纯粹主义的态度显然是不纯粹的，他在绘画的同时也在写一本小册子，名字是《纯粹艺术：捍卫美学》（*L'Art pur: défense de l'esthétique*，1922），这似乎是要展示他的折中主义，也有可能是他的优柔寡断。此番艺术探索的合作者是比利时的维克多·塞尔夫郎克，与马格利特同时代的杰出的几何抽象画家。塞尔夫郎克只比马格利特大一岁，但是当时在各方面的地位都高于马格利特。作为一名艺术家，塞尔夫郎克已经找到了自己的道路。

他在彼得斯-拉克鲁瓦墙纸厂担任艺术总监，实际上是马格利特的上司。塞尔夫郎克具有超出年龄的智慧，在人马画廊甩卖藏品时，他做出了精明的选择，大赚了一笔。他是《纯粹艺术》的第一作者，也很有可能是写作过程中的主要推动者，尽管我们几乎不可能分清他和马格利特分别完成了书的哪一部分。从某种意义上说，谁写了哪一部分并不重要，因为他们未能与出版商达成一致，这本小册子在他们有生之年一直没出版。

《纯粹艺术》不那么纯粹主义。与其说它是纯粹主义的宣言或展现，不如说它是对美学的捍卫——“捍卫美学”正是原来的标题。这本书在观念上与纯粹主义有相似之处，特别是在摒弃次要性和装饰性等方面，但是在术语方面，这本书没有教条，断然拒绝任何形式的风格或形象的规定。至于其他方面，这本书写得很犀利，有些尖刻的离题话可以肯定是出自马格利特之手。书中体现的一个观点是，画家“应该熟悉技巧，成为绘画技巧的主人，而不是奴隶。精湛技艺是为被证明为白痴的人准备的”。书的最后还引用了《公鸡和小丑》里的话：

> “在艺术中，任何得到证明的价值都是庸俗。”
>
> 审美情感是由有感知能力的观者感受到的。
>
> 形式上的问题必须手持画笔来解决。[67]

在成为超现实主义者之前，若要将马格利特归类，只能说他是融合主义者。

在1923年下半年的某个时候，马格利特与他的命运之神正面相遇了。他遇到了《爱之歌》（*Le Chant d'amour / The Song of Love*，1914）［彩图13］，更确切地说，是看到了这幅画在评论期刊《自由之叶》（*Les Feuilles libres*）中的黑白复制品。绘画者是德·契里科（Giorgio de Chirico），巴黎的超现实主义者最钦佩的画家之一。正如西尔维斯特所说的那样，那是对比非常鲜明的复制品，极其强烈地突显出了德·契里科“超自然风景画”前景中垂悬着的超大物体——一个石膏头颅，看起来与大理石雕《贝尔维德尔的阿波罗》非常相似；一只橡胶手套，看起来像是外科医生戴的；一个绿色球体，看起来像个药丸。[68]这幅画是勒孔特或梅森斯给马格利特看的，也可能两个人都给他看过这幅画。马格利特被征服了。

马格利特发现了德·契里科，从而也发现了他自己，在现代主义的历史上，这是最伟大的创造神话的时刻。这既是顿悟，也是艰苦努力的结果。就像乔治·布拉克遇到了塞尚的作品一样，一切破碎后，就迎来了破茧化蝶般的经历：类同关系的揭示与遗忘后，就想起了原本知道却忘记了自己知道的一切。“发现他的作品后，一切都被颠覆了，”布拉克告诉采访者，“我不得不对一切重新思考。在震惊中挣扎的人不止我一个。这是一场战斗，对手是我们所知道的很多东西，我们曾经愿意尊重、钦佩乃至热爱的许多东西。”[69]马格利特的情况正是如此——震惊、挣扎、蜕变、换上新装。某些瞬间突如其来，不可控制，马格利特自己说，当时他深受触动，流下了热泪。这件事的含义是深远的，需要时间来吸收。德·契里科的作品与塞尚一样，无法一下就能看懂。布拉克谈到德·契里科的作品时说：“我感觉那幅画中蕴藏着太多奥秘。”马格利特的感觉与此相仿。在石膏头颅、橡胶手套或药丸之外，还有更多利害攸关的东西。

马格利特总是说，德·契里科对他来说是唯一的大师。一般来说，马格利特对其他艺术家的评价极其苛刻，不论是以往的艺术家还是与他同时代的艺术家。在与他同时代的人当中，马格利特似乎只钦佩德·契里科（1888—1978）和恩斯特（1891—1976），而且几乎是无条件地钦佩。[70]马格利特也承认马塞尔·杜尚（1887—1968）在历史上有些重要性。“他向人们证明，哪怕是再寻常不过的东西，只要稍加修改就能获得珍贵的魅力。比如说，在巴黎，他展示了一个密封瓶，瓶子里什么都没有，只有空气，瓶子上贴了个标签，上面写着‘巴黎的空气’。”[71]马格利特钦佩杜尚潜在的学术严谨性（还有他的棋艺）。马格利特很少赞许地引用其他画家的思想，但是他说，“杜尚有出色的想法，‘既然没有解决方案，就没有问题’”。杜尚愤怒地说：“人们说‘像画家一样愚蠢’，这种说法让我厌恶。” 对此马格利特肯定赞同。[72] 马格利特尊重弗朗西斯·毕卡比亚（1879—1953），虽然他没怎么表现出来。这既是因为毕卡比亚的艺术，也是因为他的态度——他喜欢无端冒犯别人。正是在毕卡比亚的评论刊物《391》的封面上，杜尚发表了他那张打破传统的蒙娜丽莎画像，蓄着小胡子的蒙娜丽莎如今已成经典。马格利特自己也为毕卡比亚的评论刊物贡献了几句苍白乏味的警句，是他与梅森斯的理发店合唱团唱过的。（“我喜欢啤酒和蜀葵。”“身无寸缕的人。”）[73] 起初马格利特对萨尔瓦多·达利（1904—1989）的作品很感兴趣，就像达利对那个被他称为热内·马格里特（Renné Margueritte）的人的作品感兴趣一样，但是马格利特很快就感到了失望。他开始觉得达利多余，而且配不上他的才华，他喜欢说“多余的达利”。达利一帆风顺，取代了德·契里科的位置。1959 年，马格利特责备安德烈·博斯曼说：“对于你参观的在奥斯坦德举办的所谓‘奇妙’艺术展览，你在描述时忘了提到一个人，在我看来，他是应该记住的第一人，要排在我、恩斯特和多余的达利之前，他就是德·契里科。”

他确实是第一个想到要让绘画表达绘画之外的某些东西的画家。“客观”，如果有可能客观，那我会说，假使我们对非凡奇迹的信仰已经沉睡，马克斯·恩斯特的那种“现实”可以唤醒我们的信仰。我要进一步指出达利是多余的，比如说，燃烧的长颈鹿就是一幅愚蠢的漫画，一种愚蠢的夸张——愚蠢，因为既容易做到又毫无必要——他夸张地表达了我所画的一张着了火的纸和一把着了火的钥匙的形象，这个形象后来被我进一步完善了，而我展示的只是一件着了火的物体：一把小号。

一段时间以来，达利也证明了他完全真实地生活在肮脏的世界里，在这个世界，一个人可以觐见教皇并欣赏历史宗教绘画，却丝毫不具有可为这种“存在”方式正名的宗教感情，这确实是极端肤浅的标志。[74]

马格利特强烈反对想象的团体和虚构的传统，尤其是民族亚文化。“因为一些艺术家是‘瓦隆人’，或者因为，比如说是‘素食主义者’，就把他们分为一类，对此我一丝一毫都不感兴趣（尽管‘素食主义者’艺术家与‘瓦隆人’艺术家相比稍有点优势：是个好笑话）。”[75]他遵循亨利·米肖的格言：“在自己的储备中永远保留些适应不良。”[76]马格利特也不相信存在什么比利时人的特质。“比利时人”是另一个未经思虑就强加给他的标签。“经常有人问我，我是否认为自己是比利时伟大画家的继承人。为什么要规定是比利时画家？对我来说，比利时绘画只是艺术史上的一个插曲。博斯也有人提到……耶罗尼米斯·博斯（Hieronymus Bosch，1452—1516）生活在民间传说和幻想的世界里。我生活在真实的世界里。”[77] 然而，考虑到家族出身，马格利特也承认，来自根特的大胆的弗里茨·范登伯格（Frits Van den Berghe，1883—1939）从小就给他留下了深刻印象，他也居于范埃克阵营，马格利特在他的影响下，为 P.-G 和诺里娜·范埃克（安特卫普）画了画像（*Portrait of P.-G. and Norine Van Hecke*）。[78] 据说马格利特也很欣赏安托万·维尔茨（Antoine Wiertz，1806—1865），很可能借鉴过他的作品，特别是一幅标题具有暗示性的裸体画《小说读者》（*La Liseuse du romans / The Reader of Novels*）。[79]

即使在私下里，马格利特也很少谈论自己的偏好，不过他确实说了些让人吃惊的话。1923 年，他对勒孔特说：“我第一次参观卢浮宫，就足以学会英语了。安格尔的《泉》是我迄今为止看过的最好的画，还有巴尔多维内蒂（Baldovinetti）画的圣母子。‘希腊姿态’过于夸张，无法打动我。在《蒙娜丽莎》前面摆着幅赝品，是喜欢搞这种把戏的人画的，这样的人很多。有塞尚的几幅不太重要的画，还有莫奈，看到他的彩色画作，你会觉得他像个熟练工。”[80] 后来，马塞尔·马里恩问马格利特喜欢什么，马格利特提到了雅各布·凡·雷斯达尔（Jacob van Ruysdael，1628—1682），尤其是《犹太墓地》（*The Jewish Cemetery*），这也是歌德一篇精辟文章的主题，马格利特或许知道那篇文章。（“这些几近荒废状态的坟墓甚至指向了比过去更多的东西：它们是自己的墓碑。”）[81] 马格利特还提到了里奥纳罗·巴莱斯特列里（Lionello Balestrieri，1872—1958）的画作，那些画是他从明信片上看到的；他格外喜欢《告别》（*The Farewell*）和《克罗采奏鸣曲》（*Beethoven / Kreutzer Sonata*）。这就是马里恩能从他那里听到的一切。马格利特比较喜欢波提切利（1445—1510），把著名的《春》改成了《现成的花束》（*Le Bouquet tout fait / The Ready-Made Bouquet*，1956）。然而，匆匆参观佛罗伦萨的乌菲齐美术馆时，马格利特被记录下来的反应只是嘲笑：“我看到了波提切利的《春》，不算差，但更适合做明信片。除此之外倒也有几幅好画，但大部分都是垃圾。”[82] 马格利特似乎从来不喜欢买东西，即使有钱也不买。不过不知道为什么，他曾在20世纪50年代末到处找未来主义画家路易吉·鲁索洛（Luigi Russolo）的油画《渴望》（*Aspiration*），却一无所获。[83] 收藏品来来去去，恩斯特的画换回了新浴室。马格利特家里满是小饰品，墙上挂的画都是他自己画的，包括一幅模仿克利的作品，虽然他对克利的作品并不在意——“纯属装饰，仅此而已”。[84] 似乎是为了挑战传统，只有一件其他艺术家的作品是马格利特一直保留并予以展示的，那是曼·雷的一张照片，拍的是化了妆的米洛的维纳斯，眉毛奇特壮观，嘴唇色彩浓艳。

在这种情况下，马格利特对德·契里科的看重实在是非同寻常。马格利特一旦注意到他，就肯定能处处看到他的存在。1924 年 12 月，《超现实主义革命》（*La Révolution surréaliste*）创刊，这是超现实主义大家庭的内部刊物和赞美诗单，包括德·契里科描绘的梦。这对马格利特来说，是一种关于父亲的奇特共鸣。“我想，我父亲已经不在法式糕点店了，他逃掉了，他会像强盗一样被人追捕。我从这种想法产生的痛苦中醒了过来。”[85] 从那以后，德·契里科的文字或图像就经常出现在这本刊物中，其中还包括他的诗歌选。第四期刊登了他在 1913 年写的两篇《思想录》（*pensées*）。它们似乎帮助马格利特理解了他想要做的事情。

> 比一切都重要的是，必须使艺术摆脱迄今为止人们所知道的一切，必须把所有的主题、所有的观念、所有的思想、所有的象征都放在一边。
>
> 思想必须完全脱离我们称之为逻辑和感觉的一切，完全摆脱人类的全部束缚，这样事物出现在思想面前时才会带来新的眼光，就好像它们第一次被群星璀璨的光芒照亮。[86]

马格利特 1938 年开始创作《生命线》时，已经学会了用德·契里科的方式表达自己；他已经掌握了一种语言，可以阐发德·契里科要传递的意义。身为诠释者，马格利特更有优势。1924年5月，《精选》杂志上发表了勒内·克勒韦尔（René Crevel）评论德·契里科的文章，文中附有六幅插图，其中一幅是《爱情颂歌》（*Le Chant d'amour*），对此马格利特是不会错过的（梅森斯是该杂志编委会的成员，马格利特在该杂志的画廊看过巴黎立体主义展）。在对德·契里科的分析中，克勒韦尔把个人观点和哲学思辨出人意料地结合到了一起。他坚持认为“第一印象”具有根本的重要地位。启示至关重要，不论目瞪口呆的观众对此的感觉是多么神秘。从这方面看，德·契里科确实是一位启示者，这位艺术家即使不是超越了感官，也是超越了疆界。他像个考古学家，揭示了城市的形而上学基础，如同从灰烬中拯救了庞贝城。总而言之，他在画布上实现了克勒韦尔所说的“本体”。[87] 在其他作品中，他更直接地以第三人称描述自己，这也是马格利特写自传体小品时采取的手法。“有一天，在德·契里科的一幅画面前，他看到了一个新世界。”于是，“他彻底舍弃了逻辑现实主义的旧阁楼，他明白，囿于诡辩的平庸是懦弱的表现”。对克勒韦尔来说，德·契里科的画让人着迷，让他渴望走进其中，最重要的是，德·契里科的画令人振奋。它们使我们“更配得上寻找绝对的过程，在绝对之中，有个叫康德的人，感受到他的精神在本体的狂热中成长”[88]。

这是马格利特以另一种方式珍视的“神秘”。马格利特生活在真实的世界，而不是现实主义的世界。他还没有受到哲学的过多困扰，尽管他后来也会研究康德的《纯粹理性批判》，也会读其他哲学书，但他同时还会读侦探小说，他把这些小说藏在保罗·柯利内送给他的哲学书的护封下面。马格利特没谈到本体。他谈到了诗歌。同样有特点的是思想。“我一生中最受触动的时刻之一，就是第一次看到德·契里科《爱之歌》复制品的时候，我的眼睛有生以来第一次看到了思想。”[89]在《生命线》中，马格利特谈到了惊人的冲击、有力的宣告。启示和革命结合在了一起：

> 1910年，德·契里科以美为试验对象，尽情想象并实现了他的愿望。他画出了《一个美好下午的忧郁》（1913），背景是厂区高耸的烟囱和无边的墙壁；他画出了《爱之歌》，我们看到外科医生那双手套与古董雕像的脸一起出场。这是胜利的诗篇，取代了传统绘画的刻板效果。它代表着与艺术家特有的思维习惯彻底决裂，那些艺术家都是囚徒，天分、精湛技艺和渺小的美的特性把他们束缚住了。透过这全新的视野，观众认识到了自己的独立存在，听到了世界的寂静之声。[90]

马格利特对德·契里科的崇拜从未动摇，尽管在超现实主义圈子里，很多人质疑这位伟大先驱的轨迹和气质。在德·契里科的创作早期，也就是创作《爱之歌》的时期，这些人也曾在他身上投资。然而十年之后，马格利特与德·契里科的作品相遇时，人们已经开始认为，德·契里科变了，变得只会卑微地重复自己的早期创作。艾吕雅收藏了德·契里科的一系列经典作品，包括《一个美好下午的忧郁》。[91] 布勒东也收藏了德·契里科的作品，他的床头挂着《孩子的大脑》（*Le Cerveau de l'enfant*，1914）。布勒东对这位艺术家的评论遵循了熟悉的模式，让人沮丧。1920 年，布勒东在《乔吉奥·德·契里科》（“Giorgio de Chirico”）中称赞他犹如先知。“我相信，一个真正的现代神话正在形成。落在乔吉奥·德·契里科身上的责任，就是让它在我们的记忆中永远留存。”1924 年的《超现实主义宣言》（*The Manifesto of Surrealism*）有言，德·契里科“受崇拜的时间太长了”，此时布勒东也对马克斯·恩斯特等很多人表达了保留意见，不过用词都还算含蓄。到了 1928 年，在《超现实主义与绘画》（*Le Surréalisme et la peinture*）里，布勒东开始咒骂德·契里科的后期作品不该“投降”——“至少可以说，他完全缺乏灵感，显而易见是不知羞耻的玩世不恭”，更不用说“毫无道德”。[92] 安德烈·布勒东完全只是个道德主义者，他的蔑视具有鲜明的界限。“有人说，我换人的方式就像大多数人换袜子一样。请允许我拥有这种奢侈，因为我不能永远穿同一双袜子，一双袜子不合脚了，我就会把它交给我的仆人。”[93] 他也是个权威主义者，或者更确切地说，是纪律至上的人。几乎没有人能躲过他的唇枪舌剑，他骂米罗（Miró）有“幼稚病”，骂达利是“自我盗窃狂”。被他逐出圈子是普遍命运，难怪他被称为“超现实主义教皇”。

马格利特不在乎这一套。二十年后，《记忆》（*La Mémoire / Memory*）呈现了一个血淋淋的石膏头像，与德·契里科的石膏像十分相似。1965 年，纽约现代艺术博物馆筹备马格利特回顾展时，马格利特给组织者詹姆斯·思罗尔·索比（James Thrall Soby）写信说：

> 我开始了解德·契里科的作品，是在 1922 年［1923 年］，当时有个朋友给我看了他的《爱之歌》的复制品，那对我来说是个启示，我仍然认为他是这个时代最伟大的画家，因为从诗歌相对于绘画和各种绘画方法的主导地位来看，德·契里科是第一个思考画什么而不是怎么画的画家。[94]

这成了关键的区别。马格利特应索比的要求继续探讨“影响”的问题，他向哈利·托克茨纳详细阐述道：

> 如果有影响——影响很可能有——那么，在《迷途的骑师》与德·契里科的画之间没有相

似之处。归根结底，这种影响局限于一种强烈的情感，一种奇妙的启示，那是我一生中第一次看到真正有诗意的绘画。随着时间的推移，我也开始放弃以绘画方式为主的绘画实验。现在我明白，从 1926 年以来，我更关心必须要画的是什么。在“本能地”探索了必须要画的东西之后，很长一段时间内我都还不清楚必须要画的是什么。[95]

必须要画，就意味着马格利特会专注于眼前的物体或问题，避开“所有渺小的美的特性”。因此，就拿他举的例子来说，他的天空是恒久不变的天蓝色，他的大海是恒久不变的蓝绿色，海面上是不变的波峰，而这些都是从一张明信片上抄下来的。这就是德·契里科给他上的一课：一种不引人注意的风格，透明的风格，“没有做作仪式感的风格，像连环画一样直接，毫不拖泥带水”[96]。

德·契里科带来的震撼、《爱之歌》造成的冲击是不可否认的。这幅画的名字本身就足够让马格利特刮目相看了。德·契里科对待标题的方式预示着马格利特会采取的方式。如果说马格利特看到了思想，那他也听到了沉默。用德·契里科的话说，静物就是“沉默之物”。他看电视时会把声音关掉。

很难判断马格利特从《爱之歌》这幅画中究竟看到了什么。由于他看到的是单色复制品，他得到的启示不可能与色彩有关。德·契里科画中无处不在的红色橡胶手套，对马格利特来说似乎没什么魅力，哪怕它看起来像只红色的手，例如在《命运之谜》（*L'Énigme de la fatalité*）中那近似于被切割过的手，那只手与方托马斯和《断手》的故事相呼应。不论这些东西看起来多奇特，都不是事物本身。在《生命线》中，马格利特提到了"外科医生那双手套"，他说的是那双手套，而不是一只手套。他最初写的是"拳击手套"——这个错误被马里恩纠正了。忠实的钦佩者会犯这种错误，实在令人费解，更何况德·契里科的橡胶手套很可能会让他想起方托马斯的真皮手套——在《幽灵杀手》中，方托马斯为了在受害者身上留下别人的指纹，戴上了人皮做的手套。马格利特在《生命线》中试图表达的观点，不在于这些物品本身，而在于它们的并列存在（"我们看到外科医生那双手套与古董雕像的脸一起出场"）。[97] 我们与他们的相遇，正是"惊喜"的来源，这种惊喜是阿波利奈尔给超现实主义者上的一课。阿波利奈尔预见到了未来，早在1914年他就说过："大多数人还没有意识到，德·契里科带给我们的艺术之谜究竟具有什么奇异之处。这位画家利用最现代的资源，即惊喜，描绘了现代事物命中注定的本质。"[98] 对马格利特来说，事情的确是命中注定的。德·契里科的画里写满了命中注定。马格利特应该喜欢让·科克托的名言："死亡是德·契里科棋盘上唯一可以朝任何方向自由移动的棋子。"[99]

不仅是棋子，还有它们所占据的棋盘格。“我认为所有的图像都或多或少地对空间的概念提出了质疑，”马格利特在1947年说，“德·契里科就是这么做的。他用不同寻常的物体填充空间，让空间有了‘生命’，这些物体赋予了‘透视法’新的面貌。”[100]这很好地总结了马格利特对《爱之歌》的体验。德·契里科的形而上学的图景，可能如他所说，来源于佛罗伦萨或都灵的某个广场，抑或如他所说，来自他在尼采身上发现的“神秘感觉”，它们可能如同勒内·克勒韦尔所提出的那样，是“某个本体城市的街道”。[101]形而上的拥挤的室内可能是工作室，又不仅是工作室。内部或外部通常很难分辨，它们有一种超脱尘世的品质，一种动作悬停的感觉，就像电影布景或犯罪现场，或者是马格利特的画。

德·契里科带来了鼓舞，也带来了解放。“我们每个人身上都具有创造力和独创性，这是人的核心本质，”尼采肯定地说，“如果有人能意识到这种独创性，奇特的光环、非凡的光环，就会笼罩着他。”[102]发现德·契里科后，马格利特意识到了自己的创造力和独创性。梅森斯在提到朋友马格利特时引用了卡夫卡的话：“从某一点开始，就没有了回头路。只要到达这一点。”[103]德·契里科让马格利特破茧蜕变。马格利特成了他自己。“我不能像德·契里科那样画画，”很久以后他解释说，“我一直在寻找要画的东西，你知道，我以德·契里科为榜样，但是我不能画德·契里科画的东西。”[104]德·契里科的画属于他自己。他欢欣鼓舞，他意气昂扬，他表现出了他的“自我”。马格利特同样迎来了自己的时刻，他应付自如。渐渐地，渐渐地，非凡的光环开始笼罩着他。

注　释

1 Richard Cobb,“Ixelles”（1980），收录于*Paris and Elsewhere*（《巴黎与别处》）（London: Murray, 1998），第202页。

2 博斯曼写给弗朗辛·珀西瓦尔（Francine Perceval）的信，1990年8月3日，见Magritte，*Bosmans*，第32页。

3 马格利特写给弗卢凯的信，日期不明，见Whitfield,“Unpublished Letters”，第605页。关于科基奥和劳伦斯，见Danchev, *Cézanne* (New York: Pantheon, 2012)，第347、387页。

4 马格利特写给弗卢凯的信，1920年7月13日星期二，Magritte Papers, 870435, GRI。参见 Jean Cocteau, *Le Coq et l'arlequin* (Paris: Stock, 2009)，第77页。马格利特推荐了La Sirène 最先出版的《公鸡和小丑》，这本书和科克托的《毕加索》（*Picasso*，1923）一起保存在他的图书馆里，不知道他具体是在什么时候得到《毕加索》的。

5 马格利特星期二早晨写给弗卢凯的信，Magritte Papers, 870435, GRI；Baudelaire, Martin Sorrell译，*Paris Spleen* (Richmond: Oneworld, 2010)，第5页。这些诗的灵感来自波德莱尔重读贝特朗的《夜之幽灵》（*Gaspard de la nuit*），这也是马格利特最爱的作品。参见第二章。

6 马格利特写给弗卢凯的信，日期不明，Magritte Papers,

870435, GRI。名单上还有乔治·莫尼耶（Georges Monier）和梅森斯，后面还会提及。

7 马格利特写给弗卢凯的信，1922年3月星期一，Magritte Papers，870435，GRI。

8 参见Roisin，*Magritte*，第202—203页，其中引用了莱昂·普兰热的话（他当时是听弗卢凯说的），还有汤姆·居特（Tom Gutt，他在20世纪50年代认识了弗卢凯）和雅克利娜·农克尔。马格利特一家在1926—1927年间住在热特的Steyls街113号，农克尔家楼上，当时雅克利娜大概10岁或11岁。

9 "Le Jour nul des Poètes," in *EC*, pp. 184ff.

10 "Les Cimetières jardins," *Reconstruction* 2（1941年11月），第25—31页。

11 参考弗莱恩（Follain）1954年9月3日的日记，见 *Agendas de Jean Follain*（Paris: Seghers，1993），第178页。

12 马格利特写给马里恩（他在讽刺界的伙伴）的信，1946年10月4日和1952年3月26日，见Magritte, *Destination*，第232、272页；写给加斯东·皮埃尔（Gaston Puel）的信，1955年5月13日，*EC*，第189页；写给博斯曼的信，1963年5月27日，Magritte, *Bosmans*，第297页。

13 *7 Arts*（《七种艺术》），1923年12月6日、1925年11月8日和1927年5月1日。1934年也影射性地提到了"马格利托"（Magritto）。

14 Baudelaire, *The Painter of Modern Life and Other Essays*（《现代生活的画家和其他散文》，Jonathan Mayne译，London: Phaidon, 1995），p. 9. 居先生指的是康斯坦丁·居伊。出自section III, "The Artist, Man of the World, Man of the Crowd, and Child"（《艺术家，世界中的人，人群中的人，孩子》）。爱伦·坡的"人群中的人"在马格利特身上得到了体现。

15 马格利特写给梅森斯和斯居特耐尔的信，1965年12月20日，见*EC*, pp. 168ff。参见Mesens, "René Magritte," 载于*Peintres Belges contemporains*（《比利时当代

画家》，Brussels: Lumière, 1947），第157—161页。关于马格利特去世后梅森斯文章的再版，参见Mesens,“Magritte prosamtique”，载于*René Magritte* (Lausanne: Fondation de l'Hermitage, 1987)，第27—31页。

16 Mesens，未发表的MS，节选自CR第1卷，第47页。

17 Guggenheim, *Out of This Century: Confessions of an Art Addict*（《走出本世纪：一个艺术迷的自白》）(London: Andre Deutsch, 1980)，p.178.

18 Scutenaire, *Mon ami Mesens*（《我的朋友梅森斯》）(Brussels: privately published, 1972)，p. 28. 据他所说，是在rue de la Fiancée的一家有地方色彩的酒吧。

19 根据奥尔唐西亚·加勒马埃尔自己的说法，马格利特给她的画是《小丑》（*L'Arlequin*，1919），这幅画还在家里，还有“一幅描绘风景的立体主义画”，早就不知去向了。参见CR 1098，1920年。Roisin，*Magritte*，第184—185页。《小丑》未编入CR；参见第1卷，第13页。

20 Scutenaire, *Mon ami Mesens*，p.29-31. 由Mark Polizzotti意译为英文，见Roegiers，*Magritte and Photography*（《马格利特与摄影》），第122页。

21 The solicitor Oliver Edwards, in James Boswell, *Life of Johnson* (Oxford: World's Classics, 1980), p. 957.

22 *OPC*, vol. III, p. 105.

23 Magritte, “Esquisse,” in *EC*, p. 367.

24 Mesens，“Magritte prophétique，”（《预言者马格利特》）p. 28. 这一肖像描写出现在他最初的文章草稿中。马格利特以充分理由表示反对：“我觉得，关于着装的所有这些描写都会让人感到这是个滑稽可笑的家伙，另外，我本可以开的玩笑是不是太重了?”

25 克里斯汀·弗曼德（Christine Vermander）和克里斯汀·格尔茨-克劳斯（Christiane Geurts-Krauss）认为这是种武器。西尔维斯特把这张恶搞海报看作招聘刺客的广告。“Rising to the Occasion，”（《奋起应对》）in Ollinger-Zinque and Leen，*Magritte*，p. 118;

Sylvester, *Magritte*, p. 218.

26 马格利特写给梅森斯的信，1955年11月26日，见CR第3卷，第62页。《一条狗的研究》写于1922年，但在卡夫卡去世后很久才出版。

27 马格利特写给马里恩的信，后来标为1944年6月10日，见Magritte, *Destination*，第107页。

28 Beckett, *Molloy* [1951] (London: Faber, 2009)，第8页，关于博美犬特性的较长段落的一部分。（“便秘是博美犬身体健康的一个标志。”）

29 *EC*, p. 717.

30 Roisin, *Magritte*, p. 238.

31 《好消息》（CR 210），标为1928年。乔吉特说，这是范·布鲁埃内拜访他们时，在巴黎的公寓里写的。这幅画是吉恩和多米尼克·德梅尼尔从马格利特的艺术品经理人伊奥拉斯手中购得的，时间大概是1951年；没有更早的出处。根据CR的推测，这幅画可能在完成后不久就被戈曼斯（Camille Goemans）或范·布鲁埃内卖掉了。

32 Melly, “Robbing Banks.”

33 Magritte, “Esquisse,” in *EC*, p. 368.

34 马格利特写给诺奇的信，日期不明［1930］，见*LS*, no. 187.

35 梅森斯写给马格利特的信，1930年6月5日；马格利特写给梅森斯的信，1930年6月10日，见CR第1卷，第118—119页。所描述的画作分别为，*Le Faux miroir*（《错误的镜子》，CR 319），*Au seuil de la liberté*（《思想自由》，CR 326），*L'Évidence éternelle*（《永恒的证据》，CR 327），*L'Annonciation*（《报喜》，CR 330）。*Papier découpé* 后来成为*Papier masqué*，是马格利特一个同伴给出的更有诗意的表达。参考马格利特写给Kahmen的信，1965年7月8日，见CRRP，Menil Archives.

36 Roisin, *Magritte*, p. 249. Jean Milo, *Vie et survie du "Centaure"*（《人马画廊的生活》）(Brussels: Éditions Nationales d'Art, 1980), pp. 65-67.

37 根据CR，斯帕克收藏的画包括《相遇》（*La Rencontre*,

CR 99）、《惊讶和海洋》（*Les Surprises et l'océan*, CR 144）、《离开学校》（*La Sortie de l'école*, CR 158）、《夜晚的美术馆》（*La Musée d'une nuit*, CR 171）、《勇敢的睡眠者》（*Le Dormeur téméraire*, CR 217）、《夜晚边缘的猎人》（CR 228）、《深渊之花》（*Les Fleurs de l'abîme*, CR 239）、《空气之声》（CR 241）、《巨人的日子》（CR 294）、《自动装置》（*L'Automate*, CR 298）。其中一些似乎是他在不久之后拿到的。他继续购入其他画作，包括《字母表的启示》（*L'Alphabet des révélations*, CR 304）。他自己的购买和分配的记录也包括这些画：《沉默的群体》（*Le Groupe silencieux*, CR 83）、《海上来的人》（*L'Homme du large*, CR 135）、《历史的核心》（*L'Histoire centrale*, CR 249）。但这三幅画梅森斯拿走了。所有的内幕消息都是在事情发生四五十年后提供的。参见斯帕克的导言，*Magritte*, *Delvaux*, *Gnoli*（Maison de la Culture, Bourges, 1972）；还有CR中的讨论，第1卷，第103—105页，其中借鉴了布朗科·夏莱（Blanche Charlet）和丹尼斯·马里昂等人的证词。

38 Roisin, *Magritte*, p. 172.

39 CR, vol. VI, no. 1. 马格利特委员会发起了对颜料的分析，结果与这幅作品的历史相符。我非常感谢米亚·范德科克霍夫对项目的帮助，感谢彼得·旺当纳贝勒（Peter Vandenabeele）和我讨论颜料色素分析。

40 米亚·范德科克霍夫提到了标为1925年的*Les Deux soeurs*（《两姐妹》，CR 71），标为1928年的*La Femme introuvable*（《找不到的女人》，CR 208），还有同样标为1928年的*L'Espion*（《间谍》，CR 215）。关于最后一幅画，参见第七章。

41 Nietzsche, *The Gay Science*（《快乐的科学》）[1887]（Josefine Nauckhoff 译，Cambridge: Cambridge University Press, 2001），第152页。尼采在《瞧这个人》（*Ecce Homo*）的副标题中表达了同样的想法：“如

何成为你自己。”马格利特似乎也读过（或抄过）《善恶的彼岸》（*Beyond Good and Evil*）；《纯粹艺术》中引用了亨利·阿尔贝（Henri Albert）翻译的《善恶的彼岸》（*Par-delà le bien et le mal*），1913年首次以法语出版，并多次重印。见*EC*，第20页。

42 马格利特写给弗卢凯的信，星期四，日期不明。Magritte Papers, 870435, GRI.

43 马格利特写给弗卢凯的信，星期日。Magritte Papers, 870435, GRI.

44 马格利特写给弗卢凯的信，星期六和星期日，Magritte Papers, 870435, GRI。

45 马格利特写给弗卢凯的信，星期三和星期六，Magritte Papers, 870435, GRI。《铁匠》（CR 16）这幅画只留下了一张照片，是在梅森斯的文件里发现的。

46 弗卢凯致梅森斯的信［1921年9月/10月？］，Mesens Papers, 920094, GRI。“1921年9月/10月？”是梅森斯亲笔写在信上的日期。

47 Kafka, *Hunger Artist and Other Stories* (《〈饥饿艺术家〉和其他小说》) (Oxford: Oxford University Press, 2012), pp. 201–02.

48 Magritte, “Lifeline.”

49 Ernst, *Beyond Painting and Other Writings* (《绘画之外》) (New York: Wittenborn, Schultz, 1948), p. 17.

50 Mariën, “Survivre à Magritte” (1968), 见Mariën, *Magritte*，第59页。马格利特在艾吕雅的鼓动下，用1937年的《代表》（*La Représentation*，CR 434）与保罗·艾吕雅换了一幅《爱的卡马尼奥拉》（*La Carmagnole de l'amour*，1926—1927）。第二年，他卖掉了恩斯特的画。不久之后艾吕雅把他的藏品以1500英镑的价格卖给了罗兰·彭罗斯（Roland Penrose），其中有100幅油画和物品，包括40幅恩斯特的画和4幅马格利特的画。

51 马格利特写给沃尔德伯格的信（1958），见Waldberg, *Max Ernst*（《马克斯·恩斯特》，Paris: Pauvert,

1958），第266—268页。

52 马格利特接受古森斯的采访，1966年1月28日，见*EC*，第623页。

53 Simon Leys, “The Belgianness of Henri Michaux” [2007], Donald Nicholson-Smith译，载于*Hall of Uselessness*，第211—212页。西蒙·莱斯是汉学家李克曼（Pierre Ryckmans）的笔名，他也是比利时人。

54 Roisin, *Magritte*, p. 198.

55 这是马格利特最喜欢的诗句之一，最初发表于Au défaut du silence（《沉默缺席》，1925）。

56 分别出自A.D.,“Exposition des jeunes peintres et sculpteurs,” *Le Soir*, 1923年1月26日; André de Ridder, “Le Salon des Arts Belges d’Esprit Nouveau,” *Sélection*, 1923年12月, “La Peinture belge contemporaine,” *La Nervie*, 1925年3—4月; Van Hecke, “Défense de la peinture,” *Sélection*, 1926年10月。

57 马格利特写给菲尔·梅尔滕斯（Phil Mertens）的信，1967年2月23日，CRRP MC, III/12；马格利特写给弗卢凯的信，未具日期，CRRP MC, II/20；Pierre Bourgeois, “Les salons de la jeune peinture: Galerie Giroux,” *7 Arts*, 1923年1月25日。参见古森斯的采访，*EC*，第624页。根据弗卢凯的说法，曾经参与声援埃库运动的诗人朱尔·凡泰尼耶也不遗余力地向他们介绍了前卫艺术，特别是他格外热爱的立体主义。Suite d’images du mont des arts d’autrefois (1961)，引用于Roisin，*Magritte*，第244页。

58 在展览目录中，它们只按标题列出。在CR中，它们被列为CR 35、CR 38或CR 44（二者都称为《夜曲》）、CR 40和CR 42。《林荫大道》是CR 39。

59 马格利特写给梅森斯的信，星期一［1921年12月］，Mesens Papers, 920094, GRI；马格利特写给弗卢凯的信，星期三［1921年12月］，CRRP MC, II/20。见CR第1卷，app. 21。

60 马格利特致弗卢凯的信，邮戳为1920年9月22日，见Whitfield，“Unpublished Letters，”第605页；［*Woman*

Seated in an Interior]（《坐在车厢内的女人》），CR, vol. VI, no. 45.

61 Tanning, *Between Lives: An Artist and Her World*（《生命之间：一个艺术家和她的世界》）（New York: W. W. Norton, 2001），第256页。唐宁对马格利特勉强大笑的描述见CR 914；在她的回忆录中，大笑淡化为"轻轻一笑"。菲利帕奇证实，马格利特并不欣赏这个玩笑。

62 Mariën, *Radeau*, p. 88. 马格利特可能画了更多署名恩斯特的画。见马格利特写给马里恩的信，邮戳为1944年7月12日和8月15日，收录于Magritte, *Destination*，第121、134页。关于马格利特的战时伪造品，见第九章。

63 除了肖像画（CR 61，创作时间1924年），埃弗利娜还购买了《皮卡迪的玫瑰》（*Roses de Picardie*, CR 70），创作时间为1925年，以及《世界的血》（*Le Sang du monde*, CR 152），创作时间为1927年。她原本会购买更多马格利特的画，却不幸在1928年被身份不明的袭击者杀害。

64 马格利特写给亚历山大的信，日期不明，CRRP MC, II/01；马格利特写给梅森斯的信，1922年12月19日，AACB Mesens, 36353。

65 Sylvester, *Magritte*, p. 64; Bourgeois, "Les Salons." Cf. Magritte, "Lifeline."

66 马格利特的画作以"室内三裸女"（*Three nudes in an interior*, CR 43）的名字出现在CR，时间被定为1923年；正如梅森斯在存货清单中列出的那样，它很可能是《茶》，梅森斯可能在很长时间里拥有这幅画。莱热的画的原本在1921年的*L'Esprit nouveau* 13（《新精神》13）中首次被复制。

67 《纯粹艺术》被印在了*EC*，第13—20页。它也批判性地提到了格莱兹的《立体主义》（*Du cubism*）。参见Cocteau, *Le Coq*，第49页。

68 Sylvester, *Magritte*，第71页；CR第1卷，第38—40页；关于《自由之叶》（1923年5月至6月），是根据梅森斯的说法，他还提到了《造型价值》（*Valori Plastici*）

于1919年推出的关于德·契里科的小册子（影响了恩斯特）。马格利特当然熟悉《造型价值》后来推出的出版物，例如*Carrà on Derain*（1924）。梅森斯习惯把马格利特的注意力转移到他可能错过的资料上，例如《艺术纪事》推出的毕加索最新作品复制品。见梅森斯写给马格利特的信，1927年10月5日，存于Archives Brachot（布拉绍档案馆）。在1913年秋季沙龙的综述中，阿波利奈尔写到了“德·契里科先生的玄学风景”，见1913年11月15日的杂志*Les Soirées de Paris*（《巴黎的夜晚》），收录于*Apollinaire on Art: Essays and Reviews* 1902—1918（《阿波利奈尔论艺术：1902—1918年的散文和评论》）（London:Thames & Hudson, 1972），第333页。

69 Danchev, *Georges Braque: A Life*（《乔治·布拉克的一生》）（London: Hamish Hamilton, 2005），p. 81.

70 例如，参考乔里斯、弗林（Fryns）和马扎尔（Mazars）的访谈，见*EC*，第562、568、599页。

71 瓦尔拉文1962年11月的采访，见*EC*，第536页。“珍贵的魅力”是马格利特表达高度赞扬的用语。参考第五章。

72 马格利特1963年12月5日写给博斯曼的信，见Magritte, *Bosmans*，第328页；1946年，詹姆斯·约翰逊·斯威尼（James Johnson Sweeney）对杜尚的采访，见Lucy R. Lippard (ed.), *Dadas on Art*（《达达斯论艺术》）（Englewood Cliffs, NJ: Prentice-Hall, 1971），第142页。

73 Magritte, “Francis Picabia, la peinture animée”（《弗朗西斯·毕卡比亚，生动的绘画》，1946），见*EC*，第191—192页，显然是毕卡比亚亲自索要的一本展览目录的序言。警句见《319》第19期（1924年10月）。关于马格利特对毕卡比亚的兴趣，可参考的作品范例是纸拼贴《你永远不会知道》（*Vous ne saurez jamais*，CR 1600）。

74 马格利特写给博斯曼的信，1959年3月28日，见Magritte, *Bosmans*，第41—42页。另见*EC*第536页，瓦尔拉文的采访。在马格利特提到的画作中，达利的《燃烧的长颈鹿》（*Girafe en feu*）创作于1937年，也可能是1935年(这幅画的另一变体)。马格利特自己的《火梯》（*L'Échelle de feu*，CR 358）创作时间是1934年，《火的发现》（*Découverte de feu*）创作时间是1934年或1935年。然而，《黄金时代》（*L'Âge d'or*，1930）中出现了一个燃烧的长颈鹿玩具，原本是布努埃尔和达利的合作，在最后一期*LSASDLR*（1933年5月）上有插图。是否剽窃的问题也许并不那么明确。

75 马格利特写给理查德·迪皮埃厄（Richard Dupierreux）的信，［1946］，见Gablik，*Magritte*，第13页。这也让人想起卡夫卡的话："我和犹太人有什么共同之处？我和我自己都几乎没有共同点。"卡夫卡1914年1月8日的日记，见Stach，*Kafka: The Decisive Years*, vol. II（《卡夫卡：决定性的岁月》，第II卷）（Princeton: Princeton University Press，2013），第357页。

76 Leys，"Michaux，" p. 212.

77 克劳德·维亚尔（Claude Vial）的采访，1966年7月6日，*EC*，第642页。参见他关于博斯和超现实主义的演讲，见Gablik，*Magritte*，第13页。沃尔伯格为马格利特提供比利时艺术遗产的努力，被诺奇嘲笑为"虚假的博学"。见Mariën，introduction to AS，第11页。

78 马格利特致托克茨纳的信，1965年9月18日，见Torczyner, *L'Ami*（《朋友》），第327页；马格利特写给范埃克的信，1928年10月22日，Fonds Van Hecke，117.468, AACB。

79 *Le Palais d'une courtisane* (CR 291)，1928年。*La Liseuse*（1853）收藏于布鲁塞尔的维尔茨博物馆。

80 马格利特写给勒孔特，邮戳为1923年，摘录见CR第1卷，第44页。

81 Goethe, John Gage译，"Ruysdael the Poet"［1816］，载于*Goethe on Art*（《歌德论艺术》，London: Scolar, 1980），第213页。

82 斯居特耐尔的记录，表达形式上略有差异，参见CR 837；*EC*，第717页；Dypréau，“D’après”（1971），载于*Le Point de vision*，第298页。

83 1981年3月9日，西尔瓦诺·利维对马里恩的采访，参见*Decoding Magritte*（《解码马格利特》），第216页；梅森斯与乔治·梅利的谈话，BBC第三期节目，1969年3月7日，文本为TGA，200816；马格利特致雅克·韦吉弗斯（Jacques Wergifosse），1958年5月8日，见米歇尔·洛姆（Michel Lhomme）拍卖目录，1995年12月2日，拍品380。

84 埃莉诺·肯普内·弗雷德（Eleanor Kempner Freed）的采访，*EC*，第617页。见第十章。

85 *La Revolution Surréalist 1* (1924年12月1日), “Dream,”（《梦》）收入*Hebdomeros and Other Writings*（《赫布多米洛斯和其他作品》）（Mark Polizzotti译，Cambridge, MA: Exact Change, 1972），第223页。

86 *LRS* 4（1925年7月15日）。这期刊物还刊登了马克斯·莫里斯（Max Morise）的一篇文章，称赞现代勒福特美术馆（Galerie de l’Effort Moderne）举办的德·契里科作品展。诗作发表在1925年10月15日的下一期刊物上。

87 Crevel, “La minute qui s’arrête ou le bienfait de Giorgio de Chirico,”（《一分钟的静止或德·契里科的馈赠》）*Sélection*第7期，1924年5月，见 *Mon Corps et moi*（《我和我的身体》，1925），见 Sebbag, *Potence avec Paratonnerre: Surréalisme et Philosophie*（《带避雷针的悬架：超现实主义和哲学》）（Paris: Hermann, 2012），p. 398。

88 Crevel, “Autobiographie,”（《自传》）收录于*La Mort difficile*（《艰难逝去》）［1926］（Paris: Pauvert, 1991），第237—238页；*L’Esprit contre la Raison*（《理性与精神》）［1927］（Paris: Tchou, 1969），第45—46页。同时参考“Merci, Giorgio de Chirico”（《感谢你，德·契里科》），Le Disque vert 3（1923年12月）。

89 Carl Waï的采访，1967年4月2日，见*EC*，第664页。

90 Magritte, “Lifeline.”

91 艾吕雅写给梅森斯的信，1933年11月24日，Mesens Misc. Corr. 3/8, GRI。艾吕雅还收藏了《梦的纯真》（*La Pureté d'un rêve*，1914）和《托比的梦》（*Le Rêve de Tobie*，1917）。

92 Breton，*The Lost Steps*（《迷失的脚步》，Mark Polizzotti 译，Nebraska: University of Nebraska Press, 1996），第66页；Richard Seaver，载于 Danchev，*100 Artists' Manifestos*（《100位艺术家的宣言》），Helen R. Lanei 译，第249页；Breton，*Surrealism and Painting*（《超现实主义与绘画》），（Simon Watson Taylor译，New York: Harper & Row，1972），第12页。*Les Pas perdus*（《迷失的脚步》）于1924年首次出版；马格利特很可能很快就读了这本书。布勒东还拥有*L'Énigme d'une journée*（《一日之谜》，1914）和 *Mystère et mélancolie de la rue*（《街道的神秘与忧郁》，1914）。在1928年3月15日出版的*La Révolution surréaliste 11*中，雷蒙·格诺对德·契里科在超现实主义画廊的展览做出了刻薄的评论，就像是一篇讣告。

93 Breton, “Leave Everything”（《离开一切》，1922），in *The Lost Steps*, p. 79.

94 马格利特写给索比的信，1965年5月20日，Soby Papers, 3/20，GRI。参见古森斯的采访，*EC*，第625页。

95 马格利特写给托克茨纳的信，1965年9月18日，见Torczyner，*L'Ami*，第328页，其中他说获得启示的时间是在1925年。索比要求马格利特说明德·契里科的影响时，马格利特提到了*La traverse difficile*（《艰难的旅行》，CR 84）和*Les Signes du soir*（《黄昏》，CR 100），前者是梅森斯送的，还有*La Statue volante*（《飞行的雕像》，CR 132），他认为这一幅更好。梅森斯还推荐了拼贴画*Les Rêveries du promenaire solitaire*（《一个孤独漫步者的遐想》，CR 1617）——“它与德·契里科相呼应”。索比写给梅森斯的信，1954年6月21日；梅森斯写给索比的信，1954年7月1日，Mesens Papers, 920094, GRI。

96 Sylvester, *Magritte*, p. 110.

97 马格利特应该很熟悉安德烈·布勒东的《娜嘉》（*Nadja*, 1928），他的藏书里就有这本书。书中有一段是关于德·契里科的物品及其排列的。“就我而言，”布勒东总结道，“头脑对于某些物体的安排，与对于如何安排某些物体的关注相比，是更重要的，这两种安排，控制着它们之间所有形式的感性。”Breton, *Nadja*（Paris: Gallimard, 1928），第16页。

98 *Les Soirées de Paris*，1914年3月15日。

99 *Le Mystère laïc : Giorgio de Chirico*（《世俗的神秘：乔治·德·契里科》，Paris：Quatres Chemins，1928），p. 81.

100 马格利特写给皮埃尔·安德里厄（Pierre Andrieu）的信，［1947年11月］，BK，MAG C5 9723。

101 Chirico, “Rêve”（《梦》），载于*LRS* 1（1924年12月1日），*The Memoirs of Giorgio de Chirico*（《德·契里科回忆录》）［1962］（Margaret Crosland译，New York: Da Capo, 1994），第61页；Crevel，见Sebbag, *Potence*，第398页。正如马格利特可能已经发现的那样，“透视”在尼采身上很突出。例如，参见*Ecce Homo*（《瞧这个人》）第76页，其中把“转换视角”的才能与“价值重估”关联在了一起，以及*Beyond Good and Evil*（《善恶的彼岸》）第35页，“透视价值和表象”与“表象的世界”联系在一起，“价值”也是绘画性的。

102 Nietzsche in Leys, *Hall of Uselessness*, p. 313, from *Schopenhauer as Educator* (1874) [cf. *Untimely Meditations*, p. 143].

103 Kafka, “Aphorisms”（《格言》），见*Hunger Artist*,（《饥饿艺术家》），第188页，梅森斯引用了这句话，见Mesens，“Magritte prophétique”。

104 古森斯的采访，*EC*，第625页。

第五章　魅力与威胁

马格利特发现了德·契里科的作品，结果出人意料。马格利特几乎不画画了。1924 年，他画的画用一只手数得过来——大约 4 或 5 幅，包括《手捧一朵玫瑰而不是一颗心的女人》（*La Femme ayant une rose à la place du coeur / The Woman with a Rose Instead of a Heart*）。1925 年，他画了大约 12 幅画，包括《蓝色电影院》和《窗》。这是停下来思索的阶段，持续的时间不算短。

马格利特迷上了手捧一朵玫瑰而不是一颗心的女人。二十年后，马格利特有一段时间参与了一个项目，是为德奥尔诺瓦夫人（Madame d'Aulnoy）的童话画插图，马格利特曾将她与刘易斯·卡罗尔相提并论。接下来他又受范埃克的委托，为威廉·贝克福德（William Beckford）的哥特式小说《瓦泰克》（*Vathek*）画插图，他说这是"世界上最美丽的书之一"。[1] 两个项目都没完成，不过前者促使他创作了《通俗小说》（*Le Roman Populaire / The Novelette*），以新奇的画面展现了头上有朵玫瑰的女人。[2] 他把设计好的插图交给范埃克时，范埃克立刻就接受了，只是对其中一幅插图提出了要求，要马格利特画一幅更“有东方色彩”，“有奇异风格”的替代品。这如同给马格利特泼了盆冷水，马格利特甚至起草了一份回复，先发给了马里恩要他看一下。回复的内容是：

> 得知我为《瓦泰克》画的12张插图不需要改动，我很高兴。毫无疑问，如果要我重新设计这一系列插图，加进一些新的外部元素，我也能做得到。就像我在某些绘画中所做的那样，例如《安格尔先生的好日子》（*Les bon jours de Monsieur Ingres / Monsieur Ingres's Good Days*），《火焰的回归》（*Le Retour de flame*），《光之条约》（*Le Traité de la lumière / Treatise on Light*）。然而，文本已经是个外部元素了，所以我将面临复杂的，或许相互矛盾的要求。
>
> 至于待商榷的这幅画，我确信它具有诗意的力量。让我产生灵感的不是贝克福德所说的那个女孩的东方性格，因为这种性格非常平庸，在《瓦泰克》中从来都不是要强调的对象，而《瓦泰克》这本书丝毫没有体现出现实主义对地方色彩的关注；让我产生灵感的，是一些元素的组合，它们能传递出魅力的感觉。我呈现出的图像是以前就想到的，它最早出现在1924年的

一幅小画里（一个长发女孩，手上捧的是一朵玫瑰而不是一颗心）。后来我为德奥尔诺瓦夫人的故事构思插图，故事中就有生活在那迷人世界里的女孩，就像这幅画中的女孩一样。我放弃了给故事配插图的想法，而是画了一幅画，名字是《通俗小说》，这是鲜明的证据，可以表明我是多么重视这一形象。这是命运的安排，我应该在《瓦泰克》中找到一个女孩的踪迹，一个对我来说恒久不变的女孩。这种感觉绝不是无法证实的，而且，我的讨论或许频繁触及了一些最根本的东西。[3]

马格利特与奇幻艺术毫无交集。曾有人大胆地把他与奇幻艺术联系到一起，他直截了当地否定道："我不是个幻想派画家。"接着他又说，"在我看来，幻想派显然是又庸俗又琐碎。"[4]另一方面，"魅力"是一种积极的美德。对马格利特来说，"魅力"是试金石。他后来总结道："我尽可能只画那些能够唤起神秘感的画，这些画具有精神生活所必需的精确和魅力，能够以此唤起神秘感。"[5]魅力也是一种政治工具，或者说可以起到颠覆的作用。1946 年，马格利特在与安德烈·布勒东就超现实主义的本质和目的激烈争论期间，曾经坚持说："通过魅力引发'严重的良心危机'……与炫耀者所钟爱的'扰人'效果相去甚远。魅力与威胁如果结合在一起，可以使二者相得益彰。爱丽丝漫游奇境的童话故事，时间更近的电影《彼得·伊贝森》（*Peter Ibbetson*），都是例子。”[6]1959年，马格利特画了一幅画，画中一块巨石悬在半空，巨石下方是正常的波浪，巨石上坐落着小小的城堡。马格利特把这幅画命名为《比利牛斯山的城堡》（*Le Château des Pyrénées / The castle in the Pyrenees*），名字来源于安·拉德克利夫（Ann Radcliffe）的一部小说，小说的法语名字是《比利牛斯山城堡幻象》（*Les Visions du château des Pyrénées*）。这幅画是应哈利·托克茨纳的要求画的，他想找幅画遮挡纽约办公室的一个窗户。“画面有种‘幽灵’的性质，”马格利特告诉他，“我想，如果安·拉德克利夫的书……向我们展示的就是她真正喜欢的东西，那她肯定会喜欢这幅画。”托克茨纳在安特卫普出生，在安特卫普接受教育，对英国作家拉德克利夫并不熟悉。马格利特解释说：“拉德克利夫的《比利牛斯山城堡幻象》是浪漫的‘哥特小说’，这种文学流派风格华美，却又难免俗气，这本书融哥特小说的魅力与缺陷于一身。你读时或许会失望，但是它所营造的气氛也会让你觉得愉快。”倘若马格利特知道这本书是伪作，或许会心花怒放。书的真实作者不是安·拉德克利夫，而是小有名气的“拉德克利夫模仿者”，凯瑟琳·卡思伯森（Catherine Cuthbertson）。若说城堡幻象是空中楼阁，那真的再贴切不过了。然而，马格利特的幽灵却是真实存在的。[7]

手捧一朵玫瑰而不是一颗心的女人，让马格利特费了很多心思，然而这一形象最初落到画面上时，带给他的却是失望。《生命线》证实了他的失望和创作的艰辛。

> 我开始为了新的目标作画，不过绘画风格还是我原来的；这种矛盾让我的探索变得非常困难。我努力想表现出一个物体明显存在，但我采用的是抽象的形象，结果两者互相中和了。我把玫瑰放在一个裸体女孩的胸前，用它来代替一颗心，然而这玫瑰并没有产生我所期望的惊心动魄的效果。
>
> 随后，我把物体在现实中向我们展示的一切细节都引入到我的绘画中，我很快就发现，要想使我的绘画实验超越图像，呈现出现实的世界，这是唯一的途径。[8]

这听来简单，实则不然。呈现出现实的世界，这需要某些东西——或许是庄严，又或是魅力与威胁的结合——对此马格利特尚未掌握。心的移位（或玫瑰的移位）显然有待改进。美妙而危险的爱之歌仍在他心中萦绕。斗争尚未结束。

马格利特的道路上还有其他障碍。他面临的最基本的问题就是如何生活。不是生活在莫里斯·巴雷斯（Maurice Barrès）的高尚之地，不是自我崇拜，而是放弃墙纸厂的工作，在寒冷中向阳而生。“勒内·马格利特发现工厂和军营一样难以忍受，”他在自传体小品中写道，“受雇一年后，他离开了，试图靠海报和广告设计之类的工作谋生，而这些工作会让心灵麻木。”事实上，马格利特在墙纸厂工作了两年，而且似乎是在跟主管吵了一架后，一时冲动才辞职的。“他对我极其傲慢，对此我一直无法容忍，”马格利特后来在接受采访时说，“于是我离开了他的工厂，毕竟我在那里已经感到厌倦了，我开始独立工作。”[9]独立当然再好不过，但是副作用很严重。“艺术家必须能靠自己劳动的产品生活。”《纯粹艺术》用马克思主义的话语这样宣称。[10]这一点是马格利特没能做到的，或许与马格利特一起写下这一文本的维克多·塞尔夫郎克能做得到。

* * *

马格利特与美术学院的关系断断续续，他学学停停，前后持续了约有六年之久。马格利特的商业艺术经历就像他与美术学院的关系一样，这种经历始于彼得斯-拉克鲁瓦的墙纸设计，但他总是设法强调，他与商业艺术一直保持一定的距离。他在1956年充满同情地给莫里斯·拉潘（Maurice Rapin）写信说：“你在巴黎与凡尔赛之间通勤，让我想起当年我每天从布鲁塞尔奔波到维尔沃德，当时我不得不去一家工厂设计墙纸。那份工作我不喜欢，就像你不喜欢在老板的实验室里做研究或分析一样。”[11] 马格利特前一份工作的主要工作内容，在他的厌恶清单上占据了一席之地。他写道：“我也厌恶装饰艺术、民间传说、广告。”

马格利特申请要做的工作与他的轻蔑背道而驰。产出的作品也是如此。马格利特设计的墙纸没有鲜明的独特之处。他设计墙纸时使用过不同的名字，包括马格里特、玛格丽特（Margriet）和马尔热里（Margerit），这似乎是在表示工厂不需要人的特性。但是从马格利特的通信中，我们可以清楚地看出，他在这一复杂的新兴行业中已经是得心应手，而这种独特的设计训练肯定给他上了堂宝贵的构图课。墙纸设计融入了他的艺术创作：他的水粉画涂得就像维克多·塞尔夫郎克的贴纸画或拼贴画。此后马格利特开始进行各种设计，而且十分成功。他利用自己的平面设计技能为各类用户提供服务，为各种商品做广告，从跑车到裘皮大衣，从太妃糖到香烟，从食品到啤酒，没有他不涉足的。马格利特曾以其独特风格，为布鲁塞尔世界电影与美术节（Festival Mondial du Film et des Beaux-Arts Bruxelles）和反法西斯知识分子警觉委员会做过设计。他还设计了各种各样的音乐唱片，从《势利进行曲》（*Marches des Snobs*）到《玛丽的长号喷嘴帽》，从《探戈时刻》（*L'Heure du Tango*）到《悲伤的萨拉班德钢琴曲》（*Sarabande*

马格利特为时尚杂志《穿衣镜》1925 年 3 月期绘制的封面

Triste pour piano)。1924 年至 1930 年间，他为比利时艺术出版社（L'Art Belge）设计了至少 25 张乐谱封面，其中包括他为费尔南·基内设计的《东方五旋律》(*Cinq Mélodies Orientales*，1924)，为埃弗利娜·布雷利亚设计的《诺里娜布鲁斯》（1925），以及在 1933 年至 1938 年间以笔名 Emair 为现代版本出版社（Éditions Modernes）设计的 16 张乐谱封面，这个笔名来自马格利特姓名首字母颠倒顺序后的读音。他完成了诺里娜时装屋的所有委托项目，引人注目的“北方香奈儿”广告出现在当时的各大杂志和评论刊物中，包括《精选》《人马画廊》《集锦》和《比利时记事》（*Cahiers de Belgique*），更不用说被誉为“时尚美的镜子”的《穿衣镜》（*Psyché*）了。1925 年 3 月的

《穿衣镜》杂志封面是“二人茶会”，展现了“诺里娜设计的午后套装，包括裙子和外套，它们由来自中国的黑色和彩色绉纱制成，飘逸轻盈”。这正是马格利特的手笔。[12] 马格利特甚至为帽架设计了风情万种的人头模型（见 1928 年 6 月的《集锦》）。他是专业人士的典范，既没有胡乱应付，也没有愤愤不平。他的艺术设计丰富多样，足以引起人们的关注。这些设计工作从一战后延续到二战后，十分清楚地表明，至少到 20 世纪 50 年代，身为画家的马格利特一直面临着捉襟见肘的财务状况。当然我们也可以说马格利特身为艺术家—画家，不过对于这个标签，马格利特肯定会表示蔑视。画家一直属于“不稳定无产者”的行列。马格利特可以说是这个群体的“终身会员”。

对于马格利特来说，一些设计任务可能只是工作，或者说是被迫完成的低级任务，但也有些设计任务显然激发了他的兴趣。商业艺术和设计自然是互惠的。艺术作品，甚至广告，都不会在孤立或封闭的状态下产生。马格利特进行设计或许是为了赚钱，然而设计的过程也激发了他的创造力，推动他进行艺术实验，与他的架上绘画、贴纸画、拼贴画有千丝万缕的联系。马格利特 1925 年开始创作贴纸画，在接下来的两年里一口气创作了 30 幅，然后就放弃了。直到 20 世纪 50 年代末，他才重拾贴纸图案创作。贴纸画是他的另一种实验形式，是通过借鉴恩斯特，融入安德烈 · 德兰（André Derain）的特点，摆脱德 · 契里科模式的一种方法。马格利特在《生命线》中向所有这些人表达了敬意：

> 在为保罗·艾吕雅的《重复》（*Répétitions*，1922）设计插图时，马克斯·恩斯特用旧杂志上的图案制作出拼贴画，产生了恢宏的效果，这绝妙地展示出，人们可以毫无困难地放弃一切赋予传统绘画威望的东西。剪刀、浆糊、图像和天赋，有效地取代了画笔、颜料、模型、风格、感性和艺术家所需的至诚。
>
> 我们现在所说的“超现实主义绘画”的开端是：德·契里科和马克斯·恩斯特的作品；德兰的某些画作，比如《拿着报纸的人》（*L'Homme au journal / Man with a Newspaper*），画中人手里拿着一张真正的报纸；毕加索的发现；马塞尔·杜尚的反艺术活动，他天真地建议用伦勃朗的画作为熨衣板。[13]

德兰创作的《拿着报纸的人》也被称为《骑士 X 的肖像》（*Portrait du chevalier X*），后来化身为马格利特笔下的《白衣男人》（*L'Homme blanc / Man in White*）。马格利特的朋友们认为，这是这幅画的第一任主人马塞尔·勒孔特的肖像。相似性显而易见，就像《窗》一样。《窗》被认为是马格利特第二幅“最早的画”，马格利特借用了德兰的窗户、窗帘和景色，借用了恩斯特的手和鸟，勉强完成了自己的这一幅画。[14]更有说服力的是，在其中一张贴纸画上，云朵变成了飘浮的比尔博凯特（或飞行的机器），这是模仿了恩斯特，而画中的画框借用了德·契里科的作品（CR 1602）。与马格利特的其他大多数贴纸图案相仿，这幅贴纸画中使用了音乐剧《哥德堡的女孩》（*The Girls of Gottenberg*，1907）中的乐谱，马格利特显然只是随机选取了小乔治·格罗史密斯（George Grossmith Jr.）和伯曼（L. E. Berman）创作的这部音乐剧。他用乐谱来做画面中的比尔博凯特的贴纸。在最高的比尔博凯特之云上，拼贴着这样的歌词片段："对……那些树……你爱说什么就说什么。"这或许是出于偶然，或许是有意为之，令人称奇的是，这句话用在这里十分贴切，读起来足够悦耳。另一个例子是，在一个长了牙齿的比尔博凯特上，配有这样一句歌词："我愚蠢地幻想，爱上了个女……人。"[15]有的乐谱被剪成了鸟或人的形状，有的剪成了窗帘。也有的乐谱剪成了神秘的物体，看起来有点像小提琴的琴颈和琴弦，它们从地面冒出来，上面还残留着枝干或旁枝，与树木形状的比尔博凯特相得益彰，例如《无题拼贴》（*Untitled papier collé*），创作于1926年或1927年。

马格利特的贴纸图案深受恩斯特的影响，对此马格利特并不否认，不过它们也有自己的勇气和精神。它们最终只是他的一条创作支线，然而这一实验的过程收效显著。贴纸图案也是种名片。1927年，马格利特迁居巴黎，他带走了《夜曲》，这是与《原野》相对应的贴纸画，《原野》是在一个夏天的夜晚匆匆完成的，后来由诺奇重新起了名字。[16]《夜曲》随后就被安德烈·布勒东要走了。这是他收藏的第一幅马格利特的画作。其他人迅速效仿。

商业艺术和设计的互惠也开始影响马格利特的同伴。商业艺术让意气相投的人团结在一起。马格利特的妻子为香烟广告做模特，他的弟弟保罗经常鼓励并帮助他，他的朋友诺奇帮他出谋划策。有时他们会完成指定的任务。有时他们有自己的独特想法。这些想法并不寻常。诺奇为阳光牌香皂构想出的海报创意是，一块香皂，四周围绕着三只手——工人黑色的手、凶手红色的手、用阳光肥皂做成的白色的手。马格利特画出了这样的海报，然后给诺奇写信汇报了后续情况：

> 我画出了以手为中心的海报，配上了黑底白字。海报画面的冲击力很大，如同一幅成功的画作。可是公众绝对会坚持平庸之物。阳光品牌方拒不接受这幅海报，至于理由，却与你我能想到的不同。他们认为，海报画面的影响力太大了，可能适用于推出新的产品线，而阳光香皂本身只需要最谨慎的广告。为了更好的市场推广，他们想修改原来的提议：要有骆驼的影子，蒙着面纱的女人，等等。这不算鼓舞

人心。的确，只有在非常罕见的情况下，别具一格的创意才能得到接受。“Tabacofina”雪茄公司否定了“来自东方的消息”这一提议。但他们已经采纳了这样的设计：一个来自东方的王子，给一个欧洲女人带来了一包香烟。在我的设计中，这两人之间形成了色彩的强烈对比。我赋予王子神秘的特性，他似乎来自陌生的国度。他面部的肤色完全不同于那个看着他到来的白人女子。（随信附上全图的复制品。）我直接给兄弟保罗看了我的设计，他对此毫无心理准备，立刻就说，这是出神入化的魔法。[17]

商业性质的工作加快了魔法的进程，也有助于确立主题。1924 年，在早期为诺里娜设计的一系列广告中，马格利特引入了画家和画布的主题，也就是画中画。还有一张以真人为人体模型的照片，是为一套名为“信号”（Le Signal）的时装拍摄的，照片里艺术家本人亲自出场——马格利特出现在，或者说是隐身于作为背景的隔板后面。女人形象的比尔博凯特，身上披垂着精致的布料，颜色是鲜红色的，那是一代人的“诺里娜时装”，是情色和超现实主义气息的完美结合。这幅《他不说话》（*Il ne parle pas / He Is Not Talking*）可能模仿了德·契里科的一幅作品，同时似乎也利用了假人模特的头。这幅画也预示着马格利特和乔吉特拍得最好的照片之一即将出现，那就是《影

马格利特，《迷途的骑师》（1926）

子和它的影子》（*L'Ombre et son ombre*），一个影子在前，一个影子在后。[18]“迷途的骑师”在油画和贴纸图案中遇到了他的命运，就像孤独的漫步者。马格利特尝试过不同的媒介形式，也透露了一些有关自己的情况。他的朋友可以证明，他既爱冒险又大胆，不过他们也有可能只是听他这样讲述过而已。马格利特一直以《迷途的骑师》为傲，那是他的第三幅“最早的画”。骑师是他在当时的自我形象吗？后来他在自传体小品中进行了反思，他的思考具有预言的意味，但并不那么严肃：“1925 年，勒内·马格利特仍然没有摆脱经济困窘的状态，他缺物资缺钱财，只能在业余时间画画、思考、访友。他完成了《迷途的骑师》，这幅画的构思没有审美上的意图，唯一的目的就是回应一种神秘的感觉，一种‘没有动机的’敬畏，一种‘遵守秩序的要求’，这在某些非历史性的时刻作用于他的意识，从最初就指导着他的生活。”[19]

从一开始，马格利特就被公众视为那匹黑马。卡米耶·格曼斯（1900—1960），他最亲密的朋友之一，后来成了他在巴黎的经纪人。格曼斯写道：“勒内·马格利特，毅然决然地冲向虚空。”他的个性反映在《迷途的骑师》的创作之中。对此，马格利特的赞助人范埃克在一篇有趣的简介中进行了详细阐述，这篇《勒内·马格利特，抽象思想的绘画者》发表在1927年的《精选》上，这也是第一次有人在发表的文章里对马格利特作出这样的评价。范埃克打了这样的比方：“克利和德·契里科是发令员，他们发出了‘起跑’的信号，就在这一刻，马格利特成了偏离跑道的骑师。他偏离了跑道，是为了跑得更好，可以去追求孤独者的命运，纵使徒劳，仍然崇高。他要踏上自己的冒险之路，一条波浪形的轨道消失在林中，在那里，未经装饰、未受影响的比尔博凯特披上了绿色的图案。在那里，他发现了自己的领域，冷漠而又精确，发现它与创造它同样困难。”[20]这些评论的灵感或许来自但丁的《神曲》。《神曲》一开篇就呈现了这样一幅画面：

我在人生之路走到半途，
发现自己身处阴暗的森林，

茫然间，我知道我已迷路。[21]

如果认为这个骑师是马格利特本人的替身——特技替身——将有助于解释他对这一形象的痴迷。在接下来的三十年里，他隔段时间就会重提这个形象，有一次他解释说："骑师因为自己愚蠢而迷失了方向。"[22]这也突出强调了马格利特缺少安全感。马和骑师的形象来自拉鲁斯百科中有关"赛马"的条目，在拉鲁斯百科的配图中，他们落后了一个身长，输掉了比赛。马格利特急于避免同样的命运。

没什么好兆头。马格利特的父亲赌输了，他的比赛结束了。马格利特自己是不折不扣的局外人，寂寂无名，他知道其他人比他走得更远，他们更年长，更擅长超现实主义，尤其是让·（汉斯·）阿尔普（Jean ［Hans］ Arp）和胡安·米罗（Joan Miró）。阿尔普格外值得关注，首先是因为他会利用一切媒介进行创作，他有很多用线绳创作的浮雕，他和马格利特在巴黎相遇后，乔吉特就为他的浮雕做过缝纫工。阿尔普的文字内容深邃、一语中的、机智风趣。这种写作风格正是马格利特努力的方向。1926年，阿尔普在文章中描写了树木和树叶，写得引人入胜："树叶从不生长在树上，它们没有远景，就像鸟瞰山峰。旁观者面对叶子总会看错。至于枝干和树根，我敢说，它们都是秃子的谎言。"在1933年和1946年，阿尔普意蕴深刻地描写了石头："石头受到了折磨，和肉体一样……石头有耳朵，能吃到准确的时间。”1961年，阿尔普谈起了马格利特，内容同样有深刻的意蕴：

> 我已经很久没看过马格利特的作品了，但我相信，他仍然是我们这个时代的顶级人物。时代！对于我们稍纵即逝的时光来说，这个词听起来可能太重要了，因为我们所处的时期很大程度上只是提供了对模仿的模仿，除非我们视之为一种自然现象，比如一场雨模仿另一场雨。
>
> 我可以肯定，马格利特拿起一块夹菜面包，不是为了把它切开得到菜肴和面包。马格利特会做的是给它浇水，让它长成一棵橘子树。
>
> 回头见。我要去花园了，我要去采几株世俗的冷杉，而不是马格利特的冷杉，我要将之献给我的朋友马格利特，以此表示对他的敬意。[23]

此外还有装潢师德尔沃，他的羽翼已然丰满。对马格利特来说，进入这一领域要冒不少风险。保罗·瓦雷里能够设身处地，去理解年轻的波德莱尔的处境，这有助于阐明他的想法：

> 波德莱尔的问题一定是以这样的方式提出的：“如何成为一个伟大的诗人，但既不是拉马丁，也不是雨果，也不是缪塞呢？”我并不

是说波德莱尔有意识地以此为目标，但对他来说，这个目标是必要的，甚至是不可或缺的。这是他存在的理由。创作的领域，也是骄傲的领域，在这个领域中，彰显自我的需要与生活本身不可分割。波德莱尔在《恶之花》前言中提到了他的计划："长期以来，在诗歌领域，能结出绚烂花朵的地方都已被杰出的诗人占领，所以我要做些别的事情。"[24]

与波德莱尔一样，马格利特也要做些别的事情。他的问题肯定是用类似的方式提出的：如何成为一个伟大的画家，既不是德·契里科，也不是恩斯特，也不是德兰，也不是画家名单上的其他名字，不论他们是否仍然在世。以前的大师都可以提供滋养，他们可以给自己的田地施肥，而马格利特还有其他的树要浇水。

马格利特必须找到自己的声音，作为画家的声音。与此同时，他也在对抗传统意义上有关画家和绘画的各种观念：风格、感性、真诚和一切不重要的美的特性。梅森斯创办了一本小众杂志《玛丽》，一年后推出了告别号《再见，玛丽》（*Adieu Marie*，1927），马格利特在上面发表了一篇关于这一主题的文章。文章的内容被誉为名言。文本是用一系列命题或批判来表达的，第一个命题是这样的："绘画吸引你，让你欣赏之处，就在于绘画惟妙惟肖地再现了现实中你本不欣赏的东西。"在这里，马格利特借用了帕斯卡著名的

《思想录》中的句子："绘画是多么虚荣啊！通过模仿现实中我们不欣赏的东西，来吸引人们的赞赏！"批判没有到此止步，他继续说："'绘画'一词是丑陋的。人们会想到压迫性的重负，有时还会想到装腔作势。"画家同样未能免于他的批判："很多画家在重重顾虑中煎熬，然而，毕竟他们处于独特的境况。他们让自己被人遗忘。他们永远不会引起注意。"[25]

* * *

马格利特不信任"独创性"，就像他不信任幻想一样。[26]抄袭（和自我抄袭）成了一种生活方式，正如自封为洛特雷阿蒙伯爵的伊齐多尔·吕西安·迪卡斯所假定的那样，"抄袭必不可少，进步意味着抄袭。抄袭，就是掌握作者的句子，使用作者的表达，删除他的错误观点，用正确的观点取而代之"[27]。洛特雷阿蒙是《马尔多罗之歌》（1869）和《诗篇》（*Poésies*, 1870）的作者。在 20 世纪 20 年代，先锋派重新发现了这些作品。它们迅速获得了经典地位，并被视为超现实主义的源头，这种评价是恰当的。洛特雷阿蒙的真名是伊齐多尔·迪卡斯，他生于 1846 年，卒于 1870 年，他的病态和早逝，让他的书更受欢迎。斯居特耐尔认为，洛特雷阿蒙的生活和创作完美地结合在一起，就连波德莱尔和兰波在他面前都会黯然失色。

这样想的并非只有斯居特耐尔一人，诺奇在《洛特雷阿蒙颂词》（*Éloge de Lautréamont*，1925）中把他称为先驱、担保人和见证者。[28]

在超现实主义者不羁的思想中，随处可见洛特雷阿蒙的印迹。正如布勒东所说，他掌握了一种天使般的真理。《马尔多罗之歌》里对年轻人的一句描绘堪称经典："英俊……如同一架缝纫机与一把雨伞在手术台上的偶然相遇！"他的表达怪异莫测："每次我阅读莎士比亚，都好像在把美洲豹的大脑切成丝。"他的描述妙趣横生："描述是一片草地，三只犀牛，半座灵柩台。它们可以是记忆，可以是预言。它们不是我要总结的段落。"[29]他的诗歌不是诗歌，而是格言警句。洛特雷阿蒙践行了他的宣言，他的格言抄袭了笛卡尔、帕斯卡、拉罗什弗科（La Rochefoucauld）、沃弗纳尔格（Vauvenargues）、拉布吕耶尔（La Bruyère）等人的作品，或者说更正了他们的表达。帕斯卡是他最爱的作家之一。马格利特之所以接触到帕斯卡的作品，接触到宏观的哲学思想，很可能正是因为读了洛特雷阿蒙的书。而马格利特接触到了洛特雷阿蒙的作品，在某种程度上要归功于诺奇和斯居特耐尔。他们沉浸在《马尔多罗之歌》的世界里，那是"恶的曙光"（l'aurore du mal），他们一生都在反复阅读这本书。"积极地阅读《马尔多罗之歌》，"诺奇在1941年感慨道，"培养自己强健的同感心，你就会知道，干净的纯洁意志会是什么样子。”洛特雷阿蒙也把瓦雷里加入到了自己的圣人殿堂之中。正如诺奇在瓦雷里身上看到了“知识分子生活中的道德家”，洛特雷阿蒙认为瓦雷里是活化剂，这意味着他不仅是活动家，更起到了化学催化剂的作用，激励他人，刺激大脑，为意识充电，让大众兴奋。[30]在斯居特耐尔看来，《马尔多罗之歌》既是批评也是训诫，他写道：“我认为洛特雷阿蒙的作品让我们睁开眼睛，看到了人类处境的残酷，这样我们就可以付出努力，尝试着让我们生活得更好。”[31]

洛特雷阿蒙《马尔多罗之歌》（1948）封面

至于马格利特，他在1945年为《马尔多罗之歌》创作了一套钢笔画插图，插图本于1948年出版。诺奇和斯居特耐尔都为这个版本写了序，但是出版时都未被采纳。诺奇在他的序言草稿中总结道：“勒内·马格利特为本书画的这些插图，所要展现的是一种辩证运动过程中的极点——从恶到善、欢乐和优雅的辩证运动过程。”[32]1957年，马格利特曾与哈利·托克茨纳面谈，戏称要请托克茨纳做自己的大使，之后马格利特送了他一本《马尔多罗之歌》插图本，以此确定托克茨纳的大使身份，或者以此纪念两人之间的相互理解。托克茨纳这样回忆他们的交流：

> “我的旅行把我带到何处？”马格利特接着说。“我是不是像马尔多罗一样，昨天在北京，今天在马德里，明天在圣彼得堡？”“不，不，你会发现我今天在布鲁塞尔，明天在阿比让，接下来是莫斯科、耶路撒冷，甚至巴黎。”
>
> “你一定要为我坐飞机满世界走，”马格利特回答，“发现遥远的土地和野蛮的部落，将是妙趣横生。既然你住在美国，你也可以带给我新的消息，关于我的经销商、我的画、我的朋友、我的评论者的消息。你可以给我发来报告、备忘录和新闻报道。”“就是说你需要个驻美大使？”“没错。”他回答，然后突然大笑起来。[33]

洛特雷阿蒙给我们上的一课是，几乎一切都有可能被抄袭、修改或改编，很少会有例外。诗歌就在那里，等着我们去获取，或去打造。《诗篇》中有这样的秘诀：“诗歌必须由众人打造，而不是由个人打造。”[34]实施该秘诀不一定要仿造波德莱尔或剽窃帕斯卡，最平庸的材料也可以拿来使用。洛特雷阿蒙的这句话直接影响了诺奇，他在自己的日记里抄下了关于抄袭的秘诀，接受了洛特雷阿蒙的挑战，创造了“洛特雷阿蒙主义”这个词。诺奇的洛特雷阿蒙主义是他的诗学和政治学的重要组成部分。“我的环境，我生活中单调乏味的环境，意味着我所做的一切有点价值的事情总是打上了这样的标签：颠覆、犯罪。”[35]诺奇的洛特雷阿蒙主义有一种体现形式，就是“改变了形式的公众宣传”，或者说是变形的广告，具体表现为一系列海报或广告牌，上面配有要人命的标语。例如：

这
大道
堆满
凌乱的
尸体
看
你
在
那里

这块广告牌被放到了手推车上，推着穿过布鲁塞尔的街道。路上行人的反应却很平淡。许多人仅仅认为这是部新电影的广告。[36]

马格利特热衷于“改变了形式的公众宣传”，不论公众有什么意见，改变形式正是他想要实现的。诺奇的手法恰好与他的气质和手段吻合。写在梅森斯肖像上的模仿性广告具有同样的精神：“情况是在左轮手枪下”。具有嘲弄意味的颠覆，似乎是对现有社会和政治秩序的恰当回应。

现有的社会秩序有时会提供意想不到的机会。例如，马格利特接到了委托，要为布鲁塞尔的皮货商萨米埃尔与西耶（S. Samuel et Cie）设计年度目录。马格利特首次尝试这种不够光彩的模仿手段，是在1926年。他为萨米埃尔设计的图案与他为诺里娜时装屋设计的几乎一模一样。与它们一起出现的是一些仿制广告的片段，比如“那种诱惑，那种略带高傲的神气”。据说这是卡米耶·格曼斯制作的，模仿了《时尚》等高端杂志上的广告。[37]

我们不知道年度目录对毛皮贸易是否有影响，但它肯定对马格利特的绘画产生了影响。在他的《极地之光》（*La Lumière du pôle / Polar Light*）中，赤裸的身体像裁缝的假人一样被分割、折断、破裂，一个高大的女性鸟人背过脸去，她身上裹着毛皮斗篷。这幅画后来被索菲亚·罗兰和卡洛·庞蒂（Carlo Ponti）买走了。在《夜的意义》（*Le Sens de la nuit / The Meaning of the Night*）中，画面右侧飘浮着一个神秘的躯体，上面裹着毛皮。一只脱离了躯体的手或手套，似乎拉起了毛皮，显现出蕾丝衬裙和丝袜的一道闪光。不远处有一个男人，身穿大衣、头戴黑色圆顶硬礼帽，双眼紧闭，外套扣得严严实实。外套扣子

马格利特，《极地之光》
（1926—1927）

马格利特，《夜的意义》
（1927）

扣错了方向，就好像这外套是从裁缝的假人那里借来的。他的背面映像背对着前景中飞翔的皮毛，幽灵一般望向大海。他的脚下飘浮着云朵。画面表现了弗洛伊德式恋物癖所迷恋的对象，这个男人困在其中，看起来异常平静，几乎是适得其所沾沾自喜了。这些画创作于 1926 年末或 1927 年初。它们如同带着电能。这段时间完成的其他作品也具有类似的冲击力，其中包括延续了方托马斯和吸血鬼伊尔玛·薇普特色的三幅画：《海上来的人》《小偷》和《受苦的贞女》。[38] 对马格利特来说，一切越来越好。

第二年，马格利特又接到了萨米埃尔的委托，此时萨米埃尔已经成了穆勒·萨米埃尔。马格利特这次设计出的目录完全不同。格曼斯让位给了诺奇，浮夸的广告文案变成了睿智的评论，它们与图像相互呼应，但是被安排到首页，如诗歌、格言或一些碑文。诺奇提供了类似于序与跋的内容。序言以警示语开头。读者对此毫无心理准备，他们翻看这本目录时原本单纯地期待着看到皮大衣的图片，目录里的文字肯定会让他们十分吃惊。

> 到了不得不下决心的时候，选择就是件严肃的事情。
>
> 因此，时尚所要求的大胆，再没有什么能超越。
>
> 然而，最轻微的分心，鲁莽草率的最初迹象，

都是大胆的表现。

一切事情都值得关注。

目录的结尾言简意深，无疑是对整件事略带揶揄的反思，充分体现了作者的个性："总有机会，走得更远。"[39]马格利特超越了自我。这种超越几乎是不可避免的。他以精湛的技艺创作了一系列贴纸画，其中的图像与他的油画相呼应，有些甚至预示了之后会创作什么样的油画。有一幅画引人注目，画面上有一辆汽车剪纸，一个无头的模特，头的位置被汽车取代了。这同时也是一幅自画像，画的右下角是马格利特的半张面孔，来自他的一张闭着眼睛的照片，仿佛是在品味即将到来的一切。诺奇对此的回应是："或许我们猜测的是她在想什么。她打扮成那个样子，无法解释。"在马格利特后来创作的同一系列作品中，这些模特被比尔博凯特、鸟和奇怪的拼图形状所取代，那是马格利特在这一时期非常喜欢的形状。"在这里，最后的相似性瓦解了，"诺奇在评论中说，"再没有什么东西是普通的。"[40]诺奇同样在进行练习，练的是写作。

这一期年度目录装订得就像小型活页画册，是用淡绿色的线绳系在一起的，封面很朴素。目录中没有出现马格利特和诺奇的名字，但他们无疑是目录的作者。这是真正的变了形的宣传，是以其他方式登场的超现实主义。宣传很成功。《萨米埃尔目录》成了马格利特的名片。马格利特一到巴黎，就把目录拿给了布勒东和阿拉贡，他们看后都觉得印象深刻。[41] 目录的翻刻本最近重新出版，时至今日仍有强大的冲击力。波德莱尔曾将戈雅的一些平版画描述为“巨幅画的微缩版本”[42]。《萨米埃尔目录》也是如此，精英顾客会乐于接受它，他们肯定会认可它的独创性。

到了 1927 年，马格利特已经完全克服了创作上的障碍，就好像他从来没觉得需要停下来思考一样。一幅幅画作迅速问世。此时的马格利特面临着最后期限：他的第一场个人画展定于 1927 年 4 月 23 日在布鲁塞尔的人马画廊开展。他也有经济上的动力，他在 1926 年初与范埃克和人马画廊签订了合同，他们每月付酬金购买他画在画布上的油画，纸上作品另外付款。合同规定了画作的数量，后来画廊又逐渐增加了对数量的要求。我们不清楚画廊是否依据画的尺寸提供不同的报酬，激励画家创作更大幅的画。有人会说，太大了，大得多余了，就连梅森斯措辞比较激进时都说过，那是大而无当。马格利特实际画出的画并不支持这种按尺寸付酬金的说法，但是我们没有书面证据，特别是没有当时的书面合同。按照乔吉特的说法，当时马格利特与画廊间只有君子协议。让·米洛的说法只是一家之言，倘若他的说法可信，那么人马画廊的合同条款是比较宽松大方的，至少对知名品牌来说是这样。弗里茨·范登伯格和古斯塔夫·德斯梅（Gustave de Smet）每个月的油画收入是5000比利时法郎。此外，范登伯格的纸上画每幅卖500比利时法郎，水粉画每幅250—500法郎。根据米洛的说法，画廊要求马格利特交更多的画，酬金更少，大约是上述酬金的一半。[43]

从收入上看，这份协议是把双刃剑。不论确切金额是多少，协议都在马格利特最需要的时候为他提供了一定程度的保障。它为马格利特解决了如何生活的问题，先是在布鲁塞尔生活，而后是在巴黎，那里的汇率对他有利。然而，协议也意味着契约。如果马格利特在1926年间履行了协议条款，那就意味着他每年要交给画廊大约50幅画。或许这也不是完全不合理，特别是在有些灵活性的情况下，但这已经是很高的要求了。合同没给马格利特留下任何松懈的余地。他实际上做的是计件工作。这份合同是笔财富，增强了马格利特的自信，但它也留下了压榨对方和终止协议的可能，正如我们所知道的，合同后来被取消了。协议确定之后，马格利特毫不耽搁，很快就搬到了一间更大的公寓，但他天生不会做工资的奴隶，即使他在阶级上认同无产阶级。

马格利特的创作数量激增，这证明了更重要的进展。马格利特找到了他最重要的对话者和阐释者：诺奇。两人的关系起起落落，但诺奇在马格利特的艺术和生活中一直起到了重要作用，哪怕是在他们互相不说话的时候。比利时超现实主义团体在1926年秋天成立，从那之后到20世纪30年代初，也就是在他们交往的早期，马格利特和诺奇发现了彼此。他们两人之间的对话是现代最伟大的艺术对话之一，在促进创造力的产生与作品的产出方面，可以与保罗·塞尚和爱弥尔·左拉、查理·帕克（Charlie Parker）和迪兹·吉莱斯皮（Dizzy Gillespie）、弗朗茨·卡夫卡和马克斯·布罗德，或者劳来和哈代的对话相媲美。正如瓦尔特·本雅明曾经说过的："至于卡夫卡与布罗德的友谊，我想我说的是对的，卡夫卡就像劳来，他感到自己一定要去寻找他的哈代，他找到的是布罗德。"[44] 为了实现自己的目标，为了自我实现，马格利特也感到自己一定要去寻找他的哈代。他的哈代就是诺奇。

1927 年，马格利特和诺奇开始了一段时间的密切合作，产出了马格利特最好的一些作品，也产出了关于马格利特的最重要的一部作品，这就是诺奇的《被保护的形象》（*Les Images défendues*），这一具有开创性的文本影响深远。文本的部分内容陆续刊登在 1933 年的《为革命服务的超现实主义》（*La Surréalisme au service de la révolution*），配图是马格利特所画的未穿好衣服的圣母形象——《撩起裙子的修女》。《被保护的形象》到了 1943 年才出版，而且是删节本。最后，由马里恩核对的文本全本终于发表在诺奇的作品汇编《不笑的历史》（*Histoire de ne pas rire*，1956）中，该书于 1980 年重新出版。1997 年，《被保护的形象》再次编入诺奇关于马格利特的论述文集里，这本刚过一百页的文集有个略带嘲讽的名字：《勒内·马格利特（未删节本）》。诺奇真的是字字珠玑。

诺奇与马格利特的长期交往是绝无仅有的，但这也预示了某种趋势。马格利特吸引了那个时代最开明的知识分子。布勒东持续关注马格利特的动向（并收集他的作品），尽管他们几乎一句话都不会和对方说。乔治·巴塔耶想写一本关于马格利特的书。米歇尔·福柯取得了成功，他在雅克·德里达的《绘画中的真理》中找到了自己的位置，在那之前，塞尚对埃米尔·贝尔纳（Émile Bernard）发表了著名的声明："我欠你的，是绘画中的真理，我会把它告诉你。"[45]人们往往会低估马格利特，因为他非常容易懂，而他的作品随处可见，又只会让人更加低估他。不过，也有一些人对他作品的分析十分深刻，他们非常认真地看待马格利特，对他表示了敬意。

保罗·诺奇（1895—1967）令人敬重。与他接触过的人对此都不会有异议。他被认为是那个时代才智超群的知识分子，他独具"侦测力"，可与瓦尔特·本雅明相媲美。[46]与本雅明不同的是，他零零散散发表的优秀作品从未被翻译成英文。即使在本国，他也已被人遗忘，这令人遗憾。早在1972年，苏珊·桑塔格就曾指出，诺奇是被遗忘的作家。[47]时至今日，诺奇仍然是被遗忘的作家。对于马格利特来说，对于整整一代人来说，诺奇如同希望的灯塔，如同神谕，诺奇是先知，是推动者，是典范。在两次世界大战之间出现的先锋派人士中，诺奇无与伦比。正如赫尔曼·梅尔维尔所说，他的声誉建立在“两种不易混淆的品质”之上，即“审慎和严谨”。[48] 他才华无限，审美无畏，天生就一丝不苟，不论研究什么都能成为大师。他具有惊人的洞察力。和本雅明一样，他几乎对一切事情都要盘根究底。他的《象棋笔记》就是个典型例子，该文本一开篇就反驳了爱伦·坡在《莫格街凶杀案》(*The Murders in the Rue Morgue*)中的论断。爱伦·坡在《莫格街凶杀案》中说的是，“较强的思考能力，用在平淡无奇的跳棋上，要比用在复杂而无聊的象棋上更明确、更有效”。《象棋笔记》是在诺奇去世后出版的，封面是马格利特画的将死的棋局。

> 在象棋中，最难得的征服是自由。它只存在于两种极端情况下。它会在新手身上出现，这归因于新手的幼稚、无知。它也会在大师身上重现。在新手和大师这两极之间，它会消失不见，这大抵是因为半生不熟的学习、操练和老套的规则。真理超越棋盘，真理的普遍性趋近于无限。诗歌、绘画、战争、革命。[49]

诺奇不对任何人低头。他思维十分敏锐，风格独一无二，整个欧洲的人都无法不注意到他。“他不仅是比利时思想最强大的超现实主义大师，长期以来一直与马格利特并驾齐驱，他也是我们这个时代思想最强大的大师之一。”1956 年，法国诗人弗朗西斯·蓬热（Francis Ponge）这样说道。“对于这样伟大的头脑，用一块试金石的性质和优点来进行定义，难道不是最恰当的吗？就是说，那是一种玄武岩，颜色黝黑，质地坚硬，所有用劣质金子制成的东西都怕碰到它。它完全不可替代，正如我们所看到的。”[50]蓬热在战争期间曾与诺奇一起喝过一瓶酒，这种关注是相互的。蓬热的称赞恰如其分（而且是有意为之），因为它模仿了瓦雷里的《泰斯特先生》（*Monsieur Teste*，1896）中的一段话，那是诺奇最喜欢的书之一。这段话精确地刻画出了诺奇的自我形象和自我克制，总结了他对喝彩、掌声和赞扬的态度。对这些东西，诺奇都不感兴趣。不同寻常的是，这段话似乎也捕捉到了诺奇的写作手法，他习惯用的强调手法。如果诺奇自己来表述这样的内容，他或许会换个说法：“那时我梦想着，头脑最强大的人、最聪明的发明家、最优秀的思想赏鉴者，都是默默无闻的人，吝啬的人，死不忏悔的人。让我知晓他们的存在的，正是那些引人注目却不那么可靠的人。”[51]

身为生物化学家的诺奇，具备了小说人物的全部素质，那或许应该是一本俄罗斯小说，诺奇热爱最根本和最基础的东西。他是个坚持基本原理的人，或者说，是先于基本原理的某些东西。梅森公正地指出，诺奇更感兴趣的不是发现事物，而是发明创造事物。无论是在公开场合还是在私下里，诺奇对此的思考都具有鼓舞人心和启发灵感的魅力。“我亲爱的朋友，我们非常清楚，”他在给马格利特的信中写道，“我们要做的是创造一个宇宙，而不是描述一个宇宙。”马克思在《关于费尔巴哈的提纲》（*Theses on Feuerbach*，1888）中说：“哲学家们只是用不同的方式解释世界，而问题在于改变世界。”诺奇的话无疑是对马克思这句话的回应。[52]诺奇最著名的宣言之一是在一次公开演讲中发出的响亮号召，这次演讲后来被称为“沙勒罗瓦讨论会”（Conférence de Charleroi，1929）。诺奇的宣言后来以“音乐是危险的”（Music is Dangerous，1946）为标题出版，表面上看，这篇宣言是在分析作为一种表达方式的音乐，其中写道：“时候已经到了，我们该认识到我们也有能力创造情感，甚至有可能创造与爱和恨的力量相当的基本情感。”[53]

诺奇几乎一辈子都在布鲁塞尔的临床生物实验室工作。他在业余时间修补了这个世界。在创造潮流的重要时刻，他常常在场，实际上他也影响了潮流的方向。1919年，他成了比利时共产党的创始成员之一。身为局中人，他了解革命政治和随之而来的琐碎事情。几年后，他成为比利时超现实主义团体的创始人之一，与其说那是个团体，不如说是一群混在一起的人，是诺奇把他们组织到了一起。在以自我为中心的先锋派圈子里，诺奇全副武装，奇迹般地登场，就像评论杂志《相称（1924—1925）》（*Correspondance* [*1924—1925*]）背后灰色的人一样。《相称》是一系列彩色编码的小册子，由格曼斯、勒孔特和诺奇轮流撰写。它们以匿名的方式发放，每隔十天分发给欧洲著名的知识分子。《相称》中的内容有时很有哲理，有时又会引发争议。他们能灵活应对竞争对手的方案。（“《七种艺术》让我们觉得有些趣味，但新艺术的未来几乎与我们无关。此外，艺术被遣散了；重要的是活下去。”）它们不仅仅是精神的游戏。它们具有更加严肃、更加微妙的潜在目标：为它们面向的那些知识分子纠正他们所写的文本。比如“我们互相帮助，发明关于现实的两三个有效观点”，这句话具有典型的诺奇的风格，它纠正了让·包兰（Jean Paulhan）在一篇文章中的评论：“如果我们只是不断告诉那些写烂书的人，他们正在制造障碍，那我们是无法纠正他们的；我们必须帮助他们发明两三个关于语言的合理可靠的观点。”[54]

别具一格的《相称》让人印象深刻，即使在巴黎也是如此。布勒东和艾吕雅匆匆赶到布鲁塞尔去见作者，希望能得到他们的支持。诺奇愿意在一定范围内合作，但他从不愿把自主权交给任何一个人，包括布勒东。他相信集体行动的力量，但他愿意自己前行。他的盟友马塞尔·勒孔特想和他亲近一些，对他非正式地称为“你”，而不是正式地称为“您”，结果勒孔特收到了一封诺奇的信，上面写道：

小小的信任，我亲爱的勒孔特先生：

人们的确会称我为“你”，但这必须征得我的同意。

至于其余的……

致以最诚挚的问候

保罗·诺奇[55]

马格利特二十年里一直称诺奇为“您”。

* * *

诺奇能写出精彩的信件，他给马格利特也写过些这样的信。但他通常的做法是写便条，而且总是手写的便条。皮埃尔·布儒瓦曾大胆地问他是不是《相称》的作者时，他回答说：

不，我亲爱的布儒瓦，我不是我的小册子的作者。这张纸条本身不在我手里。至于作者，一个谦虚的年轻人，无疑有点漫不经心，我真的不确定他是否值得去了解……

我必须再次赞扬您的洞察力，亲爱的布儒瓦先生，并请您接受我的真诚的良好祝愿。

保罗·诺奇[56]

诺奇很快就对潜在的合作者进行了能力评估。诺奇招募了安德烈·苏里。那是在布鲁塞尔音乐学院大厅举行的一场勋伯格音乐会上，音乐会被听众的高声抗议打断了。在一片混乱中，苏里听到了来自神灵的专横命令："听着，你这个小流氓，到出口等我。"[57]

马格利特正是在与苏里和诺奇的合作中，确定了自己关于隐喻和变形的观点，它们是活性剂，是想象力的力量倍增器，它们具有解放性的力量。激动的苏里连忙向诺奇转述他和马格利特的谈话要点。

> 勒内认为，隐喻在语言中的使用，可能是由于人们有深切的愿望，希望能改变事物的常规秩序。人们说"金色的天空或血红色的天空"，等于说人们希望天空真是这个样子，甚至会在一瞬间相信天空就是这样的。然而，任何这样的愿望都会被相反的感觉所困扰，那就是人们担心它真的是这个样子。希望与担忧之间的冲突可以迅速得到解决，只要想到隐喻，这种"语言手段"，这种安全阀和诠释者的消遣手段。勒内继续说，从这个过程中，可以推断出对我的画的一种解释，把最后一句话删除就可以了。如果我画出血红色的天空，那就是天空真正的样子。没有更多的隐喻。

诺奇请马格利特看了苏里整理的谈话要点，马格利特很受触动。他进一步阐发了自己对此的看法。

你在给诺奇的信中谈了我对隐喻的看法，那封信我看了。我必须要说，你非常好地表述了相关想法的精髓。我想探讨得再深入一些。我认为，秘而不宣的愿望促使人们使用隐喻，如果承认这种愿望是真实存在的，那么我们也能够理解，为什么在物体孤立地呈现或呈现于我们不熟悉的环境中时，我们会感到震惊：通过新的秩序（即孤立），改变事物秩序的隐秘愿望会得以实现……突然之间，先前忽视的物体的命运让我们感到不安。[58]

在这些重要的思想对话中，诺奇本人起到了积极的促进作用。在他第一次接触斯居特耐尔之后，正是他把斯居特耐尔拉进了马格利特小团体。诺奇临时作出决定，没有事先通知对方就直接登门拜访。“我的客人无可挑剔，”斯居特耐尔记录道，“他读了我所有的诗，称赞我写了这些诗。我和他说，不要因为我提到了圣母玛利亚、圣子耶稣和一些智者，就推断出我是天主教徒，他告诉我不用担心，他从来没产生过这种想法。他的面孔是我见过的最漂亮的。那次相遇是在 1926 年［1927］，我希望保罗·诺奇永在。”[59]

正是诺奇编辑了《再见，玛丽》，他实际上已经把梅森斯从他的编辑宝座上挤走了。“现在，梅森斯大师——这称呼是依据我对其真正价值的判断——慷慨地向我们开放了下一期《玛丽》，甚至允许我们加进我们喜欢的东西，拒绝我们不喜欢的东西，不论内容是什么。”[60]梅森斯大师自有其长处，但不是作为编辑，也不是作为供稿人。梅森斯给当时那些小杂志写的稿子有很多废话，倾向于达达主义。“我也要说：牛肉汁（BOVRIL）。”诺奇厌恶达达主义者的各种展示和诋毁，正如马里恩所说，“为否定而否定的想法，从不属于诺奇”[61]。诺奇不说废话。诺奇对梅森斯的模仿再准确不过地表现了说废话的风格。

而且我自己要说：梅森斯

我自己要说：梅森斯

我自己要说

我要说

我说

我

诺奇才智超群，交友广泛，但是他让人捉摸不透。他最终被环境和酒精毁掉了，然而，他身上有一种不可磨灭的威严，目标、立场和风格在他这里得到了完美的统一。他没时间装腔作势，没时间自我欣赏。他致力于知性探索的这种理念或理想。他恪守自己的准则，为人谦逊，不出风头。他在1929年对超现实主义者提出了广为人知的告诫：“我们当中刚刚开始留名的人，如果能抹去留下的印记，我将非常高兴。”[62]

诺奇对世界感兴趣，想改变世界。他一生都致力于发明和颠覆。他的指导原则就是要有成效。行动对生活至关重要。（他提到“生活”时给这个词打上了引号。）“重要的是生活，”他重复道，“因此就要行动。”诺奇把笛卡尔的名言“我思故我在”改写成了“我行故我在”。他只接受过一次采访，那是在他去世前几个月。采访者问他为什么写作。他回答说：“为了魅力，按照瓦雷里使用这个词的意思来说，就是影响，对最终的读者起作用。”[63]影响最终的读者，这个想法本身是乐观的。诺奇对知识分子的悲观主义深恶痛绝。他严格追求成效，但这没有给他带来沉重的负担。恰恰相反，他在展翅高翔的同时，也把其他人一起带上了天空。马格利特与诺奇不同，他有强烈的悲观倾向。在马格利特的文集索引中，关于“希望”（espoir）的条目写的是“认识到缺少希望”（désespoir），这可真是绝望的建议。马克斯·布罗德讲述过他与卡夫卡的一次谈话，他们从当今的欧洲和人类的衰落开始谈起。卡夫卡说：“我们乃是进入上帝头脑中的虚无主义思想，自杀的念头。”这让布罗德想起了诺斯替派的生命观：万物是由邪恶的创世者（dimurge）创造的，世界是堕落的。“啊，不，”卡夫卡说，“我们的世界仅仅是上帝的一种坏心情的产物，他倒霉的一天而已。”“那么，在我们所知的世界表象之外，还有希望。”卡夫卡笑了起来，“对，很多希望，无穷无尽的希望——但不是给我们的。”[64]

马格利特，《黄昏骑士》（1926）

如果任由马格利特自行其是，他会与卡夫卡有同样的想法。诺奇给我们带来了希望。他以说教鼓舞人心，不会让士气低落。他提出的口号斗志昂扬，成了马格利特喜欢挂在嘴边的话："我们要对宇宙负责。""一切仍有可能。"[65]

作为激励者、对话者和阐述者，诺奇对马格利特至关重要，马格利特的绘画、思想乃至存在都离不开诺奇。马格利特最重要的艺术"他者"，不是德·契里科，而是诺奇，马格利特近乎本能地以诺奇为自己的参照点。德·契里科也许是"西方的骑士"（Le Chevalier du couchant / The Knight of the West）。诺奇是真正的北方之星。

马格利特和诺奇的协议，定型于马格利特在1927

年为诺奇画的一幅准立体肖像。在画面中，诺奇的手放在操纵杆上，就像从海上来的人一样，他身穿晚礼服，如同方托马斯。但这幅肖像画最引人注目的特征是，画中人有个分身，或者说有个双胞胎兄弟。这幅画与《萨米埃尔目录》中的一幅画有些相似之处，不过在那幅画中，如同画的名字所暗示的那样，模特有个梦中替身，而不是一模一样的分身。“镜子是没用的，”说明文字中这样写道，“要复制她很容易。然而奇迹就是这样开始的。”[66]这里的替身具有人格分裂的意味。然而，不论是在给诺奇画的肖像画中，还是在马格利特同一时期创作的其他几幅带有双重形象的画作中，都不存在心理解释的余地。对于心理学角度的解释，马格利特一直坚决反对，这与卡夫卡是

马格利特，《保罗·诺奇肖像》（1927）

一样的。（“心理学，再也不要提！”）可以说诺奇过着双重生活，他白天是科学家，晚上是超现实主义者。此外他对原型与分身的形象很感兴趣。他应该熟悉波德莱尔对“双重生活”（la double vie）的表述，也了解瓦雷里的“双重自我”（deux moi）概念，其中的两个自我，或者说自我的两种表现，可以被粗略地同化为内在的或纯粹的自我（本能的、无媒介的、深层的自我）和外在的或社会的自我（可变的、可更改的、可遗忘的自我，用瓦雷里的话来说，是与他者关系中的自我）。“这样就有了两个我，”瓦雷里写道，“更确切地说，是一个我与另一个我。”诺奇与马格利特完全有可能就此展开过讨论。“人必须走进自我，”泰斯特先生说，这就像深入猛兽巢穴，“必须武装到牙齿。”瓦雷里的方案很有吸引力。“自我，只有在指向外部使用时，才相对精确。”“纯粹的我，倘若真的存在，就还未被填上颜色。”[67] 至于填色，那是马格利特的拿手好戏。画中的两个诺奇，也可能是他们两人之间的一个秘密，一个故事，或是只有他们两人才懂的笑话。康拉德自称为“双重人”（homo duplex），在他的作品中，在爱伦·坡的作品中，双面人的形象随处可见。[68] 爱伦·坡是马格利特和诺奇都非常钟爱的作家。《莫格街凶杀案》的法文标题是“Double assassinat dans la Rue Morgue”。诺奇打扮得真是英俊迷人。双重人的特性也可以被视为比利时人固有的特征，因为他们别无选择，只能接受两个群体、两种语言和两种文化的现实——佛兰德地区和瓦隆地区、佛兰德语和瓦隆语、佛兰德文化和瓦隆文化。

人马画廊破产后，诺奇迅速买下了马格利特在1927年画的另一幅画，《双重秘密》（*Le Double secret / The secret Double*），那大概是在1932年。诺奇为马格利特的另外一幅画着双重形象的画想出了标题——《鲁莽》（*L'Imprudent / Foolhardy*），画中人的手臂上挂着悬带。许多年后，马格利特自己从不同的角度解释了《鲁莽》这幅画。他先是谈起了映象或镜中图像的概念。"如果一定要我'诠释'这个形象，那我会说，（比如说，）在人物与映像相伴出现时，人物就获得了神秘这一特质。实际上，人物不会仅仅因为现身就失去了神秘感。如果《鲁莽》中的人物是单独出现的，他就会被简化成某个特定的人，一个略带喜剧色彩的人物。单独出现的形象，不能唤起它与所有人的共同之处，也就是人们的神秘特质。"[69]

诺奇还对电影和生活中图像的影子戏感兴趣。不久，他开始进行颠覆性的摄影实验。"我们中的一些人格外忧烦，心力交瘁，于是在海边躺下来，"他在记录中写道，"这是为了放松，不是为了开心，不是为了深入思考。有人拍了照片……我很想知道，纳达尔（Nadar）那张著名的波德莱尔照片是在什么情况下拍到的。在另一张照片中，M.走在水边，头发被风吹起来，样子严肃、倔强，身前投下了华丽的影子。那一刻，我漫不经心，想的是拍摄水里的一只小狗。"[70]

诺奇拍的这张照片后来被命名为《影子和它的影子》。

马格利特并不缺乏绘画的灵感。诺奇给他提供了场景、策略、激发创造的素材，也向他建议该进一步读哪些书，还有看什么电影，例如弗兰克·鲍沙其（Frank Borzage）的《河》（*La Femme au corbeau / The River*）。"请允许我把这段话推荐给你思考：'……如果下列事实被证明是完全错误的，那么，仅仅是关于它们简单的可能性的想法，就与它们已得到证明的、公认的真实性一样，都是非常惊人的。此外，只要想到它们，那么在神秘的宇宙中可能会发生什么呢？'"这段话的作者是维利耶·德·利勒-亚当（Villiers de L'Isle-Adam），两人都很喜欢的法国作家。马格利特立刻写了回信，随后又担心自己回复得是不是太草率了。诺奇回信宽慰他："如果你后悔给我写了那封信，在信中对维利耶的那段话发表了看法，那你就大错特错了。你说，那证明了灵魂的存在；你说，无论谁读了这本书，一时间都会进入一种状态，让他体验到心灵的感觉。这就是问题的关键，如果你愿意，我们以后继续讨论这个问题。"[71]

诺奇为马格利特的不少作品构思了标题，在这方面是马格利特最重要的帮手之一。如朋友们所言，在为一幅画"寻找"标题方面，他具有出色的能力。他能找到合适的标题，表达文字和图像之间的关系，这种关系并不明显，然而一旦得以清晰表达，就会让人大开眼界。诺奇也会在朋友的创作过程中给予反馈。

“你最近的实验在我看来是最出色的。”诺奇在1927年11月写道。他指的是马格利特在那年年底创作的变形物体画，其中天空或躯体变形成了木板。他由此进行了更深入的思考：

> 在我看来，仅仅依靠对新元素的引入，是不可行的。尽管这可能很出色，无疑相当于比尔博凯特，但是考虑另一种风格仍很重要。让我格外关注的是你赋予这些剪纸的功能。一个无法解释的物体，如果它的作用是隐藏，实际上就会比所隐藏的形象有更强的暗示，因为必须要承认的是，它没有隐藏任何东西。我亲爱的朋友，这在我看来似乎是新方向的标志，它只会把你重新带到未知的地方，或者不可预见的地方，只要你愿意。我相信你很快就会有重要的发现，否则我倒会十分惊讶。[72]

诺奇也在其他方面提供了帮助。他是马格利特所写文字的第一读者、理想读者和修订者，如果马格利特认为某封信很重要，就会找诺奇帮他把关。直到1946年，马格利特还在向诺奇寻求这种帮助。“我又收到了安德烈·布勒东的来信。我把他的信和我的回复寄给你，希望你能帮我检查一下有没有薄弱或多余的段落，因为我在写回信时并不相信它有用，这让我怀疑它的‘价值’。非常感激。”[73]诺奇为马格利特的画找到了标题。这些标题本身就是艺术，就是经典，例如《在自由的门槛上》《红色模型》《错误镜子》《光之帝国》。在起标题的实践过程中，诺奇形成了自己的标题论，成了这个领域的权威。他一有钱就收集马格利特的画，直到再也没条件收集。在20世纪50年代，诺奇的恋人马特·博瓦森对他产生了消极影响，他沉迷于酒精，并被所在的实验室解雇，失去了收入来源。无奈之下，他把马格利特的画都卖了，最后三幅以12,000比利时法郎的价格卖给了格尔特·范·布鲁埃内。由于这些情况，他与马格利特的友情在1952年产生了裂痕。两人的关系从未彻底破裂，诺奇仍然给马格利特的画起标题，但两人之间的裂痕也从未完全弥合。然而，在四分之一个世纪里，诺奇这位不是画家的画家、每天摆弄玻璃瓶的生物化学家，一直在筹划推翻现有的秩序，包括社会秩序、政治秩序、语言秩序和视觉秩序，并展示了一系列实现这一目标的方法。

诺奇对要做的事情进行了界定，这支撑了他和马格利特的合作。“毫无疑问，通过改造世界来理解世界，”诺奇在《被保护的形象》（*Les Images défendues*）中断言，“是我们的真正作用。”[74] 这是革命性的工程。这也是伟大的冒险。“这是令人称奇的冒险，我们投身其中，”诺奇写道，“其实我并不太在意如何界定马格利特的角色，如果这一角色至为重要，那我也不在意他比其他人演得更好还是更差。

马格利特、诺奇与乔吉特等人的合影

我相信，马格利特不需要这种好奇心，不需要赞美。他是最伟大的画家吗？他是个伟大的画家吗？他是个画家吗？他是不是超越了画家呢？”诺奇的这种观点，在斯居特耐尔那句著名的悖论中得到了恰当的再现：“马格利特是个伟大的画家，马格利特不是个画家。”[75]

冒险的过程让他们开心惬意。他们投入其中的艺术革命紧迫而深远，超出了人们通常对此的理解。两人这种关系的性质容易产生误导。进行变革是相当愉快的事，马格利特和诺奇在一起度过了愉快的时光。他们骑自行车出游，他们泛舟海上。他们一起胡闹。他们拍照片，拍电影。他们在书信中下象棋，结果可想而知。马格利特热衷于下棋，棋艺却不怎么样。马格利特经常在格林威治咖啡馆与国际象棋大师卡帕布兰卡对弈，可是在他提出为卡帕布兰卡画一幅肖像画时却遭到了拒绝。后来卡帕布兰卡解释说："想想看，如果他画画和下棋一样烂……"不论对方喜欢与否，马格利特都把《将军》（*Checkmate*）捐给了卡帕布兰卡的象棋俱乐部。这幅画在战争期间被封存起来，战后被卖掉了。[76]

诺奇最早的绘画脚本似乎可以追溯到1927年初。在"绘制的图像"（Images peintes）的大标题下，至少有五幅画。其中两幅是随即就画出来的，马格利特对此可能也有贡献。这些图像逼真、夸张、恐怖。其中有一种明显的变态元素，用爱伦·坡的话语来说就是，"邪恶之魔"（le démon de la perversité）。几个月后，马格利特又使用了这个称号。第一幅画的脚本如下：

> 在房间里，在散落的一小堆内衣中间，有个几乎赤裸的女人，一具尸体，罕见的变态。
>
> 除了这具女尸，再没有什么能打破室内的宁静。房间里的一切都非常整洁：一尘不染的地板，干净的桌子，一张深色的高脚木桌。围巾松垮地围着她的脖子，盖在她的肩膀上，盖在骇人的伤口上。要想象出被砍下的头，肯定需要一定的努力。
>
> 桌子上有一只沉思的猫，在观察尸体，这只猫的出现恰到好处。

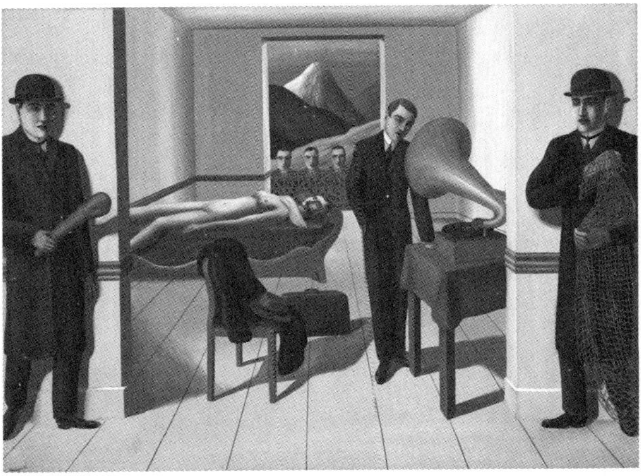

马格利特，《受威胁的刺客》（1927）

一个相当漂亮的年轻人背对着死去的女人，他的衣着打扮端庄优雅，他微微向前倾着身子，轻靠在留声机喇叭上，倾听着。

在他唇边，或许露出了一丝微笑。

他脚边，是个手提箱。椅子上，是他的帽子和大衣。

在背景中，在窗沿处，露出四个人的脑袋，盯着凶手。在走廊里，在大开着的门两边，有两个人正在走近，就要看到这不寻常的场面。

他们是丑陋的顾客。

他们蹲伏着，紧贴着墙。

其中一个人展开了一张大网，另一个挥舞着类似棍子的东西。这一切将被称为：受威胁的刺客。[77]

这一设想带来了重要的作品。在人马画廊举办的画展上，展出的一共有49幅油画和12张贴纸画，都是最新的作品，《受威胁的刺客》成了璀璨之星，范埃克和诺奇以标志性的风格对其进行了介绍。“这幅画……不再低调自卫。它咄咄逼人，攻击了我们。更妙的是，它会让人遗忘，它似乎会溶解，自己显现，自己消失。它悄然而来。你会突然间发现，它的未知形式无孔不入，无处不在。因此，它避开了评判，避开了赞美，就像勒内·马格利特一样。”[78]《受威胁的刺客》与《秘密玩家》（*The Secret Player*）是马格利特迄今为止的两幅最大的画，在《秘密玩家》中飞翔的海龟胜利回归了。《受威胁的刺客》画布大约2米长，1.5米高。这也是他最重要的一幅画。它的设计显然是为了做出宣告，它也确实做出了宣告。一位评论家将之描写为“非凡的木偶剧”。《受威胁的刺客》确实是一出大戏。

皮埃尔·弗卢凯瞧不起这幅画，他在评论过程中带着厌恶指出，这幅画是一种总结，展现了马格利特在此之前对绘画（和剽窃）的了解。这幅画的重要性首先在于，它具有毋庸置疑的吸引力。正如弗卢凯自己承认的，这幅画吸引了人马画廊观众的注意。

与其他作品相比，《受威胁的刺客》未对

其中的逸事加以掩饰，而是进行了最重要的总结，在冲突中超越了《秘密玩家》的世俗平庸，吸引了每位参观者的注意。正如法庭上充斥着社会丑行，“博学的律师”发表了一番巧妙的演讲，洗白了最卑劣的罪行，引起欣喜若狂的掌声，使优雅的骗子无罪释放，此时，散发出香水味的人群钦佩地聚集在凶手周围，实际上是在威胁着他。歇斯底里而扭曲的构图中，有力的几笔突显出了他在构思时头脑不够健康。但是，在这种平庸之罪中，在这种对罪行的“研究”中，哪里找得到具有真正艺术态度的，经过心灵净化的优秀戏剧呢？[79]

《受威胁的刺客》具有无法仿效的马格利特的风格。它集魅力、威胁和特效于一身：一幅画面，混杂了悬念与静止、偷窥与暴力、气氛音乐与罪行；一道难题，或一种挑衅，它清晰可辨而又无限神秘；一种大杂烩，融合了不同流派和惯例；一场悲剧，最终在戏剧中心完成了对尸体仪式般的展示；一个谋杀之谜，是马格利特暗黑的一面。它与马格利特的其他很多作品一样，经过了策划排演，甚至是为舞台而生，却又如同电影。弗里茨·朗的世界完全建立在摄影棚上，与此对应的是马格利特的犯罪现场世界，它建立在栩栩如生的画布上。在这幅画的爱好者中，最著名的当属导演克洛德·夏布洛尔（Claude Chabrol），新浪潮的教皇。夏布洛尔促使人们注意到双重侦探。“另一个比利时人会称之为杜邦和杜邦。”[80]杜邦和杜邦——在埃尔热的《丁丁历险记》中被称为汤普森和汤普森——当然是出了名的无能，或许马格利特笔下的侦探们也让人有这种感觉。

对于谋杀案，或者说对于凶手，夏布洛尔也有自己的一套理论。他提出，马格利特的画中，后面窗户露出的那三张脸最初应该是四张，它们在窗框中的位置就可以证明这一点（这也符合诺奇的场景脚本）；此外，听留声机的那个人实际上是“第四个人”，他受到吸引从窗户爬了进来，引诱他的是沙发上的女妖，或者留声机放出的音乐，夏布洛尔说那音乐是“皮卡第玫瑰”（Roses of Picardy），根据阿兰·罗伯-格里耶在《漂亮的女俘虏》中的说法，那也有可能是受害者的尖叫。[81]这一推测引发了进一步的猜想。它表明事物与它们显现出来的样子不同。裸露身体的女子也有她的过往。旁观者的道德态度毫无考虑意义。夏布洛尔评论说，他们不可能是侦探，因为他们没帽子。他们是马格利特和他兄弟的替身吗？他们是与我们一样无辜的旁观者吗？有没有可能是偷窥者？他们会进一步妥协吗？他们与罪行有牵连吗？最令人不安的是，凶手的身份鉴别陷入了危险中。凶手可能是那个听留声机的人，就像每个人想象的那样，他可能一直在那里，也可能不是一直在那里。另一种可能是，为了不被侦探杜邦和杜邦抓到或被大棒打伤，凶手已经逃掉了，只留下这个古怪的音乐爱好者当替罪羊，他被唱片迷住了，对自己的命运浑然不觉。

夏布洛尔以戏谑的方式进行了推论。但他说得自有道理。正如艺术评论家约翰·伯杰所说："我们眼前呈现出了一切，但又什么都没有呈现。我们看到了一个特定的事件，甚至看到了具体的背景，但一切都是神秘的——包括谋杀，之后会出现的逮捕，从窗户向屋里凝视的三个人。在画中描述的这一时刻，回荡着唱片的声音，然而由于绘画的本质，这声音我们又无法听到。"[82]寂静的世界又来困扰我们了。

夏布洛尔讲述的另一种场景，听起来就像方托马斯的某一个情节。事实上，这幅画的布置要在很大程度上归功于马格利特记忆中留存最久的插曲。《受威胁的刺客》更改了《幽灵杀手》。[83]它似乎也在向恩斯特的一幅画致敬：《圣母在三个见证人（A.B.，P.E. 和画家）面前纠正婴儿耶稣》（*La Vierge corrigeant l'enfant Jésus devant trois témoins*［*A.B., P.E. et le peintre*］），那幅画 1926 年 12 月被《超现实主义革命》转载。恩斯特认为旁观者是目击者，以此暗指布勒东、艾吕雅和他自己，尽管他们似乎并没有注意到这一行动。在马格利特的画中，凝视同样是令人不安的。这三个证人——倘若他们是三个证人——故意把目光从凶手、受害者和我们身上移开。相反，他们的目光转向留声机那边，那里是房间的一个被隐藏的角落。在那个角落里还会有另一具尸体吗？与此同时，两个侦探把呆滞的目光投向画面之外，仿佛在等待唱片播放完。他们站在那里，显得很镇定，脸上的表情却出卖了他们。这两个人的样子都像是从电影公司的演员选派部走出来的。在《审判》（*The Trial*，1925）的结尾，卡夫卡笔下的主人公 K 突然转向前来找他的两个人，他们身穿长礼服大衣，戴着似乎卡在头上脱不下来的高顶礼帽。“你们在哪个剧院演出？” K 问他们。“剧院？”其中一个人重复道，他嘴角抽搐了一下，朝另一个人看过去，似乎是想向他求助，而另一个人的样子，就像是突然哑巴了，正在努力摆脱不能开口的突发状况。“他们没做好回答问题的准备。”K 心想，然后去拿帽子。故事就是这样发展的吗？在《受威胁的刺客》中，动作是定格的。这幅画的巧妙之处在于，它邀请我们去重建一个故事——去破案。同时它也为我们带来了悬念，其精彩程度堪比路易斯·菲拉德在电影中制作的悬念——在音乐停止后，将会发生什么呢？

《受威胁的刺客》是一部起决定性作用的典型作品。这幅画让马格利特认识了自我，证明了自我。但它的力量引起了强烈的反响。一些人认为这幅画很难让人接受。“总而言之，”威廉·维卢格斯特拉特（Willem Verougstraete）在对人马画廊画展的评论中写道，“这是大都会中遭阉割者的大脑分泌物，这个人在阴森恐怖的墙壁之间，看到自己的大脑里的东西被清掉了，里面空空如也。”[84]“除了对他作品的蔑视，艺术评论家什么都没展现出来，”马格利特在自传体小品中回忆道，“他不得不给某些超越了愚蠢之界的记者写些令人不舒服的东西。”威廉·维卢格斯特拉特当然配得上这样的界定。

在范埃克和梅森斯的推动下，这幅画在首次展出后继续作为图腾存在。1931 年，马格利特在布鲁塞尔举办个人画展期间，这幅画被陈列在布鲁塞尔吉索展示厅（Salle Giso）的橱窗里。诺奇写的画展目录前言洋溢着激情，让人们注意到这样的事实：“某些画作以自己的方式发出了声音，其嘹亮高亢，可以最大程度地激发反叛精神。它们只是在等待人们的倾听。”[85] 此后不久，马格利特的画作低价出售，梅森斯从中挑选，买下了《受威胁的刺客》和《秘密玩家》（*Le Joueur secret*）。20 世纪 50 年代末，梅森斯把画借给了坐落在比利时海滨的克诺克赌场，当年那里是时尚界的天堂。两幅画被陈列在主楼梯的两侧。梅森斯是个精明的借出人。1954 年，马格利特在布鲁塞尔美术宫举办了第一场大型回顾展，《受威胁的刺客》在其中占据了应有的位置。接着梅森斯又把画送到威尼斯双年展比利时馆，参加了在那里举办的另一场回顾展。1965 年，他把画借给了纽约现代艺术博物馆，以此纪念马格利特的至高荣耀和在美国巡展的成功。转年他又把画卖给了现代艺术博物馆。就这样，四十年后，杀手进入了圣殿。2013 年至 2014 年，《受威胁的刺客》在“日常之神秘”（*The Mystery of the*

Ordinary）展览中展出，该展览由芝加哥艺术学院（Art Institute of Chicago）、休斯敦的梅尼尔收藏博物馆（Menil Collection）和纽约现代艺术博物馆共同举办，重点关注马格利特创作的奠基时期，即1926年至1938年。观众蜂拥而至。这幅画魅力未减，画中出场的还是原来的阵容，唱片仍在播放，谋杀案尚未侦破。

1927年夏天，马格利特和诺奇还一起恶搞了一部作品《一些文字和一些图画》（*Quelques écrits et quelques dessins*），并声称这是克拉里斯·朱朗维尔（Clarisse Juranville）的作品，她的名字出现在了封面上。克拉里斯·朱朗维尔写过一本《动词变化的实际运用》（*La Conjugaison enseignée par la pratique*），这是介绍法语动词变化的知名语法书，在世纪之交出了几个版本。经过诺奇的修改后，这本语法书呈现了一系列以动词使用为特征的诗歌，以及“最近发现的”5幅马格利特的绘画。诗歌借朱朗维尔小姐之口表达了诺奇和马格利特的心声。朱朗维尔此时已不在人世，想来倒是件幸事。诺奇和马格利特还对语法练习做了评论。“从语法到革命，”诺奇说得言简意赅，“对例证的优点，人人都可评估。”

他们模仿了其他人的样子

他们撬开了锁

他们换走了失窃的物品

马格利特，《巨人的日子》（1928）

他们给枪上了膛

他们调了酒

他们用拳头提出了问题

他们谦虚地退了场

同时还抹去了他们的签名。[86]

他们编入这本书中的一些诗由安德烈·苏里谱曲，成了音乐作品集《安德烈·苏里发现的克拉里斯·朱朗维尔小曲》（*Quelques airs de Clarisse Juranville mis au jour par André Souris*），这些歌曲1928年在布鲁塞尔音乐学院大厅首次演出，1929年在沙勒罗瓦交易所广场重演。沙勒罗瓦演出是场盛会。观众们听惯了周日晚上的室内音乐会，却被拉入了一场超现实主义的表演。他们一走进音乐厅，扑面而来的就是马格利特 18 幅近期画作的快闪式立体画展，其中包括《巨人的日子》（*Les Jours gigantesques / The Titanic Days*），这是马格利特最出色、最具挑战性的画面之一，被他自己描述为强奸未遂——“迄今为止最为暴力的尝试，”他这样告诉诺奇，“但我觉得，此处的暴力不仅仅是外在的。”[87]节目单上要演奏的是欣德米特、米约、斯特拉文斯基、勋伯格……和朱朗维尔。忐忑不安的音乐爱好者们有充足的时间品味《巨人的日子》。音乐演出开始之前，他们先听到的是诺奇的一番演讲。对于来听沙勒罗瓦音乐会的人，这是充满挑战性的体验。“音乐引发了严肃的问题，”诺奇一上来就说，“那么，依我看来，这些问题是值得严肃研究的，同时也需要一定的冷静和克制，免得它们被我们忽视，从我们的指缝间溜走。”观众听到这里，难免会感到脊背发冷，因为他们受到了诺奇的警示。“我还觉得我必须要求你们真正努力集中注意力，最好是，努力协作。”在接下来的一小时一刻钟里，所有想冷静下来的人都如愿以偿了。诺奇对任何事任何人都不放过。“没有打破陈规的发明创造，人类的精神就无法进步，”他最后总结说，“精神由我们做主，我们人人有责。”[88]

人马画廊的展览、萨米埃尔目录的完成、克拉里斯·朱朗维尔小曲的演出，这一系列活动为惊人的冒险拉开了序幕。这是马格利特的革命。他的名字赫然醒目，没有他就不会有这一切。然而这也是共同的努力，从本质上讲，是共同的事业，它以马格利特和诺奇的相互理解为根基，是心灵感应和心灵探索令人陶醉的结合。1928 年 1 月，马格利特在布鲁塞尔的时代画廊（Galerie L'Époque）举办了另一场个人画展，展出了 23 幅画，以《双重秘密》为顶点。诺奇的画展目录序言和后记是对其意图的声明，它们几近于爱的宣言，或者说，创造出了一种基本的情感，其力量堪与爱情比肩——那就是同谋。

谈论友谊，或参与到友谊中，无疑会以憎恨友谊谴责友谊而告终。

但事实证明，友谊可以采取一种独特的形式，它以严肃的面孔现身，排除一切沉溺和纵容。

它把分配口味和颜色的任务留给了别人。

没有骨气的习惯，让位给对冒险、对共同事业的渴望，让位给风险与机会并存的感觉。

或许可以说，它代表了某种共同谋划。

正因为此，我们在此时此地毫不犹豫地称自己为他的同谋者，他的同道中人，他就是：

勒内·马格利特。[89]

为这份宣言签名的人包括格曼斯、勒孔特、梅森斯、斯居特耐尔和苏里，还有达达主义者克莱蒙·庞萨尔（Clément Pansaers）的同伴加斯东·德奥伊

（Gaston Dehoy）和马克·伊曼斯（Marc Eemans）。但是伊曼斯讥嘲马格利特、梅森斯和斯居特耐尔是“后达达主义者”，诺奇是团体中的“泰斯特先生”，伊曼斯与他们之间的关系含糊不明，最终并无益处。[90] 同谋这个词是典型的诺奇式概念，暗示着犯罪兄弟会和秘密社团。它抓住了乐队的精神，引起了持久的共鸣。“同谋的友谊，”乔治·巴塔耶写道，“这就是我的性情带给别人的东西。”[91]

协议盖章封印。一场革命开始了，虽然此时知道的人寥寥无几。比利时的艺术家群体及其重要的思想和态度，在比利时境外基本不为人知；众人所知的超现实主义思想中心，是在法国。无论如何，同谋的宣言已经发表了，而马格利特并不在场。1927 年 9 月，马格利特放飞了自我，离开了比利时。他和乔吉特搬到了巴黎。那里有一个世界等着他赢取，或者颠覆。

注　释

1　马格利特写给博斯曼的信，1965年1月14日，见Magritte，*Bosmans*，第409页；马格利特写给马里恩的信，邮戳是1944年5月24日，见Magritte，*Destination*，第103页。

2　《通俗小说》（CR 560），1944年，可能是依据马格利特的作品中发现的一张明信片，画的是《丽达与天鹅》（*Léda et le cygnet*），这幅画是托尼·罗伯特-弗勒里

（Tony Robert-Fleury，1838—1912）失传的画作。

3 马格利特写给范埃克的信（草稿），1944年8月12日，见Magritte，*Destination*，第135—136页。《安格尔先生的好日子》（CR 546）改编自安格尔的《泉》（*La Source*，1867），（诺奇发现）这个标题是在戏仿库尔贝的《你好，库尔贝先生》（*La Rencontre ou bonjour Monsieur Courbet*，1854）。《火焰的回归》（CR 535）基于著名的方托马斯海报，其中用玫瑰代替了匕首（见第二章）。《光之条约》（CR 521）是根据雷诺阿的《伟大的沐浴者》（*Les Grandes baigneuses*，约1918—1919）创作的。这三幅画的创作时间都是1943年。

4 马格利特写给Trudi van Tonderen的信，［CRRP］，1962年3月29日。

5 1959年的文本，载于*EC*，第490页，原本出现在马格利特1959年2月23日写给阿尔封斯·德·瓦朗斯（Alphonse de Waelhens）的信中，CRRP MC，II/17。在1966年的PBA沙勒罗瓦展览中，用作了《旅行纪念品》（*Souvenir de voyage*，CR90）的说明文字。

6 马格利特致布勒东的信，1946年8月11日，见*EC*，第201页。马格利特坚决反对布勒东的话。在第12期，也是最后一期*LRS*（1929年12月15日）上，刊登了《第二宣言》（*The Second Manifesto*），其中提出，要以引发“良心危机”为超现实主义的根本目标。亨利·哈撒韦导演的《彼得·艾伯特逊》符合超现实主义者的心意。布勒东本人曾在《疯狂的爱》（*L'Amour fou*, Paris: Gallimard, *Collection métamorphoses III*, 1937）中对此大加称赞，这一点马格利特肯定是知道的。。

7 马格利特写给托克茨纳的信，1959年4月20日和27日，见Torczyner，*L'Ami*，第118—119页。很长时间里，这本书在法国一直被视为安·拉德克利夫的作品，实际上它是凯瑟琳·卡斯伯森的《比利牛斯山的浪漫故事》（*Romance of the Pyrenees*，1803），最早于1809年翻译成法语。马格利特很可能有Yves Tessier（伊夫·泰西耶）1946年新出的这本书的“改编版”。

8 Magritte, “Lifeline.”

9 Magritte, “Esquisse”，乔里斯对他的采访，*EC*，第367、561页。马格利特的墙纸设计复制于Sylvester，*Magritte*，第55页。

10 L’Art pur，见*EC*，第18页。

11 马格利特写给拉潘的信，1956年11月8日，见Magritte，*Rapin*, n.p.。

12 *Psyché*（1925年3月）。1925年8月和11月的杂志也刊出了由马格利特设计的封面。

13 Magritte, “Lifeline.”恩斯特不仅为艾吕雅设计《重复》的插图，同年还为艾吕雅的《不朽者的不幸》进行了设计。

14 《白衣男人》和《窗》（CR 65和66）的创作时间都标为1925年。德兰的《骑士X的肖像》和《窗前的桌子》（*La Table devant la fenêtre*，1913），见Carlo Carrà, *Derain*（Rome: Valori Plastici, 1924），这本书马格利特肯定知道。恩斯特的画作似乎经常被认为出自德·契里科之手，例如他1923年的油画《第一个清晰模式》（*Au premier mode limpide*）。

15 或许这只是偶然，马格利特不懂英语，也没有证据表明他是有意安排这些歌词的。见CR 1599—1628。有云的比尔博凯特出现在CR1602中，另一幅画是CR1603，都是1926年创作的。CR 1603中，还出现了一只戴着手套的手。

16 《夜曲》（CR 1623），创作于1927年。关于《原野》（CR 148），见第四章。费尔南·基内收藏了一张马格利特的贴纸画（CR 1613），保罗·诺奇也收藏了一张（CR 1628）。

17 马格利特写给诺奇的信，［1931?］，*LS*, no. 103。

18 《他不说话》（CR 94）这幅画创作于1926年，最初由梅森斯和雷蒙·马格利特购得。德·契里科的《两姐妹》（1915）在CR条目中被复制。关于《影子和它的影子》（1932），参考第三章。

19 Magritte, "Esquisse," in *EC*, p. 368.

20 《迷途的骑师》（CR 81，1605，1606），日期均为1926年。Goemans，"La Jeune peinture belge"（《年轻的比利时画家》），*Bulletin de La vie artique 1*（1926年9月），文章配了图；Van Hecke，"René Magritte," *Sélection 6*（1927年3月），*Le Centaure 7*（1927年4月）。"偏离了跑道，是为了跑得更好"，这一说法模仿了"后退是为了更好地跃进"。"孤独者"或许是指梅尔维尔在《白鲸》（*Moby-Dick*）中描写的孤独者，他不承认"人类共同的大陆"，而是生活在他自己的独立大陆上。这本小说是先锋派所喜欢的。这幅画的另一个标题是*Le Jockey égaré*（《迷失了方向的骑师》），是由皮埃尔·让莱（Pierre Janlet）记录下来的，他是第一个收藏早期贴纸画的人。

21 Dante, *The Divine Comedy*（《神曲》）（C. H. Sisson译, Oxford: World's Classics, 1998）, p. 47.

22 CR 1253，水粉画，1948年；马格利特和韦吉弗斯撰写的评论。另见CR 504、1178、1180和1435，日期可能是1942年和1957年。这匹马和骑师在1960年的《伊卡的童年》（*L'Enfance d'Icare*，CR 923）中再次出现，和以往一样迷失了道路。

23 Arp, "the medal rises...,"（《奖牌升起来了》）"The Air Is a Root,"（《空气是根》）"Domestic Stones,"（《国内的石头》）"Homage to Magritte,"（《向马格利特致敬》）载于*Collected French Writings*（《法语文集》），第23、71、183—184和426页。首次发表于*LRS*第7期（1926年6月15日），*LSASDLR* 第6期（1933年5月15日），*Le Siège de l'air*（《空气的围攻》，1946），以及伦敦方尖碑画廊（Obelisk Gallery）的马格利特画展目录（1961）。

24 Valéry, "Situation de Baudelaire"（《波德莱尔的境况》）［1930］, in *Variété I et II* (Paris: Gallimard, 2005), p. 233.

25 “Vous,”（你们）*Adieu à Marie*（《再见玛丽》，1927年2月/3月），*EC*，第37页。马格利特在这之前曾把原稿寄给过维克多·布儒瓦。参考Pascal, *Pensées*，第42页；英文版《思想录》第16页。1927年4月10日马格利特在人马画廊举办的展览目录中，诺奇在序言里一字不漏地重复了马格利特关于被遗忘的画家的主张，这一主张被应用于他自己的画作。见Nougé, *Magritte*，第13页。

26 参见*Hebdomeros*（《赫布多米洛斯》），第112页。

27 Lautréamont, *Maldoror*, p. 240.

28 Scutenaire, *Inscriptions 1943–1944*, p. 134; Nougé, “Éloge de Lautréamont,” 10 July 1925, in *Histoire*, p. 27.

29 Lautréamont, *Maldoror*, pp. 193, 234, and 242.

30 诺奇的日记，1941年6月17日和1942年12月23日，见*Journal* (Brussels: Didier Devillez, 1995)，第22、115页。

31 Scutenaire, *Inscriptions 1945–1963*, p. 85; Scut, p. 480.

32 *Les Chants de Maldoror* (Brussels: La Boétie, 1948). 在此之前，*Le Viol*曾被用作他的作品全集（Paris: GLM, 1938）的插图，该版本仍保存在马格利特的图书馆中。诺奇的序言草稿载于*Fragments*（《片段》，Brussels: Editions Labor, 1995），第47—48页；斯居特耐尔的序言见*Inscriptions 1945–1963*，第85—86页。

33 Torczyner, *Signes*，p.10.

34 Lautréamont, *Maldoror*，p.244.

35 诺奇1941年6月18日的日记，*Journal*，第26页。这句话本身就与瓦雷里在《泰斯特先生》中表述的看法相似：“脱离常规这一说法通常带有贬义。它被视为背离规范，从而导致更糟的事情，它是精神机能改变和瓦解的一种征兆，表现是品味扭曲，观念错乱，行为怪异，有时会犯罪。” Valéry, *Monsieur Teste* (Paris: Gallimard, 1946).

36 Nougé, “La Publicité transfigurée,” 1925年10月19日，见*Expérience*, 第 291、341、423页。

37 目录复制于Roque, *Ceci* (Paris: Flammarion, 1983), 第177—185页。

38 《极地之光》（CR 129），1926—1927年，《夜的意义》（CR 136），1927年。CR至少确定了另外还有两幅与毛皮有关的画作：1926年的《河流的居民》（*Les Habitants du fleuve*，CR125）；1926或1927年的《记忆的伤疤》（*Les Cicatrices de la mémoire*，CR127）。关于《海上来的人》，参见第二章。

39 塞缪尔的目录，复制于Roque，*Ceci*，第186—195页。

40 这一系列图像共有16幅，这些图像是其中的第2幅和第12幅。举个例子，第2幅画中地板上的木块状物体，类似于1926年的《沉默的群体》（*Le Groupe silencieux*，CR 83）；在第8幅画的背景中可以看到铃铛，这似乎预示着1928年创作的《吉他的传说》（*La Légende des guitars*，CR 209）和1930年的《通告》（CR 330）中出现的铃铛。

41 参考马格利特写给诺奇的信，星期五［1927年9月］，LS, no. 105。

42 Baudelaire, *Curiosités esthétiques*（《美学珍玩》，Paris: Michel Lévy, 1868）, p. 429.

43 Milo, *Centaure*, pp. 63 and 228. 米洛不仅轻视马格利特的作品，批评他的态度，还质疑马格利特的政治诚意。至于与马格利特的合同条款，米洛的说法有点含糊（而且自相矛盾），这也许是因为，合同最初是与范埃克本人签订的，而不是与画廊签订的。米洛有关其他人的说法更确切。

44 本雅明1939年2月4日写给肖勒姆的信，见Gershom Scholem编，*The Correspondence of Walter Benjamin and Gershom Scholem*（《本雅明和肖勒姆通信集》，Gary Smith and Andrew LeFevere译，Cambridge, MA: Harvard University Press, 1992），第243页。

45 塞尚写给贝尔纳的信，1905年10月23日，见Danchev, *Cézanne Letters*（《塞尚书信》，London: Thames & Hudson, 2013），第356页。参见Derrida, *La Vérité en peinture* (Paris, Flammarion, 1978)。

46 “察觉力”（pouvoir de détection）是斯居特耐尔的说法。斯居特耐尔喜欢挖苦人，在他所认识的人当中，或许只有诺奇能引起他的某种敬畏。见*Inscriptions* 1943-1944，第144页。

47 桑塔格1972年6月21日的日记，载于《心为身役：桑塔格1964—1980年的日记和笔记》（*As Consciousness Is Harnessed to Flesh: Journals and Notebooks, 1964-1980*）（New York，Picador, 2012），第327页。

48 Herman Melville, *Billy Budd, Sailor*（《水手比利·巴德》）（Oxford: Oxford University Press, 1997）, p. 335.

49 Nougé, "Notes sur les échecs"（《失败笔记》），见*Journal*，第166页。1936年的*Le Mat*（CR 408）被马格利特的朋友、哲学家查伊姆·佩雷尔曼（Chaim Perelman）买下。参见Poe, "Murders," 载于*Tales*，第92页。法语版的"Double assassinat dans la rue Morgue"是*Histoires extraordinaires*（Poe, NHE）的第一篇。

50 Ponge, "Paul Nougé,"（《保罗·诺奇》）载于*Le Grand recueil*（《伟大的收藏》），第1卷（Paris: Gallimard, 1961），第48页。*Histoire*（1956）是马里恩对诺奇的献礼，这是第一次有人把诺奇的作品汇编成册。蓬热显然是沿着这一思路谈论他的。弗莱恩在1966年7月17日的日记中使用了蓬热说法的变体："像无烟煤一样的大脑"。*Agendas*，第443页。蓬热关于战时他在鲁昂与诺奇初次见面的描述，是进一步的证明，见*OC* 第2卷，第1119页及其后。

51 Valéry, *Monsieur Teste*, p. 17.

52 诺奇写给马格利特的信，［1927年11月］，载于Nougé, *Magritte*，第148页。这封相当不一般的信印刷出来有五六页，也复制于*LS*, no. 114，以及Nougé, *Histoire*，第217—222页。几年后，马格利特自己也引用了《关于费尔巴哈的提纲》。参见第八章。

53 "La Conférence de Charleroi," 1929年发表，1946年首次出版，载于Nougé, *Histoire*，第211页。参见*La Musique est dangereuse*（《危险的音乐》，Brussels: Devillez, 2001），这是他的音乐论述合集，由Robert

Wangermée编辑。

54 文本转载于Nougé, *Histoire*，第9页及其后。英译文见Jan Baetens and Michael Kasper, *Correspondance* (New York: Lang, 2015)。见1924年12月20日Orange 4, *Correspondance*，转载于Marcel Mariën, *L'Activité Surréaliste en Belgique (1924–1950)*（《比利时超现实主义活动［1924—1950］》）（Brussels: Le Fil Rouge, Editions Lebeer-Hossman, 1979）。参见Jean Paulhan, *Jacob Cow le pirate*（《海盗雅各布》）［1921］(Paris: Deyrolle, 1997)，第17页。

55 诺奇写给勒孔特的信，1925年10月10日，见CRRP MC, IV/27。

56 诺奇写给布儒瓦的信，1925年4月6日，见FS, 47/203, AML。

57 Souris in *L'Accent grave*，1968年3月13日，见*FA*, 19–20 (1969)。

58 苏里写给诺奇的信，1932年4月25日，马格利特写给苏里的信，［1932年4—5月］，*LS*，第105—106页。

59 Scutenaire, *Inscriptions 1943–1944*, pp. 219–20.

60 诺奇写给保罗·侯尔曼（Paul Hooreman）的信，1926年10月11日，见 *LS*，no. 53。

61 Mariën, preface to Bussy, *Anthologie du surréalisme en Belgique*（《〈比利时超现实主义文集〉序》，Paris: Gallimard, 1972）, p. 15.

62 诺奇写给布勒东等人的信，1929年3月2日，载于*Histoire*，第79页。正如马里恩所指出的，诺奇的立场可以定位成不出风头自我遁形，这类人的例证不仅包括泰斯特先生，还有爱伦·坡的《阿恩海姆乐园》（*Domaine of Arnheim*）中的主人公，他追求的是“在对野心的蔑视中找到地球上幸福的基本原则之一”。这个故事收录在爱伦·坡的故事集*Histoires grotesques et sérieuses*，由波德莱尔译为法语（Paris: Calmann-Lévy，1865）。

63 Nougé, “La Solution de continuité”（《连续性的解决方

案》，1935），in *Histoire*, p. 110; 克里斯蒂安·布西（Christian Bussy）的采访，1967年1月，载于L'Accent grave。

64 “Der Dichter Franz Kafka”（《诗人弗朗茨·卡夫卡》，1921），载于Walter Benjamin, “Franz Kafka”（1934），*Selected Writings*（《文选》），vol. II, part 2（Harry Zohn译，Cambridge, MA: Harvard University Press, 1999），第798页。

65 Nougé, Images, in *Magritte*, p. 85; Torczyner, *Signes*, p. 11. 参考马格利特写给拉潘的信，1957年10月20日，载于Magritte, *Rapin*, n.p.; 马格利特写给马里恩的信，1954年3月4日，载于Magritte, *Destination*，第310页。许多艺术家都从诺奇身上获取力量。可以参考让·格勒尼耶（Jean Grenier）采访的拉乌尔·乌巴克，载于*Entretiens avec 17 peintres non figuratifs*（《采访17位非具象画家》，Paris: Calmann-Lévy, 1963），第196页。

66 “梦中替身”（Dream-double）是安妮·乌姆兰德（Anne Umland）在《马格利特：日常之神秘1926—1938》中使用的术语，见*Magritte: The Mystery of the Ordinary 1926–1938*（纽约，现代艺术博物馆，2013），第37页。

67 对于“双重自我”的概念，进行了最有效的阐释的文章或许是“Fluctuations sur la liberté”（《关于自由的波动》，1938年），载于*Regards sur le monde actuel*（《关于现实世界》，Paris: Librairie Stock, 1931），第63—65页。诺奇在其他作品中也有表现，特别是在《泰斯特先生》（例如，第34、78和125页）和他的《记事》（*Cahiers*）（例如，第15卷，第645页，此处引用）。对于“外部使用”这一有趣的概念，瓦雷里用“我的帽子”这个例子进行了说明。这很可能为马格利特提供了灵感，在他1966年创作的*Le Bouchon d'épouvante*（CR 1041）中，有一顶圆顶礼帽，上面就贴着这样的标签。波德莱尔的《双重生活》收录在他多次重印的作品集*L'Art romantique*（《浪漫艺术》，Paris: Michel Lévy,

1868）中。

68 参见康拉德写给卡齐米兹·瓦利泽夫斯基（Kazimierz Waliszewski）的信，1903年12月5日，载于Laurence Davies编，*The Selected Letters of Joseph Conrad*（《约瑟夫·康拉德书信选集》，Cambridge: Cambridge University Press, 2015），第172页。康拉德指的双重身份是波兰人和英国人，水手和懒汉。诺奇是比利时人和法国人，是科学家和革命家。在爱伦·坡的《瓶中手稿》（“MS Found in a Bottle”）中，叙事者与他神秘的替身面对面相遇。小说的法语版为，“Manuscrit trouvé dans une bouteille” in Poe, *NHE*。

69 马格利特写给Harry Sundheim的信，1960年10月18日，节选文本见CR 129。《双重秘密》（CR 164）和《鲁莽》（CR 139）的年份都确定为1927年。

70 Nougé, *Fragments*, p. 33.

71 诺奇写给马格利特的信［1927年11月］，Nougé, *Magritte*，第141—142页。出自Villiers de l'Isle-Adam, *Claire Lenoir*（《克莱尔·勒诺瓦》，1887），第一章。马格利特要求乔吉特寄给他一本维利埃的*L'Ève future*（Paris: Bibliothèque Charpontier, 1888）。后来马格利特又在诺奇的推荐下读了Paul Claude（保罗·克劳德）的*Le Soulier de satin*（《绸缎的灵魂》，Paris: Gallimard, 1929），参考马格利特写给诺奇的信，［1930年5月？］，见*LS*, no. 187。

72 诺奇写给马格利特的信［1927年11月］，见Nougé, *Magritte*，第139页。谈到的似乎是《在空中的天空》（*Le Ciel passe dans l'air*, CR 169），还有《暴风雨的装饰》（*La Parure de l'orage*, CR 170）和《博物馆之夜》（*Le Musée d'une nuit*, CR 171）。

73 马格利特写给诺奇的信［1946年8月19日］，见*FA*，第127—129页。

74 Nougé, *Images*, 见*Magritte*，第84页。

75 同上，第72页；Scutenaire, *Magritte*，第8页。

76 *Le Soir*，1983年9月11日，摘自Ceuleers, *Magritte*，第89页；Mariën, *Radeau*，第25页。诺奇在20世纪30年代的一些明信片保存在布拉绍档案馆，其中也有象棋的走法和偶尔的注解（“强迫效果”）。

77 Nougé, “Images peintes”（1927），载于*Magritte*，第113—114页。诺奇还描绘了《夜之美人》（*Belle de nuit*）（未注明日期），载于*Experience*，第39页，马格利特1932年画出了《夜之美人》（CR 346），尽管按CR所示，这篇文章更像一首散文诗，而不是一个脚本。至少还有两个在标题上对应或偶然巧合的例子，其中图像本身似乎与诺奇的文本无关，它们是“La Clairvoyance”（《远见》，未注明日期）和*La Clairvoyance*（CR 419），日期为1936年；“Ronde de nuit”（《夜行》，1924）和*Ronde de nuit*（CR 467），1939年。参见Nougé, *Expérience*，第47—48、63页。《邪恶之魔》（“Le Démon de la perversité”/“The Imp of the Perverse”）是爱伦·坡小说集（*NHE*）的开篇故事。

78 Catalog preface, 1927年4月10日, 载于 Nougé, *Magritte*, 第13页。

79 Flouquet, “Au Centaure: René Magritte,” *7 Arts*, 1927年5月1日。

80 Chabrol, “Magritte a encore frappé,” *Le Nouvel observateur*（《新观察者》），1985年8月30日至9月5日。夏布洛尔的推测启发了我，我会在下文中进一步介绍夏布洛尔。

81 Robbe-Grillet, *Belle Captive*, p. 22.

82 Berger, “Magritte and the Impossible”（《马格利特与不可能》，1969），in *Selected Essays* (London: Bloomsbury, 2001), pp. 345–46.

83 其中包括，罪犯变成了侦探。场景出现在《幽灵杀手》第四幕结尾。

84 “Au Centaure: Magritte, peintre de la pensée abstraite,”

（《人马画廊：马格利特，抽象思想的画家》）*Au Large 2*（1927年6月）.

85 Catalog preface, 1930年11月10日，见Nougé，*Magritte*，第29页。

86 Nougé，*Images*，载于*Magritte*，第71—72页；Clarisse Juranville，*Quelques écrits et quelques dessins*（Brussels: Henriquez，1927），第18页。这些诗歌再版于Nougé，*Expérience*，第36页及其后。

87 马格利特写给诺奇的信［1928年4月初］，*LS*, no. 137。《巨人的日子》（CR 225），1928年3月，按西尔维斯特所说，这是一张特写，几个月后又有了一张中景（CR 247）。

88 "La Conférence de Charleroi," in Nougé, *Histoire*, pp. 174–75 and 211.

89 目录后记，未标日期，见Nougé，*Magritte*，第20页。

90 高寿的伊曼斯（1907—1998）很有争议性。可以参考他在1989年接受Koenraad Logghe和Robert Steuckers的采访，网址是www.voxnr.com。他在占领时期的通敌行为，以及他在该时期对马格利特等人的刻薄言辞，永远得不到原谅。见第十章。勒孔特也说诺奇就像"泰斯特先生"，但他的口吻与伊曼斯的谩骂迥异。

91 这句话曾被巴塔耶的朋友莫里斯·布朗肖用作《友谊》（*L'Amitié*，1971）的题词，雅克·德里达在《友谊的政治》（*Politiques de l'amitié*）（Paris: Éditions Galilée, 1994）中指出了这一点。

彩图 1　马格利特，《凝固的时间》（1938）

彩图 2　马格利特，《在自由的门槛上》（1930）

彩图 3　马格利特，《历史的核心》（1928）

彩图 4　马格利特，《爱侣》（1928）

彩图 5　马格利特，《危险天气》（1929）

彩图 6　马格利特，《暴风雨》（1931）

彩图 7　马格利特，《海上来的人》（1927）

彩图 8　马格利特，《青春的描绘》（1936）

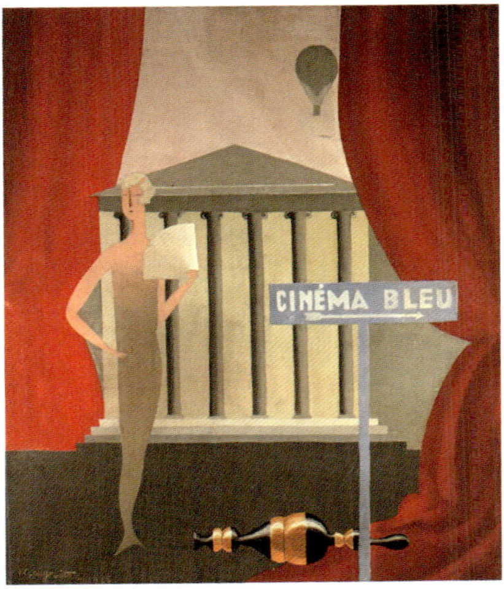

彩图 9　马格利特，
《蓝色电影院》（1925）

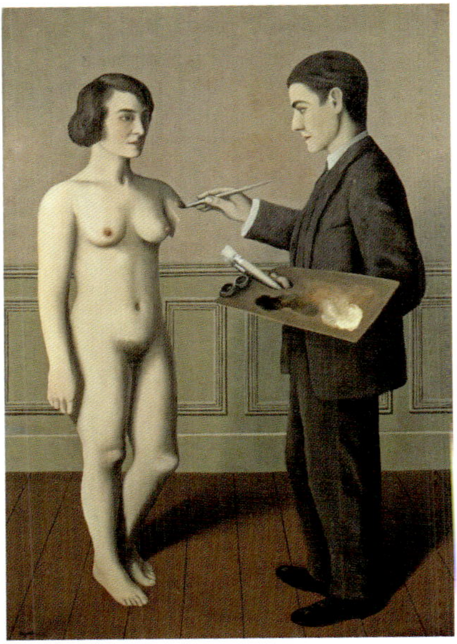

彩图10　马格利特，
《尝试不可能的事》
（1928）

彩图 11　马格利特，《E. L. T. 梅森斯肖像》（1930）

彩图 12　马格利特，《好消息》（1928）

彩图 13　德 · 契里科，
《爱之歌》（1914）

彩图 14　马格利特，
《记忆》（1942）

彩图 15 马格利特，《图像的背叛》（1929）

彩图 16　马格利特，《光之帝国》（1954）

彩图 17　马格利特，《红色模型》（1935）

彩图 19　马格利特，《红色模型》（1937）

彩图 18　马格利特，《红色模型》（1935）

彩图 20　马格利特，《个人价值》（1952）

彩图21　马格利特，
《乡愁》（1941）

彩图 22　马格利特，《恐惧的同伴》（1942）

彩图 23　马格利特，《看不见的世界》（1954）

彩图 24　马格利特，《大家族》（1963）

第六章　杜鹃营

马格利特和乔吉特在马恩河畔莱佩尔勒（Le Perreux-sur-Marne）的罗斯尼大道101号顶楼租了一套三居室公寓，这条路现在的名字是戴高乐大道（avenue du Général de Gaulle），位于市中心以东约7英里，越过了文森城堡（Château de Vincennes）。莱佩尔勒现在属于市郊，但当年在地图上很难找到这个地方。由于地处偏远，那里没有地铁，要进城就得先坐公共汽车再换乘地铁，或者直接坐火车，不论采取哪种方式都要花不少时间。

搬到巴黎并非一时兴起。马格利特还在艺术学院学习时就到过巴黎，参观了枫丹白露、凡尔赛宫和卢浮宫。他喜欢巴黎，也肯定跟乔吉特和弗卢凯说过，等他服完兵役以后有可能搬到巴黎去。（弗卢凯曾在信中说："我亲爱的勒内，为什么要绝望呢，再过四个月，你就可以去巴黎完成学业。"）马格利特辞去墙纸厂的工作后，曾想在巴黎找份工作，但没找到。1924年，马格利特在巴黎街头游荡时，给乔吉特发去了简要的汇报。

今天早上我开始四处找工作。我去了几家设计工作室，其中两家还有些希望。第一个工作室要求我在家里画一幅画，向他们展示我能做什么，理由是我的素描无法足够清晰地表现出我能做什么。第二个工作室说会写信告诉我是否可以试用——试用工资不会很高，画室的工资比工厂的低，起薪只有600法郎！做彩色拷花墙纸的“沃顿和洛里德公司”（Walton and Loreid）给的薪酬会更少，因为设计制作彩色花墙纸的图案不是很难做的工作……

巴黎太吵闹了，不得不适应巴黎的喧嚣后，我觉得布鲁塞尔真的是又宁静又安逸。这样一想，我在布鲁塞尔设计海报时，哪怕是最疲惫的时候，与巴黎的喧嚣比起来似乎都是平静的。我在这里看到了海报的最新创意，如果我在布鲁塞尔使用这些设计方案，效果会很惊人；手套的设计也是一样，我看到了些新的东西。不管怎样，我的小宝贝，我觉得，如果你来巴黎，你在这里的生活会很艰难。这里的人自以为高人一等，瞧不起外国人。差别太大了！人人为自己，为生存而战！[1]

最重要的因素是生活费用。“一个房间收350法郎！”马格利特去巴黎的计划也曾因此搁置，然而他并没有被这些情况吓倒。巴黎是艺术家的圣地。巴黎才是应该去的地方。在巴黎当画家，才是该过的生活。在巴黎举办画展意味着走向成功。在巴黎引起轰动，就意味着摆脱工厂、设计工作室和经理的束缚，摆脱可怜的计件工作。此外，在巴黎，一个画家可能也是一个思想家。他可能会找到志同道合的人。他们在一起可能会做出伟大的事情。他们可能会切实地行动，就像诺奇所说的那样。巴黎这个竞技场的吸引力太强大了。聚光灯的诱惑力太强大了。除了束缚，他什么都不会失去。

马格利特和乔吉特找了好几个月的房子，最后才在莱佩尔勒定居下来。那几个月，他们曾住在乔吉特的亲戚卡米耶和热尔曼·菲米埃（Germaine Fumière）家里，他们住在更远的圣芒代（Saint-Mandé）。从圣芒代出发找房子，找到莱佩尔勒是很自然的，显然他们会选择一个比圣芒代更靠近巴黎市中心的地方，尽管马格利特后来否认了这一点。有点讽刺的是，提供给他们的只是艺术家的工作室，而艺术家本人并不想要工作室。他像往常一样，在客厅里画画。

他们在莱佩尔勒的公寓一直住到了 1930 年 7 月。住处肯定很拥挤。他们带来了自己的家具，包括一架钢琴。当然，露露也来了，还有马格利特的弟弟保罗。保罗在附近租了间房子住，但是在马格利特家里吃饭。保罗在当地的酒吧弹钢琴谋生，马格利特离开

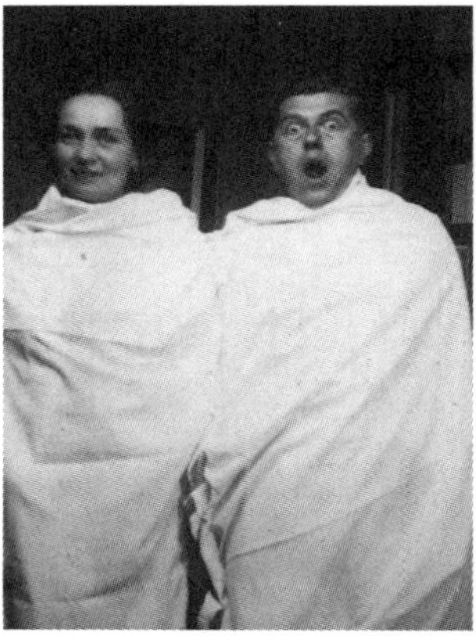

《花束》（1937），马格利特拍摄

《巨人——保罗·诺奇在比利时海岸》（1937），马格利特拍摄

了在比利时的小团体，只能自力更生，他开始组织最爱的消遣乐事：与亲近的人打闹；在家里设剧场（他少年时的小剧场如今变成了成年人的娱乐）——把超现实主义搬到家中，先是摄影，后来是拍电影。马格利特一生都爱好摄影。在邻近地区，他们能做的事并不少。他们会在马恩河里戏水，会沿着河岸散步。他们会去看电影。如果乔吉特不在家，马格利特就自己去看电影。他什么电影都看，但是如果对电影不满意，就会在中间休息时离场，有时甚至离开得更早。一次看连场电影时他就早早退场了，那两场电影是贝比·丹尼尔斯（Bebe Daniels）主演的《塞壬的学校》（*L'École des sirens*）和巴托罗缪·帕加诺（Bartolemeo Pagano）主演的《蒙塞尼斯山的邮差（Le Postillon du

Mont-Cenis），其中的主角是大力士般的超级英雄马其斯特（Maciste）。马格利特和乔吉特定期回布鲁塞尔和沙勒罗瓦，不过乔吉特比马格利特更热衷于这些旅行，马格利特更愿意让旅行的时间短一些。他们有个经常造访的客人：马格利特的朋友、爱国者卡米耶·格曼斯。他在马格利特的巴黎生活中起了关键作用。格曼斯与马格利特走得很近，两人意气相投。马格利特在巴黎的三年左右的时间里，除了诺奇之外，格曼斯就是他最亲密的同道中人。从某种意义上说，正是格曼斯，让马格利特在巴黎的经历成为可能；正是格曼斯，让马格利特的巴黎经历有了痛苦无奈的结局。

卡米耶·格曼斯（Camille Goemans，1900—1960）从来都不是马格利特小团体的成员，尽管在 20 世纪 20 年代，一群人被吸引到马格利特周围时，他几乎密切参与了他们的所有活动。虽然两人的交往历经煎熬，但是格曼斯一直与马格利特保持着良好的关系，到了 1949 年和 1956 年，他还在两次著名的公开演讲中极力推荐马格利特。他在著名导演和民族志学者吕克·德·赫施（Luc de Heusch）拍摄的纪录片《马格利特：事物的一课》（1959）中出场，起到了叶形饰物的陪衬作用。[2] 马格利特身边的人都重视外表的体面，格曼斯也不例外，在这方面属于典范。他们的法国同行拒绝生活中一切有可能出现的“工作岗位”。“如果必须工作，那活着毫无用处，”安德烈·布勒东说，“我们每个人都有权期待从某件事中发现自己生命的意义……但那件事并不是靠工作挣来的。”[3]比利时人则不同，他们都有中产阶级的身份。勒孔特诚然是位诗人，但他也是一位教师，后来还当了布鲁塞尔美术博物馆的顾问。斯居特耐尔是名律师，担任了内政部的法律顾问。伊雷娜·阿穆瓦尔是海牙国际法院的记者。诺奇是生物化学家。格曼斯的生活方式与他们相仿，他是公务员。1923 年，他放弃了医学和法律的学习，进入工业与劳动部（Ministère de l'Industrie et du Travail）。大概就在那个时候，他在布鲁塞尔的遮光灯笼沙龙（Salon de la Lanterne Sourde）遇见了马格利特。第二年，他出版了一本薄薄的诗集《相称》（*Correspondance*），这本书使他结识了诺奇和勒孔特，也使他一举成名。

格曼斯的作品相对较少，但他并不是无足轻重的人物。他有勇气，有才干，对人对事都有很好的判断能力。诺奇接受他对自己以“你”相称。1926 年，他与范·布鲁埃内在布鲁塞尔的娃娃脸女孩画廊（Galerie de la Vierge Poupine）合作。两人与马克斯·恩斯特签了约，格曼斯在一篇文章中称其为“马克思·恩斯特”（Marx Ernst）。在这之后，格曼斯辞去了公务员的职务，因为他更喜欢展示绘画而不是翻阅公文。1927 年，他独自与让·阿尔普签订了为期一年的合同，负责代理他的全部作品，以此换取每月 1500 法国法郎的收入。格曼斯锐意进取。有了阿尔普的作品撑腰，他开始在巴黎做独立经销商。

《占卜者》（*Les Voyantes*，1930），马格利特拍摄

《塞米拉米斯女王》（1947），马格利特拍摄

两年后，一位名叫罗特的神秘荷兰人为格曼斯提供了资金支持，借助这笔从天而降的财富，格曼斯在巴黎左岸的塞纳街 49 号开办了格曼斯画廊（Galerie Goemans）。1929 年 10 月，画廊举办了首次展览，展出了他签约的四位艺术家的画作：阿尔普、达利、唐吉和马格利特。这些人组合在一起，强大得令人敬畏。与达利的合同是在几个月前签订的，签约前经过了很长时间的协商。根据达利的说法，他得到了 3000 法郎，以此换取他在那年夏天的全部作品，格曼斯同时承诺在当年晚些时候举办画展；格曼斯从售出的每幅画中抽成，并有权保留自己选中的三幅画。[4]

格曼斯与马格利特的合同此时才刚生效。1929 年 7 月，马格利特与人马画廊的合同突然终止，1929 年 9 月，马格利特与格曼斯达成了协议。目前尚不清楚是谁迈出了第一步。毫无疑问，人马画廊很高兴能摆脱马格利特，因为他的画卖不出去；但也有可能是马格利特得到了格曼斯会与他签约的承诺，才和人马画廊解了约。“我已经终止了与人马画廊的协议，”他这样告诉勒孔特，“我对巴黎的经销商更有信心。”[5] 格曼斯也的确能让人有信心。

马格利特画了格曼斯的肖像画。这是幅乔装打扮的肖像画，名叫《神秘的猜测》（*Le Soupçon mystérieux*），名字起得恰如其分。“我已经开始画格曼斯的肖像画了，”他告诉诺奇，“画的创意与描绘方托马斯的《野蛮人》（*The Barbarian*）相同。”

马格利特，《熟悉的物品》（1928）

《格曼斯在写作中》，马格利特拍摄

这幅画取材于伪装大师方托马斯的著名海报，不过方托马斯手里紧握着一把血淋淋的匕首，令人感到神秘难解的是，这幅画中的人手上什么也没有，人物毫无瑕疵。格曼斯也为马格利特这一时期的其他画作担当了模特，包括同样神秘的《熟悉的物品》（*Objets familiers*，1973）。[6]英国画家帕特里克·考尔菲尔德（Patrick Caulfield）被《神秘的猜测》吸引住了。

> 我一直喜欢马格利特，但就这幅画来说，让我印象最深刻的是，它没有体现出马格利特惯用的手段和空间设计，却拥有他的图像所具有的全部力量。如果你向别人描述这幅画，说画中有个人看着他的手，人们不会觉得这有什么了不起的，不是吗？我认为，能通过这样简单的形象产生这样强大的冲击力，真是伟大的成就。我想，既然我不能拥有这幅画，那我可以创作这幅画的另一个版本，是关于人物身材的版本。我添加的所有装饰物，都只是混淆图像的简单性，使之更难理解，而图像的简单性正是马格利特的奇妙之处。[7]

格曼斯画廊从兴盛到倒闭，只维持了七个月。首次画展刚举办，就赶上了华尔街崩盘。画廊接着举办了阿尔普的个人画展，然后是达利的个人画展，此次画展大获成功，结果正如布勒东在展览目录序言中以其惯有风格做的预言："达利的艺术，就我们目前所知，是最具幻觉性的艺术，它构成了真正的威胁。这是全新的开始，恶意却一目了然。在这条道路上，唯一存在的就是达利的艺术；它在增殖和融合中，如同食肉猛兽。认识到这些，内心会感受到邪恶的快乐。"[8] 萨尔瓦多·达利已经出场。正如格曼斯所说，他很快就和马克斯兄弟一样出名了。就好像是为了证明这一点一样，达利为他们写了个剧本，名叫《马背沙拉上的长颈鹿》（*Giraffes on Horseback Salad*）。究竟是达利为超现实主义而存在，还是超现实主义为达利而存在呢，这真的很难判断。达利自己说："我和疯子的唯一区别就是，我没疯。"达利头脑足够清醒，对于发展超现实主义描绘的对象起了至关重要的作用。"创作出这些物品，完全是为了物化，在最大限度的有形现实中，以恋物的方式物化思想观念和具有谵妄特征的幻想。"这些超现实的物品包括覆盖着毛皮的杯子、龙虾电话、四条腿的娃娃。达利带来的流行旋风并没有给马格利特带来困扰。在马格利特眼中，这些东西都与雕像或"马果酱"罐子差不多。另一方面，达利过于疯狂，就连希特勒都为他着迷，他还接受了一枚佛朗哥的奖章。1934 年，超现实主义团体对他进行了简短的审判，然后宣布将他开除出团体。达利本人毫无歉意。他是超现实主义的代表，他怎样都是超现实主义者。他拒绝崇拜希特勒，但也明确地拒绝谴责法西斯主义。他变得更加自我，行为越发古怪，也越发贪婪。所以布勒东称他为“阿贪达·逐利”（Avida Dollars），这是对达利名字的戏讽。[9]

在达利画展引起的狂热平息后，格曼斯稍作休整，随后在1930年3月举办了超现实主义拼贴画和贴纸画展览。这场展览具有历史意义，路易·阿拉贡（Louis Aragon）与其共同设计，他是超现实主义运动的首创者之一，也是最伟大的异端之一，被达利描述为“紧张的小罗伯斯庇尔”。[10]早在《超现实主义宣言》发布前，阿拉贡就写道：“我们把一个女人挂在空房间的天花板上，每天都有焦虑的男人来访，他们带着沉重的秘密。”

> 我们正在完成的任务对我们自己都是个谜，在我们面前，是一本用叉子固定在墙上的方托马斯小说。访客们要么出生在遥远的星空下，要么就来自隔壁，他们帮我们精心设计了这台惊人的机器，它为了把不存在物变为现实而杀掉存在物。在格雷内勒街（rue de Grenelle）15号（超现实主义研究会［Bureau de recherches surréalistes］的大本营），我们为无法分类的思想和不间断的反叛开设了浪漫旅店。在这个绝望的宇宙，仍然存有希望的思想者都会怀着狂喜，把最后的目光投向我们微不足道的小店：我们要做的就是制定一份新的人权宣言。[11]

展览目录包括阿拉贡的一篇文章：《绘画的挑战》（“La Peinture au défi”），文章内容充实意义重大，主要阐述了什么是超现实主义，超现实主义客体可能是什么样子。这次展览展出了马格利特的一幅作品，在目录中被列为拼贴画，但是马格利特将其描述为一幅绘画，画面中“有一个缺失的、不可替代的词”。[12] 这部未命名的作品在展览后消失得无影无踪，这更让一切显得神秘莫测。在画布上，缺失的词看起来像是被三块形状怪异的瓦楞纸板遮住了。画上能看到的词语是：

所有的

……

出生

在冬天

缺失的单词被认为是“燕子”（Hirondelles）。《燕子出生在冬天》（“Les Hirondelles naissent en hiver”）是当时的一首流行歌曲。这个词似乎可以猜到，却不能展示出来。阿拉贡的文章中有一句话描述了马格利特：“马格利特使用了贴纸图案，最近还使用了插图拼贴。”这句话或许恰如其分，但阿拉贡又加了个出名的脚注，内容符合恩斯特关于马格利特的绘画纯属手工拼贴画的评论：“马格利特在绘画中使用书写文字的做法与拼贴画之间存在联系吗？我想不出能有什么可以否认这种联系的办法。”[13]

这场展览成了格曼斯画廊的绝唱。画廊关门了。格曼斯不名一文，无家可归，受人拒绝，遭人藐视。雪上加霜的是，他的女伴伊冯娜·贝尔纳（Yvonne Bernard）离开了他，投奔了他的赞助人。格曼斯画廊被视为超现实主义的橱窗，即使画廊倒闭不是格曼斯的过错，他也还是得给布勒东等人一个解释。格曼斯在马格利特家小住了一段时间，然后回到布鲁塞尔面对不堪的现实。他有了新的伴侣，萨莎·齐格林斯基（Sacha Chigirinsky）给了他很大慰藉，后来成了他的妻子。

画廊的关闭，对所有相关的人来说都是灾难。马格利特原定于 1930 年 3 月在画廊举办个人画展，他对此期待已久，何况保罗·艾吕雅已经表示愿意给他写画展目录的序言。如今一切都成泡影，他难免感到痛苦失落。与此同时，本该按月发给他的酬金突然停止了发放，原因是赞助人扣留了这笔资金。接踵而来的就是相互指责。马格利特指责罗特随意中止他们的协议，在此过程中给他带来了相当大的困难。罗特指责马格利特没有向他告知或交付全部作品，没有严格履行合同。1930 年 6 月，马格利特手上至少有 11 幅油画要卖给梅森斯换取生活费，而这些画都是他为个人展览专门画的，这样想来，罗特的指责似乎恰如其分。马格利特给诺奇写信，托他帮忙在布鲁塞尔找工作，在信中等于承认了这一点。

> 我忘了告诉你，回到巴黎后（1930 年 1 月，在比利时过完圣诞节），我没有拿到按月付的津贴，这是我的生活来源，我遭受了最彻底的背信弃义。罗特甚至指责我，说我没把完成的所有画布油画都送到画廊，却不想一想，在我举办展览前把画都送过去是毫无意义的。更奇怪的是，马塞尔·富里耶（Fourrier），一位律师，似乎觉得罗特这样的指责有道理，并建议我等到罗特对我更友好时再说。我对整个事件深感厌恶。[14]

不论谁对谁错，等都是没有用的。画廊关闭实际上意味着合同取消。随着格曼斯破产，马格利特也破产了。

和范·布鲁埃内一样，格曼斯似乎也在马格利特的画上做着投机生意，无论何时何地，只等机会到来。当初他并不在意马格利特与范埃克的合同，马格利特也一样。在商业伦理问题上，马格利特从来都不太严谨。他与梅森斯隔段时间就会发生龃龉，一次梅森斯给他写了封措辞严厉的信，信中说道："你可能还记得，过去你为了范埃克-施瓦岑贝格的合同背叛了我们的友谊，然后你又为了格曼斯、范·布鲁埃内和加费（René Gaffé）等人背叛了范埃克-施瓦岑贝格（他们与你的交易完全是公事公办）……"[15]

这一指责很有力。在1926年或1927年，格曼斯似乎瞒着范埃克和人马画廊，把三幅马格利特的作品卖给了比利时著名收藏家勒内·加费。“说到马格利特，”格曼斯在给另一位收藏家的信中写道，“千万要保密，我有三幅他的巨幅画，是一段时间以前我自己选的。这件事范埃克不知道！”[16]这表明，马格利特不顾已经签的合同，允许格曼斯直接到他的公寓里挑选画作，而那些画刚刚完成，甚至还没从画架上拿下来。这也表明，格曼斯和马格利特遇到重要的机会时很有眼光。加费经常大量购买画作，他们为他挑选的画包括令人难忘的《一个孤独漫步者的遐想》，后来这幅画被梅森斯买下了。

格曼斯也本着开明的利己主义精神为马格利特积极做宣传。在马格利特搬到巴黎前不久，格曼斯请求另一位著名的比利时收藏家皮埃尔·让莱帮忙。信件为马格利特画作的买卖提供了证据。

> 最后，既然我们欠下了750法郎，那我请求您，如果可能的话，帮忙把这一小笔钱寄给或转交给勒内·马格利特。这么催您，我很抱歉。马格利特就要来巴黎住了，他将在［1927年］9月10日或12日离开布鲁塞尔，我想，这次他来巴黎就不会再走了。他无疑需要这一小笔钱（我欠他的更多）。您帮帮我吧，这是您力所能及的。不过您为什么不趁这个机会去看看他

在做什么呢？在［布鲁塞尔］我的住处会看到他的一些作品，我想这会让您大开眼界。突然间他的创作就成熟了，这一点现在是毋庸置疑的。[17]

在巴黎，格曼斯会从画廊购买画作并转手出售——在他1927年的一份库存清单上，列出了阿尔普、布拉克、德·契里科、恩斯特和米罗等人的作品。不过格曼斯显然与马格利特达成了共识。1927年11月1日，就在马格利特在莱佩尔勒安顿下来的几个星期后，格曼斯把马格利特的一幅受欢迎的新画卖给了让莱，画的名字是《梦的钥匙》（英文名 *The Interpretation of Dreams* 也可译为“梦的解释”），同时卖掉的还有米罗的一幅素描和阿尔普的两幅浮雕，卖了1000法郎，还有一幅佩梅克（Permeke）的画。让莱和格曼斯亲密无间，让莱肯定会保守秘密，这点也无须怀疑。[18] 让莱得到的是一幅意义重大的画作。

《梦的钥匙》是马格利特的第一幅文字画。它代表着重要的突破——马格利特在这令人瞠目的多产时期做出了许多突破，这是其中的第一个。文字画这种技巧可能受到了一些电影的启发，比如马塞尔·莱赫比耶的《海上来的人》，这部无声电影配的不仅是插卡字幕（intertitles），而且是片内字幕（intratitles），将文字和图像结合到了一起。《梦的钥匙》的创意并非出自弗洛伊德，而是出自阿特米多鲁斯（Artemidorus）和他的《解梦》（*Oneirocritica*）。

马格利特的图书馆里有这部作品的现代法语版。[19]《梦的钥匙》的画面被一分为四。左上方的图案是一个行李袋，行李袋下面的文字是“天空”；右上方是一把小折刀，小折刀下面的文字是“鸟”；左下方是一片树叶，树叶下面的文字是“桌子”；右下方的图案是一块海绵，海绵下面的文字是“海绵”。马格利特写过一篇富有诗意的简短文本，其中就又提到了这种离奇的分类标注。文本名叫《位于生活核心的戏剧》（“Théâtre en plein coeur de la vie” / “Theater at the very heart of life”），发表在诺奇与格曼斯一起匿名编辑的小型刊物《距离》（*Distances*，1928）创刊号上。

> 千真万确，一位公主微笑着，从万里晴空环绕着的房子的墙上走了出来。选定的水果被放在桌上，代表着鸟类。灯光是可以理解的，尽管有些无法解释的阴影，还有敞开的门外缺少的深度。由于比例恰当，一切是可以运转的。
>
> 现在公主奔跑起来，一个无所畏惧的亚马孙人，穿过无边的田野，寻找神秘的证据。她利用了无数人的思想和行为。她克服了诗意的障碍：行李袋，天空；小折刀，树叶；海绵，海绵。[20]

文字画是马格利特最富有成果的发现之一。他一旦取得了突破，几乎就势不可当。文字画源源不断地创作出来。在接下来的三年里，马格利特创作了四十多幅文字画，它们的差别很大。与他的惯常做法相符的是，他又创作了《梦的钥匙》的另一个版本（1930）。这次的画面分成了六份，每格小画面中都存在着明显的矛盾：下面写着“金合欢”（l’acacia）的鸡蛋；下面写着“月亮”（la Lune）的一只鞋；下面写着“雪”的圆顶硬礼帽；下面写着“天花板”（le Plafond）的蜡烛；下面写着“暴风雨”（l’orage）的玻璃杯；下面写着“沙漠”（le Désert）的锤子。这幅画在接下来的十年里定期展出。1936 年，诺奇与它进行了某种形式的对话，试图衡量它在颠覆性上具有的潜力，两年后，马格利特在他的“生命线”讲座中抄下了诺奇的文本。诺奇写道：

> 它是不是事物的列表，其中一些事物以其形象来指代，而另一些是由它们的名字指代？它是不是一首歌，其中的曲调是由物体构成的，而歌词仍然是歌词？它是不是一个诗歌机器，在支持有意的错误命名？它是不是对言语的反叛？
>
> 这幅画引发了严肃的思考。
>
> 可能会有一些未知的东西向我们呈现出来，而我们只知道它的名字。于是，我们面对着一个显而易见的真理：词语永远不能公正地描述物体；词语对物体是陌生的，仿佛漠不关心。

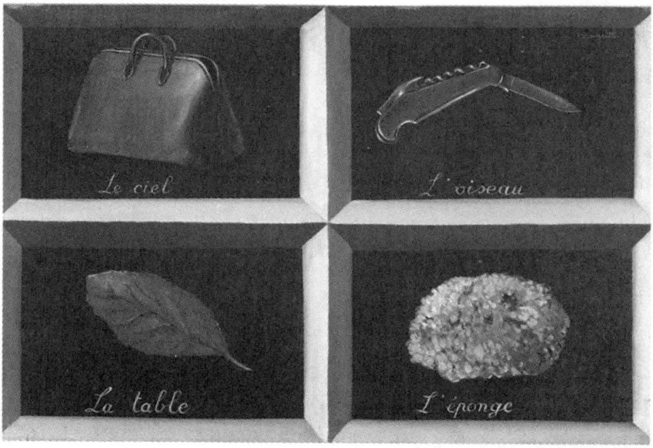

马格利特，《梦的钥匙》（1927）

马格利特，《梦的钥匙》（1930）

但是，未知的名字也有可能把我们抛进一个思想和图像的世界，把我们带到精神地平线上的神秘点，在那里我们遇到了奇妙而奇怪的事情，我们满载着它们归来。

作为对我们隐秘欲望的回应，它可能发生在我们的交谈中，也可能发生在我们的梦中。[21]

追问并没有停止。雅克·德里达一直盯着那只鞋——“被马格利特称为‘月亮’的那只（死去的？）女人的鞋。”[22] 凶手又一次发出了威胁吗？

《梦的钥匙》的原始版本被让莱收藏后，让莱再也没有把它公之于众，1952 年，他把这幅画卖给了西德尼·詹尼斯（Sidney Janis）。1954 年，纽约詹尼斯画廊（Janis Gallery）举办了一场具有启发性的展览，这幅画在展览中重见天日。此次展览的主题是“马格利特：词与像”（Magritte：Word vs Image），展出了马格利特在 1927 年至 1930 年间创作的 21 幅文字画。这次展览也充分地展现出，能拥有梅森斯这样的人作为自己的米西纳斯（Maecenas，慷慨资助者），会有多大的优势。梅森斯是位十分了解作品的收藏家，可以通过自己对作品的估价赋予作品价值。詹尼斯画展的缘起是这样的：詹尼斯和妻子去布鲁塞尔旅行，在那里亲自参观了梅森斯收藏的马格利特的精彩画作。他们快要离开时，梅森斯提到了“词与像”（Word vs Image）展览的想法。梅森斯至少提供了 16 件他自

马格利特，《梦的钥匙》（1935）

己收藏的马格利特的作品。在这次画展中，詹尼斯第一次展示了《梦的钥匙》的两个版本：一个版本是他从让莱那里买到的，另一个版本是从慷慨的比利时收藏家菲利普·多托蒙（Philippe Dotremont）那里借来的，多托蒙则是在那之前不久以 3 万比利时法郎从梅森斯手中买下来的。

就销售而言，这场展览彻底失败了。詹尼斯自己买了一幅画，然后又以 12 000 比利时法郎的折扣价，买下了送回画作时由于失误留下的一幅画。“我们没有能卖掉画的希望，”他在给梅森斯的信中隐忍地写道，“但我们会接受你的建议。”[23]

尽管如此，连锁反应是巨大的。消息传开了。画家贾斯珀·琼斯在“词与像”展览上第一次接触到马格利特的绘画。他被迷住了。他一有钱，就买下了《梦的钥匙》的第三个版本（1935），这幅画曾属于佩吉·古根海姆，画面回到了第一版的四片嵌板，上面标注的单词变成了英文版，是给美国买家准备的。画面的左上方是个马头，标注的词是“门”（*the door*）；右上方是个时钟，标注的词是“风”（*the wind*）；左下方是个罐子，标注的词是“鸟”（*the bird*）；右下角是行李箱，标注的词是“行李箱”（*the valise*）。

有趣的是，贾斯珀·琼斯真正渴望得到的马格利特的作品是《葡萄收获之月》（*Le Mois des vendages / The Month of the Grape Harvest*, 1959），它描绘的是，一群头戴圆顶礼帽的男人透过一扇敞开的窗户朝一个

马格利特，《葡萄收获之月》（1959）

空房间里面看，这与《受威胁的刺客》中的目击者有些相似，但是没有能把这两幅画切实联系在一起的线索。马格利特本人对这幅画相当满意。谈到他最近的作品时，他认为："这幅画最能提醒我们，如果我们有'现实感'，那么现实能达到多么奇怪的地步。"[24]吕克·德赫施巧妙地利用了线索的空缺。在他拍摄的系列纪录片中，马格利特和同伴们聚在一起，目的是找个合适的标题。那幅画放在画架上。马格利特设定了场景。他甚至指出，这些人不是过路人，不是目击者，不是旁观者，也不是听众。他停顿了一下，最后自己说道："我想到要在房间的角落里加件乐器。"格曼斯回答说："没必要让人觉得房间里有个音乐家。"[25]不管有没有音乐家，这幅画对年轻的贾斯珀·琼斯来说都太昂贵了。马格利特画笔下那个戴圆顶礼帽的无名男子让他无法忘怀，那支著名的烟斗或许也是如此。在琼斯的出色作品《旗》（*Flag*，1954—1955）中，我们可以辨认出"烟斗梦"这个幽灵般的词语。[26]

"词与像"展览也得到了罗伯特·劳申伯格的关注，他买到了展出的一幅文字画——《字面意义》（*Le Sens propre / The Literal Meaning*），画的是椭圆形的嵌板，那也可能是一面没有装上镜子的镜子，上面写着"悲伤的女子"（femme triste）。劳申伯格还买到了一个没那么悲伤的版本，是《永恒的证据》（1954）画面的一部分——乳房。[27]

在巴黎，马格利特的文字画还没画好就已被人选

马格利特，《我看不见隐藏在森林里的（女人）》（1929）

中。布勒东在1928年得到了一幅文字画，还有马格利特在同一时期创作的其他6幅作品。[28]1929年，马格利特给了路易·阿拉贡一幅文字画。[29]这些画中最著名的一幅刊登在《超现实主义革命》的最后一期（1929），形式令人难忘——那是占据了整个页面的《隐藏的女人》（*La Femme cachée / The Hidden Woman*），上面写着“我没看到［……］隐藏在森林里”（*je ne vois pas la [...] cachée dans le forêt*），周围是超现实主义者的照片，他们是精英中的精英。他们都闭着眼睛，不是旁观者（onlookers），而是不观者（nonlookers）。这些愿意奉上照片的人在画面中是按字母顺序排列的，布勒东排在最上面一排的中心位置，曼·雷说过，“他那威严的头颅，像是扛在肩膀上的薯片”[30]。曼·雷没出现在画面上，不知这是偶然还是有意为之。最上面一排的人是马克西姆·亚历山大、路易·阿拉贡、安德烈·布勒东、路易斯·布努埃尔和让·科潘恩（Jean Caupenne）；第二行的两个人是萨尔瓦多·达利和保罗·艾吕雅；第三行是马克斯·恩斯特和马塞尔·富里耶；第四行是卡米耶·格曼斯和勒内·马格利特；最下面一排是保罗·诺奇、乔治·萨多尔（George Sadoul）、伊夫·唐吉、安德烈·蒂里翁（André Thirion）和阿尔贝·瓦伦丁（Albert Valentin）。

这幅蒙太奇相片画令人浮想联翩，遗憾的是，对于它的缘起人们所知甚少。根据马里恩的说法，马格利特希望看到《隐藏的女人》能在《超现实主义革命》上得到再现，而蒙太奇相片就成了实现这一目标的手段。这听起来很有可能。《超现实主义革命》在1924年创刊，但是从未发表过马格利特的作品。五年过去了，马格利特迫切地希望能够入选。1929年12月，他终于如愿以偿。

这份杂志之前有过使用蒙太奇相片的先例，而且也有使用梦中女子的先例。杂志第一期就发表了有些类似的蒙太奇相片，是以热尔曼·贝尔东（Germaine Berton）的照片为中心的，这位无政府主义者在那之前一年暗杀了右翼法兰西行动党（Action française）的秘书。蒙太奇相片与波德莱尔的一句格言合为一体："在我们的梦中，投下最大阴影的，或最多光明的，就是女人。"[31] 贝尔东是超现实主义的女主人公。环绕着她的男性照片包括通常的嫌疑人和混合在一起的父亲形象（德·契里科、毕加索、弗洛伊德）。这些照片都是拇指指甲大小的大头照，是从人像照片中剪下来的。马格利特借鉴了这个想法并加以改造。他的照片蒙太奇更像是真正的大头照，更自然，也更统一。正如罗兰·巴特领悟到的那样，这些图像暗示着犯罪记录。它们是机器拍摄出的自画像，而不是肖像。自愿贡献照片的这些人应邀在摄影棚拍下自己的照片，把它们寄给马格利特。[32] 马格利特喜欢这些摄影机器，而他并不孤单。在布勒东的众多藏品中就有古董条幅摄影机的胶片。

至于梦中女子，她的身份可以确定，是乔吉特。彭蒂曼蒂（Pentimenti）揭示出，图片说明的最上面一行字本来不那么神秘，或者说是十分明确的：不是简单的“我没看到”，而是“我没看到这个女人”。这句话强化了这样的暗示：这不仅是一种新型的梦中情人，也是一种新型的通缉令（你见过这个女人吗？），这就如同蒙太奇是一种新型的现成品。与马格利特的许多作品一样，这些图像既是庸常的，又是越界的，是一种强有力的混合物。从概念上讲，它巧妙地取材于男性的幻想——甚至可能是色情，那是马格利特年轻时代的特别主题。这种幻想更有可能是布勒东对于在树林里偶遇裸体女子的幻想，这种幻想在两本著名的书中得到了表达，一是阿拉贡的《巴黎的农民》（*Le Paysan de Paris*，1926），一是布勒东的《娜嘉》（1928）。在《巴黎的农民》中，阿拉贡和布勒东在树林里散步。“他们迷失在树林里，在危险的火焰中，他们寻找着；等待着一个不是偶然造访的女人，她有明确的目的，她对生活的理解包罗万象，她真正准备好了接受一切，为了她天翻地覆都是值得。”超凡脱俗的娜嘉是梦中的天使，是不受意识干扰的心灵自动主义的寓言。她读着布勒东引用的一首诗：“她满眼都是森林的景象。她看见诗人路过树林，仿佛可以远远跟着他：‘不，他绕开了森林。他不能进去，他没有进去。’”布勒东自己宣称：“我一直，令人难以置信地希望，在夜晚，在林中，遇到一个美丽的裸体女子，或者更确切地说，既然这样的愿望一旦表达出来就毫无意义，那我令人难以置信地遗憾，自己没遇到她。”[33]

这样的女人就是《隐藏的女人》。布勒东不仅把她复制在《超现实主义革命》中，还把她收为己有。

布勒东曾把这幅画借出去两次，一次是 1933 年在布鲁塞尔举办的马格利特画展，一次是 1938 年在巴黎举办的超现实主义国际博览会。那之后他再也没借出过这幅画。那个女人成了他的私藏。布勒东私人的热爱渐渐平息，在这种情况下格外令人感伤的是，随着时间的推移，画的颜色越来越黯淡，那个女人有消失的危险。布勒东试图清理画面，结果画布表面的油彩开始脱落；如果没有后来的修复人员，这幅画肯定就毁掉了。布勒东毫不遮掩地把事情告诉了马格利特，毫无惧意地要求马格利特给他换一幅画。1961 年，他在信中写道：“谢谢你还会考虑给我一幅画，替代这幅我特别喜欢的油画。我很确定，你无法重新找回当时的精神状态（原谅我这样说，我想不出更好的表达）……你还记不记得上次去方丹街［他在巴黎的住所］，你送了我一幅水粉画《自大狂》（*La Folie des grandeurs*）？”

马格利特同意了，他画了一幅名为《图像本身》（*L'Image en soi*）的画。他告诉布勒东：“我称之为《图像本身》，这不是反讽，也没有挑战某种我们可以轻易舍弃的逻辑。这件事我就不多说了，我只希望《图

马格利特，《图像本身》（1961）

像本身》能满足你的一切喜好，能替代森林里那个看不见的女人。”[34]“你的一切喜好”是完全客观的说法吗？也许吧。不过不管怎样，布勒东变得宽宏大量了。马格利特为了给他个惊喜，亲自把画送了过去，当时布勒东不在家。他一回到家就赶紧用漂亮话表达了他的感激。

> 你为我准备的“惊喜”，真的是让我喜出望外——尽管在这之前我已经等不及了，没能忍住好奇心，让你给我写信描述了这幅画……这让我更能对它的样子形成些概念，并让我预感到我看到它时会有什么样的情感体验。此外，没有什么比这更能证实我长期以来的观点了，那就是，无论是在题材上还是在绘画方式上，

都正是无法形容的事情起着全部作用，就像是在诗歌中，最重要的是那以其他方式无法言说的东西。现在，无法形容的是我对一个人长存的感受和生命的神秘，他名叫勒内·马格利特，是个特别的人，我很荣幸能成为他的老战友，尽管我和他身不由己地走过了不寻常的风风雨雨，我仍然是他的朋友。[35]

《隐藏的女人》奇妙地揭示了生命的神秘。这幅画受到的损坏意味着去物质化的过程，然而，正如大卫·西尔维斯特雄辩地指出的那样，去物质化也是一种变形。“这是自然的损坏影响艺术意图的案例之一，其中碎片化或模糊化造成的损失，被增添的活力和暗示力压倒了……在画中人的身体裂成网状的地方，裂缝处透出了金色的光芒。这些断断续续的光的通道营造出来的效果，就像是破损圣像那斑驳的表面。”[36]

这幅图像是《超现实主义革命》杂志的封面页，在其背面，可以看到马格利特对一项关于爱情的调查的回答。超现实主义者喜欢做调查。他们也喜欢性爱。他们对性行为进行了研究，就这个问题组织了无拘无束的小组讨论。布勒东写了本书，名叫《疯狂的爱》。爱情是个明显的目标。支配这项工作的，是布勒东的黄金法则。“对爱这个词，小丑们用尽粗鄙的智慧，进行各种可能的概括和腐化（孝顺的爱，神圣的爱，对祖国的爱）。我们的爱，毋庸讳言，从严格意义和紧迫意义上讲，是对另一个人的完全依恋，它基于对真理的必不可少的承认——‘寓于身体和灵魂中的’我们的真理，寓于特定个人的身体和灵魂中的真理。”调查提出了四个问题：

1. 你对爱情抱有什么样的希望？

2. 你如何看待从爱的概念到爱的事实的过渡？

3. 如果你知道与所爱的人不在一起多长时间会熄灭爱情之火，同时也意识到这样的计算是平庸的，那你会让自己在一段时间内不与你所爱的人在一起吗？

4. 你相信爱的荣耀会战胜生活的肮脏，还是相信生活的肮脏会战胜爱的荣耀？

《隐藏的女人》的照片蒙太奇可以理解为马格利特对这一问卷调查的回应。他也做出了下面更加传统的回答：

1. 关于我对爱情寄予的希望，我知道的只是，它只需要一个女人来实现。

2. 从爱的概念到爱的事实的过渡，发生在这样的情况下：一个出现在现实中的人，以这样一种方式确立了它的存在，即被爱，被跟随着进入光明或阴影。

我愿牺牲与爱对立的自由。就像过去一样，

我依靠自己的直觉，这对我来说容易做到。

如果我所坚持的事业让我在爱情面前堕落，那我准备放弃我的事业。

那些从未确定自己身处爱情之中的人，不论是谁我都不会羡慕。

如果一个男人的激情促使他放弃自己的信念，去取悦他所爱的女人，那他是幸运的。[37]

女人有权要求类似的证据，如果这有助于提升爱情。

3. 不会。经验告诉我们，这将对爱的力量施加限制。

4. 爱是不能被摧毁的。我相信爱会胜利。[38]

关于性的讨论从1928年1月开始定期进行，马格利特没收到过参加讨论的邀请。1929年3月11日，他受邀参加在城堡酒吧（Bar du Château）举行的关于集体政治行动这一棘手问题的讨论。这次讨论会的序曲是另一项调查，调查的问题与意识形态关系更大，类似于一种忠诚测试，或者是秩序的召唤。

1. 考虑到所有的事情，那你认为你的活动是应该还是不应该被暂时或永久地限制在某种个体的形式中?

2. 倘若答案是肯定的，你愿意代表那或许能把我们大多数人团结到一起的观点，说明你

> 的动机吗？请明确你的立场。如果答案是否定的，那你在多大程度上相信一项共同的活动可以继续下去？它的性质是什么，你会选择与谁或同意与谁一起进行这项活动？[39]

这些问题被发放给了大约60个在某些时候认为自己是超现实主义者的人，包括布鲁塞尔小组，以及那些遭到群体驱逐或疏远的人。有些人未做回答，有些人的回答方式会让他们“因其职业或性格”而被排除在讨论会之外（总共有七人，包括曼·雷和唐吉，但他们都参加了讨论会）。马格利特显然通过了考验。他的回答强调了他对集体行动和政治参与的信念。对马格利特来说，艺术和政治是紧密相连不可分割的。“集体行动也许会产生令人敬畏的印象。比如说，诗歌所能表达的东西，会由此得到更多的人倾听。”[40]

在马格利特的同伴中，格曼斯和苏里做出了相似的回答。梅森斯肯定也是如此，他也参加了讨论会。诺奇的回答却不同。正是在这次回答中，他对修士般的布勒东和法国超现实主义者发表了著名的告诫。[41]讨论会上宣读了他的回答。

> 我们当中刚刚开始留名的人，如果能抹去留下的印记，我将非常高兴。他们将赢得自由，对此我们可以寄托些许希望。这个世界给我们提供了很多精彩的例子：一些小偷，某些杀人

> 犯；致力于非法行动的政党，等待着恐怖时刻的到来。至关重要的，当然是那些孤立个体或有组织的团体的秘密精神安排，而不是一些文人逸事或陈列着历史化石的奇怪画廊。

这段话得到的答复，是一片沉默。几个月后，它等来了《超现实主义第二宣言》（*The Second Manifesto of Surrealism*），这是一篇令人不快的宣言，其中进行了自我辩护和清洗，宣言同样发表在最后一期《超现实主义革命》上。被刺痛的布勒东回应说："虽然不太清楚他想到的是谁，但我认为，无论如何，要求一个人别再如此沾沾自喜地展示自我，在舞台上表演，其实并不过分。"[42]

谁都知道诺奇想到的是谁。争论并没有就此结束，它触及了布勒东对艺术和艺术家的态度的根基。诺奇还对布勒东讨论过的一个概念提出了质疑，那就是艺术作品的"内在模式"（internal model），布勒东在有关艺术与艺术家的文集《超现实主义与绘画》（1928）中讲到了这个由来已久的概念。按照布勒东所说的，真正有创造性的艺术家，尼采式对一切价值的重估者，不会在外部世界、自然中寻找或寻获他的"模式"，而是在内部世界中，也就是在自我中寻找。如同诺奇所说，他会从自己身上找出最美好和最可怕的奇迹。在布勒东的描绘中，毕加索就是这样做的，他令人惊叹，如同被施了魔法。在诺奇（和马格利特）

看来，内在模式等于是向无意识或神秘之物投降，此时的艺术家耐心地等待着灵感降临，如果没有灵感，就等待一次点头，一次眨眼，或者一个奇迹。他们认为，同样令人反感的是对自动主义的崇拜，它背负着媒介的作用和对精神力量的暗示。在《宣言》中，超现实主义被“一劳永逸地”定义为“精神自动主义”（psychic automatism），而在其他地方，超现实主义被定义为“某种与梦境状态相当吻合的精神自动主义”。[43] 精神自动主义这个概念足以让马格利特怒不可遏。布勒东和他的兄弟们所喜爱的“自动书写”，在马格利特和诺奇看来都该受诅咒；“自动绘画”完全只是个笑话。自动性被认为是带来启示的工具，因为它直接导致幻觉。马格利特和诺奇认为，这只不过是无聊的废话骗局，所有关于幻觉的讨论都是对创作的干扰。马格利特和诺奇感兴趣的是发明创造。发明创造是艰苦的工作。它要求应用、思考和行动。内在模式是一种静寂主义（quietism）。在《被保护的形象》中，诺奇提出了犀利的见解，类似于瓦雷里所说的“行为代数”（algebra of acts）：

“内在模式”可能会变成一个危险的概念。风险就在于，它暗示一幅画在画出来之前就存在于画家的心中。现实并非如此，现实复杂得多。现实是几乎不可分割的混合体，构成因素包括一部分洞察力、行为、曲折、欲望、特别的快乐、烦恼、消遣、沉睡、觉醒——总之，这幅画是存在的。[44]

在城堡酒吧的讨论会议并不成功。与会者大约有30人，人数相当可观。讨论的主题是，“思考最近列夫·托洛茨基受到的对待”，托洛茨基已经遭到斯大林的清洗和流放。当天的会议始于宣读收到的信件。持不同意见的乔治·巴塔耶只用一句话就定下了讨论会的基调：“他妈的理想主义者太多了。”原定的讨论暂停了，托洛茨基的话题被搁置了。调查的氛围在会场弥漫开来。“首先，”布勒东不祥地宣布，“会议必须对个人的道德资格发表意见。”绝不能畏首畏尾。“问题不是就反叛精神宣布个人的、柏拉图式的主张，不是发表对反叛者的模糊同情，而是对社会革命的绝对信仰，对无产阶级权利的绝对信心，对他们具有实现这些权利的力量的绝对信心。”关于这一点，会议记录上说：“布勒东问，是否每个人都有这种绝对的信仰（是的，全体一致通过）。”[45]

马格利特属于这些一致表示同意的人，尽管他可能感到身不由己。他似乎没在会议上发言，也未对会议进程发表任何评论。即使他不反对乔治·里伯蒙-德塞涅提出的观点，即“应该停止这种对心灵和欲望的考验”，他也没有说出来。谈到心灵和欲望时，他已经准备好并愿意承担考验了，但是他要按自己的方式和时间。他与超现实主义者的关系转变成相互保留的关系。他与他们保持着距离，他们也与他保持着距离。对诺奇来说，“距离”充满意义。他为《相称》所写的文章中，有一篇是写给布勒东的，名字就是《为了守护距离》（“Pour garder les distances”）。这一教训被马格利特牢记在心。格曼斯把马格利特介绍给了恩斯特、阿尔普和米罗。马格利特与布勒东和阿拉贡有过密切接触。他和本雅明·佩雷（Benjamin Péret）一起消遣。不久后他和艾吕雅成了朋友。[46] 布勒东首先开始收藏马格利特的作品，然后是艾吕雅。一切似乎都没什么变化。马格利特仍然留在圈子外围旁观。没有人邀请他参加超现实主义画廊的展览。他没有参与超现实主义者的活动。第一版的《超现实主义与绘画》没提到马格利特。在 1945 年的第二版中，有一段话夸赞了他对物体的运用和给人的启示（object-lessons），封面则在杜尚的鼓动下采用了他的《红色模型》（1935）。又过了二十年，这本书又出了一个版本，才承认了他的天才：“或者是他真正的常识，意味着最伟大的诗人的常识。”[47]

可以毫不夸张地说，在超现实主义者的作品中，马格利特被贬低成了一个脚注，尽管超现实主义运动的领导人也在购买他的作品作为私人收藏。直到 20 世纪 30 年代，马格利特仍然是个无名小卒，就像托洛茨基一样，没有成为历史记录的对象。他自己的写作也并不顺利。在将近一年的时间里，他和格曼斯一起断断续续地写着一篇相当长的短篇小说《夜的颜色》

(*Les Couleurs de la nuit*)。[48] 最终他们把它寄给了《集锦》的超现实主义特刊特约编辑布勒东和阿拉贡。由于篇幅太长（超过了10页），稿子被拒绝了，这也许可以理解。手稿后来被布勒东弄丢了。

与此同时，马格利特和格曼斯推出了名为《字面意义》的系列小册子，每本都复制了一幅画，并配上了一首为画写的诗。小册子在1929年2月和3月每周出版，一共出了5本。格曼斯喜欢说，诗歌是对绘画的“回应”，或者说，绘画和诗歌之间存在某种对应关系；他还认为，诗歌或多或少实现了与标题相同的功能。尽管如此，唯一的直接称呼似乎是以《夜曲类型》（*Le Genre nocturne*）为标题的画和以《魅力女神》（“La Charmeresse”）为标题的诗。

焕发着光彩、高高耸起、束了丝带的乳房，或是像爱情一样，衬托得躯体愈发高贵的乳房；空气中填充着白昼的白色导火线；就像金色的果实，生长在由发亮的相交线条连接起来的沟壑，我们看着她醒来，以符号拉开那张弓。

又过了一阵，她的目光停驻下来——在黎明的内心，追踪到了一个温柔的想法，一场梦的记忆，在梦里，黑夜编织着素描般简要的手势和困惑的叹息——她停了下来，她知道如何用若无其事的神情，按她的希望，掩盖住深深的缺席。

但是，最后，叫声响起，把蓝色从羽毛箭

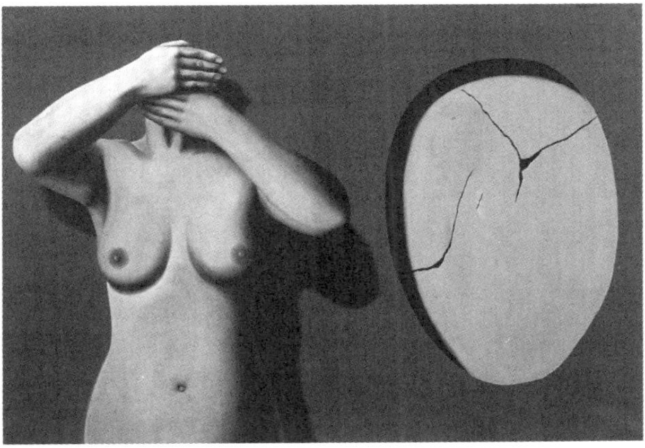

马格利特，《夜曲类型》（1928）

> 转变成声音机器，转变成被看不见的火焰吞噬的特征，她慢慢用手筑了道墙；没有嘴的脸和没有脸的嘴，她从阴影中塑造了一道身体的风景。[49]

格曼斯的诗情无法与诺奇的场景构想媲美。他也迎来了更深的失望，几乎难以启齿。他最初的意图是写一本书。“我已经为马格利特和我准备共同出版的书写了一两首诗，”他在一份写给诺奇但未寄出的书信草稿中写道，“毫无疑问，我们将遇到巨大的困难。出版费用太高了，我们不可能自己付费。因此，我们必须找个出版商。此外我也担心，我们不太可能得到需要的那些照片，因为一些照片会被《精选》杂志保留下来自己使用。”[50]《精选》出版了一系列在世艺术家的影集，当时也对外宣传要出版马格利特的影集，但是没有出。

谈到超现实主义者，格曼斯的经历反映了马格利特的经历。“我没能见到布勒东，”他在抵达巴黎几个星期后给诺奇写信说，“我通过马塞尔·诺尔［超现实主义画廊的经理］提出了见他的请求。但布勒东显然要到下周以后才能见我。说得够多了，等得太久了。”诺奇在回信中急切地说：“绝对不要在政治处境方面向超现实主义者妥协。我们有充分的理由为他们感到羞耻。”[51]在法国，超现实主义者的政治处境引发了他们与共产党的关系这一棘手问题。他们最初就围绕着是否愿意顺从于一个党派的命令这一问题展开了激烈辩论。在比利时，诺奇和同盟者的痛苦经历让他们形成了更清晰的观点：应该保持距离。

不久以后，格曼斯向诺奇坦诚地讲述了他的生活感想，具体而言，是他作为在巴黎的商人对生活的感想，更确切地说，是他作为身在巴黎的比利时人对生活的感想。他因坦率直言而著称，对于作为“我们”的比利时人和作为“他们”的法国人，他的说法比较悲观。很多人都有这样的看法，但很少有人表达出来。它证明了双方根深蒂固的差异，也证明了双方并不完全相配。他十分尖锐地指出了双方的整体特征。法国人好大喜功，好耍阴谋，自以为至高无上，更不用说盛气凌人；他们控制着大都市，自认为占据了道德制高点。比利时人是他们可怜的亲戚，比利时人无论在大都市中还是在道德高地上都是陌生客。在法国人看来，比利时人不知道在这样的地方该如何表现，他们还有很多东西要学。他们似乎有不同的行为准则。简直就像他们说的是不同的语言一样。同时，双方承认这些规则有部分例外。诺奇自己就是个例外。（布勒东在1940年说："在界定新的起点方面，我完全相信保罗·诺奇，而且无疑只相信他一个人。"[52]）首都本身基本上是激烈角逐之地。如果说巴黎是个试验场，那它也是欲望的市场，名誉的坟场。诺奇很少去巴黎，这或许能说明问题。是巴黎想接近诺奇。诺奇很明智。"你征服了这座吞噬了许多人的野蛮城市。"他在1920年写给朋友巴永的信中说。[53]其他人，哪怕有神灵的神通，也会像德·契里科一样被嚼成渣再吐出来，或者像爱伦·坡那样让人吐口水，前者受到了沉重打击，后者遭到了藐视。（"让我们顺便向爱伦·坡吐口水吧。"布勒东在《第二宣言》中说了一句相当恶劣的话，这句命令被马格利特轻轻松松地忽略了。）格曼斯的描述发人深省：

> 我的生命都消耗在解决那些绝对无足轻重的小困难上了。在这单调乏味的生活中，没什么值得一提。我看到的那些人，几乎没有一个是我们感兴趣的。若不是他们不断地跳出来让我失望，他们根本不会带给我什么启示。布勒东一如既往地深藏不露，能与他进行的交往永

远不会改变，也不能改变我们对他的性格和意图已经形成的印象。事实上，正是通过我的思考，我才能最好地估量这些不同的人，对我来说，花点时间去想一想他们，比与他们交谈更有益。所以我可以说是生活在边缘地带，这一点他们无疑也注意到了。我的这种态度肯定会让他们有些恼火。在我看来，不可能有对待他们的其他方式了。但他们不会理解我。谁想取悦他们，就必须任由自己被他们拉下水。我觉得我越来越没能力这样做了。我两年前尝试过的事，现在看来是不可能了。超现实主义者，不过如此，就到此为止了。[54]

马格利特在很多方面也处于边缘地带。我们无法不去猜测，从地理心理学上看，他在莱佩尔勒居住的位置，就反映出了他在面对以布勒东为统帅的超现实主义者时的处境。格曼斯住在蒙马特；恩斯特和米罗的工作室在同一栋楼里；马格利特居住在远郊，不在众人的视野内。他和乔吉特进城时，会在格曼斯家过夜，然后长途跋涉回家，这大大减少了他与超现实主义者的交往。

到莱佩尔勒拜访马格利特的人很少。一个晴朗的日子，保罗·艾吕雅去见马格利特，与他同行的是他当时的恋人，昵称“苹果”的爱丽丝·阿普费尔（Alice Apfel）。格曼斯也在场。

马格利特先给我们看了他最近画的画。然后呢，我不记得是他先提出来的，还是艾吕雅向他提出来的，不管怎样大家都同意，要他为阿普费尔女士画幅肖像画，阿普费尔女士极其优雅地摆好了姿势。马格利特要画到傍晚，于是我们就到附近的马恩河岸边散了散步。

我们散步回来，马格利特得意地给我们看了他的画。尽管他花在画这幅画上的时间不算长，但那真的是一幅杰作。画像和模特的相似度无可挑剔。实际上，马格利特表现出了不寻常的殷勤，在画中提升了阿普费尔女士的自然魅力。画中的一切都是为了愉悦。……但是……马格利特把年轻的阿普费尔画成了光头，头上没有一根头发。她的面孔呈现在我们眼前，让我们无比惊愕，那是个非常光滑的头骨，没错，画得非常漂亮的小小头骨，然而不幸的是，这丝毫无法改变马格利特残酷无情地让她毁了容的事实。

不管怎样，这一切都非常愉快地结束了。阿普费尔女士拒绝了马格利特非常想交给她的那幅画像。保罗·艾吕雅也拒绝了。[55]

并非每个人都能欣赏马格利特的幽默。他的幽默有种冷酷无情的感觉，有种不可原谅的品质，让人想起《臭皮匠》的粗犷。马格利特很喜欢无声喜剧中常见的鞭策与教训。在巴黎的超现实主义者聚会上，他习惯于取笑或嘲弄布勒东的宗教观点，而这本来是超现实主义圈子里的禁忌。“告诉我，布勒东，你是怎么看待耶稣基督的？”“布勒东，你思考过天主教的神秘吗？”[56]据说布勒东对此并没有介意，尽管很难想象比这更糟糕的交战方式。布勒东脾气很恶劣，脸皮也很薄。他是最不可能公开对马格利特恶言相向的。

马格利特本人可能是刻薄的，或者说至少是个神秘人物。1929年，达利来到巴黎，他的第一站是妓院，然后他去拜访了同胞米罗。达利在回忆录中写道：“我们在一起吃午饭，他对我说：‘今晚我要把你介绍给玛格丽特（Marguerite）。’”

> 我确信他指的是比利时画家勒内·马格利特，我认为他是当今最“神秘莫测、难以理解”的画家之一。我一直觉得，这个画家应该是个女人而不是个男人，我完全沉浸在这种想法中，所以见面前我决定，哪怕她不是非常非常漂亮，我也肯定会爱上她。……
>
> 晚上，玛格丽特到米罗在图尔拉克街（rue Tourlaque）的画室来接我们。玛格丽特是个非常苗条的姑娘，小脸晃来晃去，活像个神经质的死人脑袋。我立刻抛掉了所有与色情有关的念头，但我还是对她着迷。真是个奇怪的生物。

更使我困惑的是，她也不说话。

我们出去吃饭。……这无疑是我一生中吃过的最安静、最神秘的一顿饭，因为我的两个朋友都一句话也不说。……我想象着他们的画作，试图由此假想出，他们面部肌肉的每一次抽搐，他们做出的每一个动作，都意味着他们肯定在想什么，这一切在我看来都是深不可测的奥秘，而我更渴望看透他们两人之间的沉默，由此猜出他们之间肯定存在的思想上的亲密关系。我无法再推进我的假设。……仅仅过了几天，我就知道了，玛格丽特与画家勒内·马格利特之间毫无关系。[57]

此后达利和马格利特在格曼斯的公寓碰了面。达利对马格利特的画非常感兴趣。他为巴塞罗那报纸 *La Publicitat* 撰写了一系列文章，其中就包括讨论马格利特近期作品的有趣片段，这些作品包括文字画。[58]“勒内·马格利特完成了一幅画，画中‘有’一个失去记忆的人、一声鸟鸣、一个衣柜和一片风景。”这是对《生活的镜子》（*Le Miroir vivant*）有些混乱的描述。

在这一阶段，达利和马格利特的钦佩是相互的。他们非常合得来，于是达利邀请马格利特和乔吉特到加泰罗尼亚海岸的卡达克斯（Cadaques）度假，那里是达利一家的避暑胜地。1929 年 8 月，马格利特和乔吉特接受了邀请，与格曼斯和伊冯娜，艾吕雅和加

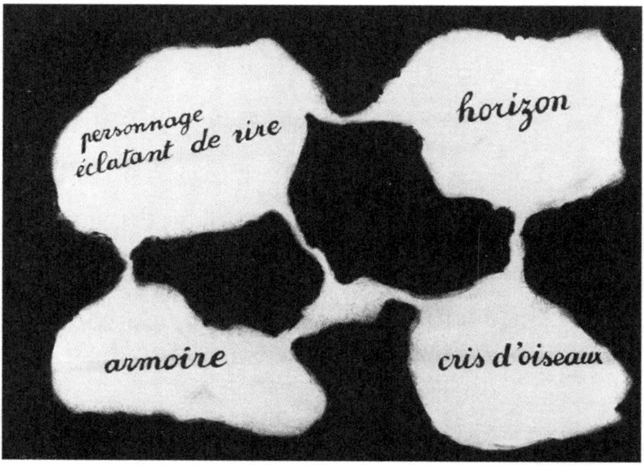

马格利特，《生活的镜子》（1928）

拉，米罗，布努埃尔合租了一所房子，他们还带上了露露，格曼斯带上了小狗多米。于是，超现实主义者中的两个坏小子——离经叛道的达利，冷嘲热讽的马格利特——在一个多月里肩并肩作画，几乎画遍了所有的画室。达利在画《黑暗游戏》（*Le Jeu lugubre*）时，马格利特在画《危险天气》，画中有躯体、大号和天空中的椅子，这幅画立刻就被艾吕雅抢先买下了。

一天，格曼斯和艾吕雅决定向马格利特提一提他的口音这个微妙问题。“谁都不能否认，马格利特天生有相当明显的瓦隆口音，”格曼斯多年后对瓦隆的听众说，“他从来没想过要改掉瓦隆口音，在某些场合，他甚至喜欢夸大自己的口音，说起话来显得咄咄逼人。”

我们都记着这件事，保罗·艾吕雅和我，在这个问题上与他较量。并不是说我们觉得沙勒罗瓦人的口音不招人喜欢，而是我们认为，像马格利特这样一位以法语为母语的画家有口音会不太体面。……

我们进行了一场史诗般的讨论，一直讨论到深夜。艾吕雅和我最终败下阵来。马格利特决意保留自己的口音，他认为根本没理由改掉口音。

我要很遗憾地说，他的固执与爱国毫无关系。但他毫不含糊地向我们表明，我们不该为这种微不足道的小事而烦恼，而且，我们不该支持社会层面或知识分子层面的阶层偏见，乃至于如此强调一种站不住脚的倾向，我们的这种态度不可理解。我得说，我们一时间感到惭愧，从那以后，我们再没有提起过马格利特的口音问题。[59]

在巴黎，口音可不是件小事。蹩脚的法语意味着没礼貌。没礼貌意味着傲慢、不服从，甚至更糟。达达主义诗人特里斯坦·查拉从罗马尼亚途经瑞士来到巴黎时，口音非常刺耳，每次他开始背诵，布勒东都会逃到隔壁房间。阿拉贡声称，他甚至需要教查拉怎么用法语说“达达”。丹东和罗伯斯庇尔的后继者在这方面有些神经质了。

布勒东先是追求查拉（“我对你的思念超过了对任何人的思念”），之后他发现查拉让人受不了，无法驾驭，就又甩掉了查拉。查拉可以说是让他失望的邮购新娘。布勒东对马格利特不曾有过这样的期望，但他或许对马格利特的整体举止有几分不赞成或几分不满。在仔细审视之下，这个特殊的比利时外来者既超出了巴黎超现实主义团体可能对他抱有的希望，也无法满足他们的希望。他的作品是非凡的，易于监管，适合收藏，他的创造力显然是无限的。他的艺术与众不同，绝对有特色，令人深感不安。然而，他的手法令人怀疑，他的态度也是如此。正如布勒东后来强调的那样，马格利特的方法本质上是理性的。他们非常清楚他对自动主义的看法。用超现实主义者的话语来说，马格利特是个特立独行的人，是个特例。此外，他本人容易发怒。他不爱交际，尽管他表示出了善意，但他并不妥协。当然，不论对哪个党来说，马格利特都是令人失望的党员，除非那是诗歌党。只要仔细阅读他对集体行动调查的答复，就可以清楚地看出这一点。党派是为追随者准备的，马格利特在比利时共产党的经历就足以表明，他是让人不放心的追随者。至于超现实主义团体，与其说他想要加入其中或归属其中，不如说是希望他的真正价值得到承认，用诺奇的话说就是，不被当作新手遭到封杀，也不被当作乡巴佬受到庇护。布勒东的赞同对马格利特来说很重要，一方面是因为，马格利特相信布勒东明白他想做的是什么——更确切地说是，他希望布勒东明白他想做的是什么——另一方面是因为他知道布勒东的话很有分量。因此，尽管布勒东不断敷衍推脱，马格利特还是在三十年的大部分时间里接近布勒东，想从他那里得到点什么。（或许出于同样的原因，他也非常希望艾吕雅能为他写个目录序言，因为艾吕雅写作时就像个天使。结果艾吕雅只给他写了两首诗，他也只能满足于此。）

格曼斯发现，超现实主义者的态度十分令人沮丧。1928 年 1 月，他对诺奇说："我和超现实主义画廊的关系有点不好。我只是希望他们能展出马格利特的画。但他们的做法无法解释。他们一直在改主意。"[60] 马格利特另有事情要做。他忙着画画、写作、寻找、发现。1927 年 9 月底，马格利特在搬家后重新开始工作，心情十分舒畅。到 12 月中旬，他至少完成了 30 幅画，平均每周 3 幅。第一批文字画在 10 月问世。11 月，他取得了又一突破，他立即告诉了诺奇，并附上了相关作品的草图。

> 我认为我在绘画方面有了一个真正惊人的发现：到目前为止，我一直在使用物体组合，或者说，物体的放置有时足以使它变得神秘。但是，通过我在这里所做的实验，我发现了事物的一种新的潜力：那就是，逐渐地成为另一

种东西；一个物体与自身以外的另一个物体合并。例如，天空允许木头在某些地方显示出来。在我看来，这似乎与物体组合有很大差异，因为这两种实体之间既没有断裂，也没有边界。通过这些方法，我制作了一些图片，观看时眼睛必须以一种完全不同于平常的方式“思考”。事物是有形的，然而在某些地方，几块具有实体的木板不知不觉变得透明，或者女人裸体的某些部位也会变成另一种东西。这一点作为一幅画的结果，我是像这样发现的：[　　]

正如你所看到的，所需要做的就是，去掉把木板和天空分开的形体，把那些在更高处分开的东西互相融合。

我把这些最新的作品称为：《幻象模型》（*L'Illusion modèle / The Model Illusion*）、《自然之心》（*Le Centre de la nature / The Heart of Nature*）、《沉默的基础》（*La Base du silence / The Base of Silence*）、《奇迹的体验》（*L'Expérience du miracle / The Experience of the Miraculous*）、《声音的未来》（*L'Avenir des voix / The Future of Voices*）、《时间的终结》（*La Fin du temps / The End of Time*）、《云的收获》（*La Récolte des nuages / The Harvest of Clouds*）、《地板之疾》（*La Maladie des planchers / The Disease of Floors*）、《绘画的困境》

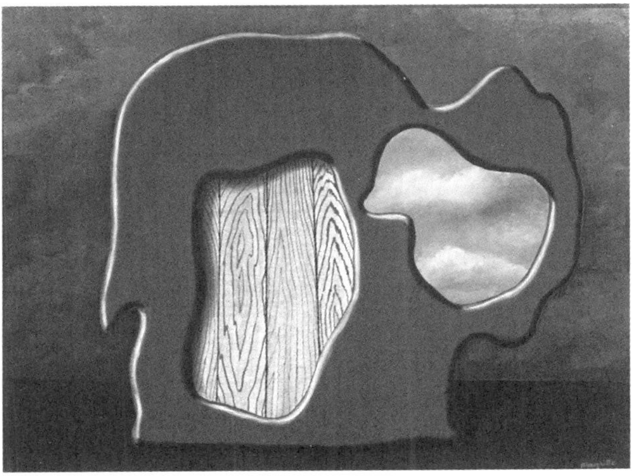

马格利特，《旅行季节》（1927）

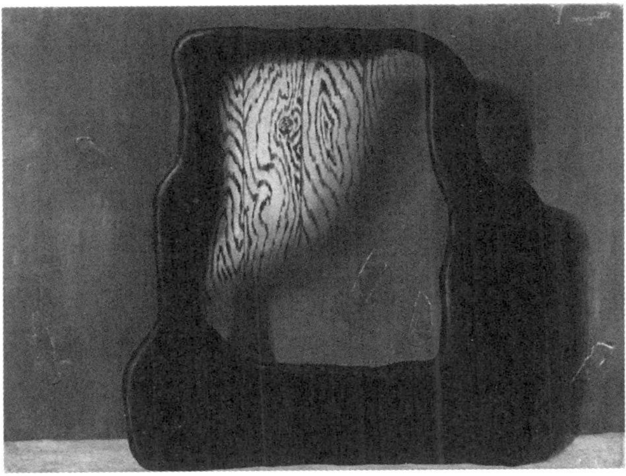

马格利特，《物品之王》（1927）

（*Les Embarras de la peinture* / *The Predicaments of Painting*），等等。[61]

马格利特提到的油画《奇迹的体验》是变形画的经典范例。就好像是为了体现出它的经典性一样，这幅画很快就被他郑重其事地正式命名为《发现》（*Découverte* / *Discovery*），画面展示了人的裸体，肉体融合或变形为木纹。毫不奇怪，诺奇只有在看到画作本身时，才充分意识到这一发现多么重要，但他清楚地感觉到马格利特要取得突破了。"我亲爱的马格利特，我太喜欢你这种工作方式了，你这种加速事件的进展并加以利用的方式。目前我想不出还能有什么比这更有成效。"[62]

为了讨论的顺畅，马格利特习惯把最新作品的草图寄给诺奇，有时还会寄去照片，并请他想个标题或提出改进的建议。诺奇的回复充满鼓励，有时他也会激情澎湃，他在 1927 年 11 月给马格利特写了一封长达 6 页的信，显然是为了激励马格利特去巴黎——去完成委托给他的任务。正是在这封信中，诺奇谈到了创造一个宇宙，而不是描述一个宇宙。这是马格利特收到的最鼓舞人心的信。诺奇在信中表达了他个人的呼吁，呼吁创造新的情感。这对马格利特来说实际上是一种诱惑，他也想尽可能成为最好的自己。这封信以一种波澜壮阔的风格开篇，诺奇运用了他自己的意象，以此喻指他们的处境和他们的奋斗，他的寓言让人想起卡夫卡。

现在，我们和其他所有的人（我们的公众），都站在墙脚下。有些人急于想知道墙外发生了什么；有些人准备接受这堵墙；有些人不在乎墙外会不会发生什么，发生了什么；有些人看不到墙；有人否认这堵墙的存在；有些人甚至否认或拒绝承认存在一堵墙的可能性。但是你，我亲爱的马格利特，你制造了一台魔鬼机器，你是一位优秀的工程师，有觉知的工程师。为了炸掉那堵墙，你不遗余力。这就是你的角色。你对未来一无所知，或许你可以让自己去预测。……如果你的计算正确，如果你做得好，那么这堵墙就要被炸毁了。你会和我们一起发现墙背后到底是什么，你会体验到惊喜，对未知的恐惧。也许你会失去生命；你全然不知冒的是什么性质的风险。……我们所能期望的最好结果是，在废墟后面，在更远的地方，还有更高大的墙，对它们的用料和阻力我们并不清楚，而我们要准备打破它们的新机器，我们将不得不从零开始发明创造。……

我们何不通过审慎的计谋，在世界上引入一种新的爱情，新的激情，新的勾当，新的精神形态呢？……

一个人通过他所做的触动我们，但更触动

马格利特，《夜晚边缘的猎人》（1928）

我们的是，他是什么样的人。[63]

墙的比喻肯定引起了马格利特的共鸣。几个月后，他画出了有冲击力的画面，图像中两名武装男子被关在墙内，挣扎着想把自己从墙角解放出来，墙的尽头似乎与他们只有咫尺之遥。马格利特称这幅画为《猎人》（*Chasseurs / The Hunters*），但他对这个标题并不满意。[64]他在寄给诺奇的照片背面写下了《被谴责的猎人》（*Les Chasseurs condamnés / The Hunters Condemned*），诺奇非常喜欢这幅画。

非常感谢你给我描绘了你最新的画布油画。我觉得这绝对是了不起的。你在具体描述时那么用心，真叫我钦佩，通过一些细节的精确性，你让它获得了最大程度的具体现实性，在我看来，这就保证了它强大的效果。我还要赞扬你谨慎地预先去掉了第三个人物，因为它可能会让人产生一种印象，认为这幅画“制作精良”。对此我有了更好的理解，因为我经常有机会以类似的方式修改那些完美得令人尴尬的散文，否则它们就有可能吸引或限制住人们的注意力，从而损害我真正想要达到的目的。[65]

诺奇也觉得这个标题不够用。他把“谴责”一词换成了“妥协”。在三年后，这幅画第一次展出之

马格利特，《万有引力》（1943）

《破坏者》（1943），马格利特拍摄

前，诺奇想出了最终的标题：《夜晚边缘的猎人》（*Les Chasseurs au bord de la nuit / The Hunters at the Edge of Night*）。

马格利特并没有放过墙的主题。1943 年，他创作了一幅类似的作品：《万有引力》（*La Gravitation universelle / Universal Gravitation*）。这幅画描绘了一个手臂卡在砖墙里的人，墙后面能瞥见一排被剥夺了生命的树干或木头杆子。男人是个猎人（以斯居特耐尔为原型，穿着宽大的灯笼裤，拿着个拖把当步枪），他的面容因为痛苦、恐慌或困惑而扭曲。二十年后，在一次没有底稿的电台采访中，马格利特被采访者惹恼了，对这幅画的气氛或情绪进行了毫无准备的解释。这幅画代表了他的作品的一种基本状态，也许是他的生活的基本状态，那就是忧虑（angst）。采访者评论说他的画的特征是“像梦，有时是噩梦”。马格利特断然否定了关于梦的比喻，并对噩梦的说法提出了质疑。采访者提到《万有引力》，提醒人们注意画中人的表情：“我想，他在尖叫，或者至少在表达他的惊讶。”“是的，”马格利特回答说，“或者他的尴尬、恐惧或忧虑。”

> 我们能用噩梦一词来指代万有引力吗？在我看来，我们应该区分噩梦与宇宙的必然性，前者可能是想象出来的，后者……这会是个例子，表明一个人在面对现实时可能感到忧虑。

但这种忧虑只是一个人思想中的一个特殊时刻。……此刻我并不感到忧虑，但有时忧虑会突然涌现，然后我确信，触动我的是一种神秘感。[66]

马格利特使用了“忧虑”这个词。这看似奇怪，但他有可能是从海德格尔那里发现这个词的，他在20世纪50年代阅读了很多海德格尔的作品。此外他也清楚地认识到爱伦·坡的一些特质，爱伦·坡说到了“一种神经质的不安，恶魔般困扰着我”，波德莱尔把这段话翻译成了法语，马格利特在他收藏的《非凡故事》中标出了这段话。[67]不论源自何处，忧虑都有多种形式。有一次，马格利特的最新一批草图让诺奇想到了他更早的作品。“它们十分感人，”诺奇回复说，“然而，尽管它们无疑是有效的，我还是不禁想到，这不是我们即将取得重大发现的方向，这一方向依循着一张我无法忘记的油画所指示的轨迹——那就是吃鸟的女孩。你肯定立刻能明白我的意思。”[68]《吃鸟的女孩》（*Jeune Fille mangeant un oiseau*）这幅画也被称为《快乐》（*Le Plaisir / Pleasure*），这是诺奇描绘的第二个图画场景，比《受威胁的刺客》更骇人。

我们在盛夏，在一棵粗壮大树的树荫下找到了她，那里栖息着一群平静的鸟，它们没有因她的存在而惊扰。她那女学生般的举止足以作为借口，还有朴素的衣着，整洁的头发。这

是一幅熟悉的画面，在乡间的普通邂逅。但她
那张苍白的脸让人惊讶，引人注意。

那半闭着的眼，歪倒的头，可不那么简单。[69]

马格利特自己探索着文字和图像的关系。他的发现的确意义重大。

首先，马格利特发现了不是烟斗的烟斗，这被称为“图像的背叛”（英译为“*The Treachery of Images*”，或许译为“The Treason of Images”更合适，后者更强调不忠的含义）。[70]他的思想、形象和传说征服了世界。但这并非立刻发生的。1929年5月，达利从巴黎发回了报道，阅读报道的读者可能会注意到其中一段话：“勒内·马格利特的最新创作之一是一幅烟斗画。烟斗下面有个标签，上面写着‘这不是一只烟斗’。”[71]1929年1月，这幅画的图片出现在《集锦》杂志上，图片把烟斗的方向弄颠倒了，但是传奇已经铸就。所以说，这幅画似乎是在1929年头几个月的某个时候画好的，并配上了理想的字母，纯净而美丽［彩图15］。它立即引起了巴黎超现实主义者的注意。“诗歌是个烟斗。”布勒东和艾吕雅在刊登于《超现实主义革命》的《诗歌笔记》中宣称。[72]消息传到了布鲁塞尔，1933年，这幅画在布鲁塞尔美术宫的个人画展上展出。又过了两年以后，1936年，马格利特要在纽约的朱利安·利维画廊举办他在美国的第一次个人画展，他又制作了这幅画的英文版本（就像

《梦的钥匙》的英文版）。这次展览让画廊老板、公众和他本人都感到失望。情况一如既往，一幅画也没卖出去，人们的评论措辞严厉。画的英文版回到了马格利特手里。后来买下这幅画的，是那个喜欢抓住鸡毛蒜皮小事不放的格尔特·范·布鲁埃内。这很可能也是马格利特对他的一种补偿，因为范·布鲁埃内的第一家画廊就展示了写有“这不是艺术”的告示牌，它来自狄德罗“道德故事三部曲”中的《这不是个故事》（*Ceci n'est pas un conte*，1772），也有可能像画家皮埃尔·阿列钦斯基（Pierre Alechinsky）所提出的，这个创意来自比尔茨（F. E. Bilz）的《新版天然药物》（*La Nouvelle Médication naturelle*）中的一幅插图，这是一部百科全书式的作品，马格利特模仿了其中的插图。其中一张图片的说明很有趣：“这不是个孩子，这是只老鼠。”（Ce n'est pas un enfant mais un rat.）[73]

与此同时，这幅画的原始版本依然命运未定。二十多年来，在先锋艺术小圈子之外，它一直无人知晓、无人问津。1954 年，这幅画在“词与像”展览上展出，同时罗伯特·罗森布拉姆（Robert Rosenblum）在《艺术文摘》（*Art digest*）上发表了一篇有影响力的文章，首次对其进行了说明。[74] 这幅画从此声名鹊起。米歇尔·福柯撰写的长文《这不是一只烟斗》（1973），是知识界对这幅画的最高赞誉，文章后来作为一本书出版，对这本书的最好宣传正是非同寻常的附录：“勒内·马格利特的信”。那是他在读了福柯的《词与物》（*Les Mots et Les choices*，1966）后写的。《词与物》的英文版书名为《事物的秩序》（*The Order of Things*，1970）。若说这是马格利特和福柯之间的对话，似乎有点牵强，就好像塞尚跳出坟墓给梅洛-庞蒂写了回信一样。不过这可以视为一个指标，标示着这幅画和画家马格利特在20世纪70年代走了多远。在有记载的历史上，这只烟斗是复制最多的图像之一。它从任何意义上看都是个具有暗示性的形象；它的创造潜力或衍生潜力显然无穷无尽。这一图像应用的范围之广，足以让当代所有的模仿者洛特雷阿蒙为之侧目。马格利特的创造已经渗透到全球意识之中。图像的背叛，是这个时代公认的睿智观点之一。这幅画是经典的标志。这只烟斗成了一种模因（meme）。不仅如此，它还是一种知识。“照片……有一些同义反复的东西，”罗兰·巴特在《明室：摄影纵横谈》（*Camera Lucida*）中写道，“［一只］烟斗，在这里，总是，坚持是，一只烟斗。”[75]“这不是……”不亚于一场国际社会运动，追随者无处不在。

马格利特继续他的哲学研究。1929年12月，他发表了著名的《词与像》（*Les Mots et les images*），综述了他在这一领域的工作，是20世纪艺术创作影响深远的文献之一。马格利特关于词语和图像的命题是一种实践推理的练习，它们与维特根斯坦的“语言游戏”有惊人的相似之处。（“命名显示为一个词与一个物体奇怪的连接。”“我在谈到这张桌子时，我是否记得这个物体被称为‘桌子’呢？”“说出一个词，就像在想象的键盘上敲下了一个音符。”）[76] 自从马格利特到达巴黎，他就开始构思这篇文章。1927年11月，诺奇在给他的信中引用了维利耶的话：“而且，一旦去想，那么在神秘的宇宙中会有什么开始发生呢？”这句评论听来也有些熟悉。维特根斯坦说：“但凡能想到的，都是可能的。”这也差不多是诺奇会说的话。马格利特回答说：

> 我有些后悔给你寄出了上一张明信片。关于你寄给我的那简短的话语，我要说的没什么意义。我觉得，我正在写的这篇文章的片段（还只是个草稿），可以更好地表达我自己的想法。这篇文章，没有分析或综述的优点。既不是解释，也不有趣。但是会使用图片（在文本中出现图片，是在某个状态或某个物体之名的指代太笼统时，用来明确指代那种状态或那个物体），营造出能给读者带来强烈震撼的效果。[77]

马格利特的这篇文章彻底震撼了读者。它发表在《超现实主义革命》最成功的一期上，以双开页展现出文字与图像如何交织在一起。乍看起来，它有点像拼图和连环画的混合体，还采用了泡泡对话框。马格利特引起了争论，但他是非常严肃认真的。十年后，

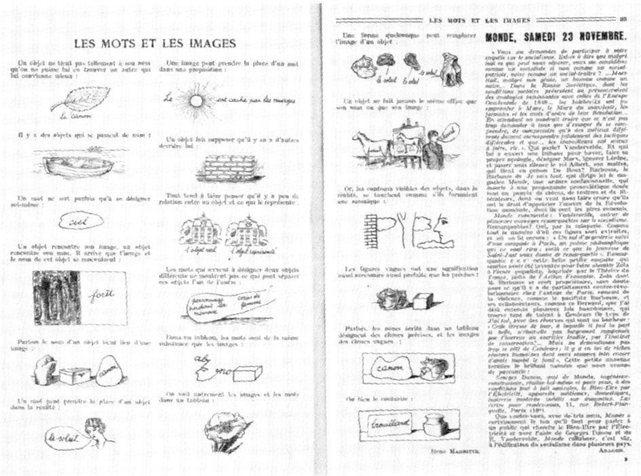

马格利特《词与像》，收录于《超现实主义革命》1929 年 12 月 No.12

他在《生命线》中对此进行了介绍和概述：

为了生活的直接需要而使用语言，给指代物体的词语施加了有限的意义。日常语言似乎给想象设定了想象的界限。但是，在词与物之间有可能建立新的关系，并明确在日常生活的过程中通常被忽视的物体和语言的某些特征：

1. 一个物体与名字的联系，只有在无法找到另一个更适合它的名字时，才是最紧密的。

2. 有一些物体没有名字。

3. 有时一个词的唯一用途是自我指涉。

4. 一个物体遇到它的图像。一个物体遇到它的名字。图像和名字碰巧是一致的。

5. 有时一个物体的名字可以代替一个图像。

6. 在现实中，一个词可以代替一个物体。

7. 在一个命题中，一个图像可以代替一个词。

8. 一个物体意味着在它后面还有其他物体。

9. 一切都会让人觉得一个物体和代表它的词语之间没有什么联系。

10. 用来表示两个不同物体的单词显示不出这些物体之间的区别。

11. 在一幅图画中，词语与图像具有同样的实质。

12. 在一幅图画中，图像和文字给人的感知是不同的。

13. 任何形式都可以代替一个物体的图像。

14. 物体永远不会有与其名称或图像相同的功能。

15. 我们在现实中看到的物体各部分的轮廓是连续的，就好像这些部分组成了镶嵌画。

16. 不确定的形状和确定的形状一样具有必要和完善的意义。

17. 有时，图画中写的名字指代确定的事物，而图像指代不确定的事物。

18. 反之亦然。[78]

《词与像》记录了这一惊人冒险的第一阶段：词语的革命。“既然我已经表明了我的观点，”布勒东写道，“那么无须多言，应该请画家出场了。”[79]马格利特最后终于出场了。但他在法国超现实主义者中的成功没有持续多久。悲伤突然降临了。

1929年12月14日，也就是《超现实主义革命》出版的前一天，马格利特和乔吉特参加了布勒东公寓里举行的一个小型聚会，一起参加聚会的还有格曼斯、艾吕雅、阿拉贡和布努埃尔。集会刚刚开始，布勒东就因为乔吉特脖子上戴了个十字架的项链向她提出了抗议。他命令乔吉特把项链摘下来。乔吉特宁愿离开。马格利特和她一起离开了。他们抛弃了安德烈·布勒东，抛弃了超现实主义者，抛弃了光明之城。没有回头路。

四年后，布勒东来到布鲁塞尔做演讲。演讲题目是一个老生常谈的问题：“什么是超现实主义？”他在布鲁塞尔做出的简短回答是这样的：“是与勒内·马格利特同谋的，落在巢里的杜鹃蛋（鸟已经离开了）。”[80]1938年，布勒东与艾吕雅合作，出版了《超现实主义简本词典》（*Dictionnaire abrégé du surréalisme*），简本既有优点也有缺点，其中给每个主要人物加上了标签。有些标签是滑稽的嘲弄，有些是夸张的胡扯，有些简直就是侮辱。布勒东是“暴风雨中一杯水”。艾吕雅是“星星的奶妈”。梅森斯是“海象耳朵”。米罗是“沙丁鱼树”。马格利特的角色被重新定义了。他的命运已定。他是“杜鹃蛋”。[81]

注 释

1 马格利特写给乔吉特的信。信件发表于CR第1卷，第43—44页。乔吉特的回答清楚地表明，马格利特在去巴黎之前一直在申请工作；他刚刚收到一封拒绝信。

2 两次讲演的题目分别是《超现实主义经验》（“Expérience du surréalisme”，1949）和《勒内·马格利特》（“René Magritte”，1956），载于Goemans, *Écrits*（Brussels: Éditions Labor, 1992），第166—192、193—227页。纪录片《马格利特：事物的一课》见DVD Art & Cinema（Cinematek, 2013），是吕克·德赫施关于艺术家的纪录片汇编。

3 Breton, *Nadja*, p. 60.

4 Dalí, *The Secret Life of Salvador Dalí*（《达利的秘密生活》）（New York: Dial Press, 1942），p. 224.

5 1929年7月13日马格利特写给勒孔特的信，节选见CR第1卷，第103页。

6 马格利特写给诺奇的信［1928年3月/ 4月］，见*LS*，no. 146。《神秘的猜测》（CR 229）和《熟悉的物品》（CR 226）的创作时间都是1928年。《野蛮人》（CR 188）创作于1927年。

7 Marco Livingstone, *Patrick Caulfield: Paintings* (Aldershot: Lund Humphries, 2005), p. 76. 1973年，考尔菲尔德在伦敦马格利特的画展上看到了这幅画。当时有人说画中人是画家的兄弟保罗；CR也提出了同样的主张。在我看来，画中人与格曼斯更为相似。马格利特非常重视“格曼斯的肖像”，如果画中人不是格曼斯，这一事实是无法解释的，此外，画中人在任何意义上都更符合格曼斯的形象。

8 Breton, “The First Dalí Exhibit,” *Break of Day*, (Mark

Polizzotti 译，Nebraska: University of Nebraska Press, 1999), p. 53.

9 Danchev, *100 Artists' Manifestos: From the Futurists to the Stuckists*（《100位艺术家的宣言：从未来主义到反观念运动》）（London: Penguin Modern Classics, 2011）, pp. 255 and 267.

10 Dalí, *Secret Life*, p. 338.

11 Aragon, *Une Vague de rêves*（《模糊的梦》，1924），载于*Oeuvres poétiques completes*（《诗歌全集》）第1卷（Paris: Gallimard, 2007），第95页。阿拉贡的文章于1924年6月提交给《商业》（*Commerce*）杂志，1924年10月发表；它早于《宣言》和*LRS*第一期（在其封面上采用了有关新的人权宣言的表述）。尽管在布勒东1934年关于超现实主义的演讲中，在格曼斯1956年关于马格利特的演讲中，都引用了这句话，但它早已被人遗忘，或者被故意忽视。该文本由Susan de Muth翻译，刊登在*Papers of Surrealism 1*（《超现实主义论文1》，2003年冬），网址为www.surrealismcentre.ac.uk（2016年4月11日）。

12 马格利特写给诺奇的信［1930年2月］，*LS*，no. 181。展览于1930年3月至4月举行。作品是CR 325。

13 Aragon, "La peinture au défi," 载于*Écrits sur l'art modern*（《论现代艺术》，Paris: Flammarion，1981），第44页。Pontus Hulten给出的标准翻译是"织物的拼贴"，而阿拉贡使用的词是"插图"。参见"The Challenge to Painting"（《对绘画的挑战》），载于*The Surrealists Look at Art*（《超现实主义艺术观》，Venice, CA: Lapis, 1990），第68页。

14 马格利特写给诺奇的信，日期不明，见*LS*，no. 187。

15 梅森斯写给马格利特的信，1938年9月13日，节选见CR第1卷，第71页。

16 格曼斯写给让莱的信，1928年1月22日，节选自CR第1卷，第71页。格曼斯后来声称，在马格利特与范埃克和人马画廊签约期间，他拥有保留一小部分马格利特作品的权利。没有证据支持这种说法，这与他当时的私人信件不符。直到1929年7月，他还要求让莱发誓对人马画廊保密。参见Goemans，*Écrits*，第219—220页。

17 格曼斯写给让莱的信，1927年8月31日，节选于CR第1卷，第70页。

18 让莱继续收集马格利特的画。第二年，他以800比利时法郎从格曼斯手中买下了《视点》（*Point de vue*）（CR 154）。这幅画是格曼斯自己从布鲁塞尔的时代画廊购得的。

19 Artemidorus, *La Clef des songes*（Paris：Sirène，1921），Henry Vidal 译，英文名 *The Interpretation of Dreams* 意思是“梦的解析”。弗洛伊德的同名作品创作于1899年。

20 “Théâtre en plein coeur de la vie”，载于《距离》第1期（1928年2月）。《距离》只出版了三期，于1994年以传真形式再版。

21 “René Magritte ou la Révélation objective” (1936)，最初匿名发表在*Les Beaux-Arts*，1936年5月1日，是为了配合PBA的一次展览；重新发表于Nougé，*Magritte*，第35页。

22 Derrida, *The Truth in Painting*, trans. Geoff Bennington and Ian McLeod (Chicago: University of Chicago Press, 1987), p. 334.

23 詹尼斯写给梅森斯的信，见CR第3卷，第46页。买的第一幅画是*L'Usage de la parole* (CR 275)；不慎被留下的一幅画是*Le Palais de rideaux* (CR 305)，由于需要进一步的修复工作，这幅画的价格从17 000比利时法郎下调，随后捐赠给MoMA。

24 马格利特写给托克茨纳的信，1958年12月29日，见Torczyner，*L'Ami*，第91页。

25 这段对话复制于*EC*，第497页。

26 1960年，琼斯在巴黎马格利特画展上看到了《葡萄收获之月》（CR 903），当时罗伯特·劳申伯格和他在一起。1963年，这幅画在拍卖会上以3万法国法郎的价格成交。1965年，琼斯买到了《梦的钥匙》（CR 370）。琼斯还拥有6幅纸上画——一幅是1960年经销商利奥·卡斯泰利（Leo Castelli）赠送的，另一幅是马格利特本人1965年赠送的——还有一封马格利特的原信。给作者的信，2015年6月11日；Roberta Bernstein（罗伯塔·伯恩斯坦），“René Magritte and Jasper Johns,”载于Barron and Draguet，*Magritte and Contemporary Art*，第109—123页。

27 1929年的*Le Sens propre*（CR 309），《永恒的证据》（CR 807）画面的五个部分中，现在只能找到三个（头部、乳房和膝盖）。马格利特把其中后两部分给了苏西·加布利克（Suzi Gablik），她留下了膝盖，把乳房卖给了劳申伯格。他还拥有其他4幅纸上画。

28 这幅文字画是*L'Apparition* (CR 220)。他还收购了*La Loi de la pesanteur* (《万有引力定律》，CR 200)，*La Légende des guitares* (《吉他的传说》，CR 209)，*Le Parfum de l'abîme* (《深渊的芬芳》，CR 280)，*La Femme cachée* (《隐藏的女人》，CR 302)，*L'Abandon* (《放弃》，CR 312)，*Le Six éléments* (《六个元素》，CR 321)，贴纸画*Nocturne* (《夜曲》，CR 1623)，以及配图文字为“Paris en 1930”的拼贴画（见CR第1卷，第110页）。所有这些作品都是1927—1930年间创作的。

29 *L'Arbre de la science* (《科学树》，CR 317).马格利特还给了他一幅*L'Automate* (CR 301)。

30 Man Ray, *Self-Portrait* (《自画像》) (London: Penguin Modern Classics, 1963), p. 108.

31 Baudelaire, *Les Paradis artificiels* (《人造天堂》) (Paris: Auguste Poulet-Malassis, 1860).

32 1966年布勒东去世时，马格利特表达了真切的怀念。他的悼词是这样开头的：“1927年，我和安德烈·布勒东发现我们俩轮流盯着咖啡馆墙上挂的开胃酒广告。我们互使眼色，那眼色是理性和疯狂都无法解释的。还有一次，我建议他闭着眼睛拍一张面部照片，那时我们又一次露出了类似的同谋表情。” *Les Lettres françaises*，1966年10月，见*EC*，第653页。参见Roland Barthes，*La Chambre Claire*（《明室》，Paris: Gallimard, 1980），第27页。

33 Aragon, *Le Paysan de Paris* (Paris: Éditions Gallimard, 1926), pp. 165–166; Breton, *Nadja*, pp. 39 and 72.

34 布勒东写给马格利特的信和马格利特写给布勒东的信，1961年5月31日和6月5日，见CR 第3卷，第345—346页。水粉画是CR 1459，时间是1959年；绘画是CR 931，时间是1961年。

35 1961年9月11日布勒东写给马格利特的信，节选于CR第3卷，第346页。

36 Sylvester, *Magritte*, p. 208.

37 这句充满感情的话被艺术家马琳·杜马（Marlene Dumas）引用，见“Valentine’s Day”（《情人节》，1997），载于*Sweet Nothings: Notes and Texts 1983–2014*（《甜蜜的空无：笔记和文本1983—2014》，Cologne: Walther König, 2015），第120页。

38 “Enquête,” *LRS* 第12期，1929年12月15日。问题和马格利特的回答，见*EC*，第57—58页。前言和问题的翻译，见Pierre, *Investigating Sex*（《性调查》），第157—158页，这部作品首次以超现实主义的标题出版，*Recherches sur la sexualité* (《性研究》，Paris: Éditions Gallimard, 1990)。

39 Breton and Aragon, “A suivre: petite contribution au dossier de certains intellectuels à tendances revolutionnaires,”（《接下来：对某些具有革命倾向的知识分子档案的小小贡献》），载于《集锦》（*Variétés*）1929年6月的特刊“*Le Surréalisme en 1929*”（《1929年的超现实主义》），再版见*L’Arc 37*（1969），1994年传真版；文本复制于*Pierre, Tracts surrealists et declarations collectives*（《超现实主义集体宣言》），vol. I: 1922–1939（Paris: Eric Losfeld, 1980），第96—129页。

40 “À suivre,” in *Tracts*, p. 107.

41 里伯蒙-德塞涅写道："在芥末酱中布道的布勒东修士，这些天除了在讲坛上讲话外，从不说话。" Nadeau，*The History of Surrealism*（《超现实主义的历史》，London: Macmillan, 1965），第183页。

42 1929年3月2日诺奇写给布勒东的信，见"A suivre"，载于Pierre，*Tracts*，第108页；Nougé，*Histoire*，第79页；"The Second Manifesto,"载于*LRS* 第12期，1929年12月15日。

43 Breton, "The Mediums Enter"（《媒介进入》，1922），in *Lost Steps*（《迷失的脚步》），p. 90.

44 Nougé，Conférence de Charleroi，载于Nougé，*Histoire*，第207—208页；Nougé，Images，载于 *Magritte*，第71页。参见Breton, *Surrealism and Painting*（《超现实主义与绘画》），第4页及其后。关于瓦雷里的"行为代数"，参见*Collected Works of Paul Valéry*, vol. 14: *Analects* (Princeton: Princeton University Press, 1969)，第607—608页。

45 "À suivre," in *Tracts*, pp. 104 and 119; Nadeau, *Surrealism*, pp. 172–73.

46 艾吕雅由于健康原因，在1928年到1929年的大部分时间里都不在巴黎。马格利特在巴黎，他却不在，真是不太幸运。

47 Breton，"René Magritte's Breadth of Vision"（《马格利特的宽阔视野》，1964），载于*Surrealism and Painting*（《超现实主义与绘画》），第403页，引用了Apollinaire，*Le Poète assassiné*（1916）。关于《红色模型》，参考第八章。

48 有一个更早的，更短版本的《夜的颜色》，出版于*EC*，第53—55页。在我看来，这篇小说相当平淡无奇，尽管他们显然曾努力给它加点色情的味道。丢失的手稿肯定至少比这个版本长三倍。布勒东表示了适当的歉意。从他的拒稿信中无法判断，小说长度究竟是无法克服的障碍，还是方便的借口。

49 Goemans，“La Charmeresse,”载于*Écrits*，第64—65页。一些诗以散文的形式出版，但写作时是分成诗行的。

50 格曼斯写给诺奇的信（未寄出的草稿），1929年1月11日，见*LS*，no. 164。

51 格曼斯写给诺奇的信和诺奇写给格曼斯的信，1927年4月27日和29日，见*LS*，no. 78 and 81。

52 布勒东写给乌巴克（Ubac）的信［1940年2月］，节选自Magritte，*Destination*，第39页。

53 诺奇写给巴永的信，1920年8月2日，见Baillon, *Un homme si simple*（《一个如此简单的人》），第187页。

54 格斯曼写给诺奇的信［6月？］1927年，见*LS*，no. 95（强调的部分是我标出来的）。

55 Goemans，“Magritte,”见*Écrits*，第221页。马格利特对（在比利时的）乔吉特讲述的这段经历截然不同：“今天我画了一幅阿普费尔女士（艾吕雅的女朋友）的肖像。她将把它带到柏林，她认为她在那里的朋友可能会委托我继续画画。她很满意。我不太满意。我急于完成这项工作。我没什么热情，她摆的姿势也很糟糕。我花了两个小时画好了，然后我们去游泳。她的指甲涂成了红色，非常显眼，因此在泳池里引起了不小的轰动。后来，一场暴风雨来之前，她走了。我焦虑不安，以至于下楼去找门房。你看，对我来说，没有你，我什么也干不成。”马格利特写给乔吉特的信，星期五晚上［1929年7月19日］（CR第1卷，第366—367页）。这幅画像下落不明。它可能是1938年艾吕雅卖给罗兰·彭罗斯的藏品之一，尽管彭罗斯不记得这件事。见CR第1卷，app. 52 and 53。

56 Waldberg，*Magritte*，第144页，引用了勒孔特的话，勒孔特是从当时在场的格曼斯那里听说的。

57 Dalí, *Secret Life*, pp. 208-209.

58 Dalí，“Documental-Paris-1929,”（《文献记录—巴黎—1929》）*La Publicitat*，1929年6月28日，七篇已知文章中的第六篇。我很感谢保罗·埃德森（Paul Edson）

和阿拉塞利·蒙特罗（Araceli Montero）核实了加泰罗尼亚语原文中对马格利特的引用。在1928年的《生活的镜子》（*Le Miroir vivant*，CR 295）中，几种形态被指定为“大笑的人”“地平线”“衣柜”和“鸟叫”。正如CR指出的那样，达利倾向于夸大最近工作的近期性。

59 Goemans，“Magritte，” in *Écrits*，pp. 214–15.

60 格曼斯写给诺奇的信，1928年1月2日，见*LS*，no. 121。

61 马格利特写给诺奇的信［1927年11月初］，*LS*，no. 112。所以说，马格利特的第一幅变形画是《物体的王子》（*Prince des objets*，CR 183）；表明了发展方向的是《航海季节》（*La Saison des voyages*，CR 182）。

62 诺奇写给马格利特的信［1927年11月］，见*LS*，no. 113。

63 诺奇写给马格利特的信［1927年11月］，见*LS*，no. 114；Nougé, *Histoire*，第217—222页；Nougé，*Magritte*，第144—150页。卡夫卡的《中国长城建造时》1931年首次发表（德语版）。

64 《夜晚边缘的猎人》（CR 228），创作时间为1928年。

65 诺奇写给马格利特的信［1928年4月］，见*LS*，no. 145，以及*Magritte*，第159—160页。

66 内恩斯的采访，1965年1月19日广播，见*EC*，第604页。《万有引力》（CR 518），这幅画几经易手，拥有者包括范埃克、梅森斯和马格利特的业余爱好者拉比斯（Labisse）。见他的悼词，“Tel qu'en lui-même, enfin”（《终于，像他一样》），*L'Aurore*，1979年1月18日。

67 L'angoisse的英译通常是“anguish”（痛苦），在我看来，这似乎不太对——这不是马格利特想要表达的，也不是他对自己的看法。马格利特读了海德格尔的法语版，原文中的Angst被翻译成了angoisse；他有海德格尔的几卷书（和几篇评论），包括1951年出版的*Qu'est-ce que la métaphysique*（《形而上学是什么？》）。参考Poe，“MS. Found in a Bottle”（《瓶中手稿》），载于*The Fall of the House of Usher*（《厄舍古屋的倒塌》，London: Penguin, 2003），第52页；Poe，*NHE*，第248页。

68 诺奇写给马格利特的信［1928年4月下旬］，见*LS*，no. 144，以及Nougé，*Magritte*，第158页。1928年，马格利特寄给诺奇一些照片，比如《病人》（*Les Impatients*，CR 223）、《巨人的日子》（*Les Jours gigantesques*，CR 225）、《夜晚边缘的猎人》（*Les Chasseurs au bord de la nuit*，CR 228）、《被征服的读者》（*La Lectrice soumise*，CR 230）和《洪水》（*L'Inondation*，CR 254）。

69 Nougé，"Images peintes，"载于*Magritte*，第116页。《……少女》（CR 145），创作时间为1927年，《字面意义》（*Le Sens propre*）出现在1929年2月16日，与之搭配的是格曼斯的诗文"La Statue errante"（《流浪的雕像》），文本看起来与这幅画无关。

70 画的名字*La Trahison des images*（CR 303）在CR中被翻译为"treachery"。朱利安·班达（Julien Benda）的著名作品《知识分子的背叛》（*La Trahison des clercs*，Paris: Les Cahiers Verts, 1927）在英文中通常被译为*The Treason of the Intellectuals*。

71 Dalí, "Documental–Paris–1929."

72 Breton and Éluard, "Notes sur la poésie," *LRS* 12.

73 Alechinsky，"Bilz，"第93页，比尔茨书中的图片288。对比尔茨书中图片最出名的借用，是《拿着报纸的人》（CR 270），创作时间1928年。参考马格利特写给博斯曼的信，1960年12月6日，载于Magritte，*Bosmans*，第143页。

74 Robert Rosenblum，"Magritte's Surrealist Grammar," *Art Digest*，1954年3月15日。

75 Roland Barthes, trans. Richard Howard, *Camera Lucida* [1980] (London: Vintage, 1993), p.5. 鲁道夫·阿恩海姆（Rudolph Arnheim）是罕有的反对者："不幸的是，烟斗就是一切。"*Visual Thinking*（《视觉思维》，Berkeley: University of California Press, 1969），第141页。

76 Wittgenstein, *Philosophical Investigations*（《哲学研究》，G. E. M. Anscombe 译，Oxford: Basil Blackwell, 1968），pp. 4, 19, and 157.

77 马格利特写给诺奇的信［1927年11月］，见*LS*，no. 112。Wittgenstein, *Tractatus*（《逻辑哲学论》，London: Routledge, 2001）.

78 这些命题与《词与像》中的观点一致，《词与像》发表于*LRS* 12，转载于*EC*，第60—61页，不过在演讲中第13条被省略了，第15条的措辞略有不同。在讲座的文本中，它们没有编号，不过是按这个顺序列出的，这似乎解决了乔治·塞博格（Georges Sebbag）提出的有趣的说法，即有三种可能的阅读方式，垂直方向、水平方向和对角线方向。只要按垂直方向逐行阅读就可以了。马格利特的原稿见CR第6卷，no. 47和Umland，*Mystery*，第144—145页，在原稿中这些命题的顺序不同（尽管是按垂直方向阅读）。毫无疑问，手稿出版时经过了修改和重写。

79 Breton, "The Automatic Message" (1933), in *Break of Day*（《黎明》）, p. 143.

80 布勒东的演讲《什么是超现实主义》是在1934年6月1日进行的，发表在*Documents*第34期的超现实主义特刊上，演讲稿作为小册子出版时，封面由马格利特设计，以《强奸》（CR 356）为封面的中心。

81 这本词典最初被设想为1938年国际超现实主义者博览会的目录，结果它是单独出版的。词典于1989年再版。完整的文本，包括插图（其中有马格利特的插图），参考Éluard，*OC* 第1卷，第719页及其后。

第七章　透过钥匙孔

安德烈·布勒东说起过，他与马格利特发生龃龉之后，有一次在双偶咖啡馆（Les Deux Magots）碰到了。当时马格利特正沿着螺旋形楼梯下楼去洗手间，布勒东在上楼梯。他们打了个照面。马格利特勉强开口打了个招呼。布勒东把手放在心口上说："心呢，马格利特，心有什么要说的？"[1]

布勒东不是个容易打败的人。

对马格利特和乔吉特来说，在布勒东寓所里度过的那个决定命运的夜晚，是从在艾吕雅那里或在Le Cyrano餐馆喝了杯酒开始的。他们乘出租车去布勒东家。在出租车上，艾吕雅问乔吉特为什么穿戴那东西。乔吉特没有立刻明白他在说什么。"什么东西？"她问。"你脖子上的。"艾吕雅说。"啊！这是祖母送我的，是我第一次领圣餐时的礼物。"乔吉特回答。"如果我是你，"艾吕雅说，"我宁愿在脖子上戴块砖。"乔吉特对此一笑了事，只是说要把砖挂到脖子上有点难度。在出租车上的谈话就这样结束了。其实她已经受到了提醒。

他们来到喷泉街，加入了聚会。布勒东在客人中间走来走去，说说这个，谈谈那个。突然，他停了下来，宣布了一件事。“看！我们中间有个人戴着我们讨厌的东西，我们希望这个人立刻把那东西摘了。”有了之前与艾吕雅的交流，乔吉特立刻明白说的是她。她站起来说道：“布勒东，你说这话是因为我吗，是因为我的十字架？”“是的，”他回答，“我请你立刻把它取下来。”“啊！不！我宁愿离开，也不愿接受这样的命令。”说完，她就离开了房间。等她拿起帽子时，马格利特已经跟在她后面了。他们默默离开，维护了自己的尊严。他们下楼时，阿拉贡跟在后面，试图说服他们留下。“马格利特，回来吧。别在意。你知道布勒东是什么样的人。”马格利特拒绝争论。“不，不，我宁愿离开。”他挽起乔吉特的胳膊。“来吧，我的小宝贝。”他什么都没有再说。[2]

还有人记得，马格利特当时几乎要骂人了，他一声怒吼：“布勒东，你侮辱了我的妻子！”[3]就格曼斯而言，他承认两人有尊严，但是他们的离去让他感到遗憾。当时他惊呆了，对这一突发事件感到沮丧。马格利特和乔吉特正好做了安排，要在布鲁塞尔过圣诞节。第二天，他们就按计划离开了巴黎，走时和谁都没说什么。格曼斯给马格利特写了一封信，试图说服他。

　　非常抱歉，我当时没想到要和你确定过一

阵在哪里见面。无论如何，如果我有你亲戚的地址，肯定就会在你去布鲁塞尔之前和你取得联系。这种分手的方式太不合适了，尽管你只离开两星期。我感到遗憾，可是，对我这些遗憾，你怎么就没感觉呢？你怎么就没想过用某种方法联系我呢？当天晚上你为什么不回到布勒东的住处呢？我确信，你和你妻子都没有受到丝毫的侮辱。或者说，人是不是应该培养一种以世俗眼光看世界的习惯？从某种意义上说，我自己觉得你的态度可以理解，看到你离开，我也不很惊讶。但是，既然你做出了表示礼貌的姿态，难道你就不能让自己承认你对这姿态的意义有一点怀疑吗？对于造成这一切麻烦的起因——十字架——我们只能用这个名字称呼它，你究竟有什么感受，你就不能让人有片刻的怀疑吗？

请让我相信，你昨天的离去不会有一丝一毫一去不返的意味。我亲爱的朋友，请不要让我担心，并请接受我最深情的祝福。[4]

马格利特整个圣诞节都在愤怒中度过。他在新年回到巴黎。不久之后，他告诉苏里："我见过格曼斯了，在巴黎发生的事情对我的影响并没有改变。在这个问题上，他没什么要告诉我的新消息。超现实主义者和我之间的分歧似乎是确定的。……我工作得很不错，为了我的画展。今天我画了一门比例相当可观的大炮。我想它会令人瞩目。[5]

裂痕需要多年才能弥合。从某些方面看，裂痕从未弥合。马格利特摆出了勇敢面对的姿态，但他无疑沮丧到了极点。克洛德·斯帕克1931年与马格利特相识，成了他最坚定的支持者之一。据他所说，马格利特经常带着困扰谈起这件事。其他当事人内心很可能也觉得遗憾。阿拉贡回忆说，自己去布鲁塞尔时曾当面告诉马格利特，他认为整件事都很荒谬。[6]布勒东和艾吕雅寄来了他们的新书，上面有意味深长的题词。《白发左轮枪》（*Le revolver à cheveux blancs*）上写着："献给勒内·马格利特，无论如何都是他的朋友，安德烈·布勒东。"《当前的生活》（*La Vie immediate*）上写的是："献给勒内·马格利特，以此纪念我曾经的朋友，保罗·艾吕雅。"在公开场合，他们仍然态度强硬。他们的朋友被打入冷宫足有三年。《超现实主义革命》杂志停刊后，《为革命服务的超现实主义》（*Le Surréalisme au service de la révolution*）短暂发行了一段时间。1931年，《为革命服务的超现实主义》又发表了一张照片蒙太奇，是恩斯特设计的《朋友之聚》（"Au rendez-vous des amis"），照片中没有朋友马格利特。[7]

状况在1933年开始改变。马格利特收到了《为革命服务的超现实主义》杂志的写稿邀请。在这份杂志的倒数第二期中，有几页是关于马格利特的，内容节选了诺奇《被保护的形象》中的冗长段落，配了马格利特那张有伤风化的圣母马利亚撩裙子的图。杂志的最后一期复制了马格利特的那门比例相当可观的大炮，这门大炮现在被称为《在自由的门槛上》（*Au seuil de la liberté*）。马格利特在曼·雷的照片蒙太奇《广场》（*Carrefour*）中重获一席之地，照片收录在乔治·于涅（Georges Hugnet）的《超现实主义小诗集》（*Petite anthologie poétique du surréalisme*, 1934）中。他自己可能并不知道，他的地位此时还相当不确定。在收集整理出版材料的最后阶段，艾吕雅向梅森斯提出了请求："你今天必须立即给我送来一张马格利特或诺奇的照片。可以是朝右看的正面照或侧面照，尽可能要黑色背景的照片，尺寸 7 厘米见方（为了能有大头照的效果）。非常急。曼·雷为诗集制作了一组蒙太奇肖像，只剩下一个空位了。机会留给你了。"[8]

现在是马格利特的同谋者参与蒙太奇政治活动的时候了。1934 年 6 月，布鲁塞尔季刊《文献 34》（*Documents 34*）发行了特刊《超现实主义的介入》（*Intervention surréaliste*），其中刊登了斯居特耐尔的《斯居特耐尔集锦》（"Le Pêle-Mêle de Scutenaire"）。这张照片蒙太奇无拘无束、充满革命色彩。从正在洗澡的马拉（Marat）到科尼利厄斯·阿格里帕（Cornelius Agrippa），一众明星组成了超级强大的阵容，出场者还包括赫拉克利特（Heraclitus）、

斯居特耐尔的拼贴摄影（1934）

黑格尔、马克思、列宁和费利克斯·杰尔金斯基（Felix Djerzinski）；阿希姆·冯·阿尔尼姆（Achim von Arnim）、弗洛伊德、兰波、洛特雷阿蒙和雅里；格拉古·巴贝夫（Gracchus Babeuf），取自让·饶勒斯（Jean Jaurès）的《社会主义者的历史》（*Histoire socialiste*）；萨德侯爵，身边是一群挥舞着蛇的森林之神；邦诺强盗团伙；阿拉贡、布勒东、克勒维尔和艾吕雅；画的中心位置是马格利特、梅森斯、苏里和忧郁的诺奇。《文献34》由梅森斯编辑，诺奇幕后策划。诺奇亲自做出安排，在布鲁塞尔肖像摄影师的工作室里拍了一张正式的集体照片，名叫《狩猎聚会》（“The Gathering of the Hunt”）。照片上是来自布鲁塞尔的一群人：梅森斯、马格利特、斯居特耐尔、苏里和诺奇，前面坐着伊雷娜·阿穆瓦尔、马特·博瓦森和乔吉特·马格利特（她仍然戴着项链，但是没佩戴金十字架）。拍照的每个男人都配备了一条华丽的口袋手帕，“这是皮条客的独特标志”，诺奇的第二任妻子说。[9]这一小帮人的照片出现在杂志上，下面配了一张1914年的马克斯·恩斯特的快照，他身穿制服，受了伤打着绷带，照片是恩斯特本人寄来的。根据马里恩的说法，诺奇没有忘记早些时候的一件事，当时格曼斯寄给恩斯特一封信，信上写着“为帮助比利时残疾人而出售”，恩斯特对此很生气。之后又发生了马格利特事件。所以“狩猎聚会”既表现出了公民的拒绝盲从以及比利时人对独立的主张，也表现出了他们的团结和对恩斯特的迅速回应。根据阿穆瓦尔的说法，这种绝对怀旧的场景布置是经过深思熟虑的，对于巴黎超现实主义者所培养的矫揉造作的唯美主义，这是一种讥嘲。[10]

与此同时，艾吕雅获得了另一幅马格利特的画，并开始为他的画写诗。这是和解的姿态吗？是赎罪之举吗？梅森斯一直充当他们的中间人，从艾吕雅写给梅森斯的信中可以看出，他们此前讨论过为马格利特的画写诗的事。“如果你看到马格利特，告诉他我已经开始写那首诗了。他很快就会拿到的。”[11]

这首诗写得悠然自在，名字就叫《勒内·马格利特》，1935年发表在《艺术纪事》（*Cahiers d'art*）上，之后多次重印。1936年，曼·雷的英文译本出现在纽约朱利安·利维画廊那场不走运的展览的目录上。这个版本是这样的：

眼睛的阶梯
透过格式的栏杆

永久的阶梯
不存在的休息
一级台阶被云隐藏
另一级被大刀隐藏
隐藏住另外一级台阶的是一棵树
它像地毯一样舒展开枝干
没有手势

所有的台阶都被隐藏
绿叶已经播种
广袤的原野，去除了森林
在铅制铁轨的背景上
与空地持平
在清晨的稀薄牛奶里
沙子在光线中熄灭了
镜子的剪影
他们苍白冰冷的肩膀
他们装饰性的微笑
树上结满无懈可击的果实[12]

艾吕雅似乎认为这首诗是对话的开始或重新开始。他在发表这首诗之前给诺奇寄了一份定稿，并且说："不用我多说你也明白，我是多么急切地想知道你对这首诗有什么看法，通过批评这首诗批评绘画，你会得到什么结果。你知道，我认为批评远远优于诗歌和绘画，尤其是按照你的方法进行的批评。这是必要的、不可或缺的。但也是十分罕见的。"[13] 它和马格利特的文章《阿里阿德涅之线》（"Le Fil d'Ariane" / "Ariadne's Thread"）出现在《艺术纪事》的同一页上。首页是梅森斯应艾吕雅要求提供的图像，选的是《字母表的启示》（*L'Alphabet des révélations / The Alphabet of Revelations*）和《永动机》（*Le Mouvement perpétuel / Perpetual Motion*）的复制品。《阿里阿德涅之线》表述了马格利特的诗歌观，认为诗歌在世间起了积极作用，采用了诺奇的写作风格。

但是，如果我们把诗中的事实视为真实，试图去发现它的意义，我们立刻就会被引导到新的方向，离开贫瘠的区域，心灵努力要让那些区域变得肥沃，却是徒劳。诗歌的目的将是理解宇宙的秘密，那将让我们能够对其组成部分采取行动。魔法般的操作会成为可能。它们将真正满足人类对神奇事物的深刻渴望，这种渴望一直受到奇迹的蒙骗，最近又造成了各种丑恶的现象。[14]

马格利特希望在他的展览目录中使用艾吕雅这首诗，艾吕雅真诚地表示同意，马格利特兴高采烈，用一幅色情画表达了他的感激之情：一名修女在牧师面前手淫。这也许是他奉上的和平礼物，旨在让大家忘记十字架的风波。

对话继续进行。艾吕雅寄给马格利特一本《轻盈》（*Facile*，1935），这是他与曼·雷合作的作品，诗行间交织着曼·雷为艾吕雅的妻子努施（Nusch）拍摄的照片。诗歌与裸体情色摄影相结合的方式引起了马格利特的赞颂。“我是多么佩服你那发现生命秘密的天赋啊！你实现了我在《阿里阿德涅之线》中表达的希望。”[15]

1936年，马格利特为艾吕雅画了一幅肖像画，名为《白色魔法》（*La Magie blanche / White Magic*），画中的诗人正在往一个裸体女人的身体上写字，在乳房下面的位置写下了动词“书写”（écrire）。马格利特还为艾吕雅的《睡眠道德》（*Moralité du sommeil*，1941）和新版的《生活所需或梦的结果》（*Les Nécessités de la vie ou les conséquences des rêves*，1946）提供了插图，其中第二本书的扉页是又一幅肖像画。马格利特还画了一幅与这些插图有关的水粉画，作为礼物送给了艾吕雅。在收到艾吕雅的《诗选》（*Choix de poèmes*，1941）后，马格利特以十分

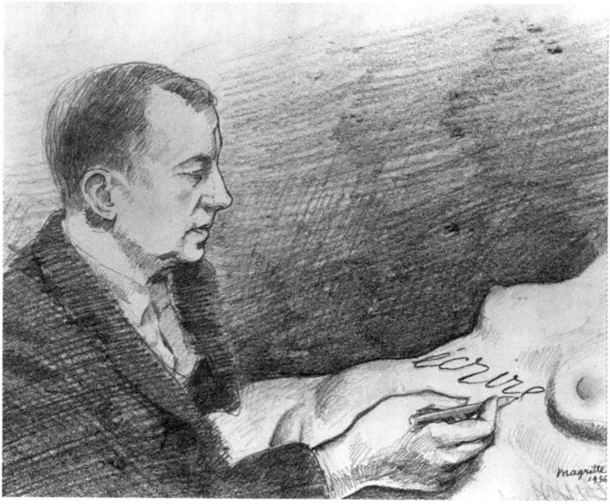

马格利特，《白色魔法》（1936）

罕见的方式称赞了他：“你真是位伟大的画家。”似乎是为了回应这样的赞美，艾吕雅为马格利特写的第二首诗配上了巧妙的献词：“献给用图像捍卫文字的勒内·马格利特。”艾吕雅在1945年访问布鲁塞尔，之后写道：“向你们二位致以亲切的问候。我们之间荒谬的距离，似乎从没有像现在这样让我难以忍受。”[16]

* * *

马格利特在巴黎的经历充满沮丧，另一件让他失望的事情是，原定于1930年3月在格曼斯画廊举办的马格利特个人画展取消了。他画的大炮原本要在那里出阵，那将是一场相当可观的展览。《在自由的门槛上》［彩图 2］气势恢宏，是梅森斯那年 6 月收购的作品之一。马格利特的简短描述是这样的："房间的墙壁，是由天空、火、剪纸、房子的正面、女人的乳房、森林和木板组成的，正对着它们的，是地面上的一门大炮。"购买这幅画的是纪录片制片人亨弗莱·詹宁斯（Humphrey Jennings，马格利特称其为詹宁克斯［Jeninks］），他在 1936 年花 90 英镑买下了这幅画，又在 1948 年以 120 英镑的价格把画卖掉了，"用来支付矫正牙齿的费用"。[17] 詹宁斯和著名的 GPO 电影小组的其他成员一样，都是艺术迷，阿尔贝托·卡瓦尔康蒂（Alberto Cavalcanti）和巴兹尔·赖特（Basil Wright）也是马格利特画作的收藏者。[18] 这些人都是梅森斯发现的，他精心维护与这些人的关系，并在《伦敦画廊公报》上发表了詹宁斯对马格利特画作的思考：

> 在马格利特的画中，美与恐怖相遇。但是它们的诗意不一定来源于已知的浪漫地区——一盘火腿会变得像狮子一样可怕，一堵砖墙会像夜晚一样神秘。因此，他的画基本上是现代的，是波德莱尔所要求的那种意义上的现代。同时，马格利特从不让自己屈从于模仿直接带来的快乐。正是他对具体世界的强烈兴趣让他记住，

一幅画本身只是图像。[19]

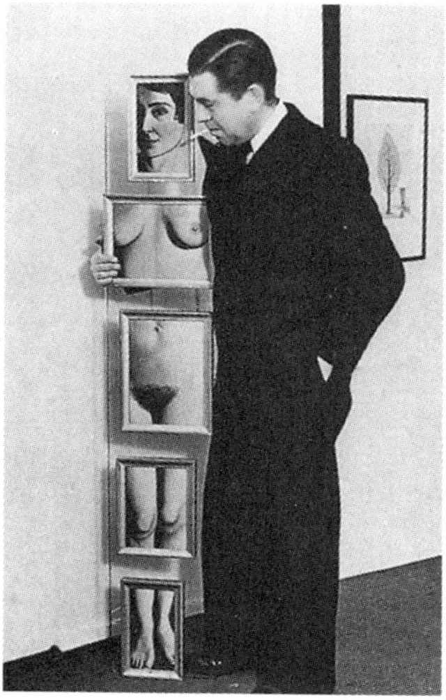

1938 年，马格利特在伦敦画廊抱着《永恒的证据》

1927 年，马格利特曾为人马画廊的个人画展创作了两幅巨幅油画，《受威胁的刺客》和《秘密玩家》，它们被视为成对的画作。在筹备格曼斯画廊的个人画展时，马格利特重复了这种成对创作的方式。《在自由的门槛上》与《天使报喜》（*L'annonciation / The Annunciation*）也被视为一对，这次画展没办成，但成对的这两幅画比他在此之前创作的所有画作都有感染力。

这还不是全部。马格利特在 1930 年初创作的作品提供了进一步突破的证据，他将之描述为“切割画布”。这样的作品有好几幅。最突出的是一个女人的身体：当然是乔吉特，摆出的姿态与《尝试不可能的事》中的样子相仿。“这个女人的身体是按真人大小展现的，”马格利特向诺奇解释说，“我只展示了身体的几个不同部分，但它们都在该在的位置，每张小图都

马格利特，《所有……出生在冬天》（1930）

被框起来，固定在一块玻璃上。”[20]这就是《永恒的证据》，是革命和快乐的零散化身。

马格利特与超现实主义者发生冲突之后，艾吕雅失去了为画展目录写序言的兴趣。马格利特和格曼斯问诺奇是否愿意帮忙。诺奇早就等着这一天，他一心要出手斗一场。他要马格利特和格曼斯进一步阐明对展览的构想。“我相信，你们两个都没想到‘展览’这个词的一般意义。”[21]我们无从得知，诺奇究竟知不知道马格利特正策划着某种方式的示威。马格利特给诺奇寄去了最新作品的注释图，突出强调了房间的墙壁和大炮、风景的幻影、被切割的女人，还有一幅缺失了单词的小型拼贴画，上面写的是“所有

[……] 出生在冬天”（LES [...] NAISSENT EN HIVER）。

格曼斯画廊关闭了，与马格利特的合同取消了。马格利特在巴黎的最后几个月似乎完全停止了创作。时候到了。他的经济情况让人绝望，妻子渴望回家乡。好在梅森斯买了他的 11 幅画，让他有钱把东西运回布鲁塞尔。1930 年 7 月的第一个星期，马格利特离开了巴黎。搬走的过程井然有序，但大卫·西尔维斯特说这是场撤退，他当然没说错。就展览、销售、交易和艺术品的硬通货而言，这就是场溃败。马格利特在莱佩尔勒的客厅里创作了大约 280 幅画，却几乎无法维持生计。他确实有了一定的名气和声誉，获得了一小群忠实的追随者，其中一些人甚至可以为他拔刀相助，但他没有赢得公众的认可。画家马格利特和他的画作仍然罕为人知。那 280 幅画大多数还未见过天日，没有得到任何形式的展出或复制。没有人买这些画，他新近创作的一批画甚至还没起名字。这一切肯定令人垂头丧气。如果说，标志着马格利特出场的，是《词与像》和《隐藏的女人》，以及在《超现实主义革命》中的照片蒙太奇，那么标志着马格利特离场的，则是他为自己招来的排斥。1929 年 12 月 14 日、15 日的那个周末，他的世界发生了翻天覆地的变化。如果是按自己的方式成为不受欢迎的人，马格利特并不会介意。但现在这样的情况是强加给他的，按乔吉特的说法，是通过命令强加的，这就完全是另一回事了，马格利特对此深恶痛绝。

不过在这一阶段，马格利特创作了大量的绘画作品，包括若干无可挑剔的杰作，这伴随着一系列不间断的原创发现——文字画、变形画、切割画布，更不用说摄影方面的实验、散文方面的探索，以及与诺奇之间迸发灵感的交流。马格利特完成的工作、运用的文字和图像、激发的思想、引起的神秘、创造的奇迹——包括那只烟斗——所有这一切，都是不容忽视的成就。对此他也很清楚。夹着尾巴返回布鲁塞尔的马格利特，是个大画家。假如他在 1930 年去世，时年 31 岁，那他的名声肯定会得到保全——有梅森斯在，这一点可以放心。马格利特在巴黎时让自己处于边缘地位，但他在巴黎的这一时期，也正是继毕加索和布拉克在大战前创造立体主义奇迹之后 20 世纪所有艺术家最伟大的创造时期。马格利特的魔力需要时间的沉淀——或许需要半个世纪。巴黎风波后不久，马格利特在布鲁塞尔郊区重新安顿下来，恢复了他的日常生活。在 1930 年剩下的几个月里，他只画了两幅画：《梦的钥匙》的第二个版本和梅森斯的肖像。

至于马格利特在巴黎画的那些没有名字没有身份的画，诺奇为它们找到了名字。《被保护的形象》这样宣布："铃铛，森林，女性的躯干，一片天空，一幅窗帘，一只手，一座山，就在孕育着的寂静之中。神秘的风吹了起来。体验就要开始。"[22]《天使报喜》和《在自由的门槛上》的标题具有诺奇的典型风格，正如他所宣称的那样，作为能引起丰富联想的有力宣言，它们会使人们的大脑飞速运转，思想快速发展。

根据马里恩所说，《在自由的门槛上》这个名字很可能源自约翰·巴肯（John Buchan）的《祭司王约翰》（*Prester John*，1910）中的一段话，这本书的法语版于1927年出版，书中说："我不自由，但我正站在自由的门槛上。"他们都喜欢约翰·巴肯。马格利特的藏书室里有一本《三十九级台阶》（*Les trente-neuf marches*）。

这些作品最终得以展出，不过不是在巴黎，而是在布鲁塞尔。同时出场的是诺奇有益的提醒或劝告：

> 谁会怀疑，这薄薄的长方形画布上存在着某种东西，可以永远改变正义与爱的意义，改变人类存在的意义、风格和张力？
>
> 然而画面上都是我们熟悉的物品，一把椅子可以坐下休息，水果可以为我们解渴，一件外套可以抵御夜晚的寒气或帮老人御寒，这些都是我们日常生活中的物品的常规特征，但它们这样出现在画面中却很不寻常，如果我们再回头去观察世界，那些我们习以为常，乃至注意不到其存在的庸常事物，突然间就具有了不容忽视的强大威力，让我们猜想它们会与我们有什么新的关系。世界变了，不再有任何平凡的东西。……

改变装饰？改变环境？门在摆动。要么穿过去，要么灭亡。我们必须改变，不改变就会消亡。[23]

与此同时，他加入了另一条战线上的战斗：

问题不再是确定画布能否“在麦田中央站得住”，这种关切所在的层次，就像一个收藏家梦想着把天空的颜色和他地毯的颜色搭配起来，或者把地毯的色彩和他情妇有些茫然的眼睛搭配起来。

这种幻想已经过了时。

对于仍然沉迷于此的人或画来说，这太糟糕了。[24]

这里引用的是《超现实主义与绘画》中关于乔治·布拉克的一个故事。布勒东几乎把布拉克贬低得一无是处，所采用的绝妙修辞简直成了传奇：“我知道，不久以前布拉克曾想把他的两三张画带到麦田中央，看看它们能不能‘站得住’。这主意真妙，只要你能忍得住不问问自己，麦田与什么在一起，与什么相比，能‘站得住’。至于我，我唯一喜欢的画，包括布拉克的画在内，就是那些能在饥荒面前站得住的画。”皈依者和怀疑者都对这段话产生了深刻的印象。皮埃尔·勒韦尔迪（Pierre Reverdy）是布拉克的朋友，他是非常正直的诗人，也是布拉克麦田画展中的唯一见证人。许多年以后，他发表了他的反驳。“从那时起我就一直听人讲：最重要的就是，这幅画是否能在饥荒面前站得住。以下是我的回答：它站得住，它扛得住饥荒的考验，也扛得住其他许多东西的考验，因为画布什么也不怕。”[25] 著名作品《赞助人布拉克》（*Braque le patron*，1945）的作者让·包兰明确表示，他所说的赞助人具有宗教意义，就像古鲁宗师一样，“我觉得，很难说布拉克是我们这个时代最具创造力还是最多才多艺的艺术家。但是，如果伟大的画家是那种能给人最敏锐、最有滋养的绘画思想的人，那么，我毫不犹豫地认为布拉克是大师”[26]。

诺奇在思考如何完善《被保护的形象》时，考虑了关于布拉克的争论，他在日记中写道：

> 布拉克把他的宇宙隐藏起来，像隐藏在壳中的软体动物。这无疑是可以普遍化的：画家的观点和印象。……
>
> 人们或许能设想一个理想的布拉克，他实际上是个软体动物；但是一个理想的马格利特呢，他实际上是个……蜘蛛。[27]

麦田变成了后院。通过目录插图的方式，诺奇选择了《永恒的证据》的安装实景照片——一块玻璃上的“切割画布”，可以放在后院或洗衣店，同时还在晾衣绳上晾着衣服。同谋者马格利特和诺奇肯定非常开心。这是颠覆在理论和实践上的教科书式的示范。

马格利特的画在后院站住了脚，在地窖、猪圈站住了脚。在地窖里，斯居特耐尔发现了被踩在脚下的《中世纪的恐慌》（*Panique au moyen âge / Panic in the Middle Ages*）——雅克利娜·农克尔说，那是在花园尽头的画室里，堆在几袋煤的下面。在猪圈里，是诺奇的公寓。另一方面，马格利特的画在画廊里被遮盖起来，用窗帘遮住，或以其他方式隔离起来，这可能是为了保存这些画，也可能是为了公共安全。拉·卢维埃（La Louvière）市政管理部门获得了《纪念麦克·塞纳特》（*In Memoriam Mack Sennett*, 1936），画上是挂在衣柜里的带胸睡衣，这幅画被保存在橱柜里，只给“有见识的偷窥者”看。[28] 在布鲁塞尔美术宫 1934 年举办的一次展览中，《强奸》这幅画是放到躲在天鹅绒窗帘后面的一个房间里展出的，与之相伴的是达利的《伟大自慰者》（*Le Grand Masturbateur*）和巴尔蒂斯（Balthus）的《凯西的梳妆》（*La Toilette de Cathy*）。约翰·理查森（John Richardson）言简意赅地说，这也许是它表现出“噘嘴不赞成”的原因。[29] 根据梅森斯的说法，美术宫的馆长认为它不适合儿童，甚至不适合那些不倡导超现实主义的成年人。1937 年，在贝利奥尔学院（Balliol）一位名叫丹尼斯·希利（Denis Healey）的出色的多面手组织下，新牛津艺术协会（New Oxford Art

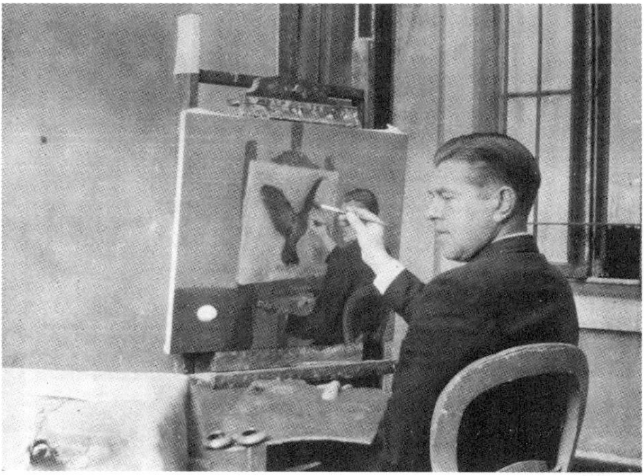

1936 年，马格利特在布鲁塞尔绘制《远见》（*La Clairvoyance*）。雅克利娜 · 农克尔拍摄

Society）主办了一场展览，天鹅绒窗帘在展览中再次启用，为的是同一幅画，“因为担心会吓到北牛津的女士们”。[30]《强奸》在 2011 年已经可以公开亮相，不需要用窗帘遮挡了，但是在 1941 年，在利物浦泰特美术馆举办的“勒内 · 马格利特：快乐原则”（Magritte： the Pleasure Principle）展览中，马格利特为乔治 · 巴塔耶的情色故事《爱德华夫人》（*Madame Edwarda*）所画的一套异常露骨的画作仍然不能公开露面。[31]

这些图片讲述了它们自己的故事。马格利特此时的创作速度不如在巴黎时那么迅速。在 1931 年至 1934 年的三年间，他只创作了不到 50 幅画，但他绝没有闲着。一张寄给勒孔特的明信片上说，他回来了。

“我找到了一套一楼带小花园的公寓，还可以。无论如何，我想我在国内会比在国外做得更好。”[32] 正如扬·瑟勒尔（Jan Ceuleers）所指出的，马格利特找到的那套公寓与他一直居住的郊外住处在同一个区，地址是热特的埃塞格姆街（rue Esseghem）135 号。这是条萧索的街道，所处的街区除了蒸汽机和煤气厂之外没什么特别的。斯居特耐尔写了一本描写真人真事的滑稽模仿犯罪小说《雅克曼大道》，署名是伊雷娜·阿德瓦尔。小说中的格利托和他的团伙就是这样走过那些街道的。“篱笆后面是田地，矮小的杨树和柳树，铁道线下面有一条小隧道。一条石头小径，上面留下了车辙，一条肮脏的沟渠，杂草丛生。电线上落着两只麻雀，刺槐树丛支着长长的黑刺，电线杆泛着焦油的油光。铁轨，路堤，满是煤渣，人一样大的污水池，池里满是绿水。太阳正落山，像三月的太阳一样病态，还伴随着一群嗡嗡叫的飞虫。”[33]

马格利特在那里住了 24 年，空间狭小，却还算快乐，或许会让人想起灰暗的夏特莱。一楼的公寓面对着原始的景观，他在那儿的日子里，这地方被换了位，被完全改变了。到处都是马格利特家的人。戈尔康德看起来就是韦尔维耶（Verviers），在那里，戴着圆顶硬礼帽的人永远像雨点般落下（或升起）。[34] 马格利特是掀起风云的人物，正如当代诗人安妮·卡森（Anne Carson）所预言的：“马格利特今天的天气预报说，马克斯·恩斯特把头撞在了一块巨石上。”[35]

埃塞格姆街135号的环境让马格利特感到无聊。封闭的内部环境和压抑的前景培养了他那超现实主义中的现实主义。吕克·桑特以其共情能力观察到，“马格利特是最彻底的现实主义者，他把袖珍梳子画得像床一样大，把乳房画到悬挂在大衣橱的衣服里，或者把窗玻璃连同玻璃外的景观一起打碎。马格利特画中的街道和房屋都在夜晚，不论天空是多么的蔚蓝”[36]。对于马格利特所在的生活区内死气沉沉的状态，斯居特耐尔做出了非常到位的描述。

他租了一套一楼的公寓，算上走廊共有七个房间，但走廊大部分是大楼里的租户共用的。客厅面朝街道，装修雅致，风格还是18世纪的，不过客厅里有一架黑色的现代立式大钢琴，白色牙齿般的按键让客厅不那么单调。

卧室的氛围与他的一些照片一样，绿色和蓝色是主色调，带了些红与黑的点缀。窗户面向花园。

小小的私人门厅里，摆了个衣帽架和装满侦探小说的书柜。

在餐厅里，马格利特画画，吃饭，接待客人，过着日常的生活。从餐厅望出去，曾经是一个鸟舍，里面有很多鸟。后来，鸟都飞走了，鸟舍成了柴火。

后面是小厨房，通往浴室和盥洗室。

> 花园不太大。尽头是个棚子一样的工作室，里面塞满了木头。
>
> 同样塞满木头的是顶楼，那里存放着画家日常生活的杂物，还悬挂着芹菜和洋葱做的花环，这些都是从他的菜地里收获的。[37]

棚子一样的工作室变成了东戈工作室（Studio Dongo），工作室抬头纸为它的专业工作做了宣传：展台、展示、推销、海报、绘画、照片蒙太奇、广告文案。马格利特又回来做生意了。家人和朋友帮了忙。保罗是他的匿名合伙人。雷蒙利用他的人脉给他们安排了一些活，赚些佣金。乔吉特的姐夫皮埃尔·瓦耶做画架。保罗在1936年结婚后，他的妻子贝蒂在交易会上接受订单并担任出纳。丹尼斯·马里昂向他们介绍了托比斯·克兰电影公司（Tobis-Klangfilm），该公司委托他们制作电影海报。乔治·弗里亚蒙（Georges Vriamont）是马格利特的狂热收藏家，他曾委托马格利特制作现代出版社（Les Éditions Modernes）出版的活页乐谱封面。

正如马格利特常说的，商业工作并不能给他的菠菜抹上多少黄油，但也确实让他赚到了干面包片。东戈工作室存在了好几年。这是半隐秘的活动，以《帕尔马修道院》（*La Chartreuse de Parme*）的主人公法布里斯·德尔·东戈（Fabrice del Dongo）的名字命名，而小说作者司汤达是马格利特（以及巴黎超现实主义者）非常尊敬的作家。《纯粹艺术》的宣言引用了司汤达的话："美不过是幸福的承诺。"[38]许多年以后，另一句引语引发了对莫里斯·拉潘的难解的评论。马格利特对他说："你引用了司汤达的话，'有些日子里我应该把自己绑在床脚'，这让我又一次被我们思想的相似之处打动了。我也有很多可怕的回忆，但我从来不理解'忏悔'这个词。我只感到悔恨。"[39]

马格利特的财务困境在1935年开始缓解。这要感谢克洛德·斯帕克（1904—1990）的斡旋。斯帕克是来自比利时显赫家族的小说家和剧作家。他的哥哥保罗-亨利·斯帕克（Paul-Henri Spaak）当了首相，也是欧盟的创始人之一。保罗-亨利对艺术也很有鉴赏力（或者说对他弟弟的建议很有鉴赏力），因为他至少买了三幅马格利特的名画：《女巨人》（*Le Géante / The Giantess*）、《青春的描绘》和《暴风雨之歌》（*Le Chant de l'orage / The Song of the Storm*）。克洛德1928年加入巴黎美术宫，担任总干事秘书。1933年，他成为布鲁塞尔美术宫旗下的展览辅助协会（Société Auxiliare des Expositions）首任会长，既负责展览，也主管为展览提供资金的拍卖部门。梅森斯是他手下最没前途的推销员之一，他不习惯在中午以前开始工作，因为那很快就到了喝点餐前小酒的时候。梅森斯天生就当不了任何人的雇员，然而，作为一个运营者，他无疑颇有成绩。在前往伦敦之前，他组织了很多展览，并在1938年出发去伦敦之前介绍了很多人认识。

就是他把斯帕克介绍给马格利特的。

在 20 世纪 30 年代，斯帕克成了马格利特画作主要的私人收藏者。经过他手的有三十多件作品，其中有些画是特别委托马格利特画的，包括他自己的肖像、他的第一任妻子和他们孩子的肖像、他第二任妻子的肖像，还有他亲戚朋友的肖像。他的第一任妻子苏珊（Suzanne）是抵抗运动的杰出成员，1944 年被盖世太保处决。他的秘书露丝·彼得斯（Ruth Peters）后来成了他的第二任妻子。此外，是斯帕克提出了想法，让马格利特画出了这一时期最有趣的两幅画：《赫拉克利特的桥》（*Le Pont d'Héraclite / Heraclitus's Bridge*）和《永恒》（*L'Éternité / Eternity*）。1935 年，马格利特告诉艾吕雅："我现在正忙着画一幅相当有趣的画。在博物馆里，靠墙摆了三尊雕像；左边和右边的底座上，分别是但丁和赫拉克勒斯的雕像，中间的底座上，是一个华丽的猪头，耳朵里插着欧芹，嘴里叼着柠檬。"斯帕克最初的想法是，展示出挂在博物馆里的两幅画，它们中间吊着个火腿。最终，猪头变成了一堆黄油，赫拉克勒斯变成了基督。二十年后的 1955 年，这幅画在拍卖会上以 4.5 比利时法郎的惊人价格售出。马格利特得知此事后，以哲学思辨的方式回应说："《永恒》以 4.5 法郎的价格在公开市场上售出，这也许是一件令人遗憾的事情，但是，有些人认为我在那个时期的画作是最好的，他们听到那些画如此便宜，会感到很高兴，这种高兴是两方面的，

马格利特，《赫拉克利特的桥》（1935）

马格利特，《永恒》（1935）

一方面是针对这件坏事好的一面，一方面是针对他们自己的观点。”[40]

马格利特为了维持收支平衡，不得不把很多时间投入东戈工作室。这让斯帕克感到忧心，他担心商业化会彻底扼杀创造力。这也意味着他对马格利特的艺术创作状况感到不满。纽约的朱利安·利维也有类似的担忧。斯帕克与别人不同，那些人大多只是抱怨马格利特，斯帕克却提出要做些什么来进行补救。斯帕克不仅买下了马格利特的画，委托他做新的工作，还鼓励自己的亲友也这样做；此外，斯帕克还在 1935 年至 1938 年期间每月给马格利特 600 比利时法郎的津贴。不仅如此，他还安排了一小群来自 PBA 的同事在这一时期每月给马格利特 50 比利时法郎的补贴，这些人包括罗伯特·吉龙（Robert Giron）、苏珊·皮尔诺（Suzanne Purnal）和瓦伦丁·帕里当（Valentine Paridant），作为回报，他们每人在年底收到了一幅画。斯帕克的父亲不喜欢现代艺术，但他匿名送出 300 比利时法郎作为礼物。为了表示感谢，马格利特把《革命》（*La Révolution*）作为礼物送给斯帕克一家。在 1938 年，斯帕克为马格利特提供了一份每月 1500 比利时法郎的松散合同。斯帕克告诉梅森斯，这钱不算太多。同时，斯帕克给了马格利特彻底的自由，马格利特可以随时把作品卖给别人。[41]

马格利特的创作效率开始提高。梅森斯抱怨马格利特成了个宫廷画家，说他“接受绘画、肖像、复制品等的‘订单’，任由自己被斯帕克先生当傻瓜一样对待”。但是就连梅森斯也不得不承认，斯帕克对待马格利特既慷慨又勇敢。[42] 从各个方面看，斯帕克都是位理想的赞助人：有同情心，有想象力，慷慨大方，总能想出主意。不过从某种意义上说，他原本也不必担心。马格利特一直坚持说，他所做的不是绘画，而是思考。在那之前的几年里，他一直在非常努力地思考。

1932 年的某一天，马格利特突然想到了一种设计图像的新方法，也是一种新的工作方式，他由此看到了一种新的绘画方式。这就是“问题绘画”（problem painting），之所以这样称呼，是因为这是种方法论，或者更准确地说，是绘画过程的创始。马格利特会让自己关注一个特定的物体所提出的“问题”，他必须找到一个“解决方案”——最恰当的那一个解决方案——从而能够画出那个物体，并把它变成马格利特的画。问题绘画是马格利特发明的概念，是具有高度原创性的概念，它为画家如何处理普通的图像（例如一个鸡蛋，一扇门）打开了新的大门，为画家如何处理自己脑海中的幻象打开了新的大门。一旦对问题的视觉解决方案得到圆满解决，就只剩下了问题的子集：如何称呼图像，也就是说，为图像找到一个标题。

马格利特坚持说，他能想到这样的流程，是受了上帝的启示。“1936 年的一个晚上，我在一个房间里醒来，房间里有个笼子，笼子里睡着一只鸟。我出了大错，看见那笼子里的鸟消失了，取而代之的是一颗

马格利特，《选择性亲和性》（1933）

鸟蛋。”这听起来就像是童话故事的开头。这颗鸟蛋孵化出的奇妙图像是《选择性亲和性》（*Les Affinités électives / Elective Affinities*）。诺奇敏锐地评论说，笼子和鸟蛋都是对禁闭的类比：“监狱的笼子”和“希望的笼子”。[43] 马格利特所讲的故事中也许有真实的因素，因为正如斯居特耐尔所指出的那样，公寓后面有个鸟舍，乔吉特则告诉《文献评述》的作者，那只鸟是她的金丝雀。不管怎样，马格利特把奇迹发生的时间往后推了。[44] 他在《生命线》中是这样描述的：

> 我在一个房间里醒来，房间里有个笼子，笼子里睡着一只鸟。我出了大错，看见那笼子里的鸟消失了，取而代之的是一颗鸟蛋。于是，我发现了一个具有诗意、令人吃惊的新秘密，

因为我所经历的震撼正是由笼子和鸟蛋这两个物体之间的亲和关系引起的，而以前我只是把完全不相关的物体放在一起。沿着这一启示的思路，我试着去发现，除了笼子以外，其他物体是否同样能显示出笼子与鸟蛋组合所产生的鲜明的诗意效果，是否能揭示出它们特有的、严格意义上看属于它们命运的一部分的元素。我在研究过程中开始确信，有待发现的元素，也就是与每件物品模糊地联系在一起的独特的东西，总是事先为我所知，但我所知道的似乎迷失在我的思想深处。由于我的研究必须针对每个对象得出单一的正确答案，我的探索采取的形式是去寻找问题的解决方案，它有三个给定的参考点：对象；我意识的影子中与对象相关的事物；这事物应该出现的环境。[45]

问题绘画从此成了马格利特一直关注的对象。20 年后，他重新努力思考这个问题。1952 年，他创办了一份微型评论刊物，让·包兰称之为世界上最小型的评论刊物。这就是《自然卡片》（*La Carte d'après nature*），它在接下来的四年里不定期地以明信片的形式发行。在第一期中，马格利特重新讨论并详细阐述了他的工作方法。他举了三个例子，每个例子都说明了找到解决方案之前那曲折复杂的试错过程，而最终的解决方案简单得令人难以置信。这个过

马格利特，《引诱者》（1950）

马格利特，《对心脏的打击》（1952）

程被诗人加斯东·皮埃尔（Gaston Puel）描述为一种“疯狂的思索”，这种描述恰如其分。马格利特所举的三个例子分别是：《引诱者》（*Le Séducteur / The Seducer*），以船的形式解决了水的问题；《对心脏的打击》（*Le Coup au coeur / The Blow to the Heart*），以匕首的形式解决了玫瑰的问题；《快乐的手》（*La Main heureuse / The Happy Hand*），以圆环的形式解决了钢琴的问题。[46]奇怪的是，马格利特的成功标准与布拉克的很像，是用另一种语言表达出了布拉克的标准，不论这是否站得住脚。

> 我正在考虑新的探索，这是以我的一个想法为基础的，那就是：什么能让某些图片站得住脚。想法的执行取决于以下述方式找到的问题解决方案是否准确：将一个对象，或任何主题，当作一个问题，找到另一个对象作为答案，另一个对象通过足够复杂的链接与第一个对象秘密联系在一起，以此验证答案。如果答案显而易见是无可辩驳的，那么这两件物品的结合就是戏剧性的。

这个流程能不能进一步发展呢？马格利特继续说：

> 匕首或许是玫瑰的答案，但玫瑰不是匕首的答案，同样，水不是船的答案，钢琴也不是

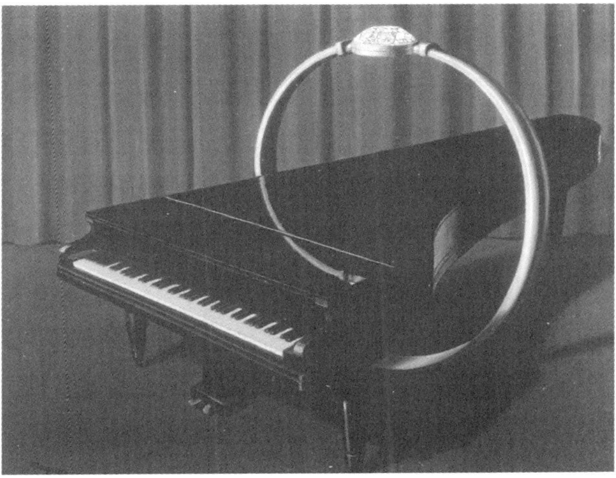

马格利特，《快乐的手》（1953）

圆环的答案。这种感知开启了寻找答案的可能性，这些答案同时也是由最初作为问题的对象所解决的问题。这可能吗？它似乎要求人类意志达到某种品质，也就是埃德加·爱伦·坡赋予神性的作品的品质，在那些作品中，“因果都是可逆的”。如果我们能设想到这种品质，那么通过启蒙而获得它，或许就不是不可能的。[47]

玫瑰的问题是很好的例子，说明了思想实验、图像记忆、模式识别与词语联想可以如何巧妙地结合在一起，连同跳房子的隐喻，它最终产生了马格利特的“解决办法”。在这个例子中，对诗歌和记忆的探寻可以追溯到二十年前。“红玫瑰在黑暗中也还是红的”，如果维特根斯坦没有先说出这一点，马格利特可能也会这样说。[48] 1951 年 11 月 27 日，马格利特向艾吕雅详细介绍了他的创作过程。

下面这些是我必须要告诉你的，因为这也是受到了你的启发。

两个月来，我一直在研究如何解决我口中所说的“玫瑰的问题”，我采取的是我认为独属于我的方法。我在完成研究后意识到，我可能早就知道我的问题的答案了，但那是以一种模糊的方式，而且知道的不仅是我，可能还有其他人。这种知识似乎是有机的，不会上升到意识的层面，但从我最初所做的努力开始，它就一直存在。

当我想到要解决玫瑰的问题时，我出于本能匆匆记下的第一个迹象是这样的：[一幅画]从花茎那里伸出的那条斜线，需要我进行长时间的痛苦探索，我才会清楚它的意义。

我想到了很多，这些是我能记起的：

那条线是一面绿色旗子的旗杆［草图］

或是中世纪城堡的塔楼［草图］

或是一支箭［草图］

> 最后我发现，那是把匕首，于是玫瑰的问题就从图案上得到了解决
>
> 就像这样：［草图］
>
> 研究完成后，可以“轻松”地解释说，玫瑰是空中的香气，但它也很残忍，让我想起了你的“弑父玫瑰”。我还想起了诺奇《被保护的形象》中的一段话：“感谢这种令人心碎的记忆，让我们闻到了玫瑰的芬芳。”我还想起了一件趣事，那是在 1942 年或 1943 年，我利用《方托马斯》第一卷的封面创作了一幅画，在画中用玫瑰代替了刺客那把血迹斑斑的匕首。我亲爱的保罗，我希望这能令你欣慰，能令你欣慰到可以让我知道你的消息，并为这幅画取一个漂亮的标题。[49]

事实证明，几个月里，标题一直没有定下来。经过长时间的考虑，马格利特的一个朋友想出了“预言的礼物”（The Gift of Prophecy），这个名字使用了一段时间。到了第二年春天，马格利特决定采用诺奇想出的名字。他宣布，《对心脏的打击》是“用玫瑰茎上长出来的匕首回答玫瑰”。

毫无疑问，马格利特的问题并不是普通的问题，其解决方法在各种意义上都是超出现实世界的。在 1932 年，第一个被刻意设定和解决的问题是门的问题，

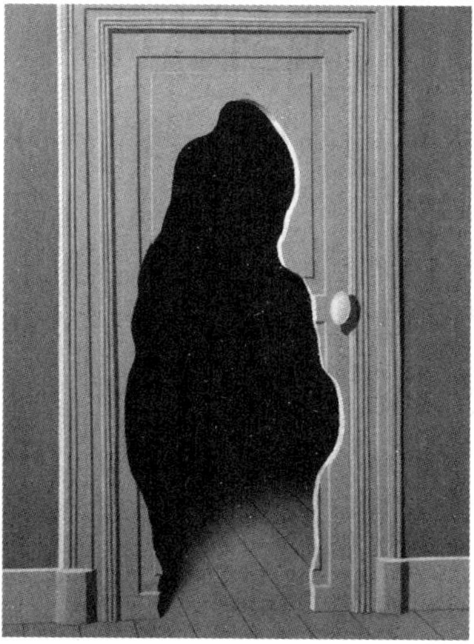

马格利特，《意想不到的答案》（1933）

他提出了谜一样难解的想法，“门上需要有个可以通过的洞”。解决方案是一扇关着的门，那显然是一扇内门，门上有个洞，“露出的是黑暗”（如果换个词就是“虚空”）。可见到的黑暗是个谜，洞也是个谜，这个洞和人身体的大小差不多，但形状怪异。它可以被解读为互相抱紧的情侣的轮廓，他们抱得那么紧，几乎嵌进了对方的身体，就像连环画或卡通画里所表现的那样；它也可以被解读为一块巨大拼图的缺失部分，或是疯狂的饼干切割者的作品。这就是《意想不到的答案》（*La Réponse imprévue / The Unexpected Answer*）。[50]

马格利特的解决方法在巴黎意味着突破性的重大进展。马格利特立刻意识到自己做出了什么样的发现。他在1933年1月打破沉默，给布勒东写了封信，感谢他寄来一份《花瓶通讯》（*Les Vases communicants*），马格利特用谨慎的措辞称赞了其中的内容，并主动随信寄去了他最新的两幅小画：《选择性亲和性》和《意想不到的答案》，后者的另一个名字是 *La Réponse inattendue*。布勒东接受了马格利特抛来的诱饵。1934年6月，布勒东到布鲁塞尔做了《什么是超现实主义？》的演讲，演讲词立即以小册子的形式出版，封面由马格利特设计，所选的画是《强奸》，扉页同样选择了这张傲慢无礼的图片。这幅画后来被马格利特描述为解决女人问题的方法，不过对它更好的描述，或许是解决臭名昭著的问题的方法。马格利特在写给布勒东的信中借助一幅素描对此进行了解释。

> 这与我最近和你讲的研究是一致的。我非常清楚，在我看来，这涉及的是对事物非常基本的理解，一次理解一个事物。在这个特殊的例子中，涉及的是面部器官的特质与女性身体的相似之处，但是图像本身的反响让我感到震撼，同时让我感到震撼的，还有对我来说非常重要的一件事：人可以发现一个特定物体的固有属性，然而这一属性在公之于众时，却显得可怕或怪异。

“我希望你会喜欢这个封面，”马格利特补充说，“我也认为，它从宣传的角度来看是很出众的。这样的图片放在书店的橱窗里，不可能不引人侧目。”[51]

布勒东非常高兴。“我对你的画充满热情。这一作品极其重要，同时又令人不安，一看就很难忘记。它综合了各种因素，非常适合我，非常吸引我，恐怕再没有什么能与之相比的了。真心感谢你。”[52]更重要的是，对问题绘画的尝试取得了预期效果。布勒东接着说：

> 我们绝对必须找到一种方法，让公众能更好地理解你最近的研究，我要再说一遍，你的研究在我看来至关重要。我想要就这个问题写一篇文章，或者像我在《文献34》中为贾科梅蒂所写的文字，或者像我为今年秋天即将出版的新版《超现实主义与绘画》所写的文字。如果你能找个时间重新描述与你所表达的关注相关的七八张画或图片，我会很开心。我还想请你考虑一下，给我寄几张你在每个时期最重要的画作的照片，允许我在新版中使用它们。这本书将按正常格式再版，内容会予以修订，也就是说，在某些地方删减，在其他地方扩充。我当然必须与你和达利沟通。真遗憾，我们还在等待《被保护的形象》。[53]

布勒东说了很多好话，而马格利特让他等了很久。马格利特回到了他的钥匙孔前。

* * *

说到窥探的眼睛、钥匙孔、门、门槛以及未知的领域，马格利特堪称大师。瓦尔特·本雅明曾强调说，卡夫卡是这个领域最伟大的实践者，是孤独的创造者。在这个领域，唯一能与卡夫卡相媲美的艺术家，或许就是马格利特。卡夫卡的传记作者写过一段精彩的段落，可以称之为门的问题，这一段落同样适用于马格利特：

> 经过寻找，他发现了一种能把远与近统一到一起的意象，那看似最接近我们的事物，却又与我们有神秘的距离，那令人激动的存在物位于远方遥不可及，却又近乎可及，把它们统一到一起的就是一种意象，是一种辩证的意象，思想的意象。卡夫卡大量使用了这种意象，极其简单的、假定为无害的意象——那就是门……在他的作品中，有的门没关，却无法通行……有的门通往无法穿透的黑暗……有的门破破烂烂，自己就能打开……或者就要分崩离析……有的门只要触碰就会招致折磨和死亡……还有，

有的门会随时改变能否通行的状态，尽管没有明显的原因。[54]

马格利特也会描绘各种各样的门和看门人。那可及的与不可及的，永远是关注的对象，那可见的与不可见的，违反的与不违反的，那跨过了门槛的冲突。在30多年的时间里，人们通过一长串意料之外的答案，探索了近乎可及之物的本质，压抑的本质，禁止的本质。随着原稿的改动，门上的洞（或破门而过的人物）有了更加清晰的轮廓；洞的另一边是无法摆脱的阴暗。这幅画在1936年被朱利安·利维以17美元的价格买下，又在1941年以50美元的价格卖给了凯·塞奇（Kay Sage）。《爱情的前景》（*La Perspective amoureuse*）提供的却是完全不同的视角，让黑暗融入了光明。透过门上的洞，可以看到一片风景，长着树叶的树和房子，令人费解的是，屋顶平台上还有个铃铛。马格利特对这幅画进行了预言式的评论："是爱呈现了最伟大的景观。在画中，纵深感的营造，是通过移除一扇门的部分门板，露出由已知物体（树木、天空）和神秘物体（平台上的大铃铛）组成的景观实现的。"[55]纵深感显然是焦虑的源头；马格利特在《距离》中用一小段文字谈到了"敞开的门外缺乏深度"。在《运气的冒险》（*La Bonne adventure / Fortune Telling*）中，门半开着，就像热尔曼·杜拉克（Germaine Dulac）的电影《贝壳与僧侣》（*La Coquille et le clergyman*，1928）中引人注目的开场镜头中的门一样。[56] 又一片云飘过。远处是辽阔的大海。在《胜利》（*La Victoire / Victory*）中，门仍然半开着，向着户外。又一片云飘过。在《清晨》（*La Grand matin / The Early Morning*）中，门几乎就是个洞。大海在招手，充满诱惑。在这里门是开着的，但道路是封闭的。一个高高的比尔博凯特静静地伫立，旁边有一群树叶鸟。在《太阳下的地方》（*La Place au soleil / The Place in the Sun*），一扇绿色的小门开着，通往一扇紧闭的蓝色大门。在《活的模型》（*Le Modèle vivant / The Living Model*）中，门是一扇疯狂的门，边缘参差不齐。它是牢牢关闭的。[57] 看门人"在法律面前"对K说："别人谁也不允许进，因为这个入口是只给你一个人留的。我现在去把它关上。""在法律面前"是《审判》中重复出现的类比。[58]

如果说卡夫卡笔下的看门人与马格利特画中的比尔博凯特相对应，那么《城堡》（*The Castle*）中的窥视孔在《间谍》（*L'Espion / The Spy*）中也有自己的对应物，那就是钥匙孔。[59] 透过窥视孔，K能看到城堡官员克拉姆（Klamm）坐在桌子旁，手里拿着啤酒。克拉姆正对着窥视孔，就好像是在摄影棚里摆姿势，因此让K产生了一种"摄影的掌控感"，而克拉姆笨拙的姿势削弱了这种感觉。[60] 这或许让马格利特想起了在巴黎与守门人布勒东一起制定规则的经历。马格利特笔下的无名氏（且让我们称他为M.吧），是否

马格利特，《间谍》（1928）

也从他的间谍活动中获得了类似的掌控感呢？我们该如何理解他画中没有身体的女人头颅呢？它悬在虚空中，坚定地面对着我们，有些像加布里埃尔·马克斯复制品中的基督头颅。我们该如何理解看起来温文尔雅的M.呢？这种间谍行为有欺骗的味道，甚至更糟，可能是违法的。“在法律面前，站着一个守门人。”这是寓言的开头。在报喜的天使前面伫立着两个比尔博凯特。它们如果不是直立的，就什么都不是了。它们的意义难以解读。它们是证人的最后证词吗？它们到底目睹了什么？它们与那些为了受威胁的刺客而来的小丑相去甚远。它们是看守者、鞭笞者、评估者吗？是卡夫卡笔下官僚机构的其他官吏吗？它们是柏拉图的洞穴的守门人吗？《天使报喜》中曾有个人，在一个类似洞穴的地方读报纸，很像一个官员在喝啤酒。“这就好比我们在一个洞穴里，”马格利特会说，“没有窗户的洞穴。”[61]

卡夫卡和马格利特有很多共同之处，比乍看起来更多，这共同之处甚至涉及他们的生活方式和探索的方法。“你没有走出屋子的必要，”卡夫卡写道，“你就坐在你的桌旁倾听吧。甚至连倾听也不必，仅仅等待着就行了。只要保持完全的安静和孤独就行了。这世界将会在你面前不由自主地现出原形，它将如痴如醉地在你面前飘动。”[62]这样的事就发生在埃塞格姆街135号的餐厅里。人们按自己的方式，仔细思考着法规和条文，自由和禁锢，焦虑和偏执，身份认同和无名无姓，世界的痴醉和存在的神秘。对于马格利特和卡夫卡来说，隐喻意义与字面意义同样重要。他们都不喜欢花言巧语能言善辩。他们都留下了没有解决方案的谜题（无论采取什么方法都无法解决）。《受威胁的刺客》是具有典型卡夫卡风格的画作。卡夫卡的警句是具有典型马格利特风格的意象：“一个笼子在寻找一只鸟。”[63]他们甚至可能从相同的来源获得灵感。叔本华在《作为意志和表象的世界》（*The World as Will and Representation*）中写道：“我们永远也不可能由外在出发掌握事物的真实本相。无论付出多大努力，除了图像和名称之外，我们什么也得不到。我们就像是绕着一座城堡打转的人，寻找入口却一无所获，有时勾画个草图而已。”[64]

马格利特的一幅画就像卡夫卡的《审判》中的法律："[它]什么都不想从你那里获得。你来了，它就迎接你，你走了，它就让你走。"[65] 马格利特第一次公开谈论自己的新方法，是在1937年的一次演讲中，他提出了关于门的问题的悖论。

> 现在让我们想象一扇门板，它可以敞开，通向上下颠倒的风景，我们也可以把风景画在门上。但是，让我们试试不那么刻意为之的办法吧，我们可以在门板旁边的墙上开个洞，这个洞同时也是出口，是门。让我们把门和洞合二为一吧，在这样的巧合下，这个洞就可以非常自然地出现在门板上。透过这个洞，我们看到的会是黑暗。如果我们照亮黑暗，显现出原本隐藏在黑暗中的看不见的东西，最后我们得到的图像就会变得丰富，因为我们凝视的目光总想望得更远，我们最终总会看到存在的目标，存在的理由。[66]

* * *

弗里茨·朗的《门外的秘密》（*The Secret Beyond the Door*，1948）对马格利特来说如同音乐。

寻找标题的问题仍然存在。

马格利特谈到了给他的画“洗礼”。给它们起标题就是这个过程中必不可少的一部分，为此他绞尽脑汁。可以想见，标题并非总是容易解读。它们不容易掌控，有时的确难以把握，若想把抽象的标题还原为确定的意义，肯定会有障碍。标题与画作之间的关系是一场微妙的角逐。标题通常是神秘的，不能像填字游戏一样得到解决。“没有线索，”马格利特会说，“唯一的线索是错误的线索。”[67]他画了一幅令人叹为观止的画，描绘的是绵延群山中一块超现实的巨石，为了确定这幅画的名字，他先后否定的标题包括《节拍器》《好运符》《完美和谐》《生活在一起》《金银》《优美的文字》《清晰的思想》《清醒的状态》《介绍》《代表》《贵族专利》《印度邮报》、《智者》《绶带索》《第 88 页》《快乐的科学》（向尼采致敬）、《夜与日》（向弗雷德·阿斯泰尔［Fred Astaire］致敬）、《歌剧》《神圣的家族》《圣诞节》和《拱心石》。最后，马格利特选定了《玻璃钥匙》（*The Glass Key / La Clef de verre*），《玻璃钥匙》本来是达希尔·哈米特（Dashiell Hammett）所写的侦探小说，后来改编成为一部黑色电影，由艾伦·拉德（Alan Ladd）和韦罗妮卡·莱克（Veronica Lake）主演。马格利特的钥匙既是钥匙，也是线索，进一步丰富了《梦的钥匙》的内涵。卡夫卡写道：“剩下的是那块无法解释的岩石。传说试图解释那种无法解释的事。正因为传说产生于真理的基础之上，所以它只能以无法解释的方式结束。”[68]

标题与画之间的关系甚至更难捉摸，正如斯居特耐尔所做的评论：

> 我一直认为马格利特的画难以形容。所以，要想讨论这些画的标题，就一定要看到画作本身，或者至少要看到画的彩色复制品，否则会面临相当大的挑战。现在我们就选择三幅看起来明确易懂的画，试着讨论一下它们的标题，尽管能帮到我们的只有文字描述。这三幅画体现了同样的创作目的，那就是表现出空无——空无并不是隐形——采取的方式是让它们之间的差异能以肉眼区分开来。
>
> 第一张画布呈现了夹克的上部，配了可拆卸的衣领和领带，上方有一顶软帽子。在衣领和帽子之间，原本应该是一张完整的脸，却只有眼睛、鼻子和嘴，它们都在空白的空间中居于应在的位置。
>
> 第二张画布上呈现的，还是夹克，配了可拆卸的衣领和领带，上方是黑色圆顶硬礼帽，一个裸体男子的半身像略微向后倾斜，脸正好与衣领和帽子之间的空间吻合。
>
> 第三张画布上，是同样的夹克、衣领、领带和圆顶硬礼帽。旁边是一张男人的脸，如果这张脸稍稍再向右移一点，就能填满领子和帽

子之间的空间。

第一幅画的名字叫《博西的风景》(*Le Paysage de Baucis / Baucis's Landscape*)。这个标题我们不得不接受，它否定了其他一切可能的标题。为什么是这个名字呢？我们以代数方式思考的头脑展开了想象，想象中眼睛、鼻子和嘴组成的空无的脸，比完完整整的脸更像一张脸，或许这是真正的风景，是博西看着心爱的丈夫时眼中的唯一“风景”。或许是这样。

第二幅画名叫《通往大马士革之路》(*Le Chemin de Damas / The Road to Damascus*)，这个标题同样是必要的。前面提到了以代数方式进行思考的头脑，现在这样的头脑会做出这样的解释：赤身裸体的男子，受到了衣服的幻象的冲击，恰如塔苏斯的保罗(Paul of Tarsus)在通往大马士革的路上受到了基督所展示的异象的冲击；也有可能，赤裸男子是冲击到衣服的幻象；还有可能，这是冲击到观众的画面。选择权在你。

第三幅画名叫《朝圣者》(*Le Pèlerin / The Pilgrim*)。没错，在同样的大脑看来，或者是脸离开了衣服，走上了朝圣路，或者是衣服抛弃了脸。天啊！(马格利特就在朝圣者前面[洛萨·沃勒(Lothar Wolleh)，1967]。)

如果不想那么多，如果认为“博西的风

景”“通往大马士革之路”和“朝圣者”这些名字中的词语都是对“空”的描绘，是不是更好一些呢？[69]

斯居特耐尔认为，马格利特的标题精确地传递了画作的力量，正如他所说的，“与其说它们是对绘画的力量的实现，不如说是对想法、情感、想象或意志的精确表现，是它们引导着画家的手。无论怎么说，它们都不是描述性的，更不是任意的”[70]。听起来就好像这些标题是命中注定的一样。《博西的风景》是马格利特的朋友弗朗索瓦和埃弗利娜·德克诺普（Evelyn Deknop）想到的，出自奥维德《变形记》中的一个故事。马格利特坚持要避开威尔斯（Wells）的《看不见的人》（*The Invisible Man*）或由此衍生出来的标题。“如果没有《看不见的人》这本书，这个标题（无法解决）的问题就不会出现，那样我们就完全可以考虑这样的标题，比如《空无的女儿》（*La Fille du néant / The Daughter of Nothingness*），但是使用这样的标题显然会把图像贬低成插图，尽管它在现实中完全可以‘说明主题’。”不管《博西的风景》看起来具有多少必然性，马格利特首先考虑的都是《空虚的恐怖》（*L'Horreur du vide / The Horror Vacui*），这个名字让人想起爱伦·坡，虽然它可能来自诺奇或瓦雷里，因为他们都提到过这样的说法。[71]马格利特觉得这个说法太直接了，所以在最后确定标题之前还考虑了其他可用的名字，特别是《生存还是毁灭》（*Être ou ne pas être*）。[72]

斯居特耐尔的讨论出自他的个人体验。他自己想出了很多幅画的名字（包括《玻璃钥匙》《通往大马士革之路》和《朝圣者》）。还有很多名字是诺奇想出来的，他对命名艺术的精通，很快就得到了马格利特小团体其他成员的承认。根据西尔维斯特的说法，斯居特耐尔帮马格利特找到了大约 170 个标题，诺奇贡献了 70 个，马里恩贡献了 30 个，科利内贡献了 15 个，还有其他一些人也贡献了几个标题（西尔维斯特提到了勒孔特、哈米尔、艾吕雅、布勒东和博斯曼）。[73] 可以肯定，无论是在数量上还是在质量上，西尔维斯特都低估了诺奇的贡献。正是诺奇提出，标题可以成为对话的第一步或入手点，马格利特在《生命线》中推进了这个想法。诺奇认为，标题可以“保护”一幅画，防止它走入歧途，或沦为笑料，被人视为无关紧要。或许这种想法也有先例。诺奇应该对阿拉贡很熟悉，而阿拉贡即兴引用过马格利特的话：“标题，第一次被契里科提升到不可描述的境界，在毕卡比亚手中成了遥远的隐喻，在恩斯特那里呈现出一首诗的比例。这里的比例要按字面意义理解：从单词到段落。没有人能比马克斯·恩斯特走得更远，他说这幅画不再是一幅画。”[74] 马格利特曾经送给福柯一幅烟斗画的复制品，烟斗上写着已成传奇的“这不是一只烟斗”，他在复制品的背面写道：“标题与图像并不矛盾，标题更好地证明了图像。”[75]

因此，对诺奇来说，一幅画的标题并不是对这幅画的评论，也不是一种粉饰或解释。它“是一种启蒙，与所命名的对象产生的启蒙相似”[76]。然而，启蒙的含义太复杂了。启蒙时代（漫长的 18 世纪）在法语中恰被称为 Le Siècle des lumières（光之世纪）。《光之帝国》［彩图 16］是马格利特的著名画作，画面的下方是黑暗的街道，上方是蓝色的天空。对这幅画的解读表明，它的标题经常受人误解。这幅画的图像本身是一篇黑色的散文——比利时之黑色，主旨也许是表现类别的变化，白日的、道德的类别。它超越了善与恶。大卫·汤姆森提出了黑色电影的模糊性和神经症候。这种模糊性，这种神经质的焦虑，与马格利特有密切的关系。让光明与黑暗在日夜交替中共存于同一画框之内，这样的表现方式是马格利特所喜欢的。[77]《光之帝国》与查理·卓别林的电影《寻子遇仙记》（*The Kid*，1921）中的一个简短片段有些相似，在这个电影片段里，我们首先看到背景中的一盏路灯和黑暗的房子，接着看到了明亮的天空，下面是黑暗的房子。马格利特的灵感也有可能来自卡罗尔笔下的《海象与木匠》（*The Walrus and the Carpenter*）：

用尽浑身的解数，
不遗余力放光芒。
阳光照耀海面上，

波涛平稳又闪亮，
真是奇怪又荒唐，
因为现在是半夜。[78]

赋予马格利特灵感的，也有可能是尼采《查拉图斯特拉如是说》中的“梦游者之歌”。（尼采与刘易斯·卡罗尔，都是马格利特最喜欢的魅力和威胁的来源，他们的影响力不相上下。）尼采写道：“你们这些高尚的人，你们在想什么呢？我是预言家吗？梦想家？醉汉？解梦者？午夜的钟声？一滴露水？永恒的芬芳和迷雾？你没听到吗？你没闻到吗？刚才我的世界变得完美，**午夜也是正午**。痛苦也是快乐，诅咒也是祝福，**黑夜也是太阳**——离开吧，不然你会发现，智者也是愚者。”[79]马格利特自己写了两行诗，可以视为对尼采（或卡罗尔）的诙谐模仿：“正午中有午夜 / 机车从海上来。”[80]

正如苏珊·桑塔格所说，《光之帝国》以图像展现了某种东西，让人人都能看到它。[81]

这幅画的标题是诺奇想到的。它很可能来自瓦雷里在《达·芬奇方法导论》（*Introduction to the Method of Leonardo da Vinci*）中写的令人浮想联翩的句子：“光明与悲伤联系在一起的帝国。”画的标题（*L'Empire des lumières*）通常被直译为《光之帝国》，然而，法语的“empire”虽然与英语的“empire”（帝国）词形相同，但在本质上是有争议的概念。正如马里恩所指出的："英语、佛兰德语和德语译者侧重'领域'的含义，而法语原文的本质意义显然是'权力'或'支配地位'。"[82] 基于这种意义的区分，《文献评述》把这幅画的标题英译为 *The Dominion of Light*（《光的支配地位》），尽管"*The Dominion of Englightenment*"（启蒙运动的统治）可能更合适。[83]

* * *

有些译文已经得到了公认，即使它违背了原文的意义。《凝固的时间》（*Time Transfixed*）听起来很不错，也具有马格利特的风格，完全可以用来描绘从壁炉里冲出来的火车的巨幅画作——那幅画被马格利特用来说明火车头问题的解决方案。但是这个标题并没有真正公平地对待法语原文"La Durée poignardée"（被刺穿的时间）。法语中的"un poignard"的意思是短剑、匕首，而"poignardée"的意思是"被捅伤"或"被刀刺伤"，也可能是"被刺穿"。这个词可以比喻毁灭性的打击或可怕的折磨。拉鲁斯词典中的一个例子就是"La jalousie le poignardait"（妒忌刺痛了他）。这幅画是爱德华·詹姆斯为他在伦敦的住所买的。马格利特认为，把它摆在大楼梯脚下再理想不过了。爱德华·G. 罗宾逊（Edward G. Robinson）主演的《末路枭雄》（*The

Last Gangster, 1937）中有个非常相似的楼梯，马格利特看完那部电影后对詹姆斯说："这样你的来访者就会在一楼被刺穿。"[84]

法语中的"*La durée*"（持续时间，绵延）要复杂得多，它有自己的背景故事。这个词的确具有时间流逝或一段时间的含义，但英语单词"duration"实际上会让人想起可待追忆的已逝时间，而这通常不是法国人（或比利时人）所想的。在法国的语言和文化中，绵延几乎是个艺术术语。在哲学家亨利·柏格森（Henri Bergson）看来，绵延意味着"发明、形式上的创造、绝对新事物的不断发展"。它有"一定的厚度"[85]。绵延意味着生活经验的不断改变，它在本质上是主观的。时间——时钟时间——是一种机械化的衡量，它脱离了生活。在知识分子中间，甚至在知识分子群体之外，这些观点都得到了广泛接受。柏格森于1927年获得了诺贝尔文学奖。他在那个时代很出名，他关于绵延的想法也是一样。他在自己的书名中直接使用了"绵延"一词：《绵延与同时性》（*Durée et simultanéité*，1922）。对柏格森的主要作品，他的主导思想，甚至他的部分个人构想，马格利特全都有所了解，马格利特谈起过柏格森，他的图书馆里至少有两本柏格森的书（都加了标注）。[86] 给这幅画起标题的诺奇各种书都读，肯定也读过柏格森的书。

绵延这个概念内涵十分丰富，它与柏格森关于知觉的思考密切相连。柏格森是从行为的角度去理解知觉的，而不是从表象的角度。柏格森认为，我们所知觉到的事物并不完全符合或代表真实世界中的事物。知觉产生的是超越真实的东西，既不是真实的，也不是不真实的，而是经过了人的记忆的过滤。这是一种选择的过程，是在记忆库和图像库中寻找，包括对过去事物的追忆，这几乎是普鲁斯特式的追忆，正如普鲁斯特的领悟。在柏格森的核心作品《物质与记忆》（*Matière et mémoire*，1896）中，这一过程被分解为"保留的图像"（在记忆中保留）和"知觉的图像"（在此时此地知觉）之间的动态互动。马格利特关于解决问题绘画的方法的描述，就与他的分析术语具有不容忽视的相似性。柏格森提出，"或许外部知觉能推动直觉，去描述大致的轮廓"。

> 我们的记忆从知觉转移到先前的图像，这些与知觉相似的图像已经被我们突如其来的念头勾勒出来了。这样记忆就重新创造了当前的知觉，或者说，通过反映出它自己的图像或某些同类的图像记忆，记忆复制了这种知觉。得到保留或进入记忆的图像，如果没有延展到可以包含所知觉到的图像的所有细节，就会向记忆中更深或更远的区域发出召唤，直到已经得知的细节被进一步抛向未知。[87]

马格利特是这样概述的："处于光明中的已知形

象，把未知的形象从阴影中唤起。”正如苏珊·格拉克（Suzanne Guerlac）所指出的，马格利特的“视觉思维”（visual thought）可以与柏格森的“记忆画面”（vision of memory）联系起来。[88]

记忆画面与电影——无声电影——有一定联系，柏格森本人首先指出了这种联系。在关于“创造性进化”（Creative Evolution）的演讲中，柏格森用路易斯·菲拉德会引以为傲的方式描述了人的知觉。“不管我们是认为它正在形成，还是要表达它，甚至感知它，”柏格森说，“我们所做的一切，几乎都只是在我们内心支起了一架电影摄影机。”马格利特赞同柏格森的观点，他说他要重读柏格森的《创造进化论》（*L'Évolution créatrice*，1907）。[89] 与此相应的是，马格利特对电影《吸血鬼》的某个图像记忆，很可能演化成了《被刺穿的绵延/凝固的时间》，在这幅画中，一门“大炮”伸出了壁炉，做好了摧毁隔壁酒店的准备。

柏格森亮出了自己的匕首，仿佛是为了实施一场政变。他写道：“过去的图像，包括所有的细节和一切形式的情感，都得到了完好再现，它们是幻觉或梦境的图像；我们所说的行动，完全就是使记忆压缩，或者锐化，让它越来越锋利，直到只以刀刃的尖端面向经验，它将穿透经验。”[90]

因此，以柏格森的说法，这就是“被刺穿的绵延”。

绵延成了文化的组成因素。加斯东·巴什拉（Gaston Bachelard）写出了《绵延的辩证法》（*La*

Dialectique de la durée，1936），这本书诺奇也是知道的。绵延的概念继续传播，历史学家费尔南·布罗代尔（Fernand Braudel）提出了“历史长期性”［la longue durée（长期的绵延）］的概念。马格利特肯定知道这句话：天上云朵易消散，粉饰红颜难长久。（Ciel pommelé et femme fardée ne sont pas de longue durée.）[91] 最重要的是，在柏格森思想的启发下，瓦雷里开始了持续的思考、推论和证伪。瓦雷里不断反思既往的观点，他的反思汇编成了他所说的“语录”，1926 年首次结集出版，1935 年再版。他思考着时间与持续时间的区别，以及我们对此的认识。“什么是一个瞬间——一道闪电？”他发出了这样的追问。“或许瞬间即使累积到一起，仍然无法构成一段时间（un temps），它与持续时间相反，不是它的一个元素。”瓦雷里认为，第一基准是那一瞬间，甚或是那偶然的事件。这就是我们度过一生的方式，塑造自我的方式。瓦雷里观察到，每个生命的开始和结束，都是偶然事件的连续体。“生命会延续，但它形成于偶然事件，由偶然事件塑造。朋友、配偶、阅读、信仰——在每个人的生命中，机遇都扮演着重要角色。而这偶然因素被我们遗忘了，我们认为自己的个人历史是由‘时间’造成的持续发展的过程。”换一种更有个人风格的说法就是：“我忽略了我的打盹，我的缺席，我深刻、漫长、难以察觉的变化。我忘记了，我有一千种死亡模式，在我的生活中每天都有空白，数量惊人的

间断、延缓，未知的、不可知的间歇。”对于柏格森，存在的时间就像一条奔流的河，也有可能像一列火车。瓦雷里的闪电则具有间歇性、不连续性和偶然性。如果重要的就是这一刻，那么“时间”本身就是放在引号中的结构。

由此可见，“生命会延续”是必须经过检验的。瓦雷里致力于艺术作品的长久存在或延续性，这是构造另一种“绵延”，它适用于马格利特：“一件艺术作品产生一种印象。如果可以对它进行界定和分类，它的生命就结束了。它会被限制在自己的类别中，搁置一旁。它的生命若要延续，若要达到一定的强度和一定的审美效果，它就必须留在记忆中，就必须不可概括，难以界定，它的意义必须是无法穷尽的。我们所说的它的魔力、它的魅力等，都在于发现作品的不同状态，并将之组合到现实世界中。”[92]

从本质上说，瓦雷里怀疑这种观点。他一直怀疑“绵延”是虚构的，而且无法打消这种怀疑。他在《笔记本》中坦白地写道：“我一直无法理解，柏格森著名的‘绵延’被归类为感觉、知觉——是在为表达而引入的符号或概念中——还是在细致入微的观察中——还是在隐喻中。没有精确的定义，就没有真正的用处。”最后瓦雷里得出结论，双方之间是天壤之别。他所力图“固化”的东西，柏格森力图使之“流动化”。[93]

因此，《被刺穿的绵延》隶属于一场超乎想象的宏阔对话，尤其是画家和哲学家之间直指核心本质的对话，保罗·瓦雷里的现象是对话的媒介，这个杀了木偶的人，在启发了一代人的《泰斯特先生》中坚持问道：“一个人能做什么？”一个人能做什么？他能不能创作出不朽的杰作，持续存在的作品，能够延续的作品？《被刺穿的绵延》是教科书式的案例。这幅画作同时是对艺术作品本身的思索，对文化资本的反映。此外，它本身也是文化资本的来源。约瑟夫·康奈尔（Joseph Cornell）和约翰·斯特扎克（John Stezaker）就是从中获得灵感的人的代表。[94] 而对话还没有结束。

马格利特自己也评论说，《凝固的时间》这个名字“看起来不算‘幸运’”。他还指出，标题本身就是个图像，会与画中的图像结合在一起。“选中绵延这个词，是因为它具有诗意的真实性，”他向一位热衷哲学的询问者解释说，“这种真实性并不是在普遍的哲学意义上，也不是在特定的柏格森思想的意义上。”马格利特很乐意谈论自己的“思想”，但他的思想物化为图像了。他在信中说，他自己并没有想出什么思想，而是想出了一个图像。柏格森研究的是思想，普鲁斯特处理的是文字，这位要求很高的画家处理的是图像。马格利特承认自己要求非常高。[95] 他在晚年的一次采访中概述了自己的立场：

> 在我看来，绘画艺术是一种描述的手段。

描述的是一种思想，不过当然不是任意一种思想。比如说，我无法描述“绵延”这样的思想，这样的描述是要由作者完成的。我能描述的思想只有一种，是由世界上可见的事物的图像组成的，天空、树、人、铭文、确定的形象。然而，这种思想并不是可见事物的并置。在我看来，只有在这种思想具有创造力时，它才值得描述，而它只有在一种情况下具有创造力，那就是，它能把可见事物结合起来，唤起它们的神秘感。[96]

对马格利特来说，一幅画不只是表达思想——这样说未免过于简化了——但它确实有创造思想的力量，正如诺奇在他们交往之初所预言的那样。“我在画完《光之帝国》后想到，”马格利特在给朋友的信中写道，“黑夜和白天是共存的，它们是一体的。这是合理的，或者说至少符合我们的认知：在这个世界，黑夜总是与白昼同时存在。（正如有些人感到悲伤时有些人感到了快乐。）但这样的想法并没有诗意，具有诗意的，是画面的视觉形象。”[97]

分析到最后，或许可以说，事物的精神几乎与意义的阴影一样重要。诺奇或许会说，标题并不是填字游戏。然而，找到合适标题的过程，确实像马格利特的同道中人在每周聚会时玩的填字游戏。刺伤的持续时间？太直白了。刺向持续时间？太异想天开了。拔出的匕首？太荒唐了。定格动画，就像电影一样？

卖弄学问，也许过于卖弄了。被刺穿的持续时间？或许可以。刺向持续时间的短剑，就像刺向心脏的刀？有趣，但不太准确。绵延中的短剑？终于押上韵了，还能让人想起他喜欢的推理小说，比如《手套里的手》（*The Hand in the Glove*）、《走得像条狗》（*Die Like a Dog*）、《钝器三重奏》（*Trio for Blunt Instruments*）。

大卫·西尔维斯特说，《被刺穿的绵延》这个标题不是蛋糕上的糖霜，而是鸡尾酒里的樱桃。[98]

注　释

1　1986年1月7日，米拉贝尔·多尔（Mirabelle Dors）与马格利特的谈话，谈话稿见CRRP C，IV/24。这则逸事是由莫里斯·拉潘的同伴多尔讲述的，他则是从布勒东那里听来的。

2　这是乔吉特与米拉贝尔·多尔谈话时说的。在我看来，这是现有说法中最完整、最坦率的，也是最可靠的，没有受到公众的沉默或反复无常的翻译的影响。除了措辞上的一些细微变化，这段话也符合她对何塞·武维尔（José Vovelle）的叙述，那或许是她对巴黎精彩经历的最早描述，见“Un surréaliste belge à Paris”（《一个比利时超现实主义者在巴黎》），*Revue de l'art*（《艺术期刊》）第12期（1971），第55—63页。1981年，乔吉特向西尔瓦诺·利维讲述了类似的故事；1986年，她向芭芭拉·斯特尔蒂讲述了一个色彩更浓厚的故事。

3 这是布努埃尔的叙述的主旨，见*Mon dernier soupir*（《我的最后一口气》，Paris: Robert Laffont, 1982），第136页。在与米拉贝尔·多尔的谈话中，乔吉特对这种润色表示失望。

4 格曼斯致马格利特的信，1929年12月15日，CR第1卷，第112页。另见Sacha Heydeman（née Chigirinsky），“Ma vie avec Camille Goemans”（《我与格曼斯的生活》），*Espaces*（《空间》）第1期（1973年秋），第19页。

5 马格利特写给苏里的信，［1930年1月中旬］，CR第1卷，第113页。

6 José Vovelle，《一个比利时超现实主义者在巴黎》，第56页，引用了1969年与阿拉贡之间的个人交流。阿拉贡自己在1932年与超现实主义者产生了冲突。

7 Ernst，“Au rendez-vous des amis”（《朋友之聚》），*LSASDLR* 第4期（1931年12月）。恩斯特的照片上给这些人留了位置：唐吉、阿拉贡、贾科梅蒂、达利、查拉、佩雷、布努埃尔、艾吕雅、蒂利翁、夏尔、于内克（Unik）、亚历山大、曼·雷、布勒东、克勒韦尔、萨多尔，当然还有恩斯特本人。

8 艾吕雅写给梅森斯，无日期，见CR第2卷，第19页。

9 Reine Leysen, in Roegiers, *Magritte and Photography*, p. 122.

10 《超现实主义的介入》中的这些内容重新出版，见Mariën et al., *René Magritte et le surréalisme en Belgique*（《勒内·马格利特和比利时超现实主义》，Brussels: Musées royaux des Beaux-Arts de Belgique, 1982），第155—156页。我要感谢伊恩·沃克（Ian Walker）对那场摄影冲突的反思，以及他有关1978年对在世的人的采访的回忆。

11 艾吕雅写给梅森斯的信，［1933］，见CR第2卷，第36页。艾吕雅与梅森斯的交流没有受到与马格利特的冲突的影响，两人走得很近。艾吕雅最新收藏的画是*L'Échelle du feu*（CR 1108），这是一幅水粉画，日期为1934年，转载于《文献》第34期（1934年6月），这是一个问题的首批解决方案之一。

12 Éluard，“René Magritte，” Man Ray译，多次重印，例如，*London Gallery Bulletin*（《伦敦画廊公报》）第1期，1938年4月，在梅森斯支持下出版。还有另一个版本，由约翰·威特曼（John Weightman）翻译，载于CR第2期，第37页。原作发表在《艺术纪事5—6》（*Cahiers d'art 5–6*，1935）中，收录在艾吕雅的*Les Yeux fertiles*（《风采的眼睛》，Paris：GLM，1936年），其题词是献给马格利特的：“树上结满无懈可击的果实，他的朋友，艾吕雅”。也收录于*Donner à voir*（Paris: Gallimard，1939）。

13 艾吕雅写给诺奇的信，没有日期，见*LS*，no. 209。

14 Magritte，“Le Fil d'ariane，”载于*EC*，第82页；最初发表于《文献》第34期（1934年6月）。全文见Lippard，*Surrealists on Art*（《超现实主义者论艺术》，New York: Prentice Hall, 1970），第155—156页。

15 马格利特写给艾吕雅的信，［1935］，见La Moie，ed. *Marcel Mariën*（Brussels: Les Lèvres nues，1980），第75页。《轻盈》可在线阅读，网址www.phlit.org（2016年5月2日访问）。

16 马格利特写给艾吕雅的信，1941年12月4日，载于Annick Lionel-Marie, *Paul Éluard et ses amis peintres*（《艾吕雅和他的画家朋友们》，Paris: Centre Pompidou，1982），第140、143页；艾吕雅写给马格利特的信，［1945年12月］，节选自CR第2卷，第112页。这首诗首次发表在《看》（*Voir*，1948）。The gouache，*Exemples*（CR 1194），创作时间1946年。

17 Kevin Jackson，*Humphrey Jennings*（London: Picador, 2004），第318页，引用了他女儿 Mary-Lou Legg 所说的话。

18 卡瓦尔康蒂曾拥有《生活的镜子》（*Le Miroir vivant*，CR 363），梅森斯错误地把它卖给了另一位收藏家，作为补偿，梅森斯给了卡瓦尔康蒂一幅*L'arbre savant*（CR 82）。赖特拥有《漂亮的女俘虏》（CR 375）和《人类的命运》（*La Condition humaine*，CR 390）。

19 Humphrey Jennings，“In Magritte's Paintings ...”见 *London Bulletin 1*（1938年4月），重印于Kevin Jackson（ed.），*The Humphrey Jennings Film Reader*（《亨弗莱·詹宁斯电影读本》，*Manchester: Carcanet*，1993），第225—226页。火腿的说法，指的是《肖像》（*Le Portrait*，CR 379），这幅画诡异地描绘了火腿里的眼睛，是梅森斯在1940年卖给戈登·昂斯洛·福特（Gordon Onslow Ford）的。詹宁斯还在同一期的《伦敦画廊公报》（*London Gallery Bulletin*）上翻译了诺奇的文本“Dernières recommendations”（《最后的推荐》）。

20 马格利特致诺奇的信，［1930年2月］，*LS*，no. 181。《永恒的证据》（CR 327），1930年。这在CR中呈现的方式令人困惑，因为它省略了马格利特对画布切割的评论，马格利特评论说，有些画布适合切割，比如这一幅《永恒的证据》（以及CR 328和329），其中画布被划分成几个部分，也有些画布会被切割完全破坏，比如《在自由的门槛上》（CR 326）或《玫瑰铃铛，破碎天空》（*Grelots roses, ciel en lambeaux*，CR 331），或者《梦的钥匙》的任意一个版本。

21 诺奇写给格曼斯的信，1930年2月19日，摘录于CR第1卷，第114页。

22 Nougé, *Images*, in *Magritte*, p. 75.

23 Nougé，“Avertissement，”（《警告》）1930年11月10日，见*Magritte*，第27、29页。文本一字不差地转载于Scutenaire，*Magritte*，第14—16页。这是为马格利特1931年在布鲁塞尔吉索展示厅馆举办的展览目录而写的。

24 Nougé, “Les Grands Voyages,” in *Magritte*, p. 32.

25 Breton, *Le Surréalisme et la peinture*, p. 25; Pierre Reverdy, “Une aventure méthodique” (1950), in *Note éternelle du présent* (Paris: Flammarion, 1973), pp. 78–79.

26 Paulhan, *Braque le patron* (Geneva and Paris: Éditions des

Trois Collines, 1947), pp. 126–27. 关于在麦田中站得住的说法，见该书第60页。

27 诺奇的日记，1943年10月4日和6日，见*Journal*，第122页。诺奇肯定读过包兰的“Georges Braque dans ses propos”（《乔治·布拉克的讲话》），*Comoedia*（《喜剧媒体》），1943年9月18日，无疑也看过前一年的预告。见Danchev，*Braque*，第七章。

28 Pol Bury, “René Magritte ou le viol de la rétine”（《勒内·马格利特或视网膜强奸》），*Le Quotidien de Paris*, 1984年11月14日.

29 John Richardson, “An Unforgettable Face,” *Vanity Fair* (October 2013), p. 305.

30 Denis Healey, *Healey's Eye* (London: Cape, 1980), p. 15.

31 Jan Ceuleers, “René Magritte illustrateur de *Madame Edwarda*,” *Cahiers Bataille 2* (2014), p. 147–77. 附图转载于CR第6卷，第109页；文本的翻译收录在Fred Botting and Scott Wilson编辑的 *The Bataille Reader* (Oxford: Wiley-Blackwell, 1997), 第223—236页。这些插图是由加布里埃尔·布里绍（Gabriel Brissaud）在巴黎委托创作的，但没有出版。根据马里恩的说法，插图没有签名，因为这本书是秘密出版的。这些书后来卖给了阿尔贝·范洛克（Albert van Loock），并在他死后于1976年出版。

32 马格利特写给勒孔特的信，［1930年1月］，见CR第1卷，第120页。

33 Hamoir, *Boulevard Jacqmain* (Brussels: Terres et Visages, 1953), pp. 88–89.

34 *Golconde* (CR 787)，1953年，这幅画的标题是斯居特耐尔起的。戈尔康德是印度东南部一座被毁城市的名字，那座城市曾经有无尽的财富。与韦尔维耶车站附近一栋四层的房子的相似性，是由出生在那里的吕克·桑特发现的，那是在1954年，这幅画问世一年之后。Sante, *Factory*, p. 53.

35 Anne Carson, "One-Man Town," in *Plainwater* (《清水》, New York: Vintage, 1995), p. 109.

36 Sante, *Factory*, p. 160. 乔纳森·米德斯（Jonathan Meades）在所做的关于比利时的节目（1994）中也做出了类似的观察，见DVD《乔纳森·米德斯全集》（*The Jonathan Meades Collection*，2008）。

37 Scutenaire, *Magritte*, p. 19. 扬·瑟勒尔的*Magritte*是对马格利特的居住场所的绝妙再现。这栋房子现在成了马格利特博物馆。我要感谢安德烈·加丽特让我查阅那里的文件，感谢瑟勒尔提供了进一步的信息并进行讨论。

38 *L'Art pur*，载于*EC*，第14页，在宣言中被略微错误地引用，见*De l'Amour* (1822)。

39 马格利特写给拉潘的信，［1956年11月13日］，见Magritte, *Rapin*。这句话出自*Lamiel*（1889）。有趣的是，它是不完整的。司汤达的句子是这样结尾的："……让我的仆人来绑"。

40 马格利特写给艾吕雅的信，［1935年12月］，写给梅森斯的信，1955年11月30日，见CR第2卷，第212页。

41 马格利特写给梅森斯的信，1938年11月17日，节选自CR第2卷，第65页。斯帕克还告诉梅森斯，他自己不能保证每年从马格利特那里购买价值超过1.8万法郎的画作，并敦促他把在伦敦的价格，也就是梅森斯所定的价格，降低60%。

42 梅森斯写给马格利特的信，1938年12月13日，CR第2卷，第64页。

43 Nougé, "Pour illustrer Magritte" (1932–36), in *Magritte*, p. 134.

44 《选择性亲和性》（CR 349），最早可追溯到1933年，修订是按照新发现的同样主题的画，时间可稳妥地追溯到1932年（CR第6卷，no.50）。书名取自歌德的一部著名小说《亲和力》（*Die Wahlverwandtschaften*，1809），法语版本为Antoine Sérieys和George Depping翻译的*Les Affinités électives* (Paris: S.-C. L'Huillier, 1810)。

45 Magritte, "Lifeline."

46 马格利特在1953年11月13日的信中承认，皮埃尔的描述是有力的。他还发现皮埃尔的表述特别贴切，"以现实本身提出了现实的问题"。两年后他可能会再增加另一个例子：*Le Chef d'orchestre*（CR 815）中对松鼠问题的解决。

47 《自然卡片》第1期（1952年10月），见*EC*，第326—367页；摘自CR第3卷，第31—32页。"在人类的结构中，特定的原因会产生特定的结果，"爱伦·坡写道，"一个特定的意图带来了一个特定的目标；但仅此而已；我们看不到相互作用。结果并不反作用于原因；意图不会改变与对象的关系。在神圣的结构中，对象要么是设计，要么是我们选择的对象——我们可以在任何时候把原因看作结果，或者相反——所以我们永远无法决定哪个是原因，哪个是结果。"出自"Eureka，"载于*Science Fiction*（London: Penguin Classics，1976），第292页。波德莱尔的翻译忠实于原文，马格利特的引语更像是自己的解释。马格利特有一卷*Aventures d'Arthur Gordon Pym*（《阿瑟·戈登·皮姆历险记》），是波德莱尔翻译的法语译本（Paris: Éditions de la Banderole，1921）。这本书中还包括"Eureka"、"Philosophie de l'ameublement"（《家具的哲学》）和"Genèse d'un poème"（《构图的哲学》），书的背面写着日期"1938年1月10日"。我认为马格利特主要是从《构图的哲学》中获取了灵感，也就是关于把两种思想结合在一起的基本命题，"空间的界限"（正如坡所说的"框架的力量"），以及"一定程度的复杂性，或者更恰当地说，就是适应性"，这与"一定程度的暗含性"联系在一起。总而言之，马格利特对自己的方法的叙述，似乎在很大程度上要归功于坡。参见*Usher*，第430—442页；*Histoires grotesques*，第267—286页。

48 Wittgenstein, *Philosophical Investigations*（《哲学研究》），p. 141. 这本书在1953年先出了英文版，法语版

在1961年出版。

49 马格利特写给艾吕雅的信，1951年11月27日，见*Manteau*，第66—68页，以及Torczyner，*Signes*，第90页（附有草图的完整的信）。艾吕雅的“弑父玫瑰”（paricidal rose）出自*Blason des fleurs et des fruits*（1942）。对诺奇的引用有省略（“我们突然意识到……”）。马格利特是凭记忆引用的吗？关于方托马斯的图片是*Le Rereour de flamme*（CR 535）。信中描绘的解决方案是，玫瑰靠在石头墙上，而不是海景；显然这只是暂时的方案。正如CR指出的那样，自1940年以来，玫瑰一直是同样的玫瑰。

50 参考*La Réponse imprévue*（CR 350），原本标注的时间为1933年，同时还有*La Réponse inattendue*（CR第6卷，no. 52），1933年1月寄给布勒东的一幅画。马格利特似乎改了画的名字。这幅画的另一个版本（CR 371），日期为1935年，轮廓更加参差不齐。马格利特对漫画的贡献在CR中得到了强调。

51 马格利特写给布勒东的信，1934年6月22日。网址www.andrebreton.fr（2016年5月8日访问）。

52 布勒东写给马格利特的信，1934年7月1日，见CR第2卷，第30页。

53 布勒东写给马格利特的信，1934年7月1日，见CR第2卷，第30页。他关于贾科梅蒂的文章是“Équation de l'objet trouvé”，此前刚发表在*Intervention surréaliste*杂志上。《被保护的形象》1943年以书的形式出版。1945年出版的第二版《超现实主义与绘画》中仍然没有关于马格利特的实质性内容。

54 Stach, *Kafka: The Years of Insight*, vol. 3 (Princeton: Princeton University Press, 2013), p. 9.

55 *La Réponse imprévue* (CR 371)和*La Perspective amoureuse* (CR 385)，都是1935年的；解说见CR 385。

56 这部电影的情节于1927年11月发表在*NRF*上。杜拉克的作品对马格利特有各种启示，从标示类别的“不是一场梦”，到地板上着了火的贝壳状胸罩。在后面的一个片段中，牧师打开了一扇又一扇门，却似乎哪里也到不了。根据CR推测，忏悔室里的一个片段中，女人的头悬在空中，这可能影响了*L'Espion*（CR 215）。

57 《运气的冒险》（CR 1143），创作时间1938年或1939年；《胜利》（CR 470），1939年；《清晨》（CR 1168），1942年；《太阳下的地方》（CR 1402），1956年；《活的模型》（CR 790），1953年。

58 Kafka, "Before the Law," in *Hunger Artist*, p. 22.

59 《间谍》（CR 215），创作时间1928年。这是以一张照片为基础画的，这次不是乔吉特的照片，而是她的朋友苏珊娜·杜特（Suzanne Dhout）。弗里茨·朗的电影《间谍》也在同年问世。如果梅森斯的说法可信，那么在十年后，马格利特在伦敦扮演了这个角色，在浴室里通过钥匙孔监视爱德华·詹姆斯的秘书。参见第八章。

60 Kafka, *Castle* (Oxford: Oxford World's Classics, 2009), p. 36. 我根据的是里奇·罗伯逊（Ritchie Robertson）在这个版本中的引言，他根据的是*Carolin Duttlinger, Kafka and Photography*（《卡罗琳·杜特林格，卡夫卡和摄影》，Oxford: Oxford University Press，2007）。马格利特的图书馆里有一本《城堡》，该书的法语版本1938年首次出版。

61 Scutenaire, *Magritte*, p. 34.

62 Kafka, "Aphorisms," in *Hunger Artist*, p. 200.

63 Calasso, *K*, (Geoffrey Brock 译，New York: Knopf, 2006), p. 119; Kafka, "Aphorisms," in *Hunger Artist*, p. 189.

64 Arthur Schopenhauer, *The World as Will and Representation* [1818], vol. I (R. B. Haldane and J. Kemp 译，London: RKP, 1957), p. 128.

65 Kafka, *Trial* (Oxford: Oxford University Press, 2009), p. 160.

66 Magritte, "Texte de la Démonstration faite par René Magritte à Londres, à la London Gallery," 1937年2月21/22日，载于Scutenaire，*Magritte*，第36页。原始的打字稿附有插图和手写的更正，转载于*EC*，第96—98页。

斯居特耐尔的版本更完整。

67 Guy Mertens的采访，1966年5月26日，载于*EC*，第636页。

68 Kafka, "Prometheus," in *Great Wall*, p. 103.

69 Scutenaire, *Inscriptions 1964–1973* (Brussels: Brassa, 1981)，第26—27页。三幅画分别是CR 1032、1042和1043，时间都标为1966年；它们的故事在CR 1032中得到了讲述。马里恩把它们与勒孔特的离世联系到一起，认为它们与勒孔特的外套有关。参考*Magritte*，第62—64页。斯居特耐尔的文本首次出现在"Les Images en soi"（《图像本身》）的展览目录中，这是马格利特1967年在巴黎伊奥拉斯画廊举办的画展，文本收录于*Magritte*，第163—164页。

70 Scutenaire, *Inscriptions 1964–1973*, p. 39.

71 Nougé, "La Glace sans tain" (1928), in *Histoire*, p. 59; Valéry, "Analecta," in *Tel quel*, p. 390.

72 马格利特写给博斯曼的信，1965年8月10日和星期六［1966年2月26日］，载于Magritte，*Bosmans*，第429—430和446页；1966年3月24日写给伊奥拉斯的信，见CR第3卷，第423页。由于《玻璃钥匙》造成的困难，他在当月7日［1959年3月］写给博斯曼的信中，对标题作了些普遍性的反思，见Magritte，*Bosmans*，第35—36页。

73 Sylvester, *Magritte*, p. 174. 这份名单也忽略了其他一些人，他们的贡献很难加以记录，比如格曼斯（西尔维斯特自己在别处也暗示过）和马格利特的兄弟保罗。

74 Aragon, "La Peinture au défi," in *Écrits*, p. 42.

75 Foucault, *Ceci n'est pas une pipe* (Paris: Les Cahiers du Chemin, 1968), pp. 79-105.

76 Nougé, Images, in *Magritte*, pp. 63 and 78.

77 Thomson, *The Big Screen: The Story of the Movies and What They Did to Us* (London: Penguin, 2013) p. 231; 2015年6月1日汤姆森写给本书作者的邮件。

78 Carroll, "The Walrus and the Carpenter" 和 "Jabberwocky," 见*Alice Through the Looking Glass*（London, Macmillan,

1871）。阿拉贡曾称赞卡罗尔的作品，见“Lewis Carroll en 1931,” 载于*LSASDLR* 第3期（1931年12月）。

79 Nietzsche, *Zarathustra*（Oxford: Oxford University Press, 2008），第283页（本书在引用时以不同字体表示强调）。这段话在法国文化中获得了活力。“黑夜也是太阳”出现在巴塔耶的引言中，见*L'Expérience intèrieure*（Paris: Gallimard N.R.F., 1943）。在那之前，这段话也对布勒东讲过，那是马格利特非常喜欢引用的句子——“如果今夜有太阳该多好”，出自“L'Aigrette”，载于*Clair de terre*（Paris: Gallimard，1923），这是马格利特的同道中人熟悉的句子。它出现在阿穆瓦尔的拼贴画中，时间为1928年，见*Scut*，第26页。

80 首次发表（自行出版）于*Rhétorique*（《修辞》）第12期（1964年8月）；这是马格利特本人在1965年12月26日接受《休斯敦邮报》埃莉诺·肯普内·弗雷德的采访中引用的，*EC*，第617页。

81 桑塔格日记，1979年1月2日，见*Consciousness*（《意识》），第481页，这是桑塔格在巴黎蓬皮杜艺术中心看过这幅画后的感慨。

82 Valéry, *Introduction á la Méthode de Léonardo de Vinci*（《达·芬奇方法导论》，Paris: Gallimard，2010），第100页；马里恩接受克里斯蒂安·布西的采访，“L'Accent grave”，见*FA*，19—20（1969年4月）。

83 后来的一幅名为《光之世纪》（*Le Siècle des lumières*，CR 1064）的画作，主题不同，被英译为*The Century of the Enlightenment*，对应的中文是《启蒙世纪》。

84 马格利特写给詹姆斯的信，1939年7月12日，见CRRP MC，III/05。马格利特可能知道，阿波利奈尔的一幅书法题名为《被刺穿的鸽子和喷射的水流》（“La Colombe poignardée et le jet d'eau”）。英译为“the bleeding-heart dove”（《心脏流血的鸽子》）。

85 Bergson, *L'évolution créatrice* (Paris: Felix Alcan, 1908), p. 11; *Matière et mémoire*, p. 274.

86 马格利特的藏书是《论意识的直接材料》（*Essai sur les données immédiates de la conscience*，1889），英文版书名是*Time and Free Will*（《时间与自由意志》），书中发展了绵延理论。另一本藏书是《笑：论滑稽的意义》（*Le Rire: Essai sur la signification du comique*，1900）。这本书很出名，多次再版。马格利特的藏书是第20版（1918年）。他对这两本书都作了注解，特别是《笑》。

87 Bergson, *Matière*, pp. 110–11.

88 Magritte，"Leçon des choses，"（《事物的教训》）*Rhétorique 7*（1962年10月），见*EC*，第335页。马格利特写给勒孔特的信［1966］，见*EC*，第377页；Bergson，*Matière*，第173页。格拉克还指出，柏格森在分析如何注意辨识相似性时使用了parenté（父母、亲缘关系）这一术语，马格利特对affinité（亲和）（如鸟与蛋之间的"选择性亲和"）这一术语的使用，就是在模仿柏格森。"Useless Image,"（《无用的图像》）Guerlac，"The Useless Image: Bataille，Bergson，Magritte，"*Representations*（2007年冬），第44页、54—55页。

89 柏格森，《创造进化论》，第306页。参见马格利特写给马里恩的信［1943年12月底］，见Magritte，*Destination*，第68页。

90 Bergson, *Matière*, p. 116–17. 参考*Les Vampires*, episode 7, *Satanas*。

91 "Ciel pommelé du Brabant"出现在米肖论马格利特的文章 *En rêvant*，第63页。

92 Valéry, "Analects," in *Tel quel*, pp. 422 and 432.

93 Valéry, *Cahiers/Notebooks*, vol. 5, pp. 280 and 283.

94 请参阅例如，约瑟夫·康奈尔的*Wanderlust*（London: RA，2015）；Dawn Ades等的*John Stezaker*（London: Ridinghouse，2010）。感谢约翰·斯特扎克与我讨论马格利特对他创作的影响。

95 马格利特写给“霍尼克”（Hornik）的信，1959年5月8日（信的草稿，马格利特弄错了他的通讯对象的名字），*EC*，第378—379页。

96 内恩斯对马格利特的采访，1965年1月19日，*EC*，第602页。

97 马格利特写给费利克斯·法布里奇奥（Felix Fabrizio）的信，1966年9月3日，CRRP MC，II/20。

98 大卫·西尔维斯特和罗杰·沙塔克（Roger Shat-tuck）的谈话，1992年12月18日，在梅尼尔收藏博物馆（the Menil Collection），来自梅尼尔档案馆（Menil Archives）的录音。

第八章　放纵与颠覆

《被刺穿的绵延》是爱德华·詹姆斯购买的第七或第八幅马格利特的画，他在 1937 年到 1939 年间一共购买了三批马格利特的画，《被刺穿的绵延》在最后一批之中。[1] 在 1937 年那些动荡的时日，詹姆斯为马格利特提供了赞助，给他的生活带来了新动力——他付给马格利特一笔可观的佣金，要马格利特为他在伦敦温坡街（Wimpole Street）的一所大房子创作装置艺术。马格利特独自住在那里从事创作，一直住到作品完工；他与乔吉特的短暂分离造成了戏剧性的影响——他迎来了生活的新阶段，其中兴奋与不安相生相伴。

爱德华·詹姆斯（1907—1984）是个怪人，在家在外都有做蠢事的天赋，他是英国人，公认的美学家。正如他在自传体小说《看见上帝的园丁》（*The Gardener Who Saw God*, 1937）中所说的，他既是“超现实主义领主”，也是造物主花园里的下层劳动者。他是受挫的诗人。梅森斯说他是“有钱的娘娘腔”。他擅长发现稀有物品和人才，擅长找便宜货，更确切地说，是擅长以多种形式发掘出美和真理。他是探索中的超现实主义者，就像简化版的爱伦·坡。他自称是异见者，他称赞艺术家利奥诺拉·卡灵顿（Leonora Carrington）“永远反对权威”，接着又说，“我也一样”。[2]

爱德华·詹姆斯非常富有，随时准备为自己的喜好投资。1931 年，他帮助英国桂冠诗人约翰·贝杰曼（John Betjeman）出版了他的第一部诗集。1936 年，他与萨尔瓦多·达利签了份合同，几乎买下了他的所有作品，包括一台龙虾电话和一个梅维斯红唇沙发（Mae West lips sofa）。常识不是詹姆斯的强项，但他有充分的感受能力。他的品味兼容并包，他喜欢豪华、矛盾事物的并置和突如其来的冲击。作为牛津大学基督教堂学院（Christ Church, Oxford）的学生，詹姆斯的房间是一道奇观。在卧室的墙上，银色和灰色的丝绸交织成菱形的花纹。客厅里摆满佛兰德挂毯，铺着厚绒地毯。天花板被刷成了深紫色，搭配着浅紫色的装饰横条，上面还用金色的字母写了句引语，那句话通常被认为出自塞内加（Seneca）之口：“艺术长久，而生命短暂，你若懂得如何利用生命，亦可让生命长久。”在罗马皇帝的半身塑像里藏着留声机的喇叭，为早餐香槟伴奏的是爵士乐。詹姆斯谨慎地做出了决定，不要任何“漂亮的画”，以免房间被橄榄球爱好者或其他人洗劫，于是他挂出了本·尼科尔森（Ben Nicholson）的铁路海报。[3] 他是出名的优秀学生，却没拿到学位就离开了学校——这持续影响了他的整个人生。

詹姆斯认为自己不是传统模式下的赞助人或收藏家，而是艺术创造事业的全面合作伙伴。他乐于与他喜欢的艺术家进行对话，这让他开心。他集赞助者、设计者和共创者于一身。不论他的方案有多么怪异，他的直觉都是正确的。他一眼就能看出一幅画的好坏。说到马格利特，詹姆斯之前对他并非一无所知。他和梅森斯进行过交流，也曾在1936年的伦敦国际超现实主义展览上研究过马格利特的参展作品，那些作品很有代表性。[4]后来两人在巴黎见了面。马格利特接受了梅森斯的严格指示，梅森斯要求他规规矩矩，不要像平常一样随意挑衅他人。结果很奏效。“他这个人多好啊！”詹姆斯有些意外地说。的确，马格利特只要用心表现，就很能讨人喜欢。1937年1月，马格利特收到了很吸引人的邀请：“如果你能来伦敦住一两个月，就住在温坡街35号，我将非常高兴。”詹姆斯写道，“在巴黎时你对我那么好，带我参观了所有好看的博物馆。因此，我想反过来向你介绍漂亮的伦敦和英国乡村，这里美景也是处处可见。尽快给我写信吧，告诉我你什么时候到，告诉我你会在我这里住一两个月。越快越好。”[5]

詹姆斯的礼貌邀约也有其目的。他向马格利特提出要委托他做三块镶板，安在舞厅的单向透明玻璃镜后面，只有在玻璃后面的灯打开时，才会看得到它们。

实际上，这意味着三幅大型油画——《红色模型》《青春的描绘》和《在自由的门槛上》。对于自己想要什么样的装置艺术品，詹姆斯似乎从一开始就很清楚，他在巴黎时肯定对马格利特解释过这项任务的性质，好让马格利特也能对此有个基本概念。至于詹姆斯对作品本身的主题是否也有想法，人们就不太清楚了。詹姆斯在伦敦看到过《红色模型》和《在自由的门槛上》的早期版本，所以他们完全有可能也就此进行过讨论，事实上，在那之前几个星期，马格利特才刚刚完成《青春的描绘》的早期版本。不管怎样，在创作什么和如何创作方面，马格利特显然有相当大的自由。

梅森斯当时是马格利特在国外销售作品的代理人，他与詹姆斯确定了协议条款。为了确定条款，詹姆斯写了这封信：

> 为了避免误解，我现在最好把我们商量好的三块镶板的价格确定下来——也就是说，总共 250 英镑（贰佰伍拾英镑）。不过如果马格利特自付旅费，我觉得我应该为了公平起见提供画布和绘画材料。我告诉他，如果他想中断逗留，在一口气画完画之前返回比利时，我将承担他的回程费用，这样他就不必在伦敦待太久，与他的家人分别太久。但现在，我们之间商定的费用已经很高，远远超过了达利为我这栋房子画三块镶板时我支付给他的费用，有鉴于此，

如果我提供绘画材料，马格利特也许会愿意自己支付旅费。

我很高兴能结识这样一位画家，他的想象力如此富有诗意，个性十足，我期待能有幸与您再见。[6]

就这样，马格利特去了温坡街。1937年2月和3月，他在那里住了大约5个星期，过着不寻常的奢华生活。梅森斯说，马格利特从到那里开始，就忍不住闹脾气。乔治·梅利说：

那天的晚餐是精心准备的。第一道菜是小比目鱼配精致的粉色酱汁。马格利特自己一连吃了8份，然后就什么都不肯再吃了。他坐在伊迪丝·西特韦尔（Edith Sitwell）旁边，不住口地谈论着便秘的事。

过了一两天，梅森斯去拜访马格利特，想看看他画得怎么样，结果发现他正在气冲冲地画着一大片天空。“太无聊了。”他不停地大声抱怨。“安静，”梅森斯着急地说，“你注定是个天才。”

还有一次，梅森斯在走廊里碰到了马格利特，他的眼睛紧盯着钥匙孔（好像在出演《间谍》）。梅森斯吓了一跳，倒抽一口冷气，问道：“你这是在干什么呢？”“我在看詹姆斯先生的秘书洗澡。”马格利特说。“可她长得那么丑。”梅森斯毫不礼貌地说。“没错，”马格利特说，“但毛那么多。”马格利特也许只是为了戏弄梅森斯才故意编排出这些闹剧和他演戏，不过梅森斯从来没把这些当成演戏。[7]

不管是不是演戏，马格利特与詹姆斯（以及他的秘书）关系一直很好。马格利特没受到打扰。也有人认为，詹姆斯更愿意与奢侈的达利为伴，觉得马格利特有点粗野。[8]但这并没有影响他委托马格利特画像。为了感谢他的好意，马格利特给他送上了拿破仑的死亡面具。马格利特从乔吉特的姐姐莱昂廷那里弄到了很多石膏模型，上面画着天空或森林，拿破仑的面具模型是其中之一，它们被统称为《雕像的未来》（*L'Avenir des statues / The Future of Statues*）。[9]马格利特也有一系列的《米洛的维纳斯》，统称为《铜手铐》（*Les Menottes de cuivre / The Copper Handcuffs*），这个名字是布勒东应马格利特的要求想出来的。到1986年乔吉特去世时，她手中还有一个拿破仑的面具模型，不过已经破旧得不能用了。诺奇在《被保护的形象》中专门介绍了这些面具：

伟人的面具、纪念碑和名画，穿过茫茫时日，力量越变越强大，它们继续在我们心中占据着特殊位置。无论我们认为它们该受到轻视、得到钦佩还是遭到漠视，它们始终如此，而我们浑然不觉。

站在列奥纳多的一幅画面前，审美家、达达主义者和杂货商并无区别。审美者欣喜若狂，达达主义者往画像上加胡子，杂货商把头扭向一旁。蒙娜丽莎继续微笑，那是她的专属形象。她始终是一幅杰作，不论是在我们心中，还是在卢浮宫里。

在这个时刻，我们可能该质疑这些有史以来一直伴随我们的奢华艺术品。但这需要十分灵活巧妙，它们在我们的精神世界一直占据高位，现在我们不得不伤害它们，然而不是要推翻它们。

多亏了马格利特，拿破仑、罗伯斯庇尔或帕斯卡的石膏模型，树林的远景，交织着云和梦的天空之路，才会成功地以完全意想不到的方式改变了死亡本身的面貌。[10]

马格利特在温坡街就像离开水的鱼。他偶尔感到无聊，总是坐立不安，能够熬过这段日子，全靠乔吉特给他提供了他最喜欢的犯罪小说“金甲虫”系列。“金甲虫”这个名字来自爱伦·坡的同名小说。他后来把这些小说送给了詹姆斯。此外还有一组精选的英美作家，包括弗里曼·威尔斯·克劳夫兹（Freeman Wills

Crofts）、亨利·韦德（Henry Wade）、杰克·伦敦、A. E. W. 梅森（A. E. W. Mason）、拉乌尔·惠特菲尔德（Raoul Whitfield）、达希尔·哈米特、埃勒里·奎因（Ellery Queen）、阿加莎·克里斯蒂和马杰里·阿林厄姆（Margery Allingham）。马格利特在晚年把书分成两类，一类是可读的，一类是不可读的。上述这些作者的书都是可读的。不可读的作者，举例来说，包括多萝西·L. 塞耶斯（Dorothy L. Sayers），以及"所有监护人一样的作家"。[11] 大多数哲学家的书都不可读，尽管他读了很多哲学著作。他欣赏马里恩的看法，认为要对哲学家的生活进行生动叙述。马格利特推荐具有哈米特风格的文字："康德进来了。他清瘦，整洁，和他聊天很愉快。他说：'由于技术原因，我今天不出门了。'"[12] 在与他同时代的哲学家中，马格利特最尊敬的可能是让·华尔（Jean Wahl），其代表作品包括《论形而上学》（*Traité de métaphysique*，1953）。马格利特认识华尔，以其独特的方式称之为"亲爱的老师"。他格外欣赏华尔的这句话："我们既要了解伟大思想家的成就，也必须去别处寻找更丰富、更充分的现实观。"马格利特送给华尔自己的一些作品——"用未知的形象唤起已知之物"[13]。

乔吉特忙得不可开交。除了寄犯罪小说，她还要把拿破仑的死亡面具包好寄给马格利特。她还得从拉鲁斯百科上找一页画了头狮子的插图，撕下来寄给他，这就是《青春的描绘》中那头狮子的原型。

吃饭是另一个问题。马格利特渴望吃家常菜，而且最好是他自己做的菜。粉色酱汁比目鱼和其他美食再好，他都不喜欢英国菜，这是他对乔吉特说的实话。他刚完成作品，就立刻告诉她准备好双人晚餐欢迎自己回家。他列出了详细的菜单：

第一道菜：

4 个全熟水煮蛋配凤尾鱼（装在圆瓶子里的凤尾鱼）

200 克由你亲手去皮的对虾，围着鸡蛋摆一圈，配上一片番茄

50 克青橄榄，切成两半（去核）

半个磨碎的胡萝卜

2 片或 3 片生菜叶

蛋黄酱

第二道菜：

2 千克烤牛肉

菊苣

炸土豆或炸丸子

甜点：

加手指饼干的蛋糕

咖啡[14]

马格利特参加了一些社交活动。他遇到了亨利·摩尔（Henry Moore）——“雕塑家（阿尔普–毕加索的类型），有魅力，父亲是矿工，妻子是年轻的俄罗斯人，身材令人钦佩（强健匀称的类型）”。马格利特在摩尔身上看到了亨弗莱·詹宁斯的影子，也看到了“英国超现实主义者”的影子，前者是他喜欢的，后者是他显然无感的。“在这个群体中，有可爱的角色，也有冷漠的角色，还有一两个相当讨厌和愚蠢的角色。”他认识了住在附近的年轻智利艺术家罗伯托·马塔（Roberto Matta），评论说“他的画比米罗的画好千倍”。[15] 不过马格利特大部分时间都在闷头工作。这项任务是个挑战，马格利特下了决心迎接挑战。他画了许多预备草图。他尽了最大努力。这些画是他早期绘画的变体，但改变的不只是形式。

《红色模型》是对鞋子问题的解答，画的是一双带花边的皮靴，皮靴前部实际上是人的赤裸双脚。画面既吸引人又令人不安。“鞋子问题展示出，最野蛮的东西如何通过习惯的力量变得让人认为很值得尊重，”马格利特说，“《红色模型》让我们认识到，人脚和皮鞋的结合，实际上是一种可怕的习俗。”[16] 这幅画有两个较早的版本，是1935年画出来的［彩图17—19］。[17] 在交给爱德华·詹姆斯的版本中，马格利特加入了一些有趣的零散之物，它们被仔细地涂上了颜色，精心地散落在人脚靴的周围：几枚零落的硬币，包括两枚现实中使用的便士；一个烟头和几根烧过的火柴；一张皱巴巴的报纸，可以辨认出上面印的《巨人的日子》，那是马格利特的一幅强奸画。这成了画中画，图像倒了过来，报纸上的字几乎难以辨认。这些残损的物品可以被解释为资本主义社会的渣滓，其中硬币可能是在向马克思所说的“无情的现金交易”致意，消费社会产生了可怕的习俗，甚至比我们能想到的还要可怕。《共产党宣言》中有一个著名的段落：

> 资产阶级在它已经取得了统治的地方把一切封建的、宗法的和田园诗般的关系都破坏了。它无情地斩断了把人们束缚于天然尊长的形形色色的封建羁绊，它使人和人之间除了赤裸裸的利害关系，除了冷酷无情的“现金交易”，就再也没有任何别的联系了。它把宗教虔诚、骑士热忱、小市民伤感这些情感的神圣发作，淹没在利己主义打算的冰水之中。它把人的尊严变成了交换价值，用一种没有良心的贸易自由代替了无数特许的和自力挣得的自由。总而言之，它用公开的、无耻的、直接的、露骨的剥削代替了由宗教幻想和政治幻想掩盖着的剥削。[18]

《红色模型》几乎可以说是资本主义制度及其怪诞产物的寓言。艺术家在其中的地位，就如同具有尊长力量的棋子，颠覆、嘲弄和讽刺的代理人。委托任务本身，任务所涉及的关系，以及在中产阶级舞厅里玩的奇怪游戏，还有马格利特年少时在旋转木马沙龙里玩的哑谜游戏，所有这些，不是已被疏远，就是正被疏远。马格利特与他的委托人谈论过这些吗？他的委托人，一个自由的灵魂，对阶级制度带来的微妙折磨是非常了解的。马格利特的作品刚就位，詹姆斯立刻就为侄女举行了一次舞会。“你的画在我的舞会上引起了极大轰动，”他对马格利特说，“那晚很多英国年轻人都因为《青春的描绘》迷上了超现实主义。但最重要的是，人脚靴融化了那些穿着资本主义高跟鞋跳舞的年轻夫妇的心。”[19]

在这种背景下，这幅画具有了强烈的政治意义，就像马格利特的许多作品一样，它比人们普遍意识到的更有深意，更有政治意识。一些图像往往被简单地视为优秀的诙谐之作，视为一个玩笑，《红色模型》就是个典型例子。如果考虑到这项创作任务的性质和目的，那么这幅画很容易被当作令人震惊的技巧表现或恶作剧。在厌恶画中形象的人看来，这是个低级趣味的玩笑。马格利特的作品有太多令人震惊之处，太多的玩笑，但这只是造成他遭到轻视的原因之一。人们贬低他只会变魔术变戏法，像他父亲一样爱吹牛，到处招摇；人们指责他不是个画家，只是个插画家，图像的制造者，适合复制图像。有人说，复制带来了饱和，造成的结果是，图像的力量不得不遵从收益递减的无情法则。新一代的美术馆负责人和文物保护者尽了最大的努力，却仍然难以消除人们对这幅画的轻视。一位权威人士比较了马格利特的“枯燥现实主义”与米罗“抽象的液体流动”（abstract liqudefaction）。[20]在先锋派的捍卫者看来，马格利特的作品具有“娱乐”性质，就像路易斯·菲拉德、阿尔弗雷德·希区柯克、格雷厄姆·格林或约翰·勒卡雷（John le Carré）的作品一样，做工优良，技巧娴熟。毫无疑问，它们精巧，有娱乐性，但它们在本质上是无足轻重的。

马格利特的作品本不该被视为娱乐产物，这种将其视为娱乐产物的做法在范畴划定上出了错，会造成思想的局限性，最终引起对作品的轻视。这其中有粗俗化的味道。它将高雅艺术与更流行的派别对立起来，例如流行的黑色电影甚至低俗小说，而马格利特对这些联想毫不陌生。对寒酸肮脏的街区，阴沟或与阴沟联系在一起的贫民区，马格利特丝毫不感到羞耻。在他的作品中，总是不乏暴力、诡计和冷漠，充满浮夸、公式化和华而不实的意味，却不一定有严肃的道德观念、政治认识或深奥的思想。诺奇担心人们对这幅画的反应。“马格利特不是唯美主义意义上的画家，而是用绘画带给我们真正令人惊讶的体验，这些体验涵盖了生活的方方面面。”[21]诺奇担心，视觉的展示、一目了然的风格和标志性的机智幽默，只会让人微微哂笑、耸耸肩膀或快速离开。或许正因为此，他才想到要以标题“保护”这幅画。他要保护马格利特的作品，免得它们受限于居高临下的假设，只被视作游戏，文字游戏、图像游戏、玩火的冒险游戏、与我们之间的游戏。有些评论者十分敏锐，清楚地看到了这一点。“马格利特不多愁善感，不表现悲剧，不情绪化，但他滑稽可笑，”大卫·汤姆森说，“只要没有人发笑。”[22] 诺奇自然有充分的理由担心。优秀的标题可能会有所帮助，但标题的力量远远不够。著名的烟斗有个响亮的名字——《图像的背叛》，却无法阻止保罗·德尔沃对它加以驳斥，他说：“这不是个烟斗，这是个笑柄！”[23]

马格利特的作品确实充满游戏的趣味，这一点在《黑格尔的假期》（*Les Vacances de Hegel*，1958）中就可以得到证明。马格利特积习难改。滑稽与严肃在他的作品中相映成趣。他开玩笑地对苏西·加布利克解释说：“我最近的一幅画始于这个问题：怎样在一幅画中表现一杯水，才能让它不会显得无足轻重或异想天开，不会显得过于随意或虚弱无力。这样我们就可以说，它是天才的神来之笔，而这不是虚伪的谦虚。”

> 我先是画了许多杯水，杯上都有个标记：［草图］。在画了100或150杯水之后，杯子上的标记变宽了：［草图］。它变成了一把伞的形状：［草图］。这是在玻璃杯里面的标记：［草图］。

马格利特，《黑格尔的假期》（1958）

enfin le parapluie s'est ouvert et a été placé en dessous du verre d'eau :

Ce qui me semble répondre à la question initiale.

Le tableau ainsi conçu s'appelle :

« Les Vacances de Hegel »

Je crois que Hegel aurait aimé cet objet qui a deux fonctions contraires : repousser et contenir de l'eau. Cela l'aurait sans doute amusé comme on le peut en vacances ?

Bien amicalement à vous

René Magritte

P.S. Votre question : B. deviendrait-il fasciste ? m'étonne un peu : le texte que vous m'avez envoyé le montrait hostile à cette tentative de réhabilitation de l'inquisition, montée pour commémorer la condamnation de Siger de Brabant. Je ne suis vraiment pas au courant de ce qui peut intéresser le directeur des consciences surréalistes.

马格利特写给莫里斯·拉潘的信（1958 年 5 月 22 日），内附《黑格尔的假期》手稿最后它被放在了玻璃杯下面：［草图］。

最初的问题是：天才如何画出一杯水？最后这张图是正确的解决方案吗？于是我想到，黑格尔(另一位天才)肯定会非常欣赏这个对象，因为它有两种相反的功能：不需要水(挡水)，同时又需要水(盛水)。我想他肯定会为此着迷，或者会乐开怀(就像在度假)，所以我把这幅画称为《黑格尔的假期》。

三天后，马格利特又给莫里斯·拉潘和雅克·韦吉弗斯写了信，内容与他写给加布利克的信相差无几，并附上了同样的草图。雅克·韦吉弗斯是马格利特在文学上的同道中人。这些信与绘画一样，构成了一个系列。[24]黑格尔并不是马格利特唯一想到的杰出人物。列宁也喜欢用一杯水的比喻来阐明辩证观点，对此马格利特是很清楚的。列宁认为，一杯水的任何一种单一定义都是折中主义，例如视杯子为容器而非解渴的工具。辩证法要求更严格的程序："要真正地认识事物，就必须把握住、研究清楚它的一切方面、一切联系和'中介'。我们永远也不会完全做到这一点，但是，全面性这一要求可以使我们防止犯错误和防止僵化。"[25]这听起来很像是马格利特解决问题的方法。

在《红色模型》中，震惊、幽默与尖锐的批评结合在一起。马格利特的同伴显然对此采取了非常认真的态度。马格利特也是如此。"再多一点点意识，"

保罗·科利内写道，“工人就会看到，他面对着那个时代可怕的伤痕。”科利内的评论清晰明了，诺奇接受了他的观点。1936 年，马格利特在布鲁塞尔的美术宫举办了一场展览，诺奇对展出的一些精选作品进行了睿智的思考，并在评论中把科利内的想法转化为最后的结论。

> 勒内·马格利特所画的图像往往会唤醒我们，我们在无意识中毫不做作地沉睡，我们习惯了沉睡，是他把我们从沉睡中唤醒。
>
> 无论他的图像是让我们迷惑，令我们不安，还是侮辱我们，攻击我们，最终都是为了我们的良心。
>
> “更多的意识”，这是卡尔·马克思深刻的呼吁，也是这位先知提出的基础原理，马格利特清楚地理解这种观点，对此无论如何赞扬都不为过。[26]

在这之前，马格利特曾在三幅名为《裂缝》（*La Fissure*）的作品中讨论过现金交易关系，其中的第三幅画是他为美国市场创作的，把原来的比利时纸币变成了一张 100 美元纸币的错视画（trope l’oeil）。诺奇确定的标题来自他给此前的马格利特画展目录写的序言，他在其中对资本主义社会的毁灭进行了思考。[27]在《红色模型》中，货币的价值降低了。这毕竟是红色的模型。对于任何关注货币体系疲软迹象的人来说，前景都令人鼓舞。这幅画散发着破败或衰退的气息，让人想到已经逝去或正在变糟的事物。马格利特处理那些坚硬木板的方式，就好像作品本身暴露在外部环境中一样。他甚至故意让油彩滴下来，以此强调图画会褪去颜色。[28]《在自由的门槛上》也受到了类似的破坏。天花板上有错视画的裂缝。正如约翰·伯杰所说，大炮开火时，外部世界的镶板将会倒塌。

人脚靴也比之前的画更像靴子了。这是工人的靴子。它们无疑是马格利特的风格，尽管它们似乎与凡·高著名的工作鞋有密切关系，也与弗洛伊·巴勒斯（Floyd Burroughs）的鞋子有关，沃克·埃文斯（Walker Evans）拍摄的那张《让我们现在赞美名人》（*Let Us Now Praise Famous Men*，1941），是在控诉美国中部的干旱尘暴区多么贫困。这些图像之间有相似之处，它们亲如一家，表现了遭到遗弃无依无靠者的一致特征。马格利特的靴子倒没有凡·高的那么脏，但鞋带也不干净。《红色模型》表现的是贫穷的景象。油画里的一切——靴子、鞋带、木板、废弃物——与温坡街35号的豪华环境并不协调，这种不协调在画中得到了充分展示。马格利特的图像把一个基本问题具体化了，那就是人类对自我的欣然接纳。

狂妄自大别出心裁不是重点。重点在于，这是为神秘而神秘，正如约翰·伯杰所说的：“问题的关键是，这样的发明创造提出了什么可能性/不可能性？地上的一双普通靴子，说明有人把靴子脱在那里。一双断脚，暗示着暴力。但是，留在地上的那双人脚靴，脚的一半已经变成了靴子，暗示着自我已经离开了躯壳。这幅画涉及的是不在场之物，是一种自由，而这种自由就是缺席的自由。”[29]诺奇非常明白这一点。

> 我们与同胞的交往，与我们自己的交往，都被现在强加给我们的社会条件深深玷污了，这是不言自明的。
>
> 即使如此，到现在似乎还无人注意到，这种扭曲延伸到了我们与熟悉的物体之间的关系，我们相信，这些物体是我们忠实的仆人，而这却狡猾地、危险地统治着我们。
>
> 《红色模型》对此发出了尖利的警告之声。[30]

马格利特本人也经历了另一种解读。在给朋友的一封信中，他谈到了两个弗洛伊德精神分析学家，他们将《红色模型》解释成了明显的被阉割的案例。“你会从中看到，事情怎么会变得非常简单。经历了几次这样的解释后，我就把‘大炮哔哔’之类的东西做成了一幅真正的精神分析画，你知道我的意思。”这大概就是马格利特“色情大炮”的形象，也是某种经常使用的阳具的象征。“当然，他们用同样的冷漠来分析这些画。我只是和你说一说，一个人画了幅无辜的画，却要遭受那些东西，想来真是非常可怕。”[31]

马格利特，《闺房里的哲学》（1947）

马格利特，《解除武装的爱》（1935）

《红色模型》也是一幅变形画。在雅克·德里达看来，它既模仿又嘲弄了鞋与脚之间的连接和变形。这里的核心是经济交换或剥削的主题。“它还切断了人脚靴，在脚踝处，在鞋口，这种特征表明……这双边缘向上升的鞋（朝什么方向上升呢？）现在已经没人穿了，鞋口没有系鞋带。获得收入，资产得到补充的时日，仍在向后延宕。”[32] 德里达还注意到了其他一些变化，比如《闺房里的哲学》（*La Philosophie dans le boudoir / Philosophy in the Boudoir*），这幅画中的脚与以往的画不同，不再属于男性，人脚靴在这里成了配饰，衬托着挂在晾衣杆上的睡衣，睡衣上长着乳房。这是在《纪念麦克·塞纳特》中首次揭示（或遮蔽）的比喻，此后一直受到模仿。[33]

德里达在讨论鞋与脚的变形时，可能也提到了《解除武装的爱》（*L'Amour désarmé / Love Disarmed*），在这幅画中，一双鞋的鞋口飘荡着长发，也就是说，一束头发穿上了鞋子，据说这是受到了拉布吕耶尔《品格论》（*Les Caractères*，1688）中一句格言的启发。《品格论》是马格利特的睡前读物，书中有这样一句话：“要判断女子的特性，必须从鞋子到发型仔细打量，就像从头到尾测量一条鱼。”[34]

马格利特的画与一具穿睡衣的女尸之间有联系吗？那具女尸被人从水里打捞出来，在码头上受人打量，从遮盖住的头一直打量到光着的脚。

《红色模型》首次展出时引发了强烈的情绪——

不安、不适、不喜，甚至反感排斥。“人的肉体现实本身”，弗雷德里克·詹姆逊（Frederic Jameson）说，“现在比印在皮革上的还虚幻”，这让人的胃受不了。马格利特针对《恶之花》谈到了肉体难以消化理解的性质。“完全由肉体制成的雕像可能会过于刺激感官，显得不道德。”[35]让人无法消化理解，这成了马格利特此时的目的。“我知道有些画真能把人带到一个新的境界，”诺奇写道，“也有些画，只要看个片刻，就会产生压倒一切的羞耻感。”这一创作项目不可缺少的部分就是：让观众震撼；盘根究底。“就像疾病让我们意识到患病器官的存在一样，”斯居特耐尔说，“马格利特的画让我们意识到物体的存在。”[36]

几年后，马格利特的美国经销商亚历山大·伊奥拉斯抱怨说，《个人价值》（*Les Valeurs personnelles / Personal Values*，1952）［彩图 20］这幅画让他感到不适，希望马格利特能好心给他解释一下，让他知道他买这幅画是赚到了。马格利特给他上了商品拜物教的简短一课。《个人价值》的画面重点表现了卧室里的一些物品，它们的尺寸被放大了，包括一把梳子、一根火柴、一个红酒杯、一把剃须修面刷、一块肥皂。乔治·梅利猜测，马格利特的灵感来自梅森斯“对带浴缸的浴室的迷恋”，梅森斯刮胡子一遍不够，要刮三遍，必须用昂贵的獾毛剃须修面刷和吉列刀片，还要把刀片仔细包好以便反复使用，这种神秘的刮胡子仪式会被他一直带入坟墓中了。[37]《个人价值》这幅画中单元房式的内部空间与马格利特在埃塞格姆街135号的卧室有些相似。墙上贴的是马格利特画的蓝天，而且天花板上也有裂缝，营造出了一种神秘感。《个人价值》是一幅超现实的静物画。但它的意义不止于此。它又一次体现出超乎寻常的自负，又一次探究了权力关系和社会力量，它是生产和消费的寓言，展示了资本主义的荒谬和罪恶，它是又一次声音高亢的警告。马格利特把这幅画与《红色模型》作了比较。在给伊奥拉斯的回复中，他首先直言不讳地表达了自己的信念，表明艺术有能力也有义务为改变社会助一臂之力。

> 关于《个人价值》这幅画……倘若你从接受一件艺术品所必需的角度出发来看待这幅画，那么不论它是什么样子，你都肯定不会像现在这样想。若要从这种角度出发，思想就不能完全沉浸于无关、功利、理性的考虑。的确，如果只考虑直接的实用性，那么，一片天空覆盖了卧室的墙壁，一根巨型火柴躺在地毯上，一把巨大的梳子立在床上，这些构想又有什么可能的相关性呢？只要在社会中生活，就必然会有功利的问题，对于功利的问题，这样的构想是无力解决的。人处于社会中，需要的是这样的一套观念：以梳子为例，梳子是用来梳头的，是制造出来的，是可以售卖的，等等，这些都

是可以得到全社会理解的行为，在这些事件中，人们以社会可理解的方式进行社会性的行动，这些事件结合在一起，就构成了梳子这种符号。但是在我的画中，梳子（与其他物品一样）已经完全失去了“社会特征”；它已经成为无用的奢侈品，会让观众“感到无助”，甚至让人感到不适，就像你说的那样。很好，这就证明了这画面是多么有效果。一幅真正有生命力的画就应该让观众感到不适，如果观众没有这种感觉，原因是：1. 他们太不敏感了；2. 他们已经习惯了，并以此为快乐。我的《红色模型》（1935）现在被人接受了，但它刚面世时曾让很多人颇感不适。与现实的切实接触总让人不适，不过不是那种允许社会交流和社会暴力的象征性现实。你想一想吧。关于这个问题，可以谈的东西很多，但我无法在一封匆匆写成的信中充分展开论述。更重要的是，世界上的一切理由加到一起，都无力迫使任何人喜欢任何东西。[38]

马格利特的政治信念具有强大的力量，却一直受到低估，不容忽视的原因就在于，先是他自己和他的同伴，然后是其他所有的人，都对他写的关键作品进行了删减或弃置。在出版和传播方面，他的言说遇到了重重障碍，他本人也是如此。

1938 年 11 月 20 日，马格利特于 40 岁生日的前夕，在安特卫普美术学院发表了演讲，同时播放了作品幻灯片进行说明。演讲的名字被他称为“生命线”（“La Ligne de vie”），它出自诺奇关于马格利特画作的文章，文章中有一句“你生命中的线”（“La corde de votre vie”）。[39] 此次演讲是马格利特的重要声明，“生命线”是他写作生涯中最重要的宣言，却经历了一系列的波折。

* * *

1938 年 4 月，马格利特收到了演讲邀请，酬金是 600 比利时法郎。马格利特欣然接受，认真地讲述了他生活的方方面面，他的观点和计划、创作历程和手法，以及他作为超现实主义者的地位，简而言之，就是他作为革命者的资格。《生命线》是严肃的尝试，是对自我塑造和自我解释的尝试，在各方面都比他后来的《自传素描》更严肃，也更有个人色彩。在《生命线》中不存在第三人称的介入，通篇都是以第一人称进行表述的。演讲有一种紧迫感，一种即时性，造成这种效果的部分原因是历史环境的作用，部分原因是马格利特要说的话太重要，部分原因在于他所选择的具体的话语。《生命线》中谈到了当代艺术和思想的神圣守护者，其中包括马克思，还有尼采、列宁、瓦雷里、布勒东、杜尚和恩斯特。在马格利特个人的万神殿中，也给波德莱尔和爱伦·坡留出了应有的位置。

马格利特按自己的习惯先把演讲稿手写出来（共有 18 页），然后由马里恩帮他打字。这显然只是初稿，马格利特在初稿的基础上继续修改。几个月后，他把加长版（26 页）寄给了阿穆瓦尔，阿穆瓦尔帮他打出了一份供他阅读。稿子还没写好，马格利特就迫不及待地讨论起出版事宜。他先后向伦敦的梅森斯和巴黎的艾吕雅提出要出版这篇文稿，但是没得到回应。1938 年 12 月 10 日，《战斗》杂志发表了文稿的摘要，随后不久，1940 年《集体发明》（*L'Invention collective*）杂志发表了文稿的摘录，其内容是由马里恩选出的，马格利特热切地表示赞同马里恩的工作，他仍盼望文稿能得到出版。[40] 文稿摘录最终发表在美国杂志《观点》上，那已经是 1946 年了。稿子的英文译者是费利克斯·乔瓦内利（Felix Giovanelli）。不幸的是，乔瓦内利听觉愚钝。马格利特的创作有令人震惊的意图，那就是“让人们最熟悉的物体大声尖叫”，在这种情境下，马格利特曾以超现实的表达方式说：“我发现，我们在房子里和脸上看到的裂缝，出现在天空中更加意味深长。”可是他的文字遭到了双重的错误传递。在马里恩的文摘中，“大声尖叫”变成了乏善可陈的温和解释；在翻译中，“裂缝”（les lézardes）变成了蜥蜴（les lézards）。这句话最终就变成了：“我发现，我们通常在房子里和脸上看到的蜥蜴，出现在天空栖息地更加意味深长。”[41]这听起来像是超现实主义的声明，实际却是一派胡言。马格利特的动物里有狮子和树叶鸟，它们甚至会出现在天空，但是没有蜥蜴。

尽管翻译得不怎么样，这篇文摘还是一出版就被人抢购一空反复阅读。有人说，它起到了重要窗口的作用，可以由此观察了解到马格利特的生活和创作，这种说法是正确的。[42]

即使对马格利特本人来说，《生命线》也是场遗憾。他从来没能见到完整的印刷版本。几十年里只有一篇残缺不全的文本可用。马格利特第一个承认，马里恩的文摘做得很有技巧，但是大约只摘取了原始文本内容的四分之一。在摘录的过程中，很多东西都被抛弃了。而且马里恩采取了自由摘录的方式。马格利特提到了他的一幅《伟大的旅行》（*Les Grands Voyages / Great Journeys*），他说，“一个女人的身体飘浮在城镇上空，与那些从未在我面前出现的天使相比是明显的改进”。在马里恩的摘录版本和乔瓦内利的英文译本中，这句话变成了“我开始了解一些爱的秘密”。[43]最重要的是，文摘改变了原作话语的性质，删掉了几乎所有激进的社会和政治评论，以及马格利特关于词与像的基本主张，简直就像是通过删减进行净化一样。另一方面，文摘也提供了耐人寻味的暗示。马格利特解释说，他决定更直接地接触现实世界中的物体，从而作用于现实世界，同时立即谈到了他与超现实主义者的联系，说“他们强烈地表达了对资产阶级社会的厌恶”。马里恩说教性地提到，“同样的意愿，与卡尔·马克思和弗里德里希·恩格斯作品中的优越方法和学说相结合”，而这句话是马里恩添加的，马格利特根本没有说过。[44]

时间又过了半个世纪，到了1997年，《文献评述》出版时，才终于收录了这篇讲演的全文。这是相当伟大的补救措施，美中不足的是翻译乏善可陈，而且还有些不准确的表达，在充满激情的结尾部分更是存在令人困惑的误读。[45]

与此同时，另一个经过删减的文本出现在斯居特耐尔关于马格利特的书中，这本书写于1942年，于1947年出版。斯居特耐尔的版本对有关社会和政治评论的内容进行了类似的处理。[46]这种删节或自我审查与当时的政治现实有关。1938年，马格利特发表这篇演讲时，希特勒正显示出他的威力。德国在1938年3月吞并了奥地利，9月签订了《慕尼黑协定》，实际上肢解了捷克斯洛伐克，11月，就在马格利特讲座的前几天，发生了袭击犹太人的水晶之夜事件。“不论是好是坏，这个世界仍然屹立未倒，”马格利特表达了自己的思考，“然而，未来毁灭的征兆难道不是已经在夜空中显现了吗？”天花板出现了裂缝。天要塌了。马格利特的问题肯定深深触动了安特卫普的听众。德国人迟早会来到比利时，他们从前就曾到来过，对此比利时人记得很清楚。马格利特同样担心自己会因为支持反法西斯主义而被捕。在这种情况下，唯一谨慎的做法似乎就是尽量减少无端的冒犯。马里恩的文摘和斯居特耐尔的手稿都是防患于未然。

演讲那天马格利特没有做任何防范，演讲时也没有退缩。他后来写信给梅森斯说：

> 我在安特卫普做了演讲……给满满一屋子非常专心的听众。令我惊讶的是，我竟然能以他们感兴趣的方式一口气讲了50分钟，配上了24张幻灯片。演讲开始时，我刚说出第三个词，也就是“同志们”，有个人就想离开。但是演讲厅挤满了人，他出不去。演讲期间，一位愤怒的女士带着她的女儿设法逃了出去。最后，我听到有人在这样评论：他谈到了1915年，那时他为什么不在前线？不过，除了这些有趣的插曲之外，我觉得我至少给500名听众留下了正确印象。[47]

负责播放幻灯的是堪称魔术师之徒的马里恩。他记得马格利特有两段话立刻引起了听众的反响。在第一段话中，马格利特故意贬低“害虫般讨厌的希特勒”和“他那一小撮狂热分子”。（后来马格利特又使用了“纳粹白痴”的说法。再后来，对于采用《黑格尔的假期》而不是《哲学家的假期》作为画名，马格利特有过短暂的踌躇，因为纳粹会把“他们对毒气室、愚蠢的种族思想和炮火的爱好”归因于黑格尔。）在第二段话中，马格利特举了个具有煽动性的例子，以此说明，“只要设置在新的背景下或特定的环境中，风景画作可以起到预期效果，因此，一个没腿的跛子可以在宫廷舞会上引起轰动”[48]。

讲座的第一部分设定了场景，把超现实主义与“现实主义”对立起来，后者被描述为明显违背现实：

> 女士们，先生们，同志们：
>
> “我们是谁？”这是个古老的问题。在我们不得不生活其间的世界里，对这个问题的回答令人失望。我们只不过是这个所谓的文明世界里的主体。在这个文明世界里，智慧、堕落、英雄主义和愚蠢交织混杂，最终决定实时性的话题。我们是这个荒谬而不连贯的世界里的主体，在这个世界里，人们为了防止战争而制造武器，科学致力于建设，以及延长垂死者的生命，也致力于破坏和杀戮，而最疯狂的活动是自相矛盾。我们生活在这样一个世界里，人们结婚是为了钱，人们在海边建造宫殿，然后就任由它在那里废弃坍塌。不论是好是坏，这个世界仍然屹立未倒，然而，未来毁灭的征兆难道不是已经在夜空中显现了吗？
>
> 这些都是显而易见的事实，有些人不会为此感到困扰，有些人从现状中悄悄获益，有些

人趁乱打劫，渴望让一切就这样继续。在他们看来，重提这些事实似乎幼稚可笑毫无意义。但是，他们所谓的修补旧建筑的现实主义方法，只能与某些措施相适应，而这些措施本身就意味着新的混乱、新的矛盾。因此，现实主义者毫不明智地加速了世界不可避免的崩溃，这个世界的毁灭是命中注定。

还有一些人承受着乌托邦主义的指责，自觉地希望无产阶级革命能改变世界，我自豪地与他们站在一起。我们每个人都以自己的方法朝着这个目标努力。我们在等待这平庸现实的毁灭，然而与此同时我们必须为自己辩护。

大自然为我们提供了梦想的状态，梦想为我们的身心提供了亟需的自由。大自然也慷慨地为弱者和穷人创造了躲避疯狂的避难所，在这世间，几个世纪以来对金钱和神灵的盲目崇拜形成了令人窒息的氛围，大自然的避难所能够让他们免受伤害。

最有力的防御武器就是爱，它把情侣们带入了迷人的领域，这一领域量身定制，与外界隔绝，可以得到可靠的保护。

最后，超现实主义为人类提供了一种方法和精神途径，适于探索那些受到忽视乃至蔑视却又与人类直接相关的领域。我们在梦中拥有自由，超现实主义则要求我们在清醒的生活中同样拥有自由。这种自由就潜藏在我们的心灵中。在实践中，新的技术人员需要的只是集中力量改善一些不正常的状态或其他某种东西，比如荒谬之物，并确定如何对我们的习惯稍事修改，让我们不再只看到我们选择看到的，这样做的目的是立即发现我们欲望的对象。日常的经验，与宗教教义、民间信条或军事准则纠缠在一起，在一定程度上容许了这些可能性。无论如何，超现实主义者知道如何获得自由。安德烈·布勒东宣告的是："自由，人的颜色。"[49]

讲座的第二部分更像是直截了当的自传，描绘了马格利特的思想历程，从抽象化（abstraction，他所选用的词），到立体主义、未来主义、纯粹主义，再到类似于物化（objectification）的思想，一直追溯到20世纪20年代中期。

第三部分表达了他的政治信念：

就在那时，我遇到了我的朋友们，保罗·诺奇，E. L. T. 梅森斯，让［·路易］·斯居特耐尔。共同的关切让我们走到了一起。我们开始了解超现实主义者，他们强烈地表达了对资产阶级社会的厌恶。他们的革命要求与我们的相同，于是我们加入了他们的行列，一起为无产阶级革命服务。

结果是失败的。事实证明，工人政党的政治领袖们太自负，太迟钝，无法领会超现实主义者能做出什么贡献。那些趾高气扬不可一世的人就是这个样子，人们就这样严肃认真地容许他们在1914年让无产阶级事业陷入危险。人们还容许他们随心所欲地上演各种怯懦和卑鄙的行径。在德国，当初他们代表着纪律严明、训练有素的工人群体，有能力轻松打败害虫般讨厌的希特勒，然而他们只是屈服于希特勒和他那一小撮狂热分子。在法国，［莱昂·］布鲁姆先生［总理］（Léon Blum）最近一直在帮助德国人和意大利人扼杀年轻的西班牙共和国；他说他害怕革命形势，结果就是，他似乎屈服于具有威胁性的反动少数派，从而忽视了人民的权利和力量。顺便提一下，一名无产阶级政治领袖，必须十分勇敢地宣布他对自己所拥护的事业的信仰。但是这样的人被杀害了。

超现实主义具有颠覆性的一面，显然让传统的工人阶级政治家感到担忧，有时很难把这些人与资产阶级世界最热诚的捍卫者区分开来。超现实主义思想在各个层面都是革命性的，它必然反对资产阶级的艺术观。左翼政客们恰好赞同这种观念，涉及绘画时，除非它有良好表现，否则他们不会与之有任何关系。

然而，一个自称革命，因而必须展望未来

的政治家，必须认为资产阶级艺术观应该受到诅咒，因为它的特点是只崇拜过去的作品，并且希望停止艺术的发展。另外，在资产阶级世界里，衡量一件艺术品价值的标准是它的稀有性，它的现金价值，只有少数幼稚天真、进步缓慢的人才会关注它的内在价值，这些人在田野里看到一朵花就会心满意足，如同拥有了一颗钻石，不论那是真钻石还是假钻石。像列宁这样清醒的革命者会衡量金钱的真正价值。列宁写道："我们将来在世界范围内取得胜利以后，我想，我们会在世界几个最大城市的街道上用金子修一些公用小便池。"[50]一个像克列孟梭那样老朽的反变革者，资产阶级神话的奴性追随者，说出了关于艺术的疯狂想法："毫无疑问，我赢得了世界大战，但我将来如果能在历史上留下声名，那将归功于我在艺术领域的尝试。"[51]

超现实主义是革命性的，因为它毫不含糊地反对一切资产阶级意识形态的价值观，正是这些价值观让世界陷入了今天这种骇人的状态。[52]

说到这里马格利特深深吸了口气——毫无疑问，听众也跟着深深吸了口气。

讲座的最后部分引用了马格利特非常喜欢的一段话，出自尼采在《权力意志》中关于艺术和艺术家的思考。"艺术家倘若有些作为，都……禀性强健，精力过剩，像野兽一般，充满情欲。假如没有某种过于炽烈的性欲，就无法设想会有拉斐尔……无论如何，艺术家的创作力总是随着性能力的终止而终止。艺术家不应当按照本来的面目看事物，而应看得更丰满，更单纯，更强健，为此在他们自己的生命中就必须有一种朝气与春意，一种常驻的沉醉。”[53] 马格利特还批评了狂热传教的信徒、永远正确的人和万能秘方的兜售者，认为他们都犯了婴儿幼稚病。马格利特和尼采的看法相同：上帝死了。我们只能靠自己。

> 随着时间推移，未来的社会将获得一种经验，这种经验是深入分析的结果，其可能性已经呈现在我们面前。正是由于严格的初步分析，我所理解的绘画经验才能在此时此地建立起来。由于有了这样的绘画经验，对于生活中受到忽视的可能性，我更坚定了自己的信心。一些事物我们曾视而不见，现在却已显露出来，它们让我相信，我们的幸福也取决于与人有关的谜，而我们唯一的责任就是努力去理解它。[54]

演讲就这样结束了。

这次演讲一结束，马格利特和斯居特耐尔立刻就发表了共同署名或共同撰写的小册子《资产阶级艺术》（L’Art bourgeois），不过他们本想发表在比利时共产党机关报《红旗》上，但是遭到了拒绝，只好发表在了1939年3月的《伦敦公报》（*London Bulletin*）上。[55]《伦敦公报》的编辑是梅森斯。佩吉·古根海姆认为，这是一份相当不错的超现实主义的报纸，“但是，就像梅森斯本人一样，有些过于商业化了”[56]。即使如此，这还是为马格利特做了出色的广告，其中有些重要的内容。《资产阶级艺术》重复了《生命线》的若干主题（内在价值和现金价值，真钻石和假钻石），也谈论了一些引人瞩目的话题（克列孟梭的老朽，拉斐尔的性能力）。小册子的标题显示出，它使用了更直接的意识形态术语，而且在很大程度上是对当前不满情绪的正统的马克思主义分析。它宣称，“资产阶级的秩序就是无序”。马格利特认为，《资产阶级艺术》真切地表达出了艺术家在此重要关头的境况，也就是马格利特发现自己所处的困境，作为一个完全清醒自觉的革命者，他怒气填膺，渴望离开。

> 必须认识到，革命艺术家继承了一系列复杂的习惯和烦恼。他是别人讥嘲的对象，在某种程度上，他迷失在含混、矛盾的建议中，情绪低落，内心苦痛。他的基本自由因此受到了威胁。但他以有限的手段对抗这些恶劣的生活条件，直面资本主义世界强加给他的可疑观念，这些观念涉及道德、宗教、爱国主义和美学等各个方面。
>
> 正因此，革命艺术家会诉诸一些不光彩的

行为。兰波就曾在教堂的墙上写下：上帝去死！打破成规，也就可以打开某些人的怀疑之心。正因此，他会尝试创造某些东西，包括书、画，等等，希望它们能破坏资产阶级神话的名声。

艺术的真正价值在于，它具有解放性的启示力量。在人类劳动的等级体系中，艺术家从来没有获得任何优越性。艺术家不会履行资产阶级在欺骗中强加给他的教士身份。然而艺术家也不能忽视这一事实：他的努力，还有每位工人的努力，对世界的辩证发展都是必要的。[57]

《生命线》和《资产阶级艺术》的内容都可以证明马格利特读过马克思的作品，不仅读过《共产党宣言》和《关于费尔巴哈的提纲》，也读过厚厚的《资本论》，至少读过《资本论》第1卷第1章第4部分，“商品的拜物教及其秘密”。马克思对待商品的方法与马格利特对待客体的方法，具体到所唤起的神秘，分析的术语和使用的例子，都并无不同。《生命线》中提到的钻石来自《资本论》，马克思在《资本论》中写道：

最初一看，商品好像是一种简单而平凡的东西。对商品的分析表明，它却是一种很古怪的东西，充满形而上学的微妙和神学的怪诞。就商品是使用价值来说，不论从它靠自己的属性来满足人的需要这个角度来考察，或者从它作为人类劳动的产品才具有这些属性这个角度来考察，它都没有什么神秘的地方。很明显，人通过自己的活动按照对自己有用的方式来改变自然物质的形态。例如，用木头做桌子，木头的形状就改变了。可是桌子还是木头，还是一个普通的可以感觉的物。但是桌子一旦作为商品出现，就转化为一个可感觉而又超感觉的物。它不仅用它的脚站在地上，而且在对其他一切商品的关系上用头倒立着，从它的木脑袋里生出比它自动跳舞还奇怪得多的狂想。[58]

如果我们借用这段话来分析《个人价值》，我们就会想起，梳子具有使用价值，它是用来保持头发整齐的。在这幅画中，梳子却已经失去了使用价值，正如马格利特向经销商亚历山大·伊奥拉斯解释的那样，“它已经成了无用的奢侈品”。马格利特指出，这同样适用于其他物体。如果人们开始收集特大号梳子，或者在特大号梳子上投资，那么这梳子无疑会获得交换价值，而这与使用价值几乎没有关系。如果梳子继续升值，它们最终有可能成为人们渴望拥有或进行交易的物品，就像钻石、珍珠或艺术品一样。仿佛是为了证明这一点，艺术家维雅·塞尔明斯（Vija Celmins）从这幅画中挪用了梳子，制作了一把比她还要高大的超大梳子。塞尔明斯忠实追随了马格利特

马格利特绘制的插图（1938）

面无表情的表达和关于实物的经验。《个人价值》这幅画和诺奇起的标题有相当大的启发意义，对于热爱优良商品的伊奥拉斯来说就更是如此。

对于自己同情哪一方，马格利特丝毫不加掩饰。他的心脏在左边跳动。他最关心的就是自由。解放显然是左翼的方案。“我的立场是共产主义。”他在 1935 年接受《美术报》（*Les Beaux-Arts*）的调查时这样回答。“我的艺术只有在反对资产阶级意识形态时才是有效的，而生命正以资产阶级的名义遭到消灭。”[59] 三十年后，他的话听起来依然是坚定明确的。“是的，我一丝不苟小心翼翼。”他对一位采访者说。

> 对待生活，对待绘画，都是一样。我也是个传统主义者，甚至反对新东西：我厌恶现代

家具、机器和大写的科学。另一方面，在政治上，我是个坚决的革命者。人属于世界，世界不属于人。权力、武力、征服，这些词语都没有意义。它们在我看来与潜意识这个词一样没有意义。[60]

马格利特在这前后曾与帕特里克·沃尔德伯格交谈，他在谈话中听起来更慎重，也可能更疲惫。“我不是个‘有战斗精神的激进分子’。我觉得自己既没能力也没精力进行政治斗争。不过，如你所说，我仍然支持‘社会主义’，这是一种消除财富不平等、苦难和战争的制度。以什么形式呢？用什么方法呢？我不知道，但这是我的立场，尽管我遭遇了挫折和失望。”[61]

马格利特支持社会主义，就像瓦茨拉夫·哈维尔（Václav Havel）支持社会主义一样。正如哈维尔所写：

> 我曾经说过，我自认为是一个社会主义者。这样说，并不意味着我认同什么特殊的经济理论或概念，尤其是一切都应该属于国家并由国家来计划这样的概念；我只是想表示，我的心，如人们所说，长得稍微偏左了一点。与其说我是在表达任何特殊的信念，毋宁说我试图描绘一种性情，一种不守成规的精神状态，一种反对定势的倾向，以及对于庸俗市侩的反感，对于悲惨的蒙羞的人们的关注。[62]

哈维尔的“倾向”引出了早已有的问题：该做的是什么？更确切地说是，马格利特能做什么？马格利特多数时候可能认同安东尼奥·葛兰西（Antonio Gramsci）的公式：智识上的悲观主义，意志上的乐观主义。他似乎也经历过阵发的惰性或厌倦，有时可能是因为疾病、劳累或心力交瘁，他会情绪低落、身心俱疲，就好像难以呼吸、无法思考。1944 年，他在给马里恩的信中病恹恹地写道：“我快到老年了（46 岁）。再过十年，我就 56 岁了！真狗屎！我背疼，我经常头疼，胃疼，蛋疼！下雨了。天不是太冷，就是太热。我没钱。我对我的画不满意（不满足，不高兴）。人要时刻绷紧神经。这就是生活的全部吗？狗屎！”在这种时候，他担心自己的创造力会逐渐减弱。至少在 20 世纪 50 年代前，他都不知道自己经济拮据的状况何时结束。“背疼好多了，”他在几星期后写道，“但是财务神经疼很稳固。”[63] 他的悲观感受没有平息，而是变成了失败主义之类的情绪。他没有拒绝失败主义这种说法。“无论如何，我对‘行动’都没信心。”他在 1957 年对莫里斯·拉潘说。

> 在这个问题上，我是个彻底的失败主义者，既没有办法也没有意愿为这种失败主义辩护。我画画时既不悲观也不乐观，大部分时间我都沉浸在力所能及的可能性中。不过我知道，有

所行动可能会让你激动。在这种情况下，人不该放弃行动。我的失败主义没有任何意义。这是事实，仅此而已。[64]

即使在财务神经疼的问题彻底解决之后，惯性仍在。1962 年，刚过 64 岁的马格利特对哈利·托克茨纳说："目前，我非常疲惫，非常缺少想法。不管怎么说，在这个生日我是彻底的头脑空空。好在这种情况我以前也遇到过，所以还没有让我太过惊慌（也许'乌云背后有光明'）。"[65] 最后他与自己的情绪和解了。"我既没有希望，也没有绝望，"他在 1967 年的一封信中写道，"我是个失败主义者，因为恶不能为善所胜。"[66]

低落情绪的反复造访始于 20 世纪 30 年代。在《超现实主义者的政治立场》（*Position politique du surréalisme*，1935）中，布勒东提出了一个难解的问题："如何行动？"这本书出版后，马格利特对艾吕雅谈起了自己的困惑。

我收到了……《超现实主义者的政治立场》，但我承认，目前我无法加以利用。在我看来，书中提出的目标太遥远了，根本没有任何解决办法，所以我要缓一缓。我很喜欢这种东西，但我找不到行动的办法。它就像一扇打开的门，可你还不能进去，或者说还不知道怎么进去。

布勒东的意图深深打动了我，但我又一次感到遗憾，因为我没有干预政治世界的实际手段。我还必须说，如今在我试图理解“人的自由”这类说法的含义时，它们对我来说已经没有多大意义了。在我看来，它们太容易让人忽视仍然近在眼前的障碍了。[67]

1938年，在伦敦画廊，斗志昂扬的梅森斯责备马格利特只考虑钱的问题，此时“让我们在这里奔忙的，除了日复一日的烦恼和画廊的糟糕状况之外，就是革命”。马格利特接受了这一责备。为了反驳“不作为”的指责，马格利特谈起了他的讲座（《生命线》）和他不断努力创作的作品，这些作品将引发更深远的回应。他尝试过《黑旗》（*Le Drapeau noir / The Black Flag*）：“它预示了飞行机器带来的恐怖，毫无粉饰，”他解释道，接着又补充说，“我并不会为此自豪。绝不能让恐惧把我们引向绝望。”[68] 马格利特不是传统意义上的战争艺术家。格尔尼卡（Guernicas）不是他的风格。他就像布拉克一样，注意到了艺术和时事之间的明显区别。

至于其他形式的直接行动，马格利特重申了自己的无力感。“法国正存在革命局面，我真的无法想象，这种局面会以何种方式演变成无产阶级压倒一切的胜利。我所能做的就是发表一份小册子，诺奇正在撰写，我们想在其中澄清一些令人困惑的观点，或许这将有

马格利特，《火之梯》（1934）

助于我们所希望的成功。[69]

马格利特抱有一厢情愿的主观想法。他比大多数人出版的小册子都多。在20世纪30年代早期，他是文化革命协会（Association Révolutionnaire Culturelle，ARC）的主要成员，该协会由比利时人发起，梅森斯负责协调，短命的内部期刊是《文献34》和《文献35》。马格利特与其他伙伴一起把自己的名字写进了诺奇的一本小册子，小册子题名为《立刻行动》（“L'Action immédiate”），他们表示愿以诗的手段进行革命行动，不会效忠于任何傲慢的组织或派别，不会受它们的束缚。[70] 文章开头出现了马格利特的《火之梯》（*L'Échelle du feu / Ladder of Fire*）。“它使我有幸发现了一种感觉，就是最早摩擦两块石头燃起烈火的人所体验到的那种感觉。在我这里，我用一张纸、一个鸡蛋和一把钥匙燃起了火。”[71]

有一种行动方式是加入党派。但是从马格利特在巴黎的经历来看，他并没有加入。他的气质不适合在别人的军队里当小兵。他在比利时共产党的经历并不愉快。比利时解放后，1945 年 9 月，他终于大张旗鼓地入了党。[72] 他告诉志趣相投的莱奥·马莱（Léo Malet），他觉得有必要这样做，这是对抗反动势力的堡垒。“法国的反应似乎也很强烈。我们必须比以往任何时候都更警惕。政府在资助托洛茨基派的出版物，看来是为了在左翼政党之间制造分裂。就我而言，我已经正式成为比利时共产党的一员，为扩大‘知识分子’党员队伍出一份力。我认为，我们必须对危险的法西斯进行有组织的防范，绝对不能削弱我们的力量。”[73]

有组织的防范或进攻延伸到了艺术展览中。布鲁塞尔的拉博埃西街出版画廊（Galerie des Éditions de la Boétie）举办了超现实主义展览，马格利特是主要组织者。展览从 1945 年 12 月持续到 1946 年 2 月，展出了油画、素描、拼贴画、实物、照片和文本。展览目录的封面上是《强奸》这幅画。写在墙上的文字，像是干预或鼓动，也像是艺术品。另一个有争议的告诫来自诺奇，他主张消除以往留下的痕迹，在这方面堪称元老。

诠释

为了看得清楚

划掉

超现实主义

这个词[74]

展览呈现了马克思的两段话，一是著名的“多些良心！”（PLUS DE CONSCIENCE！），一是《关于费尔巴哈的提纲》第二条：“人的思维是否具有客观的真理性，这不是一个理论的问题，而是一个实践的问题。人应该在实践中证明自己思维的真理性，即自己思维的现实性和力量，自己思维的此岸性。关于思维——离开实践的思维——的现实性或非现实性的争论，是一个纯粹经院哲学的问题。”[75]展览中还呈现了赫拉克利特、利希滕贝格、列宁关于黄金小便池的想法和洛特雷阿蒙的名言：“全部的海水，也不足以洗去一片智识的血污。”[76]这不是一场展览，这是一次示威。

马格利特继续以他自己的方式鼓动人心。他强烈批评“利用无力创造新情感的艺术家，让他们参与到政治鼓动中。但是，艺术家不能罢工，艺术家的政治鼓动显然是荒唐的”，然而他仍然赞成以诗的手段进行革命活动。持不同意见的超现实主义革命者提出了这样一个问题：“挑衅行为仍然有效吗？”马格利特的回答是肯定的。“他相信暴力示威。他希望这个群体从事创造活动和挑衅活动，前者的效果是间接的，后者的效果是直接的。”[77] 马格利特言行一致。比利时共产主义艺术家协会（L’Amicale des Artists communistes de Belgique）在布鲁塞尔的共产主义出版社（Maison de la Presse communiste），也就是《红旗》编辑部的工作地点，举办了大型国际展览。马格利特为展览贡献了两幅画，他选择了《强奸》和《智识》（*L’Intelligence / Intelligence*），对此他是这样描述的：“两个戴着面具的工人在枝形吊灯温柔的注视下与三个女人的头颅交谈。在远处，工厂沐浴着阳光运转。”[78] 马克思会说，一切坚固的东西都烟消云散，一切神圣的东西都被亵渎了。组织者并不开心。

马格利特也不开心。比利时女王参观了展览。《红旗》对此进行了满篇奉承话的报道，这激怒了马格利特，他给党内的重要成员传阅了一封信。这是一次猛烈的攻击。

亲爱的同志：

应当提请大家注意《红旗》上某些文章的危险性，特别是那些看起来无害的文章，例如 1947 年 10 月 22 日以《女王到访》为题的文章。

虽然我们期望《红旗》的读者有足够的批判性思维能力，可以意识到这只是一篇宣传文章，但还有一些人是我们无法指望的，他们需要被他人说服，他们的思想自由更少，会受到蒙骗。

这种拙劣的宣传将是彻底无效的。

至于那些工人读者，他们已经被枯燥乏味的工作弄得筋疲力尽，体育版就像配给到他们手中的“人民的鸦片”，已经够他们读的了。用《女王到访》这样的文章在他们的头脑中制造混乱，对他们是有害的。在文章中，共产主义艺术家和闲逛的人被安排着站成半圆形，同时也为某个品牌的汽车进行了很好的免费宣传。在工人们的报纸中，共产主义的一个敌人被描绘成了讨人喜欢的人，在党内得到了奉承和爱戴，这样的疯狂行为不会让工人们感觉到当下仍在进行的斗争是多严肃的事。

相反，如果恰当地表明，是女王荣幸地会见了党，而不是党荣幸地接待了那个老女人，那么把女王的来访作为明确的宣传目的加以利用，会更有意义。[79]

展览仍然是争论的焦点。1950 年，在党的支持下，马格利特为《艺术与和平》（*L'Art et la paix*）画展提交了一幅画。选拔会议是场混战。马里恩记录下了争论的过程。

我记得在 50 年代，共产党召开了一次会议，参加会议的包括几十位画家和一些政治领导人，目的是为画展筛选作品。画展的主题是在冷战的天空中飞来飞去的毕加索的和平鸽。送上来的都是按要求完成的拙劣画作，矿工的脸，雾中的码头工人，工人阶级的家，五一游行。就在这些画中，有一幅油画，独一无二的油画，震惊了全场。那是马格利特的画，画面中，房间里有一支步枪，靠在墙上，浓浓的血从枪管流到枪托，在地上形成了红色的水池。

于是，在匆匆浏览了所有的参选作品之后，剩下的就只是对马格利特这幅画的激烈批评了。经过两个小时毫无结果的争论后，马格利特、诺奇……还有我，只能指出《幸存者》（*The Survivors*）是多有效果……因为在所有这些画中，唯有它能引起意见的分歧，激起热烈的评论。[80]

马格利特受够了。幻灭来得很早，他对沃尔德伯格解释说：

诺奇和我认为，我们能从内部影响党的艺术和文化倾向，使之向着更符合我们根本愿望的方向发展。因此，我们参加了一系列专门讨论绘画和文学问题的小组会议。我的幻想很快就破灭了。在第一次会议上，一个中央委员会的代表凭借在夜校学的一些“唯物主义”观念来警告我们，他觉得有必要以高雅的措辞提醒我们："永远不要忘记，首先，你们只不过是饲料！"接下来的几次会议也不太鼓舞人心。我们是与聋哑人打交道。我按要求提交了一两个海报提案，结果都被拒绝了。这种环境中充斥着明目张胆的盲从守旧，与资产阶级中思想最狭隘的那部分人没什么两样。几个月后，我就不参加这些会议了，从那时起，我和党再没有联系。没有排斥，也没有决裂，然而，对我来说，是彻底的不满和永久的疏远。[81]

马格利特是特立独行的人。他选择的武器是画笔。如果资产阶级的秩序只是无序，那它就可以被颠覆，也就是被重新想象。"拒绝现有的秩序，渴望打破现有的价值观或引入新的价值观，实现本质上的颠覆，这就必须在一切情况下利用一切手段。"这是诺奇基于马格利特画作的战斗口号。马格利特与尼采一样，是一切价值观的重新评估者。诺奇解释说：

绘画必须创造形象……裸眼检验是很重要的。因此，马格利特画了《三牧师》（*Les Trois Prêtre*）和《撩起裙子的修女》。不光彩的形象也是为了冒险探索。我们有权利要求给予画家足够的绘画上的自由，在他看来，这样的画的价值，并不比他的其他油画低。美学家和业余爱好者认为应该有分级制度，对此他并不接受。

《希拉·莱格在特拉法加广场》。克劳德·卡洪（Claude Cahun）拍摄

> 因为他知道这背后隐藏着什么，又会带来什么，总之，这只不过是一个拒绝灭亡的阶级使出的诡计。他知道，他设法呈现给世界的所有形象，不论是最粗糙的还是最精致的，其活力都来自革命精神，革命精神赋予了所有这些形象充分而平等的尊严。正是这样的情感让我们存在。[82]

这打动了马格利特。

打动马格利特的，并非只有这一件事。马塞尔·马里恩表示，马格利特在伦敦时经历了晴天霹雳般的一见钟情。马里恩在自传中讲到，1938 年的一个晚上，他和马格利特坐在埃塞格姆街公寓的火炉旁，令他吃惊的是，马格利特向他吐露了心声。那天是星期六，乔吉特不在家。

> 马格利特直截了当地告诉我，他最近去伦敦旅行时遇到了一个年轻的英国女子，他对她充满激情。我很快就明白——至少斯居特耐尔也是这样认为的——他说的就是那个模特，她的着装是达利设计的，她出现在第一届伦敦国际超现实主义展览开幕式［1936 年］中。她有张出名的照片，照片中她站在特拉法加广场，周围都是鸽子，头完全被一束玫瑰遮住了。
>
> 按马格利特自己的说法，她是理想的伴侣，是我们一直寻觅却寻找不到的人，他真想毫不犹豫地和她在一起，可他有乔吉特，他无法抛弃乔吉特。我当然保持了沉默，我惊呆了，而且，即使有机会开口，我也不知道说什么。情况就是这样，之后马格利特再没提过这件事。[83]

马格利特所说的年轻的英国女子，就是希拉·莱格（Sheila Legge，1911—1949）。1936 年 6 月 11 日，作为“超现实主义的性感幻影”（Surrealist Phantom of Sex Appeal），她出现在特拉法加广场，以此宣告国际超现实主义展览开幕。她不仅漂亮，还多才多艺。她是这次展览的组委会成员，为展览提供了“超现实的客体”，她还为此写了类似行为艺术片段的《幻影的声明》。

> 笑常常是对情感的尴尬的审查，表达了无法表达的东西，增进了我们对人性的认识 / 超现实主义者践行无理性……/ 超现实主义不是恶作剧……/ 它的目的是改变我们都知道的现实，创造全新的，超现实……/ 我们身边的事物突然拥有了无限的可能性，一个女人的手套成了每一个谜题的答案……/ 在梅拉·奥本海姆（Meret Oppenheim）的《我的护士》（My Nurse）中，一双白色的鞋用绳子系到了一起，“其意义”在于产生的令人不安的效果，在于能把观众带到不同的层面，在那里一切仍有可能，因此《我的护士》这个标题看似不协调，却完美地契合要表达的意义。/“性感幻影”就属于新的层面，她的脸显示为红红的玫瑰。在特拉法加广场，这个幻影向鸽子伸开双手，消灭了现实。[84]

这段声明显示出希拉·莱格的成熟和自我意识。也许是巧合，也许是有意而为，总之这是对诺奇“一切仍有可能”的呼应。这并不是她唯一的超现实主义作品。这一年的晚些时候，在《当代诗歌与散文》（*Contemporary Poetry and Prose*）诸多著名作者的杰出作品中，出现了她写的《我已经为你尽了最大努力》。它的开头和结尾可能吸引了马格利特。“我看见一个女人，手腕套着锁链，骑在自行车上。她手里是一面横幅，上面写着：巴比伦不再有妓女……第三天，我又起来了，卖掉了我的妻子，换回三十块卡门贝尔干酪；卖掉了我的幼女，换了三张五十法郎的钞票。”[85]

希拉·莱格不仅是个模特，她还是知识分子。她讲一口流利的法语，“能读懂雷蒙·鲁塞尔的原著”，给大卫·盖斯科因（David Gascoyne）留下了深刻印象。[86]她是“英国超现实主义群体”的正式成员。她谁都认识。她当然认识梅森斯，而且和他很熟，梅森斯甚至希望她能为伦敦画廊当秘书和销售，这无疑会提高销售额，但她不感兴趣。梅森斯有他的惯用伎俩，据说会突然强行示爱，有一张污损的明信片，画面就暗示着“梅森斯扑向希拉”的传闻。看来梅森斯有他不可告人的动机。[87]梅森斯当然被希拉迷住了，男人们都被她迷住了。她的名字与很多人联系在一起，包括大卫·盖斯科因、罗兰·彭罗斯、罗杰·拉夫顿（Roger Roughton）等，不过这些传言都没什么根据。梅森斯自己喜欢讲这样一个故事，在国际超现实主义展览举办期间，一位英国超现实主义者问他可不可以在下午借用他的酒店房间与莱格太太幽会，梅森斯诚恳地同意了，但条件是这位超现实主义者先给他把脚洗了，因为他对英国人的“个人价值观”评价很低。[88]“莱格太太”这个称呼是希拉·莱格坚持要用的，虽然这在某种程度上是礼貌的谎言。1934年，她嫁给了鲁珀特·莱格（Rupert Legge），不久后就离开他前往巴黎，希望成为曼·雷的模特。盖斯科因说，曼·雷发现她“不太符合他想找的人”，但他还是在伦敦为她创作了一幅引人注目的肖像素描。[89]

莱格太太有十足的冒险精神。她似乎是在寻求什么，也许是满足。她热情、迷人、精神饱满、魅力十足。她穿着时尚的及膝裙出现在伦敦画廊的展览开幕式上，露出赤裸的腿，大腿上还画着图案，完全是《撩起裙子的修女》的现实版本。这是马格利特的理想中人吗？他们可能一起讨论过雷蒙·鲁塞尔，马格利特最喜欢的作家之一，超现实主义原始资料《非洲印象》（*Impressions d'Afrique*，1910）的作者。三十年后，福柯提出马格利特的思想与鲁塞尔的思想有相似之处，马格利特回答说：“你能看出，鲁塞尔的思想与我的思想中那些有价值的想法具有相似之处，这让我很高兴。鲁塞尔的想象唤起的不是想象中的事物，而是现实中的世界，它遭到了经验和理性混乱无章的对待。”[90]

如果马格利特真的迷恋上了希拉·莱格，也是很容易理解的。我们没有理由不相信马里恩的说法。大卫·西尔维斯特在编写《文献评述》时，也从别人那里听到了有关的传言，或许就是从斯居特耐尔夫妇那里听说的。情感掀起巨浪之后究竟发生了什么，就是另一回事了。马格利特表白过吗？对方的反应是什么？他的感情得到回应了吗？发生过什么事吗？

马格利特和希拉·莱格之间也可能有过短暂交往，

有过一段风流韵事，对此我们无法完全否认，但也没有确凿的证据，尽管存在着大量的间接证据。乔治·梅利的说法最为大胆，他宣称这段感情得到了充分发展，各种事情都发生过了。梅利并不是直接证人，他是在战后才来到伦敦的。他给梅森斯打杂工，后来成了梅森斯的忠实朋友，无疑消息灵通，不过他的消息主要来自梅森斯在醉醺醺时吐露的秘密。他自己的描述画面生动，但不完整，细节也不可靠。在这个问题上，他其实没从梅森斯那里得到任何信息，他明确表示：

> 马格利特的生活中有一件事，是 E. L. T. 肯定知道的，但他从来没和我讨论过，甚至连暗示都没有过。在梅森斯的支持下，画家马格利特在战前去过几次伦敦，有一次，他与超现实主义崇拜者，美丽的希拉·莱格太太发生了后果严重的婚外情。这次过失造成了创伤性的后果，让他的婚姻在几年里都处于危机中。（梅森斯也在场，他总是对每个人的性福生活都很感兴趣。）梅森斯是个多嘴多舌的人，但对于马格利特的事，他像忏悔者一样沉默不言。[91]

这桩“后果严重的婚外情”纯属猜测，所说的后果也是猜测。梅利也在猜测梅森斯为什么沉默。梅利想到，梅森斯有可能在某种程度上是马格利特的同谋，而且担心会遭到乔吉特责骂——他是个受威胁的皮条客。但是梅利更倾向于认为，马格利特陷入了疯狂爱情，这与梅森斯想塑造的马格利特的形象相互矛盾。梅森斯所塑造的——或者说是梅森斯想要展现给大众的——是模范的小资产阶级形象，其大胆只表现在思想上。这也正是梅森斯在他最近与梅利的谈话中所提供的形象。作为对老友的评价，这话并非没有感情，但也带着某种傲慢，仿佛他才了解生活，而马格利特不了解。这实际上是他们最后一轮愤怒争吵的原因。梅森斯总喜欢说了算，最后还是他一锤定音："他和妻子过着传统方式的生活，他和她在一起很有风度，无微不至地关心照顾她，这也是一些中产阶级对待妻子的常见方式。他也爱他的狗。"[92]

更加简单的解释则是，本来也没什么可说的。此外，所有这些猜测都忽略了希拉·莱格，而她有自己的主见。希拉·莱格足够勇敢，所做的选择可能会让许多人望而却步。她对梅森斯提供的工作不感兴趣。她似乎对梅森斯根本不感兴趣。那她对马格利特感兴趣吗？没有任何迹象。1937 年，马格利特在温坡街 35 号工作居住的那段时间，是他们发展恋情的唯一机会。在希拉看来，"1937 年是如此令人沮丧……"这是她在 1945 年给盖斯科因的信中写的，那时她结束了在法国等地的游历，已经再婚了。[93]至于马格利特，当时他每天都要给乔吉特写信。当然，有些事情他可能没坦白，但是在那些信中，除了谈到不习惯异国生活之外没有任何异常的迹象。此外他似乎也没时间没机会谈情说爱。马格利特大部分时间都在工作，他要完成交给他的工作，还要在伦敦画廊做一次演讲。在其他时间，梅森斯、詹姆斯、詹宁斯或圈子里的其他成员经常陪在他身边，他们受了委托要照顾好他。他也有充分条件延长在伦敦逗留的时间，他可以完善三面嵌板，或者为詹姆斯画肖像，但他没有这样选择。相反，他想的一直是尽量减少离家的时间，不仅是为了乔吉特，也是为了他自己；他甚至中途回布鲁塞尔待了五天。他还鼓励乔吉特在斯居特耐尔夫妇和科利内陪同下去伦敦看他，乔吉特果然去了。

完全可以说，马格利特与爱德华·詹姆斯的关系要比他与希拉·莱格的关系更有意义。最初的委托是真实的纽带，后来詹姆斯又委托他画一幅肖像，与后来的自画像密切相关，进一步加深了两人的关系。1938 年，马格利特提出两人建立长期合作关系，要他每年付 100 英镑的津贴，理由是，他们都认可对方作为超现实主义者的身份，正如他们在《红色模型》和资本主义高跟鞋的问题上能达成一致。马格利特对詹姆斯说：

> 你，还有包括我在内的其他少数人，构成了独特的群体。对我们来说，金钱只是目前要使用的一种手段，仅此而已。碰巧你的钱比你需要的多，而我的钱却不够。如果你能时常为我提供一点钱，就像你已经做的那样，就再合

> 适不过了，而且光明磊落。至于我，不管愚蠢的大多数人会怎么想，我创作的东西都是极其重要的。[94]

不过马格利特判断错了。他的做法太天真，他的傲慢受到了批评。这样的回应令马格利特吃惊。詹姆斯终究是个食利者。

从更广泛的意义上说，梅利关于马格利特惧内的看法是对的。经历了放荡的青年时代后，马格利特渐渐习惯了有规律的日常生活，婚姻则是其中必不可少的一部分。与乔吉特结婚近似于他的理想，或许有难以忍受的方面，却仍然是他的理想生活。如果梅森斯的话可信，那么马格利特会放下画笔冲进妓院，但他并没有把感情当儿戏。成年后的马格利特与父亲不同，没有传出过任何风流故事。

马格利特如果真的追求过希拉·莱格，那会是最不寻常的。总的来说，这似乎不太可能，尽管她很迷人。单只是对幻影产生迷恋，就已经会让马格利特尴尬不安了，乔吉特哪怕听到一点风声，肯定都会深受困扰。他和马里恩坐在炉边所讲的不会是真正的爱情故事，更不是风流韵事，而只是一个遥不可及的寓言。

在《权力意志》中，尼采在提及拉斐尔的炽烈性欲之后，隔了几页另有一段论及艺术家和激情的精彩段落。马格利特肯定知道这段话，虽然他未必喜欢。尼采坚定地说：“艺术家不是具有强大激情的人，尽管他们这样告诉我们，也这样告诉他们自己。原因有两方面：第一，他们不以自己为羞。他们会审视自己的生活；他们暗中观察自我；他们过于好奇……第二个原因是，他们的爱人，他们的绝色佳人，常常不满于他们的浪荡，抱怨他们放纵激情；他们作为艺术家的吝啬会庇护他们免受激情困扰。”[95]

马格利特暗中观察自我。他的爱人在唤他回家。

注　释

1 詹姆斯的第三轮收购是在1939年，他购买了《被刺穿的绵延》（CR 460）、《阿尔海姆的庄园》（*La Domaine d'Arnheim*，CR 456）和《客观刺激》（*Stimulation objective*，CR 468），还买了一些水粉画。下文会介绍他早期的购买行为。

2 George Melly，*Don't Tell Sybil*（《别告诉西比尔》，London: Heinemann，1997），p. 33；詹姆斯写给卡灵顿的信，1954年5月12日，第33页，见Ades，“James and Surrealism,”载于Coleby，*A Surreal Life: Edward James 1907–1984*（《超现实的生活：爱德华·詹姆斯1907—1984》，London: Philip Wilson，2003），第90页。

3 James, *Swans Reflecting Elephants: My Early Years*（《天鹅映象：我的早年生活》，London: George Weidenfeld & Nicolson, 1982），p. 63.

4 马格利特展览的画包括：《艰难的旅行》（CR 84），《字面意义》（CR 306），《在自由的门槛上》（CR 326），《天使报喜》（CR 330），《生活的镜子》（CR 363），

《红色模型》（CR 380），《地下的火》（*Le Feu souterrain*，CR 386），《人类的命运》（CR 390），还有一些贴纸画和水粉画。

5 Phillip Purser, *Poeted: Final Quest of Edward James*（《诗人：爱德华·詹姆斯的最终探索》，London: Quartet，1991），p. 77；詹姆斯写给马格利特的信，1937年1月28日，摘录于CR第2卷，第51页。

6 詹姆斯写给梅森斯的信，1937年2月5日，摘自CR第2卷，第151页。根据菲利普·珀瑟（Phillip Purser）所说，“爱德华有四面大镜子，上面带着布歇画的描绘四季的新月形图案。镜子是从他父亲在布莱恩斯顿广场（Bryanston Square）的房子搬来的。马格利特完成装饰作品后，它们被放在了35号漂亮的楼梯旁。那里的访客还清楚地记得，爱德华按下开关的那一刻，他们眼前黑乎乎的镜子突然从后面亮了起来，显示出比利时人的四幅互补的新画”。关于镜子的更多细节，见*Poeted*，第77页。

7 Melly, *Sybil*, p.34. 在《青春的描绘》中有大片的天空。关于《间谍》，参考第七章。

8 Sylvester, *Magritte*，第304页，引用了马塔（Matta）的证言。参见梅利的前言，见James, *Swans*，第xi页。

9 *L'Avenir des statues* (CR 687). 马格利特还给了他*La Malédiction* (CR 433)。

10 Nougé, Images, in *Magritte*，第68页，最初是马格利特1933年在PBA举办的个人展览的目录序言。

11 马格利特写给马莱的信，1948年2月7日，CRRP MC, III/08。

12 马格利特写给马里恩的信，邮戳1944年5月29日，Magritte, *Destination*，第104页。这种风格可能更接近雷蒙德·钱德勒（Raymond Chandler）：“我整洁、干净、每天刮干净胡子、头脑清醒，我不在乎谁知道。”

13 马格利特写给华尔的信，1967年2月3日，CRRP MC，IV/21。见《论形而上学》（*Traité de métaphysique*，Paris: Payot，1953），第7页，引自*The Philosopher's Way*（《哲学家之路》，New York: Oxford University

Press, 1948），第xiii页。

14 马格利特写给乔吉特的信，未标日期，第1册，第4、7、11页。

15 马格利特写给斯居特耐尔一家和科利内的信（英文，由詹姆斯那位受了折磨的秘书打印），以及写给乔吉特的信，邮戳为1937年2月18日和3月12日，Book I，第17页。

16 Magritte，"Lifeline". 画的原始版本（CR 380）于1935年绘制。另一种版本（CR 382）也是1935年画的，用作了《超现实主义者与画家》的封面以及后来德里达的《绘画中的真理》（*La Vérité en peinture*）的封面上。给詹姆斯的（CR 428）是第三幅画。

17 还有三幅水粉画，包括CR 1249，日期为1947年或1948年，画的说明见Draguet, *Tout en papier: Collages, Dessins, Gouaches*（《都在纸上：拼贴画、素描、水粉画》，Paris: Éditions Hazan，2006），第79页，以及Jameson, *Postmodernism, or The Cultural Logic of Late Capitalism*（《后现代主义或晚期资本主义的文化逻辑》，Durham，NC: Duke University Press，1991）。这幅水粉画中的碎片是1937年油画中碎片的变体，报纸碎片不再清晰可辨。

18 Marx and Engels, *The Communist Manifesto* (Oxford: Oxford University Press, 2008), p. 5.

19 詹姆斯写给马格利特的信，1937年4月18日，摘自CR第2卷，第53页。

20 Krauss, *The Originality of the Avant-Garde and Other Modernist Myths*（《先锋派和其他现代主义神话的原创性》，Cambridge, MA: MIT Press, 1986）, p. 91.

21 Nougé, "Dernières recommandations"（1938）, in *Magritte*, p. 43；由汉弗莱·詹宁斯翻译，见1938年4月1日的《伦敦公报》，是为马格利特于1938年4月至5月在伦敦画廊举办的展览所写的。

22 2015年6月1日发给作者的邮件。

23 Ghêne and Anrieu, *Paul Delvaux Raconte* (Brussels: Hayaux,

2005), p. 37.

24 马格利特写给加布利克、拉潘和韦吉弗斯的信，1958年5月19日和5月22日，见Gablik, *Magritte*，第111页；Magritte, *Rapin*, n.p.; Lhomme, Vente publique，1995年12月2日，拍品280。《黑格尔的假期》（CR 874），1958年。

25 马格利特写给马里恩的信，1945年9月15日邮戳，见Magritte, *Destination*，第150—151页，关于“一杯水的故事”，马格利特指的是列宁的《再论工会、目前局势及托洛茨基同志和布哈林同志的错误》（“Encore une fois la question des syndicats, la situation actuelle et les erreurs des camarades Trotzki et Boukharine”，1921），见Max Raphaël, *La Théorie marxiste de la connaissance*（《马克思主义认识论问题》）（Ladislas Gara译，Paris: Gallimard，1937），第251—252页，由诺奇以“Le Verre à boire”（喝水的杯子）为标题出版（布鲁塞尔，1954年4月）。还有一种“一杯水理论”，是被列宁否定了的，根据这一理论，在共产主义社会，满足性欲就像喝一杯水一样简单。

26 Colinet, “Pour illustrer Magritte,” *FA*, 56 (December 1971); Nougé, “René Magritte ou la Révélation objective,” *Les Beaux-Arts*, 1 May 1936, in *Magritte*, p. 38.

27 《裂缝》（CR 354），1934年。见Nougé, “Avertissement”（1930），载于*Magritte*，第26页。钞票的主题延续了1948年的CR 1281和1949年的CR 1310，后者是100美元纸币。

28 我采纳了斯蒂芬妮·德亚历山德罗（Stephanie D’Alessandro）和艾莉森·朗利（Allison Langley）的观点，见Umland，*Mystery*，第197页。我很感谢他们与我分享他们的研究成果。

29 Berger, “Magritte,” p. 348.

30 Nougé, “Révélation objective,” in *Magritte*, p. 38.

31 1937年3月12日，马格利特写给斯居特耐尔的信，转载于

Torczyner, *Signes*，第80页。这封信是用英语写的，是马格利特住在伦敦时口授给爱德华·詹姆斯的打字员的。它也被寄给了科利内。对于亲近的人，马格利特习惯性地使用canon bibital及其变体（bibidal, bidalité）暗示性行为、粗俗或色情。

32 Derrida, *Truth*, p. 314.

33 《闺房里的哲学》（CR 633），1947年。这个名字是由马里恩找到的，来源于萨德侯爵（Marquis de Sade）的同名作品（1795）。《纪念麦克·塞纳特》（CR 420），1936年。这是马格利特自己找的一个出色的标题，马格利特自己发现标题的时候不多。马格利特写给安德烈的信（1948年2月6日），摘录于CR第2卷，第391页；Wergifosse and Magritte，“L'Education sentimentale,”（《感性教育》）*Le Vocatif 11*（1973年6月）。关于这样一个古老躯干的例子，见Cornelius C. Vermeule III 等人编的*Sculpture in the Isabella Stewart Gardner Museum*（《伊莎贝拉·斯图尔特·加德纳博物馆的雕塑》，Boston: ISG Museum，1977），第11页。

34 La Bruyère, *Caractères, ou Les Moeurs de ce Siècle*（《这个世纪的人物或习俗》，Paris: Gallimard，2011），p. 60.《解除武装的爱》（CR 381），创作时间确定为1935年。

35 Jameson, *Postmodernism*（《后现代主义》），第10页；Magritte，titles（标题），载于*EC*，第260页，针对《恶之花》（CR 601）。

36 Nougé, *Magritte*, p. 28；Scutenaire, *Magritte*, p. 107. 在回答“为什么写作”这个问题时，诺奇也给出了类似的答案。“扰乱读者，打乱他大大小小的习惯，使他脱离原来的自我。”“A beau répondre qui vient de loin”（《来自远方的美丽回答》，1941），Nougé, *Histoire*, p. 127.

37 Melly, *Sibyl*, p. 139.

38 马格利特写给伊奥拉斯的信，1952年10月24日，载于*CR*第2卷，第192页。

39 Nougé, “Avertissement”（1931）, *Magritte*, p. 28.

40 摘录载于*EC*，第142—146页，名字为“La Ligne de vie II”（生命线II）。参考马格利特写给马里恩的信，未标日期［1940年2月］，载于Magritte, *Destination*，第36页。

41 “Lifeline,”见*View*第7期（1946年12月），第21—23页。

42 Rothman, “A Mysterious Modernism: René Magritte and Abstraction,”（《神秘的现代主义：马格利特与抽象主义》）*Journal of Art History*（《艺术史杂志》），2007年第76期，第227页。参见Gablik, *Magritte*，第183—187页。这是更好的译文。参见利帕德（Lippard）被广泛使用的选集《艺术上的超现实主义者》（*Surrealists on Art*），第157—161页。不完整的摘录继续再版，甚至在《文献评述》发表了全文后仍是如此，例如，Caws, *Surrealist Painters and Poets: An Anthology* （《超现实主义画家和诗人：选集》，Cambridge，MA: MIT Press，2002），第33—39页；René Magritte，*Selected Writings*（《马格利特选集》，Richmond: Alma，2016），第58—67页，由Kathleen Rooney和Eric Plattner编辑，Jo Levy（乔·利维）翻译成英文。这篇文章的权威性通常是不容置疑的。可参考Gablik，*Magritte*，第18—19页；Waldberg，*Magritte*，第66—67页。

43 《伟大的旅行》（CR 104），标题是诺奇起的，他对这幅画评价很高；这个名字可能来自儒勒·凡尔纳的《伟大的旅行与伟大的旅行家通史》（*Histoire des grands voyages et des grands voyageurs*，Paris: J. Hetzel, 1870）。

44 *EC*，第143页；译文见*Surrealists on Art*（《超现实主义论艺术》）等文本。

45 CR第5卷，第9—22页。与编者的说法相反，*EC*第103—113页中被指定为“La Ligne de vie I”（生命线I）的文本实际上是马格利特的初稿，而不是演讲稿；它包括难以捉摸的社会和政治评论，但不包括对词语和图像的主张。

46 在1985年出版的斯居特耐尔宝贵的文本*Avec Magritte*中，所删除的部分没有得到补充。

47 马格利特写给梅森斯的信，未标日期［1938年11月］，载于CR第2卷，第68页。

48 Mariën，*La Destination*，第19页；马格利特写给布勒东的信，1946年6月24日，见*EC*，第200页。

49 “Il n’y a pas à sortir de là,” in *Clair de terre* (1923) in *OC*, vol. I, p. 169. Magritte, “Lifeline,” part one.

50 “The Importance of Gold Now and After the Complete Victory of Socialism，”（《论黄金在现在和社会主义完全胜利以后的重要性》）*Pravda*（《真理报》），1921年11月6日至7日，载于Lenin，*Collected Works*（《列宁选集》）第33卷，第113页。引用于*SASDLAR 3*（1931年12月）。

51 这句引语似乎是虚构的。这是马格利特最喜欢的句子之一，重复于“L’Art bourgeois”（《资产阶级艺术》），见*London Bulletin* 第12期（1939年3月15日），见*EC*，第132—133页；*SW*，第68—69页。

52 Magritte，“Lifeline”第三部分。

53 Nietzsche, *Will to Power*, p. 421 (book IV, section 800).

54 Magritte，“Lifeline”结论。对于这最后一段的文字，CR中的英文翻译用“gorgeous”（绚丽的）代替了“rigorous”（严格的）。在布鲁塞尔百年展览目录重构的“马格利特的失传演讲”中，又出现了这样的误读。见Ollinger-Zinque and Leen, eds., *Magritte 1898–1967* (Ghent: Ludion, 1998)，第41—48页。误读从那时起一直延续到现在。

55 “L’Art bourgeois,” 见*EC*，第132—133页。译者是露西·利帕德（Lucy Lippard），不是梅森斯，“Bourgeois Art,” 见*Surrealists on Art*，第156—157页；Jo Levy译，见*SW*，第68—69页。

56 Guggenheim，*Century*（《世纪》），p. 178.

57 Magritte，“L’Art bourgeois,” 见*EC*，第132—133页。

58　Marx, *Capital: A Critique of Political Economy*（《资本论》，Ben Fowkes译，New York: Penguin, 1990），第1卷，第163—164页。关于钻石的内容，见第177页。

59　马格利特接受关于绘画危机的一次调查时所做的回答，*Les Beaux-Arts*，1935年5月17日，见*EC*，第85页；*SW*，第46页。

60　克劳德·维亚尔的采访，*Femmes d'aujourd'hui*（《今日女性》），1966年7月6日，*EC*，第643页。

61　Waldberg，*Magritte*，第150页上引用了最近的一次采访。参见马格利特写给博斯曼的信，1962年12月14日，见Magritte，*Bosmans*，第278页。

62　Havel，"What I Believe"（《我所相信的》），见*Summer Meditations*（《夏日沉思》）（Paul Wilson译，London: Faber, 1992），第61页。

63　马格利特写给马里恩的信，未标日期，［1944年4月和5月］，载于Magritte, *Destination*，第92、94页。在这段时间里，他的情绪显然很低落，尤其是因为战争。参见诺奇1944年5月26日的日记，见*Journal*，第126页。

64　马格利特写给拉潘的信，1957年12月2日，见Magritte，*Rapin*，n.p.。

65　马格利特写给托克茨纳的信，1962年11月21日，见Torczyner，*L'Ami*，第226页。

66　马格利特写给路易·基耶夫勒（Louis Quiévreux）的信，1967年，*EC*，第253页。参见Carl Waï的采访，*Le Patriote illustré*（《画插图的爱国者》），1967年4月2日，见*EC*，第664页；*SW*，第230页。

67　马格利特写给艾吕雅的信，1935年12月，见*EC*第2卷，第34页。

68　《黑旗》（CR 451），创作时间为1937年，也被称为《夜之秘密地牢》（*Les Oubliettes de la nuit / Secret Dungeons of the Night*）。马格利特1946年6月24日写给布勒东的信，见www.andrebre ton.fr（2016年7月11日访问）。这封信至少有两个版本，都有签名，而且看起

来是完整的。本书的引用来自布勒东的论文，与ML，4579/60，AML中的版本不同，复制于*EC*，第200页。后者在CR等处的标准引用，往往使马格利特的不满无法解释。此外，语境也很重要：它与马格利特战后对“阳光照耀的超现实主义”的支持以及他对战前超现实主义的批判性反思有关。参考本书第九章。

69 梅森斯1938年11月27日写给马格利特的信，马格利特1938年12月1日写给梅森斯的信，载于CRRP MC，III/14。

70 “L’Action immédiate”（《立刻行动》），载于《文献》第34期，1934年6月的特刊《超现实主义的介入》，重印于《历史》第98—103页。又见他的论文，《与文化有关的革命协会》，1936年2月27日，Nougé，*Histoire*，第54—58页。《文献》的最后一期第35期载有《红色模型》（CR380）的复制品。《文献》第36期从未问世。

71 《火之梯》（CR 1108），创作时间为1934年，是三个版本中的第一个。评论来自马格利特的《生命线》。*Intervention surréaliste*（《超现实主义者的干预》）也复制了马格利特第一幅反映现金关系的画——《裂缝》（*La Fissure*）（CR 354）。

72 也有人说，马格利特在20世纪30年代入党离党又再入党。对此，除了著名的比利时共产主义者威廉·保韦尔斯（Willem Pauwels，被称为Wilchar）的回忆可以证明之外，在比利时共产党档案中心或其他地方都找不到这方面的证据。保韦尔斯声称，马格利特于1932年入党，又于1936年通过他再次入党。这似乎不太可能。一切都指向与行动有关的幻想，接着是幻想的破灭，这发生在1945—1946年。

73 马格利特写给马莱的信，未标日期［1945年末］，见CRRP MC，III/08。

74 根据马里恩的说法，这是诺奇应马格利特的要求提供的，目的是反对“超现实主义”这一称谓。Mariën，“Les Pieds dans Les pas”（1977），*Magritte*，p. 110.

75 马格利特读的版本可能出自*Oeuvres philosophiques*（《哲

学论稿》，1937），由 J. Molitor 翻译。这个版本与展览中呈现的“墙壁铭文”不同，但意思更清晰。其他英文版本也可参考www.marxists.org。

76 Lautréamont, *Maldoror*, p. 234.

77 Magritte to the CP，1947，*EC*，第242页；会议记录，1947年4月12日，《超现实主义革命者的各类文件》，990022，GRI。马格利特也许知道，布勒东曾设想过知识分子、诗人和画家的罢工。见“La Dernière grève”（《最后的罢工》），载于*LRS* 2（1925年1月15日）。

78 （*L'intelligence*）《智识》（CR 604），创作时间为1946年。Magritte，“Dix tableaux，” *Le Miroir infidèle*，1946年6月22日，*EC*，第175页。

79 马格利特致共产党员，未标日期，去世后发表于*LN* 3（1970年9月），见*EC*，第247页；*SW*，第107页。

80 Mariën, “Avertissement,” Mariën, *Magritte*, p. 78–79.

81 Waldberg, *Magritte*, p. 149.

82 Nougé, “Des Moyens et des fins”（《目的与手段》），见*Magritte*，第82页，《被保护的形象》的一部分出现在1933年的*LSASDLR*中，但1943年出版时没有收入，大概是因为它在占领时期被认为是煽动情绪，这对马格利特和诺奇来说都是致命的危险。直到1956年*Histoire*出版才恢复；因此，它并没有得到太多的讨论。

83 Mariën, *Radeau*, p. 32. 马里恩当时21岁（大约是马格利特年龄的一半），他认识马格利特才刚一年多。

84 Legge, “Statement,” in Levy, *Sheila Legge: Phantom of Surrealism*（《希拉·莱格：超现实主义的幻影》，Rhos-on-Sea，Dark Windows Press，2015），p. 53.

85 Legge, “I Have Done My Best,” *Contemporary Poetry and Prose*（1936年12月）, Levy, *Legge*, p. 59.

86 Penelope Rosemont, *Surrealist Women: An International Anthology*（《超现实主义女性：国际选集》，Austin: University of Texas Press, 1998）, p. 88.

87 这张明信片复制于Lévy, *Legge*，第70页。画的是牛津大学的罗德楼（Rhodes House）。梅森斯，卷着尾巴的精灵，栖息在屋顶上。“Se jette pour”在字面上和比喻意义上都可能是“falling for”（迷上）之类的意思。

88 Melly, *Sybil*, p. 35.

89 梅尔·古丁（Mel Gooding）对盖斯科因的采访，载于Levy，*Legge*，第31页。曼·雷1936年写的《希拉》，出处同上，第30页。

90 马格利特写给福柯的信，1966年6月4日，见*EC*，第640页。

91 Melly, *Sybil*，p. 35. 西尔维斯特说得更为谨慎：“他和一个伦敦人牵扯不清……她是在搞宣传噱头。……事实上，马格利特爱上了她。”*Magritte*，p. 301.

92 梅利对梅森斯的采访，BBC于1969年3月录制。泰特美术馆档案记录：TGA 200816。

93 莱格（现在嫁给洛德维克［Lodwick］了）写给盖斯科因的信，1945年11月13日，见Levy，*Legge*，第90页。1938年1月，马格利特在巴黎参加了美术画廊举办的国际超现实主义博览会开幕式，1938年3月又在伦敦参加伦敦画廊的个人画展开幕式，但这都只是短暂的访问，不太可能有时间发生婚外情。

94 马格利特致詹姆斯的信，1938年7月26日，摘自CR第2卷，第61页。

95 Nietzsche, *Will to Power*，第431页（第四卷，第814节）。这是凯特·斯特奇（Kate Sturge）的英文翻译，出自*Writings from the Late Notebooks*（《晚期笔记中的作品》），第181页。*Nietzsche: Writings from the Late Notebooks*, trans. Kate Sturge (Cambridge: Cambridge University Press, 2003).

第九章　真与假

在马格利特夫妇的婚姻中出现过后果严重的婚外情。出轨的是乔吉特，对方是马格利特最亲密的朋友之一，保罗·科利内。乔吉特向马格利特提出了离婚，马格利特不由分说，断然拒绝。这件事从那以后就成了他的禁忌话题，事件的严重性可以与他母亲的自杀相提并论。

据说乔吉特和科利内的暧昧关系始于1937年，那时马格利特在伦敦。这段感情起起落落，可能持续了好几年。他们曾在1938到1939年间暂时分手，但是1940年又走到了一起，总之，谁也不知道他们的亲密关系究竟何时开始，何时结束，借用马格利特喜欢的措辞就是，在书面证据中找不到任何线索。乔吉特经常在信里提到与科利内交往，但是基本上都有斯居特耐尔在场，没什么不正常的。他们经常一起去看电影。[1]在他们的一张照片上可以看到，科利内与乔吉特等人若无其事地笑闹，就好像什么都没发生过，而这张照片是20世纪30年代末拍摄的。雅克利娜·农克尔说，他们是在二战结束后不久终止情人关系的。

马塞尔·马里恩认为两人的这种关系在1941年就结束了。雅克·韦吉弗斯是马格利特的另一位年轻助手，也是他的同道中人，他在1944年与马格利特结识后很快就获得了马格利特的信任，据他所说，乔吉特和科利内在1937年陷入爱河，中间分开过，但是1940年重又走到了一起。[2]

马格利特最早发现乔吉特与科利内关系暧昧，可能是在1938年的某一天。对他来说，这当然是同伴的背叛，他和科利内原本志同道合，如今只能道不同不相为谋。可想而知，科利内在马格利特家里成了不受欢迎的人。马格利特开始监视妻子，自己也疑神疑鬼。乔吉特在生活中习惯遵守已经形成的程序，约会也是一样。在特定的下午，特定的时间，她会外出约会。雅克利娜·农克尔会陪着她出门，在约会地点附近的咖啡馆里等她。有一次，马格利特跟踪了她们，还叫来了一名警察，这让所有当事人都无比尴尬。马格利特是不是想起了他喜欢的那些描写冷酷硬汉的侦探小说？他也许想起了达希尔·哈米特的《玻璃钥匙》，雷蒙德·钱德勒将之描述为“一个人忠诚对待朋友的记录”。他也许还想起了莱奥·马莱的《糟心生活》（*La Vie est dégueulasse / Life Is Lousy*），书中描写了底层生活的魅力和威胁，强盗最后说出的“朝我蛋蛋开枪”让马格利特很欣赏。[3]

从1938年到1950年的大约12年里，马格利特和科利内中断了通信往来，彼此疏远。不过，1950年之后两人不仅冰释前嫌，而且更加惺惺相惜。“多年以后，马格利特和科利内再次成为最好的朋友，”马里恩回忆道，“科利内身患癌症，［1957 年］死于癌症，他被病痛折磨时，马格利特表达了真切的关心。”[4]

这场感情危机引发了马格利特的家庭冲突，尽管马格利特对此尽力遮掩。韦吉弗斯说，马格利特频繁嫖妓，就是为了在某种程度上报复乔吉特。显然，在 20 世纪 40 年代和 50 年代，马格利特嫖妓活动的资金来自卖掉他的藏书，书是韦吉弗斯在马格利特的授意下从他的图书馆中拿走偷偷卖掉的。韦吉弗斯还表示，马格利特陷入了周期性的倦怠和忧烦，难以自拔，此外还出现了性功能障碍，更是无比苦恼，甚至因此尝试了庸医的疗法，用一种据称有重振雄风之功效的药水擦拭左手腕。可以想象，这样的疗法只能在心理上产生短暂影响。韦吉弗斯一本正经地记录道，药水的功效不可持续。马格利特在家时仍然难振雄风，然而在妓院里，这一问题从来就没出现过。[5]

有人认为，让马格利特惊慌的不是这件事本身，而是事情会引发的严重后果。按这种说法，马格利特起初曾默许，甚至鼓励科利内和乔吉特走上这条路。如果从利用他人达到个人目标的角度出发，那也可以把马格利特的默许解释成，他希望为希拉·莱格的事扫清道路或清除掉良心的不安。大卫·西尔维斯特甚至说，马格利特“其实希望她”有一段外遇。他在温坡街写的一封信中有这样一段话：“我希望你只要有机会就尽你所能做一切你能做的，让我妻子不会因为我不在而痛苦。我为此提前感谢你，并向你致以我的问候，哔哔。”[6]实际上，马格利特并没有那么世俗，也没有那么多心机。这封信实际上发给了很多人，信是由爱德华·詹姆斯的秘书用英文打出来的，信中出现了马格利特经常开的玩笑，比如“哔哔”。信不仅送到了科利内手中，也送到了斯居特耐尔和阿穆瓦尔手中。这让人想起几年前他给弗卢凯的信，当时他正在服兵役。（那封信上写的是：“亲爱的皮埃尔，如果她需要你，你会照顾她吗？”）他只是以这种方式召集朋友，请他们在他不在家时帮忙。他在伦敦停留的时间过了差不多一半时，他单独给科利内写了封信，信中没有任何表示怀疑或暗示的内容。他希望科利内能向乔吉特解释清楚，他这次接受的委托任务太重要了，他必须非常认真地工作，谨慎地处理与赞助人的关系，而这些都需要时间。“尽你所能，让我妻子明白，我的处境艰难，情况微妙，”他心急地写道，“但我很快就会飞到她身边了。”[7]

马格利特发现乔吉特与科利内的关系后，给科利内写了一封口吻完全不同、毫不客气的信。这封信被马里恩描述为“复仇的杰作”，在信中，马格利特详尽地指导了自己这位朋友该如何取悦他妻子。在科利内去世后，他所有的信件都归还给了寄信人。这封复仇的杰作也被归还给了马格利特。通常人们遇到这种情况，即使不把信销毁，也会封存起来，可是马格利特却把这封信送给了斯居特耐尔，而斯居特耐尔居然很喜欢这封信。他们这些人就欣赏这样的做派。[8] 十年后，马格利特摆出了另外一种做派，但是态度同样粗鲁。1948 年，马格利特在一段时间内集中创作了大量无政府主义的讽刺画，这个意义重大的创作阶段后来被称为奶牛时期。这期间他画了一幅素描，画面中长了翅膀的阳具正在与一头母猪交欢，阳具上写着科利内的名字。[9]

保罗·科利内（1898—1957）同样特立独行。他曾是公务员。具有讽刺意味的是，他受雇于出生、婚姻和死亡登记处。二战结束后他丢了工作，原因是他在法国被占领期间仍然工作，有通敌之嫌，科利内为此提起诉讼并胜诉。在这期间他获得了自由。他在 50 岁时开始领全额退休金，那是 1948 年。从那以后他的时间更加充裕，可以慢慢欣赏马格利特的画，也可以耐心创作他自己独具个性的作品。诺奇的斗志渐渐消沉，最终偃旗息鼓，于是科利内成了越来越重要的超现实主义代言人和新想法的源泉。他也是乐趣的源泉，不论马格利特还是乔吉特都欣赏这一点。科利内擅长表演喜剧。他非常有幽默感，所以天生就能理解马格利特的幽默感。对诗歌，对荒诞，他都有敏锐的鉴赏力。斯居特耐尔称他为“游戏词语的唐璜”。[10] 科利内是典型的超现实主义者，更是真正的幽默家，他沿袭了刘易斯·卡罗尔胡言乱语般的押韵诗的风格，或者奥格登·纳什（Ogden Nash）在“韵律与无趣”

（“verse and worse”）中体现出的风格。他能从无声喜剧中听出曼妙的音乐之声。他身上有几分巴斯特·基顿的冷漠，同样面无表情的“巨石般的脸”，对抗着命运的随意捉弄。他从来不笑，却总能让人大笑。马里恩记得，他在办公室里仰面朝天躺着，朝空中踢动着双腿，看起来就像卡夫卡笔下的大甲虫，然而那时他正在和上司通电话。下一分钟，他又严肃地背诵起苏利·普吕多姆（Sully Prudhomme）的诗歌《破碎的花瓶》（“Le Vase brisé”）。科利内的感性对马格利特小团体的成员有强烈的吸引力。他成了团体中可贵的新成员。

科利内在 1933 年加入了马格利特小团体。他没有在团体活动或集体行动中抛头露面，但是很快就成为马格利特魔力圈的组成部分。他立刻开始为马格利特的绘画出点子，他通常直接画草图，而不是进行场景描绘。马格利特会首先提出问题，然后寻找问题的解决方案或办法。

> 我下一张画的主题是月亮。问题是，要画什么样的东西，才能让我们真正感觉到我们是在圆形的球体上呢？虽然月亮照亮了一个场景，但它不该是冷漠的旁观者，除了“举着蜡烛”外什么都不做，它也不该只是一道漂亮的风景。一个月亮陷阱，月亮符咒，或月亮之镜，需要给出个大致的想法，可以探索的合适路线。

能不能请你在有空时想一想，提供个开端呢？[11]

科利内想出了很多好主意。他构想出的画面包括《意外的答案》（*La Réponse imprévue / The Unexpected Answer*，1933），其中画了一扇门，门上有个形状不规则的洞；《永恒的侦察》（*La Reconnaissance infinite / Reconnaissance Without End*，1933），画了一颗飘浮在太空中的星球，上面有一个小小的人；《这是一块奶酪》（1936），画的是玻璃罩子下面的楔形布里干酪；《快乐原则》（*Le Principe du plaisir / The Pleasure Principle*），画的是爱德华·詹姆斯的肖像，星群在他的头上爆发。科利内想出的标题包括《青春的描绘》、《治疗者》（*La Thérapeute / The Healer*）、《紫罗兰之歌》（*Le Chant de la violette / The Song of the Violet*）、《烟色眼镜》（*Les Verres fumés / Smoked Glasses*）、《倾听室》（*Chambre d'écoute / The Listening-Room*）、《星期日之鸟》（*Le Dimanche des oiseaux / Bird Sunday*）、《语言的起源》（*Les Origines du langage / The Origins of Language*）、《狂徒》（*Les Fanatiques / The Fanatics*）、《礼貌课》（*La Leçon de politesse / Lesson in Politeness*）、《青春之泉》（*La Fontaine de jouvence / The Fountain of Youth*）。他与勒孔特和马格利特合写插图侦探小说《假发匠的店铺橱窗》

马格利特，《永恒的侦察》（1933）

马格利特，《这是一块奶酪》（1936）

（*La Vitrine du posticheur / The Wigmaker's Shop Window*）。他在1933年与马格利特互相交换情色短篇小说或小说草稿。科利内的小说与马格利特的《危险的联系》（*Les Liaisons Dangereuses / Dangerous Connections*，1935）有相似性，这幅画出人意料地呈现了欲望的样子、肉体形式和镜中形象，画面中一个裸体女子双手捧着自己身体的镜像，同时移开视线，表现出她的自我。[12] 后来，科利内应马格利特的邀请为他的家庭电影构思场景，并在其中担任主角。科利内最早发表的作品是为保罗·马格利特的一首乐曲写的配乐诗歌，《玛丽的长号喷嘴帽》（1936）。那一年，他得到了马格利特的两幅新画，《复仇》（*La Vengeance*）和《光明》（*L'Illumination*）。

马格利特和科利内在20世纪50年代恢复合作关系，之后马格利特鼓励科利内提出些有前瞻性的标题，为他的绘画提供些灵感。科利内有时会突然提出内容劲爆的标题，例如《夏洛克·福尔摩斯被捕》，有时会针对马格利特给定的主题想出标题，比如关于财产的主题，又比如为几个人准备的帽子。有时两个人会在对话交流的过程中推进各自的想法。1957年，马格利特告诉科利内："我想画一幅画，我想到的画面是，一只母鸡面对着一个煮好的鸡蛋。"科利内回应说："太阳和夜晚的变幻，这是可能的。如果你能先放下加尔默罗修会的研究，休息片刻，那这些就是要研究的问题和要指出的标题。"科利内建议用《文字游戏》

马格利特，《快乐原则》（1937）

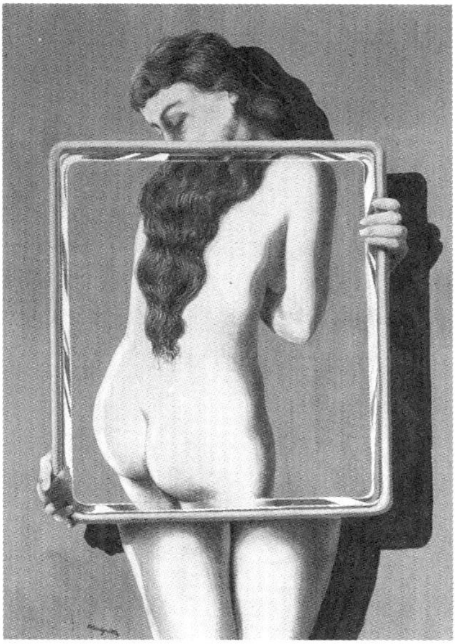

马格利特，《危险的联系》（1935）

（*Le Jeu de mots / The Word Game*）做标题来画这幅画，马格利特认为这是个好主意。不过马格利特画好这幅画后，寻找标题的工作又重新开始了。这幅画最终命名为《悲伤的变奏》（*Variante de la tristesse / A Variation on Sadness*）。[13]

马格利特当时正处于创作的低迷状态，他需要灵感时总会向朋友寻求帮助。他对科利内和托克茨纳都说了同样的话："请允许我告诉你们，我心里有多空，我缺乏绘画的创意。我发现了一句可以在艺术领域中使用的话：'他依靠面包和黄油生活，并以此为荣。'用不着我说，你们也知道，这样根本不够。"[14] 为了丰富他的想象力，科利内向他讲述了自己的见闻，所讲的当然也有可能是凭空想象或在现实基础上添油加醋。他在一家干洗店的橱窗里，看到了一只博美狗毛绒玩具，标签上写着"干洗"。他在一家药店里无意中听到了药剂师和一位老人的对话，这位老人身穿带有羔羊皮领的黑色斗篷，戴着荣誉军团勋章的绶带，拄着根银柄乌木手杖，手里拿着份尿样。老人问药剂师能不能检测尿液。当然可以，药剂师说。老人问服务是不是免费。药剂师告诉他，检查费用是 15 法郎。老人接着解释说，他只是想知道尿液中是否含有白蛋白，仅此而已，这样能不能免费检查。药剂师礼貌却坚定地重申，检查费用是 15 法郎。老人拿着他的尿样离开了。[15]

马格利特经常请科利内润色文字。他曾请诺奇修改他的信件，后来也开始请科利内帮忙润色信件的草稿，或从某个想法出发写出简短的文本，在他们的小型刊物上发表。“这里有几句话，或许能以此为开头写篇短文，”马格利特写道，“从幼儿园走出了一个年幼的思想者，他从小同学中脱颖而出，身穿一件红色夹克，一条蓝色短裤。一名历史学家指导这些孩子入门。当然，这是非常初级的想法。有两个词是要保留的：年幼思想者和历史学家。”[16] 科利内也和诺奇一样，给马格利特推荐了一些值得读的东西。1957年，他强烈推荐博尔赫斯的《探讨别集》（*Other Inquistions*），对这本书赞不绝口。马格利特不为所动。他认为博尔赫斯是“一个训练有素的白痴”，抛给读者一大堆想法，却没一个能让人记得住。“我是个不知感恩的读者，”马格利特承认，“这让我显得傲慢，所以也给我带来了烦恼。”[17]

在这种情况下，肯定会有一些关于马格利特的逸事，是以科利内的记述或文本为基础产生的。下面就是一个非常有趣的故事：

> 马格利特走进他家附近的一家杂货店，要买荷兰奶酪。店主弯下腰，去拿橱窗里一块已经切好的圆奶酪，但是几乎立刻就被马格利特拦住了。
>
> “不，夫人。不要那块。给我来点那边那种吧。”

他指着架子上的另一块奶酪，也是切好片的，放得稍微靠边些。

“这两块奶酪是一样的！”店主大声说道。

“不，夫人，”马格利特再次表示反对，“橱窗里那个已经被路人看了一整天了。”[18]

马格利特的婚姻在1940年的浩劫中遇到了严峻考验，战争开始后，对于夫妇两人和他们的狗来说，什么都有可能发生。

1940年5月10日，风云突变，浩劫降临。德国军队迅速攻占卢森堡，横扫阿登地区，把英国、法国和比利时的军队围困在敦刻尔克，三国的军队如同被装进了口袋，只能听凭命运摆布。甘末林将军惨败，贝当元帅（Marshal Pétain）不得不与德国签订停战协议。巴黎沦陷，德军在香榭丽舍大街为他们的元首举行了胜利大游行。希特勒仅用短短7个星期，就实现了德国人七十年的梦想。法国人死亡12.4万人，受伤20万人，一支部队遭到摧毁，一个民族蒙受羞辱，一个大国惨遭沉重打击。这场战役后来被丘吉尔尊称为法兰西战役。对德国人来说，胜利来得轻而易举。对法国人来说，这不仅是军事上的失败，更是国家的灾难。法国的国力被彻底削弱了。

比利时战役是这一连串灾难事件的序曲，它只持续了18天。比利时军队于5月28日投降，此时比利时已经成为战争中的配角。接下来就是德军长达4年的占领。

马格利特担心自己的安全。他十分清楚，很多人都知道他是反法西斯主义者。1938 年，为了资助参加西班牙内战的国际纵队成员，阿希尔·沙韦（Achille Chavée）组织了一场拍卖会，马格利特向拍卖会捐赠了《纪念麦克·塞纳特》。1939 年，在巴黎美术宫举办的展览中，马格利特展出了一组照片蒙太奇，记录了意大利空军对巴塞罗那附近的格兰诺列尔斯（Granollers）进行地毯式轰炸的情况。照片旁边还配上了诺奇写的墓志铭：

你在这里
填饱了肚皮
而在西班牙和中国
工人们
肚皮都被炸开了[19]

马格利特曾说希特勒像肉中刺一样讨厌。他曾为反法西斯知识分子警觉委员会制作海报，在海报上描绘了莱昂·德格雷勒（Léon Degrelle）的脸和镜中映像。德格雷勒是极右翼政党雷克斯党的领导人，后来成为党卫军成员。马格利特画出了他的脸，而镜子中映出的却是希特勒的面孔，也就是“雷克斯的真实面目”。

马格利特还担心自己可能被再次征召入伍。当时有这样的传言：所有年龄不到45岁的男性都要重新归队。马格利特那年41岁，他无意再服兵役，所以不得不逃离。在5月15日，德军入侵5天之后，他离开布鲁塞尔，前往法国。

乔吉特没有走。马格利特向爱德华·詹姆斯和罗兰·彭罗斯解释说："不幸的是，我不得不把妻子留在布鲁塞尔，因为她得了阑尾炎还没康复，这样的旅行对她来说太艰难了。"[20]然而这不是真话，实情是乔吉特不愿离开姐姐或情人。莱昂廷是她的守护者和安慰者，是她心中的定海神针，莱昂廷选择了留下来，科利内也认为没理由离开首都。乔吉特不肯走，马格利特不肯留，他们就这样分开了。

乔吉特、莱昂廷和皮埃尔·瓦耶–伯杰佯装镇定，为马格利特送行。到了车站，马格利特发现火车已经停运了。在混乱中，他遇见了也要逃离的斯居特耐尔一家和乌巴克一家。阿穆瓦尔一向激进，是"有远见的女性社会主义者协会"和"青年社会主义者协会"的成员，留在比利时会有危险。他们决定结伴同行。

战争让无数平民被迫离开故土，踏上流亡之路，如同"出埃及记"。马格利特一行加入了逃亡大军。阿瑟·库斯勒（Arthur Koestler）在作为可疑人员两次被捕期间，记录了人们是如何失去希望的。

> 火车站遭到猛攻。公共汽车和出租车都消失了。城镇化为乌有，仿佛染上了肺痨。街头

到处是汤米冲锋枪。地铁里人们目光怪异，眼底闪烁着恐惧的烛光。伞兵带来恐慌，第五纵队带来精神病。最后的围捕开始了，有一天早上，七点钟，在提心吊胆的漫长等待之后，终于响起了令人心惊肉跳的门铃声。[21]

马格利特等人搭上了开往昂吉安（Enghien）的有轨电车，准备从那个小镇前往法国。进城路段的电车轨道在德军的轰炸中被炸毁了。他们下了车，提着手提箱，沿着大路往前走。一名卡车司机同意他们搭车，把他们送到了边境附近的图尔奈。之后他们有时坐出租车，有时步行，到了里尔，又在里尔登上了开往巴黎的火车。斯居特耐尔回忆说，在旅途中，马格利特没有表现出恐惧。

> 但他很不安，他佯装快乐，夸张地表现出了他的个性：缺少耐心，喜欢组织工作，热爱变化，需要刺激。我还记得，他每走三四公里就会在农户家门前停下来买几个鸡蛋，他会当着农妇的面把鸡蛋吞下去，和她打趣，对她和我们说，而且是反复说了很多次："我和自行车赛选手在做同样的事，吞下生鸡蛋保持体力。"[22]

他们在巴黎分手了。马格利特匆匆前往克洛德·斯帕克在巴黎附近舒瓦塞尔的乡间别墅。他需要钱，又听说佩吉·古根海姆准备在去美国前购买艺术品，所以想从斯帕克那里收回一幅画卖给她。斯帕克给了马格利特一幅《空气之声》（*La Voix des airs / The Voice of the Air*），马格利特向斯帕克承诺，一定会在适当的时候再给他一幅画。回到巴黎后，他竟然在装裱商勒费弗尔-富瓦内（Lefebvre-Foinet）那里找到了佩吉·古根海姆。他腋下夹着画出现在她面前时，她根本没想到他是专程来找她的。她当场付现金买下了这幅画。马格利特后来记录道："1940 年，我逃到巴黎，就在巴黎被德军占领前的几个小时，这幅画被卖给了古根海姆夫人。"[23] 他说得有点夸张。事实上，德国人直到 6 月 14 日才占领巴黎。5 月 23 日，马格利特在法国南部的卡尔卡松暂时安顿下来。

作家乔·布斯凯（Joe Bousquet）的家在卡尔卡松，他是退伍老兵，长期卧床，收藏了两三幅马格利特的画。他为流亡的文化精英提供避难所，他的住处成了他们的首选目的地，布勒东、艾吕雅、纪德、包兰都曾在这里停留。马格利特在这里住下来避难。布斯凯对他的评价不错，说他是"一个好人"，当然布斯凯可能只是同情他。几年后，布斯凯的房间突然起火，他死里逃生后说，"那一瞬间，我想到了马格利特的一幅画"。[24] 他们的关系一直很好，直到 20 世纪 50 年代，布斯凯突然发现，马格利特在绝望中多次请愿，请愿对象不仅有出生于奥斯坦德的皮埃蒙特公主，还有贝当元帅，而贝当此人为一切有尊严的反法西斯主义者所不齿。马格利特当时对斯居特耐尔说，他在给每一个有可能帮他获得通行证返回比利时的人写信，甚至包括皮埃蒙特公主，但他断然否认曾给贝当写过信。[25]

马格利特当然感到绝望。法国和比利时之间的交通线直到6月底才恢复。马格利特不得不依靠中间人把自己的消息告诉乔吉特。他抱着这个想法给詹姆斯和彭罗斯写信说："你可以想象得到，我现在很低落。我很孤独，让我活下去的唯一希望，就是有一天还能再见到乔吉特。现在对我来说，这是最重要的事，如果你能有什么办法让她知道我身体很好，我会很受鼓舞。"6月中旬，詹姆斯从纽约给乔吉特写信，告诉她马格利特在卡尔卡松安然无恙，"在这样的时候与你分离，他非常伤心"。[26]乔吉特仍然没有消息。一个多月后，法国与比利时之间的邮递服务恢复了，马格利特还是没收到她的信。贝克特曾写道："以爱情之名放逐，偶尔收到家乡寄来的明信片。"[27]对于勒内·马格利特来说，没有明信片。

马格利特心力交瘁，开始在流亡中重建生活圈子。他从布斯凯家搬出去，住进了一家旅馆。他说："对手头拮据的我来说，这太奢侈了。"随后他给住在波尔多附近圣卢贝（Saint-Loubes）的斯居特耐尔夫妇写了封信。他告诉他们，乌巴克一家刚刚抵达卡尔卡松，在当局那里遇到了麻烦。斯帕克邀请他过去住，他还在考虑要不要去。"我回信让他详细介绍一下情况，因为我不知道该怎么办，不知道客观机遇或主观机遇是否能让我确定应该到那里去。不管怎么说，我在卡尔卡松一段时间了。真希望我能早点死掉。”马格利特还没有丧失幽默感，“客观机遇”是布勒东提出的重要概念之一。几天后，马格利特做出了决定，暂不接受斯帕克的邀请，而是与其他流亡者一起在卡尔卡松找房子租住。“在这里过家庭生活，不会比在其他地方费钱，我是个好厨子。”这时他显然已经预想到会长期流亡国外了。他仍然非常焦虑。“至于我自己，我给各种各样的人写信，等着收到回信。我独自一人，身边没有乔吉特。我感觉，我已经找到了我要死守的地方，我会在这里生活下去，直到有一天再见到她，以我的残破之躯再见到她，一个算命的人向我保证说我肯定会再见到她。”很快他就找到了房子，给斯居特耐尔写信说：“快来吧。我租了一间空房子。我们可以和乌巴克一家一起住在这里。”[28]

斯居特耐尔夫妇立即响应了马格利特的召唤。战争结束后，阿穆瓦尔对他们的漂泊生涯进行了简短描述：

> 图卢兹，卡尔卡松。马格利特和乌巴克一家在车站等我们。我们买了床垫和生活必需品，尽可能安顿下来。我们在收音机里听到了贝当元帅颤抖的声音，但也听到了戴高乐将军充满活力的声音。……

> 在卡尔卡松住了两三个星期后，马格利特渴望回布鲁塞尔，但他没办法回去。当时没有正常的交通工具，怎么穿过法国被占区与“自由”地区的“分界线”也是个问题。马格利特向朋友们宣布，他要租一辆自行车，骑自行车回去。他果然租了辆自行车，准备开始充满危险的冒险行动，并且在杂货店买了一打鸡蛋作为路上的补给。在一个寒冷的早晨，马格利特出发了。出发之前，他发泄了几次情绪，那几乎是戏剧性的永别，至少在他看来是永别，至于他的同伴们，他们认定会在当天结束之前再见到他。三四个小时以后，他果然回来了，精疲力尽，垂头丧气。[29]

斯居特耐尔夫妇在7月搬到尼斯与亲戚同住。马格利特继续想办法回布鲁塞尔。8月初，马格利特告诉他们，他终于有机会回去了，但成与败的可能性各占一半。有一位来自安特卫普的年长法官打算帮忙，先让比利时驻波尔多领事在马格利特的通行证上盖章，然后送他回比利时。“留着这封信，免得将来忘记，我为了踏上这孤注一掷的旅途，做出了什么样的努力。”信后还有附言：“假如我死在半路，你们再见到乔吉特时，请告诉她，我最后一刻想着的还是她。”[30]

8月中旬，马格利特安然无恙地返回布鲁塞尔。[31]

他度过了大约三个月的流亡生活。在一封写给被关进德国战俘营的马里恩的信中，他回忆了自己的经历。

> 当然，在法国的情况甚至比在比利时更加混乱。因此，我不得不留在法国南部，回家太困难了。乔吉特待在家里，平安健康，理智地等着我回家。我在卡尔卡松遇到了很多人，先是布斯凯。他在1915年受伤后一直瘫痪不起。他住在一个光线暗淡的房间里，写了很多东西。我见到了安德烈·纪德，《法兰西新评论》的其他创办人我差不多都见过了。交往是相当令人失望的，会让人清楚地感觉到，这些文人最关注的只是他们琐碎的文学事务。法国没留给我什么好印象。毫无疑问，我是地道的北方人，毫无疑问，正因此，我对"法国人的思想"没多少反应。[32]

生活在继续，表面看来似乎与以前没多少区别。10月份，斯居特耐尔夫妇坐了七天七夜的火车回到比利时。埃塞格姆街135号的聚会恢复了，但是参加聚会的人少了科利内。"我们又见到了马格利特、斯居特耐尔等人，一如既往，"乌巴克记录道，"但聚会没有以往那么热闹了。""这里没发生太大的变化。"马格利特告诉马里恩。"我像往常一样工作，乔吉特的情况没好转也没变坏，朋友们还是老样子。"

马格利特，《拉米纳格罗比斯》（1946）

斯帕克收到了同样言简意赅的汇报。[33]“这里都好。乔吉特很好，小基基（博美犬杰基）在对抗严冬，拉米纳格罗比斯（Raminagrobis）越来越聪明。”拉米纳格罗比斯是马格利特唯一的一只猫，但他很少提起它。这只猫在他的水粉画中获得了不朽，画中的猫趴在铁轨上，看起来胖墩墩的，身形比真正的猫大得多。[34]在接下来的两三年里，马格利特安安静静。他似乎进入了停滞不前的阶段，或者是消沉忧郁的阶段。这期间他也画出了几幅出色的画，包括《乡愁》（*Le Mal du pays / Homesickness*）、《恐惧的同伴》（*Les Compagnons de la peur / The Companions of Fear*）、《记忆》（*La Mémoire*），但是这样的作品寥寥无几［彩图 21、22、14］。耐人寻味的是，这些作品都可以理解为对时代的点评。

《乡愁》的创作始于1939年秋天，当时欧洲中心地区的危机达到了顶峰。在德国入侵波兰的两天前，也就是英法对德宣战的四天前，马格利特给爱德华·詹姆斯写信介绍了他的一幅画，他相信这幅画会给他的创作带来具有诗意的全新氛围。“背景是一座桥，远方可以看到城镇，前景是一头俯卧在那里的狮子，而长着黑色翅膀的人倚在护墙上，凝视着远方。”这是解决狮子问题的一个办法。但这也是为了“让人们不再指责我的画是毫无价值的玩笑”[35]。马格利特暂时打算把这幅画称为《恶之花》。结束流亡返回家乡后，他继续创作这幅“狮子与鸟人的画”，并继续寻找贴切的标题。1940年12月，他在斯居特耐尔的建议下考虑了两种新的标题，一是借用波德莱尔的《巴黎的忧郁》，把画命名为《费城或巴黎的忧郁》，一是向伦敦的雾致敬，把画命名为《豌豆汤一样的浓雾天》（*La Purée de pois / The Pea-Souper*）。最后选定的标题还是《乡愁》。这幅画被马格利特相识已久的赞助人范埃克买下，后来又被梅森斯买走。梅森斯乐于把自己想象为长翅膀的鸟人的原型，身穿晚礼服，在1937年或1938年出现在威斯敏斯特桥上。

《恐惧的同伴》画的是树叶鸟，不过这里的鸟不是鸽子，而是猫头鹰。它们的样子即使不算令人不安，也是令人瞩目。正如亨利·米肖所说，“猫头鹰有史以来最鲜明的形象，就是在它成了一片叶子的时候，傲视众生、独一无二的叶子”[36]。这个标题是斯居特耐尔想到的，取自雷克斯·斯托特的小说《受惊者联盟》（*The League of Frightened Men*）的法语译本。

《记忆》呈现的是石膏制成的死亡面具，太阳穴处有枪伤，伤口在流血。这让人想起了科克托在电影《诗人之血》（*Le sang d'un poète*，1930）中塑造的著名形象，旁边有一个小精灵。石膏头像的样子难免让人想起德·契里科的《爱之歌》（彩图 13），只是马格利特用永恒的精灵代替了德·契里科画中的那只圆球。

整体来说，在 20 世纪 40 年代早期，一切都是低迷的。这是紊乱无序的时代。马格利特心情烦闷。他的工作和生活基本上没有受到打扰，甚至可以私下里展出他的作品，但是被德军占领让人感到压抑。在纳粹白痴的世界里，文字画可能会招来死刑判决书。图像的背叛获得了新的含义。“这不是一只烟斗”会被视为煽动叛乱，布伦东克（Breendonk）集中营的施虐者之所以为人所知，绝对不是因为他们有幽默感。在这种情况下，烟斗的政治化发展到了顶点。当时有一本介绍马格利特画作的小册子，序言是马里恩写的，需要配些插图。马格利特认为，《这不是一只烟斗》《梦的钥匙》《强奸》都不该被选为这本书的插图。“对于展示‘烟斗’，我不是很热衷……”他告诉他的朋友，“这可能会被人当借口，把我关进疯人院。”[37]恐怖的氛围、毒气室的威胁，导致乌巴克的摄影展停展，作品遭到莱昂·德格雷勒的走狗谩骂，被视为“蓄意损害精神的行为”和“对我们佛兰德艺术传统的卑鄙侮辱”。[38]展览目录的序言也受到了无端的指责，序言的作者是诺奇，他为超现实主义和人文价值观自发进行了充满激情的辩护。“今天，”他宣告，“在举世震惊的风暴中心，我们继续实验。”[39]“继续实验”成了另一个战斗口号。

随着战争的继续，通敌主义者越发厚颜无耻。比利时画家兼诗人马克·伊曼斯等法西斯同路人，开始谈论“瓦隆人”马格利特，那口气就和谈论“犹太人”布朗库西一样，似乎只想强调他是异类，在艺术上堕落，在种族上不纯洁。“我们是德国人，不是拉丁人。”叛徒伊曼斯宣称。1928 年，伊曼斯也曾兴高采烈地加入马格利特同谋者的行列。然而到了 1940 年，马格利特忠诚的同道中人都会遭到无情的嘲笑。保罗·诺奇的情况比瓦隆人还复杂，他有法国血统，来自夏朗德（Charente）。他在 45 岁时到法国服兵役。在一片混乱中，没有人知道该拿他怎么办，几个月后他就被遣散回家了。在被占领期间，他开始用一望即知的笔名保罗·拉舍伦泰（Paul Lacherentais）写作。伊曼斯一直嫉妒“这群人中的泰斯特先生”，所以在认出他时产生了阴险的快感。“哈哈，这假名字起得够假啊！”[40]

伊曼斯是个小人物，却很危险。被占领期间，谨言慎行是明智的。战后，马格利特与伊曼斯断绝了来往。伊曼斯提出抗议，表示他在战争期间并未有过不当行为，据说当时马格利特承认他害怕伊曼斯，还感谢过伊曼斯“在战争期间给予的有益帮助”，这种讽刺听起来很有马格利特的特色。伊曼斯则故意按照字面意义理解马格利特的话，以此为自己洗脱罪过。[41]

在比利时的人们无法确切知道事情的走向。乔吉特最终放弃了科利内，重又把马格利特视为最爱和最关注的人。这对双方来说肯定都是艰难的妥协，同时也是解脱。生活在继续，这也是马格利特乐于强调的一点。然而在这个过程中，有些东西随风而去了。乔吉特不再像以前那样乐于为他当模特摆姿势。他问过雅克利娜·农克尔愿不愿意给他当模特，但她拒绝了，尽管她曾坐下来让他画过肖像画。他还询问过住在同一栋楼另一套公寓里的伊莲·彼得斯（Eliane Peters），同样遭到了拒绝，尽管她也请他画了肖像画。[42]那些肖像都仿照了乔吉特的一张肖像画。《士兵的妻子》（*La Femme du soldat*，1945）描绘了温柔顺从的裸体女子，其原型是阿吉·乌巴克（Agui Ubac），但那是根据她丈夫拍的一张照片画的。

新版本的《永恒的证据》（1948）用切割画布呈现了无名模特的不同身体部位。这幅画通过美国海关后，不知是谁又给画添上了阴毛，这样做的性质简直就是在伤口上撒盐。结果，在纽约的伊奥拉斯画廊，艺术家马格利特因此获得了“遮阴大师”的称号。《无知的仙女》（*La Fée ignorante / The Ignorant Fairy*，1956）中的性感的金发女郎以安妮-玛丽·克

马格利特，《无知的仙女或安妮-玛丽·克洛维的肖像》（1956）

洛维（Anne-Marie Crowet）为模特，她是偶然出现的女神，尽管她不够完美，五官太普通、嘴唇颜色太艳、头发完美得不自然。“一切伟大的杰作都有缺点，”马格利特挖苦地说，“我‘所用’的模特不是女学生，虽然我想找个女学生当模特。她想要张自己的肖像，画的缺点就在于，她在来找我的路上特意去了理发店。”[43] 这幅肖像画赚了些钱。马格利特还画了安妮-玛丽的脸部特写，他称之为“面具”。他对安妮-玛丽和她的“面具”很着迷，把这幅脸部特写珍藏了好几年，直到去世前不久才送给了安妮-玛丽。

马格利特如今为乔吉特画的肖像画，都来自他的回忆，马格利特试着借此重构昔日的荣光，或许就如他曾说过的那样，要尝试不可能的事，明知不可为而为之。他和乔吉特永远在一起，但火花已经消逝。

* * *

马格利特一直在思考下一步要做什么。结果与以往一样，又是完全出乎人们的意料。他在 1943 年创作了一幅伪印象派风格的画作，让人想起雷诺阿晚期的狂放不羁。这幅作品开启了马格利特“阳光般灿烂的时期”。这一时期大约持续了四年，其特征是色彩斑斓、坚定乐观。这些梦幻般的画让他的大多数崇拜者不知所措，他们迫不及待地希望他重拾以往的风格，重新表现黑暗与险恶的镜中映像。马格利特与朗和卡夫卡一样，艺术表现手法都是黑色的。在那些想要变革的人看来，阳光意味着放弃，更意味着幼稚，缺乏社会批判精神，所以该受到谴责。在一次超现实主义革命者异见人士的会议上，克利斯汀·多托蒙（Christian Dotrement）无礼地问马格利特，他是不是也希望看到“亮黄色的卡夫卡”。[44] 收藏者们都对马格利特表示不屑。范埃克给梅森斯写信说：

> 出现了重大问题：马格利特顽固、执拗地沉迷于他目前的错误，可怕的错误！他坚持要在纽约展出他最近的作品，这些作品他肯定也会让你在伦敦展出。唉，马格利特的［信中的词语难以辨认］越来越像德·契里科，还有他

> 的马和角斗士的大游行，不过马格利特最近的画作更糟糕。最糟糕的是，只要稍稍提起那件事，他就勃然大怒。这个可怜的傻瓜，认为他现在的创作处于他绘画的“顶点”。天啊，这真是场灾难！

在范埃克看来，马格利特对德·契里科的模仿是可怕的预警，有这种看法的并非只有范埃克一个人，梅森斯也怒气冲冲。梅森斯对这种风格的强烈反感无以复加，几乎到了充满恶意的程度，韦吉弗斯和马格利特谈到这点时，马格利特耸了耸肩，说道：“他是在保护自己的生意。他要卖的只有我的旧画。”[45]

《光之条约》把雷诺阿的《伟大的沐浴者》变成了一出滑稽戏。根据马里恩所说，马格利特最初的想法是重画一幅雷诺阿的沐浴者，把她身体的每个部位都涂成不同的颜色。他的沐浴者头部是橙色的，身躯是紫色的，右臂是红色的，左臂是绿色的，右腿是蓝色的，左腿是黄色的。之后的情况一发不可收拾。方托马斯自己以灿烂的颜色现身，配上了一朵黄玫瑰。马里恩做出了这样的解释：

> 马格利特激情四射，马不停蹄地创作了其他版本，包括《舞蹈》（*La Danse / The Dance*）和《收获》（*La Moisson / The Harvest*），前者是站立的裸体人像，后者是躺倒的裸体人像。

他不断改进对问题的解决方案，直到再也无法改进才结束这场实验。他选择了以同样的方式改造安格尔的《泉》，不仅用不同的颜色描绘画中女子的身体，而且按照印象派的技巧重新创作了整幅画。倘若他有“理论”，这就是“理论”的体现。诺奇已经为马格利特画出的前几个版本提供了标题，现在要为他此次实验的终极成果命名了。这最后的实验具有深刻的颠覆性，尽管大多数人依然注意不到，这一点却无法逃过诺奇的眼睛，最终，这幅画被诺奇命名为《安格尔先生的好日子》。[46]

在马格利特收藏的复制明信片中，有一张安格尔的《泉》（1856 年），这幅经典画作描绘了托起水罐的裸女，马格利特在 20 年前第一次参观卢浮宫时，就对这幅画产生了深刻印象。他偏爱《安格尔先生的好日子》和库尔贝的《你好，库尔贝先生》（1854）。《安格尔先生的好日子》表现了矛盾心理和偶遇，它有曲折的经历。马格利特在 20 世纪 50 年代的某个时候把它作为礼物送给了马塞尔·勒孔特，勒孔特为了支付一笔医院账单，转手就把画卖掉了。后来这幅画到了西尔维斯特·史泰龙（Sylvester Stallone）手中，他是“墨索里尼出现以后最自觉的高贵的野蛮人”。[47]

在阳光般灿烂的时期，马格利特的绘画不仅是风格上的锤炼。他画这些画，最初或许是一种消遣，而后从追求欢乐和愉悦发展成了追求魅力与威胁，但是最终形成了一种主张或信条，即使不是彻底的叛逆，也是一种宣示。到了 1946 年，阳光下的超现实主义（sunlit surrealism）已经从单纯的概念转变成气势磅礴的运动，它所宣称的目标，是重振死气沉沉的超现实主义精神，使之重获魔力，重新引导公众，重塑自身形象。另外还有一个隐而不宣的目标，就是战胜布勒东，夺取他在超现实主义领域的绝对话语权，而这就有些异想天开了。仅凭宣言进行这样一场战役，就如同指望马格里特将军的骑兵战胜普鲁士人。第一份宣言刚刚起草，马格利特就发现这是无望的事业。目标遥不可及，这出戏该收场了。

乍看起来，马格利特的目标是容易实现的。诺奇挑衅地说，“超现实主义……不存在”。正如巴塔耶曾预言的那样，超现实主义“停滞不前，黯然无光”。[48] 作为先锋运动，它是强弩之末。作为革命性的规划，它空洞无效。巴尼特·纽曼（Barnett Newman）见解深刻，一语中的：“超现实主义者只是成功地描绘了一个神奇的世界，却没有创造出这个世界。”[49] 马格利特对其处境的分析当然有一定价值，但他从来没提出过考虑周全的替代方案。他的规划在思想上并不连贯，这表现为术语的混乱，或许也表现为目标的混乱。马格利特认为应该抛掉超现实主义这个说法。他对那些心存怀疑的超现实主义革命者宣称，“超现实主义这个词已经成了障碍”[50]。至于该用什么词替代超现实主义，马格利特却摇摆不定，他想到过“超心灵主义”（Extramentalism，他将之定义为“解放了的超现实主义”），也想到过“非唯心主义”（Amentalism，与无神论类似）。这些新词语都被诺奇否定了，它们一丝痕迹也没有留下，但还是显示出一种深深的疏离感。马格利特对超现实主义感到失望。在领导权规划上，超现实主义由法国统领；在艺术领域，它走向了僵化保守；它是个人的思想属地，却要听任安德烈·布勒东裁决。马格利特与诺奇就如何前进展开了讨论，他在写给诺奇的信中沮丧地说：“超现实主义一直都属于布勒东，我们不论做过什么，都无法让人们在提起超现实主义时首先想到我们。”（在 1929 年的“沙勒罗瓦讨论会”讲演中，诺奇一次也没有提到超现实主义这个词。）

> 布勒东［1934 年］在布鲁塞尔发表演讲时，我们听之任之，没有干预他。如今再想让这个众人追捧的术语完全符合我们自己的利益，或许已经太晚了，而且这个词的意义已经深入人心，若想改变人们的看法，或许需要付出艰巨的努力。如果我们使用新的词语，把精力节省下来用在其他事情上，是不是更简单呢？新的思想需要新的词语和新的名称，这样才能避免混淆。

至于我，我在一段时间以前就埋葬了超现实主义，我的超现实主义，更恰当地说，是埋葬了布勒东的超现实主义。无论如何，如果没有更好的名称，或别的什么，比如思想的结晶或恰当的例证，第一份宣言将按我们所商定的那样，不使用超心灵主义一词。下周我会拿到一捆校样，我们一起来看看都要寄给谁签名。尽管如此，一想到你写的那些东西，想到你每次在信中为我写的东西“这么差”而找的理由，我就觉得我写得很差。……

附言：能否寄给我有关各方不断推荐的兰花？［詹姆斯·哈德利·契斯（James Hadley Chase）的《没有布兰蒂什小姐的兰花》（*No Orchids for Miss Blandish*）］[51]

让·斯塔罗宾斯基（Jean Starobinski）说得没错，超现实主义者马格利特遵循的是心灵法则而非仪式法则。马格利特的疏离感是可以理解的。超现实主义如同得了动脉硬化，正经历着折磨。但在马格利特看来，僵化的超现实主义并不打算给阳光下的超现实主义让位。布勒东本人在二战期间一直处于低迷状态，但他仍然是个强大的对手，他的家乡更是他的主场。文字竞赛是他毕生的事业。

“阳光下的超现实主义”的第一份宣言问世了，通常与马格利特共谋的那些人和他一起签了名，包括马里恩、诺奇、斯居特耐尔和韦吉弗斯，签名的人还包括乔·布斯凯，还有也被称为雅克·丹尼斯（Jacques Denis）的雅克·米歇尔（Jacques Michel）。[52]“阳光下的超现实主义”的信条主要是马格利特的创意，协助他的是马里恩和韦吉弗斯，后者是他的首席抄写员。马格利特与他们分享了自己的想法。

> 有人认为印象派的技巧不能用于新的目的，这是在无效地维护他们的观点，他们认为，那些世纪之交的画家的杰作换成别人就无法完成。他们认为，印象派的技巧是那些画家的神圣财产，而我们除了事物可以或不可以利用之外什么都不知道。因为没有什么可学的。“真理”不是沉思的对象，而是利用的对象，卑劣的实利主义者，说得对！[53]

诺奇更多地扮演了顾问的角色。马格利特的评论似乎显示出，诺奇在某种程度上脱离了这场斗争。但是诺奇并没有置身事外，他在两篇目录序言中为马格利特进行了反对布勒东的辩护，申明了他对马格利特的独到理解，包括马格利特的思想，马格利特的天空，马格利特画中的各种形象。他的序言不乏战斗精神：“塔罗牌、占星术、预感、歇斯底里、客观机会、黑弥撒、神秘主义卡巴拉、伏都教仪式、僵化的传说、仪式魔法，这些全都出现了。现在不可能引用安德烈·布勒东的话，不予考虑了。”[54] 这是诺奇所写的关于马格利特的最后几篇文章之一。

到20世纪50年代初，保罗·诺奇的热情之火几乎熄灭了。他开始酗酒，有时一天能喝六升红酒。他和恋人马特·博瓦森的关系简直要了他的命。诺奇的一个朋友哀叹说，他和她在一起没法过下去，不和她在一起没法活下去。诺奇的工作丢了，公寓没了。手中只剩下三幅马格利特的画时，他把画卖给了格尔特·范·布鲁埃内，换回了12000比利时法郎。这些钱花光之后，他一无所有。他越来越管不住自己的嘴，他脱口而出的言论越来越伤人。马格利特不肯在一份小册子上签名时，他说：“这可怜的鬼家伙正在成为隐士。”听说马格利特买了架大钢琴，他说：“拥有一架大钢琴是件好事，前提是你必须知道怎么使用大钢琴。”有人问他为什么不再写关于马格利特的文章，他说：“这个好伙伴不再让我感兴趣了。”[55] 昔日的荣光偶尔也会重新闪烁，诺奇到最后仍能提供出色的标题和灵感，但这乍现的灵光只会让人愈发痛苦地想到他失去了什么。“一切仍有可能”的时候已成过往。诺奇勇敢坚定，却陷入了失落。“一个人会留下什么？”他在日记中追问道，“给某些人留下一点忧思，还有一小张黑色纸片。”

> 同样不变的生活；同样令人厌倦的指导准则，包括故事的寓意，建议的实际应用，吸取

的教训，提出的问题；少量的肖像，其中有些是虚构的；那些长时间剥削我们的人。所有这一切都是我们沉重的行李，我们在黎明时分溜出酒店大门，把它们留在了身后。我们沿着只有我们自己才能看到的路线前进，它像螺纹一样曲曲折折。最后的朋友都抛弃了我们。我们不回头。我们往前走，速度惊人。谁懂？[56]

诺奇仍是人们心中的图腾，但他成了空壳。实际上，他的缺席引人注目。如果他抓住阳光下的超现实主义，扼住它的咽喉，情况或许会不同。事实证明马格利特的宣言是场惨败。校样分发给了很多人，但毫无效果。勒内·夏尔（René Char）说他已经不知道该怎么给宣言签名。马塞尔·让（Marcel Jean）辩解说他看不懂宣言。汉斯·贝尔默（Hans Bellmer）婉言拒绝。毕卡比亚表示自己愿意签，接着又问马格利特愿不愿意为他即将在布鲁塞尔举行的展览写一篇目录序言。他最终也没签字。梅森斯直截了当地表示与此事没有任何关系。他的评论令人沮丧："我无法想象，是什么样的奇怪感情推动着你，让你写出了这样一篇东西，它的架构太糟了，写得太糟了，太晦涩难懂了，简直毫无意义。"[57]

更糟的还在后面。布勒东读了宣言后，给马格利特和诺奇发了这样一封电报："反辩证法，满纸谎言，而且还是用白线装订的。在开玩笑吗？"诺奇写下了他们的回复："很抱歉，白线绕在你头上。"电报送到布勒东手上时，导演吕克·德赫施碰巧在场，看到布勒东读完电文后大笑起来。

向公众做的展示没有成功。三个月来，马格利特私下里一直想说服布勒东接受"阳光下的超现实主义"。1946年6月，他们在巴黎进行了讨论，这让马格利特看到了希望。"针对我的新画，他说了些有趣的话，"马格利特向乔吉特汇报说，"他显然非常了解我的画……从了解到喜欢，我认为只有一步之遥。"[58]马格利特的主要目标之一，仍然是给布勒东留下好印象。他似乎已经忘记了，他原本的目标是为超现实主义提出新的方向，而这在布勒东看来也许是要推翻他，显然不可能给布勒东留下好印象。总之，马格利特的这两个目标是相互排斥的。马格利特曾向诺奇承认，他缺乏政治常识，这就是个典型的例子。他漫不经心地继续他的运动。他给布勒东寄了一封信，送上了他的礼物，那是一幅小画，画上是一支烟斗，在阳光灿烂的超现实主义天空中熠熠生辉，画的标题很贴切——《信仰的自由》（*La Liberté des cultes / Freedom of Worship*）。

> 我在"阳光般灿烂的时期"的绘画，显然与我们在1940年之前相信的很多事情背道而驰。我认为这是它引起抵触的主要原因。然而，我相信，我们的存在不再是为了预言，我必须说，

马格利特，《信仰的自由》（1946）

预言总有种悲观的感觉；在巴黎［1938 年］的国际超现实主义展览上，人们不得不举着火炬到处寻找道路。我们在占领期间也有这样的经历，这并不好笑。超现实主义想引起混乱和恐慌，以此质疑一切，然而就制造混乱和恐慌而言，纳粹白痴比我们更胜一筹，而且他们不用考虑后果。……我认为，考虑到这种情况，再加上人们不再需要将变化视为“进步”的关键，那么我的画中理当“出现”新的氛围，并渴望在生活中对它进行真正的了解。面对盛行的悲观主义，我特别提出要寻求快乐和愉悦。既然我们这些人对于感受是如何产生的有所了解，那么，我认为，我们理当让所有的人都能感觉到快乐和愉悦，这样的感受如此普通而又遥不可及。这不是要放弃超现实主义培养起来的关于物体和感觉的知识，而是要将之用于不同的目的，否则人们在超现实主义博物馆与在其他博物馆没什么区别，一样只会感到无聊。

你反对我的新画风，原因之一是，我试图激发出切实的愉悦之感，而你还没有体会到这种感觉。无论如何这都没有错，这就是我想要激发出来的感受，如果我未能成功做到这一点，人们也无法真正相信马塔、恩斯特、维克多·布劳纳（Victor Brauner）等人实现了他们的目标；我们非常清楚他们想要什么，而我是太清楚了。

有人指责我模仿雷诺阿，这种指责中存在着误解。我在创作中借鉴了雷诺阿、安格尔、鲁本斯等人的作品，但我并没有使用独属于雷诺阿的特有技法，而是借鉴了印象派整体上的技法，印象派画家当然包括雷诺阿、修拉（Seurat）等人在内。具体而言，在我最近的一些画作中，画的主题需要我使用过去的技法（抛光的、平滑的画布），但是如果使用更亮的颜色，朴素的风格就被排除了。朴素的风格更加遥远，更不可预测。

你知道，我 10 月份将在巴黎举办展览。你愿意为展览目录写序吗？即使你拒绝这些亲近阳光的画面，坚决不为其魅力所动，你也会乐于分析这些处于成败关头的画作，不偏不倚地赋予它们灿烂发光的机会。[59]

这种愉快的热诚未能持续。魅力与威胁都影响不了布勒东。谈论快乐和愉悦太过戏谑。布勒东不可能为马格利特的画展目录写序，也没有重视马格利特。在不久后发表的一篇访谈中，布勒东应邀描绘了超现实主义画家的全景，但他没提到马格利特。在他对布斯凯的抗议中，他清楚地表达了自己对“阳光下的超现实主义”的看法：“再推进这样的丑行是很难的。”[60]

故事如同希腊悲剧一般展开，一切已经注定。1947 年 7 月，在巴黎玛格（Maeght）画廊举办的超现实主义国际展览上，根据布勒东和杜尚的策划筛选，马格利特的作品遭到了贬低，被安排到了名为“身不由己的超现实主义者”的特殊展区，这个展区展出的都是被视为倒行逆施的作品，与马格利特相伴的是一些保守派和形形色色的前辈，包括阿尔钦博托（Arcimboldo）、布莱克、博斯和“海关关税员卢梭”（le Douanier Rousseau）。在布勒东的目录文本中，他只配出现在扩展的脚注中：

有没有必要强调，这种态度与以马格利特为首的前布鲁塞尔超现实主义团体某些成员最近采取的态度截然相反？他们和我们一样，注意到我们某些最大胆的主张往往在具体事件中得到了证实，其程度远远超出了我们的预期，于是他们突然想到，让他们的作品只表现“魅力、愉悦、阳光、欲望的对象”，排斥一切“悲伤、无聊、具有威胁的对象”！这或许代表了他们孤注一掷的努力，因为他们要与列宁格勒作家委员会的决议（1946）保持一致，该决议规定了全心全意的乐观主义，但是他们这样做，让人很难不认为他们就像个落在后面的孩子，为了确保自己过上美好的一天，他想出了聪明的主意，把晴雨表的指针固定在了“晴朗”的位置。[61]

马格利特又一次遭到了放逐。

“阳光下的超现实主义”从 1947 年开始衰落，到 1948 年就结束了。很少有人哀悼它的逝去。若干年后，马格利特做出了下面的解释。

对我来说，我称之为“阳光下的超现实主义”的时期，存在的问题是试图将两种互相排斥的东西结合到一起：

1. 以某种情绪和氛围为基础的轻松、沉醉、幸福的感觉。某些印象派画家，更确切地说，是作为整体的印象派画家，在作品中成功表现出了这种情绪和氛围。通过这种对真实事物的感觉，我们可以探测到不同的颜色和细微的差别，断开与传统的一切联系。我认为，没有印象派，我们就不会理解这种感觉。尽管从表面上看，公众从来都不喜欢印象派，人们总是以批判分析的目光审视印象派画家的作品，否则就不得不承认，自由已经占据了街头巷尾。

2. 对事物具有的神秘生命力的感觉，这种感觉不应该依赖于经典的或文学的典故。这种感觉只有通过某种洞察力来捕捉。我在那个时期的某些绘画成功地把这两种相互排斥的东西结合到了一起。但我还是放弃了。为什么呢？原因并不完全清楚，也许是因为需要团结吧？[62]

莫里斯·拉潘问过马格利特，为什么要开始创作阳光下的绘画，马格利特简单地回答说，“与道德有关”。拉潘接着又问他为什么会结束这一阶段的绘画，他给出了同样的回答。[63]

无论是道德还是不道德，阳光下的绘画都无法缓解缺钱带给马格利特的“财务神经疼”。然而，1943 年 8 月由马格利特亲自监制的小册子《马格利特》出版时，书中至少收入了二十张画的彩图，这是相当费钱的做法，在被德军占领期间这样做，更是非同寻常。费用肯定是马格利特自己承担。其他各方都不会承担费用，出版商更不会。他选择作者协会（Les Auteurs Associés）这家出版商的原因，只不过是他们能获得德国审查机构的必要授权。作者协会出版的都是侦探小说，没能力出版配有精美插图的艺术书籍。谁也不知道马格利特究竟从哪里弄到了这笔钱，他的保密工作做得很好。事情的背后，是马格利特的绘画实践中最不为人知的一面，充满难言之隐。为这本书写序的是马塞尔·马里恩，序言经过了马格利特和诺奇的共同审校。四十年后，马里恩才向人们讲述了当年的真相。

二战期间，收藏家勒内·加费在巴黎进行黑市交易时，马里恩为他跑腿，赚了点零花钱。马里恩由此接触到了很多有趣的人，其中包括西班牙艺术家奥斯卡·多明格斯（Óscar Dominguez）。多明格斯在蒙马特有一间工作室，还有一项赚钱的副业，就是伪造德·契里科和毕加索的作品。巴勃罗·毕加索是他的朋友，出于善意对此佯装不知。托名毕加索的赝品一时间充斥市场。“在多明格斯的随行人员中，”马里恩回忆说，“我遇到了另一位西班牙画家，也是超现实主义者，这个人有一天给我看了一幅托名毕加索的赝品。那幅画完成后没能在巴黎卖掉。为了帮他，我答应去比利时试试。那是一幅立体派时期的画。总之事情就这样开始了。我把画拿到了布鲁塞尔最重要的一家书店。他们毫不犹豫地买下了画，不过价格很低。”

> 但是在那之前，我给马格利特看了那幅画。他马上提出，他可以画一些画，然后我去把这些画卖给业余爱好者，收益两人平分。就这样，在 1942 年至 1946 年间，我卖出了大量的素描

和油画，主要是毕加索、布拉克和契里科的作品，不过都是马格利特画的。由此带来的收益不仅能让我们养家糊口，还足够我们共同出版各种作品，作品首先是在一家侦探小说出版商（作者协会）那里出版的，该出版商得到了德国当局的授权，后来版权页写的是我们自己的名字，“不忠的镜子”（Le Miroir infidèle）。我得强调一下，这个名字与我们从事的假画事业毫无关系。[64]

按照马里恩的说法，在马格利特的大胆怂恿下，他们两人达成了秘密协议，马格利特负责生产，马里恩负责找出路销售。一个造假，一个售假。

这件隐秘之事一直未被人发觉，也没有引起人们注意。马里恩在1983年出版了回忆录，在书中提供了一些令人信服的详细情况，说明了当时的交易性质和交付方式。

记得有一天，我带着一幅布拉克的静物画去了美术宫，画的幅面很大，是纵向的。罗伯特·吉龙和马克斯·让莱一看到这幅不为人知的杰作，就同时发出了赞叹的惊呼声，这幅画太值得收藏了，它很快就找到了买家。我得说，战争走势变幻莫测，黑市上的商人是美术宫的主要客户，他们积累了大笔财富，特别容易受到战事影响，形形色色的人都在寻找比纸币更安全、更持久的东西。……

有一天，马格利特给我寄来了契里科的后形而上学作品，他马马虎虎地把画塞进了套在一起的两个纸筒里。迟早要发生的事终于发生了。画布被对折了，上面留下了一条无法修补的裂缝。这真是糟糕的事故，但我还是把画带到美术宫去了。吉龙俯身细看这幅画时，突然间一声惊叫，他发现裂开的清漆下面有新涂的油彩。事情发生在 1944 年 7 月，诺曼底登陆之后，阿夫朗什（Avranches）战役之前，有马格利特的信件为证。那是决定战争胜败的月份，马格利特是在 12 日给我写信的。[65]

马里恩提到了马格利特的信，事实上他已经提供了两人的犯罪证据。他在 1977 年就发表了马格利特写给他的所有信件，一共有 278 封信，时间跨度是从 1937 年到 1962 年。此时，六年过去了，他心怀某种愉悦，指出其中一些信件“隐晦地暗示着这种犯罪活动的存在，然而频繁出现的奇怪隐喻尚未引起注释者的关注”[66]。在他提到的信中甚至描述了裂缝。马里恩肯定把发生在美术宫的事件告诉了马格利特，让他知道吉龙发现了画有问题。马格利特在信中写道：

对于有损伤的部分，我是否可以理解为，

如果你触摸裂缝，就能对裂缝下相对新鲜的颜色有个概念？裂缝有多大，多严重？什么样的规模，是否重大？你能概括一下细纹的大小和性质吗？比如……

无论如何，若要施救，我告诉你的方法是没有风险的，不过还是建议谨慎，一定程度的克制更是必不可少。[67]

马格利特建议的救治方法是这样的："拿一块湿布，轻轻按摩伤者背部，沿着伤处周围按摩，然后把它放在木板上，让它变干，或许会有效。可以每天一次，重复两到三次这个过程，要小心，但我希望事故不太严重。"[68]

马格利特的一些信写得更直白。他在1944年5月的信中说："我仍处在极度疲倦的危机状态中。这几天我什么也没做，除了为拍卖行准备一幅提香和一幅霍贝玛的画。我要尝试一下这种画，如果比马格利特的画更好，我就会为了报酬放弃后者。"三周后他又说："我已经完成了霍贝玛和提香的作品，很快就会把它们交给拍卖行。"[69]这些作品被马里恩确认为伦敦国家美术馆收藏的霍贝玛的《米德尔哈尔尼斯大道》（*The Avenue at Middelharnis*，1689）和佛罗伦萨乌菲兹美术馆收藏的提香的《花神》（*Flora*，1515）复制品。看起来，马格利特作为"摹写者"的活动，似乎集中在与他同时代的人或接近同时代的人身上，马里恩提到了毕加索、布拉克、德·契里科、恩斯特、克利和马蒂斯，我们可以在这个名单上加进阿尔普、格里斯和莫迪利阿尼，还有一些昔日的大师，比如霍贝玛和提香，至少还要再加上一个充满诱惑的局外人，那就是库尔贝。马格利特伪造了他的《世界的起源》（*L'Origine du monde*，1866），这幅画曾经臭名远扬。这份名单可能不够详尽，但是范围广泛，至少比马里恩的名单范围更广。

马里恩在 1983 年披露马格利特造假的证据时，心里肯定很清楚，事件牵涉到的人都已过世，有些人已经去世很多年了。马格利特本人也已于1967年离世。主要交易者、巴黎美术宫的展览总监罗伯特·吉龙同年去世，与吉龙一起为布拉克静物画欢呼的著名收藏家马克斯·让莱在 1976 年去世。马里恩说，《森林》（*La Fôret*）也是赝品。马格利特在恩斯特作品展览中看到这幅画时曾开玩笑说："那真是马克斯·恩斯特的杰作。"这幅画的收藏者是马格利特的老战友卡米耶·格曼斯，他于 1960 年去世。[70] 恩斯特这幅出名的画作引起了广为人知的争论，他本人曾以"这不是一幅马格利特的画"来回敬马格利特，此外就一直保持着沉默。恩斯特于 1976 年去世。布拉克于 1963 年去世，毕加索于 1973 年去世，德·契里科于 1978 年去世。

马里恩忽视了一位依然在世的重要人物。那就是乔吉特。马格利特的名声遭到诋毁，让乔吉特出离愤怒，她不仅公开质疑马里恩的说法，而且采取了相当激进的行动，试图阻止他的回忆录出版发行，让书店撤回已经上架的书。她把马里恩告上了法庭，她找来了媒体记者，她与马里恩展开了一系列的激烈交锋。乔吉特的冲动反应没有引起多少同情。曾在罗伯特·吉龙办公室工作的苏珊娜·贝尔图耶（Suzanne Bertouille）给了乔吉特些许支持，她签署了一份书面证词，证明吉龙从未处理过这样的赝品，即使有这样的事也是无意中的，他本人并不知情。除此之外，乔吉特面对的就是震耳欲聋的寂静。她输掉了战斗，既阻止不了马里恩传记的发行，也无法在口舌之争中占上风。马里恩是好斗之人，他喜欢打架，这是他的战役，单枪匹马对抗铁甲雄狮，讲真话的人对抗掩盖事实的人，为公众利益对抗伪善和偶像崇拜。由于乔吉特贬低他的人格，质疑他的证词的真实性，他又透露了一些信息，还把矛头指向了“马格利特的遗孀”。他意味深长地说，也许她记性不好。1944 年 7 月，马里恩在安特卫普附近的海伦特豪特（Herenthout）藏身时，乔吉特也许是在无意中充当了信使，把一幅假造的德·契里科画作送到了马里恩那里，画面上是海边的两匹马。马里恩从马格利特的一封信中收到了秘密线索：“乔吉特把面包带去烤了。仍然百无聊赖。”[71]

对于提供给吉龙的商品，马里恩的叙述更为精确。他列出了两幅布拉克的画，两幅或三幅德·契里科的画，还有恩斯特的《森林》。在毕加索的众多作品中，他列出了一幅素描和一幅油画，显然是马格利特分别于 1943 年和 1944 年创作的。[72] 他还透露说，马格利特造假的时间相当长，超出了人们的想象。他指着马格利特 1953 年 2 月 7 日写的一封信，解释说：“那是我最后一次试图卖掉马格利特的假画，是两幅克利的水粉画和一幅马蒂斯的画，他把画送到了我经常路过的迪耶普邮局邮件待领处。我把画拿给米歇尔·莱里斯（Michel Leiris）看，我们在西印度群岛见过几次面，在场的还有他妻子［路易］，她是画廊总监。我原本想在巴黎卖掉这两幅画，但是看到他们那么怀疑，我放弃了这种想法。”[73] 接下来该怎么办呢？马格利特提出了谨慎得当的建议：

> 巴黎（矩形业务）。
>
> 艺术画廊——或多或少值得信赖。
>
> 也许，德拉贡街 24 号（rue du Dragon 24）的布莱恩［艺术家卡米尔·布莱恩（Camille Bryen，1907—1977）］能提供信息并充当身份不明的中间人？
>
> 布勒东在 Pré-aux-Clercs 街上开了家“封印星”画廊（L’Étoile Scellée），但我认为，出于各种原因，在非欧几里德矩形业务中应该避开他。不论抛弃没有固定形状的几何形式多么愉快，在我看来，最终的公式都应该保持不变：信用已死。

> 在布鲁塞尔或许有一位德凯恩［罗伯特·德·凯恩（Robert De Keyn），一家颜料厂的老板，也是马格利特画作的重要收藏者，对裸体画情有独钟］，如果他不可以，那就找他在巴黎的替身来接受远方客人提供的货品。[74]

其他证词倾向于证实马里恩的说法。乔吉特请求大卫·西尔维斯特不要再提“非欧几里德矩形”，因为这不是问题，尽管她的叙述给这个故事增添了色彩。

> 你说勒内心灰意冷，因为他的油画反响不佳，卖不出去，还说他仿造了提香的《花神》等作品，却没有在上面签名。……我记得当时有人谈论过这件事，但没有结论。他确实画过一张少女的画，送给了一位老邻居。
>
> 所以讨论这件事没什么意义，它不重要。此外，我从未见过勒内心灰意冷。他的性格很坚韧，尽管他在别人的记录中一直被描述成百无聊赖。他可能失望过，但从未心灰意冷。[75]

1986 年，乔吉特离世。1987 年 7 月 2 日，伦敦苏富比拍卖行举办了“勒内·马格利特工作室剩余物品”拍卖会。这些物品包括马格利特家中的用品。[76]其中有一幅署名为“克利”的水彩画（估价 400—600 英镑），西尔维斯特认为这幅画“显然是赝品”。这幅画多年来一直毫不起眼地藏在楼梯上。保罗·马格利特的妻子贝蒂说，马格利特给了保罗一幅署名为“胡安·格里斯”的画让他出售。她的说法比较可靠。莎拉·惠特菲尔德在一份目录中提到了这样一幅画：一幅立体主义作品，“尺寸和下落不明”。[77] 马格利特还送给保罗一幅他的画的赝品，或者至少是预填日期的作品，风格是伪未来主义，名为《青春》（*Jeunesse / Youth*），画上标明的时间是1924年，但是创作于1942年。马格利特说，这是为了取悦保罗的幻想。几年后，保罗把这幅画卖掉了，1967年，这幅画被捐赠给伯克利艺术博物馆。[78]

《文献评述》相当谨慎地做了这样的总结：“有许多理由可以让人相信，马里恩的指控或许是有充分根据的。”[79] 关于此事没有进一步的调查。可以看到，马里恩的指控同时也是马里恩的证词，尽管我们可以肯定地说，马里恩非但没有感到懊悔，反而拿出了一份咄咄逼人的辩护书，既与他的犯罪伙伴站到了一起，也解释了马格利特为何做出这样的事情。“从我们的角度来看，作为超现实主义者，对于那些因其市场价值而被视为商业资产的艺术作品，我们怀着彻头彻尾的鄙视之情。我们制定了自己的道德准则，马格利特本人在早些时候也曾说过，‘如果你买了颗假钻石却不知情，那你同样会心满意足，因为你是按真钻石的价格付的钱’。”这是《资产阶级艺术》中的一句话。用在这里很巧妙，但也有些断章取义了。马格利特所说的是，“人们想要一颗钻石，并非因为它的内在属性，并非纯粹因为它真实的品质，而是因为钻石的价格很高，拥有钻石的人会有一种优越感，这是社会不平等的具体表现”。他接着又说：“事情是如此荒谬，如果你买了颗假钻石却不知情，那你同样会心满意足，因为你是按真钻石的价格付的钱。”[80]钻石的情况如此，绘画也是一样。赝品有交换价值。它们让拥有者心满意足，也能为伪造者带来一笔可观的收入。这是通过其他手段进行的颠覆，就像一枚定时炸弹，或者炸药，破坏了现有的社会秩序，嘲弄了社会的不平等。对于马里恩来说，结论不言自明。伪造之罪是没有受害者的。他用瓦雷里的一个小小的比喻结束了他的论述：

> 假钞和真钞的区别完全取决于伪造者。
>
> 一个被控伪造罪的人出庭受审，法官面前的桌子上放着两张面值相同的钞票，看起来一模一样。
>
> “我受到了什么控告？”他问，“我犯罪的证据在哪里？”[81]

该怎么看待马里恩呢？他曾是马格利特最忠诚的同道中人。1954年，他们发生了争吵。马格利特不再认为马里恩是心心相印的亲密伙伴。造成两人争吵的原因，是马里恩越来越不愿向马格利特妥协。马里恩多年来一直与诺奇相交甚深，他敬重诺奇，正如同诺奇敬重瓦雷里。同时，马里恩对马格利特越来越不满，最后或许还产生了一丝嫉妒。马里恩是独立艺术家，他认为自己应该成功，却从未获得过成功。此外，他也对马格利特与科利内的亲密关系感到不满。他厌倦了他们的高谈阔论，认为他们喋喋不休幼稚可笑。他尤其厌烦两人反复唱和的“是有而不是无”。足够讽刺的是，马里恩最痛恨马格利特按客户要求复制自己的作品。“他提供自己知名画作的复制品，却又一直反对把绘画当作体力劳动，一直坚持说，等他有钱了，他就只画他真正喜欢的稀世之作。”[82]

马里恩成了马格利特小团体的秘密线人，他是他们的清道夫、编辑和出版人，从专栏小品、通俗小说到非公开的选集，什么都可以出版。《在马格利特的外衣下》（1984）这个标题一目了然，其字面意思是“披着外衣”，比喻意义是“在掩护下”或“悄悄进行”，而出版时版权页上印着的“方托马斯版”（Editions Fantômas）让这本书显得更神秘。马里恩亲手打造了出版这类图书的小型出版社，名字是让人浮想联翩的“裸唇”（Les Lèvres Nues）。马里恩是那个煽风点火的人，而且死不悔改。他是专心致志的文献学者，也是一心一意的超现实主义者，既是记录的保持者，也是火焰的守护者。但他也喜欢开玩笑和恶作剧，喜欢招惹是非，喜欢记仇。毫无疑问，他在回忆录中对马格利特的记录也做不到完全客观。马里恩重复了诺奇无情的评论。他曾评论说，1937 年的一幅乔吉特画像“显然还未完成”。乔吉特本人将这幅肖像画捐赠给了布鲁塞尔美术宫。马里恩声称是马格利特告诉他这幅画还未完成的，然而这句话带有典型的倾向性。[83]扬·瑟勒尔说得好，“他抓住机会，讲述了种种逸事和传闻，适时编排了不真实的内容，重新描绘了这位画家获得普遍认可之前的真实生活”[84]。

马里恩的证词不可忽视。该说的都说了，该做的都做了，在造假这件事上他的话似乎是完全可信的。总而言之，现有的证据可以表明，马格利特曾尝试着模仿各种各样的艺术家，包括西方美术史上公认的名家，也包括德·契里科和恩斯特，他一直说这两个人是他最钦佩的。他仿制画作，显然是为了冒充毕加索或布拉克的作品，也就是说，这些画注定要被送进拍卖厅，如同马格利特所言。另外一种可能是，这些画会流入黑市，正如马里恩所发现的，尽管德占时期物资匮乏，黑市仍然兴盛不衰，或许正是因为物资匮乏，人们才更加关注黑市。还有一种可能是，他们可以依靠陌生人的善意，或者同伴的善意，利用他们自己的网络来达成私人交易，纯属私下进行的交易。许多年前，马格利特曾提醒人们注意方托马斯团伙，“他们遵守一种准则，尽管他们相当残酷，突如其来地改写了人类犯罪史”。马格利特总是把自己想象成方托马斯，可以凭智谋战胜资产阶级国家中愚笨的特工，更不用说那些纳粹白痴了。现在他尝到了胜利的滋味。请乔吉特当信使派送德·契里科画作，为贪得无厌之辈设下骗局，对德不配位的权贵嗤之以鼻，伪造作品……所有这一切肯定让他称心如意。他肯定喜欢这场游戏，而且沉浸其中，不再感到无聊。不过当时的仿制品都是为了销售而制作的。他成批地画出这些画，为它们配好身份，根据需要送出。他在这些画上签好需要的名字。签名的目的是骗过人的眼睛，其中一些也确实成功地骗过了别人。这些作品几乎都未被复原或复制过，这也在意料之中，视觉证据仍然非常缺乏。就我们所知道的来说，这些赝品的质量似乎不高，或许在它们所处的糟糕环境中已经算好的了，从各方面来说，它们都是为了赚钱而粗制滥造出来的。

尽管马格利特公开了自己的意图，但他复制的古代大师的画作并没有送进拍卖场，也没有被转交给马里恩。那幅霍贝玛的仿品究竟遭遇了什么样的命运，我们几乎一无所知。雅克·韦吉弗斯清楚地记得，他看见它挂在埃塞格姆街135号的客厅，就在烟囱右边；1954年马格利特搬家之后，他就再没见过这幅画。[85]这当然不是最终结论，但我们从中可以得知，这幅画至少在十年内没卖出去，也有可能并没拿出去卖。提香仿品的命运也同样扑朔迷离，现在我们终于可以讲一讲它的故事了。

马格利特把提香仿品委托给了阿尔贝·范洛克。范洛克是书商，也是艺术品经销商，勉强算是马格利特的同道者。范洛克主要经营油画和素描，也热衷于扩充自己的私人收藏。他最初是在布里绍书店

超现实主义小组在布鲁塞尔的金色纸上花咖啡馆外合影（1953）。范洛克拍摄

（Librarie Brissaud）工作，有了一定积累后就开了家自己的书店。范洛克书店发展成了布鲁塞尔最重要的书店之一，卖的书包罗万象，从古版书到现代的《爱德华达夫人》（*Madame Edwarda*）——正是范洛克把马格利特推荐给了布里绍书店，邀他担任该书的插画师，还买下了马格利特为此次委托任务创作的一套情色画——可谓应有尽有。他还买了马格利特其他的画，其中一幅是在一封信的背面画的，画中的消防员正在用勃起的阴茎灭火，画的背景是神秘字母“M”的一系列组合。[86] 范洛克是业内专家，得到了广泛的

认可，在超现实主义圈子里也很受欢迎。有一张著名的照片，是格尔特·范·布鲁埃内与一群朋友欢聚时在金色纸上花咖啡馆外面拍的，拍摄者就是范洛克。他与马格利特的关系非常好，1946 年《生活之道》杂志发问卷询问人们的好恶、惧怕和愿望时，也邀请他回答了调查问卷。他看到了《裂缝》的一个版本，那是一张纸币错视画，之后他就委托马格利特用比利时法郎制作另一个版本，希望能把它卖给国家银行。他还收藏了烟斗画的一个版本，使用的隐形画框是马格利特自己为他设计的。马里恩是他从前的战友，两人来往甚密，马里恩的女友伊丽莎白是范洛克的妹妹。马里恩在海伦特豪特藏身时，住的是范洛克家族的房子，范洛克也为他提供了书店的工作。范洛克书店是个安全屋，范洛克是提供安全的人。

范洛克的儿子克洛德接手父亲的生意后也成了专业人士。克洛德说，他父亲收到提香仿作后，把画卷起来放到了卧室衣柜上面。它旁边的墙上挂着《光之帝国》，那是 17 幅油画和 10 幅水粉画中的一幅，他那时还是个孩子，躺在床上看这幅画时会觉得害怕。年轻的马格利特与神秘的箱子在一起，年轻的范洛克与神秘的马格利特在一起。他们计划利用范洛克的关系网，小心谨慎地卖掉这幅假提香，但是由于各种原因，画一直没有出手。提香仿作在衣柜上躺了几十年。范洛克晚年再婚，他拿出了这幅画，请人把它修复好，挂在了他的新家。

阿尔贝·范洛克于2011年去世。第二年，马格利特的这幅提香仿作终于出现在了拍卖行，比画家预期的晚了68年。拍卖这幅画的是布鲁塞尔一家名为“浪漫之痛”（Romantic Agony）的拍卖行，拍卖信息显示，这是马格利特的画，“以提香的名义署名”，创作时间根据马里恩的信件确定为1944年。拍卖估价在1万至1.5万欧元之间。[87]这个价格相当有吸引力，画立刻就被一位有鉴赏力的私人收藏家买走了。

画作乍见天日，让人兴趣更浓。发现这幅画本身就意义重大。画的鉴定工作是艺术专家米亚·范德科克霍夫完成的，米亚在拍卖后检查了这幅画，并进行了一系列测试。真相立刻呈现在人们面前，这幅画并非看上去那么简单，或者说，它与人们以往的看法并不一样。马里恩一直说这幅画只不过是《花神》的复制品，《文献评述》采纳了这一说法，那之后每个人也都是这样认为的。[88]然而这幅画其实是合二为一的产物，马格利特把提香的两幅作品结合在一起，创作了自己的作品。他采用了迷人的花神形象，描绘了丰满的女子，但他更多地借鉴了《对镜的维纳斯》（*Woman with a Mirror*，约1513—1515年），这是卢浮宫的藏品。从某种意义上说，马格利特的这幅画是一件新作品，换句话说，是马格利特的真品。它支持马格利特信件中的证词，也揭示了马里恩回忆录的本质。它毫无疑问地表明马格利特在完成“非欧几里德矩形”的工作。这幅画经过了范洛克之手，也证实了他的同伴乐于参与其中，无论会有什么样的经济回报。就这幅画而言，回报来得太迟了。

多亏了米亚的分析，我们才能了解到马格利特是怎么画出这幅画的。马格利特用的画布尺寸为 63.7 × 48.4 厘米，提香的《花神》尺寸为 79.7 × 63.5 厘米，《对镜的维纳斯》尺寸为 99 × 76 厘米。马格利特使用的画布比提香的原作尺寸小，所画的形象都经过了压缩。

这件作品没有署名，这也是应该的。在出自大师提香之手的画作上，没有提香亲笔签的全名，只是偶尔会出现提香·韦切利奥（（Tiziano Vecellio）的姓名首字母 TV，或者一个大写字母 V。字母 V、VV 或 VVO，也会出现在当时其他的威尼斯肖像画上，它们可以被解释为“美德高于一切”（virtus vincit omnia / virtue is victorious over everything），“在世之人的写生画”（vivens vivo / from life by the living），或者“美德和真理”（virtus e veritas / virtue and truth）。

马格利特对提香的模仿，是从未再重复的思想实验。实验的过程也是同化的过程。[89] 但这并不意味着马格利特抛弃了自己的风格，这仍然是马格利特的作品，尽管也体现出了其他形式的实验。从借鉴雷诺阿到模仿提香，贯穿始终的是内心的窥视。是什么让马格利特乐在其中呢？或许是某种超越了金钱收益的深层需求，或许是拥有第二自我带来的悸动，或许是堕落的诱惑。据说亚伯拉罕·林肯曾讲过，人过了四十岁以后，就会得到与他匹配的那张面孔。马格利特还没得到那种面孔，还没明白这个道理。不过，伪造终究不是他的强项。马格利特模仿的提香并不比模仿的毕加索或克利更可信。画假画只是他的业余插曲，如同画家安格尔的小提琴。

注　释

1　乔吉特在1937年2月和3月写给马格利特的信中经常提到科利内，例如第3册，第50—60页。

2　马里恩和农克尔是当时主要的见证者，后者更像是参与者和观察者。参见*Radeau*，第32—33页；CR第3卷，第84页；CRRP D IV/03的记录；Sylvester，*Magritte*，第35页。韦吉弗斯是后来出现的。如果说农克尔是乔吉特吐露心声的对象，那么韦吉弗斯就是马格利特吐露心声的对象，他也被称为杰基、杰杰或基基。他的证词的时间晚于CR，也未被收入现有文献。西尔维斯特没注意到的人不多，他是其中之一，尽管CRRP少量引用了他的论文，那是1995年在拍卖会上出售的，时间上已经很晚了。见Michel Lhomme，Vente publique，1995年12月2日；CR第5卷，补编。他的作品和回忆录收录于略显怪异的三卷本《作品全集（接近）》（*Oeuvre [presque] complète*）。

3　Raymond Chandler, *The Simple Art of Murder*（《简单的谋杀艺术》，New York: Houghton Mifflin Harcourt, 1950)；Léo Malet, *La Vie est dégueulasse*（《糟心生活》，1948），见*Trilogie noire*（《黑色三部曲》，Paris: Losfeld, 1969），第151页，插图由马格利特绘制；马格

利特写给马莱的信，1948年2月28日，CRRP MC, III/08。

4 Mariën, *Radeau*, p. 33. 根据斯居特耐尔的说法（见*Magritte*，第111页），1948年，科利内给马格利特展示了漫画书的原始材料，助了他一臂之力，激励他创作出了奶牛时期的绘画。参考本书第十章。

5 见*OPC*第3卷，第71、98页。韦吉弗斯所讲述的从马格利特的图书馆拿出藏书销售（其中一些是他自己买的），似乎可以得到证实，见Lhomme，Vente publicque，1995年12月2日，拍品44—69。

6 Sylvester, *Magritte*，第35、301页；马格利特写给斯居特耐尔夫妇的信，1937年3月12日，CRRP MC，III/14。这封信转抄于Torczyner的*Signes*，第80页。抄写存在不准确的地方。

7 马格利特写给科利内的信，1937年2月26日。见Archives Bussy，AML。

8 根据马里恩的说法，马格利特把信给了托克茨纳。*Radeau*，第33页；另见“L’Encre indélébile”（《不褪色的墨水》，1985），收录于*Magritte*，第162—163页。然而，20世纪80年代，斯居特耐尔在年轻的泽维尔·卡农（Xavier Canonne）面前展示了这封信，后者的印象是，阿穆瓦尔对丈夫展示这封信或提到这封信感到不满。在斯居特耐尔夫妇留给MRBAB的大量文献遗产中找不到这封信，它有可能是在斯居特耐尔去世后被阿穆瓦尔毁掉了，也有可能是博物馆里某个谨慎的工作人员隐瞒了这封信的存在。感谢泽维尔·卡农和我讨论包括这个问题在内的各种问题，并帮助我在沙勒罗瓦的摄影博物馆（Musée de la Photographie）查阅了最近获得的文献资料。

9 Blistène and Scutenaire, *René Magritte la période “vache”: les pieds dans le plat avec Louis Scutenaire*（《勒内·马格利特的奶牛时期：盘中脚与斯居特耐尔》，Marseilles: Musée Cantini, 1992），p. 31. 马格利特还有一张与此相当相似的素描，上面没写名字，见马格利特1948年4月6日写给斯居特耐尔夫妇的信，收录于CR第2卷，651，第406页。

10 Scutenaire, *Inscriptions 1943–1944*, p. 35; *Scut*, p. 209.

11 马格利特写给科利内的信，未标日期［1934?］，见*Manteau*，第7页。

12 我依照的是Max Loreau, *La Peinture á I'Oeuvre et l'Enigme du Corps*（《绘画和身体的谜》，Paris: Gallimard, 1980），第268页，这是对这幅画的进一步思考。这些故事重新出现在《超现实主义者的游戏》（"Jeux surréalistes"）中，见*EC*，第76—79页；*SW*，第43—44页。相似性是由安德烈·布拉维耶注意到的。

13 马格利特写给科利内的信，未标日期［1957年4月?］，见*Manteau*，第31页。大约在同一时间发生了另一场对话，产生的标题是《闹钟》（*Le Réveille-matin*，CR 861）。对话延伸到1954年PBA马格利特回顾展上与让·斯忒沃的联合采访（*EC*，第382—383页；*SW*，第157—158页）。

14 马格利特写给科利内的信，未标日期［约1951年］，见*Manteau*，第36页。

15 科利内写给马格利特的信，1951年9月25日，2010. M. 85，GRI。

16 马格利特写给科利内的信，未标日期［1957年12月?］，见*Manteau*，第40页。

17 科利内写给马格利特的信，1957年7月1日，参见Borges, *Enquêtes*（Paul and Sylvie Bénichou译，Paris: Gallimard, 1957）；马格利特写给科利内的信，未标日期，见*Manteau*，第33、37、46页。

18 Mariën, "Survivre à Magritte," *L'Art belge*（《比利时艺术》，1968年1月），见*Magritte*，第61页。

19 Pol Bury, "René Magritte ou le viol de la rétine"（《勒内·马格利特：被强暴的视网膜》），*Le Quotidien de Paris*（《巴黎日报》），1984年11月14日；Magritte, *Destination*，第163页。

20 马格利特写给彭罗斯的信，1940年5月23日，摘自CR第2卷，第81页。参考马格利特写给詹姆斯的信，1940年5月

24日，CRRP MC, III/05。

21 Arthur Koestler, *Scum of the Earth* (London: Victor Gollancz Ltd., 1941), p. 158.

22 Scutenaire, *Magritte*, p. 13.

23 马格利特写给MoMA的信，1947，摘录见CR第2卷，第81页。

24 布斯凯写给斯特凡妮·米斯特莱（Stéphane Mistler）的信，未标日期［大约在1940年6月27日］，见*Lettres à Stéphane et à Jean*（《写给斯特凡妮和让的信》，Paris: Michel，1975），第127页；布斯凯写给马格利特的信，1948年9月29日，见*Correspondance*（Paris: Gallimard, 1969），第187页。

25 马格利特写给斯居特耐尔的信，1940年7月18日，摘自CR第2卷，第82页；布斯凯写给皮埃尔的信，1941年2月23日，和马格利特写给皮埃尔的信，1953年11月18日，*EC*，第214—215页。玛丽·何塞（Marie José）嫁给了意大利王储翁贝托王子（Prince Umberto），因此成为皮埃蒙特的公主，后来又成为意大利最后一位女王，不过在位时间非常短暂。按照马格利特的说法，给她写信是布斯凯的主意，但他没给贝当写过信，此事纯属布斯凯杜撰出来的。他与这位昔日朋友渐行渐远时，还曾暗示布斯凯本人也同情贝当主义。

26 马格利特写给彭罗斯的信，1940年5月23日，摘自CR第2卷，第81页；詹姆斯写给乔吉特的信，1940年6月17日，TGA，8711。

27 Beckett，*First Love*（《初恋》），p. 67.

28 马格利特写给佩雷的信，1940年5月24日，Ms 34.686，GRI；马格利特写给斯居特耐尔的信，5月31日，《星期日晨报》［6月初］，未标注日期的信件［6月中旬］，摘自CR第2卷，第81—82页。

29 阿穆瓦尔写给玛莎·沃芬斯坦（Martha Wolfenstein）的信，1975年7月，载于*Le Vocatif* 211（1981年6月），摘自CR第2卷，第82页。

30 马格利特写给斯居特耐尔的信，1940年8月4日，摘自CR第2卷，第83页。

31 马格利特在9月5日写给詹姆斯的信中说，他在家待了大约20天，也就是说，大约从1940年8月17日开始。

32 马格利特写给马里恩的信，1940年8月21日，见Magritte, *Destination*，第41—43页。马格利特在这段时间的信件中总是强调乔吉特的健康状况，除了因为习惯无微不至的关心，可能也是由于他在1938年4月心绞痛发作。显然，她在1940年1月也病了。见马格利特写给詹姆斯的信，1938年4月9日，CRRP MC，III/05；马格利特写给马里恩的信，未标日期［1940年1月］，见Magritte, *Destination*，第35—36页。

33 马格利特写给马里恩的信，1940年11月16日，见Magritte, *Destination*，第43页；马格利特写给斯帕克的信，1940年11月29日，CRRP MC，IV/11；乌巴克写给马里恩的信，1940年11月5日，CRRP MC，IV/27。

34 拉米纳格罗比斯这个名字来自拉封丹，拉封丹则是从拉伯雷那里借用了这个名字，拉伯雷用它来指见利忘义、伪善的法律界人士。见寓言《猫、黄鼠狼和小兔子》。

35 马格利特写给詹姆斯的信，1939年8月30日和10月16日，摘自CR第2卷，第287页。

36 Michaux, *En rêvant*, p. 62.

37 马格利特写给马里恩的信［1943年5月］，见Magritte, *Destination*，第53页。

38 René Béart, "Une acte de sabotage sur le plan de l'esprit"（《一种精神上的破坏行为》），"Un mystificateur,"（《故弄玄虚的人》）和*Le Pays reel*（《真实国度》），1941年5月4日和10日，复制于Mariën, *Magritte*，第 81—82页。

39 Nougé, "L'Expérience souveraine"（《君主的经验》）（1941），重新使用于"Aux écrivains publics,"（《致公众写作者》）见*Le Salut public*（《向公众致敬》，1945），收入*Histoire*，第125、169页。马格利特的宣

言，“Le Surréalisme en plein soleil（阳光下的超现实主义）”（1946），以“继续实验”开头。

40 *Le Pays réel*，1944年1月16日；*De SS-Man*，1943年10月28日；“Is dat nog kunst?”（这不是艺术家吗?）*Volk aan den Arbeid*（1944年3月）。

41 Mariën，“Autant en rapporte le vent”（《就像随风而来》，1973）；Eemans，“Une histoire parallèle du surréalisme en Belgique,”（《比利时超现实主义的平行故事》）*Nouvelles à la main*（《新手》，1971—1972），见*Magritte*，第88、97页。伊曼斯后来声称他在占领期间帮助马格利特免于服兵役，但他并没有因此得到马格利特的感谢。

42 *Portrait of Jacqueline Nonkels*（《雅克利娜·农克尔的肖像》，CR 571）和*Portrait of Eliane Peeters*（《伊莲·彼得斯的肖像》）（CR 573），以*Portrait of Georgette Magritte*（《乔吉特·马格利特的肖像》）（CR 570）为模板，后者是写生画，是给她姐姐的礼物。这三幅画的完成时间都是1944年。后来马格利特问年轻的莱娜·莱森（Reine Leysen，后来成为莱娜·诺奇）是否愿意做裸体模特，她和其他人一样拒绝了。Smolders，*Nougé*，p. 200.

43 马格利特写给马莱的信，1956年2月11日，摘录于CR第3卷，第251页。安妮-玛丽是皮埃尔·克洛维的女儿，皮埃尔·克洛维是马格利特最早也是最忠实的收藏家之一。面具画是CR 820，日期为1955年；肖像画是CR 832，日期为1956年，是系列画中的第一幅。参见Cruysmans，“Le Visage qui hantait Magritte,”（《让马格利特着迷的面具》）*L'Évantail*（1998年2月）。

44 会议记录，1947年4月12日，《超现实主义革命者的各类文件》，990022，GRI。

45 范埃克写给梅森斯的信，1946年4月，摘自CR第2卷，第93页；OPC第3卷，第101页。关于契里科，参见布勒东写给马格利特的信，1946年8月14日，摘自CR第2卷，第

133页；关于加费的反应，参见马格利特写给马里恩的信，邮戳1944年7月12日，见Magritte，*Destination*，第121页。

46 Mariën，“Avertissement”（《警告》，1972），见*Magritte*，第72—73页。马格利特研究了热尔曼·巴赞（Germain Bazin）、查尔斯·昆斯特勒（Charles Kunstler）、朱利叶斯·迈尔-格雷夫（Julius Meier-Graefe）和查尔斯·特拉塞（Charles Terrasse）写的关于雷诺阿的书，以及乔治·贝松（George Besson）的*Couleurs des maîtres 1900—1940*（《色彩大师1900—1940》，Lyons: Les Éditions Braun，1942）。参考马格利特写给马里恩的信，邮戳为1943年4月23日，见Magritte，*Destination*，第51页。

47 Thomson, *Biographical Dictionary*（《传记词典》），p. 991.

48 Nougé，“Les Points sur les signes”（《标志点》，1948），见*Magritte*，第107页；巴塔耶，“Les Pieds Nickelés”（《臭皮匠》，1930），见*OC*第1卷，第233页。

49 Barnett Newman，“Art of the South Seas”（《南海艺术》，1946），*Selected Writings and Interviews*（《作品和访谈选编》，Berkeley: University of California Press，1992），pp. 101-02.

50 会议记录，1947年4月19日，《超现实主义革命者的各类文件》，990022，GRI。

51 马格利特写给诺奇的信，见*FA*，第127—129页（1974），第24期。马里恩在1943年出版的关于马格利特的小书的序言中，也没有提到这个词，序言的名字是“Regarde de tous tes yeux, Regarde!”（《看，全神贯注地看》），见*Magritte*，第17—23页。马格利特还写了《兰花》故事的续集《兰花之肉》（*The Flesh of the Orchid*，1948）。

52 该宣言和相关文本印刷在*EC*，第194—228页；*SW*，第94—102页。另见Wergifosse，“Le Surréalisme en plein soleil”（《阳光下的超现实主义》），收录于OPC第1

卷，第204—234页；Mariën，“Magritte en plein soleil”（《阳光下的马格利特》），1947年1月19日，收录于Mariën，*Magritte*，第32—53页。

53 马格利特写给马里恩的信，1946年8月15日，见Magritte，*Destination*，第210页。

54 Nougé，“Les Points sur les signes”（1948），*Magritte*，pp. 107–08. 同时参见“Élémentaires”(1946)。这些文本针对布勒东近期公开或私下发表的言论提出了质疑，尤其是他对“耶稣会信徒的老教义”的轻蔑驳斥，认为目的决定手段，还有他对马格利特的非难。布勒东提到目的和手段，本身就是在批驳诺奇的《被保护的形象》，或许还针对了诺奇的其他告诫。参见Nougé，*Magritte*，第82、96页。

55 Mariën，*Radeau*，p. 178；Waldberg，*Magritte*，p. 111.

56 诺奇日记，1944年3月11日，见*Journal*，第125页；*L'Éxpérience*，第58页。

57 梅森斯写给马格利特的信，1946年10月10日，摘自CR第2卷，第135页。

58 马格利特写给乔吉特的信，1946年6月18日，摘自CR第2卷，第129页。

59 马格利特写给布勒东的信，1946年6月24日，见*EC*，第200页。在这封信中，他提请对方注意他那幅预示着恐怖从天而降的画——《黑旗》。作为从黑暗向光明过渡的模式，马格利特可能想到了洛特雷阿蒙，以及从《马尔多罗之歌》向《诗篇》的过渡。马格利特10月份的画展预报落空了。

60 布勒东写给布斯凯的信，1940年11月23日，摘自CR第2卷，第136页。参见让·杜歇（Jean Duché）的采访，*Le Littérataire*，1946年10月5日，见Breton，*Entretiens: 1913–1952*（《面谈：1913—1952》，Paris: Gallimard, 1952），242ff。

61 Breton，“Devant le rideau”（《在帷幕前》），in *Le Surréalisme en 1947*（《1947年的超现实主义》，Paris:

Maeght，1947），p. 15.

62 马格利特写给皮埃尔的信，1955年3月8日，摘自*EC*，第227—228页。

63 Rapin, Aporismes（1970）, *EC*, p. 228.

64 Mariën, *Radeau*, p. 87. 关于多明格斯和他的赝品，见Brassaï，*Conversations with Picasso*（《与毕加索对话》，Jane Todd译，Chicago: University of Chicago Press，1999），第360页。

65 Mariën, *Radeau*, p. 87-88.

66 Mariën, *Radeau*, p. 87.

67 马格利特写给马里恩的信，邮戳1944年7月12日，见Magritte，*Destination*，第121页。

68 马格利特写给马里恩的信，邮戳为1944年7月7日，Magritte, *Destination*，第119页。在1944年5月20日和6月20日的信件（第102和109页）也隐晦地提到了相关的事，后者涉及马里恩的家人。

69 马格利特写给马里恩的信，［1944年5月19日和6月3日］，见Magritte，*Destination*，第101、105页。

70 Mariën, *Radeau*, pp. 88-89. 所讨论的画作是恩斯特的目录中的第1167号。西尔维斯特显然将马里恩的指控告诉了目录作者温拿·斯派斯（Werner Spies），后者在1984年证实他认为这幅画是真的（CR第2卷，第99页）。那之后，另一幅由斯派斯鉴定过的《森林》被证明是多产的造假者沃尔夫冈·贝尔特拉奇（Wolfgang Beltracchi）伪造的。

71 马格利特写给马里恩的信，邮戳1944年7月7日，见Magritte，*Destination*，第119页；Mariën，"Le Radeau dans Le tempête"（《暴风雨中的木筏》），1983年3月19日，*Radeau*，第276页。

72 在巴黎的毕加索博物馆并没有与马格利特伪造毕加索相关的任何信息。

73 Mariën，*Radeau*，p. 276. 路易·莱里斯是巴黎莱里斯画廊的总监。

74 马格利特写给马里恩的信，1953年2月7日，见Magritte, *Destination*，第306—307页。同时参考马里恩写给马格利特的信，1952年9月26日，见*Radeau*，第277页。“信用已死”可能只是简单地模仿了流行话语，毕竟他们是在做生意。不过塞利纳有本小说名叫《信用已死》（*Mort à credit*, Paris: Editions de Noël, 1936）。罗伯特·德凯恩拥有马格利特现存最早的作品之一，名为《溪边裸女》（*Nude by a Stream*, CR 1095），创作时间约为1918年，可能是来自马格利特的礼物，他还收藏了已知的马格利特最早的贴纸画《夜曲》（CR1599），创作于1925年，可能是从格尔特·范·布鲁埃内那里得到的，范·布鲁埃内卖给了他不少马格利特的画。此外他还拥有《宇宙的镜子》（*Le Miroir universel*, CR 465），创作于1938年或1939年；《图像的幸运》（*Le Bonheur des images*, CR 537），创作时间为1943年；《快乐人生》（*La Vie heureuse*, CR 553），创作时间为1944年；《天真》（*L'Ingénue*, CR 593），创作时间为1945年；《圣人狂欢节》（*Le Carnaval du sage*, CR 615），创作时间为1947年。他在马格利特的圈子里很有名。见马格利特写给托克茨纳的信，1966年9月24日，收录于Torczyner, *L'Ami*，第367页；Mariën, “La Sagesse des images,”（《图像的智慧》）收录于*Magritte*，第175页，其中他的名字被缩写为R. D. K.。

75 乔吉特写给西尔维斯特的信，1978年9月2日，CRRP C, IV/26。

76 苏富比拍卖行，“勒内·马格利特工作室剩余物品”拍卖会，第951批拍品；Sylvester, *Magritte*，第315页。

77 CR第2卷，第99页；Sarah Whitfield, *Magritte and His Accomplices*（《马格利特和他的同谋者》），见Whitfield, *Magritte*（London: The Hayward Gallery, 1992），第28页。他可能是受到了莫里斯·雷纳尔的《胡安·格里斯和塑料隐喻》中对插图研究的影响。*Juan Gris et la métaphor plastique*（Paris: Feuilles

Libre, 1920）.

78 OPC第3卷，第99页。《青春》（CR60），标明的日期为1924年。感谢BAM的帕梅拉·帕克（Pamela Pack）为我提供了进一步的信息。它们的出处说明只表现出，这幅画来自保罗·马格利特，由纽约的约阿希姆·让·阿伯贝克（Joachim Jean Aberback）把画送给了博物馆。

79 CR第2卷，第99页。参见Sylvester，*Magritte*，第315页。

80 Mariën，*Radeau*，第306页（以及第87页）。参考Magritte, "L'Art bourgeois,"（资产阶级艺术）见*EC*，第132页；*SW*，第68页。

81 Valéry, *Tel quel,* p. 100. Mariën, *Radeau*, p. 301.

82 Mariën, *Radeau*, pp. 177–78.

83 Mariën, *Radeau*，第178页；"Avertissement" to *Croquer les idées*（《〈找到想法〉的警告》，1978），见Mariën，*Magritte*，第124页。参考《乔吉特》（CR 441）。

84 Ceuleers, "*Madame Edwarda*", p. 170.

85 OPC第3卷，第102—103页。马里恩和韦吉弗斯都强调其质量。

86 马格利特写给安德烈·德里德的信［1946］，"浪漫之痛"拍卖行目录49，2012年11月16日，拍品264。在同一次拍卖（拍品编号219）中，还出现了近100张马里恩写给范洛克的明信片，大部分是1941年至1942年间的；有趣的是，马里恩提到，他在这个时期既看到了科利内也看到了马格利特。非常感谢该拍卖行的伊莎贝尔·希兰（Isabelle Chielens）提供的进一步信息。

87 "浪漫之痛"拍卖行，拍品253。在这里，这幅画被确定为"模仿提香的两幅著名油画，《花神》和《阿方斯·德费拉尔和劳拉·迪安蒂》（*Alphonse de Ferrare et Laura Dianti*）"。

88 回头再审视《文献评述》中的立场，会感觉有些奇怪。《文献评述》提出了假画的问题，却没有追究。它印出了这幅画的复制品，尽管相当模糊，不过画中女子的姿势显然与《花神》不符（见第2卷，第99页），仅从这一复制品中也可以辨认出这幅画与《花神》的不同之处，包括一只手，一本书，一面镜子。对于在其他地方的重复，参见Allmer，*Magritte*，第48—49页。

89 见马格利特写给马里恩的信，邮戳1944年6月3日，收录于Magritte，*Destination*，第105页。

第十章　1948—1967

谁笑到最后，谁笑得最响。

——保罗·艾吕雅，1948 年 5 月 11 日[1]

马格利特多年来一直期待能在巴黎成功举办个人画展，机会一次次降临，又一次次溜走。最初，朋友格曼斯计划在 1930 年 1 月为他办画展，结果却发生了华尔街股灾，格曼斯的画廊关门，展览计划不了了之。由于看不到在欧洲艺术之都展出作品的更多希望，马格利特搬回了布鲁塞尔。后来二战爆发，办展更不可能了。直到 1946 年 6 月，马格利特才有条件考虑到巴黎再找一家画廊。然而此次去巴黎也是一时冲动，是在乔吉特的一番劝说下临时作出的决定。[2]

在梅森斯看来，老友马格利特的冲动是不值一提的“少年热情”。马格利特带着这种冲动走进了巴黎歌剧院附近的一家画廊，画廊里正在展出德·契里科的画作，吸引了他的注意。他向画廊的人做了自我介绍，并立刻提出想在这里举办个人画展。画廊一方同意了，但他们提出的条件非常苛刻，以至于梅森斯得知此事后给马格利特写信说："一方面我要祝贺你，但另一方面，我也十分惊讶，以你的年龄，以你享有的国际声誉，你竟然还甘冒风险，准备为这样的事自掏腰包……到了这个阶段，不应该是你请求他们为你办画展，而应该是巴黎和纽约的画廊邀请你去他们那里办画展。"[3]马格利特一心只想着赶紧与画廊老板和老板的合伙人达成协议，他记错了老板的名字，合伙人的名字更是一点都想不起来。最糟的是，他完全没注意到一件本该让他犹豫的事：这家画廊展出的德·契里科的画作中，有二十来幅都是赝品。[4]此次尝试告吹之后，他又找到了更有声望的皮埃尔画廊（Galerie Pierre，老板是皮埃尔·勒布［Pierre Loeb］），试图说服画廊展出他最新的"雷诺阿风格"的画作，最终也是徒劳。两年后，一个在巴黎办展览的真实邀请从天而降，马格利特却没有抓住机会去获得评论界更广泛的认可，而是刻意毁掉了整件事情。

在法布尔-圣奥诺雷街（Rue du Faubourg Saint-Honoré）45号，有一家不起眼的法布尔画廊。法布尔画廊主动提出要为马格利特在巴黎举办他期待已久的画展。对于这家小画廊的负责人，人们所知甚少，只知道他被称为比登先生（Monsieur Buydens）。马格利特写信给他的一位朋友，请他"在不引人注意的前提下探一探这家画廊的情况"。[5]从名字上看，比登很可能是比利时人，他在1948年初访问布鲁塞尔时提议展出马格利特的作品。展览于5月11日开幕，到6月5日展览结束时，展出的15幅油画和10幅水粉画一幅都没卖出去。这并不令人意外。马格利特最初对这次展览的定调是“展示愉悦”，因为他十分清楚，“商业收益固然值得向往，但是目前看来似乎不会有太多收益”[6]。“愉悦”这个词表明，马格利特原本考虑展出他那些雷诺阿风格的作品，也就是皮埃尔·勒布先前拒绝展出的作品，但他最终放弃了这个计划，改变了主意。实际上的展览完全与愉悦不沾边，反而更像是一种挑衅，一种庸俗的展示，是对布勒东和他的高尚圈子发出的粗鲁“呸”声。

此前一年，布勒东曾在巴黎玛格画廊举办的超现实主义国际展上发表评论，无情地批判了马格利特提出的阳光下的超现实主义。这深深刺痛了马格利特。[7]现在，他画了一系列“奶牛画”（vache，这个法语单词的指称意义是“奶牛”，同时也有“愚蠢”或“粗鄙”的含义），以此进行反击。这些画大胆、卡通化、粗俗，正是马格利特和斯居特耐尔都特别喜爱的流行漫画的风格。同谋者斯居特耐尔写了篇目录文本《盘中脚》（“Les Pieds dans le Plat”），使用的是夸张的瓦隆方言，呈现的是粗犷的街头风格，对主张精致文风的布勒东和巴黎超现实主义者进行了又一次挑衅。针对马格利特关于阳光下的超现实主义新形式的构想，布勒东将马格利特贬低为落在后面的孩子，“为了确保自己过上美好的一天，他想出了聪明的主意，把晴雨表的指针固定在了‘晴朗’的位置”[8]。概括一下就是，他指责马格利特行为幼稚。

马格利特直接回击了布勒东，并且变本加厉，回归他童年时代比利时漫画中的卡通形象，他刻意选择的那些形象，用斯居特耐尔的话说，都是“以近乎疯癫的表现主义恶毒地对待人类，以丑陋的颜色进行可怕的扭曲”[9]。马格利特受到了路易·福顿（Louis Forton）的启发，那是他孩提时最喜欢的漫画家之一，他的奶牛画形象充分利用了儿童漫画莽撞和张扬的特点。不过他总是喜欢在作品中表现出矛盾，比如说，在水粉画《生活的艺术》（*L'Art de vivre*）中，那些溅洒出的大片的斑驳色彩是如此巧妙精致，可以与米罗的所有绘画媲美，马格利特也很可能滑稽地模仿了她的风格。实际上，马格利特充分发挥了滑稽模仿的作用。以《饥荒》（*La Famine*）为例，画中的五个卡通人物开始互相吞噬，这可能参考了比利时人詹姆斯·恩索尔（James Ensor）所画的骷髅、木偶或戴面具的人之间的激烈争斗。鉴于马格利特对卡通动画片的热爱，他说不准也想到了泰克斯·艾弗里（Tex Avery）1943年导演的《大脚秃鹰》（*What's Buzzin' Buzzard?*），在那部片子里，两只土耳其秃鹰跑来跑去，都想把对方啄成碎片。《洛拉·德瓦朗斯》（*Lola de Valence*）在马格利特的奶牛画作中是最平和的一幅，画面中的裸体女子取材于马蒂斯的作品（马格利特不止一次借鉴马蒂斯的画），这幅画模仿了马蒂斯轻盈流畅的绘画风格，同时也照搬了马奈（Manet）

知名画作的标题。[10]马格利特的这些奶牛画作大多充满幻想元素。《让-玛丽》(*Jean-Marie*)以一位知名的独腿巴黎画家和著名的异装癖者为主角，画面的背景以鲜亮的橙色为底色，上面覆盖着猩红色条纹，形成了苏格兰格子，以此代表“日落”。[11]在《提坦》(*Titania*)中，人物的面孔从乳房、膝盖和脚部膨胀出来，就像等待被挑破的愤怒的疖子。《跛子》(*Le Stropiat / The Cripple*)中画了三个大圆鼻子。在《山民》(*Le Montagnard / The Mountain Dweller*)中，一头犀牛爬上了一根石柱，石柱在它的重量下裂开了。在《见鬼》(*Flûte！ / Drat It！*)中，一个戴着面具的警察在埃菲尔铁塔前挥舞着他的警棍。……

马格利特带着狂热的激情，创作了奶牛时期的这些画作。斯居特耐尔回忆说，马格利特当时几乎无法控制自己，每次产生灵感，他都会狂奔到附近一家杂货店的电话旁，拨通电话向朋友滔滔不绝地讲述自己的构想，然后冲回家把画画出来，然后再跑到杂货店，扬扬得意地向朋友宣布大功告成。[12]马格利特在提出超现实主义的新形式并希望布勒东接受这种新形式时，实际上恪守了超现实主义的精神，那就是不断革新，对此，布勒东如果不是没注意到，就是刻意地选择了忽视。马格利特对马里恩说：“超现实主义不是一种美学，它代表的是一种反叛的状态，不应该与非理性、残酷或丑行混为一谈。”[13]事实上，前来参观展览的人中，也许只有保罗·艾吕雅看出了这些奶牛画作中的革命精神，他在画廊的留言簿上写道："谁笑到最后，谁笑得最响。"在所有的巴黎超现实主义者中，艾吕雅是最欣赏马格利特的，同时他也最清楚马格利特与布勒东的关系为何经常剑拔弩张。布勒东认为马格利特是粗鄙之人，马格利特认为布勒东是势利小人。两人谁都没错。在马格利特与巴黎超现实主义者的关系背后，隐藏着没有人愿意承认的阶级问题。

卡米耶·格曼斯讲过，马格利特的瓦隆口音十分浓重，而且还喜欢夸大这种口音，说起话来显得咄咄逼人，所以他和艾吕雅有一天决心向马格利特提出这个问题。"我们进行了一场史诗般的讨论，一直讨论到深夜。艾吕雅和我最终败下阵来，马格利特决意保留自己的口音，他认为根本没理由改掉口音。"[14]马格利特还指出，他们要求他说法语，改掉沙勒罗瓦人的浓重口音，是在支持社会层面或知识分子层面的阶层偏见。格曼斯说，他和艾吕雅都感到惭愧，最后停止了争论。"史诗般的讨论"发生在1929年夏天，当时马格利特带着乔吉特，艾吕雅带着女朋友加拉，一起去了卡达克斯，与达利一起度假。转眼间将近20年过去了，这种"阶层偏见"仍然被马格利特当成武器，用来抨击布勒东和法国超现实主义集团的其他成员。在奶牛时期的绘画作品中，马格利特用他所能把握的最粗俗、最有攻击性的"口音"，向巴黎的观众发出了嘲讽之声。正如他的朋友、美国画家威廉·科普利所说，"［他］喜欢让粗俗变得更加粗俗"。[15]

我们并不知道艾吕雅究竟如何看待马格利特在奶牛时期的画作。艾吕雅在参观者留言簿上写下的那句隽语纵然有先见之明，却也只是含混其词，不是对现实情况的确切判断。我们知道的只是，很少有人像艾吕雅一样明白，此时对这些作品做出评判可能还为时过早。

马格利特因为付不起钱，没法把这些画运回布鲁塞尔，只好把它们存放在妻子在巴黎的亲戚那里，直到 20 世纪 50 年代中期，才有人想起了这些画。就在马格利特在巴黎展出奶牛画的同一年，一些艺术家在巴黎成立了有影响力的眼镜蛇画派（Cobra group）。在接下来的几年里，通过笔下无拘无束、灵光闪现的形象，让·杜布菲（Jean Dubuffet）和皮埃尔·阿列钦斯基这样的年轻艺术家，与眼镜蛇画派的其他画家一起证明了马格利特与他所处的时代是多么协调一致。[16]

奶牛时期非常短暂，马格利特很快就声称，为了他的乔吉特，他放弃了奶牛时期的风格。在巴黎受到的苛刻对待让乔吉特感到沮丧，她恳求马格利特回比利时，画一些更受欢迎的作品。比利时作家雅克·韦吉弗斯当时是马格利特的年轻“弟子”，他说，马格利特不是低调终止奶牛画的创作，而是郑重其事地宣告这一阶段的结束。韦吉弗斯回忆说，马格利特有一天召集兄弟保罗、斯居特耐尔和韦吉弗斯开会，情绪激动地对他们说，他要回归以往的绘画风格。然后，他送给在场的每位客人一张水粉画版的《跛子》。[17] 他为什么会选择这件纪念品呢？这是不是个苦涩的笑话，是不是在以此告诉人们，他觉得自己因为缺钱陷入了瘫痪状态？他向斯居特耐尔做出了承诺："我会找到办法，时不时插入一些大得不协调的东西。这也无法阻拦我们为了趣味而出版。这会是我在绘画工作室以外的工作，就像你在办公时间以外做的工作一样。"[18] 马格利特在奶牛时期的画风据傲不逊，他画这些画时兴高采烈，让人想起他童年时那些臭名昭著的插曲，比如往厕所里放酵母，把大粪从邻居家的房顶扔过去。但是，波德莱尔也说过，"天才只不过是有能力随心所欲地重返童年"。

马格利特放弃了漫画中的暴力，但是没有放弃喜剧元素。法国艺术界仍在他的视野之内；如今他的冲击将是颠覆性的，他的嘲讽隐藏在更传统的技巧背后。形象挪用成了他的前进方向。例如，在《透视：马奈的阳台》（*Perspective: Le Balcon de Manet*，1949）中，四具竖起来的木头棺材取代了马奈的《阳台》（*Le Balcon*）中的四个人[19]；在《透视：大卫的雷加米耶夫人》（*Perspective: Madame Récamier de David*，1950）中，一具棺材斜靠在躺椅上，姿势与雅克-路易·大卫著名肖像画中坐着的人一模一样[20]。弗朗索瓦·热拉尔（François Gérard）为同一位女士画的肖像也遭遇了类似的命运——《透视：热拉尔的雷加米耶夫人》。[21]

马格利特并不是第一次在19世纪法国杰出绘画的基础上进行再创作，他在阳光时期或印象派时期（1943—1946）创作的几幅作品就挪用了著名的画作，比如安格尔的《泉》[22]。在他收集的有关这一主题的书中，雷诺阿的那些裸体画也是他的挪用对象。滑稽模仿一直是布鲁塞尔超现实主义者最喜欢的武器。马格利特对待法国著名画家的方式，与诺奇在编辑《相称》时对待法国著名作家的方式有很多共同之处。马格利特用棺材埋葬了大卫、热拉尔和马奈所画的男男女女，从而葬送了人们对知名艺术作品的尊崇。事实证明，这些使用了棺材形象的画可以发泄对法国人的不满，而且更具有颠覆性。马里恩还记得马格利特把该系列的第一幅作品展示给他和诺奇时的情景。“马格利特最初画了一幅小水粉画，正面是放在扶手椅上的棺材。我记得很清楚，我和诺奇在看到它的第一眼时，立刻就想捧腹大笑。”这毫不奇怪，因为马格利特一本正经的样子让诺奇感到格外滑稽可笑。诺奇同样一本正经地想出了一个模棱两可的标题：《透视》。诺奇喜欢巴斯特·基顿，而马格利特更喜欢《劳来与哈代》的打闹喜剧。这一系列的透视画是在奶牛时期结束后随即推出的，马格利特以此继续嘲笑巴黎资产阶级的价值观，同时似乎在忏悔某个愚蠢的时刻。

布鲁塞尔超现实主义者的口号就是挑衅，如果是以粗鲁的手段进行挑衅，那就更好了。他们喜欢模仿法国人老掉牙的刻板笑话。例如，问：“土豆和比利

马格利特，《透视：马奈的阳台》（1949）

时人有何区别？”答：“土豆有人浇，比利时人没人教。”1946 年 6 月，在马格利特去巴黎寻找可办展览的画廊之前不久，他与诺奇和马里恩一起制作分发了三本匿名小册子，分别是《蠢货》（“L’Imbécile” / “The Imbecile”）、《屁股的痛》（“L’Emmerdeur” / “The Pain in the Arse”）和《混蛋》（“L’Enculeur” / “The Motherfucker”）。每本小册子只有薄薄一页，内容粗鄙，语言粗俗，例如：“每天，每分每秒，至少都有一个爱国者在祖国神圣的土地上毫无顾忌地大便。”它们还没得到在街头流传的机会，就被邮政当局没收了。马格利特还编造了一份讲座说明，虚构出了一个保加利亚性学家，宣传说性学家将举办一系列讲座，并承诺会进行现场演示，据说人们因此疯了一样抢着购票。

考虑到这些事情，再加上马格利特先是受到了布勒东的羞辱，之后又未能获得巴黎大画商的青睐，没机会在知名画廊举办个人画展，那么我们也就很容易理解，马格利特奶牛时期的画作为什么不受欢迎，在画展中为什么会遭遇惨败。事实上，巴黎插曲，小册子被没收，虚构讲座说明，这些应该被理解成同属一个系列的事件。如果没有斯居特耐尔、科利内和马里恩，没有他这些最亲密的朋友和盟友的合作和支持，马格利特不太可能全身心投入他的冒险事业，毕竟这注定要迎来批评家的辱骂和入不敷出的局面。

然而，与在巴黎展出的奶牛时期画作不同，"透视"（Perspective）系列一问世就获得了成功。1951 年，《透视：马奈的阳台》首次在伊奥拉斯的纽约画廊展出。伊奥拉斯称之为"此次展览的杰作"。他非常喜欢这幅画，直接把画买了下来，几年后又卖给了休斯敦富有的收藏家吉恩和多米尼克·德梅尼尔。[23] 多年来，马格利特与亚历山大·伊奥拉斯发展成了新的同谋关系。1950 年，伊奥拉斯和马格利特讨论起即将在纽约举行的展览，就在争论越来越激烈时，伊奥拉斯发来了紧急的请求："我给你写这封信是因为玫瑰。我认识了一位重要人物，她开始写十分出色的评论；[24] 她喜欢玫瑰，出于兴趣，我给她看了你的画，她问我，你画没画过玫瑰……如果你有关于怎么画艳丽玫瑰的奇思妙想，请立即告诉我，因为我绝对坚信，我们应该把画卖给她；她能帮我们很多忙。"[25] 马格利特的回复以一个问题开头，那也是许多艺术家都想问经纪人的：“你对我作品的评价，是取决于它吸引买家的能力吗？”他接着说：“我问这个问题是因为，你在这之前一直劝我不要给画廊送带玫瑰的画，而现在，你是不是只因为一位女士喜欢玫瑰，就和我要带玫瑰的画？我可以考虑你的建议，但在这种情况下，我们只是在纯粹的商业层面操作，而不是从艺术角度评判我的作品。”他接着又指出了重要的一点，他提醒伊奥拉斯，他以前的作品，比如《红色模型》，在刚刚问世时也是无人问津。“我画出《红色模型》时，没有人想买那幅画，随着时间推移，如今买家喜欢上了这幅画，你已经卖出了相当多的复制品，但这并不能证明现如今的买家比 15 年前的更聪明。”他还告诉伊奥拉斯：“你最需要的，是那些已经出名并被同化了的画作的复制品。”

在向伊奥拉斯详细说明他的画廊应该出售他的哪些画作时，马格利特使用了“复制品”（répliques / replicas）这个词，而不是变体或版本（variants / variations，versions），后者是他更常用的说法。伊奥拉斯给了马格利特在比利时以外开拓市场的第一个真正的机会，他很快就利用了这个机会。不久以后，他就养成了一个习惯：如果有一幅画他认为会成功，他就会制作至少两个版本，一个面向比利时市场，一个面向纽约市场。[26]伊奥拉斯知道马格利特会瞒着他卖掉自己的画——有时马格利特会故意在画布上标注出错误的日期——但他一般情况下佯装不觉。他继续鼓励马格利特，承诺要帮他卖画，办展览，获得评论界的认可。不过伊奥拉斯和马格利特一样不太可靠，对此马格利特很快就有了体会。1951 年 3 月末，伊奥拉斯旗下的纽约雨果画廊（Hugo Gallery）迎来了马格利特画展，但是筹备画展的过程并不顺利。办画展一事最初是在 1949 年 2 月开始讨论的，接下来的日程安排变动了两次，而后伊奥拉斯很长时间没有消息，看到他毫无理由地拖了那么久，马格利特在 1951 年 3 月 9 日写信表达了自己的失望之情。

> 你一直没给我回信，这让我坐立难安，不知道该作什么假设。为了得到点消息，我只好给雨果画廊写了封对公信函，在信上和画廊的人说，如果你不在纽约，就请他们把这封信转发给你。……现在我再也受不了你的沉默了，不论你是假装沉默，还是真的沉默。你是我可贵的合作者，是我的朋友，我相信，我希望，你这次能费神回复我的信，改变这种尴尬的状况，否则会不利于新的杰出画作正常输出，那不论从什么角度来看都值得惋惜。

伊奥拉斯先是解释他生病了，染上了流感，卧床不起，接着又对马格利特一顿恭维。马格利特的画展终于要开幕了，伊奥拉斯在 3 月 21 日给马格利特写信说："今天对我来说是重大的日子，我看了你的第三次画作预展，现在更喜欢你的画了。这次展览的杰作是《马奈的阳台》。我们看到了新奇的、非常非常奇特的创意。如果我能有十张这样的画该多好，那我就是世界上最幸福的人了。"[27]不过他还是没通知马格利特展览何时开幕，一直拖到了第三次画作预展结束后才告诉马格利特。他也没告诉马格利特，他在参展作品中加进了马格利特的一些旧作，他自己都说，"这些画人们已经看过了，没那么有冲击力"。与完全展出新作相比，加入旧作的效果肯定会大打折扣。换句话说，马格利特本来习惯自己说了算，却突然发现要听别人的安排，事情不再是他能控制的了。不过，在与伊奥拉斯打交道时，马格利特只能接受这一点：他不是说了算的人，也永远不会由他说了算。与美国人有联系的是伊奥拉斯，他既擅长社交，又有商业头脑，建立起了相当可观的客户群体，其中还包括洛克菲勒[28]、普利策、德梅尼尔等名人。他清楚什么画卖得出去，什么人会买画，他不愿放过任何机会。比如说，1953年秋天，纽约市芭蕾舞团（New York City Ballet）到访布鲁塞尔，在皇家铸币局剧院（Théatre de la Monnaie）进行演出。伊奥拉斯曾是舞团的舞蹈演员，与明星编舞家乔治·巴兰钦（George Balanchine）关系很好，他认为舞团的这次访问是个好机会，如果能促成马格利特和巴兰钦的合作，有可能带来更多的生意。他非常坦率地告诉马格利特："这是绝佳的宣传机会，会让你在美国的名声更加显赫。我已经提出让他们付给你10万法郎，我认为这是可以接受的最低报价了。”[29]他建议马格利特，绝对不能以低于5万法郎的价格把画卖给巴兰钦（或芭蕾舞团的团长林肯·柯斯坦），此外还说：“这是我对你的明确建议，我们必须在今年圆满完成和他们的交易，而且要卖到与毕加索的画同样高的价钱，否则我们所有的努力都将白费。”[30]

或许也可以认为，马格利特在与伊奥拉斯交往时顺从于对方，甚至是尽力取悦对方，但这样想对两个人都是不公平的，因为总的来说，伊奥拉斯懂马格利特，欣赏马格利特的画所具有的力量和意义。伊奥拉斯有时会请求马格利特提供旧画的新版本，马格利特也会同意他的请求，但是马格利特在捍卫自己非常重视的新作品时会毫不相让。例如，马格利特在1952年4月向伊奥拉斯提供了《个人价值》[彩图20]，画的是一间卧室，卧室的墙壁由天空构成，卧室里有五件放大的物品，包括一根火柴、一把梳子、一个红酒杯、一块肥皂和一把剃须修面刷。看了这幅画的简介和照片后，伊奥拉斯同意买下这幅画，但当他真正拿到这幅画时，他十分震惊。他告诉马格利特，肥皂的颜色让他恶心（他可能受不了那种花哨的粉色）。他抱怨道：“我太沮丧了，还不能适应眼前的画面。这可能是件杰作，但我每次看到它都觉得不适。它让我感到无助，让我困惑，让我思绪纷乱，我不知道自己喜欢它还是讨厌它，如果你能给我写信解释一下这幅画，我将不胜感激。”马格利特最后回信说，如果这幅画让观众感到无助甚至不适，那就对了，“很好，这就证明了这画面是多么有效果。一幅真正有生命力的画就该让观众感到不适，如果观众没有这种感觉，原因是（1）他们太不敏感了，（2）他们已经习惯了，并以此为快乐”[31]。马格利特没能说服伊奥拉斯，他不同意购买这幅画。[32]

《个人价值》是马格利特20世纪50年代早期的杰作之一，他在那个时期创作了一长串作品，这些作品把观众从志得意满中惊醒，唤起他们不安和不适的感觉。马格利特画中的室内空间总是逼仄阴暗的，其原型就是他和他的朋友们在斯哈尔贝克和热特街区的住所。例如，在《倾听室》（1952）和《个人价值》等作品中，存在的不是已知事物带来的熟悉和舒适，而是焦虑不安和惶恐。透视系列的棺材画虽然旨在产生幽默，却预示着即将出现更加令人生畏的画面。马格利特乐于“修改”马奈和大卫的画作，用棺材表现出法国博物馆艺术品的终结。但是模仿总有边界。在新创作的《幽灵城堡》（*Le Château hanté / The Haunted Castle*，1950）、《紫罗兰之歌》（*Le Chant de la violette / The Song of the Violet*，1951）和《旅行纪念品》（Souvenir du voyage / Memory of a Journey，1952）等作品中，马格利特想象出了一个完全变成石头的世界。此时他放弃了幽默，转向了内心潜藏的悲观主义。这种情绪更符合他在 1948 年 9 月所写的一篇宿命论的文章：

“我们的世界，是混乱无序的世界，充满矛盾的世界。既复杂又精妙的解释让这个世界仍然保持完整，这些解释显然是在为世界辩护，并为那些卑鄙地利用它的人找出借口。”[33]

这些以物体的石头化为主题的风景画、人物画和静物画，呈现的都是灰色的阴影，或是中性灰的颜色，用阴郁的色彩表达出了阴郁的情绪。马格利特格外喜欢灰色装饰画，这种喜好可能源自他所喜爱的凡尔纳小说中的插图，那些 19 世纪的版画描绘了岩石遍布的荒凉风景。19 世纪 20 世纪之交的一些书籍和电影描绘了人们对死寂月球的想象，比如凡尔纳的《从地球到月球》（*From the Earth to the Moon*），乔治·梅里耶（George Méliè）著名的单卷电影《月球之旅》（*Le Voyage dans la Lune*），它们很可能引起了年轻的马格利特的共鸣。另一个可能的灵感来源是艺术史学家和评论家卡尔·爱因斯坦（Carl Einstein）的一篇文章，其中讨论了已经被人遗忘的 17 世纪荷兰画家海格力·西格斯（Hercules Seghers）的风景版画。[34] 这幅画曾经出现在 1929 年 9 月的超现实主义杂志《文献》上，马格利特不可能没看过这期杂志。西格斯所画的岩石“弥漫着绝望，那种绝望带来的痛苦犹如能让人瘫倒的痉挛”。这肯定会吸引马格利特。卡尔·爱因斯坦认为，西格斯的画中形象代表了“一种反叛，虽然狭隘孤立，反抗的却是与荷兰联系到一起的一切”。这样的特征同样会吸引马格利特。西格斯是昔日的大师，他就像马格利特一样，蔑视他那个时代受到普遍追捧的艺术，并宣告这种艺术已经彻底死亡。正如卡尔·爱因斯坦所说，“具有连续性、自成一体的荷兰艺术，在西格斯的画中凝固成了石头，它让人压抑，让人感到了石化的恐怖”。这样的描述也适用于马格利特想象出的岩石世界，这个世界遭到了上帝的遗弃，无法穿越。

马格利特在 1927 年创作了一系列作品，主要描绘了天空、风景和人物逐渐变成木头的画面。从那时起，变形（metamorphosis）就成了他追求的一个主题。他创作出的以“石化”（petrification）为主题的绘画与他的早期作品一样，都有各自的故事，但表达的情绪更加不确定。在马格利特的想象中，世界如同儒勒·凡尔纳在《地心游记》中描写的那样，是一片冰冷寂寥的无人之境。然而，即使如此，他的画作中有时仍会流露出意想不到的柔情。

在《私人日记》（*Journal intime*）中，两个男人头戴圆顶硬礼帽，其中一人在帮同伴清理眼睛里的异物。另一幅画描绘的是两位无名男子身处堆满石块的世界，却有着《紫罗兰之歌》这样甜蜜的标题。这样的安排固然矛盾，却缓和了画作冰冷坚硬的气氛。就如同贝克特的《等待戈多》（*Waiting for Godot*，1952）中的人物，这些衣着朴素的普通人发现自己置

马格利特，《私人日记》（1951）

马格利特，《旅行纪念品》（1951）

身于一个冷漠的空间，孑然一身。

人们不难想象出室内的空间，例如《旅行纪念品》中描绘的室内空间，它以三维立体化的形式现身为一座大型浮雕。人们或许也会联想到马格利特童年时期的玩具剧场，他在剧场中设置好舞台布景，可以上演一出贝克特或品特的戏剧。在画面中，一张铺好桌布的圆桌，放在落地窗前，敞开的窗户正对着一面悬崖，悬崖如此之近，几乎触手可及。画中的一切事物，包括一本书、一碗水果、一瓶酒和玻璃酒杯，一律都是灰色的石头，就仿佛岩石从窗外无情地挤压到了房间里。再没有什么静物画能比这画面更能名副其实地表现“自然之死”了。

一般说来，这样的画面只会让人感到彻底的绝望，但是马格利特发现了岩石的美丽，这种美就深藏于岩石的细致纹理和斑驳色彩之中。石头对马格利特来说有重要的意义。马格利特很早就在德·契里科的绘画中领会到了石头所象征的品质：永恒与沉默。这些品质深深打动了他。例如，在《活跃的声音》（*La Voix active*）中，画面主体被一块巨石占据，它在邀请观众与它进行一场沉默无言的交流，这表现在马格利特的笔下就是，“石头的声音向我们显露了它们完美的存在”[35]。艺术家兼马格利特画作收藏者杰夫·昆斯认为，《活跃的声音》中的这块石头独一无二，具有绝妙的孤立感，塑造出了一种宗教原型的权威。

昆斯举了另一个例子，那就是《倾听室》（*La*

Chambre d'ecoute）中塞满了房间的那个大绿苹果。“每个人都会和这个苹果有关联，比如，你可以把它想象成基督教和伊甸园中的苹果。”[36]的确如此。在他后来的作品《人类之子》（1964）中，苹果这个基督教中的堕落象征遮住了画中人的脸。[37]马格利特的确是反教权的，但是在漫长岁月中形成的强大的基督教意象，或多或少还是影响了他。有人把他的“石头画”与佛兰德式三联画护窗背面的灰色装饰画相比，并非没有道理。[38]1930年，马格利特创作了《天使报喜》，这个传统的标题要求人们不加怀疑地接受其中的神秘。在这幅画中，马格利特创造出了四种物品：一条波纹金属制成的窗帘，两个相同的木制棒接球玩具，还有一张剪纸。它们在户外被摆在一起，观察着四周，似乎在等待某个重大事件的到来。画家大卫·萨利（David Salle）评价道：“模棱两可之处继续充斥画作。”[39]

在创作这些石头画之前，马格利特创作了一系列以棺材为主题的画，淋漓尽致地表现了马格利特最有力、最深入人心的观点之一：人类没有能力看到所处世界之外的世界。

20世纪50年代是个转型期。当时，在伊奥拉斯的帮助下，马格利特的作品在美国拥有了稳定的客户群体，而他本人在国内也结识了不少支持他的收藏家，这样一来，困扰马格利特二十年的经济负担总算大大减轻了。是美国，而不是比利时，奠定了马格利特未来的成功与重要地位。伊奥拉斯为他打造了健康发展的市场，他的一些人脉很广的朋友也促请美国博物馆展出马格利特的作品，比如曾担任驻美文化特使的比利时外交官扬·阿尔伯特·格里斯（Jan Albert Goris）。[40]但是一个人若想名扬天下，仅靠积极的艺术品交易商和朋友是不够的，哪怕他们是风云人物。归根结底，其他艺术家的评价才至关重要。

马塞尔·杜尚适时登场。早在1915年，杜尚就力劝美国人相信，“欧洲的艺术已经终结，艺术的未来属于美国”[41]。尽管这句声明有些哗众取宠，但杜尚对自己在欧洲艺术界的朋友始终忠心耿耿，为他们充当精明而谨慎的中间人，在美国为他们争取难得的展览机会。艺术家威廉·科普利（William Copley）和他的姐夫约翰·普罗亚特（John Ployardt）在比佛利山庄开办了一家短命的画廊[42]，后者此前曾在迪士尼担任动画设计师和讲解员[43]。是杜尚为他们介绍了在美国避难的超现实主义艺术大师。通过杜尚，科普利结识了伊奥拉斯，于是，新画廊在六个月内连续举办了马格利特、马塔、曼·雷和恩斯特等人的作品展。杜尚拥有赫赫声名，足以让他只凭一句话就打开美国的任何一扇门。[44]事实上，吉恩和多米尼克·德梅尼尔对马格利特产生浓厚兴趣，正是源自杜尚对这位艺术家的高度评价。[45]

马格利特肯定很早就听说过杜尚。1921年12月，梅森斯第一次访问巴黎时，特里斯坦·查拉介绍他认识了杜尚，他当然也向布鲁塞尔的朋友讲述了会面的情况。我们不知道杜尚是什么时候注意到马格利特的，不过他一眼就判断出了马格利特的一幅画非常重要。1937 年，他安排路易和沃尔特·阿伦斯伯格（Walter Arensberg）买下了马格利特1929年的画作《六个元素》（*Les Six éléments / The Six Elements*）。[46] 这幅画以前属于布勒东，杜尚很可能为布勒东充当过中介。[47] 十年后，杜尚建议他的密友玛丽亚·马丁斯（Maria Martins）购买马格利特的第二版《红色模型》，这幅画是伊奥拉斯的雨果画廊 1947 年举办第一次马格利特画展时展出的。1945 年，布勒东选择了《红色模型》作为《超现实主义与绘画》第二版的封面配图。杜尚和马格利特的共同之处在于，他们都想"重新定位绘画，使之为心灵服务"[48]。杜尚在 1915 年创作《大玻璃》（*The Large Glass*）时所追求的"后视网膜艺术"（post-retinal art），就具有这样的基本品质。布勒东认为《大玻璃》是前所未有的作品。杜尚批评库尔贝的绘画只与视觉有关时曾说，以前"绘画有其他功能，比如宗教的、哲学的或道德的功能"[49]。马格利特希望艺术回归到更"实用"的目的，可以超越快乐的源泉，成为启蒙的手段。不仅如此，他也像杜尚一样，想摆脱艺术家的"笔触"，比如说莫奈或雷诺阿等画家那吸引人的技法特点。他曾对一位采访者说："我总想确定，画好的画不引人注意，尽可能不显眼。有些作家会尽量找到最简单的口吻，会避开所有的风格效果，尽量让读者在他的作品中只看到他想表达的想法。我就像是这样的作家。所以绘画的行为不是大张旗鼓给人看的。”[50]

杜尚无疑帮助了马格利特，同时也尽可能收藏了他的作品，但他对马格利特的真实看法却不太明确。1959 年 3 月，伊奥拉斯的画廊举办马格利特画展时，曾经请杜尚撰写展览序言，杜尚交给他一句话，其中只有 11 个法语单词：“Des Magritte en cher，en hausse，en noir et en c uleurs.”这句话很难翻译，大意是：马格利特的画价有所值，涨势可观，深沉忧郁，浓墨重色，浪荡轻狂。最后一个短语字母不全，但是内涵丰富，不仅指向颜色（couleur）这个一语双关的词，也让人想到“混蛋败类”（enculeur）这个词，而且马格利特 1946 年在诺奇和马里恩的帮助下匿名出版发行了三本小册子，其中之一就起了“混蛋败类”（L’enculeur）的名字。马格利特对杜尚的做法感到失望。他向托克茨纳抱怨说，虽然他欣赏杜尚“特有的幽默”，但他期待的是一篇序言，而不是“小小的啮齿动物一样微不足道无足轻重的小东西”[51]。马格利特可能已经意识到，杜尚不会支持或评判别人，对待他的艺术家同行更是如此。尽管位居艺术世界的中心，杜尚还是小心翼翼地与之保持一定的距离。正如一位采访者所说的，“他不愿规规矩矩地参与其中”[52]。

杜尚或许有所保留，年轻一代却激情澎湃。1962 年，托克茨纳告诉马格利特，“在美国出现了一个新的绘画流派，他们主要聚集在卡斯泰利画廊，也为可口可乐等公司制作了大型广告。那些绅士们说，他们欣赏‘马格利特大师’，尤其是他那些包含‘文字’的画”[53]。托克茨纳所说的“绅士”包括贾斯珀·琼斯、安迪·沃霍尔、罗伊·利希滕斯坦（Roy Lichtenstein）和罗伯特·劳申伯格。到20世纪60年代初，利奥·卡斯泰利已经成为全美最有影响力的艺术品经销商。[54]评论家和艺术家们都指责他支持琼斯和劳申伯格等初出茅庐的画家，并推动“波普艺术”这样的运动，认为这种运动不公平地侵犯了抽象表现主义的权利，他回答说，绘画是“由艺术家创造的”。“你可以不喜欢绘画，却无法抛掉它。”他还说，“你可以叹惋某种时尚的逝去，但是……你不能说，‘这不是艺术，它终将消失。’”[55]他粗鲁地为他相信的艺术家辩护说：“有些不成功的抽象表现主义者指责我戕害他们，把他们的葬礼归咎于我。但是他们已经倒下了，我只是帮忙移走了尸体。”

就在卡斯泰利发现琼斯和劳申伯格的那一年[56]，纽约的西德尼·詹尼斯画廊举办了“词与像”展览，展出了马格利特在1927年至1930年间创作的21幅文字画。这次展览实属天才之举，负责人是马格利特的老友兼对手梅森斯。[57]梅森斯的伦敦画廊最终在1950年7月关闭[58]，之后他开始寻找新的商机，尤其是在他的家乡比利时。作为150多幅马格利特画作的所有者，梅森斯的地位不同寻常，他完全能帮助马格利特确立在国内外的声誉。事实也证明，伊奥拉斯在美国为马格利特打开了市场，梅森斯也以比利时为基础在欧洲为马格利特打开了市场。在这种时候，马格利特为何不与一家纽约的画廊联手呢？“词与像”展览的创意是梅森斯在布鲁塞尔的一次聚会中想到的，那次聚会是梅森斯安排的，旨在向西德尼·詹尼斯展示他珍藏的马格利特画作。梅森斯很明智，不想跟在伊奥拉斯后面，他说服伊奥拉斯相信，在纽约另找一家有竞争力的画廊举办马格利特画展，只会加强伊奥拉斯作为马格利特在美经销商的地位。伊奥拉斯当然不是傻瓜，他没有反对梅森斯。从他的角度来看，展出马格利特多年前的一些不知名的画作，很可能带来商业失败，事实也确实如此。但是，就像大约六年前的奶牛画展一样，时光流转，一时的失败终将成为传奇。与以往一样，首先做出回应的仍然是艺术家，他们明白，他们所看到的东西不同以往，非比寻常。用画家埃德·拉斯查（Ed Ruscha）的话来说，正是通过马格利特，琼斯和劳申伯格等年轻艺术家才注意到“另外一种强有力的思维方式”。马格利特的作品给他们留下了难以磨灭的印象，到了1960年至1961年，已经登上成功巅峰的琼斯和劳申伯格都开始着手购买马格利特的作品。琼斯告诉他的传记作者罗伯塔·伯恩斯坦，他最初渴望拥有的马格利特的画是《葡萄收获之月》，只是当时买不起。[59]他是1961年在巴黎右岸画廊（Galerie Rive Droite）办画展时看到这幅画的，此前一年马格利特也在那里办了画展。在画面中，一些戴着同样的圆顶礼帽的人正透过一扇敞开的窗户朝房间里看，这实在令人费解。有人认为，琼斯欣赏的是未讲完的故事所具有的悬念和模糊性。马格利特激起了人们的期待，却又不满足人们的期待，就像是让人看了电影的上半部，却没有下半部。琼斯后来收藏了马格利特的七件作品，其中一幅是文字画《梦的钥匙》，还有六件纸上作品。劳申伯格收藏了六件作品，其中一幅是文字画，标题也是《字面意义》，一幅是组成 1945 年版《永恒的证据》的五张画之一，还有四幅纸上作品。[60] 马格利特有一个更年轻的崇拜者，名叫拉斯查。拉斯查认为他所说的“随遇而安的艺术界”太容易做出各种假设，于是提出了有益的警告。“对于艺术是什么，他们能想到的就那么多，却总想概括他们的想法，”他对一位采访者说，“于是，他们会对艺术家进行归类，他们可能会把马格利特与一位波普艺术家归为一类，因为这两位艺术家有时会使用互相关联的意象，而且都擅长讽刺。你会看到他们关于艺术的想法和他们眼中的现实，然而这却是经过了简单筛选的结果。”[61] 对于《葡萄收获之月》为什么会如此吸引琼斯，马格利特本人的话或许是最充分的解释。在托克茨纳获得这幅画的原始素描时，马格利特称赞他有眼光，因为“这幅画最能提醒我们，如果我们有‘现实感’，那么现实能达到多么奇怪的地步”。年轻的艺术家们纷纷效仿马格利特。拉斯查在马格利特的作品中看到了“各种各样的可能性”。“他的作品会向各个方向播散意义，”他说，“但他总会呈现一种观点。”[62]杰夫·昆斯认为他的作品“容易理解”。他对一位采访者说：“马格利特描述了我们都经历过的事情，表现了我们都体验过的日常生活感受。”昆斯以《光之帝国》作为例子解释说：“我们都经历过日暮时分，那时天空既明亮又阴暗。我想，只要再稍微夸张一点，加上更多的阴影，就完全是画中描绘的时刻了。马格利特将不可能的事物并置在一起，他创造出了看似不可能存在的时刻，然而在这样的时刻中却存在着现实性。想想看吧，那个年代可没有图像处理软件。”[63]

马格利特与同伴们相交多年，然而他们之间的友谊在20世纪50年代初期开始出现裂痕。马格利特在国内外越来越成功，这让他越发与众不同。在那之前，马格利特在他们的群体活动中一直是灵魂人物。这要追溯到1928年1月，当时马格利特在时代画廊举办个人画展，诺奇为画展目录写了言简意赅的序言，实际上宣告了布鲁塞尔超现实主义团体的建立。诺奇无疑是布鲁塞尔超现实主义者的领袖，但他不愿抛头露面，他在序言的结尾说：“我们在此时此地毫不犹豫地称自己为他的同谋者，他的同道中人，他就是：勒内·马格利特。”[64]这就把马格利特推到了布鲁塞尔超现实主义者的核心位置。到20世纪50年代初，诺奇已不再参加任何超现实主义的活动，而是忙于政治活动。他售卖比利时共产党的报纸《红旗》，开始学俄语，并于1951年应共产党中央委员会的邀请参加了第十次全国党代会。[65]然而，到1953年时，酗酒对他生活的影响已经不容忽视。画家简·格拉沃罗尔（Jane Graverol）是他的好友，也是马里恩当时的恋人，她描述了诺奇的悲惨状况。诺奇给她发电报请她去看他，她赶紧去了他在布鲁塞尔丁托列街（rue Le Tintoret）的家，结果发现他快得精神紧张症了，家里脏乱不堪。她描述道："那房子简直是噩梦。家具破破烂烂。在正厅里，一个身材魁梧的人坐在一张桌子旁，神情平静得有些怪异，正盯着一些小物件；左边是一张床，床垫被刀划破了，羊毛和马毛从里面漏了出来；床单被撕烂了，从床上垂落下来；对面的厨房里堆满肮脏的碗碟盆罐和摔碎的各类用品。"[66]格拉沃罗尔把诺奇和他的猫接到韦尔维耶与她同住。"他在我家里住了几星期，过了一段平静的生活，那对他来说是久违的平静。"[67]马里恩尽量收集整理了诺奇丢弃的成堆的手稿，开始寻找出版商。梅森斯贬低诺奇，说他在"文学界没有存在地位"[68]，这激怒了马里恩。比利时和法国的出版社都对诺奇的作品不感兴趣，这也让马里恩感到沮丧。虽然马里恩没多少钱，但他还是决定自己为诺奇支付出版费用。1956年，诺奇的作品以《不笑的历史》为名结集出版。十年后，马里恩又一次自己出资，出版了诺奇的诗歌作品，书名为《继续实验》（*L'Expérience continue*）。多亏了马里恩仗义出手，诺奇才免遭被遗忘的命运。

1953 年 3 月，马里恩结束了在一艘瑞典货船上的帮厨工作，从海上返回。[69]朋友们为他举行欢庆晚宴时，一起拍了一张照片。这张照片属于他们在一起拍摄的最后一批照片，然而此时诺奇已经不在他们之中了。

马里恩多年来一直是马格利特最亲密的盟友，最聪慧、最有助益的同谋者。但他们的友谊不久后也要破裂了，这实非他们个人所愿，而是因为他们在意识形态上存在分歧。马格利特在 1952 年创办了评论刊物《自然卡片》，是明信片大小的出版物，外表很不起眼，延续了马格利特和他的朋友们一直珍视的传统：设计精巧、朴实无华、成本低廉。当时马格利特希望能得到马里恩的支持，然而马里恩像诺奇一样，认为应该采取与当时的政治现实有关的立场，尽管他向有影响力的法国作家兼民族学者米歇尔·莱里斯指出，他打算发表的新评论“不会有‘社会主义现实主义’（socialist realism）的元素”[70]。

马里恩将自己的新杂志命名为《裸唇》，并在 1954 年 4 月推出了杂志的第一期。《裸唇》的编委会成员包括简·格拉沃罗尔和诺奇，发表过列宁、贝特尔托·布莱希特和诺奇等人的作品。马里恩为杂志撰写的文章是《马雅可夫斯基的一课》《与政治家的通信》和《客观宣传》，这些标题无疑表明了他的政治方向。值得注意的是，在《裸唇》第一期中没有出现马格利特、科利内、斯居特耐尔或伊雷娜·阿穆瓦尔的任何文字，而他们是昔日布鲁塞尔超现实主义群体的核心成员。1955 年 2 月，马格利特在给加斯东·皮埃尔的信中解释说，马里恩新杂志的基调，尤其是政治基调，是他不甚赞同的。“如果说曾经有一个时期，我怀着‘新手的信仰’投入一项活动，它既涉及社会进步，又涉及我们对生活的感受，那么现在，对那个混乱的时期，我没有怀旧之情。另一方面，当前的混乱已经足够明显，我不会浪费时间让情况变得更糟，虽然只是一点点糟，但我不会乐在其中，我不感兴趣……”[71]

从此以后，马格利特在布鲁塞尔最亲密的朋友，就只剩下科利内、斯居特耐尔和伊雷娜·阿穆瓦尔了。这三个人继续支持马格利特，为他的绘画提供灵感，帮他构思标题。从 1956 年开始，他们开始在马格利特的家庭电影中扮演角色，拍家庭电影是马格利特的新爱好，电影几乎在一夜之间就成了他们的消遣。经历了短暂的奶牛时期之后，如今的马格利特更愿意手握贵重的 8 毫米电影摄影机，斯居特耐尔曾这样描述奶牛时期的马格利特与如今的马格利特：

> 马格利特画画时很平静，他不得不在画布上“劳作”，所以时常也会感到无聊，会受到外界的干扰。可是在他扮演电影导演的角色时，情况正好相反。他会激动，会说出刻薄的话，同时又怡然自得，也许他在手拿摄影机时才是

快乐的，这大概是他生命中最快乐的时光，能与之相比的只有奶牛时期的短短数月，那时他神采奕奕，沉浸在新发现带来的喜悦之中。[72]

不论是在奶牛时期的绘画中体会发现带来的喜悦，还是拍家庭电影，马格利特都从幽默闹剧中获得了无尽的乐趣。他在写给科利内的一封未注明日期的信中，描述了下面的配图场景。

1. 斯居特耐尔扮演驼背的人（把靠垫从后背塞进夹克）。

2. 科利内出场，他头戴圆顶礼帽，拿着胡萝卜，以军人的方式对着伸出舌头立正站着的斯居特吠叫。

3. 科利内喊出操练指令，然后斯居特耐尔（非常笨拙地）执行正步等。

4. 科利内摆出颐指气使的样子，指着一把椅子。斯居特坐到椅子上。科利内交叉双臂。伊娜［伊雷娜·阿穆瓦尔］拿着套剃须工具上场，往斯居特的脸上打泡沫。

……[73]

这是马格利特为朋友们设计的闹剧情景之一。马格利特在信的结尾简洁地说了一句：“尽量精彩。”他又开始统领全局运筹帷幄。在即兴表演时，他允许

“演员”有一定的自由度，但正如斯居特耐尔所说，“他做出的手势和表情那么严肃庄重，就像是最不讲情面的导演”。这再次让人想起，马格利特孩提时就喜欢玩具剧场的游戏。[74]不过在这方面对他影响最大的，应该是他十几岁时在沙勒罗瓦看过的默片喜剧。斯居特耐尔还说：“看着摄影机后面的马格利特，真会感到赏心悦目，一切顺利时他是那么快乐，出了问题时他又会暴跳如雷，样子真是太有趣了。我喜欢听他说，‘我不是在拍片子，这不是拍电影，这是摄影制片艺术’。”[75]这种狂热只持续了一年。科利内病倒了，在 1957 年 12 月因癌症去世。科利内是他们当中的天才丑角，天生的喜剧演员，没有他就没了乐趣，摄影机被放到了一旁。

马格利特此时已经失去了三个最亲密的朋友，最合心意的同道中人：诺奇、马里恩和科利内。又有一些年轻的朋友出现在他身旁，比如巴黎艺术家莫里斯·拉潘和米拉贝尔·多尔，他们在马格利特的帮助下，于 1957 年 11 月至 1958 年 5 月间出版了六本关于马格利特的小册子，名字是《大众趋势》（*La Tendance Populaire*）。在布勒东的追随者纷纷排斥马格利特时，拉潘的支持让马格利特格外感动，但是拉潘热衷于超现实主义的大众化，这最终惹恼了马格利特。接下来出现的是诗人安德烈·博斯曼，当时他 20 岁，安静、内敛，在列日郊区当教师，兼职做图书管理员并以此谋生。这段友谊对两人都很有助益，体现在方方面面。他们频繁通信，马格利特写给博斯曼的信有四百多封。[76]在马格利特的合作者中，博斯曼是最温和的，同时也最热心、最可靠，这或许也由于两人的年龄差了40岁。博斯曼做事专心致志，勤勤恳恳，1960年11月，列日美术馆（Musée des Beaux-Arts）举办了马格利特作品回顾展，博斯曼在组织过程中起到了重要作用。博斯曼与马格利特密切合作，主编了评论杂志《修辞》，从1961年夏天出版第一期开始，《修辞》一共出了13期，马格利特为其中的大部分内容提供了编辑建议。[77]泽维尔·卡农说："杂志的大部分稿件都是马格利特征集的，也是马格利特直接与印刷商打交道，并支付所需的款项。"[78]他仍然是主导方向的那个人。

马格利特在绘画之余一直喜欢写作，特别是后来那些年，写作变成了他迫切要做的事。他作为画家已经相当高产了，作品包括大约1100幅油画和850多幅纸上画，在这一背景下，他还能写那么多封信，实在让人叹服。单是他写给伊奥拉斯的信就多达数百封，写给哈利·托克茨纳的信也很多。[79]托克茨纳最初走进马格利特的生活，只是因为他要去布鲁塞尔出差，他的一个朋友听说后拜托他去拜访马格利特，帮她取一件马格利特答应给她的水粉画。那是在1957年10月。马格利特在十年后去世，这十年里两人一直保持着定期通信（马格利特写给托克茨纳的信有500多封）。他们初次见面时，马格利特很快就发现，这位来自纽约的优秀律师会是个好帮手，他出生在比利时，会讲多种语言，享有良好的国际声誉，关系网遍布世界。“你一定要为我坐飞机满世界走，”他对托克茨纳说，“发现遥远的土地和野蛮的部落，将是妙趣横生。既然你住在美国，你也可以带给我新的消息，关于我的经销商［伊奥拉斯］、我的画、我的朋友、我的评论者的消息。你可以给我发来报告、备忘录和新闻报道。”[80]于是，托克茨纳成了马格利特的“亲善大使”，同时也是一位值得信赖的朋友，他在美国各大博物馆之间充当中间人，就财务和法律问题提供建议，后来还写了一本关于这位艺术家的专著，并发表了他们之间的通信。他还收集了马格利特的大量画作。

与此同时，马格利特开始与巴尼特·霍兹（Barnet Hodes）通信，这位来自芝加哥的优秀美国律师也是个收藏家，目光敏锐，品味有些独特。[81]霍兹是威廉·科普利的朋友，通过科普利认识了几位顶尖的艺术家，包括杜尚、恩斯特和马塔，由此喜欢上了超现实主义。他也给马塔当过几次律师。[82]霍兹有两大愿望：第一，他要收齐所有参加了1925年皮埃尔画廊首届超现实主义展的艺术家的作品，每人的作品都要收藏一幅；第二，他要收藏马格利特重要作品的小型水粉画版本。于是，一场不寻常的合作开始了。霍兹通过邮寄方式下单，按照科普利的说法，他“就像订早餐一样订购马格利特的作品”[83]。马格利特耐心地满足了他的要求，对这个美国人经常提出的平淡乏味的问题，马格利特也会礼貌地予以回答。霍兹希望能在他的芝加哥复式公寓门厅墙上挂满马格利特的小水粉画，等到他的愿望终于实现时，他从马格利特那里一共得到了53幅画，其中只有3幅的画面是新创作出来的。每幅水粉画的尺寸都是9×7英寸，正好可以装在信封里随信邮寄到美国，不会在海关遇到麻烦，也不会引起伊奥拉斯的注意。1956年至1964年间，马格利特满足了霍兹的“邮购”要求，不过，对于霍兹一再从旧展览目录中挑选作品要他复制，他也不太满意。怒气渐渐涌上心头时，他在1960年4月写给霍兹的信中对这名律师说：“事情很明显，如果我总是重新绘制同样的画，我可能会认为我再没有别的东西可画了！”[84]尽管如此，马格利特还是坚持下来了，而且在这个过程中顺便创作了一些水粉画，是他所有水粉画中最出色的。这表明，为自己的作品打造微缩博物馆的想法，也让马格利特获得了几分满足，甚至体会到了一些乐趣。（这批独特的马格利特“复制品”最终被霍兹遗产的继承人分走了。）

这并不是第一次有人要求马格利特为旧图像赋予新用途。早在认识霍兹的几年前，马格利特就接受了赌场老板古斯塔夫·内伦斯（Gustave Nellens）的委托。财大气粗的古斯塔夫·内伦斯在比利时海滨度假胜地克诺克-勒祖特（Knokke-le-Zoute）有家赌场，他请马格利特为赌场的枝形吊灯室创作一幅壁画。那个枝形吊灯是用威尼斯玻璃制作的庞然大物，重达六吨，甚至在吉尼斯世界纪录上占了一席之地。[85] 内伦斯之所以接近马格利特，主要原因或许在于，不久以前，马格利特一直不看好的比利时画家保罗·德尔沃为奥斯坦德一家重建的赌场完成了一幅壁画。这件事可能刺激到了内伦斯，因为那家赌场是他的竞争对手，而且比他的赌场更大。此外，时机至关重要。内伦斯是在 1953 年 4 月开始接触马格利特的，而克诺克赌场即将在 7 月举行夏季狂欢节，这是赌场最主要的年度社会和文化活动。舞台和银幕上的很多名人都会出席这次活动，若要展示新的艺术品，这是绝佳的机会。不过我们并不清楚，内伦斯究竟是把壁画视为艺术，还是仅仅视为他那奢华的水晶吊灯的装饰背景。总之，7 月 4 日，看到马格利特出现在需要正装出场的盛大晚宴上时，被员工称为“皇帝”的内伦斯挥手示意他离开，并且说：“我不邀请和我做生意的人。”内伦斯的儿子罗杰后来说，内伦斯感到受了冒犯，因为马格利特要他付更多的钱。内伦斯声称马格利特是要他付路费，马格利特后来一直坚持说，他是为科利内索取报酬，科利内为内伦斯开幕典礼的目录写了诗歌文本，却没得到报酬。马格利特与内伦斯的不和很快就消散了，毕竟他们有太多共同的朋友。内伦斯是托克茨纳的老同学，是范埃克的商业伙伴。不久以后，马格利特又回到了克诺克，在内伦斯开的极尽奢华的雷瑟夫酒店（La Réserve）住了几个星期。

克诺克壁画的规模太大，而且内伦斯对完成时间

1953 年，马格利特在梯子上自豪地展示他的克诺克壁画《迷人的庄园》（*Le Domaine enchanté*）的尺寸

有要求，所以壁画是由一个画家团队完成的。马格利特负责指导监督，但没有动手绘制。房间有弯曲的拐角，尺寸为 23.8 × 21.3 米（大约 78 × 70 英尺），壁画的位置是在格子壁龛上方，环绕房间形成连续的全景，中间由扁平的壁柱分为八个部分。壁画的各个场景可能是在科利内的帮助下设计的，创造方法是汇集现有的图像（主要是过去二十年里的图像），将之投影到墙上制作新的“场景”。在设计方案中，把所有场景统一到一起的是马格利特的两个典型背景，一是蓝天和雪白的云，一是“电影院式的”红色多褶窗帘。马格利特指派了赌场的首席油漆匠兼装潢师雷蒙·阿特（Raymond Art）监管团队工作和物品的使用，但他坚持用他独特的蓝色来描绘天空，那是布鲁塞尔涂料制造商阿斯特拉公司（Astra Pharmaceuticals）为他特殊配制的一种涂料。

克诺克壁画和霍兹的水粉画都涉及了旧图像的复制品或版本的问题。马格利特称这些画为“变体”，他之所以愿意创作这些“变体”，主要是商业上的权宜之计。[86] 不过他也认为，每个“变体”都是原作的新版本，而不是单纯的复制，而且一幅图像后来的版本甚至可能比原作更引人注目。《光之帝国》就是个例子。[87] 马格利特在 1949 年至 1964 年间一共画了这幅画的 16 个油画版本，还有很多水粉画版本。这些版本中最大的是第八幅，是马格利特在 1954 年为即将在布鲁塞尔美术宫举办的展览准备的，那是他的第一次大型回顾展，也是比利时艺术界期待已久的盛事。回顾展计划于超现实主义宣言发表 30 周年时揭幕。同时马格利特还将迎来另一项官方认可的荣誉，在 1954 年威尼斯双年展上，他的 24 件作品将作为比利时馆的核心展品一并展示，参展作品包括最新版本的《光之帝国》。这幅画将近两米高，描绘了白昼天空下的夜景，已经吸引了布鲁塞尔的两位买家。马格利特刚到威尼斯，就冲动地把这幅画卖给了另外两位收藏家，其中一位是佩吉·古根海姆，而她当然不知道马格利特已经向另外三个人许诺把这幅画卖给他们。马格利特很难拒绝古根海姆的要求，他与古根海姆达成协议后才后知后觉地想到，自己不得不再创作三个版本，才能摆脱尴尬的局面。尴尬，好在不难补救。

马格利特认为，他的绘画不仅是在表达思想，而且具有创造思想的能力。像《光之帝国》这样受欢迎的力量强大的图像，曝光度越高越好，或者说，看到这幅画的人越多，画的影响力就越大。马格利特对重复创作毫无歉意，这一特点也让他的艺术创作在美国更容易得到接受。美国画家罗斯科非常欣赏马格利特，他写道："一件事值得做第一次，就值得一次又一次地做，值得去探索，去研究，在重复中吸引公众的视线。"[88]

事实上，《光之帝国》大受欢迎，影响广泛，远远超过了马格利特的预料。1973 年，电影导演威廉·弗里德金（William Friedkin）借鉴 1954 年版的《光之帝国》，制作了恐怖电影《驱魔人》中的一个关键场景，场景效果太有震撼力了，所有的电影海报和光盘、录像带的封面都使用了这一场景图片。[89]不过华纳营销主管迪克·莱德尔（Dick Lederer）原本想使用令人触目惊心的图像，比如一个小女孩伸出带血的手，手里抓着血迹斑斑的十字架，十字架下方配上一句“看在上帝分上帮帮她吧”。弗里德金强烈反对这一想法，他说，“广告不应强调电影的内容”。弗里德金建议使用演员马克斯·冯赛多（Max von Sydow）站在乔治城一栋房子前的剪影，这一形象的灵感直接来自《光之帝国》。[90]弗里德金与马格利特一样懂得，低调的轻描淡写具有强大的力量。

马格利特很久以前就掌握了广告行业的技巧，正如同广告业要创造前所未知的愿望和欲望，马格利特把绘画看作创造思想和情感的有力手段，这些思想和情感，他的观众从未体验过，甚至做梦都没想到过。《光之帝国》展示出，互相对立之物总是具有内在的神秘性，即使是我们最熟悉的也不例外。“黑夜总是与白昼同时存在，”马格利特解释说，然后又加上了一句，“正如有些人感到悲伤时有些人感到了快乐。”[91]在1956年6月的一次广播采访中，马格利特提到了这幅画，描述了他自己“对昼与夜极大的兴趣”，说这是“钦佩与惊讶并存的感觉”。在他眼中，自然的世界首先是惊奇和启示的丰富源泉。梅森斯告诉大卫·西尔维斯特，马格利特在《乡愁》中描绘了硫磺

马格利特，《清醒状态》（1925）

色的雾，灵感就来自伦敦的雾[92]，梅森斯自己也体验过伦敦的雾。雾是恰当的比喻，可以用来指代难以理解的事物。马格利特告诉《生活》杂志的一名记者，他画《乡愁》这幅画，是为了"唤起距离感，因为画中人在想远方的事情。这个人长着翅膀，然而不论是翅膀还是狮子，都无法帮他实现愿望。他可能都不知道自己有翅膀，不知道狮子在那里。这就是人类的困境"。[93]韦吉弗斯向马格利特描述了他不久前在列日产生的视线错觉，马格利特听了以后迫不及待地要把这一场景画出来。韦吉弗斯说，他走在默兹（Meuse）河河畔时起了大雾，河对岸一座大楼的灰色墙壁渐渐看不见了，视线中只剩下了窗户。坚固墙壁逐渐消失不见的画面让马格利特着迷，他立刻以此为基础画出了《清醒状态》（*L'État de veille / The Waking State*）。大自然为他呈现了意想不到的场景，他对大自然做出了回应。就像他对年轻的美国作家苏西·加布利克所说的，“视觉幻象是超越平庸的独特时刻，它随时都可能产生，不一定需要艺术”[94]。事实上，马格利特在那之前已经描绘过韦吉弗斯所见的景象。在他 1935 年创作的《赫拉克利特的桥》中，密布的云遮住了拱桥的一部分，让人产生了错觉，就好像河流上的拱桥只建好了一半。《清醒状态》的灵感来自韦吉弗斯，《赫拉克利特的桥》的灵感也来自一个朋友[95]。乔吉特坚持认为，马格利特从来不画大自然的素描，但她也承认，他们一起在乡间时，“他会用拇指和食指圈成‘单片眼镜’，放在眼前去看风景，或者观察一块石头、一片树叶”[96]。

人的视觉太容易受到欺骗了，这让马格利特颇感兴趣。有一天他开车外出，路上遇到了一座很高的圆锥形砖塔，从某个角度看上去就像是一条公路的透视图。他把这一景象画了下来。[97] 有一天他看到一对夫妇并肩坐在沙滩上，据说这让他产生了灵感，画出了 1963 年版的《旅行的回忆》，在画面中，石头梨与石头苹果温柔亲密地挨在一起。[98] 对此马格利特是这样说的：“我记得那些幻象。”[99]

马格利特画中的物体经常具有人的特性。在《看不见的世界》（*Le Monde invisible / The Invisible World*）[彩图 23] 中，马格利特借用了马蒂斯最喜欢的主题之一，用面向大海的房间，来表达自然世界与人类世界之间的亲密关系。马蒂斯画中的模特融入了环境，在马格利特所画的《活跃的声音》中，岩石沉默地观察着环境。在1938年的演讲《生命线》中，马格利特描述了他在布鲁塞尔一家普通小酒馆里面对一扇门时产生的思绪："在我当时的精神状态下，我眼中那扇门周围的带状装饰变成了神秘的存在，我与它们的实体持续进行了长时间的交流。"目光炽烈、几近幻觉的凝视，带来了具有诗意的启示，这是超现实主义者格外看重的。米歇尔·莱里斯就写道："有些时刻是决定性的，是生命中唯一重要的时刻。在这些时刻，外部世界似乎突然间回应了我们内心发出的呼唤，突然间向我们开放，在它与我们内心之间形成了突然的交流。"[100] 外部世界的开放，画家与创作对象间"突然的交流"，正是《光之帝国》的核心。

佩吉·古根海姆得到的《光之帝国》大小为146×114厘米，它并不是马格利特创作的最大画作，但它标志着马格利特的画作迈向了不朽。由于20世纪50年代美国艺术市场流行大型画作，伊奥拉斯鼓励马格利特推出更恢宏的作品。于是马格利特创作了《摔跤者的坟墓》（*Le Tombeau des lutteurs / The Tomb of the Wrestlers*，1960）、《望远镜》（*La Lunette d'approche / The Field Glass*，1963）和《大家族》（*Grande Famille / The Great Family*，1960）［彩图24］。这些作品采用了大型画布，而且画面也放大到了极致。一朵盛放的红玫瑰，填满了整个房间。向两边拉开的对开窗帘，展现出辽阔的海景，空中一只巨大的猛禽俯瞰着下方汹涌的海浪。

伊奥拉斯的策略成功了，马格利特的画作价格猛涨。举例来说，1962 年，马格利特的一幅 116 × 89 厘米的画卖了 2000 美元，与他 1959 年卖出的尺寸相仿的画作相比，差不多是那时的 2.5 倍。到了 1966 年，他这一尺寸的画已经卖到了 7000 美元，大概相当于今天的 5 4000 千多美元。[101] 伊奥拉斯有更宏伟的计划。他问马格利特想没想过做雕塑，马格利特不假思索地给出了肯定的回答。两人的此番谈话发生在 1967 年 1 月。到那年 6 月，马格利特从自己的图像库中选出的 8 件作品已经在维罗纳的一家铸造厂完成了蜡模制作。对铸造厂来说，制作蜡模是相当复杂的工作，不过，制作《大卫的雷卡米尔夫人》（*David's Madame Récamier*）的立体版本格外困难。[102] 躺椅、棺材、灯、脚凳，都要单独铸造。伊奥拉斯喜欢说，除了棺材以外，这些都是直接用与大卫的画同时代的物品铸造的。研究表明并非如此。更有可能的是，他按照这些物品的原样制作了复制品。[103] 这些青铜雕塑的标题与画的标题相同，包括《自大狂》（*La Folie des grandeurs / Megalomania*）、《大卫的雷卡米尔夫人》、《亚历山大的劳动》（*Les Travaux d'Alexandre / The Labors of Alexander*）、《治疗者》、《自然的优雅》、《白色的种族》（*La Race blanche / The White Race*）

马格利特制作的青铜雕塑《蒙娜丽莎》（1967）

和《蒙娜丽莎》（*La Joconde / Mona Lisa*）。马格利特的许多图像都具有简单纯粹的形式，所以不难想象它们立体化的样子。比如说，立体化的天空，就像马格利特父亲那些装着椰子脂的箱子一样，普普通通，同属一类。此外还有马具铃铛、木制的比尔博凯特棒接球、独立的窗帘、岩石、树叶鸟和叶片树。制作雕塑是等待的过程，等待事情发生，或者说，等待点石成金的米达斯带着大笔现金出现，来支付相当不菲的铸造成本。伊奥拉斯此时就是心甘情愿的米达斯。

这些雕塑与马格利特的其他作品不同，引发了截然不同的意见。也有些人认为，用雕塑这个词来指代这些人造青铜像，似乎不太妥当。保罗·德尔沃尖刻地说："一个人要么就是雕塑家，要么就不是雕塑家。

如果一个人不是雕塑家，就不应该搞雕塑。”[104]另一些人则宽容地认为，它们是马格利特原创思想的重要体现。小说家约翰·厄普代克有时也写艺术评论，他认为,《自大狂》的立体雕塑给人的印象更加深刻,“就像女性身体的纪念碑，像马约尔或拉雪兹的雕塑一样让人敬佩”[105]。大卫·西尔维斯特则认为《蒙娜丽莎》是“最伟大的成就之一，尽管在青铜上作画的初衷并没有实现”[106]。马格利特欣然接受了伊奥拉斯制作雕塑的建议。这是制作复制品的全新机会，但这些复制品与以往复制的画作有重要区别，它们是由意大利铸造厂的工匠根据图纸按比例铸造的。马格利特本人实际上没碰过它们。[107]马格利特极其抗拒艺术家的“笔触”这一概念，但是他的画作的每一种变体、每一件复制品，都打上了独属于他的烙印，都带着他的笔触特色。许多仿造者发现，马格利特喜欢隐藏自己的绘画技巧，尽量不显山露水，然而实际上他的绘画技巧非常个人化，就像他的笔迹一样一望即知。这些雕塑与克诺克赌场的壁画一样，都有赞助者，不论赞助者是热爱宏伟画作的内伦斯，还是盯上了有利可图的新市场的伊奥拉斯，它们都是以满足赞助者的需求为主而设计的“大工程”。

马格利特的首次大型回顾展于1954年在布鲁塞尔举行。没过多久，他就在国外获得了更大的成功。作品展接踵而来，荣誉与日俱增。1960年，达拉斯和休斯敦举办了他的作品回顾展，两年后，明尼阿波利斯的沃克艺术中心（Walker Art Center）组织了他们自己的展览，1964 年，多米尼克·德梅尼尔在小石城（Little Rock）新成立的阿肯色州艺术中心组织了马格利特作品的大型回顾展。[108] 至于意义最重大的在美展览，则是 1965 年由纽约现代艺术博物馆举办的，该博物馆在美国同类博物馆中最负盛名，此次展览首次充分展出了美国和欧洲收藏家所收藏的马格利特作品，这在很大程度上得益于梅森斯的藏品。展览是由威廉·C. 塞茨（William C. Seitz）和詹姆斯·思罗尔·索比组织的，前者是该博物馆绘画和雕塑馆的前馆长，也是美国当代艺术的倡导者，后者当时是绘画和雕塑馆的负责人。[109] 在那之前，很多美国评论家都觉得很难界定马格利特，索比也不例外，他在 1941 年评论说马格利特是位插画家，他的画会“逐渐消失，就像重复过太多次的双关语一样”[110]。然而，随着时间的推移，他的看法发生了变化。1965 年，托克茨纳为了筹备现代艺术博物馆的展览，以比利时–美国基金会（Belgian-American Foundation）主席的身份替马格利特四下游说。[111] 此时索比在写给托克茨纳的信中说道：

> 马格利特在视觉效果上的独创性，让我越来越着迷，他对其他艺术家的影响，也让我越来越感兴趣。举个例子，我清楚地记得，达利那幅燃烧的长颈鹿 1935 年前后在纽约现身时，

那脖子着火的长颈鹿让我们当中的很多人瞠目结舌。[112]然而，在1935年，甚至比那更早的时候，马格利特就开始画着了火的乐器了。我不是要攻击达利，我只是不喜欢他现在画的东西。但是我认为，到了现在这个时候，真的应该有人指出，超现实主义的绘画发明中该有多少归功于马格利特。已故的伊夫·唐吉先生是我的好友，我每次到他康涅狄格州伍德伯里家的客厅，与他一起望着那幅绝妙的马格利特画作时，他都要提醒我这一点。[113]

马格利特也开始出国旅行，这原本是他一直尽量避免的事情。现在他是到尼斯过夏天，而不是到克诺克-勒祖特过夏天了。1965年12月13日，马格利特甚至横渡大西洋，参加了纽约现代艺术博物馆为他举办的展览开幕式。达利和加拉在晚宴招待会上迎接马格利特，让他又惊又喜。达利自己的纽约展将于几天后在现代艺术画廊（Gallery of Modern Art）开幕，该画廊是A&P超市的家族财富继承人亨廷顿·哈特福德（Huntington Hartford）创立的竞争机构。上千名客人参加了达利画展开幕式，这位西班牙人的名人身份实在太有吸引力了。不过马格利特实在脱不开身参加，太多的晚宴和鸡尾酒会在等着他，都是托克茨纳事先安排好的。[114]马格利特的派对在休斯敦继续进行，那里是他忠实的收藏家吉恩和多米尼克·德梅尼尔的地盘。次年4月，马格利特和乔吉特访问耶路撒冷，作为以色列驻比利时大使阿米尔·纳贾尔（Amiel Najar）的尊贵客人住在大卫王酒店（King David Hotel）。两次出国访问都非常成功。在纽约，马格利特的展览很受欢迎；在耶路撒冷，他很高兴地发现，他的两幅画成了以色列博物馆的永久藏品，一幅是《绘画的困境》（1927），一幅是《阴暗与英俊》（*Le Beau ténébreux / Tall, Dark, and Handsome*, 1950）。

在20世纪60年代中期马格利特夫妇拍摄的照片中，乔吉特穿的是裘皮大衣，这样的奢侈是她以前无法想象的。他们在布鲁塞尔最繁华时尚的于克勒区（Uccle）买了块地，聘请了建筑师设计房子，可见他们的生活是真的富裕了。房子采用了新古典主义风格，马格利特告诉托克茨纳，“古根海姆博物馆提名的建筑师评审团肯定不喜欢这种口味”[115]。纽约古根海姆博物馆于1959年建成，是由弗兰克·劳埃德·赖特（Frank Lloyd Wright）设计的，与传统博物馆的建筑风格迥然不同。至于马格利特的房子，乔吉特和他聘请的建筑师都称之为别墅，它符合中产阶级稳定的体面形象，漂亮而不起眼，与富裕邻居家的房子没什么区别。房间装修用了拼花地板、大理石浴室、大理石大厅、橡木门、地毯。乔吉特说，“这是我们的梦想别墅”，此时要满足这一梦想，费用已经不是问题。马格利特把《摔跤者的坟墓》卖给了托克茨纳，这笔交易来得正是时候，马格利特向他开的价是“相当于1 0000戈比或2500比塞塔的美金”，他解释说，他“对房地产有了新兴趣，所以最近贪财”。[116]一切原本会很顺利，只不过马格利特是噩梦般的客户，他没完没了地修改建筑师的计划，在无数细小的地方翻来覆去地改主意，每个电力点的位置都无法确定。熟悉他的人都知道他过于关注细节，而且事事都要说了算，因此怎样都不会吃惊，但是建筑师忍无可忍，并且指出了这些改变会增加多少成本，最后项目戛然而止。马格利特放弃了自己盖别墅的念头，买下了他们在斯哈尔贝克米莫萨街租住的那所房子。[117]这倒不是因为费用的问题。1964年2月，他得了严重的支气管炎，疲倦得无法工作。他告诉托克茨纳：

> 是不是因为健康状况，我才放弃了建房子的想法？可能吧。继续下去会有太多忧烦，这似乎是每个建设者都必须面对的，似乎不够理性，十分可怕。无论如何，我都已经通知了设计师，并尽量少用“唯物的”论据来支持我的决定。总之我一劳永逸地除掉了不必要的麻烦。这样想来，与所获得的快乐相比，盖房子可能带来的烦恼实在是得不偿失。[118]

皮大衣、珠宝、大钢琴、一辆亮红色的蓝旗亚（Lancia）新车[119]、一处高档房产，所有这些都是给乔吉特的。这无疑是马格利特对乔吉特的一种补偿，多年来他们的生活一直捉襟见肘，只能尽量节省，如今终于可以奢侈一下了。但他的一些老友对此感到不满，其中马里恩的谴责是最不讲情义的。1962 年 6 月 30 日，马格利特的大型回顾展在内伦斯的克诺克-勒祖特赌场开幕，就在那天早上，一份欺骗性的广告传单突然传开，以马格利特的名义宣传他的绘画作品“大减价”。这是滑稽模仿的杰作，传单开头是复制的一张蒙太奇照片[120]，照片下面有一段模仿马格利特写作风格的文字，然后是一张“特惠”清单，比如每 12 幅画免费赠送一幅《黑色魔法》（*Magie noire*），又如，画有海景的《人类的命运》卖 5000 比利时法郎，画有森林景观的《人类的命运》卖 4000 比利时法郎。蒙太奇照片把一张 100 法郎的比利时钞票和马格利特的头像照拼贴在了一起，用马格利特的照片，取代了钞票上原本印着的比利时国王利奥波德一世的头像。照片的说明文字是“苦役”，影射的是印在每一张比利时钞票上的警告文字:“造假币的法律惩罚是苦役。”马格利特一看到这张照片和说明文字，立刻就会明白，制作这张传单的人不论是谁，都知道他十年前参与了一项非法活动。当时他在弟弟保罗的帮助下，制造了大量比利时 100 法郎的假钞。

马里恩在 1983 年出版了回忆录《记忆之舟》（*Le Radeau de la Mémoire / The Raft of Memory*），其中讲到了他在假币事件中扮演的角色。[121] 他说，这张

100 法郎的假币先由马格利特绘制，而后由保罗在他的手工印刷机上印刷而成。两人都没有直接承认他们参与伪造纸币，是马里恩自己猜想出来的。他还确切地记得一幅叫《幽灵》（*Le Spectre / The Specter*）的小水粉画，画面是一张可以乱真的 500 法郎钞票，是前几年马格利特绘制的，最近送给了韦吉弗斯。[122] 他们需要个可靠的人销赃，最后才拉了马里恩入伙。这个小团伙计划利用旅游旺季，在奥斯坦德附近的海滨度假胜地进行多笔小额消费，把钱花掉。如果马里恩没有说错，事情真的发生在 1953 年 6 月初，那就意味着，马格利特在离奥斯坦德大约 25 英里的地方忙着监督克诺克赌场壁画的工作时，他的同伙就在不远的地方，费尽心思要将 500 来张假钞脱手。马里恩分到 10% 的利润。整件事只进行了十多天。他们发现假钞太多了，很难在不引起怀疑的情况下在当地花掉，于是就转移到了布鲁日市。就是在那里，马里恩犯了个致命的错误。他和保罗本来选择在当地一些小店消费，因为小店主通常要等几天才能把现金存入银行，而大型商店和超市每天都会把钱存进银行。但是处理掉这么多假钞实在太艰难了。备感无聊的马里恩失去了耐心，决定找一家大型连锁店，在那里一次性多花些钱。几天后的 6 月 12 日，比利时报纸刊登消息，国家银行缴获了一张 100 法郎的假钞。游戏结束了。

马格利特对造假毫无道德顾忌，这一点从他当初伪造提香、克利和毕加索的作品就可以看出来。[123] 如果有人问他为什么画画，他的回答很可能会与斯居特耐尔回答为什么要写作相仿。斯居特耐尔说："我之所以要写作，原因与别人抢劫邮局、打倒警察或老板、破坏社会秩序，没有什么不同。因为总有些什么在困扰着我，那就是厌恶和欲望。"[124] 马格利特与斯居特耐尔一样，都认为社会秩序是不断受到挑战，最终会被推翻的体系。这终究还是超现实主义在政治和道德上的公认立场。还记得他曾在 1938 年告诉安特卫普的听众："超现实主义是革命性的，因为它毫不含糊地反对一切资产阶级意识形态的价值观，正是这些价值观让世界陷入了今天这种骇人的状态。"作为同谋卷入犯罪活动，无论多么微不足道的犯罪活动，都是另一回事。当初马格利特需要钱来支付各种出版物的费用，包括马里恩的小型专论，迫不得已才开始仿制画作卖钱。但是，到了 1953 年，他的经济状况已经大为好转，为什么还愿意冒这样的风险呢？难道这只是一场游戏，只是为了满足他搞破坏、耍花招的欲望？是不是他的兄弟保罗提出了这个想法，说服了他一起干？毕竟马格利特很少会拒绝保罗。这件事仍是个未解之谜。十年之后，他终究遭到了报应。

马里恩认定马格利特就是假钞事件的幕后主使，马格利特对此听之任之，或许他也左右不了马里恩的想法。不过马格利特从来也没承认过这件事，就像马里恩没有立即承认"大减价"的传单是他制作的。[125] 马格利特认定事情是马里恩干的，但他指责马里恩时马里恩也否认了。他们两清了。与此同时，传单已经越传越远。许多人上了当，其中也包括布勒东。布勒东以为传单就是马格利特制作的，于是立即给他写信道喜，祝贺他开了个绝佳玩笑："你说的话我忘不了，要为此感谢你的不止我一个人。"[126]得知真相后，他评论说，这幽默玩笑"品位极佳……而且足够公正，既适用于对他人在股票市场的评级，也适用于把自己太当回事的普遍倾向"。马格利特可能也发现，布勒东这句"把自己太当回事"的挖苦具有相当丰富的含义。根据比利时法律，任何形式的纸钞复制都构成伪造罪，除非上面印有"样品"字样。比利时国家银行的负责人报了警，警察立刻打电话给马格利特，马格利特以为又是恶作剧，怒气冲冲地接了电话。[127]最后，警方询问了包括马里恩在内的所有嫌疑人，但是没有人受到指控，这件事也就不了了之了。不过历史才是笑到最后的赢家。1998年，为了纪念马格利特诞辰100周年，瑞士国家银行发行了一批500法郎纸币，上面赫然印着这位货真价实的造假者的头像。

面对马里恩执导的这出戏，马格利特摆出了无所畏惧的样子，说这"很有趣"。实际上他很受伤。伊雷娜·阿穆瓦尔记得他看起来像"受了鞭打的狗"[128]。对他画假画和造假币的嘲弄已经够无情了，传单上还嘲笑马格利特近来试图解释他的作品，这戳到了他的痛处。马里恩的这段滑稽模仿是："思想是神秘的，而我的画，真正的画，是神秘与相似的神秘思想的相似之处。因此，这种神秘及其相似之处就类似于思想的灵感，这种思想的灵感勾起了世界中的相似性，而这个世界的神秘是能够以可见方式呈现的。”

马格利特以书写为傲，给朋友写信时更是如此。他在写信这件事上一丝不苟，没有一封信或一张明信片是他不回的，他期望别人也和他一样及时回信。他的信件源源不断，幽默缜密的文字倾诉着他对最近的画作和正在创作的作品有哪些想法。他的言论中时常夹杂着抱怨，抱怨自己的精神状态和他人的愚蠢，记者和新闻工作者是他喜欢攻击的对象。[129]所有这些他都能表达得非常清晰、精确而又直接。但是，如果要他为出版物供稿，情况就另当别论了，他会在很长时间里左思右想无法定稿，会陷入严重的焦虑。正如卡米耶·格曼斯所说，“马格利特总是被焦虑折磨，焦虑极易变成痛苦。他总在发问，他的内心永远不平静。最重要的是，他永远感到不安，我们可以在他的作品中看到这种不安留下的痕迹”。[130]晚年的马格利特越发焦虑，因为他试图表达诸如“神秘”“不可见”和“相似”等抽象概念而无法自拔，他自己也说过，这些概念“只有通过绘画才能变得可见”。莫里斯·拉潘在20世纪50年代末与马格利特合作，结果发现与他合作是“一项艰苦的工作”，主要原因在于，正如拉潘告诉安德烈·布拉维耶的那样，“马格利特宁愿保持沉默，也不愿说出他的确切想法。他的想法常常晦涩难懂，而且他的态度极端独特，不肯求助于数学或哲学语言，在我们寻找所想达到的完美表达的过程中，这就是我们遇到的最大困难，最后，他相当多的文本无法见天日”[131]。举例来说，在1965年现代艺术博物馆为他举办展览之前，马格利特给詹姆斯·思罗尔·索比写了封很长的信，对索比打算在展览目录中发表的文章提出了建议：“获得了灵感的思想在唤起不可见之物的神秘时，会近似于不可见之物。这种思想可以用语言来描述，而语言本身也是不可见的。获得了灵感的思想在唤起可见之物的神秘时，也会接近其本身。这种思想与可见的事物有相似之处，它唤起了可见事物的神秘。……”这段话很难读懂，由此看来，马里恩的模仿还需要再夸张些。

1957年，马格利特当选为比利时自由学院（Libre Académie de Belgique）的成员，该学院成立于1901年，与官方的比利时皇家学院相对应。学院成员中有不少是马格利特的朋友和熟人，正是在那里，他遇到了鲁汶大学的哲学教授阿尔封斯·德·瓦朗斯，他写过关于马丁·海德格尔（Martin Heidegger）的书。[132]马格利特很喜欢读哲学作品，他把瓦朗斯当成了自己的参谋，希望瓦朗斯能有助于自己写作，有助于自己更好地阐释画作。不过，在两人通信了很长时间之后，他的写作还是那个样子，但他没有放弃。1967年8月，鹿特丹的博伊曼斯·范伯宁恩美术馆（Boijmans Van Beuningen Museum）要举办马格利特的大型回顾展。在生命的最后阶段，马格利特再次向这位教授求助，他要为展会目录写篇文章，但他“只找到了些许零乱模糊的‘想法’，来描绘那不可见之物”[133]。事实证明，即使是哲学这门他一直非常尊敬的知识学科，也不能让他完美地表达久久追寻的思想。但是马格利特可能忽略了一个最明显的答案：他的画作之所以经久不衰，恰恰是因为其独立于语言之外。

随着马格利特声名渐显，他发现自己日益陷入矛盾之中，博物馆和画廊要求他解释自己的艺术，然而他不喜欢被人视为艺术家。有一次，他在自由学院做完演讲后，一名学院院士请他解释一下他“艺术”的来源。马格利特的回答是果断的。他坚持说自己不是艺术家，也不接受别人称他艺术家。他是一个有思想的人，并通过绘画来传递他的思想，就像其他人通过音乐、通过文字等媒介传递自己的思想一样。[134] 马格利特把自己看作“一个有思想的人”，而不是艺术家，这一大胆的观点可以解释，他为什么如此努力地把自己的思想用语言表达出来。马格利特一向钦佩哲学家，认为“我们必须有哲学训练”。他喜欢说，柏拉图不像现代哲学家那样使用专业语言，而苏格拉底“是知道得很多的人，因为他知道自己一无所知”。[135] 马格利特一向喜欢与作家和诗人为伍，而不喜欢与画家为伍。现在，他以前“路上的同伴”大多不是死了，就是不在了，他正在寻找新的方法，来摆脱他一向容易感到的无聊和冷漠。他需要新的消遣，最重要的是，他需要新的听众。而这两者，自由学院都可以为他提供。

不过，“大减价”的主旨针对的是马格利特迅速增长的名气。大卫·西尔维斯特多年来一直在研究马格利特，他非常了解斯居特耐尔，于是问了他一个问题：在他看来，马格利特是如何取得成功的？斯居特耐尔回答说：

> 我的看法也不一定对，不过在我看来，成功使马格利特产生了一种内疚的情结，因为在他内心的最深处，他对成功并不满意。在早期，他开始投入超现实主义创作时，他带着超现实主义者的客观性从事绘画，在他的设想中，他的作品应该是要改变世界的，而不是带给他金钱、荣誉、访问或尊重。那些东西他不感兴趣，对钱他不感兴趣。成功和荣誉刚一到来，他就觉得自己犯了错误，他说：“我画了足够多的画，足以推翻一个国家的王位，然而我只收获了口袋里的五千法郎。”
>
> 这让他感到困扰。与以往入不敷出时相比，如今的他更不讨人喜欢，更不热情，更不快乐。[136]

托克茨纳的看法截然不同。他并不认为马格利特对金钱和成功不感兴趣，他也声称，马格利特放在米莫萨街家里的那些瓷器、镀金小天使、百货公司买来的古董和其他小摆件，都是马格利特自己挑选的，而别人都认为这些是乔吉特买回来的。另一方面，在马里恩看来，“据说马格利特沉迷于‘中产阶级’家庭的内部装修，使用枝形吊灯和塞弗勒品牌的精美瓷器，但是这种传闻真的不该再有了”。“事实上，”马里恩说，“马格利特只不过是生活在家里，家中的布置完全是他妻子按照自己的品味设计安排的，她的品味也不错，但马格利特对此完全漠不关心。”马里恩接着又说，“不论是封建城堡还是洞穴，给他的感觉都不会有什么区别。”[137]马格利特完全可以让不同的人说不同的话，但若说他对家庭环境漠不关心，听起来并没有错。更重要的是，他乐于摆脱经济困境，同样乐于纵容妻子。他甚至在成功中找到了快乐，尽管这快乐转瞬即逝。“虚荣啊！虚荣！”[138]有一次他在巴黎举办了很成功的展览，回来后对托克茨纳开玩笑说。[139]他喜欢住在昂贵的酒店里，感受奢华的生活，虽然他对此还不太习惯，他在酒店里学会了“神奇的”词语：“客房服务”。与此同时，马格利特明白了成功会让人分心，成功只是一种消遣，一种杂耍，也是一种麻烦。他开始受到来自各方的搅扰。他在20世纪60年代的信显示出，博物馆、画廊、客户、出版商、报纸、电视台和电台记者、善意的粉丝和艺术爱好者影响了他的生活，造成了无休无止的干扰和分心。有一次，他告诉托克茨纳，他觉得自己正在变成扫罗王，“那个忧郁的国王，更关心自己头脑中纷乱的想法，而不是王国的纷乱状态”。马格利特还对托克茨纳说，扫罗王动不动就大发雷霆，甚至拿着标枪到处乱扔。

“我既没有长矛，也没有标枪，所以我在屋里乱扔的是钢笔或铅笔，因为我无法忍受商业、合同、争论、纠纷，这些让空气变得有毒，我也无法忍受讨厌的人，这些人的未来不值得同情，他们也绝不会引起人们的兴趣。”[140] 正如斯居特耐尔所观察到的，成功并没有给马格利特带来内心的平静。

健康问题让马格利特更加沮丧。到 1965 年，他开始定期接受可的松治疗，以缓解急性风湿病。他去了意大利的水疗中心，但是状况没有得到改善。他在 1965 年 5 月抱怨说，他接受泥浴“治疗”回来后，身体比之前更糟了。[141] 第二年 6 月，他和乔吉特来到托斯卡纳的蒙泰卡蒂尼温泉（Montecatini Terme），与斯居特耐尔和伊雷娜·阿穆瓦尔会合，该地以温泉水和水疗而闻名。中途他们曾在米兰停留，欣赏了达·芬奇的《最后的晚餐》。马格利特在寄给博斯曼的一张明信片上说，这幅画“由于年代久远，加上美国的轰炸，所以损毁得很严重”[142]。看着损毁的《最后的晚餐》，马格利特想到要画一幅画。他在寄给博斯曼的一张明信片上画了个草图，说是“以此证明，旅行可以开阔眼界，不仅限于年轻人”。这幅素描名为《可爱的真理》（*L'Aimable vérité / The Endearing Truth*）[143]，它是马格利特晚年的杰作，也是他按照所看到的原作绘制的唯一一张素描。此前他模仿马奈、大卫、安格尔或雷诺阿创作的作品，都是根据复制品绘制的。值得一提的是，马格利特发给博斯曼的明信片上的素描画，与最终在89×130厘米的画布上完成的油画相差无几，就好像画中的图像已经在他的头脑里成型了。画面呈现了一张桌子，桌子上盖着一块白布，画得看起来仿佛融入了后面的灰色石墙。[144] 似乎正是为了强化这一视觉效果，他把白布薄涂成淡色，透过白布可以看到墙壁的粗糙纹理。马格利特的画作中很少有像《可爱的真理》这样直接向电影表示致敬的。铺着耀眼白布的桌子，被抬高到与眼睛齐平的高度，并投射到墙上，就像电影投射到影院银幕上一样。马格利特站在米兰圣马利亚感恩教堂的那一瞬间，很可能想起了一部电影中的一个特定的瞬间，那就是布努埃尔执导的《维莉迪安娜》（*Viridiana*）中一闪而过的一个镜头，在那个著名的场面中，12 个乞丐围坐在餐桌旁，摆出了《最后的晚餐》中耶稣门徒的姿势。对于《最后的晚餐》体现的宗教内容，马格利特做出的唯一让步就是画出了一瓶红酒和一块面包，不过即便是红酒面包，也有可能是在以模仿表达对布努埃尔的敬意。《维莉迪安娜》是 1960 年在信奉天主教的西班牙制作的，当时西班牙处于佛朗哥的统治下，电影激进地表现了反教权的主张，所以遭到了当局禁播。“我在画《可爱的真理》时充满激情，”马格利特这样告诉他的美国朋友苏西·加布利克，“现在这幅画却让我厌倦，光明十分短暂，启示转瞬即逝。”[145] 从来都是这样。一幅画一旦完成，就只能退场，正如斯居特耐尔所说，“或者被卖掉，或者被烧掉”。

马格利特经常在写给朋友的信中抱怨，说他在画架旁工作的时间太久了。他不止一次把画画比作“强制苦役”。他会一边画画一边听古典音乐，以此打发无聊。据说扫罗王从音乐中得到了慰藉，这一点马格利特不会不知道。

马格利特去世后传言四起，有人说雷蒙·阿特或另一位在克诺克赌场一起画过壁画的画家，曾帮助马格利特创作后期的油画，特别是那些要交给伊奥拉斯的大型油画，包括《可爱的真理》。人们来找雷蒙·阿特核实，他却拒绝回答。[146] 牵涉的人都对此保持沉默。在马格利特生命的最后几年里，他可能偶尔会请助手，而且他在 1966 年 1 月初跌伤了右手，手腕骨折了。[147] 问题是这幅画在多大程度上是由助手完成的，对此没有人回答。现在回头看这个问题，以及当时产生的层层疑云，不免想到时代引起的变化。如今已经不会有人质疑大型艺术家工作室的合法性了，一些工作室的规模堪比工厂，配备着数十名助理、会计师和业务经理。然而在马格利特生活的时代，艺术家的笔触和特色是受到高度重视的，尽管马格利特本人不喜欢与画家独特绘画风格有关的概念。在他所属的时代，马格利特对绘画传统提出了深刻的质疑，因此成了批评的对象，被指责为不属于现代主义传统。如今不论是安迪·沃霍尔、杰夫·昆斯和达米安·赫斯特（Damien Hirst）等艺术家的不干涉制作，还是影视艺术家从事的电影和视频制作，都能得到人们的欣然接受。当年马格利特决心追求另一种技术方法，走一条抛弃“艺术”，安于无名的路。或许正是这样的决心，才在某种程度上让他超越了自己的时代，获得了恒久的魅力。

* * *

1967 年 6 月底，马格利特去了意大利，和伊奥拉斯在维罗纳对雕塑的第一批蜡模进行了细微修改。从意大利回来后不久，他就病倒了，医生怀疑他患了黄疸，让他住进了布鲁塞尔的一家诊所。乔吉特在 8 月 2 日的一封信中告诉托克茨纳：“他的精神状态很不错，而且非常有耐心。所以他的病情不太严重。”[148] 然而，没过几天，他就被诊断出晚期胰腺癌，不可能手术，于是马格利特回家了。“他是开车去医院的，却是坐救护车回来的，”乔吉特后来说，“他上了床，睡着了，再也没醒过来。这对我是可怕的打击。我从来没听他抱怨过疼，也不知道他病得这么重。这么多年过去了，现在我有时会想，他在那几个月里从来不说他多痛苦，就是怕我担心吧。”[149] 马格利特于 8 月 15 日午后平静地离开了。两天后，《默兹–朗泰纳》（*La Meuse-La Lanterne*）刊出了未署名的声明[150]：

超现实主义绘画大师之一，勒内·马格利特（69 岁），于周二 14 时在布鲁塞尔去世。过去两周里，他一直因胆囊堵塞在于克勒医院接受治疗。医生建议不做手术。马格利特非常勇敢地忍受病痛。周一下午，他说的最后一句话是："我不知道能不能挺过去。"

1967 年 8 月 18 日，马格利特被安葬在斯哈尔贝克的公墓。乔吉特·马格利特在 1986 年去世，与马格利特长眠于同一墓地。

注 释

1 出自巴黎法布尔画廊的访客手册。

2 马格利特写给艾吕雅的信，未标日期，抬头为"星期日"，Musée des lettres et des manuscrits（信件和手稿博物馆）。

3 梅森斯写给马格利特的信，1946年7月1日，见CR第2卷，第130页。

4 德·契里科的展览在阿拉尔画廊（Galerie Allard）举行。这些画是由超现实主义画家奥斯卡·多明格斯绘制的，在展览开幕一个月后才被发现为赝品。参见德·契里科基金会（Fondazione Giorgio e Isa de Chirico）的网站。

5 马格利特写给马莱的信，1948年1月31日，CR第2卷，第159页。

6 马格利特写给马莱的信，1948年2月28日，CR第2卷，第159页。

7 参见第九章。André Breton, "Devant le rideau," Exposition internationale du Surréalisme: le Surréalisme en 1947

（《超现实主义国际展：1947年的超现实主义》），巴黎，玛格画廊，1947年。

8 Breton, “Devant le rideau.”

9 Scutenaire, *Magritte*, p. 111.

10 《洛拉·德瓦朗斯》，1862年，巴黎奥赛博物馆（Musée d’Orsay）。

11 《让-玛丽》（1948）的主题是一个有木腿的男人，是根据马格利特认识的一个巴黎人创作的，他既是一个画家，也是一个著名的异装癖者。根据泽维尔·卡农的说法，画的格子背景让人联想到这一时期常用的油布桌布。参见Xavier Canonne, *Surrealism in Belgium 1924–2000*（《比利时的超现实主义1924—2000）（Brussels: Mercatorfonds, 2007），第66页。

12 Scutenaire, *Magritte*, p. 115.

13 参考第二章，注释70。

14 Camille Goemans和Marcel Mariën编，*Oeuvre 1922–1957*（《作品1922—1957》，Brussels: De Rache, 1970），第233页。

15 Copley, *Portrait of the Artist as a Young Dealer*（《一个年轻商人艺术家的肖像》），p. 20.

16 这些奶牛画作现在位居马格利特最受欢迎的作品之列，这反映出人们的欣赏品味发生了巨大变化。抽象表现主义画家菲利普·加斯顿（Philip Guston）的作品也经历了类似的变化。20世纪70年代初，加斯顿采取了一种夸张的喜剧风格回归具象绘画，在得到评论界的广泛接受之前同样遭到了谴责。

17 Wergifosse，*OPC* 第3卷，第72—73页。

18 马格利特写给斯居特耐尔的信，1948年6月7日，CR第2卷，第167页。

19 Edouard Manet，*Le Balcon*，1868年，巴黎奥赛博物馆。

20 Jacques-Louis David，*Madame Récamier*，1800年，巴黎卢浮宫。

21 François Gérard，*Portrait de Juliette Récamier*，约1805

年，巴黎卡纳瓦莱博物馆（Musée Carnavalet）。

22 Jean-Auguste-Dominique Ingres, *La Source*, 1856，巴黎奥赛博物馆。

23 吉恩和多米尼克·德梅尼尔在20世纪60年代初将作品归还给了伊奥拉斯。它现在下落不明。

24 伊奥拉斯指的是纽约名媛弗勒尔·考尔斯（Fleur Cowles），*Flair*杂志的创始人，*Flair*是1950年2月到1951年1月之间出版的时尚杂志。1950年5月刊的封面是玫瑰。

25 伊奥拉斯写给马格利特的信，未标日期［1951年2月］，CR第3卷，第8页。

26 《透视：马奈的阳台》，1950年，比利时根特的van Hedendaagse Kunst博物馆（CR 721），这是马格利特为欧洲市场制作的卖给伊奥拉斯的画的新版本，他卖给伊奥拉斯的则是CR 710。

27 伊奥拉斯写给马格里特的信，1951年3月21日，CR第3卷，第16页。

28 纳尔逊·洛克菲勒（Nelson Rockefeller）买下了CR 709；小约瑟夫·普利策夫妇购买了CR 758；德梅尼尔夫妇从伊奥拉斯和其他人手中买了许多马格利特的画。

29 伊奥拉斯与巴兰钦的合作计划没有任何结果。1953年11月6日，马格利特写信给他的朋友扬-阿尔伯特·格里斯，他在信中说："我喜欢芭蕾，前提条件是它是古典的。在我看来，'前卫'艺术对这一领域的干预是无用和荒谬的。"

30 伊奥拉斯写给马格利特的信，1953年3月5日，CR第3卷，第43页。

31 伊奥拉斯写给马格利特的信，1952年10月15日，CR第3卷，第192页。

32 见第八章。

33 1948年9月，在好莱坞科普利画廊举行的马格利特画展目录中以英文发表。几乎可以肯定，这段文字是威廉·科普利从法语翻译过来的。

34 Laurie Monahan, "Rock Paper Scissors,"（《石头剪刀

布》）*October*（《十月》）第107期（2004年冬季），第95—113页。Charles W. Haxthausen在《文献4》中对爱因斯坦的文章进行了英文翻译，以“Etchings of Hercules Seghers（海格力·西格斯蚀刻画）”的标题发表于《十月》第107期（2004年冬季），第154—157页。

35 “La peinture inutile de M,”（《M的无用之画》）1953，in *EC*, no. 99.

36 2013年8月14日，*Harper's Bazaar*（《哈珀时尚》）对林赛·塔尔博特（Lindsey Talbot）的采访。

37 这是大卫·西尔维斯特的看法，见*Magritte*，第14页。

38 Luc Sante, “Magritte the Detective,”（《侦探马格利特》）*Threepenny Review 56*（《三便士评论56》，1994年冬季），p. 28.

39 David Salle, “Art in Free Fall,”（《自由落体的艺术》）*New York Review of Books*（《纽约书评》），2017年2月8日，第39页。

40 1953年，马格利特画了一幅水粉画，是玛德莱娜·格里斯和她的三只猫。1958年，马格利特为她丈夫阿尔伯特·格里斯画了一幅肖像，也是水粉画。CR第4卷，编号1368和1445。两幅画都是按照片画的。

41 Anon., “The Iconoclastic Opinions of M. Marcel Duchamps [sic] Concerning Art and America,”（《马塞尔·杜尚先生关于艺术与美国的反传统观点》）*Current Opinion*（《当代观点》）第59期（1915年11月）, p. 347.

42 1948年9月9日，科普利画廊的马格利特展览开幕。这个小画廊位于比佛利山庄北佳能大道（North Canon Drive）257号的一栋翻修过的房子里。先后举办了马塔、曼·雷和马克斯·恩斯特的展览之后，画廊于1949年2月底关闭。

43 根据科普利的说法，普罗亚特“讨厌迪士尼，自称为超现实主义者”。*Portrait of the Artist as a Young Dealer*, p. 5.（一篇法语论文的英语原文，巴黎蓬皮杜艺术中心，1977年。）

44 杜尚会极为巧妙地利用人脉，而且总是为他人谋求利益。例如，1961年春天，他说服他认识的艺术家们将作品捐赠给纽约帕克-伯内特（Parke-Bernet）的一场拍卖，为美国国际象棋队出国筹款。参见1961年5月10日加州圣马特奥《时代周刊》（*The Times*, San Mateo, California），第27页。

45 Theresa Papanikolas, “A Deliberate Accident: Magritte in the Collection of John and Dominique de Menil,”（《故意的意外：德梅尼尔收藏的马格利特》）*Magritte and Contemporary Art: The Treachery of Images*（《马格利特与当代艺术：图像的背叛》），Los Angeles County Museum of Art, Los Angeles, 2006, p. 88.

46 这幅画目前收藏于费城艺术博物馆（Philadelphia Museum of Art），路易和沃尔特·阿伦斯伯格藏品。

47 一些与超现实主义有关联的作家和画家会互相充当代理，促进销售。例如，1960年，布勒东把马格利特的两幅画交给维克多·布劳纳出售，这两幅画是《万有引力定律》（CR 200）和《放弃》（CR 312）。布劳纳成功地把画卖给了吉恩和多米尼克·德梅尼尔。

48 Marcel Duchamp, “A propos de moi-même”（《关于我自己》，1964），载于Michel Sanouillet and Paul Matisse, *Duchamp du signe: suivi des Notes*（《杜尚的符号》），引用于Cécile Debray，“Repression in Painting”（《绘画中的压抑》），载于Dawn Ades and William Jeffett编，*Dalí/Duchamp*（《达利/杜尚》，London：Royal Academy of Arts，2018），第23页。

49 Pierre Cabanne，*Entretiens avec Marcel Duchamp*（《杜尚访谈》），引用于Ades and Jeffett, *Dalí/Duchamp*，第19页。

50 Pierre Descargues，“René Magritte: Faire La Peinture qui se remarque le moins possible”（《勒内·马格利特：画出尽可能不被注意到的画》），*Tribune de Lausanne*（《洛桑论坛报》），1967年1月15日。引自

Sarah Whitfield，*Magritte and His Accomplices*（《马格利特和他的同谋者》），见Whitfield，*Magritte*，第28页。

51 马格利特写给托克茨纳的信，1959年3月10日（编号80），载于Torczyner，*L'Ami*（New York: Abrams, 1977），第112页。

52 Calvin Tomkins, *Marcel Duchamp: The Afternoon Interviews*（《马塞尔·杜尚：午后访谈》，New York: Badlands Unlimited, 2013）, p. 9.

53 托克茨纳写给马格利特的信，载于Torczyner，*L'Ami*，第246页。

54 卡斯泰利于1957年2月10日在东77街4号开设了他的第一家纽约画廊。

55 引用自1999年8月23日《纽约时报》约翰·罗素（John Russell）为利奥·卡斯泰利写的讣告。

56 “1954年，他［利奥·卡斯泰利］第一次看到劳申伯格的作品。此后不久，他参观了劳申伯格的工作室，又在其介绍下拜访了与劳申伯格住在同一栋楼的琼斯。多年来，采访者一直希望他讲述那次著名邂逅的情况，提供第一手资料。至于他有些时候的回答，用他的一位好友的话说就是，‘像上了发条的玩具’。”他曾把这次访问比作走进图坦卡蒙的陵墓，看到了那里的宝藏。见1999年8月23日《纽约时报》约翰·罗素为利奥·卡斯泰利写的讣告。

57 在马格利特的朋友中，除了皮埃尔·弗卢凯以外，只有梅森斯曾在文字材料中批评过他的作品。他对艺术家的“印象派”阶段的谴责出现在他的书中，见*Peintres belges contemporains*（《比利时当代画家》，Brussels: Les Éditions Lumière，1947），第157—161页。

58 1938年4月，梅森斯与罗兰·彭罗斯一起接管了位于伦敦科克街（Cork Street）21号的伦敦画廊。

59 Roberta Bernstein，“René Magritte and Jasper Johns: Making Thoughts Visible,”收录于*Magritte and Contemporary Art: The Treachery of Images*（Los Angeles: Los Angeles

Contemporary Museum of Art, 2007），第123页，注释8。

60 Roberta Bernstein, “René Magritte and Jasper Johns: Making Thoughts Visible,” *Magritte and Contemporary Art: The Treachery of Images*，第123页，注释8。

61 Lynn Zelevansky, “An Interview with Ed Ruscha,”（《埃德·拉斯查的访谈》）收录于*Magritte and Contemporary Art: The Treachery of Images*，第140页。

62 同上，第143页。

63 同上。

64 见第五章。

65 Canonne, *Surrealism in Belgium*, p. 111.

66 Jane Graverol, “Entretien avec José Vovelle”（《何塞·武维尔的访谈》），见Canonne, *Surrealism in Belgium*，第113页。

67 诺奇渐渐恢复了正常。他从1964年起与莱娜·莱森一起生活，两人于1967年结婚，她成了他的第二任妻子，几个月后，诺奇就去世了。诺奇在1967年8月18日参加了马格利特的葬礼。

68 Canonne, *Surrealism in Belgium*, p. 115.

69 马里恩是才从加勒比海回来的，他从1951年12月起在一艘名为“银色海洋号”（Silver Ocean）的船上当厨师。

70 马里恩写给米歇尔·莱里斯的信，1953年12月29日。布鲁塞尔，比利时文学档案馆与博物馆（Archives et Musée de la Littérature），马里恩基金会（Fonds Mariën）。FS，47/89。

71 马格利特致加斯东·皮埃尔，1955年2月6日，重印于*EC*，第402页；重印于*Canonne, Surrealism in Belgium*，第124页。

72 Francis De Lulle, Catherine De Croes编，*La Fidelité des images: Rene Magritte et le cinématographie et le photographie*（《图像的真实性：勒内·马格利特，摄像与摄影》，Brussels: Le Fil Rouge, 1976），第69页。

73 CR第3卷，第71页。

74 见第一章。

75 见第一章。

76 这些信件已经结集出版，见Magritte, *Bosmans*。

77 泽维尔·卡农说："马格利特很尊重博斯曼，这毫无疑问取决于博斯曼对马格利特的钦佩，不过《修辞》基本上是由马格利特设计和构思的。"见Canonne, *Surrealism in Belgium*，第193页。

78 同上，第190页。

79 哈利·托克茨纳出生在比利时。他曾在安特卫普和古斯塔夫·内伦斯一起上学，后来在布鲁塞尔自由大学学习法律。第二次世界大战期间，他在美国战争情报办公室的广播部门工作，后来成为国际法和政治学的专家。他曾担任美国犹太复国主义组织以色列和中东委员会的全国主席。他与比利时航空公司的公关主管彼得·德·马埃尔（Peter De Maerel）一起在美国创立了比利时艺术基金会（Belgian Art Foundation）。

80 Torczyner, *Magritte: Ideas and Images*（《马格利特：思想与图像》, New York: Abrams, 1977）, p. 10.

81 巴尼特·霍兹是芝加哥 Arvey，Hodes and Mantynband 律师事务所的合伙人。

82 科普利在20世纪50年代中期的艺术界的朋友和同事关系网，可以用威廉和诺玛·科普利基金会（William and Noma Copley Foundation）的顾问、管理人员和董事名单来概括。该基金会成立于1954年。顾问是让·阿尔普、阿尔弗雷德·巴尔（Alfred Barr）、罗伯托·马塔·埃肖伦（Roberto Matta Echaurren）、马克斯·恩斯特、朱利安·利维、威廉·利伯曼（William Lieberman）、曼·雷、罗兰·彭罗斯和赫伯特·里德。主管是威廉·科普利和诺玛·科普利、马塞尔·杜尚、巴尼特·霍兹和埃莉诺·霍兹（Eleanor Hodes）以及达利斯·米约。

83 Copley, *Portrait of the Artist as a Young Dealer*, p. 5.

84 马格利特写给霍兹的信，1960年4月8日，CR第3卷，第

68页。

85 这盏吊灯是古斯塔夫·内伦斯在1949年安装的，直径为8.5米（28英尺），高6.5米（21英尺），一共用了22 000块玻璃和2 700盏灯。内伦斯的儿子罗杰说，它被列入了吉尼斯世界纪录。内伦斯1971年去世后，它被移出了吊灯室。

86 1966年，马格利特参加了一项实验，实验对象是法国化学家亨利·科卡德（Henri Cocard）发明的名为Kamagraphie的复制技术。采用这种技术可以一次性生产250幅相同的画布，这一想法极大地吸引了马格利特。1966年10月3日，马格利特在给托克茨纳的信中写道："多亏了这项发明，一文不名的博物馆将有能力在展厅中汇集现代绘画，而这是他们以前无法企及的。"见CR第3卷，目录1048。

87 这幅画的法语标题 *L'Empire des lumières* 通常的英语译文是*The Empire of Lights*，也就是《光之帝国》，然而，马里恩指出，这样的翻译侧重"领域"（territory）的含义，而其本质意义显然是"权力"（power）或"支配地位"（dominance）。见CR第3卷，目录709。

88 引用自Briony Fer, "Rothko and Repetition"（《罗斯科和重复》），载于Glenn Phillips，Thomas Crow编，*Seeing Rothko*（《看见罗斯科》，London: Tate Publishing, 2006），第160页。

89 《驱魔人》于1973年12月26日推出。弗里德金讲述了他是如何把《光之帝国》"重构"成电影场景的。"我看到一束强光从里根的卧室窗户照出来，照到街灯附近的人影身上。这个人就是麦林神父［冯赛多饰演］，他到了乔治敦的房子那里。马格利特这幅画是个范例，显示出他如何将现实中不相关的物体并置。在电影中，画面变成了真实的街道上真实的房子，房子中位于楼上的卧室里有一个被恶魔附身的年轻女子。为了得到卧室窗户中照出一束光的效果，我们在马奥尼夫人（Mrs. Mahoney）房子的扩建部分后面再搭个平台，把弧光灯放到平台上，正对着从出租车里下来的麦林。我们把展望大道（Prospect Avenue）用水打湿，用喷雾机增强气氛。我们在房子前面放置了路灯。我叫了一辆出租车沿着第五街开过来，在展望大道掉头，停到房子前面。这意味着欧文［罗伊兹曼］必须从卧室的窗户照亮两条街道，营造出超现实的效果。为了拍好这一个镜头，我们花了整整一个白天加一个晚上布光，又在第二天晚上进行拍摄。”*The Friedkin Connection: A Memoir*（《弗里德金的人脉：回忆录》，New York: Harper Collins, 2013），第261—262页。

90 同上，第302页。

91 马格利特写给费利克斯·法布里奇奥的信，1966年9月3日，私人收藏。

92 Sylvester, *Magritte*, p. 254.

93 无名氏，“The Enigmatic Visions of René Magritte”（《马格利特的神秘幻象》），*Life* 第60卷，第16期，1966年4月23日。

94 Suzi Gablik,“Conversation with René Magritte”（《与马格利特的对话》），国际工作室（Studio International），1967年3月。

95 这位朋友就是剧作家克洛德·斯帕克。见CR第2卷，目录383。

96 Passeron,“En écoutant Magritte”（《倾听马格利特》），p. 12.

97 *Where Euclid Walked*（《欧几里德的漫步场所》），1955，Minneapolis Institute of Arts（明尼阿波利斯艺术学院），William Hood Dunwoody Fund（威廉·胡德·邓伍迪基金）。

98 CR第3卷，目录974。

99 *EC*，第613页。

100 Michel Leiris,“Alberto Giacometti”（《阿尔贝托·贾科梅蒂》），*Documents 4*（1929年9月）。引自Whitfield, *Magritte*，1992，目录29。

101 在1960年春天，马格利特向托克茨纳征求关于将美元兑换成瑞士法郎的建议。大概就是在那个时候，他开了个瑞士银行账户。参见Torczyner，*L'Ami*，第143页。

102 CR第3卷，目录1089。

103 参见Whitfield，*Magritte*，1992，目录167，注释3。

104 Guy Carels and Charles van Dam, *Paul Delvaux*（《保罗·德尔沃》, St. ideesbald, Koksijde: Paul Delvaux Foundation, 2004）, p. 107.

105 John Updike, "Magritte the Great"（《伟大的马格利特》），见*Always Looking: Essays on Art*（《永远在看：艺术论文集》，New York: Knopf，2012），第163页。

106 Sylvester, *Magritte*, p. 309.

107 6月21日，马格利特在米兰与伊奥拉斯会面，他们驱车前往维罗纳的吉比斯铸造厂看蜡模，那里只有两个制作好的蜡模，《蒙娜丽莎》和《自大狂》。"我必须看看他们是否'严格地'执行了我的指示，严格执行是我唯一的要求。"他对托克茨纳说。Torczyner，*Letters*, p. 151.

108 阿肯色艺术中心是政治家兼慈善家温斯洛普·洛克菲勒（Winthrop Rockefeller）创立的小型博物馆，于1963年5月开放。

109 在华盛顿特区史密森学会（Smithsonian Institution）的美国艺术档案馆保存的威廉·C. 塞茨的文件中有三本笔记，其中记录了塞茨在6月10日至7月1日期间前往伦敦、巴黎、布鲁塞尔、纽约和芝加哥，为展览筹备资金。

110 James Thrall Soby, *The Early de Chirico*（《早期契里科》, New York: Dodd Mead and Co., 1941）, p. 96. 后来他对自己所写的感到后悔，他说："我在年轻时严重误判过一些现代艺术家，其中最让我后悔的是对勒内·马格利特的评论。""The Changing Stream"（《变化的溪流》），载于*The Museum of Modern Art at Mid-Century: Continuity and Change*（《世纪中叶的现代艺术博物馆：延续与变化》，纽约现代艺术博物馆，1995年），第220页。

111 在1964年2月12日的一封信中，托克茨纳告诉马格利特："下周一我将与博物馆的一位策展人共进午餐，关于这些先生们正在考虑的'展示马格利特作品的方式'，我可能会了解到一些细节。消息（目前）还需保密。"（Torczyner，*Letters*, p. 94.）马格利特对博物馆挑选的作品并不十分满意。他在1965年9月30日的一封信中向托克茨纳抱怨说："这份名单是当权人士起草的，反映了他们和我在专业知识上的差异。我得说，想到这样办展览的方式，我一点也不满意，我觉得，在一开始有人提出要办这样的展览时，我就应该有发言权。"（Torczyner, *Letters*, p. 123.）

112 马格利特没时间理会达利那燃烧的长颈鹿。在1959年3月28日的一封信中，他对博斯曼说："达利是多余的，比如说，燃烧的长颈鹿就是一幅愚蠢的漫画，一种愚蠢的夸张——愚蠢，因为既容易做到又毫无必要——他夸张地表达了我所画的一张着了火的纸和一把着了火的钥匙的形象，这个形象后来被我进一步完善了，而我展示的只是一件着了火的物体：一把小号。"马格利特提到的作品是，CR第4卷，目录1108，《火之梯》（1934）；CR第2卷，目录358，《火之梯》（1934）；目录359，《火的发现》（1934或1935）。

113 索比写给托克茨纳的信，1965年7月1日，见Torczyner，*L'Ami*，第126页。

114 托克茨纳为马格利特举办了欢庆会。当地一名小道消息专栏作者说，他"把别人画的油画全从墙上摘下来，放进了柜子，只留下了马格利特的画"。*The Post-Standard*（《旗帜邮报》），Syracuse，纽约，1965年12月24日，第18页。其他活动包括在伊奥拉斯画廊举办的晚宴，比利时总领事福托姆（Forthomme）大使举办的鸡尾酒会；前往康涅狄格州新迦南（New Canaan）的詹姆斯·思罗尔·索比的乡间别墅，欣赏他收藏的德·契里科的作品。

115 马格利特写给托克茨纳的信，1963年8月25日，编号

287，见Torczyner，*L'Ami*，第252页。

116 同上。

117 房子在米莫萨街（rue des Mimosas）97号。马格利特只对房子做了很小的改动。安德烈·博斯曼说，马格利特最后确认过，没有一扇门两边的把手是一样的。见CR第3卷，第85页。

118 马格利特写给托克茨纳的信，1964年2月27日，见Torczyner，*Letters*，第95页。

119 马格利特后来决定把这辆有轻微凹痕和划痕的蓝旗亚送回他买车的车行。参考Torczyner，*L'Ami*，第222—223页。

120 这张照片蒙太奇是由马里恩的密友列奥·多曼（Leo Dohmen）制作的。1962年7月4日，多曼写信给马里恩，建议他尽量保持匿名，并补充说："如果我们能成功，以后甚至有办法用假马格利特的名义出版一整本书，我相信它会卖得很好。"多曼在"大减价"事件中的角色很快就不再是秘密了。布勒东显然知道真相，多曼出版了《小樱桃树不受野兔袭击》（*Young Cherry Trees Secured Against Hares*），布勒东在题献词中写道："致列奥·多曼。这只手在拿取的同时也在放手，它牢牢抓住了编号12716.B.47017.11.58的钞票，那张钞票制作得太精致，所以无法成为合法货币。"参见Jan Ceuleers，*Leo Dohmen 1929–1999: Look! Think! Win!*（《列奥·多曼1929—1999：看过！想过！赢过！》，Antwerp: Ronny van de Velde, 1999），第54页（法文原版），第91页（英文译文，此处略有改动）。

121 *Le Radeau de la Mémoire* (Brussels: Le Pré aux Clercs, 1983). 尽管乔吉特·马格利特为阻止马里恩出版回忆录提起了诉讼，但这本回忆录还是出版了。假币的来历记载在第70章，第175—180页。关于乔吉特的反应，参考Torczyner，*L'Ami*，第410页。

122 CR第4卷，目录1301b。

123 托克茨纳在1959年6月左右听说，法国有一张马格利特的假画，他曾让一位律师同事去追查。参见Torczyner，

L'Ami，第142页。

124 Bernard Blistène, "The Roguish Language of Magritte's"（《马格利特的俏皮语言》），见*Bad Painting, Good Art*（《糟糕的画，好的艺术》，Vienna: Museum Moderner Kunst Stiftung Ludwig, 2008），第144页。

125 马里恩在1966年承认"大减价"的传单有他的功劳。

126 *EC*，第731页。

127 1963年9月，安德烈·布拉维耶在一封未注明日期的写给雷蒙·格诺的信中记录了这一事件，信件载于Raymond Queneau and André Blavier, *Lettres croisées 1949–1976*（《1949—1976年的信件来往》，Jean-Marie Klinkenberg编，Brussels: Labor, 1988）。

128 伊雷娜·阿穆瓦尔与大卫·西尔维斯特、莎拉·惠特菲尔德的对话。见CR第3卷，第124页。

129 1966年1月，马格利特在接受比利时一家电视节目的采访后告诉托克茨纳："我又一次被那些记者排斥，那个来自TLV的显然心怀'好意'的记者，未能隐藏内心深处的本性，用可怕的双关语问了我最后一个问题：'我可不可以希望，你能在未来的很长一段时间里，把超现实主义当作一种达达，也就是一种爱好？'这句话让我完全惊呆了，每次我面对自以为是的愚蠢时，我都会惊得目瞪口呆。"（Torczyner, *Letters*, p.131.）

130 引用于Whitfield，*Magritte*，1992，第39页。

131 *EC*，第431—442页。同时参考CR第3卷，第81页的英文翻译。

132 Alphonse de Waelhens, *La philosophie de Martin Heidegger*（《海德格尔的哲学》，Louvain: Éditions de l'Institut Supérieure de Philosophie, 1942）；*Phénoménologie et vérité: Essai sur l'évolution de l'idée de vérité chez Husserl et Heidegger*（《现象学与真理：胡塞尔和海德格尔关于真理概念演变的论文》，Paris: Presses Universitaires de France, 1953）.

133 *EC*，第675页。英文翻译见CR第3卷，第674页。

134 同上，第496页。英文翻译见CR第3卷，第76页。

135 Georgette Magritte, “En écoutant Magritte”（《倾听马格利特》），见René Passeron, *René Magritte*（《勒内·马格利特》，Paris: Filipacchi, 1970），第12页。

136 Sylvester, *Magritte*, p.317.

137 马里恩，1968，英译见Whitfield，*Magritte*，1992，第43页。

138 马格利特写给托克茨纳的信，1960年3月14日，载于Torczyner，*L'Ami*，第143页。

139 马格利特当时有作品在巴黎的左岸画廊展出。

140 马格利特写给托克茨纳的信，载于Torczyner, *L'Ami*，第182页。

141 1965年4月中旬，马格利特在伊斯基亚岛（Ischia）的Casa Micciola 温泉做了一次“治疗”。“至于治疗，要花一个小时：第一，泥浴；第二，泡在山上的水里；第三，休息；第四，按摩。上午8点左右空腹开始。到目前为止，健康状况没有任何改善。我做什么都很吃力，写作、坐下、躺下，等等。”（Torczyner, *Letters*, p. 101.）

142 马格利特寄给安德烈·博斯曼的明信片，1966年6月7日。早在第二次世界大战之前，列奥纳多的画作就遭到了损坏。

143 由斯居特耐尔起的这个标题可能来源于布瓦洛的格言：“最美丽的是真理，唯有真理可爱。”见CR第3卷，目录1044。

144 托克茨纳告诉《文献评述》的作者，根据阿米尔·纳贾尔的说法，《可爱的真理》的灵感来自马格利特对耶路撒冷老城城墙的记忆，那是他4月份住在大卫王酒店时从房间里望到的。见CR第3卷，目录1044。

145 Gablik, *Magritte*, 1967, pp. 128–31.

146 《文献评述》的作者在编目的最后阶段给雷蒙·阿特打电话询问，但他回答说无可奉告，然后挂断了电话。

147 马格利特在1966年1月24日写给托克茨纳的信中告诉他，自己手腕上打了石膏，写字不舒服。他在与托克茨纳的一次电话交谈中说："这是第一次在作画时手上沾到颜料。"（Torczyner, *Letters*, p. 130.）

148 同上，第15页。

149 1974年8月6日，斯坦·洛里森（Stan Lauryssens）的采访，安特卫普，Panorama。

150 由雅克·韦吉弗斯或安德烈·博斯曼所写。

资料来源

我尽可能使用第一手的原始资料，包括信件、日记、回忆录、各种文件。我查找的是未经翻译的原文，除非另有说明，所有的英译都是我自己完成的。

首先，我寻找当事人自己的证言，包括公开的声明和私下的叙述，也有诗歌和散文。令人惊讶的是，我找到了海量的材料。作为一个艺术家，马格利特自己的写作能力超乎寻常。他的《文本全集》有700多页。这些作品包括艺术论述、政治小册子、哲学思考、短篇小说、电影场景、宣言、颂辞、演讲、访谈和对问卷的回答，其中涉及理论沉思、幻想、最低限度的道德伦理，甚至情色。但是《文本全集》中不包括他的信件。编辑安德烈·布拉维耶在密密麻麻的注释中也会零星引用他的信件，但是只此而已。整部全集中加入了太多的注释，几乎让人忽视了作品本身。遗憾的是，马格利特的信件从未出过全集或选集，尽管在编辑《文献评述》时人们也曾设想要把他的信件结集出版。《文献评述》的编辑们发现，即使只出马格利特的信件选集，任务也将十分艰巨。单只是马格利特写给安德烈·博斯曼、马塞尔·马里恩、米拉贝尔·多尔、莫里斯·拉潘、瓜蒂埃里·圣拉萨罗（Gualtieri di San Lazzaro）和哈利·托克茨纳的信，就足足有五大卷了，而且有的信写得很长。1958 年至 1967 年间，他给博斯曼写了 400 多封信；1937 年至 1962 年期间，他给马里恩写了近 300 封信。马格利特所写的信加到一起，肯定是成千上万，而且都是手写的，写完后都是尽快寄出。梅森斯是他的推动者、设计师和收藏家，精力充沛，两人有时会在信中进行激烈争吵。被戏称为亚历山大大帝的亚历山大·伊奥拉斯是他在美国的经销商，马格利特与他的通信既有论说宣讲，也有随性怒骂，被大卫·西尔维斯特形容为堪比巴尔扎克的小说。他与同伴们不断进行的交流既无拘无束又神秘难测，可以说是形成了他的私人语言，有很多素描、涂鸦、示范和绘图示例。他与保罗·诺奇之间的通信更是展示出两人的同谋活动，具有极其重要的意义，不仅有助于我们理解马格利特的漫长征程，也有助于进一步认识 20 世纪的一切创造活动。

这些材料极其丰富，却不容易加以解析或解码。整体来说，材料零散、晦涩，而且不够长久。事实上，很多文本已经以法语零散地出版，有的在小型出版社出版，有的是以私人名义或盗版形式出版，这要特别归功于马里恩。马里恩既是超现实主义者，又是文献纪实者，既是游戏中的玩家，又是时代的编年史家。在马格利特身边，马里恩很快就从学徒变成了他的同道中人，之后多年里一直乐于与之为伴。马里恩渐渐也和诺奇走得很近。他见多识广，思想敏锐，他不仅是《比利时超现实主义活动》（*L'Activité surréaliste en Belgique*，1979）的编撰人，更可以说是比利时超现实主义活动的资料保管人和历史学家，涉及马格利特小团体的行为和言论时，他更是具有无人可比的权威。为这些年纪略长于他的人，马里恩做了别人从来没想过要做的事，是他抢救出了马格利特等人的各种来往记录，不让它们被扫进历史的垃圾箱——从小型杂志的书页、印刷的明信片、复印的纸张、各种花边新闻、私人文件中抢救出来，从稍纵即逝的日常生活中，从冷漠粗心、倦怠无趣的苦役中抢救出来，从保罗·诺奇最下层抽屉的无底洞里抢救出来。这就是马里恩，多亏有他，我们才有了诺奇作品的两部重要选集，《不笑的历史》（1956）和《继续体验》（1967），在《不笑的历史》中包含了将近100页的对马格利特的负面回忆。

布鲁塞尔出版商迪迪埃·德维莱（Didier Devillez）追随马里恩的脚步，收集并重新出版了诺奇的很多作品，包括《勒内·马格利特（未删节）》[*René Magritte*（*in extenso*），1997]和马里恩选集《马格利特的申辩》（*Apologies de Magritte*，1994），都是此次写作时标准的参考书。马里恩的回忆录《记忆之舟》也有很多内容谈到了马格利特，该书的最后一个版本被标示为"完整的盗版"（1988）。此外，我参考了路易·斯居特耐尔个性化的记录《与马格利特为伴》（1977），以及马格利特的知己，收藏家哈利·托克茨纳的两部纪实作品《马格利特：标志和图像》（*Magritte: signes et images*，1977）和《朋友马格利特：通信和纪念》（*L'Ami Magritte: correspondance et souvenirs*，1992）。马塞尔·勒孔特的《事物的凝视》（*Le Regard des choses*，1992）尚未受到应有的重视，其中包含了针对马格利特的尖锐反思。保罗·科利内的文集内容考究，值得一读。他是马格利特的对话者，为马格利特提供了不少灵感。他也是乔吉特的爱慕者，在马格利特的问题上，乔吉特是最有发言权的人。伊雷娜·阿穆瓦尔至少有一篇作品是以乔吉特的名义写的，是缩略版的马格利特传，由马格利特创作或受马格利特的启发而作。[1]

这些材料几乎都不曾被译成英文。马格利特的文集没有英文版，他的信件也很少译成英文。出了英文版的是《马格利特：思想与图像》（*Magritte: Ideas and Images*，1977）和《马格利特 / 托克茨纳：友人书信》（*Magritte / Torczyner: Letters Between Friends*，1994），后者是《朋友马格利特：通信和纪念》的删节版。我们本可以做得更好。所有相关文献中，最具影响力的两部作品还没有被译成英文。第一部是诺奇开创性的著作《勒内·马格利特或被保护的形象》（*René Magritte ou les Images défendues*），这部思想界的杰作直到 1943 年才出版，而且是残缺不全的文本，然而早在那之前十年，作品的部分内容就已经陆续发表在《为革命服务的超现实主义》上了。第二部是斯居特耐尔的《勒内·马格利特》，这本书是无与伦比的见证，内容最为可靠，叙述者不做辩解，只描述真相，书中汇集了诙谐的警句和主张。这本书在编好一段时间后首次出版于 1947 年，后来合并到《与马格利特为伴》之中。

这些作品中有许多是在马格利特在世时首次发表的，其中一些作品也留下了他合作的痕迹，或许我们可以在此用“合作”这个词吧。马格利特把自己的名字加到了诺奇《被保护的形象》的书名中，他对插图也有最终决定权，诺奇一直没有原谅马格利特的随性之举。马格利特没有改动诺奇的文本，对内容似乎是毫无保留地表示了赞同，但这对他来说也是少有的。1946 年，梅森斯为一本关于当代比利时画家的书撰写传记文章时，马格利特在寄给他的信中以严厉的措辞提出了一大堆更正，既涉及表达，也涉及对画作的解释。例如，对他早期作品所受的影响，他说：“那时的我还从来没听说过马蒂斯或洛特。”他也反对把他与德尔沃进行比较，他说德尔沃是“装饰师”，称他为“Delvache”或“Delboeuf”，这些名字都可以成为双关语的来源，vache 的意思是奶牛，boeuf 的意思是牛肉。马格利特讽刺地说：“再来份牛肉！我建议上点牛肉吧。”[2]

关于马格利特生活的文字很少能逃过他的眼睛。

他在二十年后审核了帕特里克·瓦尔德伯格的《勒内·马格利特》（1965），这本书是由他的两位赞助人委托完成的第一部大型插图专著。[3]同年，他在纽约现代艺术博物馆举办回顾展，时间已有些晚，他向詹姆斯·思罗尔·索比讲述了自己关于展览手册文章的想法："你在写到我时，可以倾向于考虑一些我重视的观点。"[4]他在苏西·加布利克撰写《马格利特》（1970）的过程中起了首要作用，这位崭露头角的作者1959年至1960年期间到布鲁塞尔，在他家里住了8个月，他还试着帮她找出版商。他以不同的方式与摄影师杜安·米沙尔斯合作，在1965年一起制作了著名的照片集《探访马格利特》。他也与其他著名摄影师和电影制作人合作，比如在1966年与比尔·勃兰特合作。他与吕克·德赫施合作拍摄了纪录片《马格利特，事物的一课》（1960），这游戏人间的艺术家的画像，就连安德烈·布勒东都十分欣赏。马格利特对图像的敏感性体现在方方面面。

《文献评述》是对马格利特的生活和工作进行的最广泛的调查。1967年马格利特去世，之后不久，对《文献评述》的研究就开始了。《文献评述》在1992年至1997年期间共出版了五卷，这是一项持续25年的研究项目的成果，项目得到了得克萨斯州休斯敦的梅尼尔基金会（Menil Foundation）慷慨资助，由令人敬畏的大卫·西尔维斯特策划。2012年，西尔维斯特的主要助手莎拉·惠特菲尔德编辑了第六卷，收录了 2000 年至 2010 年期间新发现并经过鉴定的作品。《文献评述》的一个显著特征是制作了艺术家生活的叙事“年表”，分为三部分，分布在前三卷中（1898—1930，1931—1948，1949—1967）。年表总共有四百多页，既有纪实性的内容，又涉及了旁枝末节，既讲述了故事，也权衡了证据，还指出了缺乏证据之处。年表清晰、明智、全面。它自由地引用了文件，也一丝不苟地给出了法语原文和英语译文中的引文。

西尔维斯特并不满足于此，他自己也写了一部专著《马格利特》（1992），自从诺奇陷入沉默，或不再感兴趣以来，这是同类作品中最有洞察力的研究——据说诺奇最后曾说：“对这个好人，我不再感兴趣了。”[5] 西尔维斯特后来回想起自己职业生涯中意想不到的曲折时说：“从 1967 年开始，我的事业生涯有一多半都围绕着勒内·马格利特，足有四分之一个世纪还多。”他说自己仍然热爱这份工作，“然而事实是，我像斯万一样，在一个与我不属一类的人身上，耗费了很多年的时间。”[6] 这句话足以让任何一位传记作者踌躇。

《文献评述》和西尔维斯特的其他作品改变了相关文献研究的状况。单是年表就已经是一项重大成就。就马格利特的生命线而言，或者说，就马格利特的生平故事而言，有了这份年表，以前的描述都是多此一举 。或许更出人意料的是，此后的所有叙述与之相比都将黯然失色。正如莎拉·惠特菲尔德的喟叹，这一研究空前绝后，此后再难有新的研究成果了。[7]在《文献评述》之后出现的研究成果的确少之又少，其中之一是探索性的。以精神分析学为职业的雅克·鲁瓦森业余爱好侦探，他花了差不多13年的时间调查马格利特的早期生活，寻找在世者及其后代，梳理地方记录，走遍街头巷尾，煞费苦心地追踪每一条线索，最后形成了全面得令人难以置信的叙述。《这不是一本马格利特的传记》（*Ceci n'est pas une biographie de Magritte*）于1998年首次出版，2014年再版时书名改为《马格利特传：一个戴圆顶礼帽的男人的早年生活》（*René Magritte: la première vie de l'homme au chapeau melon*），还加了个表示类属的副标题"人类之子"（Le Fils de l'homme），这个标题来自马格利特的画。最近还有一项创新性的成果，是《马格利特：平凡的奥秘》（*Magritte: The Mystery of the Ordinary*，2013）。这本书可以视为鲁瓦森研究的延续，是纽约现代艺术博物馆、芝加哥艺术学院和梅尼尔收藏博物馆合作完成的，它聚焦于马格利特在1926年到1938年的生活，以有趣的新型技术分析为支撑，重新演绎了那个多产的时期。

在档案收藏方面，最重要的是梅尼尔档案馆，那里收藏着他们所称的"文献评述研究项目"（Catalogue Raisonné Research Project，缩写为CRRP）的文件，以及其他许多与马格利特有关的收藏品。这是迄今为止关于马格利特的最丰富的档案，其中还包括他的信件复制品，包括截至20世纪90年代的所有出版物，以及其他各种珍贵文献，例如他的图书馆藏书清单，那些书后来都已散尽，清单上还标出了马格利特撕掉或做过注释的页面，此外还有就他的音乐品位对乔吉特的采访。[8]由于查利·赫斯科维奇（Charly Herscovici）的努力，现在我们可以在布鲁塞尔的“钉到钉”（Nail to Nail）查阅信件的副本，但该处的副本并不完整，而文献评述研究项目的其余文献只在休斯敦。这些通信是基本的文献来源，我尽可能利用档案馆的原始文本，尽管我在注释中提供了《文献评述》等资料中发表的摘录。

在布鲁塞尔有得天独厚的丰富资源，包括比利时美术馆（Musée des Beaux-Arts）的比利时当代艺术档案馆（Archives de l’Art contemporain en Belgique，简称AACB）；皇家图书馆中的档案与文学博物馆（Archives et Musée de la Littérature，简称AML）；布鲁塞尔美术宫（Palais des Beaux-Arts，简称PBA）的档案馆；信件和手稿博物馆（Musée des lettres et manuscrits，MLMB）收集的信件和手稿；皇家广场马格利特博物馆（Musée Magritte in the Place Royale）的藏品；另外还有位于热特郊区埃塞格姆街135号的马格利特博物馆，也就是马格利特从1930年到1954年的住所，扬·瑟勒尔在一本出色的书里描述了这个地方和马格利特在此的生活。除此之外，还有沙勒罗瓦摄影博物馆（Musée de la

Photographie in Charleroi，简称MPC）的资源，这个博物馆是泽维尔·卡农慷慨捐助的，藏品包括最近获得的梅森斯的信件，还有马格利特和诺奇在该领域进行早期实验时留下的重要摄影档案，这一具有开创性的系列实验成果后来结集出版，书名是《颠覆图像》（*Subversion des images*，1968）。这家博物馆还收藏了乔治·蒂里和罗兰·德乌塞尔（Roland d'Ursel）引人入胜的纪录片作品。

巴黎的藏品没有那么丰富，但仍然值得一看。其中包括雅克·杜塞文献室（Bibliothèque littéraire Jacques Doucet，简称BD），康定斯基图书馆（Bibliothèque Kandinsky，简称BK），信件和手稿博物馆（Musée des lettres et manuscrits，简称MLMP）和国立现代艺术博物馆（Musée national d'art modern，简称MNAM），此外还有卡昂（Caen）的当代记忆资料库（Institute mémoires de l'édition contemporaine，简称IMEC）。法国其他地方的小型收藏馆中的重要资料，通常都可以在文献评述研究项目的文件中找到影印件，例如蒙彼利埃的莱奥·马莱档案馆的相关资料。

在伦敦，大英图书馆声音档案馆（British Library Sound Archives）和泰特美术馆的档案馆都收藏了各种与马格利特有关的物品。在泰特美术馆档案馆中，大卫·西尔维斯特的论文为文献评述研究项目提供了补充资料。在伦敦之外，位于西迪恩（West

Dean）的爱德华·詹姆斯基金会（Edward James Foundation）保留了马格利特一生中极其有趣的一个阶段的原始记录。位于爱丁堡的苏格兰国立现代美术馆（Scottish National Gallery of Modern Art）在彭罗斯档案的基础上收藏了大量超现实主义作品。

在美国，除了梅尼尔的圣地之外，洛杉矶的盖蒂研究所（Getty Research Institute，简称GRI）一直在收集与超现实主义有关的档案资料，尤其是关于马格利特的资料，这些资料通常来自拍卖会上的私人藏品。近年来，盖蒂研究所已经获得了马格利特与科利内、伊奥拉斯、勒孔特的大量信件，马格利特与科利内的通信尤其令人耳目一新。该研究所还收藏了梅森斯的很多论文。由于克里斯汀·格尔茨-克劳斯等人的努力，以及菲利普·范登博舍（Phillip Van den Bossche）在奥斯坦德Mu Zee美术馆进行的收藏活动，如今已经有更多梅森斯的资料进入了公众视野。[9]然而，梅森斯的档案仍很不完整，而梅森斯本人也相当难以捉摸。一些档案仍在私人手中，研究人员无法使用，他所收藏的马格利特的作品也是一样。伊奥拉斯和托克茨纳的资料收集情况与梅森斯相仿。

与此同时，其他重要的档案和藏品也逐渐被拆分和出售。乔吉特在1987年去世后，伦敦苏富比拍卖行举办了“勒内·马格利特工作室剩余物品”拍卖会。马里恩把手中的马格利特的信件卖给了朋友列奥·多曼，之后这些信散落四方。在《文献评述》团队错过的为数不多的人当中，雅克·韦吉弗斯是马格利特的另一个同道中人。1995 年，他通过米歇尔·洛姆在法国出售了他的档案。“哈利·托克茨纳先生的藏品”于 1998 年在纽约佳士得拍卖行（Christie，旧译为克里斯蒂拍卖行）拍卖。从那以后一直有零散的私人藏品被拿出来售卖，其中包括马格利特的兄弟雷蒙的藏品。雷蒙是成功的商人，与马格利特似乎一直很疏远，或者说是互相排斥。[10] 但他还是不断获得或收到马格利特的画作。[11]

私人手中的其他资料就不那么容易查找了。我要感谢的人包括美国的菲利普·莫里斯（Philip Morris），他非常友好地与我分享了他收藏的勒内·马格利特与乔吉特·马格利特之间的通信。比利时的伊赛·布拉绍（Isy Brachot）慷慨地让我参观了他出色的档案馆和图书馆。布拉绍的档案馆是个宝库，收藏了马格利特家族的大量照片，无疑是该领域最令人赞叹的私人藏品。幸运的是，伊赛·布拉绍和儿子伊赛·加布里埃尔·布拉绍继承了丰富的文化遗产，是它们的开明的保管人。

注　释

1 Hamoir, “Notes biographiques”（《文献笔记》）。参见

Roisin，*Magritte*，第89页，引用Tom Gutt。

2 马格利特写给梅森斯的信，未标日期，*FA*，101（1973年11月）。参见Mesens，“René Magritte”，载于*Peintres Belges contemporains*（《比利时当代画家》），第157—161页。在马格利特去世后，梅森斯重新出版了这篇文章的扩展版，几乎把马格利特反对的所有段落都补上了。可参见例如，“Magritte prophétique”（《预言者马格利特》），载于*René Magritte*（《勒内·马格利特》），第27—31页。

3 马格利特写给范埃克的信，1965年5月29日，见*LM*，第71页；CR第3卷，第135页。参考Waldberg。赞助人是古斯塔夫·内伦斯和保罗·古斯塔夫·范埃克。

4 马格利特写给索比的信，1965年6月4日，Soby Papers，3/20，GRI；CR第3卷，第130—132页。参考James Thrall Soby，*Magritte*（New York: MoMA, 1965）。

5 Waldberg, *Magritte*, p. 111.

6 David Sylvester，“Curriculum Vitae”（《个人履历》），载于*About Modern Art*（《关于现代艺术》，London: Pimlico, 1997），第30页。

7 莎拉·惠特菲尔德2014年3月1日在梅尼尔研讨会上的演讲，《在形象之外，在颜料之下》（“Beyond the Image, Beneath the Paint”）。

8 CRRP BDF C 04和D II/18。清单并不像它可能的那样完整，无论如何，这只是个简要说明。随着时间的推移，一些物品被借走、出售或丢失，或者没有记录下来。可参考，“Ouvrages provenant de la bibliothèque de René Magritte”（《来自勒内·马格利特图书馆的作品》），米歇尔·洛姆拍卖目录，1995年12月2日。

9 参见Christiane Geurts-Krauss, *E. L. T. Mesens*（Brussels: Labor, 1998）；*The Star Alphabet of E. L. T. Mesens*（《梅森斯的星星字母表》）（Phillip van den Bossche编，Ostend: Mu.ZEE, 2013）；Melly, *Sybil*；E. L. T. Mesens, *Moi, je suis musician*（《我，我是音乐家》，Brussels:

Devillez，1998）。

10 Waldberg, *Magritte*，第70页（1963年的评论）。被删除的咒骂词语可能是“骗子”（con，berk或类似的词）。参见Torczyner，*Signes*，第16页。

11 参见2001年6月25日在伦敦佳士得拍卖行举办的“阿莱特·马格利特（雷蒙之女）藏品”拍卖。在拍卖会之前和之后，藏品都是零散出售的。

致　谢

亚历克斯·丹切夫，我挚爱的丈夫，在写完这本书的第九章后猝然离世。这是他生前所写的最后一本书，这本书能出版，对他的家人和朋友来说是最大的告慰。我衷心感谢出手相助的人，没有他们，这本书就不可能问世。首先感谢莎拉·惠特菲尔德完成了本书的第十章，并在编辑过程中提供了宝贵的帮助。感谢查理·赫斯科维奇（Charly Herscovici）的善意与支持。感谢译者保罗·埃德森对亚历克斯所作的法英翻译的评论。感谢图片编辑莱斯利·霍奇森（Lesley Hodgson）为插图提供素材，感谢研究马格利特的专家雅克·鲁瓦森、米亚·范德克霍夫和朱莉·瓦塞吉（Julie Waseige）慷慨共享了他们的相关知识。

我还要感谢以下各方的帮助：

感谢万神殿图书出版公司（Pantheon）的黛博拉·葛瑞森（Deborah Garrison）和托德·波尔诺维茨（Todd Portnowitz），感谢Profile出版社的安德鲁·富兰克林（Andrew Franklin）和塞西利·盖福德（Cecily Gayford），感谢他们出色的编辑工作和予以的支持，还要感谢 Andrew Gordon 的大卫·海厄姆（David Higham）凭借其智识给予的帮助和鼓励。

感谢所有曾在本书编写过程中积极合作、给予支持的人。若要列举，会是一长串的名单。

感谢所有曾提供帮助的博物馆、档案馆和图书馆的工作人员。

感谢所有为亚历克斯提供赞助、资金和居所的人员和部门。

感谢圣安德鲁大学，特别是国际关系系的图书馆员、档案管理员和亚历克斯的其他同事们。

最后，我要感谢所有日复一日持续支持亚历克斯的人。

迪伊·丹切夫

2011 年于牛津

缩写说明

AACB Archives de l'Art contemporain en Belgique, Brussels 比利时当代艺术档案馆，布鲁塞尔

AIC Art Institute of Chicago 芝加哥艺术学院

AML Archives et Musée de la Littérature, Brussels 档案与文学博物馆，布鲁塞尔

AS Marcel Mariën (ed.), *L'Activité surréaliste en Belgique (1924-1950)* (Brussels: Le Fil Rouge, Editions Lebeer-Hossman, 1979)
马塞尔·马里恩编辑，《比利时超现实主义活动（1924—1950）》

BL British Library, London 大英图书馆，伦敦

BLJD Bibliothèque littéraire Jacques Doucet, Paris 雅克·杜塞文献室，巴黎

BK Bibliothèque Kandinsky, Paris 康定斯基图书馆，巴黎

BN Bibliothèque nationale, Paris 国家图书馆，巴黎

CARCOB Centre des archives communistes en Belgique 比利时共产党档案中心

CPB Parti Communiste de Belgique 比利时共产党

CR *René Magritte Catalogue Raisonné* 6 vols

《勒内·马格利特文献评述》六卷本（安特卫普/布鲁塞尔：Mercatorfonds，1992—2012）：

I Oil Paintings（油画）1916-1930 (1992) [CR 1-333] (David Sylvester & Sarah Whitfield)

II Oil Paintings and Objects（油画和物品）1931-1948 (1993) [CR 334-706] (David Sylvester & Sarah Whitfield)

III Oil Paintings, Objects and Bronzes（油画、物品和青铜像）1949-1967 (1993) [CR 707-1094] (Sarah Whitfield & Michael Raeburn)

IV Gouaches, Temperas, Watercolours and Papiers Collés（水粉画、蛋彩画、水彩画和贴纸画）1918-1967 (1994) [CR 1095-1655] (Sarah Whitfield & Michael Raeburn)

V Supplement, Exhibitions Lists, Bibliography, Cumulative Index（补充，展览列表，参考书目，累积索引）(1997) (David Sylvester, Sarah Whitfield, Michael Raeburn & Lynette Cawthra)

VI Newly Discovered Works（新发现作品）(2012) (Sarah Whitfield)

CRRP Catalogue Raisonné Research Project, Menil Archives 文献评述研究项目，梅尼尔档案馆

Ceuleers Jan Ceuleers, trans. Gus Triandos, *René Magritte, 135 rue Esseghem, Jette-Brussels* (Antwerp: Pandora, 1999) *[Magritte]*

扬·瑟勒尔，Gus Triandos英译，《热特的埃塞

格姆街135号，勒内·马格利特》

DM Dallas Museum of Art 达拉斯艺术博物馆

EC René Magritte, *Écrits complets* [1979] (Paris: Flammarion, 2009), ed. André Blavier
勒内·马格利特，《文本全集》［1979］，安德烈·布拉维耶编

FA *Le Fait accompli* 《既成事实》

Gablik Suzi Gablik, *Magritte* [1970] (London: Thames & Hudson, 1985) [Magritte]
苏西·加布利克，《马格利特》［1970］

GRI Getty Research Institute, Los Angeles
盖蒂研究所，洛杉矶

IMEC Institut mémoires de l'édition contemporaine, Caen 卡昂的当代记忆资料库

Larousse Larousse du XXe Siècle 6 vols. (Paris: Larousse, 1928) 六卷本的《拉鲁斯20世纪百科全书》

LM Marcel Mariën (ed.), *Lettres mêlées (1920–1966)* (Brussels: Les Lèvres nues, 1979)
马塞尔·马里恩编辑，《信件（1920—1966）》

LRS *La Révolution surréaliste* 《超现实主义革命》

LS Marcel Mariën (ed.), *Lettres surréalistes (1924–1940)* (Brussels: Les Lèvres nues, 1973)
马塞尔·马里恩编辑，《超现实主义者书信集（1924—1940）》

Magritte *Lettres à André Bosmans 1958–1967* (Paris: Seghers, 1990) [Bosmans]
《写给安德烈·博斯曼的信（1958—1967）》

La Destination: lettres à Marcel Mariën 1937–1962 (Brussels: Les Lèvres nues, 1977) [Destination]
《目的地：写给马塞尔·马里恩的信（1937—1962）》

Quatre-vingt-deux lettres de René Magritte à Mirabelle Dors et Maurice Rapin (Paris: privately published, 1976) [Rapin]
《马格利特写给多尔和拉潘的82封信》，1976年在巴黎发表，非公开出版

Mariën Marcel Mariën, *Le Radeau de la mémoire* (Brussels: Les Lèvres nues, 1988) [Radeau] 马塞尔·马里恩，《记忆之舟》

Apologies de Magritte 1938–1993 (Brussels: Devillez, 1994) [Magritte] 《马格利特的申辩（1938—1993）》

Menil Menil Collection/Archives, Houston
梅尼尔收藏博物馆，休斯敦

MFA Museum of Fine Arts 美术博物馆

MLMB Musée des lettres et manuscrits, Brussels
布鲁塞尔信件和手稿博物馆

MLMP Musée des lettres et manuscrits, Paris
巴黎信件和手稿博物馆

MNAM Musée national d'art moderne, Paris
国立现代艺术博物馆，巴黎

MoMA Museum of Modern Art, New York
纽约现代艺术博物馆

MPC Musée de la Photographie, Charleroi

沙勒罗瓦摄影博物馆

MRBAB Musées royaux des Beaux-Arts de Belgique
比利时皇家美术博物馆

MS Manuscript 手稿

Nougé Paul Nougé, *René Magritte ou les Images défendues* [1943] [Images], in *René Magritte* (in extenso) (Brussels： Devillez, 1997) [*Magritte*]
保罗·诺奇，《勒内·马格利特或被保护的形象》［1943］，见《勒内·马格利特（未删节）》
Histoire de ne pas rire（《不笑的历史》）[1956] (Lausanne: L'Age d'Homme, 1980) [Histoire]
L'Expérience continue（《继续体验》）[1967] (Lausanne: L'Age d'Homme, 1981) [Expérience]
Des mots à la rumeur d'une oblique pensée（《迂回思想的传闻之词》）(Lausanne: L'Age d'Homme, 1983) [Mots]

OC *Oeuvres completes* 《作品全集》

OPC Jacques Wergifosse, *Oeuvre (presque) complète* (Brussels: Les Trois Petits Cochons, 2001)
雅克·韦吉弗斯，《作品全集：近似于全集》

PBA Palais des Beaux-Arts, Brussels 布鲁塞尔美术宫

PC Private Collection 私人收藏

PMA Philadelphia Museum of Art 费城艺术博物馆

Poe *Histoires extraordinaires* [1856] (Paris: Gallimard, 2010) [HE]；*Nouvelles histoires extraordinaires* [1857] (Paris： Gallimard, 2010) [NHE]
爱伦·坡 《非凡故事》 《非凡故事新编》

Roisin Jacques Roisin, *René Magritte: la première vie de l'homme au chapeau melon* [1998] (Brussels: Les Impressions Nouvelles, 2014) [Magritte]
雅克·鲁瓦森，《勒内·马格利特：一个戴圆顶礼帽的男人的早年生活》

Scut *Irène, Scut, Magritte and Co*(Brussels: MBRAB, 1996)

Scutenaire Louis Scutenaire, *Avec Magritte* (Brussels: Lebeer Hossmann, 1977) [Magritte]
路易·斯居特耐尔，《与马格利特在一起》

SW René Magritte, trans. Jo Levy, *Selected Writings* (Richmond: Alma, 2016), ed. Kathleen Rooney and Eric Plattner
勒内·马格利特，乔·利维英译，《马格利特选集》

Sylvester David Sylvester, *Magritte [1992]* (Brussels: Mercator-fonds, 2009) [Magritte]
大卫·西尔维斯特，《马格利特（1992）》

TGA Tate Gallery Archives, London 伦敦泰特美术馆

Torczyner Harry Torczyner, *Magritte: signes et images* (Paris: Draeger, 1977) [Signes]; trans. Richard Miller, *Magritte: Ideas and Images* (New York: Abrams, 1977) [Ideas]
哈利·托克茨纳，《马格利特：标志和图像》；理查德·米勒英译，《马格利特：思想与图像》
L'Ami Magritte: correspondance et souvenirs (Antwerp: Mercatorfonds, 1992) [L'Ami]; trans.

Richard Miller, Magritte/Torczyner: Letters Between Friends (New York: Abrams, 1994) [Letters]
《朋友马格利特：通信和纪念》；理查德·米勒英译，《友人通信》

Waldberg Patrick Waldberg, *René Magritte* [1965] （Paris: La Différence, 2009） [Magritte]
帕特里克·沃尔德伯格，《勒内·马格利特》［1965］

译后记

走进勒内·马格利特的世界是在 2022 年 4 月，艾略特笔下“最残忍的月份”。收到翻译合同双签扫描件后，我在日志中记下了这样一句：“四月的最后一天，马格利特传记翻译开工，这会是今后一年里我的文字之所向。”在那之前，马格利特于我而言只是个普通的名字。我思工作室的吴晓妮女士 2021 年底就与我商定要翻译丹切夫所著的马格利特传记，我一直以为这本书的翻译没什么挑战性，可以轻松驾驭。然而从翻译传记《导言》开始，我就体会到了原文内容是多么丰富，要在自己的语言边界内再现原文蕴含的思想观念又是多么困难。

丹切夫在传记《导言》的开篇写道：“勒内·马格利特是现代世界最重要的图像提供者，无人能望其项背。”这开宗明义的话语引出了一个问题：丹切夫为什么要使用“图像提供者”（purveyor of images）这样生硬的表达，而不是直截了当地说，马格利特是超现实主义画家或艺术家？他是不是想表明，马格利特的创作不同于传统绘画对现实的描绘或再现，而是呈现出具有独特构思的图像，进而引发了人们的思考和共鸣？对于这样的指称语，译者如果不采取直译，又能有什么更恰当的言说方式呢？“无人能望其项背”对应的原文是“single”（唯一的），“图像提供者”的前置修饰语之一，译文采用化词为分句的变通手段，凸显了马格利特的成就和影响力。这种成就和影响力，在《导言》结尾得到了进一步强调：“手握画笔的马格利特，是 20 世纪最杰出的思想家之一。”

“图像提供者”和“思想家”，是丹切夫对马格利特身份的双重界定，全书就此展开叙述，为读者呈现了马格利特丰富多彩的一生。丹切夫的文笔细腻生动，不乏幽默睿智之语。书中引用了大量第一手资料，巧妙融入了马格利特的艺术论述、私人书信和相关访谈，描述了对马格利特产生影响的人和事件，探讨了他的创作和思想与时代精神的碰撞。内容虽属非虚构写作，却并非流水账式的记录。可惜丹切夫于 2016 年因病去世，传记只写到了 1948 年。艺术史学家莎拉·惠特菲尔德续写了丹切夫未能完成的传记，将马格利特人生中的最后二十年凝结为本书最后一章。这一章行文简约，结构紧凑，由于仍以马格利特的画作和主张为核心，读起来并无违和感。

马格利特的一生并非传奇。在这部传记中可以看到，他和我们大多数人一样，也曾是嬉笑玩闹、调皮顽劣的孩子，也曾是呼朋引伴、意气风发的少年，偶尔也曾放纵不羁甚至违规越矩。他和我们大多数人一样，恋爱结婚、赚钱养家，按部就班地生活。然而他在年少时失去了母亲，在二战中经历了逃亡，这些事件在个人生命中如同惊涛骇浪，或许也影响了他的创作风格。在创作之旅中，马格利特不断追求个性化的表达，不断探索新的方式，同时也没有抛弃传统的意象。不论苹果还是树叶，鸽子还是天空，都在他笔下呈现出真实的美感，而这些常规意象以出人意料的组合出现在他的作品中时，又都具有陌生化的奇异效果，获得了无限开放的意义。相信读者在阅读本书后既能全面了解马格利特与他所处的时代，也能深刻体会到他艺术创作的独特魅力和深远影响。

在我翻译这本书期间，人工智能时代已经悄然而至，但是除了查找一些词语以外，我并没有借助人工智能翻译。人工智能可以通过最严谨的推理给出标准答案，能迅速完成大量实用文本的翻译，却还无法体会人类译者感受到的世界。篇幅所限，在此只举一例说明。传记第一章的英文标题是“His Secret Jungle”，人工智能翻译会按词典中直接对应的词条将之译为“他的秘密丛林”，而我在译完这一章后反复斟酌，最后把标题确定为“他的隐秘丛林”。一字之差，诠释空间大不相同。“秘密”强调客观存在的事物不为他人所知或不能为他人所知，“隐秘”则强调了“隐藏”或“遮隐”，而“隐藏”或“遮隐”在马格利特的生活和理念中是不可忽视的关键词，正如丹切夫所说，“马格利特的艺术充满了被隐藏的可见物”。在著名的《人类之子》中，画中人西装革履，脸却被一只绿苹果遮住了。那隐藏在苹果背后的人，被苹果遮隐于我们视线之外的人，既在场又不在场，具有无限的可能性。马格利特自己的解释则是：“我们看到的每一事物背后都隐藏着另一事物，我们总是想看出我们所看到的东西背后隐藏的是什么。对于那被隐藏的事物，那可见事物未向我们展现出的事物，我们总会有种兴趣。”

隐身在苹果背后的人，也是译者身份的一个隐喻。译者要跨越语言边界，在词语的丛林里寻找意义，寻找自认为最恰当的词语，将之呈现到读者面前。在这个过程中，译者必须克制自我表现的欲望，力求保持客观，然而译文中又不可能完全消除译者思考的痕迹和个性化书写的印记。译者隐身在文本背后，既在场又不在场，隐身是译者的主动选择，与没有个性的机器不同。机器不会徘徊纠结于“秘密”与“隐秘”的选词，不会“一名之立，旬月踟蹰”，不会反复推敲，在忠实与变通间积极地寻求平衡。然而这思考的过程，这心弦的颤动与情感的传递，正是机器无法取代的生命的力量。

《马格利特传》全书有近千条注释，为了辅助读者理解，我对首次出现的书名大多采取直译法译出。书中涉及众多专有名词，我尽量遵循了约定俗成的译法，画作名称参考了湖南美术出版社2020年出版的《马格利特》，在《英语姓名译名手册》和《法语姓名译名手册》中可查到的人名均按手册翻译，其他人名一概采用音译。

翻译是遗憾的艺术，没有谁的翻译可称完美，不过我为了达到意义忠实、文从字顺已尽了最大努力。在一年多的翻译过程中，我身边的人一如既往地支持着我。走上翻译之路以来，父亲一直是我每本译稿的第一位读者和校对者，这本书也不例外。这样深沉的理解和爱，让我在追寻意义之旅中虽有迷惘，但从未真正迷失自我。

四十余万字的译稿终于完成时正值盛夏，每片叶子都做着向天空伸展的梦。我驾车穿过甘肃与四川交界的群山，不经意间望见贫瘠的石头山上生长着成片的苹果林。在午后炽热的阳光下，树上的苹果反射出眩目的光。那不是马格利特的苹果，不是意念中的苹果，却同样具有无限的可能性。翻译马格利特传记给我心灵带来的震颤就在于此：我们都在有限的空间内寻求自由，在复杂的世界里确定自我的存在，只是途径不同，表现形式不同。不论在哪里飘荡，对美好事物的热爱、对意义的不懈追寻，终将引领我们在诗与画的世界中相遇！

李静滢

记于2024年7月